# NAPOLEON I.

## MEIN LEBEN UND WERK

# NAPOLEON I.

## MEIN LEBEN UND WERK

*Schriften - Briefe - Proklamationen - Bulletins*

Aus dem Gesamtwerk des Kaisers
ausgewählt und herausgegeben von

*PAUL UND GERTRUDE ARETZ*

Geleitwort von

*JAKOB HUGENTOBLER*

Konservator des Napoleon-
Museums in Arenenberg

Mit 51 Abbildungen

PARKLAND VERLAG

Napoleon I. als Kaiser

# ZUM GELEIT

Mächtig ragt die Gestalt Napoleons I. aus dem Zeitalter der Revolution und des Kaiserreichs; aber nirgends tritt uns das größte aller Genies der Neuzeit und das große Weltgeschehen um den Kaiser überwältigender und eindrucksvoller entgegen, als aus seinen Werken. Sie sind die beste und umfassendste Chronik der gewaltigen Epoche, faszinierend durch den glänzenden Stil und die klassische Klarheit seiner Gedanken. Aus ihnen tritt sein wahres inneres Wesen, seine schöpferische Kraft klar und voll in Erscheinung. Sie geben uns das beste Bild seiner Persönlichkeit. Aus seinen Proklamationen, Bulletins und Briefen spricht sein politischer Weitblick, seine rastlose Tätigkeit, sein außerordentliches Genie. Die aus dem Kabinett des Konsuls und des Kaisers, aus dem Biwak des Soldaten, ja selbst die aus der Feder eines Liebenden hervorgegangenen Dokumente geben einen treffenden Beweis seiner Eigenart. Aus seinen Aufzeichnungen spricht seine Größe, spricht vor allem der Mensch Napoleon mit seinen guten Eigenschaften, seinen Fehlern und Schwächen.

Trotz der ungeheuren Fülle von Schriften über Napoleon I. fehlt bis heute eine lückenlose Gesamtausgabe seiner Werke. Im letzten Jahrzehnt seiner Regierungszeit hat es zwar Napoleon III. unternommen, den Briefwechsel seines großen Onkels in einem umfangreichen Werk von 32 Bänden herauszugeben. Mit Rücksicht auf gewisse Persönlichkeiten wurden aber viele der interessantesten Dokumente und Briefe weggelassen. Wohl sind eine Anzahl solcher später von verschiedenen Gelehrten vereinzelt herausgegeben worden. Das Werk aber blieb unvollständig.

Vor kurzem hat sich Paul Aretz, einer der besten Kenner der napoleonischen Zeit, nach seinem eigens aufgestellten Plan, mit der außerordentlich wichtigen Aufgabe befaßt, das gesamte Schrifttum des Kaisers, sowohl das veröffentlichte, als das unveröffentlichte, zu sammeln und in der Originalsprache unter dem Titel *„Oeuvres et correspondance complètes de Napoléon Ier“* herauszugeben. Das großangelegte Werk ist auf 50 Bände in Lexikonformat berechnet und wird lückenlos alle Schriften des Kaisers in chronologischer Reihenfolge enthalten.

Da sich aber die Publikation dieses Unternehmens aus begreiflichen Gründen auf Jahre, vielleicht Jahrzehnte, erstrecken kann, so haben Paul und Gertrude Aretz den Gedanken gefaßt, vorerst das Wesentliche in *einem* umfangreichen Band in deutscher Übersetzung zu veröffentlichen. Bei der Auswahl sind die Herausgeber vor allem darauf bedacht gewesen, das literarische Jugendwerk des Kaisers, das zum größten Teil unbekannt ist, stark in den Vordergrund zu stellen. Außerdem enthält das Werk eine ganze Menge unbekannter Dokumente, wie literarische Arbeiten, Memoirenstücke, Proklamationen, Reden und Briefe aus der politischen, militärischen und privaten Korrespondenz des Kaisers, die von unbestreitbarer Wichtigkeit sind. Die sorgfältig ausgewählte, technisch einwandfreie Wiedergabe einer großen Zahl unveröffentlichter und unbekannter zeitgenössischer Bilder erhöht den Wert des Buches. In dieser Form wird des großen Kaisers Leben und Werk zu einer der unmittelbarsten, authentischsten und spannendsten Veröffentlichungen der ganzen umfangreichen Napoleonliteratur.

Arenenberg (Schweiz), im Februar 1936.

*JAKOB HUGENTOBLER*

*An seinen Vater Carlo Maria di Buonaparte in Ajaccio*

Aus der Militärschule in Brienne,
5. April 1781

Mein Vater,

wenn Sie oder meine Beschützer mir nicht die Möglichkeit geben, meinen Unterhalt in dem Hause, in dem ich mich befinde, anständig zu bestreiten, so rufen Sie mich nach Hause, aber sofort. Ich habe es satt, als armer Schlukker herumzulaufen und das unverschämte Lächeln meiner Mitschüler zu sehen, die weiter nichts über mich stellt, als ihr Reichtum, denn nicht einer von ihnen ist auch nur annähernd von den aristokratischen Gefühlen beseelt, die in mir wohnen. Wie! Mein Herr! Ihr Sohn sollte beständig die Zielscheibe einiger aristokratischer Lümmel sein, die, stolz auf die Vergnügen, die sie sich leisten können, mich wegen der Entbehrungen, die ich mir auferlege, beschimpfen und belächeln? Wenn das Vermögen absolut zur Verbesserung meiner Lage nicht aufzubringen ist, so nehmt mich aus Brienne fort. Laßt mich, wenn nötig, ein Handwerk lernen, damit ich meinesgleichen um mich habe. Bald würde ich verstehen unter ihnen der erste zu sein. Aus diesem Vorschlag können Sie meine Verzweiflung sehen. Aber, ich wiederhole es Ihnen nochmals, ich will lieber der erste Arbeiter in einer Fabrik als der verachtete Künstler einer Akademie sein.

Dieser Brief, glauben Sie mir, ist nicht aus dem eitlen Wunsche geschrieben, mich verschwenderischen Vergnügungen hinzugeben. Ich bin nicht im geringsten erpicht darauf. Ich habe einzig und allein das Bedürfnis, meinen Kameraden zu zeigen, daß ich ebenfalls wie sie die Mittel besitze, um mir die gleichen Vergnügungen zu verschaffen.

Ihr ergebener und Sie liebender Sohn

Buonaparte.

*An den Grafen Marbeuf, Gouverneur von Korsika, in Ajaccio*

8. Oktober 1783

Wenn ich schuldig bin, wenn man mich meiner Freiheit mit Recht beraubt, dann Herr Graf, wollen Sie bitte den mir erwiesenen Wohltaten noch die Gnade hinzufügen, daß ich aus Brienne austrete und mich Ihrer Protektion entziehe. Es wäre Diebstahl von meiner Seite an demjenigen, der sie besser verdiente als ich. Nein, mein Herr, ich würde ihrer nicht mehr würdig sein. Ich könnte nie wieder eine Heftigkeit gutmachen, die um so gefährlicher wäre, als mir der Grund dazu geheiligt ist. Welches Interesse mich auch dazu veranlassen würde, ich hätte nicht die Kraft mitanzusehen, wie man einen Ehrenmann, meinen Vater, meinen geachteten Vater, in den Schmutz zieht. In dieser Beziehung, Herr Graf, empfinde ich zu leidenschaftlich, um mich auf eine Beschwerde bei meinen Vorgesetzten zu beschränken. Stets werde ich dann überzeugt sein, daß ein guter Sohn, um eine solche Schande zu rächen, nicht noch eine zweite begeht. Was die Wohltaten betrifft, die Sie so überaus verschwenderisch mir angedeihen ließen, so werde ich sie nie vergessen. Ich werde mir sagen: du hattest eine ehrenvolle Protektion, aber um ihrer teilhaftig zu werden, dazu bedurfte es Tugenden, die der Himmel dir versagte.

Haben Sie die Güte, großmütiger Protektor, und sehen Sie in dem Gegenwärtigen nur einen jungen Mann, der dem Reichtum die süße Genugtuung vorzieht, eines Tages nicht seinem hochverehrten Wohltäter Verdruß zu bereiten.

Napoleon Buonaparte.

*An einen seiner Onkel, entweder Fesch oder Paravicini, in Ajaccio*

Brienne, 25. Juni 1784

Ich schreibe Ihnen, um Sie von der Durchreise meines lieben Vaters in Brienne zu unterrichten. Er begibt sich nach Paris, um Mariana (Elisa) nach St. Cyr zu bringen und auch um seine Gesundheit wiederherzustellen. Er ist hier am 21. mit Lucciano (Lucien) und den beiden Fräulein (Casabianca und Colonna) angekommen, die Sie kennen. Er hat Lucciano hier gelassen. Dieser ist neun Jahre alt, drei Fuß, elf Zoll und sechs Linien groß. Er sitzt in Sexta der Lateinklasse und wird an allen Abteilungen des Unterrichtes teilnehmen. Er hat große Anlagen und viel guten Willen. Hoffen wir, daß er ein guter Schüler werde! Es geht ihm gut, er ist dick, lebhaft und wild, und für den Anfang ist man mit ihm zufrieden. Er kann sehr gut Französisch und hat das Italienische vollkommen verlernt. Übrigens wird er Ihnen am Schlusse meines Briefes schreiben. Ich werde ihm dabei nicht behilflich sein, damit Sie sehen, was er kann. Ich hoffe, er wird Ihnen jetzt öfter schreiben als aus Autun. Ich bin überzeugt, mein Bruder Joseph hat Ihnen nicht geschrieben! Aber was wollen Sie, er schreibt ja auch an meinen Vater nur zwei Zeilen, wenn er es überhaupt tut. Er ist wahrlich nicht mehr derselbe. An mich schreibt er jedoch oft. Er absolviert jetzt die Unterprima und täte am besten, wenn er arbeitete, denn der Rektor hat zu meinem Vater gesagt, daß es im ganzen Gymnasium weder einen Physiker noch Rhetoriker noch Philosophen gibt, der so begabt ist wie er und so rasch auffaßt. Was den Beruf betrifft, den er ergreifen will, so hatte er sich, wie Sie wissen, anfangs für den geistlichen Stand entschieden. Dabei ist er bis zum heutigen Tag geblieben, und nun will er dem König dienen. Aus verschiedenen Gründen ist er damit im Unrecht.

1. Besitzt er, wie mein Vater bemerkt, nicht genug Kühnheit, um den Gefahren einer Schlacht entgegenzutreten. Seine schwache Gesundheit gestattet ihm nicht, die Strapazen eines Feldzuges auszuhalten, und mein Bruder betrachtet den Soldatenberuf nur von der Garnison aus. Ja, mein Bruder wird ein vorzüglicher Garnisonoffizier sein. Gut gewachsen, leichten Sinnes und infolgedessen für frivole Schmeicheleien geeignet, wird er sich mit seinen Geistesgaben immer in einer Gesellschaft zurechtfinden — aber in einer Schlacht? Das ist es, was mein lieber Vater bezweifelt.

Qu'importe à des guerriers ce frivole avantage?
Que sont tous ces trésors sans celui du courage?
A ce prix, fussiez-vous aussi beau qu'Adonis,
Du Dieu même du Pinde eussiez-vous l'éloquence,
Que sont tous ces dons sans celui de la vaillance?

2. Er hat eine für den geistlichen Stand berechnete Erziehung genossen. Und es ist etwas spät, sich noch umzustellen. Monsignore, Seine Eminenz der Bischof von Autun würde ihn weitgehend unterstützt haben und er wäre sicher Bischof geworden. Welcher Vorteil für die Familie! Seine Eminenz, Monsignore von Autun hat ihr möglichstes getan und ihm zugeredet, er solle Priester werden, indem er ihm versprach, er solle es nicht bereuen. Nein, er besteht darauf. Ich lobte ihn, wenn er es aus Vorliebe für diesen Beruf täte, den schönsten übrigens von allen Berufen, und wenn die höhere Kraft aller menschlichen Dinge ihm (wie mir), als sie ihn bildete, eine bestimmte Neigung fürs Militär eingeflößt hätte.

3. Er möchte zum Militär gehen. Gut. Aber in welches Korps? Etwa in die Marine? Er weiß nichts von Mathematik. Zwei Jahre brauchte er, um sie zu erlernen. Zweitens, seine Gesundheit ist unvereinbar mit der See. Etwa zum Pionierkorps? Er brauchte vier bis fünf Jahre, um das Nötige zu erlernen und nach dieser Zeit ist er auch nur Ingenieurschüler, um so mehr, denke ich, daß den ganzen Tag beschäftigt sein und arbeiten seinem leichten Charakter nicht zusagt. Derselbe Grund gilt auch für die Artillerie, nur mit dem Unterschied, daß er nur achtzehn Monate zu arbeiten hätte, um Artillerieschüler zu werden, und ebensolange bis zur Beförderung zum Offizier. Oh, auch das ist nicht nach seinem Geschmack. Aha, er will zweifellos zur Infanterie! Gut! Ich verstehe es. Er will den ganzen Tag nichts tun, den ganzen Tag in den Straßen flanieren, und, übrigens, — was ist so ein winziger Infanterieoffizier? Ein Taugenichts dreiviertel des Tages, was weder mein lieber Vater noch Sie noch meine Mutter noch mein Onkel, der Archidiakon, wollen, denn er hat bereits kleine leichtsinnige Streiche begangen und sich verschwenderisch gezeigt. Infolgedessen

werden wir es noch ein letztes Mal versuchen, um ihn zum geistlichen Stand zu bewegen; wenn das nicht hilft, will mein Vater ihn mit nach Korsika nehmen, um ihn unter seinen Augen zu haben. Man wird dann versuchen, ihn beim Gericht unterzubringen. Ich schließe mit der Bitte, mir Ihr Wohlwollen weiter zu bewahren. Mich dessen würdig zu erweisen wird meine höchste und wünschenswerteste Aufgabe sein. Ich bin mit der außerordentlichsten Hochachtung Ihr sehr ergebener und gehorsamer Diener und Neffe

Napoleone di Buonaparte.

PS. Mein lieber Onkel, zerreißen Sie diesen Brief, aber man kann hoffen, daß Joseph mit seinen Talenten und den Gefühlen, die seine Erziehung ihm eingeflößt haben muß, sich dazu aufrafft, die Stütze unserer Familie zu sein. Machen Sie ihm ein wenig alle diese Vorteile klar.

*An seinen Vater in Ajaccio*

Brienne, 1784

Mein lieber Vater.

Ihr Brief hat mir, wie Sie sich denken können, nicht viel Freude bereitet. Aber aus Gründen Ihrer Gesundheit und im Interesse der Familie, die mir beide sehr am Herzen liegen, muß ich Ihre plötzliche Rückkehr nach Korsika loben, und ich habe mich vollkommen getröstet. Wie sollte ich übrigens nicht froh und glücklich sein, nachdem Sie mich auch fernerhin Ihrer Güte und Zuneigung versichern und sich beeilen, mich ausgehen zu lassen und mir in allem, was mir Freude machen kann, behilflich zu sein? Kurz, ich beeile mich, Sie zu fragen, welche Wirkung die Bäder auf Ihren Gesundheitszustand gehabt haben und Sie meiner ergebenen Zuneigung und meiner ewigen Dankbarkeit zu versichern.

Ich bin entzückt, daß Joseph mit Ihnen nach Korsika gegangen ist, vorausgesetzt, daß er am 1. November, also von jetzt ab ungefähr in einem Jahr, hier ist. Joseph kann hierherkommen, weil der Pater Patrault, mein Mathematiklehrer, den Sie kennen, nicht weggeht. Infolgedessen hat mich der Rektor beauftragt, Ihnen zu versichern, er werde eine sehr gute Aufnahme hier finden und er könne ruhig kommen. Pater Patrault ist ein ausgezeichneter Mathematiker, und er hat mir ausdrücklich versichert, er werde sich mit Vergnügen seiner annehmen. Und wenn mein Bruder arbeiten will, können wir zusammen das Artillerieexamen machen. Für mich brauchen Sie keinerlei Schritte zu tun, denn ich bin Schüler. Jetzt müßte man die nötigen Schritte für Joseph einleiten, da Sie aber einen Brief für ihn haben, so ist alles gesagt. Und so hoffe ich, mein lieber Vater, Sie werden ihn lieber in Brienne unterbringen als in Metz, aus verschiedenen Gründen:

1. Es wird ein Trost sein für Joseph, Lucien und mich.

2. Sie sind sonst genötigt, an den Direktor in Metz zu schreiben, und das hält noch auf, da Sie seine Antwort abwarten müßten.

3. Man lernt in Metz gewöhnlich nicht in einem halben Jahr, was Joseph zum Examen braucht. Da mein Bruder in der Mathematik nun noch gar keine Kenntnisse hat, so würde man ihn mit Kindern zusammensetzen und das würde ihm unangenehm sein. Diese Gründe nebst vielen anderen müssen Sie bewegen, ihn hierher zu schicken, um so mehr, als er sich wohler fühlen wird. So hoffe ich ihn vor Ende Oktober umarmen zu können. Übrigens braucht er von Korsika erst am 26. oder 27. September abzureisen, um am 12. oder 13. November hier einzutreffen.

Ich bitte Sie, mir Boswell (Geschichte Korsikas)* zu senden, nebst anderen das Land betreffenden Geschichtswerken und Memoiren. Sie haben nichts zu befürchten. Ich werde sie sorgfältig aufheben und nach Korsika mitbringen, wenn ich komme, und wäre es erst in sechs Jahren.

Leben Sie wohl, lieber Vater! Der Chevalier (Lucien) umarmt Sie von ganzem Herzen. Er arbeitet sehr gut. Er hat beim öffentlichen Examen gut abgeschnitten. Der Herr Inspektor wird am 15. oder spätestens am 16. hier sein, das heißt in drei Tagen. Sobald er abgereist ist, teile ich

* Im selben Verlag erschien soeben: Ferdinand Gregorovius, Korsika.

Ihnen mit, was er mir gesagt hat. Grüßen Sie Großmutter Saveria, Tante Gertrude, Onkel Nicolino, Tante Touta usw. von mir und empfehlen Sie mich Großmutter Francesca, Santo, Giovanna, Orazio. Bitte achten Sie auf sie. Geben Sie mir Nachricht von ihnen, sagen Sie mir, ob es ihnen gut geht. Ich schließe mit dem Wunsche, daß Ihre Gesundheit ebenso gut sein möge als die meinige. Ihr Ihnen ergebener und gehorsamer Sohn

de Buonaparte, der Zweitälteste.

## *NOVELLE ÜBER KORSIKA**

Ich war in Livorno an Bord gegangen, um nach Spanien zu segeln, als Gegenwinde uns zwangen, bei Gorgona, einem steilen Felsen, der etwa eine halbe Meile im Umkreis mißt, anzulegen. Es war gerade kein guter Zufluchtsort, aber in unserer Lage war es das einzig Mögliche, denn das Wasser drang bereits an mehreren Stellen in unser Schiff.

Die Insel ist äußerst malerisch gelegen, von allem Land durch ungeheure Meeresarme getrennt, von Felsen umgeben, an denen sich die Wogen ungestüm brechen. Bisweilen ist sie für die Matrosen eine Zuflucht gegen Stürme, aber noch häufiger nur eine Klippe, an der schon manches Schiff zerschellte.

Ermüdet von den überstandenen Stürmen, ging ich sofort mit einigen Matrosen an Land. Niemals hatten sie diese Insel gesehen. Sie wußten nicht, ob sie bewohnt war. Am Ufer angelangt, raffte ich meine ganze Kraft zusammen, um einen Rundgang um die Insel zu unternehmen. Ich war überzeugt, daß kein menschliches Wesen jemals den trostlosen Ort bewohnt hatte. Ich täuschte mich jedoch und kam von meinem Irrtum ab, als mein flüchtiger Blick dicke, durch die Zeit halbverfallene Mauern bemerkte. Sie schienen vor mehreren Jahrhunderten erbaut zu sein.

In diesem Steinring, der einst Häuser umschlossen hatte, ließ ich ein Zelt aufschlagen, um hier die Nacht zu ver-

* Entstanden während Napoleons ersten Urlaubs in Korsika.

bringen. Die Matrosen schliefen an Bord. Ich war allein. Dieser Gedanke beschäftigte mich einen Teil des Abends in ziemlich angenehmer Weise. Ich befand mich sozusagen in einer kleinen Welt, wo für meinen Unterhalt irgendwie gesorgt war, fern den Verführungen der Menschen, ihren ehrgeizigen Intrigen, ihren vergänglichen Leidenschaften. Warum hätte ich hier nicht glücklich oder doch mindestens ruhig und zufrieden leben können? Mit diesen Gedanken schlief ich ein. Man darf glauben, daß ich mich öfters mit Robinson Crusoe verglich. Wie er war ich König meiner Insel. Noch hatte ich den ersten Schlummer nicht hinter mir, als helles Licht und Schreckensrufe mich aufweckten. Mein Erstaunen wurde zur Angst, als ich italienische Worte vernahm: „Stirb! Unglücklicher! . . .“

Ich hatte keine Waffe als meinen Rohrstock. Ich ergriff ihn und ließ mich dabei von meiner Matratze fallen. Der Ausgang meines Zeltes war versperrt. Ich rang noch mit einem Entschluß, als Feuer ins Zelt geworfen wurde und der Ruf ertönte: „So müssen alle umkommen!“ Der Ton, in dem diese schreckliche Drohung gesagt wurde, ließ mich vor Entsetzen erstarren. Doch ich faßte Mut und halb erstickt vom Rauch gelang es mir, mich zu befreien und aus dem Bereich des Feuers zu kommen. Ich suchte nach dem hinterlistigen Feinde, der mich auf so unmenschliche Weise hatte töten wollen, aber ich sah niemand und hörte keinen Laut. Man stelle sich meine Lage vor!

Noch erfüllt von der kaum überstandenen Gefahr, beunruhigt über die mir vielleicht noch bevorstehenden unbeschreiblichen Dinge, die ich nicht voraussehen konnte, nackt und dem heftigsten Sturm ausgesetzt, wurden die Schrecken dieser Lage noch gesteigert durch das Tosen der Wellen und das Dunkel der Nacht. Im Schein der Flammen, die mein Lager umzüngelten, sah ich die Ruinen, in denen ich mich niedergelassen hatte. Sie schienen zu sagen, daß alles in der Natur untergehen müsse, auch ich.

So blieb ich kaum eine Viertelstunde, als ich Lärm vernahm und einen Augenblick später zwei Menschen herankommen sah. Waffenlos, wie ich war, versteckte ich mich hinter dem Zelt. Vielleicht konnte ich vernehmen, warum sie so grausam waren, denn ich konnte mir nicht vorstellen, daß sie ohne triftigen Grund auf die Menschen böse waren. Mein Erstaunen war groß, als folgende Worte mein Ohr trafen:

„Mein Sohn, am Rand des Grabes hast du deinen Vater den schärfsten Gewissensbissen ausgeliefert. Mein Gott, höre die Klagen dieses bedauernswerten Opfers! Es ruft den Ewigen an, der seit so vielen Jahren unser Leben fristet. Mein Sohn, was hast du getan? Vielleicht hast du den Seelen unserer Landsleute selbst einen Landsmann geopfert. Vielleicht ist es einer der guten Engländer, die unsere flüchtigen Mitbürger schützen . . . Nein! Nein! Mein Herz kann es nicht überleben. Ich habe das Unglück meiner Heimat, das Unglück meiner Familie, mein eigenes überstanden, so lange als mein Herz nichts von Schuld wußte, aber wenn meine weißen Haare vom Verbrechen besudelt sind . . . Leb wohl, mein Sohn! Ich sühne deine Schuld. Ja, die lodernden Flammen mögen sie tilgen . . . Ich verzeih dir, mein Sohn. Lebe, um mich zu rächen, und verzeih den Unterdrückern der Heimat nie . . . Lege ihnen auch dieses neue Verbrechen zur Last sowie auch den Tod deines Vaters."

Diese Worte ließen mich aufleben. Eine solche Lage ist schwer zu schildern. Ich werfe mich dem guten Alten zu Füßen. „Ja, Vater", sage ich, „ich bin Engländer und einer eurer Freunde. Was ich eben hörte, tröstet mich über das unglückliche Ereignis, das mir beinahe das Leben gekostet hätte." Der Alte drückte mir seine Freude aus, dann führte er mich in die Höhle, die er bewohnte. „Sei willkommen, Engländer, und gebiete hier. Edelmut soll überall geehrt werden." Es würde kein Ende nehmen, wollte ich alles wiedergeben, was wir sprachen. Ich bat ihn, mir zu erzählen, was ihn dazu veranlaßt habe, die menschliche Gesellschaft zu fliehen. Und er begann:

„Korsika hat mir das Leben gegeben und zugleich die heiße Liebe und ihre Unabhängigkeit. Wir schmachteten damals in den Ketten der Genuesen. Als ich 20 Jahre alt war, entfaltete ich zum erstenmal die Fahne der Freiheit, und mein junger Arm errang Siege über die Unterdrücker, die meine Landsleute noch vor zehn Jahren besangen . . . Einige Jahre später riefen unsere Peiniger die Deutschen zu Hilfe. Was hatten wir den Deutschen getan, daß sie uns bekriegten? Aber sie hatten die Rechnung ohne den Wirt gemacht. Oft sahen wir die kaiserlichen Adler vor unsern flinken Berghirten fliehen . . . Alles Schlechte in der Welt findet Freunde. Die Franzosen kamen ihnen zu Hilfe. Sie wurden geschlagen, dann schlugen sie uns. Das flache Land und die Städte unterwarfen sich. Ich flüchtete mit denen von meinen Landsleuten, die geschworen hatten, für die Freiheit der Heimat zu sterben.

Nach verschiedenen Wechselfällen wurde Paoli di Rostino oberster Richter und General. Wir vertrieben die Unterdrücker. Wir waren frei und glücklich, als die Franzosen, die Feinde aller Freien, mit Feuer und Schwert wiederkamen. In zwei Jahren zwangen sie Paoli zur Flucht und das Volk zur Unterwerfung. Ich und meine Freunde und Verwandten — führten den Krieg noch acht Jahre weiter. In dieser Zeit sah ich 40 meiner Gefährten sterben; sie wurden als Verbrecher hingerichtet. Wir hatten beschlossen, uns zu rächen. Eines Tages stiegen wir von den Bergen nieder, an die 60 Mann — der traurige Rest der Freiheitskämpfer. Unten nahmen wir über 100 Franzosen gefangen. Wir führten sie nach unserem Wohnort. Da erfuhren wir, daß die Unterdrücker ihn besetzt hatten. Ich verließ sofort meine Leute, um meinem unglücklichen Vater zu Hilfe zu eilen. Ich fand ihn in seinem Blute liegen. Er hatte nur noch die Kraft, mir zu sagen: ‚Räche mich, mein Sohn. Das ist das erste Naturgesetz. Stirb, wie ich, das schadet nichts, aber erkenne nie die Franzosen als Herren an.‘ Ich setzte meinen Weg fort, um meine Mutter zu suchen. Ihren nackten, mit Wunden bedeckten Leib fand ich in der empörendsten Lage. Meine Frau, drei meiner Brüder waren an eben dieser Stelle aufgehängt. Sieben meiner Söhne, von denen drei noch nicht fünf Jahre alt waren, hatten dasselbe Schicksal erlitten. Unsere Hütten waren niedergebrannt, das Blut unserer Schafe mischte sich mit dem meiner Angehörigen. Ich suchte meine Tochter und fand sie nicht. Rasend, wahnsinnig vor Wut, wollte ich unter den Hieben dieser Räuber sterben, die meine ganze Familie getötet hatten. Meine Gefährten hielten mich zurück. Wir begruben unsere unglücklichen Angehörigen und beschlossen, — o Gott! was beschlossen wir nicht! . . . Aber endlich faßten wir den Entschluß, die verfluchte Insel zu verlassen, wo die Tiger herrschten. Unser Schiff landete in Gorgona. Die Landschaft gefiel mir und ich blieb. Ich behielt nur drei Flinten und vier Faß Pulver. Meine Gefährten setzten ihre Fahrt nach Italien fort. Ich sah das Schiff, das sie davontrug, ohne Kummer abfahren. Ich hatte für drei Tage Nahrungsmittel. Es gibt wenige Orte auf der Erde, wo der Mensch nicht etwas Nahrung fände. Die Gebäude, in denen wir wohnten, sind die Ruinen eines alten Klosters. Die Zisterne existiert noch. Die Fische und die Meertiere, die Eicheln von den Bäumen, die ihr hier seht, dienen mir als Nahrung. Ich betrachte mich hier als Beherrscher eines Reiches. Es gibt viele Vögel auf diesen Felsen, aber ich töte keinen; sie sind meine Untertanen. Und wie sollte ich sie töten, da ich sie nie sehe . . . Die Schicksalsschläge, die meine Tage vergifteten, haben mir auch das Licht der Sonne verhaßt gemacht. Niemals strahlt sie für mich. Ich schöpfe nur bei Nacht frische Luft, um meine Schmerzen nicht durch den Anblick der Berge aufzuwühlen, wo meine Ahnen als freie Männer lebten. Der kleine Kiefernwald, den ihr hier zur Seite seht, gibt uns mehr Holz, als wir brauchen, und dieses Holz dient uns auch zur Beleuchtung.

Beim Schein der Fackeln leben wir. Unsere Wege, unsere Fischzüge werden von einem Licht erhellt, das zwar nicht so hell scheint, wie das eure, aber wenigstens scheint es nur über gerechte Handlungen.

Ein Jahr verging ohne irgendwelches Ereignis, als ich eines Tages im Dezember, ungefähr zu dieser Stunde, bei der Zisterne Wachtfeuer erblickte, die mir die Ankunft von Menschen anzeigten. Ich schlich mich so leise wie möglich heran und erblickte sieben Türken, die drei gefesselte Menschen bei sich hatten. Ich sah, wie sie sie losbanden, den einen töteten und die beiden anderen laufen ließen, ohne ihnen etwas zu essen zu geben. Dann gingen sie wieder auf ihr Schiff. Nachdem ich mich vergewissert hatte, daß die beiden Ausgesetzten keine Franzosen waren, beschloß ich, ihnen Zuflucht zu gewähren. Ich begab mich deshalb zu meiner Behausung zurück und zündete ein großes Feuer an. Durch den Schein angelockt, kamen die zwei heran. Groß war meine Überraschung, ich erkannte meine Tochter. Der andere war ein junger Franzose. Aus Rücksicht auf meine Tochter schenkte ich ihm das Leben. Ihr wißt, sagte ich, daß ich der Feind Eures Volkes bin, und bei dem Gott, den sie beleidigt haben, Rache geschworen habe und Tod allen, die in meine Gewalt fallen. Aus Rücksicht auf meine Tochter nehme ich Euch davon aus. Sucht Euch eine Behausung auf der Insel, weit weg von der meinigen. Verlaßt sie nur, wenn die Sonne über dem Horizont steht. Ich schenke Euch das Leben. Ein Verstoß würde Euren Tod zur Folge haben. So vergingen drei Jahre, ohne daß mich die Neugier angekommen wäre, zu sehen, ob er noch lebte. Nach Ablauf dieser Zeit ging ich hin und fand keine Spur mehr von ihm. Ich weiß nicht, was aus ihm geworden ist. Aber ich danke Gott, der mich von dem schlechten Menschen befreit hat.

Vor sechs Jahren wurde ich durch mehrere Kanonen- und Musketenschüsse geweckt. Die Sonne war eben aufgegangen. Obwohl ich großes Verlangen hatte, meine Behausung zu verlassen, wollte ich meinen Eid doch nicht brechen und wartete die Nacht ab. Als sie ihre Schleier ausgebreitet hatte, machte ich ein großes Feuer und schickte mich an, rund um mein Königreich zu wandern. Ich erblickte sieben Männer, auf der Erde in Decken gehüllt liegend. Vier andere pflegten sie. Die vier kamen zu mir. Ich Wahnsinniger hatte nicht die Geistesgegenwart, mich zu verteidigen. Sie rissen mich am Bart, schlugen und verhöhnten mich, nannten mich einen Wilden. Sie wollten von mir wissen, wo es Wasser gäbe. Ich sagte es nicht, um sie für ihre Schlechtigkeit zu strafen. Es waren Franzosen von drüben. Meine Tochter, die mir fast immer folgte, kam gerade hinzu, als ich mißhandelt wurde. Mit einem Flintenschuß tötete sie zwei dieser Räuber.

Die beiden anderen brachten sich in Sicherheit. Das Schiff war in ziemlicher Entfernung und konnte sich der Felsen wegen nicht nähern. Ich rief ihnen zu, sie sollten ihre Kranken holen. Da schickten sie drei Leute, die herüberschwammen. Ich ließ alle an Bord gehen. Aber welch fürchterlicher Undank! Kaum waren sie auf ihrem Schiff, als sie einige Kanonenschüsse gegen die Reste der Ruinen abfeuerten, die sie für meine Wohnung hielten.

Seit dieser Zeit habe ich mir von neuem geschworen, keinen einzigen Franzosen mehr zu schonen. Vor einigen Jahren habe ich zwei französische Schiffe sinken sehen. Einige gute Schwimmer retteten sich auf die Insel, aber wir gaben ihnen den Tod. Wenn wir sie gerettet hätten, weil sie Menschen sind, so töteten wir sie, weil sie Franzosen waren.

Vergangenes Jahr ist ein Postschiff, das zwischen Korsika und Frankreich verkehrt, beinahe hier gestrandet. Die furchtbaren Hilferufe der Unglücklichen drangen mir zu Herzen. Ich habe mir diese Schwachheit seither oft vorgeworfen, aber ich bin nur ein Mensch, und ehe man das Herz eines Königs oder eines Herrschers hat, muß man alle Gefühle ersticken, die uns an die Natur binden; und ich war erst seit elf Jahren König. Ich machte also ein großes Feuer an der Stelle, wo sie landen konnten, und rettete sie dadurch. Ihr denkt vielleicht, daß sie mir dankbar waren? Nein! Kaum angekommen, spielten sie sich als Herren auf. Zwei von ihnen begleiteten einen Verbrecher, den sie an Bord ließen. Ich fragte, was er getan hätte. Sie antworteten, er wäre ein korsischer Bandit, und solche Leute verdienten alle gehängt zu werden. Mein Zorn war maßlos. Aber was geschah mir! Sie erkannten, daß ich Korse war, und wollten mich mit fortschleppen. Ich wäre ein Schurke, den man rädern müßte. Darauf legten sie mich in Ketten. Für meine Auslieferung, sagten sie, werde eine Belohnung ausgesetzt. Ich war verloren. Am eigenen Leib sollte ich für meine Schwachheit bestraft werden. Meine erzürnten Ahnen nahmen Rache, weil ich die schuldige Rache für ihre Seelen nicht genommen hatte. Doch der Himmel, der meine Reue sah, vergab mir. Das Schiff wurde sieben Tage lang aufgehalten. Es trat Wassermangel ein, und sie mußten wissen, wo ein Brunnen sei. Notgedrungen versprach man mir die Freiheit und band mich los. Diesen Augenblick benutzte ich und stieß zweien dieser Hunde den Dolch der Rache ins Herz. Da erblickte ich zum erstenmal die Sonne. Wie herrlich strahlte sie! Aber wie konnte sie einen solchen Verrat sehen!

Meine Tochter war geknebelt auf dem Schiff zurückgeblieben. Glücklicherweise hatten die brutalen Kerle nicht bemerkt, daß sie eine Frau war. Ich mußte auf Mittel sinnen, sie zu befreien. Nachdem ich lange überlegt hatte, zog ich die Kleider des einen von mir getöteten Soldaten an, bewaffnete mich mit zwei Pistolen, die ich bei ihm fand, mit seinem Säbel und vier Dolchen. So ging ich aufs Schiff. Der Kapitän und ein Schiffsjunge waren die ersten, die das Schwert meines Zornes traf. Dann fielen alle übrigen unter meinen wütenden Händen. Ich nahm alle Geräte, die der Schiffsmannschaft gehörten, an mich. Wir schleppten die Leichen an den Fuß unseres Altars und verbrannten sie. Dieser neue Weihrauch schien der Gottheit wohlgefällig zu sein.“

*An die Mutter* *

Paris, den 29. März 1785

Meine liebe Mutter!

Da die Zeit meinen ersten Schmerzausbruch etwas beruhigt hat, beeile ich mich, Ihnen heute für die Güte, die Sie für uns gehabt haben, zu danken. Trösten Sie sich, meine liebe Mutter, die Umstände erfordern es. Wir werden unsere Aufmerksamkeit und Dankbarkeit verdoppeln und glücklich sein, wenn wir Sie durch unseren Gehorsam ein wenig über den Verlust Ihres geliebten Gatten trösten können. Ich schließe, meine liebe Mutter. Mein Schmerz gebietet es mir. Ich bitte Sie, beruhigen Sie sich. Meine Gesundheit ist vorzüglich und ich bete alle Tage, daß Ihnen der Himmel ähnliches Wohlergehen schenke. Grüßen Sie

* Beim Tode des Vaters.

Zia (Tante) Gertrude, Minana (Großmutter) Saveria, Minana Fesch usw.

Ihr Sie sehr liebender Sohn

Napoleon di Buonaparte.

P. S. Die Königin von Frankreich ist am 27. März, 7 Uhr abends, eines Prinzen genesen. Er heißt Herzog der Normandie.

## *ÜBER KORSIKA*

Am 26. April 1786

Heute tritt Paoli in sein einundsechzigstes Lebensjahr. Würde sein Vater Hiacinto Paoli je geglaubt haben, daß er, als er auf die Welt kam, eines Tages zu der Zahl der tüchtigsten Männer des modernen Italiens gerechnet werde.

Die Korsen waren in diesen unglückseligen Zeiten (des Jahres 1725) mehr als je durch die genuesische Tyrannei zugrunde gerichtet. Entwürdigter als Tiere verbrachten sie in ständiger Unordnung ein unglückliches und für die Menschheit erniedrigendes Dasein. Von 1715 an indessen hatten einige Gemeinden die Waffen gegen die Tyrannen ergriffen, aber erst im Jahre 1729 begann eigentlich dieser Aufstand, in dem sich so viele Handlungen einer außerordentlichen Unerschrockenheit und eines dem der Römer vergleichbaren Patriotismus ereigneten. Erörtern wir dies nur ein wenig! Haben die Korsen das Recht gehabt, das genuesische Joch abzuschütteln? Folgen wir der Tradition, so haben Völker immer unrecht, sich gegen ihre Herrscher zu erheben. Die göttlichen Gesetze verbieten es. Was haben aber die göttlichen Gesetze mit einer rein menschlichen Sache gemein? Aber begreift man die Albernheit dieses allgemeinen Verbotes, das diese göttlichen Gesetze erlassen, sogar das Joch eines Usurpators niemals abzuschütteln? So ist ein Mörder, der hinreichend geschickt ist, um sich nach der Ermordung des angestammten Fürsten des Thrones zu bemächtigen, sofort durch die göttlichen Gesetze geschützt, während er, wenn es ihm nicht geglückt ist, verurteilt worden wäre, sein verbrecherisches Haupt auf dem Blutgerüst zu verlieren. Sagt mir nicht, daß er in der anderen Welt bestraft werden wird, weil ich das ebenso von allen bürgerlichen Verbrechern behaupten könnte. Daraus würde sich ergeben, daß sie in dieser Welt nicht bestraft werden sollen. Es ist übrigens klar, daß ein Gesetz immer von dem Erfolg des Verbrechens, das es verdammt, unabhängig ist.

Was die menschlichen Gesetze anbelangt, so kann es deren keine geben, sobald der Fürst sie mit Füßen tritt. Entweder hat das Volk diese Gesetze aufgestellt, indem es sich dem Fürsten unterwarf, oder es hat sie der Fürst eingeführt. Im ersteren Fall ist der Fürst unverbrüchlich verpflichtet, die Verträge auf Grund seiner fürstlichen Eigenschaft selbst einzuhalten. Im zweiten Fall müssen diese Gesetze die Ruhe und das Glück der Völker zum Hauptzweck der Regierung haben. Wenn dies nicht stattfindet, ist es klar, daß das Volk zu seinem primitiven Naturzustand zurückkehrt, und daß die Regierung, die für den Endzweck des Gesellschaftsvertrages nicht sorgte, sich von selbst auflöst. Aber sagen wir mehr: der Vertrag, mit welchem ein Volk die höchste Autorität in die Hände irgendeiner Körperschaft legt, ist kein Kontrakt, das heißt, das Volk kann die Souveränität, die es überantwortet hat, wieder zurücknehmen. Die Menschen im Naturzustande bilden keine Regierung. Um eine solche zu errichten, ist es nötig, daß jedes Individuum der Änderung zustimmt. Die Grundlage dieser Abmachung ist notwendigerweise ein gegenseitiger Vertrag. Alle so verpflichteten Menschen haben Gesetze gemacht. Sie waren also souverän. Aus der Schwierigkeit sich oft zu versammeln oder aus einer anderen Ursache wird das Volk seine Autorität wieder einer Körperschaft oder einem besonderen Menschen übergeben haben. Aber niemand ist an Verpflichtungen gebunden, die er wider seinen Willen eingeht. Es gibt keine früheren Gesetze, die das Volk, das, welcher Regierung es auch unterstehe, im Grunde als der Herrscher angesehen werden muß, nicht aufheben könnte. Anders verhält es sich mit den Beziehungen, die es mit den benachbarten Völkern möglicherweise angeknüpft hat.

Öffnet die korsischen Annalen, leset die Denkschriften seiner wackeren Inselbewohner, jene von Michele Merolloum; aber noch mehr, leset die von der Republik selbst vorgeschlagenen Friedensentwürfe, und aus den Heilmitteln, die sie darin anführen, werdet ihr die Mißbräuche ersehen, die dort herrschen mußten. Ihr werdet darin sehen, daß das Wachstum der Republik auf der Insel durch den Verrat und die Schändung des Rechtes der von Bonifacio und den gesetzgebenden Leuten von Capo Corso überlisteten Gastfreundschaft begonnen wurde. Ihr werdet darin ersehen, daß sie durch die Stärke ihrer Marine mehrere Unzufriedene unter den Einwohnern der Gemeinden von Istria gegen die Republik von Pisa unterstützten, die einen Teil davon besaß. Schließlich, wenn sie durch List, Treulosigkeit und Glück dazu gelangten, die Befehle des Staates gutheißen zu lassen, die Republik von Genua zum Souverän zu erklären, werdet ihr darin den so sehr von den Korsen geforderten Pakt ersehen und welche Bedingungen es waren, die ihr souveränes Fürstentum konstituieren sollten.

Aber aus welcher Nation ihr auch immer stammt und wäret ihr selbst ein Exeunuch des Serails, haltet mit eurer Entrüstung bei den Einzelheiten der Grausamkeiten zurück, die sie anwendeten, um sich zu verteidigen. Paolo, Colombano, Sampietro, Pompiliani, Gafforio, berühmte Rächer der Menschheit, Helden, die ihr eure Landsleute von den Wutausbrüchen des Despotismus befreitet. Was waren die Belohnungen eurer Tugenden? Dolche, ja, Dolche!

Moderne Verweichlichte, die ihr fast alle in einer milden Sklaverei dahinschmachtet. Diese Helden stehen zu hoch über euren feigen Seelen; aber betrachtet das Bild des jungen Leonardo, eines jungen Märtyrers des Vaterlandes und der väterlichen Liebe. Welche Todesart beendigte deine heroische Laufbahn im Lenze deiner Jahre? Ein Strick.

Bergbewohner, wer hat euer Glück getrübt? Friedliche und tugendhafte Menschen, die ihr glückliche Tage im Schoße eures Vaterlandes verbrachtet, welcher barbarische

Tyrann hat eure Wohnungen zerstört? Viertausend Familien wurden in kurzer Zeit gezwungen, auszuwandern. Ihr, die ihr nur euer Vaterland habt, durch welches unvorhergesehene Ereignis sehe ich euch in fremde Himmelsstriche verschickt? Das Feuer verzehrt eure ländlichen Hütten, und ihr habt keine Hoffnung mehr, mit euren heimischen Göttern zu leben. Könnten die rächenden Furien dich in den schrecklichsten Martern den Mord der Zucci, Rafaelli und anderer berühmter Patrioten büßen lassen, die du abschlachten ließest trotz der Gesetze der Gastfreundschaft, die sie in deinen Palast gerufen hatten, elender Spinola! Durch welche Todesart würde die Republik zögern, die Stützen der korsischen Freiheit untergehen zu lassen?

Wenn es durch die Natur des Gesellschaftsvertrages bewiesen ist, daß eine nationale Körperschaft sogar ohne einen Grund den Fürsten absetzen kann, was wäre es mit einem Privatmanne, der, indem er alle natürlichen Gesetze schändet und Verbrechen und Grausamkeiten begeht, gegen die Institution der Regierung sich kehrt? Kommt dieser Beweggrund den Korsen nicht besonders zustatten, da die Souveränität oder vielmehr das Fürstentum der Genuesen nur konventionell war. So haben die Korsen in Befolgung aller Gesetze der Gerechtigkeit das genuesische Joch abschütteln können und können es mit dem der Franzosen ebenso machen. Amen.

## *ÜBER ROUSSEAU*

9. Mai 1786

Rousseau! Einer Deiner Landsleute, einer Deiner Freunde *, ein tugendhafter, von Vorurteilen freier Mensch, läßt es sich angelegen sein, jene Ansichten zu zerstören, die Du seiner Meinung nach über die Religion in politischer Beziehung hast. Nicht aus Leidenschaft, die so oft die geheime Triebfeder menschlicher Handlungen ist. Weder dünkelhafter Haß noch Neid bewegen ihn, sondern die reine, erhabene

* Dieses Fragment bezieht sich auf das Buch des Genfer Geistlichen Roustan: „Offrande aux autels et à la Patrie.“

Wahrheit. Er beugt sich ihr und ist überzeugt, daß Du seine heilige Überzeugung achtest. Daher gibt er seine Gedanken über das achte Kapitel Deines „Gesellschaftsvertrages“ kund. Zweifellos genügt es nicht, Tugend zu besitzen und die Wahrheit zu lieben, um Rousseau zu bekämpfen. Er war ein Mensch, und daher glaube ich, daß er nicht alles richtig erfaßt hat. Daher handelt es sich nicht um eine jener vereinzelten Ideen im „Gesellschaftsvertrag“, sondern um eines der wichtigsten Kapitel, um eine Idee, die notwendigerweise vertieft werden muß, wenn man den Unterschied zwischen den modernen und den alten Regierungsformen herausfinden will.

Ist die christliche Religion für die politische Verfassung eines Staates gut? Rousseau zweifelt so sehr daran, daß er sagt: „Die katholische Religion ist augenscheinlich so verwerflich, daß es verlorene Mühe wäre, wenn man sich das Vergnügen machen wollte, das Gegenteil zu beweisen.“ Alles, was die soziale Einigkeit stört, taugt nichts; alle Einrichtungen, die den Menschen mit sich selbst in Widerspruch bringen, sind wertlos. Da diese Prinzipien unbestreitbar sind, so kann sie auch Herr Roustan nicht widerlegen, und doch verneint er, daß dies bei den reformierten Kirchen der Fall sei.

Was die katholische Religion betrifft, so ist es von absoluter Augenscheinlichkeit, daß durch sie die Einheit des Staates gebrochen wird.

Vertiefen wir uns in die Vernunftgründe, die Roustan gegen Rousseau anführt. Es ist wahr, daß das Christentum und die Regierungen als gemeinsamen Zweck das Glück der Menschen beabsichtigen. Folgt aber daraus, daß die Einigkeit des Staates nicht gestört werde? Ohne Zweifel, nein. Sie gelangen zum selben Ziel, aber auf entgegengesetzten Wegen. Das Christentum macht glücklich durch die Verachtung, die es gegen alle uns auf dieser Welt zugefügten Leiden einflößt; es verbietet den Menschen die Befolgung eines jeden Gesetzes, das dem seinigen zuwiderläuft, verbietet jeden ungerechten Befehl auszuführen, selbst wenn er vom Volke ausginge. Es wendet sich also gegen das Fundamentalgesetz der gesellschaftlichen Ordnung, die Grundlage der Regierung, denn es setzt an Stelle des allgemeinen Willens, das die Souveränität bildet, sein besonderes Vertrauen.

Da wir einmal von der Politik sprechen, müssen auch die Übelstände in Betracht gezogen werden. Das Unangenehme bei der Verteidigung, die das Evangelium aufstellt, ist im christlichen Staate so gefährlich, daß es völlig die gesellschaftliche Einigkeit stört, weil die Diener des Gesetzes und die Diener der Kirche nicht die gleichen sind. Die Geistlichen bezwecken gerade damit, daß sie sich an bestimmte Regeln halten, ein Zuwiderhandeln der Befehle des Herrschers. In der Tat, welcher Gerichtshof kann entscheiden, ob dieser oder jener Befehl ungerecht ist? „Das Gewissen", antwortet man mir. Was aber leitet das Gewissen? Man sieht also, daß der Staat nicht mehr ein Ganzes ist. Folget diesem Schlusse, und ihr werdet sehen, daß die Antwort des Vicomte d'Orthe sehr verschieden ist hinsichtlich eines christlichen Staates. Denkt euch doch selbst den Einfluß, den die Diener der Kirche auf die Gesetze haben können, um so mehr, da ihr, um dem Mißbrauch der Wahlen vorzubeugen, selbst zu aufgeklärten und tugendhaften Geistlichen ratet. Ihr fühlt also, daß sie auf den Staat mehr Einfluß ausüben als die Diener des Gesetzes. Da indes die Diener der Kirche niemals, oder fast niemals Bürger, sondern immer nur Diener sind, so wird es stets einen Kompetenzkonflikt geben.

Ich werde keine große Anzahl von wirklichen Widersprüchen oder Inkonsequenzen anführen, in die Herr Roustan fällt. Ich habe ja genügend genannt. Es ist jedenfalls unzweifelhaft, daß das Christentum, selbst das der reformierten Kirchen, die Einigkeit des Staates zerstört. Erstens, weil es das Vertrauen, das man in den Diener des Gesetzes haben muß, vermindert, und zweitens, weil es infolge seiner Verfassung eine besondere Körperschaft bildet, die nicht nur an das Herz des Bürgers appelliert, sondern auch oft den Ansichten der Regierung entgegen ist.

Und ist diese Körperschaft übrigens nicht vom Staate unabhängig? Sie ist es, da sie nicht den gleichen Grundsätzen unterworfen ist. Verteidigt sie etwa das Vaterland, die

Gesetze, die Freiheit? Nein! Ihr Reich ist nicht von dieser Welt. Sie ist also niemals staatsbürgerlich.

Kann man daraus, daß das Christentum die Einigkeit des Staates zerreißt, schließen, daß es die Ursache so vieler Wirren gewesen ist, die die christlichen Staaten erschüttert haben? Rousseau behauptet es. Darum muß diese Frage vertieft werden. Daß sich der Geist, indem er den gewundenen Wegen der Metaphysik folgt, in einer Ansicht, einer Voraussetzung, einem Grundsatz verirrt, ist eine Eigentümlichkeit der Menschheit, wie sie uns die Erfahrung alle Tage beweist. Aber daß Jean Jacques, daß der Verfasser des „Emile" und des „Contrat Social", dieser tiefe, alles durchdringende Mensch, der sein Leben zum Studium der Menschen verwendete, daß Rousseau, der uns so gut die kleinen Triebkräfte großer Handlungen enthüllt hat, eine falsche Folgerung machte, daß er die Prinzipien schlecht kannte, die die christlichen Staaten der ganzen Wut bürgerlicher Mißhelligkeiten ausgeliefert haben, davon wird mich Herr Roustan schwer überzeugen. Doch lassen wir allen Enthusiasmus beiseite. Wer vermag die Unbeständigkeit des menschlichen Geistes zu kennen? Jener vorzügliche Taucher, der den wilden Ozean untersuchte, der furchtlos bis auf den Grund des Meeres sah und die Abgründe erblickte, die sein Leben bedrohten, verlor dieses Leben unglücklicherweise auf ganz ruhiger See. Man muß den Geist unterscheiden, den das Christentum durch seine Verfassung dem Klerus mit dem bestimmten Sinn des Gesetzes gegeben hat. „Du bist mächtiger als der Herrscher selbst", sagt der eine, „Du hast Reichtümer nötig, um deinen Rang aufrecht zu erhalten und anderen Klassen des Staates Ehrfurcht einzuflößen." Diese Stimme, die sich ohne Unterlaß vernehmen läßt, dringt schließlich durch. Vorher sagt ihnen aber das Evangelium: „Bleibet arm." Sie umgehen bald diesen Rat. Nun, Rousseau greift nur den Geist der Verfassung an, der, indem er die Einigkeit des Staates zerbricht und die Diener der Religion mächtig, reich und für ihre intoleranten Dogmen entflammt macht, die Ursache aller dieser Kriege war, die die christlichen Staaten gespalten haben.

Der Vorwurf, den sie den christlichen Kaisern machten, gebührt vielmehr dem Christentum, da es eine natürliche Folge davon ist. Von zwei Meinungen über ein Dogma gibt es notwendigerweise nur eine gute, nämlich die von Jesus Christus. Jede Partei unterstützt ihre Meinung mit demselben Starrsinn. Man kommt dabei zu Beschimpfungen, weil es sich darum handelt, das Volk zu gewinnen. Jeder blickt den andern mit Abscheu an und glaubt auf der Stirn seines Gegners die Hölle und ihre Strafen zu sehen. Wer wird nachgeben? Nicht allein die Schande, die Eigenliebe verhindern es, sich als besiegt zu bekennen, sondern das Ansehen, der Reichtum, die Gunst des Volkes. Man besteht also hartnäckig darauf. Der, der sich nicht auf dem Weg des Herrn befindet, soll nicht die Vorteile seiner Kreaturen genießen. Man muß ihn zum mindesten der zeitlichen Güter berauben. Was werden die Diener des Gesetzes bei alldem tun? Werden sie ihr Urteil über beide Parteien abgeben? Welche Verwegenheit! „Wessen unterstehen Sie sich?“ Diese Frage gehört nicht in ihr Fach. Es handelt sich um die andere Welt. Das sind die verachteten Gesetze. Kühne Sterbliche, Ihr atmet und glaubt euch nicht den Gesetzen unterworfen! Euer Reich ist von der andern Welt, und ihr stört diese hier! So hat das Christentum die Einigkeit des Staates zerbrochen, so hat es die Kriege in die Welt gesetzt, die fast alle Staaten Europas zerfleischt haben.

Die Politik, sagten Sie, habe daran viel Schuld gehabt. Ich stimme dem bei. Was folgt daraus? Ist es in einem Staat nicht gefährlich, daß Ehrgeizige Vorwände finden können, ihn zu stören? So hat der Geist der christlichen Verfassung, weit entfernt, den Staat zu befestigen, ihn nur erschüttert, indem er die Einigkeit der Regierung zerbrach und damit gewaltige Vorwände für die Menge schuf, um die Maßnahmen der Ehrgeizigen zu beschönigen. Aber der Grund, den Sie anführen, um Ihre Meinung zu unterstützen, ist komisch.

Mit triumphierender Miene fragten Sie, warum die protestantische Schweiz, die französischen und piemontesischen Calvinisten nicht durch bürgerliche Zwistigkeiten erschüttert worden sind. Warum? Weil sie einen gemeinsamen Feind, den Papisten, hatten. Solange die Christen verfolgt und durch die Heiden bedrückt wurden, waren sie die Demütigen, die Guten. Der Geist der Verfassung, der sich nachher zeigte, war in Ohnmacht begraben. Die politischen Kriege, die für die Völker nötige Wachsamkeit, auf daß der Fürst sie nicht des Restes ihrer Freiheiten beraubte, die noch zahlreichen alten Papisten, das Bedürfnis, der römischen Liga zu helfen, das die Protestanten Deutschlands empfanden, das alles wären Gründe, aus denen die Schweden vor Religionskriegen bewahrt blieben. Doch lassen wir die Annalen Europas ungeöffnet: wir würden darin viele andere Übel entdecken, die von den verschiedenen reformierten Sekten ins Leben gerufen wurden.

Bevor man die Irrtümer, in die Jean Jacques gefallen ist, rügen will, müßte man ihn lesen. Sie erfassen den Sinn seiner Reden nach dem Buchstaben, selbst wenn er sagt, daß die Idee eines Königreiches der anderen Welt niemals in die Köpfe der Heiden eindringen könnte. Das heißt, die Heiden würden es niemals erfassen können, daß eine Versammlung von Menschen einfach aus religiösen Beweggründen eine Gesellschaft bildete. Sie kannten zu sehr das menschliche Herz, um nicht augenscheinlich zu sehen, daß das auf die Zerstörung sowohl ihrer Religion als ihrer Regierung abzielte und daß jene Christen eines Tages Despoten in dieser Welt sein würden, was sie auch dagegen einwendeten.

Das Unsinnige, was Sie uns auf Seite 26 sagen, ist derart, daß man es unmöglich im besten Sinne widerrufen kann. Man kann Sie nur auf die Lektüre Ihres Projektes verweisen. Wartet man, bis das Feuer die Stadt verzehrt hat, um die Brandstifter zu verhaften? Sie begreifen also nicht, daß es unmöglich war, die Wirkungen der christlichen Verfassung zu beweisen, da sie sich erst durch ihre Natur entwickelt hat, als sie mächtig war. Diese Wirkungen waren ohne Zweifel schwach, weil sie noch der Einigung entbehrten, der Kraft, da die Verfassung nicht vollendet war. Die Kraft, die man braucht, um sich vorzubereiten, mit aller Stärke Herrscher zurückzuweisen, die euch angreifen und denen ihr gewohnt seid zu gehorchen, ist sehr verschieden von jener enthusiastischen Wut, sich zum Märtyrer machen zu lassen. Das eine drückt Seelengröße aus, das andere Fanatismus.

Wenn ein Kaiser nicht eher christlich wird, wenn der Wohlstand nicht eher am Christentum scheitert, als bis alle Staatsressorts zerbrochen sind, so ist es klar, daß diese Religion der Regierung in nichts helfen kann. Im Gegenteil, sie wird durch ihre schnelle Verderbnis der Gesellschaft nur unendlich schaden können.

Sehen Sie das in den alten Religionen? Zweifelsohne nein. Wenigstens folgt die Religion dem Grad der Verderbnis der Regierung. Denken Sie über die christliche Verfassung nach und Sie werden darin die Quelle der Kriege, ja, ich wage zu sagen, der geringen Achtung finden, die wir der Religion entgegenbringen.

Sie geben also zu, daß Sie es nicht verstehen, wie der Klerus Herr und Gesetzgeber in Ihrem Lande sein kann. Glauben Sie, daß Sie uns dadurch argwöhnen lassen, daß Rousseau keine Ahnung davon hatte, als er dies sagte? Nein, nein! Sie lassen vielmehr durchblicken, daß er besser getan hätte, nie etwas darüber zu schreiben. Der Klerus ist überall, wo er eine an mehrere Staaten grenzende Körperschaft bildet, darin Herr, daß seine Entscheidungen von allen übrigen Körperschaften des Staates unabhängig sind. Er ist darin Gesetzgeber, daß er über das Gewissen herrscht. Schließlich tut er alles, was er unternimmt, despotisch.

Wir gehen daran, die Gründe zu vertiefen, die Herr von Roustan anführt, um zu beweisen, daß das Christentum keineswegs die Freiheit des Staates zerbricht und durchaus nicht die Ursache der Kriege war, die die christlichen Staaten erschütterten.

Trennt das Christentum die Bürger vom Vaterland? Das ist die zweite Frage, der man nachgehen muß. Rousseau bejaht sie. Herr von Roustan stützt sich zunächst auf die Autorität Montesquieus, was nicht allein nichts entscheidet, sondern nur gegen ihn spricht. Alles, was er von Seite 42 bis 44 sagt, genügt vollständig, um die Meinung Jean Jacques zu bestätigen, oder es ist vielmehr vollständig unnütz. Er will das Christentum rechtfertigen. Wer greift es in dem Sinn an, in dem er es verteidigt? Denn es handelt sich nicht darum, zu wissen, ob Jesus Christus gut oder schlecht gehandelt hat, sondern einfach, ob das Christentum die Bürger vom Staate trennt.

„Da die Freiheit verloren war, handelte es sich nur mehr darum, die Sklaven vor weiterer Entartung zu bewahren und, da sie sich nicht mehr als Bürger lieben konnten, sie zu lehren, sich als Menschen zu lieben." Wenn es die Absicht des Evangeliums war, die Sklaven zu disziplinieren, so wäre die Frage entschieden. Wenn die Christen sie lehrten, daß man sich „noch Achtung verdienen könnte, wenn man für die moralische Freiheit sterbe, wie man sich ehemals die Unsterblichkeit errang, indem man für die politische Freiheit starb", so ist es klar, daß in ihren Seelen ein Wunsch durch einen andern ersetzt wurde und dann: „Ade Vaterland." Wenn sie sie lehrten, diese stolzen Tyrannen übten ihre Macht willkürlich nach ihren Launen aus, ihr Ruhm sei nur ein Wetterleuchten, ihre Macht nur Schwäche, ein Gott, vor dem sie nur Gewürm seien, beleuchte genau ihr ganzes Gebaren, der Tod stehe in ihren Diensten und führe sie bald zu seinem Richterstuhl, um die Strafen oder Belohnungen zu empfangen, die ihre Verwaltung verdiente", so schlossen die Sklaven daraus, daß ihnen ein Tyrann durch Gott gegeben war, daß die Strafe nur dem geziemte, der ihn eingesetzt hatte. Damit entfällt die Selbstachtung, die in einer Regierung so notwendig ist. Würde man nach all diesem erwarten, daß Herr von Roustan uns sagte, „die christliche Religion setzte die Völker instand, ihre politische Freiheit wieder zu erlangen, wenn sie dazu die Gelegenheit finden? Ein geeintes sittliches Volk hat nur zu wollen, das Joch abzuschütteln, um es zu zerbrechen." Aber Sie sagten uns ja, das Ziel des Evangeliums sei, die Sklaven zu disziplinieren. Zu diesem Zweck wäre es indes höchst ungeschickt von dem Evangelium gewesen, ihnen Energie zu verleihen und den Willen einzuflößen, das Joch des Herrschers abzuschütteln. Welche erstaunlichen Widersprüche! Aber bebetrachten wir Ihren Grundsatz etwas näher! „Ein geeintes sittliches Volk", sagen Sie, „hat nur zu wollen, das Joch abzuschütteln, um es zu brechen." — „Die Christen geeint!" Sagen Sie doch so etwas nicht! Die Christen können allerdings niemals entzweit sein. Die Ruhe ist ihr Element, doch die politische Einheit ist dem gegenüber ein warmes Gefühl, das sich sehr wenig mit der christlichen Kälte und dem christlichen Pyrrhonismus verträgt. Wenn man aber auch Ihre Anschauung zulassen würde, so bliebe doch immer der Mangel des Willens, denn sobald der Wille... (der Satz ist unvollendet geblieben). Die Einheit des Staates besteht nicht allein darin, daß es weder eine Körperschaft noch Privatpersonen gibt, welche die Mittel durchkreuzen können, die er anwendet, um zum Ziel zu gelangen, sondern die Gefühle, welche die verschiedenen Institutionen einflößen, müssen das gleiche Ziel erstreben. Flößt uns indes nicht das Christentum ausdrücklich für die rein menschlichen Handlungen Gleichgültigkeit ein?

Allerdings ist das Christentum bestrebt, uns glücklich zu machen. Auch die Regierung beabsichtigt, uns glücklich zu machen. Folgt aber daraus, daß das Christentum die Freiheit des Staates nicht zerstört? Wir zweifeln daran. Sie können zum selben Ziel gelangen, aber auf gänzlich entgegengesetzten Wegen. Das Christentum macht uns glücklich, indem es uns all das Schlechte erblicken läßt, das wir als Strafe Gottes empfinden, und das uns im anderen Leben vergolten werden soll. Es sagt: dieses Leben ist glücklich durch die Hoffnung auf ein zukünftiges Dasein. Das Ziel der Regierung ist im Gegenteil, dem Schwachen eine kräftige Hand gegen den Starken zu leihen und dadurch jedem die süße Ruhe, den Weg des Glückes, genießen zu lassen. Indes, sobald die Diener des Gesetzes nicht gleichzeitig Diener der Religion sind, ergibt sich daraus für diese gesellschaftliche Ordnung ein besonderer Geist, und dieser Geist ist umso stärker, als sein Reich metaphysisch ist. Die Gefühle des Bürgers sind also zwischen den Dienern des

Gesetzes und denen der Religion geteilt. Das dem Menschen natürliche Gefühl ist jedoch: herrschen zu wollen! Urteilen Sie selbst, ob eine Gesellschaft, die ohne Macht allmächtig ist, nicht wünschen soll, wirkliche Macht zu besitzen. Das ist auch geschehen. Daher behaupte ich, daß das Christentum die Einigkeit des Staates zerstört, weil eine Gesellschaft existiert, die einen besonderen und von dem Geist des Staates unabhängigen Geist besitzt: die Jesuiten.

Aber Sie selbst gestehen, Jesus habe den Menschen gesagt, Gott sei der erste König und sie sollen ungerechten Befehlen nicht gehorchen. Sie machen also den Untertan zum Richter über die Taten des Herrschers. Das Gewissen, sagen Sie, wird sein Richterstuhl sein. Aber wer leitet das Gewissen? Die Diener der Religion. Sie sehen also wohl ein, daß hier die Einigkeit des Staates zerstört ist.

Sie sagen, es sei für die Monarchien des Heidentums zu wünschen gewesen, wenn dieser Grundsatz angenommen worden wäre. Ich will es gern glauben. Das Christentum mag die Sitten geglättet haben, doch das hat keinen Bezug zu unserer Frage.

Sehen Sie denn nicht, daß alles, was Sie mir vom Vicomte d'Orthe sagen, ganz verschieden von dem Geist des Paganismus oder einer anderen Religion ist? Die Einigkeit hätte ebenso existiert, weil es nur eine Körperschaft gab, die es als ihre Tat ansehen konnte, anstatt, daß hier die Diener der Religion sich anmaßten, sie zu beschützen oder wenigstens sie zu befürworten. Daß es gut oder schlecht ist, würde aus der Frage hervorgehen. Aber Sie geben ja das zu, was Sie ableugnen wollen! Sie bringen stillschweigend zum Ausdruck, daß der Priester bereit sein würde, das Volk bei ungerechten Befehlen zum Aufruhr zu reizen. Sie sagten uns, der Fürst könne diesen Übelstand vermeiden, wenn er tugendhafte Priester auswählt. Das geht aus der Frage hervor. Ich aber sage Ihnen, Sie befinden sich im Widerspruch mit sich selbst. Und wieso? Sie sagten uns, Jesus habe ermahnt, keinem ungerechten Befehl zu gehorchen. Je tugendhafter ein Diener der Religion sein werde, desto mehr werde er die Lehren Jesus Christus' befolgen. Denn ich verstehe unter einem Rebellen einen Menschen, der den Befehlen des Herrschers nicht gehorcht.

Sie sagten uns, die Kaiser begingen einen großen Fehler, als sie die Priester bereicherten. Sie begreifen also nicht, daß das eine ganz natürliche Folge war. Zuerst war es die Macht, die sie über das Gewissen des Fürsten hatten, und schließlich konnten sie dem Staate Gutes oder Schlechtes zufügen. Was! Sie möchten, daß ein Mensch, eine Körperschaft, die mächtiger als irgend jemand ist, nicht reich sei? Blicken Sie doch ein wenig in das menschliche Herz! So war also der Reichtum des Klerus eine natürliche Folge seines Geistes, niemals von der Regierung abzuhängen. Folglich muß auch das auf Rechnung des Christentums gesetzt werden, ebenso wie die Mißbräuche und die Kriege, die es hervorgebracht hat. Ich sage: Unabhängigkeit der Regierung! Das ist klar. Weil sie zuerst durch ihre geistige Unabhängigkeit notwendigerweise Einfluß auf das Zeitliche haben muß.

Die Evangelien haben gut predigen: „Gehorchet dem Herrscher." Was sind mir diese Worte! Nicht sie suche ich, sondern die Triebfeder und die Konstitution, die das Gegenteil beweisen. Ebenso haben die Evangelien gut sagen: „Bleibe arm und ehrbar", doch ihre Institution sagt: „Seid reich." Aber indes man selbst dem strengen Geist des Christentums folgt, wird die Einigkeit im Staate gebrochen. Dies ist sowohl durch die Vernunft als durch die Folgen des Geistes der Konstitution bewiesen. Rousseau hat Recht gehabt, wenn er sagte, die Lehre Jesus' habe jederzeit Spaltungen verursacht und niemals habe sie aufgehört, die christliche Welt zu erschüttern. War dieser Argwohn der Häresie nicht eine Folge der Unduldsamkeit und Kleinlichkeit des Christentums? Sehen Sie zu, ob der Paganismus etwas Ähnliches bewirkte. Es liegt mir wenig daran, ob die Kirchen sich christlich betragen haben oder nicht, da doch diese Kriege einfach eine Folge der Konstitution des Christentums sind. Das ist alles, was ich brauche. Es ist ja gerade das, was Rousseau behauptet, nämlich, daß nach der zerstörten Einheit die Bürgerkriege ausgebrochen sind, weil sie von den Dienern der Religion gutgeheißen wurden. Aber es scheint, daß Sie Rousseau nicht begriffen haben! Er sagt nicht, daß das Evangelium direkt diese Mißbräuche veranlaßt, sondern die Folge der Mißbräuche der politischen Verfassung des Christentums ist es. Aber nehmen wir an, daß Rousseau in der Tat gesagt hätte, das Evangelium flöße Zwietracht ein. Der Beweis, den Sie ihm entgegensetzen, ist lächerlich. Der Despotismus verwandelt sich immer in Tyrannei. Daraus folgt, daß einige gute Fürsten ihre Untertanen nicht glücklich machen könnten? Die Schweiz ist nicht durch innere Kriege erschüttert worden, weil sie Rom zu bekämpfen hatte und weil die Kleinheit der Kantone außerdem eine Folge der helvetischen Verfassung ist. Die Protestanten Schwedens, Dänemarks, Frankreichs haben keinen Krieg unter sich geführt, weil sie Rom zu bekämpfen hatten.

Aber warum, bitte ich Sie, verteidigen Sie lieber die Protestanten von Augsburg als die römischen Katholiken. Weder der eine noch der andere will Sie anerkennen.

Trotz des Freundestitels, den Sie Rousseau verleihen, sind Sie nicht dazu geschaffen, seine Werke zu lesen. Um zu beweisen, daß die Heiden den Begriff eines Königreiches der anderen Welt haben konnten, sagen Sie uns, daß mehrere... (Lücke), daraus ersehe ich wohl, daß Sie Rousseau nicht verstehen. Die Politiker und die Cäsaren des Heidentums konnten niemals an die Aufrichtigkeit der Christen glauben. Sie konnten sich nie mit einem metaphysischen Reich begnügen. Und daraus ersieht man, daß ein tiefer Politiker sein Werk verhehlt. Die Heiden hätten erwarten müssen, daß die Christen sich offen erklärt hätten? Nehmen Sie an, eine Armee rücke heran, um in Ihre Stadt einzudringen, sie hat indessen keine schlechte Absicht geäußert...

# ÜBER DIE VATERLANDSLIEBE*

Ich habe kaum das Alter der ersten Leidenschaften erreicht; mein Herz ist noch von dem Aufruhr bewegt, den diese erste Kenntnis der Menschen in unseren Gedanken hervorruft, und Sie, gnädiges Fräulein, verlangen, daß ich eine Frage erörtere, die eine tiefe Kenntnis des menschlichen Herzens verlangt. Aber ist der Gehorsam gegen Sie nicht der einzige Titel, der mich als würdiges Mitglied Ihrer vertrauten Gesellschaft erhalten könnte? Betrachten Sie also diese Abhandlung weniger als ein Erzeugnis des Geistes und des Wissens, denn als getreues Bild der Gefühle, die mein Herz bewegen, in das vielleicht noch nicht die ganze Verdorbenheit der Menschen eindringen konnte.

Wenn ich Sparta und Rom mit unseren modernen Zeiten vergleichen müßte, würde ich sagen: Hier herrschte die Liebe und dort die Vaterlandsliebe. Durch die entgegengesetzten Wirkungen, die diese Leidenschaften hervorbringen, wird man ohne Zweifel ermächtigt, sie für unvereinbar zu halten. Eines aber ist zum mindesten sicher, nämlich: ein dem galanten Leben ausgeliefertes Volk verliert selbst den Grad von Kraft, den es braucht, um zu begreifen, daß Patriotismus existiert. Das ist der Standpunkt, zu dem wir heute gekommen sind. Wenige Personen glauben an Vaterlandsliebe. Welche Menge von Werken sind nicht erschienen, um Vaterlandsliebe als Hirngespinnst hinzustellen? Das Gefühl, das die erhabenen Taten des großen Brutus vollbrachte, sei also nur Täuschung? Römer, ihr als erstes Volk der Welt durch eure einfachen Sitten, eure Seelengröße und eure umfassenden Kenntnisse, ihr habt euch alle getäuscht! Ihr habt dem Brutus wie einem Helden Altäre errichtet. Wohlan, erfahret von mir, daß dieser große Mann nur ein Narr war, den die Eigenliebe irreführte, als er auf offener Straße das Racheschwert der Gesetze in die Brust seiner Söhne stieß. Ihr glaubtet, daß er von jener Leidenschaft

* Diesen Aufsatz widmete der junge Leutnant Bonaparte einer unbekannten Dame, nachdem er in Paris sein erstes Liebesabenteuer erlebt hatte. Verfaßt im Jahre 1787.

belebt war, die euch alle hinriß. Nun, diese erhabene Leidenschaft, die ihr uns so sehr rühmt, ist nur Eigenliebe und ihr seid recht ungeschickt gewesen, euch so durch beispiellose Wildheit verführen zu lassen. Man sieht die Eitelkeit den Sieg über die väterliche Liebe davontragen. Das ist, meine Herren, der Eindruck, den ich angesichts der Frage, die ich erörtern soll, empfinde. Ruhmesliebe, sagt man, habe alle die vielen Handlungen hervorgebracht, die die Nachwelt mit Recht feierte, die unsere Geschichtsschreiber aber als Produkt der Vaterlandsliebe erwähnen.

Kann die Ruhmesliebe oder Menschenachtung eine solche Menge Handlungen hervorgebracht haben, die die Nachwelt unter dem Namen Vaterlandsliebe feierte, wie unsere modernen Sophisten behaupten? Wenn wir jedoch die Unzulänglichkeit dieser Behauptung beweisen, was wird dann die Triebfeder jener berühmten Patrioten gewesen sein, die einen so ausgezeichneten Platz in den Annalen der Welt innehaben? Was für Leidenschaften werden es sein, die dem Patriotismus zugrundeliegen?

Das, gnädiges Fräulein, wären die Gedanken, die ich Ihnen entwickeln möchte. Ich hoffe, Sie werden dessen würdig sein. Zugleich bin ich glücklich, mir das Vergnügen verschafft zu haben, Ihre Aufmerksamkeit in einer Plauderstunde zu fesseln.

Öffnen wir die Annalen der Staaten. Ohne Zweifel sind wir von den Handlungen eines Philipp, Alexander, Karl des Großen, Turenne, Condé, Machiavelli und so vieler anderer berühmter Männer begeistert, die in ihrem Heldenleben von der Achtung der Menschen getragen wurden. Und welch hohes Gefühl beseelt uns beim Anblick des Leonidas und seiner dreihundert Spartaner! Sie begeben sich nicht in einen Kampf, sondern sie gehen in den Tod für das Schicksal, das ihr Vaterland bedroht. Sie trotzen den vereinten Kräften des Orients, um als erste Stützen der Freiheit zu gehorchen; aber du, die du heute an deinen Triumphwagen das Herz der Männer fesselst, deren Verdienst in einem glänzenden Äußern besteht, betrachte hier deine Siegesfeier und erröte über das, was du nicht mehr bist. In deinen

Annalen werde ich den größten Beweis der Unzulänglichkeit des Ruhms finden. Welche Heldinnen triumphierten in der Welt von Sparta? Ich sehe, wie sie an der Spitze anderer Bürger durch Jubelrufe patriotischen Glückes die Siege feiern: Oh, ihr Thermopylen, ihr umschließet das Grab meines Gatten, möchtet ihr denselben Dienst meinem Sohn erweisen, wenn Tyrannen jemals mein Vaterland bedrohen sollten! Wie, ihr, die ich mit der Myrte geschmückt sehe, ihr seid die erhabenen Träger des größten Heldenmutes? Es wäre also nichts als niedrige Ruhmesliebe? Aber ist die Ruhmesliebe nicht der Wunsch, seinen Namen durch die Stimme der Öffentlichkeit gefeiert zu sehen? Hatten die spartanischen Frauen nichts Ähnliches zu hoffen? (Waren das nicht die gewöhnlichen Eindrücke, die die Neuigkeit einer Schlacht hervorbrachte, wie die Lust ihrer Verwandten, dabei zu sein?) Diese nun zeigten sich triumphierend in den Tempeln und auf den öffentlichen Plätzen, während die Mütter und Frauen jener, die davongekommen waren, sich nicht zu zeigen wagten. Ja, das sind des Vaterlandes würdige Dinge. Sie sehen also, daß die Ruhmesliebe nicht der Antrieb der Spartaner gewesen sein kann.

Aber wenn die Ruhmesliebe die Ursache zu Handlungen der Republikaner und Monarchisten gewesen ist, woher kommt dann der erstaunliche Unterschied der Gefühle, die uns allein bei der Erzählung dieser Taten beseelen, von woher kommt selbst die Verschiedenheit der Handlungen? Aristides, der weiseste der Athener, Themistokles, der ehrgeizigste, außerdem der Schrecken des Großkönigs, und alle beide die Retter und Wiederhersteller ihres Vaterlandes sind durch eine schimpfliche Verbannung belohnt worden. „Oh, ihr Götter, könntet ihr die Ungerechtigkeit meiner Landsleute ebenso vergessen, wie ich selbst ihnen verzeihe“, sagte Aristides, indem er einen letzten Blick auf sein undankbares und teures Vaterland warf. — „Sage meinem Sohn“, sagte Cimon, als er sich seiner schmachvollen Einkerkerung unterwarf, „daß ich, da ich kein Bürger mehr bin, auch für ihn nichts mehr bin, und daß Athen immer seine Mutter und sein Vaterland ist.“

Themistokles zog es vor, den Unheilsbecher zu leeren, als sich an der Spitze der Truppen des Orients zu sehen und sich in der Lage zu befinden, seine persönliche Beleidigung zu rächen. Er konnte ohne Zweifel hoffen, Griechenland zu unterjochen. Welcher Ruhm für die Nachwelt und welche Genugtuung für seinen Ehrgeiz! Aber nein, er lebte inmitten der Pracht Persiens, wo er immer sein Land vermißte: „Oh, mein Sohn, wir gingen unter, wenn wir unterlegen wären!" Ein kraftvoller Ausspruch, der immer im Herzen eines wahren Patrioten eingegraben sein sollte.

Mit diesen Zügen von Heldentum können wir die Handlungen eines Robert von Artois, eines Gaston von Orléans, des großen Condé und jener ungeheuren Menge Franzosen vergleichen, die nicht davor zurückschreckten, die Länder zu zerstören, in denen sie geboren wurden. Die einen waren in den Prinzipien der Vaterlandsliebe und die anderen nach denen der Ruhmesliebe erzogen worden. Wagen Sie zu sagen, daß der Patriotismus nichts ist! Ist jemals aus „Nichts" etwas entstanden?

Dion besaß ein großes Vermögen; seine Abkunft war ausgezeichnet und er genoß hohes Ansehen. Was fehlte ihm zu seinem Glück? Schlaffe Charaktere, ihr könnt es nicht erraten und wagt zu sprechen? Sein Vaterland ist Sklave eines Tyrannen, der sein Verbündeter ist, eines Tyrannen, der ihn liebt und schätzt, aber mit einem Wort, eines Tyrannen. Die lodernden Feuer des Patriotismus verzehren seine große Seele. Entflammt durch das heiße Feuer des Patriotismus verläßt der Schüler des großen Plato, der ernste Dion, das glückliche Attika. Lebet wohl, ihr Freuden, die ihr seinen philosophischen Geist entzücktet! Er opfert seine Ruhe. Ein Tyrann herrscht in seinem Vaterland. Fliehe, Dionysius, fliehe doch von diesen Gestaden, ehemals der Schauplatz deiner Grausamkeiten! Dion hat in Syrakus schon das Banner der Freiheit aufgepflanzt, aber die erstaunliche Wirkung der Eifersucht, dieses entsetzliche Ungeheuer, das die Hölle in ihrer Wut ausspeit, gleitet in das Herz der Syrakuser. Die Tollen! Sie wagen die Waffen gegen ihren Retter zu ergreifen; sie greifen von allen Seiten die

Legion an, die heranzieht, um sie zu befreien. Und sie bleibt dem Helden treu, der sie führt! Welche Gefühle sind es also, die sie beleben? „Freunde, die ihr hier die Verteidigung meines Lebens übernehmet“, rief Dion, „vergießet nicht, ich beschwöre euch, das Blut meiner Landsleute!“ Hat ihm die Ruhmesliebe diesen erhabenen Ausspruch in den Mund gelegt? Was hätte der große Condé getan? . . . Saget, meine Herren, was glauben sie, hätte der große Condé bei dieser Gelegenheit getan? Syrakus! Syrakus, du hättest lange die Strafe deiner Undankbarkeit getragen! An seinen Triumphwagen gebunden, hättest du auf immer als Denkmal seines Ruhmes gedient und die Nachwelt hätte ohne Zweifel seine Tapferkeit gepriesen. Aber das sind nicht die Gefühle, die ein Herz bewegen, das nur Vaterlandsliebe empfindet. Während seine barbarischen Mitbürger von jenen Waffen, die er ihnen selbst verschafft hat, Gebrauch machen, um ihm das Leben zu rauben, rief Dion: „Freunde, die ihr hier mein Leben verteidiget, ich beschwöre euch, vergießt nicht das Blut meiner Mitbürger.“ Der Beschützer der Freiheit ist nicht mehr in der Stadt. Schon lassen die Trabanten der Tyrannen Ströme von Blut vergießen. Die Freiheit schwankt in ihrer letzten Festung. Dion genießt seinen Triumph und sieht jene Undankbaren auf ihren Knien, die als Eidbrüchige seinem Leben nachstellten. Aber wie! Du weinst? Tränen sind von deinen stoischen Augen herabgerollt! Wie! Diese Tiger, die als Preis deiner ersten Niederlage nach deinem Blute gedürstet haben, diese Tiger entreißen dir Tränen! Vaterländisches Gefühl, welche Macht hast du über die Herzen! So wie die Sonne den dichtesten Nebel zerstreut, so, o großer Dion, zerstreute dein Anblick die zahlreiche Schar des Tyrannen. Mit welchem Vergnügen sahst du dein Blut fließen! Es besiegelte für lange Zeit die Freiheit von Syrakus. Ihr wollt, daß die Ruhmesliebe diese erhabenen Tränen hervorgebracht hat! Ihr wollt, daß sie diese kurze Ansprache hervorgebracht hat, in der ein Gefühl herrscht, das Jesus Christus allein wieder aufleben ließ. Aber nein! Nein! Die Liebe zur Unsterblichkeit ist ein persönliches Gefühl, das immer der verletzten Eigenliebe nachgibt.

Turenne, der Held Frankreichs, gibt einem persönlichen Interesse nach und stürzt sich gegen sein Vaterland — aber, was sage ich, gibt nach? — gibt den Wirkungen der Rache und der Eigenliebe neue Stärke. Das ist ein mit den entgegengesetzten Leidenschaften zusammenhängendes Gefühl! Condé war (bei Dunes) von der Ruhmesliebe ebenso beseelt wie bei Rocroi und Nördlingen.

Muß man noch Beweise von der Unzulänglichkeit der Ruhmesliebe suchen? Öffnen wir die Annalen dieser kleinen, ohne Zweifel für die Ehre der modernen Zeiten zu wenig bekannten Insel: ein Korse ist verdammt, auf dem Blutgerüst zu enden. So haben es die Gesetze der Republik verlangt. Außer durch die Bande des Blutes war sein Neffe durch Dankbarkeit und die zarteste Freundschaft eng mit seinem Schicksal verknüpft. In der Gemütserregung, die ihn beseelte, umklammerte er die Knie des ersten Beamten, des großen Paoli: „Ist es mir erlaubt, meinen Onkel zu verteidigen? Sind die Gesetze geschaffen, um unser Unglück herbeizuführen? Zweifellos ist er schuldig, aber wir bieten 2000 Zechinen, um ihn loszukaufen. Niemals wird er auf die Insel zurückkehren! Wir werden noch 400 Zechinen herbeischaffen, solange die Belagerung von Furiani dauern wird." „Junger Mann", antwortet ihm Paoli, „Sie sind Korse. Wenn Sie glauben, daß es dem Vaterland Ehre machen kann, so wird man dieses Urteil aussprechen, und ich bewillige Ihnen seine Gnade." Da erhebt sich der edle junge Mann. Die Zuckungen seines Gesichtes drücken hinlänglich den Aufruhr seiner Seele aus. „Nein! Nein! Ich will nicht die Ehre des Vaterlandes für 2000 Zechinen erkaufen. O nein, Onkel, ich würde eher in deinen Armen umkommen." Von welcher Seite aus ich auch diese heroische Antwort ins Auge fasse, ich kann darin keine Spur von Ruhm sehen.

Wenn ich fortführe, gnädiges Fräulein, die Annalen dieser berühmten Nation durchzugehen, welche patriotischen Züge würde ich darin nicht finden? Gaffori, der du mit der Seele des Brutus die Beredsamkeit eines Cicero vereinigtest, du brachtest dem Patriotismus das Opfer deiner väterlichen Liebe. Weder der Ehrgeiz, noch Anhänglichkeit an seine Güter, nicht einmal seine Söhne, Gefangene der Tyrannen, konnten Rivorella versuchen. „Was meine Söhne anbelangt, so wird man sie mir ohne Zweifel zurückgeben müssen. Ich betrachte das Übrige als unwürdig, da es mich persönlich angeht und ohne Frage unter den Verpflichtungen steht, die ich gegen meine Landsleute eingegangen bin; ich sterbe zufrieden, da ich für mein Land sterbe. Paoli, in meine Arme! Ich werde an der Seite von Gaffori und anderer berühmter Patrioten stehn! . . . Einige Amphipolitaner teilten Argileonis den Tod seines Sohnes Brasidos mit, den sie umkommen gesehen hatten: „Ohne Zweifel, nein, Sparta hat noch nichts Ähnliches aufzuweisen." — „Saget dies nicht, meine Freunde; mein Sohn war ein würdiger Bürger, ich will es glauben, aber Sparta zählt in seinen Mauern mehr als siebzig noch würdigere."

In diesen vertraulichen Antworten drückt sich die Gesinnung aus. Jeder Zug, jedes Wort eines Spartaners zeigt ein vom erhabensten Patriotismus entzündetes Herz. Ihr, die ihr den Titel guter Patrioten beansprucht, die ihr nach dieser Gesinnung strebt, empfanget ihn jetzt. Dieser Titel gehört ohne Zweifel nur den von der Tugend bevorzugten Seelen, jenen Menschen, die durch die Stärke ihrer Organe alle ihre Leidenschaften beherrschen und durch ihr weites Gesichtsfeld die Staaten leiten können, um auf den Spuren eines Cincinnatus, Fabricius, Caton und Thrasybulos zu schreiten. Ihr aber, die ihr einfach den Titel guter Bürger beansprucht, denket über Pedaratus nach! Ein leerer Titel wird dem Bouillon verweigert und Turenne, der Held Frankreichs, Turenne, das unbesiegbare Bollwerk des Vaterlandes, Turenne, den es mit seinen Gunstbezeigungen überhäuft hat, nun wohl, nun wohl, Turenne legt die Hütten in Asche, die er so lange verteidigte. Die dem Condé verweigerten Ehrenbezeigungen verletzten seinen Ruhm, und Condé entfaltet die Fahne der Revolution. Das hat in den zwei größten Männern Frankreichs der Durst des Ehrgeizes hervorgerufen. Wie hoch steht Pedaratus, ein einfacher Bürger einer berühmten Republik, in diesem Augenblick über jenen hervorragenden Monarchisten! Als einer der Dreihundert, verlangt er durch ein Gesuch an das Volkstribunal, die oberste Behörde der Republik, erwählt zu werden. Er wird zurückgewiesen. „Sparta, teures Vaterland, du besitzest also dreihundert Bürger, die ehrenwertere Menschen sind als ich. Götter, seid Zeugen meines Jubels! Ah, könnte ich der letzte Patriot sein, der gern um diesen Preis einwilligte, nur Bürger zu sein. Seid somit beschämt, Lobpreiser des Ruhmes. Erweiset der Wahrheit die Ehre! Täuschten denn die Spartaner alle diese erhabenen Gesinnungen nur vor, um sich Ruhm zu erwerben? Es war also nur eine gespielte Gesinnung, und zwar durch eine ganze Stadt gespielt? Aber kenntet ihr den Geist der Menschen, ihr würdet sehen, daß dieser Betrug nicht von langer Dauer sein kann. Das Lächerliche und die Langweiligkeit allein, eine Gesinnung, die man nicht hat, zu erkünsteln, würden es bald bewirken, daß das Volk zum mindesten das ihm unnütze Joch abschüttelt . . .

### *An die Mutter*

Auxonne, Juli 1789.

Meine liebe Mutter!

Ich habe hier keine andere Zerstreuung als Arbeit. Ich kleide mich nur alle acht Tage ordentlich an. Ich schlafe seit meiner Krankheit nur noch sehr wenig. Es ist unglaublich. Ich gehe um 10 Uhr schlafen und stehe um 4 Uhr morgens auf. Ich esse nur einmal am Tage: das bekommt mir sehr gut.

Napoleon.

## *DER GRAF VON ESSEX*

(Dem Englischen nacherzählt)

Der Despotismus Karls II., die Quälereien seines Bruders, des Herzogs von York, der in seinem katholischen Fanatismus die Presbyterianer und die Häupter der Opposition aufs heftigste verfolgte, ließen überall Verschwörungen und Verbindungen entstehen, die die Erhaltung der Verfassung bezweckten. Der Herzog von Monmouth, ein unehelicher Sohn Karls, unterstützte die allgemeine Unzufriedenheit, weil er hoffte, man würde ihm die Krone aufs Haupt setzen.

Vier Jahre bereits regierte Karl ohne Parlament. Er fürchtete die Kühnheit der Republikaner, die seinen Vater aufs Schafott gebracht hatten. Er fürchtete die strenge Gerechtigkeit der Lords Sidney, Russell, Essex u. a.

Die nationale Verfassung, die herrschende Religion waren gefährdet, die königliche Gewalt hatte alles verschlungen. Der einzige Ausweg zur Freiheit war der Tod des Usurpators und man beschloß, ihn aus dem Wege zu räumen. Alles war genau berechnet, der Tag bestimmt, die Maßnahmen vereinbart und das Ergebnis hätte das unterdrückte England gerächt und gerettet.

Aber alles schlug fehl. Die Häupter der Verschwörung wurden festgenommen und in den Tower gesperrt. Im Augenblick, wo diese Nachricht sich in der Öffentlichkeit verbreitete, entstand eine jener Krisen, die alle rechtschaffenen Leute beunruhigen und entmutigen. Graf Essex war als streng moralisch, rechtschaffen und gerecht bekannt. Mit Cato konnte er sagen, daß er sich selbst nie etwas verziehen habe und deshalb auch niemanden etwas nachzusehen brauche. Lord Russel war der Abgott des Volkes. Seine Beredsamkeit, seine Güte, seine Gerechtigkeit in allen seinen Handlungen hatten ihm ein Ansehen verschafft, das allein schon seine standhafte Haltung gegenüber der königlichen Macht begründete. Man sagte von ihm: Wenn die Gerechtigkeit auf die Erde niederstiege, hätte sie nicht anders handeln können als Lord Russel.

Sidney war einer jener unerschütterlichen Patrioten, die Brutus und Thrasea im Herzen tragen. Als einer der ersten hatte er unter Karl I. die Fahne der Unabhängigkeit entfaltet. Er allein widersetzte sich Cromwell. Er allein hoffte auf die Errichtung der Republik. Ein Feind der Monarchie, der Fürsten, der Großen, war Sidney auf Grund ernster

Studien bis zu dem Pakt gelangt, der die Basis aller Konstitutionen bildet.

So waren die drei Männer, die der König jetzt in seiner Gewalt hielt. Russel sprach stets die Wahrheit und sein Prozeß bot daher keine Schwierigkeiten. Man bot ihm vergebens die Flucht an, aber nichts konnte ihn wankend machen. Er starb, wie er gelebt hatte.

Lord Sidneys Blut floß für die gute Sache. Er bedauerte nur, daß er sein Vaterland der Wut zweier Tyrannen überlassen mußte.

Nun blieb noch Essex. Das Volk, das beim Tode der beiden Lords Tränen vergossen hatte, verlangte stürmisch die Begnadigung des Grafen. Die Richter schauderten vor so vielen Verbrechen und wagten nicht, ihn zu verurteilen. Vergebens befahl es der König und drängte der Herzog darauf. Sie zitterten bei dem bloßen Gedanken, und in Erkenntnis des Abgrundes, der sich unter ihren Füßen öffnete, beschlossen sie, den Grafen zu retten.

Es ist unmöglich, die wahnsinnige Wut zu schildern, die den Herzog von York ergriff. Er sah seine Beute ihm entschlüpfen. Das Blut Russels und Sidneys genügte seiner Rachsucht nicht, und da er ein Volk, das er haßte, nicht vernichten konnte, wollte er sich wenigstens an denen, die es vergötterte und die die Ausschließungsbill durchgebracht hatten, rächen.

Alles aber war fruchtlos, und der Graf sollte für unschuldig erklärt werden, als ein schrecklicher Zufall den Herzog aus der Verlegenheit zog. Diese interessante Begebenheit verdient mit allen Details erzählt zu werden.

Am Montag, dem 13. September, herrschte sehr kaltes Wetter. London war wie gewöhnlich in Nebel eingehüllt. Die Gräfin Essex wollte ihren Gatten besuchen. Der Wagen stieß mit einem anderen zusammen und brach, so daß sie mit ein paar Stunden Verspätung eintraf. Sie fand ihren Gemahl gerade dabei, den Tower zu verlassen, da das Urteil schon bekannt war.

Sie verbrachten einen Teil des Tages gemeinsam und verabredeten für den nächsten Tag, einen Dienstag, eine Zusammenkunft. Kurz vor 10 Uhr hatten sich ganz gegen ihre Gewohnheit der König und der Herzog von York in den Tower begeben, den sie seit zwei Jahren nicht mehr betreten hatten. Sie verließen ihn um 11½ Uhr.

Die Gräfin, die ihren Gemahl zärtlich liebte, brannte vor Ungeduld, ihn wiederzusehen. Sie verwendete einige Zeit darauf, Anordnungen für seine Rückkehr zu treffen und begab sich dann zur Ruhe. Kaum war sie im ersten Schlaf, als sie durch ein Geräusch, das sie im Zimmer zu hören glaubte, geweckt wurde. Es war nur ein Traum. Sie wachte indes noch dreimal auf, immer wieder durch ein unheimliches Geräusch, das bei ihrem Erwachen aufhörte. Gequält rief sie ihre Leute, aber der Schlaf bemächtigte sich ihrer, ehe sie kamen. Das Geräusch wird stärker. Da erhebt sich die Gräfin, von Natur mutig, öffnet, schreitet durch ihr dunkles Zimmer und kommt zur Tür. Man denke sich eine Frau, die durch unheilvolle Träume beunruhigt, durch schreckliche Geräusche verstört ist und nun mitten in der Nacht im Dunkeln eines großen Gemaches weilt. Sie schaudert, sie berührt ein scharfes Messer. Das herabfließende Blut erschreckt sie nicht. „Wer du auch seist, stehe still und erkenne die unglückliche Gemahlin des Grafen Essex!" schreit sie auf, und ohne die Sinne zu verlieren, hält sie die Hand wieder vor, findet jetzt den Schlüssel und öffnet. Sie glaubt im Vorzimmer einen Schatten zu sehen, der auf- und abgeht, aber sie fühlt sich zu schwach, um die Sache zu ergründen. Sie schließt die Türe und legt sich wieder nieder. Gegen 11 Uhr morgens kämpfte die Gräfin aufgeregt, bleich und geängstigt gegen einen beunruhigenden Traum. „Jane-Bethsy, Jane-Bethsy, teure Jane." Jetzt schlägt sie die Augen auf, denn das Geräusch hatte sie aufgeweckt, und sah, o Gott! — sah einen Schatten sich ihrem Bett nähern! Er schlug die Vorhänge zurück, nahm sie bei der Hand und sagte: „Jane, du hast mich vergessen, du schläfst, rühre mich an!" Er führte ihre Hand an seinen Hals. Entsetzlich! Die Finger der Gräfin berühren tiefe Wunden und werden ganz blutig; sie stößt einen Schrei aus, verbirgt ihr Gesicht in den Kissen, und als sie wieder hinblickt, sieht sie nichts mehr. Zitternd und bestürzt, das Herz voll banger furchtbarer Ahnungen steigt die Gräfin in ihren Wagen und kommt in den Tower. In Pall-Mall Street hört sie einen Mann aus dem Volke rufen: „Graf Essex ist tot!“ Endlich ist sie im Tower! Man öffnet das Tor. Ein schrecklicher Anblick! Sie sieht den Grafen auf dem Boden ausgestreckt und in seinem Blute liegen. Drei breite Messerstiche haben ihn getötet. Die Hand liegt auf dem Herzen, die Augen gegen den Himmel gerichtet, schien er die ewige Rache anzurufen.

Vielleicht denkt man, Jane habe in ihrer Bestürzung und halben Ohnmacht das Andenken des geachtetsten Mannes durch feige Tränen entweiht? O nein! Sie läßt seinen Leichnam waschen und ihn öffentlich ausstellen.

Das ungeheure Aufsehen, das dieses Schauspiel in London hervorrief, läßt sich schwer nachempfinden. Man wollte das gleiche Schicksal seinen gemeinen Mördern bereiten. Das Volk beschuldigte den König und seinen Bruder.

Dr. Burnet wurde beauftragt, nach den Mördern zu forschen. Zwei Kinder gaben an, sie hätten gesehen, wie aus einem Fenster ein blutiges Messer geworfen wurde. Die Diener des unglücklichen Lords sagten, sie hätten den ganzen Vormittag ruhig verbracht, wären aber gegen 11 Uhr durch den Gouverneur des Tower entfernt worden. Jetzt zweifelte man nicht mehr, wer die Mörder seien. In ihrem grenzenlosen Schmerz ließ die Gräfin ihr Gemach schwarz ausschlagen. Sie verhing die Fenster und beweinte täglich das schreckliche Schicksal ihres Gatten. Erst drei Jahre später, als nach dem Tode des Königs der Herzog von York entthront wurde, erschien sie wieder in der Gesellschaft, befriedigt von der Rache, die ihr der Himmel gewährt hatte.

Seit langem habe ich Geschmack an den öffentlichen Angelegenheiten. Wenn ein Publizist ohne Vorurteile Zweifel haben könnte über die Vorliebe, die er einer Republik oder Monarchie entgegenbringt, so glaube ich heute, daß seine Zweifel gehoben werden können. Man beleidigt die Republikaner und bedroht sie, und als alleinigen Vernunftsgrund gibt man an, daß der Republikanismus in Frankreich unmöglich sei. In der Tat haben die monarchistischen Redner viel zum Sturze der Monarchie beigetragen, denn nachdem sie sich in allerlei unnützen Analysen ergangen haben, sagen sie immer, daß die republikanische Regierungsform unmöglich, weil sie nicht durchzuführen sei.

Ich habe alle Schriften der monarchistischen Redner gelesen. Ich habe daraus die großen Anstrengungen ersehen, eine schlechte Sache zu verteidigen. Sie ergehen sich in Behauptungen, die sie nicht beweisen können. Wirklich, wenn ich Zweifel gehabt hätte, würde die Lektüre ihrer Reden sie mir zerstreut haben!

Sie behaupten, daß 25 Millionen Menschen nicht als Republikaner leben können.

Ohne gute Sitten keine Republik!

Wenn man behauptet, daß 25 Millionen Menschen nicht als Republikaner leben können, so ist das weiter nichts als eine unpolitische Redensart.

# Rede über die an der Akademie von Lyon vorgeschlagene Frage: „Welche Wahrheiten und welche Gefühle sind den Menschen für ihr Glück am meisten einzuprägen?“

Es wird Gesittung geben, wenn die Regierungen frei sein werden. (Raynal.)

Meine Herren!

Die literarischen Gesellschaften hätten nur durch die Liebe zur Wahrheit und zu den Menschen beseelt sein sollen. Aber wo aus Pflicht Vorurteile herrschen, gibt es keine Wahrheit. Es gibt keine Menschen, wo Könige Herrscher sind: es gibt nur Sklaven als Unterdrücker, die niedriger sind als der unterdrückte Sklave. Das ist die Erklärung, warum die literarischen Gesellschaften in allen Zeiten das betrübende Schauspiel der Schmeichelei und der schuldvollsten Kriecherei geboten haben. Das erklärt ferner, warum die wahrhaft nützlichen Wissenschaften, wie Moral und Politik, in Vergessenheit geschmachtet haben oder in tiefe Finsternis gehüllt worden sind. In letzter Zeit haben sie jedoch rasche Fortschritte gemacht. Man verdankt dies einigen kühnen Männern, die, von ihrem Genie getrieben, weder den Zorn der Despoten noch die Gefängnisse der Bastille fürchteten. Diese Lichtstrahlen haben die Atmosphäre erhellt, die öffentliche Meinung aufgeklärt, die, stolz auf ihre Rechte, den Zauber vernichtete, in dem die Nationen seit Jahrhunderten befangen waren. So wurde Raynal der Tugend und sich selbst zurückgegeben, als ihm eine mutige Hand freundschaftlich den Schild reichte, auf dem zugleich seine Pflichten und seine Gleichgültigkeit vorgezeichnet waren. Womit können die unsterblichen Werke dieser großen Menschen besser verglichen werden als mit dem göttlichen Schilde Tassos? Die nach zwanzig Monaten durch Kraft, Kampf und heftigste Erschütterungen erlangte Freiheit wird den Franzosen, der Philosophie und den Wissenschaften stets zum Ruhme gereichen.

Unter diesen Betrachtungen schlägt die Akademie vor, die Wahrheiten und Gesinnungen zu bestimmen, die den Menschen für ihr Glück am wichtigsten einzuprägen sind. Diese Frage ist der Betrachtung des freien Menschen wahrhaft würdig und gereicht zum Lob der Weisen, die sie vorgeschlagen haben: keine könnte besser der Absicht des Gründers entsprechen.

Berühmter Raynal, im Laufe eines Lebens, das durch die Vorurteile und die Großen, die du entlarvt hast, beunruhigt wurde, zeigtest du dich stets beständig und unerschütterlich in deinem Eifer für die leidende und unterdrückte Menschheit. Mögest du jetzt unter den Beifallsbezeigungen eines ungeheuren Volkes, das von dir zur Freiheit gerufen, dir zujubelt, die Bemühungen eines beflissenen Schülers begünstigen, dessen Versuche du einige Male ermutigtest. Die Frage, mit der ich mich beschäftigen werde, ist deiner Feder würdig. Ohne daß ich mich rühme, ihr Können zu besitzen, habe ich mir mit Coreggio gesagt: Auch ich bin ein Maler!

Es ist unerläßlich, zuerst unsere Gedanken über das Glück festzulegen. Der Mensch ist geboren, um glücklich zu sein! Die erleuchtete Mutter Natur hat ihn mit allen zum Zweck seiner Schöpfung nötigen Organen begabt. Das Glück ist also nur der Genuß des seiner Organisation konformen Lebens.

Menschen aller Himmelsstriche, aller Sekten, aller Religionen, sollte es unter euch welche geben, die das Vorurteil mit seinen Dogmen verhindern würde, die Evidenz dieses Prinzips zu erkennen? Nun wohl, sie sollen die rechte Hand auf ihr Herz legen, die linke über ihre Augen, sie sollen zu sich selbst zurückkehren, guten Glaubens sein . . . und dann sagen, ob sie nicht genau so denken wie ich!

Man muß also auf eine unserer Organisation gemäße Art leben, oder man kann nicht glücklich sein.

Unser tierischer Organismus hat unerläßliche Bedürfnisse: Essen, Schlafen, Fortpflanzen! Nahrung, eine Hütte, Kleider, eine Frau sind also unbedingt notwendig für unser Glück.

Unser geistiger Organismus hat nicht minder gebieterische Bedürfnisse, und deren Befriedigung ist bei weitem wertvoller. In ihrer vollständigen Entwicklung besteht erst das wahrhafte Glück. Fühlen und denken ist die eigentliche Aufgabe des Menschen. Darauf gründen sich seine Rechte auf Überlegenheit, die er erworben hat, die er bewahrt und immer bewahren wird.

Das Gefühl empört uns gegen den Zwang. Es macht uns zu Freunden des Guten, des Gerechten, zu Feinden der Unterdrücker und des Bösen. Im Gefühl liegt das Gewissen. Daraus entspringt die Moral. Wehe dem, für den diese Wahrheiten nicht erwiesen sind. Er kennt vom Leben nur den Auswurf, er kennt von den Vergnügungen nur den Sinnengenuß.

Denken heißt vergleichen. Die Vollendung entsteht aus der Vernunft wie die Frucht aus dem Baum. Die Vernunft, der stete Richter, der Zensor unserer Handlungen, muß als unveränderliche Regel dienen. Die Augen der Vernunft schützen den Menschen vor den Abgründen der Leidenschaften, wie ihre Gesetze selbst das Gefühl seiner Rechte näher bestimmen. Das Gefühl läßt die Gesellschaft entstehen, die Vernunft erhält sie.

Man muß also essen, schlafen, sich fortpflanzen, fühlen, denken, um als Mensch zu leben, aber auch, um glücklich zu sein.

Von allen Gesetzgebern, die die Achtung ihrer Mitbürger zu ihrem Amt berief, um ihnen Gesetze zu geben, scheint keiner in diese Wahrheiten tiefer eingedrungen zu sein als Lykurg und Paoli. Sie sind indes auf sehr verschiedenen Wegen dazu gelangt, diesen Wahrheiten in ihrer Gesetzgebung Geltung zu verschaffen.

Die Lacedämonier besaßen Nahrung, Kleidung, bequeme Häuser, kräftige Frauen. Sie berieten in ihren Gesellschaften, sie waren frei in ihrer Regierung. Sie waren froh im Genuß ihrer Kraft, ihrer Geschicklichkeit, ihres Ruhmes, der Achtung ihrer Landsleute, des Gedeihens des Vaterlandes. Sie waren befriedigt in ihren Gefühlen. Sie konnten mit ihren Frauen zärtlich sein, sich an der mannigfaltigen Landschaft und dem schönen Klima Griechenlands ergötzen. Hauptsächlich aber genossen sie ihre Stärke und Tüchtigkeit.

Die Kraft ist das Leben der Seele wie der Hauptantrieb der Vernunft.

Die inneren Gefühle eines Spartaners waren die des starken Mannes, und der starke Mann ist gut, der schwache allein ist böse. Der Spartaner lebte also auf eine seinem Organismus entsprechende Art. Er war glücklich. Aber alles dies ist nur ein Traum. An den Ufern des Eurotas lebt heute der Pascha mit drei Roßschweifen, und der Reisende, betrübt über dieses herzzerreißende Schauspiel, zieht sich mit Entsetzen zurück: er ist auf dem Punkte, einen Augenblick an der Güte des Schöpfers zu zweifeln.

Müssen die Menschen aber, um glücklich zu sein, gleiche Fähigkeiten besitzen? Bis zu welchem Grade soll man Ihnen die Möglichkeit für Gleichheit und Freiheit predigen und einflößen?

Da man fühlen muß, um glücklich zu leben, welche Gefühle soll man den Menschen also einflößen?

Welche Wahrheiten soll man ihnen also enthüllen? Denket, oder es gibt kein Glück.

## *Erster Teil*

Der Mensch erwirbt mit seiner Geburt Rechte auf die zu seiner Erhaltung notwendigen Erzeugnisse der Erde.

Nach den Torheiten der Jugend kommt das Erwachen der Leidenschaften: nachdem man sich einen Spielgefährten ausgesucht hat, schreitet man zur Wahl einer Lebensgefährtin. Der starke Arm des Mannes und seine Bedürfnisse verlangen nach Arbeit. Er blickt um sich und sieht, daß das Land unter wenige verteilt und nur dem Luxus und dem Überfluß dient. Da fragt er sich: was sind denn die Vorrechte dieser Leute? Weshalb besitzt der Nichtstuer alles und der Arbeitende fast nichts? Weshalb haben sie mir, der eine Frau, einen alten Vater und eine alte Mutter zu ernähren hat, nichts gelassen?

Er läuft zu dem Pfarrer, seinem Gewissensrat, und legt ihm seine Zweifel dar: „Mensch“, antwortet ihm der Priester, „denke niemals über die Existenz der Gesellschaft nach ... Gott lenkt alles: überlasse dich seiner Vorsehung ... Dieses Leben ist nur eine Reise ... Die Dinge darin sind durch eine höhere Gerechtigkeit geschaffen, deren Gesetze wir nicht zu ergründen trachten sollen ... Glaube, gehorche, denke niemals und arbeite: das sind deine Pflichten."

Eine stolze Seele, ein empfindsames Herz, ein natürlicher Verstand kann von dieser Antwort nicht befriedigt sein. Er bringt seine Zweifel und Beunruhigungen anderswo vor. Er kommt zu dem Gescheitesten des Landes, zu einem Notar ... „Weiser Mann", sagt er zu ihm, „man hat die Güter des Landes aufgeteilt und hat mir nichts gegeben." Der weise Mann lacht über diese Einfalt, führt ihn in sein Studierzimmer und hier beweist er ihm von Akt zu Akt, von Vertrag zu Vertrag, von Testament zu Testament die Legitimität der Teilungen, über die er sich beklagt. „Was, das sind die Ansprüche dieser Herren", ruft der Entrüstete. „Die meinen sind geheiligter, unbestreitbarer, allgemeiner. Sie erneuern sich mit meinem Schweiße, sie zirkulieren mit meinem Blute, sie sind auf meine Nerven, in mein Herz geschrieben. Sie sind zu meinem Dasein und besonders zu meinem Glück notwendig!" Nachdem er diese Worte vollendet, ergreift er die alten Papiere und wirft sie in die Flammen.

Doch schon fürchtet er jenen mächtigen Arm, den man Justiz nennt. Er flüchtet sich in seine Hütte, um sich in mächtiger Aufregung auf den kalten Körper seines Vaters zu werfen. Dieser verehrungswürdige, erblindete und durch das Alter gelähmte Greis scheint nur noch zu leben, weil ihn der Tod vergaß. „Mein Vater, du hast mir das Leben gegeben, und mit ihm ein leidenschaftliches Verlangen nach Glück. Nun, mein Vater, Räuber haben sich in alles geteilt. Ich habe nur meine Arme, weil sie die mir nicht haben nehmen können. O mein Vater, ich bin also zur beständigsten Arbeit, zur niedrigsten Unterjochung verurteilt! In der Augustsonne wie im Frost des Januars wird es also nie für deinen Sohn Ruhe geben. Um den Preis einer so großen Arbeit werden also andere ernten, was ich im Schweiße meines Angesichts erworben ... Ach, wenn ich doch alles vernichten könnte! Ich muß eine ganze Familie ernähren, unterbringen, kleiden und wärmen! Es wird uns an Brot fehlen; mein Herz bricht, mein Feingefühl stumpft sich ab, mein Verstand umdüstert sich. Oh, mein Vater! Ich werde stumpfsinnig, elend, vielleicht sogar böse leben! Ich werde unglücklich sein! Bin ich dafür geboren?"

„Mein Sohn", antwortet ihm der verehrungswürdige Greis, „der geheiligte Charakter der Natur ist in deinem Busen mit all seiner Kraft eingezeichnet: bewahre ihn immer, um glücklich und stark zu leben, aber höre aufmerksam auf das, was mich achtzig Jahre Erfahrung gelehrt haben. Mein Sohn, ich habe dich in meinen Armen gewiegt, ich habe deine Jugend beschützt und heute, da dein Herz zu sprechen beginnt, sind deine Nerven ohne Zweifel an die Arbeit gewöhnt, aber an eine gemäßigte Arbeit, die den Körper erfrischt, das Gefühl anregt und die aufbrausenden Gedanken beruhigt. Mein Sohn, hat dir nie etwas gefehlt? Deine Kleidung ist grob, deine Wohnung ist bäuerlich, deine Nahrung schlicht, aber noch einmal, hast du nie etwas ersehnt? Deine Gefühle sind rein wie du selbst. Es fehlt dir eine Frau: mein Sohn, du hast sie erwählt; ich habe dir mit meiner Erfahrung bei der Entscheidung deines jungen Herzens geholfen ... o mein gefühlvoller Freund, warum beklagst du dich? Du fürchtest die Zukunft ... Tue immer, wie du getan hast, und du wirst sie niemals fürchten."

„Mein Sohn, wenn ich zu jenen elenden Menschen gehört hätte, die gar nichts besitzen, ich hätte deinen Körper wie das unterjochte Tier behandelt; ich selbst hätte deine Gefühle und Gedanken erstickt; ich hätte aus dir das erste Tier deines Stalles gemacht. Unter das Joch der Gewohnheit gedrückt, hättest du ruhig in deiner Gefühllosigkeit und zufrieden in deiner Unwissenheit gelebt. Du wärest nicht glücklich gewesen, o nein, aber du wärest gestorben, ohne zu wissen, ob du gelebt hättest, denn, mein Sohn, wie du beobachtet hast: um zu leben, muß man fühlen und denken, um von da ab durch das physische Bedürfnis nicht überwältigt zu werden! Ja, junger Mann, möge dich diese neue Weisheit erfrischen, trösten und deine Beunruhigungen besänftigen; diese Fehler, diese Hütte, diese Tiere gehören uns. Ich wollte dich darüber in Unkenntnis lassen: es ist so glücklich und so süß, hinaufzusteigen, so hart, herabzusteigen.

Dein Vater wird bald nicht mehr sein. Er hat genug gelebt. Er hat die wahren Freuden gekannt, er kennt die größte von allen, da er dich noch an seine Brust drücken kann. Eine ganz einzige Sache, mein Sohn, wenn du sie nachahmen willst! Deine Seele ist glühend, aber deine Arbeit, deine Frau, dieses süße Geschenk der Liebe, deine Kinder, wie vieles ist da, um die Leere deines Herzens auszufüllen! Hüte dich nur vor der Gier nach Reichtümern. Reichtümer haben keinen Einfluß auf das Glück, mein Sohn, nur so viel, als sie dir die nötigen physischen Bedürfnisse verschaffen. Du empfindest diese Notwendigkeit und mit ihr die Gewohnheit an die Arbeit; du bist der Reichste des Landes, lerne also deine Einbildung zügeln. Nur die Vernunft herrscht in einer glühenden Seele und einer unordentlichen Phantasie.

Sind die Reichen glücklich? Mein Sohn, sie können es sein, aber nicht mehr wie du. Sie können es sein, verstehst du, denn selten sind sie es wirklich. Das Glück liegt gerade in deiner Stellung, in deinem Stand, weil er der Vernunft und der Neigung entsprang. Der Stand des Reichen ist die Herrschaft einer zügellosen Phantasie, der Eitelkeit, der Sinnesgenüsse, der Launen und Luftschlösser . . . Beneide ihn niemals und wenn man dir alle Reichtümer der Welt anböte! Mein einziger Freund, wirf sie weit von dir, wofern du sie nicht unverzüglich mit deinen Mitbürgern teilst. Aber, mein Sohn, eine so starke und großmütige Handlung kann nur ein Gott vollbringen . . . Sei Mensch, aber sei es wahrhaft! Lebe als dein Herr: ohne Stärke, mein Sohn, gibt es weder Tüchtigkeit noch Glück."

Das sind die Enden der bekannten sozialen Kette. Ja, meine Herren, daß an dem einen Ende zuerst der Reiche sei, gebe ich zu, aber nicht, daß an dem anderen Ende zuletzt der Arme anlangt. Das müßte entweder der kleine Grundbesitzer oder der kleine Kaufmann sein, oder vielleicht der geschickte Handwerker, der mit einer bescheidenen Arbeit seine Familie ernähren, kleiden und beherbergen kann.

Sie werden also dem Gesetzgeber empfehlen, nicht das bürgerliche Gesetz gutzuheißen, wo wenige alles besitzen könnten, sondern er muß sein politisches Problem so lösen, daß auch der Mindeste etwas hat. Er stellt dafür nicht die Gleichheit auf, denn die beiden Extreme sind so entfernt, der Spielraum ist so groß, daß die Ungleichheit gut dazwischen bestehen kann . . . In der Hütte wie im Palast, von Fellen wie von Lyoner Spitzen bedeckt, an dem frugalen Tisch des Cincinnatus wie an dem des Vitellius kann der Mensch glücklich sein; aber auch dieser Hütte, dieser Felle, dieses frugalen Tisches bedarf es. Wie kann der Gesetzgeber darauf Einfluß haben? Wie soll er sein politisches Problem lösen, damit der Geringste etwas hat? Die Schwierigkeiten sind groß! Ich kenne niemand, der diese Frage besser gelöst hätte, als Paoli.

Paoli, dessen vorzüglichste Eigenschaft die Sorge für die Menschheit und seine Landsleute war, der einen Augenblick im Mittelländischen Meer die schönen Tage von Sparta und Athen wieder erstehen ließ, Paoli, erfüllt von jenen Gesinnungen, von jenem Genius, die die Natur in einem Menschen nur zum Trost der Völker vereint, erschien in Korsika, um die Blicke Europas auf sich zu heften. Seine Mitbürger, durch die Bürger- und fremden Kriege zum Besten gehalten, erkannten seine Überlegenheit und riefen ihn aus, beinahe wie einst Solon in Athen ausgerufen wurde, oder die Deamoiren in Rom. Die Angelegenheiten der Insel waren in einer solchen Unordnung, daß nur ein mit einer großen Autorität und einem hervorragenden Genie ausgestatteter Staatsmann allein das Vaterland retten konnte. Glücklich die Nation, wo die soziale Kette nicht genug vernietet ist, um die Folgen eines so verwegenen Schrittes zu fürchten! Glücklich, wenn sie Männer hat, die ein so unbeschränktes Vertrauen rechtfertigen, indem sie sich dessen würdig zeigen!

An das Staatsruder gekommen, durch seine Landsleute berufen, ihnen Gesetze zu geben, schuf Paoli eine nicht allein auf denselben Prinzipien wie die gegenwärtige, sondern auch auf denselben administrativen Einteilungen gegründete Verfassung. Es gab Munizipalitäten, Distrikte, Syndikusse und Kommunalprokuratoren. Er warf den Klerus nieder, eignete der Nation die Güter der Bischöfe an. Die Entwicklungsgeschichte seiner Regierung ist fast die der gegenwärtigen Revolution. Er fand in seiner Tätigkeit sondergleichen, in seiner überzeugenden und warmen Beredsamkeit, in seinem durchdringenden und fruchtbaren Genie, womit er seine aufstrebende Verfassung schützte, die Bestrebungen Übelwollender und Feinde, denn man befand sich damals mit Genua im Kriege.

Aber in unseren Augen ist das Hauptverdienst Paolis, von dem Prinzip durchdrungen gewesen zu sein, daß der Gesetzgeber, als er das bürgerliche Gesetz einführte, jedem Menschen ein solches Stück Eigentum bewahren sollte, daß er mit einer bescheidenen Arbeit davon seinen Unterhalt finden konnte. Daher unterschied er die Grundfläche jeden Dorfes in zwei Arten: die der ersteren waren die für Saaten und Weiden guten Ebenen. Die der zweiten waren die für die Kulturen des Ölbaumes, des Weines, der Kastanien und Bäume jeder Art geeigneten Berge. Die Ländereien der ersteren Art, „Piage“ genannt, wurden öffentliches Eigentum mit einem besonderen Nießbrauch. Alle drei Jahre wurde die „Piage“ jedes Dorfes unter die Einwohner verteilt. Die einer besonderen Kultur fähigen Ländereien der zweiten Art blieben unter der Aufsicht der individuellen Ausbeutung. Durch diese weise Verfügung war jeder Bürger Grundbesitzer, ohne die Industrie zu zerstören, ohne den Fortschritten des Ackerbaues zu schaden, kurz, ohne Heloten zu haben.

Aber nicht jeder Gesetzgeber hat sich in denselben Verhältnissen befunden. Nicht alle haben die Dinge beherrschen und sie zu einem so glücklichen Ende führen können, wie Paoli. Sie haben, im Gegenteil, ihrem Prinzip alle Ehre erwiesen, indem sie die aus der Gesellschaft ausschlossen, die nichts besaßen oder nicht diese oder jene Steuer zahlten. Weshalb diese zweite Ungerechtigkeit? Der Mensch, den die Gesetze nicht in den Stand gesetzt haben, glücklich zu sein, der Mensch, der kein Interesse an der Aufrechterhaltung des bürgerlichen Gesetzes hat, ist dessen Feind. Man hätte ihm sollen einen Teil an Eigentum zusichern, um ihn daran zu interessieren. In Ermangelung dessen schloß man ihn aus der Gesellschaft aus, wie ein niedriges, stumpfsinniges Wesen, das daher unfähig war, ein Stück Souveränität auszuüben. Zweifellos ist es ein politischer Grund, aber vom Standpunkt der Moral, der Menschlichkeit aus? Sähe ich einen dieser Unglücklichen das Staatsgesetz überschreiten, um dann verurteilt zu werden, so würde ich sagen: Es ist der Starke, der den Schwachen opfert ... Es drängt sich mir der Vergleich mit dem Indianer auf, der zugrunde geht, weil er das Gesetz des Spaniers verletzt hat.

Nachdem ihr den Gesetzgeber überzeugt habt, daß er sich bei der Redaktion seines bürgerlichen Gesetzbuches gleicherweise mit dem Schicksal aller Bürger beschäftigen sollte, werdet ihr dem Reichen sagen: „Deine Reichtümer sind dein Unglück. Kehre in die Freiheit deiner Sinne zurück! Du wirst weder unruhig noch seltsam mehr sein. Wie viele junge Ehen gibt es, die elend sind, weil ihnen das mangelt, was in dir diese Unruhe hervorbringt! Du hast zu viel und sie nicht genug. Eure Bestimmung ist die gleiche, nur mit dem Unterschied, daß du, der Klügere, Abhilfe schaffen könntest, während jene nur seufzen können ... Kalter Mensch, klopft denn dein Herz niemals? Ich beklage und verabscheue dich. Du bist unglücklich und bereitest den andern Unglück."

Ohne Frau, haben wir gesagt, gibt es weder Gesundheit noch Glück. Ihr werdet also die zahlreiche Klasse der Hagestolze belehren, daß ihre Vergnügungen nicht die wahren sind, wofern sie nicht, überzeugt, daß sie nicht ohne Frau leben können, sich bei den Frauen anderer die Befriedigung ihrer Begierde holen. Ihr sollt sie von nun an der ganzen Gesellschaft bekanntgeben.

Ihr müßt den seltsamen Dünkel des Dieners Bramas aufdecken: Ihr werdet ihn lehren, daß der glückliche Mensch allein des Schöpfers würdig ist und daß der Fakir, der sich verstümmelt, ein Ungeheuer an Verdorbenheit und Narrheit ist.

Ihr sollt mit Geringschätzung und Verachtung lächeln, wenn man versuchen wird, euch zu überzeugen, daß das höchste Glück im Zölibat besteht. Ihr habt das große Buch der Vernunft und des Gefühls geöffnet; so werdet ihr es verachten, etwas auf die Sophismen der Vorurteile und der Heuchelei zu erwidern.

Möge das bürgerliche Gesetz jedem seine physischen Notwendigkeiten zusichern, möge der unauslöschliche Durst nach Reichtümern durch das köstliche Gefühl des Glückes ersetzt werden. Auf euren Ruf hin sei der Greis der Vater aller seiner Kinder, unter die er gleicherweise seine Güter verteilt. Das harmonische Schauspiel von recht glücklichen Ehen möge auf immer das barbarische Gesetz der Primogenitur abschrecken. Der Mensch solle endlich lernen, daß sein wahrer Ruhm ist: als Mensch zu leben! Mögen bei eurer Stimme die Feinde der Natur schweigen und vor Wut ihre Schlangenzunge verschlingen! Möge der Diener der erhabensten Religion, der Worte des Friedens und des Trostes in die betrübte Seele des Unglücklichen tragen soll, die süßen Wallungen der Herzensergießung kennen; der Nektar der Wollust mache ihn aufrichtig, durchdrungen von der Größe des Schöpfers des Lebens, dann wird er, des öffentlichen Vertrauens wahrhaft würdig, ein Mensch der Natur und der Interpret ihrer Gesetze sein. Er soll eine Lebensgefährtin nehmen: dieser Tag wird der wahre Triumph der Moral sein, und die wahren Freunde der Tugend werden ihn herzlichst feiern. Der gefühlvolle Priester wird das Zeitalter der Vernunft segnen, in dem er die Erstlinge ihrer Wohltaten genießt.

Das sind, meine Herren, vom physischen Gesichtspunkt

aus die Gefühle, die man den Menschen für ihr Glück einprägen muß.

*Zweiter Teil*

Was ist das Gefühl? Es ist das Band des Lebens, der Gesellschaft, der Liebe, der Freundschaft. Es eint den Sohn mit der Mutter, den Bürger mit dem Vaterland. Es ist besonders im Naturmenschen allmächtig. Die Zerstreuung, die Vergnügungen der Sinne stumpfen es in seiner Zartheit ab, aber im Unglück findet es der Mensch immer wieder: diese tröstende Kraft verläßt uns erst gänzlich mit dem Leben.

Seid ihr noch nicht zufrieden? . . . Klettert auf eine der Spitzen des Mont-Blanc! Sehet die Sonne, die sich langsam erhebt, den Trost und die Hoffnung in die Hütte des Arbeiters tragen. Möge der erste Strahl, den sie wirft, vornehmlich in eurem Herzen aufgenommen werden. Erinnert euch der Empfindungen, die ihr genießen werdet.

Steiget herab an die Küsten des Meeres; ihr sehet den Morgenstern sich neigen und sich mit Majestät in den Busen des Unendlichen stürzen. Eine melancholische Stimmung wird euch beherrschen, ihr werdet euch ihr überlassen. Man widersteht nicht der Melancholie der Natur.

Steht ihr vor dem Denkmal von St. Remy? Ihr seid von seiner Hoheit ergriffen. Diese stolzen Römer weisen auf zweitausend Jahre Vergangenheit hin und versetzen eure Phantasie in jene längst entschwundenen Zeiten. Mit Emile lassen sie euch Scipio und Fabius erstehen. Ihr kommet wieder zu euch und seht Berge, die in der Entfernung wie eine schwarze Wolke die unendliche Ebene von Tarascon krönen, wo hunderttausend Cimbern begraben liegen. Die Rhône fließt am äußersten Ende schneller als der Pfeil; ein Weg ist zur Linken, das Städtchen in einiger Entfernung, eine Herde in der Au: ihr träumt ohne Zweifel. Das ist das Gefühl des Traumes.

Verirret euch auf dem Gefilde, flüchtet euch in die dürftige Hütte des Hirten; verbringet darin die Nacht auf Felle gelagert, das Feuer zu euren Füßen. Welche Lage!

Mitternacht schlägt, alle Tiere der Umgebung ziehen aus, um zu weiden, ihr Blöken vermählt sich mit der Stimme des Treibers. Es ist Mitternacht, vergesset es nicht! Welcher Augenblick, um sich in sich selbst zu versenken und über den Ursprung der Natur nachzudenken, indem man die auserlesensten Köstlichkeiten genießt!

Auf dem Rückweg eines langen Spazierganges seid ihr von der Nacht überrascht worden? Kommt ihr beim Schein der silbernen Strahlen im vollendeten Schweigen des Weltalls an? Ihr seid von der Hitze der Hundstage niedergedrückt worden und genießet nun die köstliche Frische und den heilsamen Balsam der Träumerei.

Eure Familie ist zur Ruhe gegangen, eure Lichter sind erloschen, aber nicht euer Feuer, denn die Januarfröste wenden sich gegen die Vegetation eures Gartens . . . Was macht ihr da während mehrerer Stunden? Ich nehme nicht an, daß ihr von der Wut nach Ehrgeiz oder Reichtum erfaßt seid! Was macht ihr? Ihr genießet euch selbst.

Ihr wisset, daß die Metropole von St. Peter in Rom so groß wie eine Stadt ist. Eine Lampe brennt vor dem Hochaltar. Ihr tretet um 10 Uhr abends ein und gehet tastend vorwärts; dieses schwache Licht erlaubt euch nur es selbst zu sehen. Ihr glaubt, kaum das Innere betreten zu haben, und schon ist es die Stunde der Morgenröte. Sie tritt durch die Fenster. Die Blässe des Morgens folgt auf die Finsternis der Nacht. Ihr bemerkt es schließlich, um euch zurückzuziehen, aber ihr seid sechs Stunden dort geblieben! Wenn ich eure Gedanken hätte niederschreiben können, wie würden sie den Moralisten interessieren!

Die Neugierde, die Mutter des Lebens, hat euch nach Griechenland fahren lassen. Ihr seid durch die Strömungen auf die Insel Monte-Christo geworfen worden. Zwei Stunden bleiben euch bis zur Nacht. Ihr suchet eine Zuflucht und habt bald diesen kleinen Felsen durcheilt. Ihr findet in der Mitte auf einer Anhöhe die Trümmer eines alten Klosters. Hinter einem Stück Mauer, bedeckt mit Efeu und Rosmarin, lasset ihr euer Zelt aufrichten. Das rauhe Gebrüll der Wogen, die sich an den Felsen brechen, denn der weite Abgrund des Meeres umgibt euch, vermittelt einen Begriff von dem für den schwachen Reisenden so schrecklichen Element. Eine leichte Leinwand und eine mehr als fünfzehn Jahrhunderte alte Felswand schützen euch. Ihr seid sehr bewegt.

Seid ihr um sieben Uhr am Morgen in eurem blühenden Garten oder in einem weiten Forst, in der Jahreszeit der Früchte? Schlummert ihr in einer, von den Gewässern der Dryaden umgebenen Grotte während der ärgsten Hundstage? Ihr werdet allein sein, um ganze Stunden zu verbringen, ohne euch davon losreißen zu können, noch die Gespräche eines Lästigen auszuhalten, der euch stören kommen will.

Es gibt keinen Menschen, der nicht die Süße, die Melancholie und die Schauder empfunden hat, die die meisten dieser Orte einflößen. Wie würde ich den beklagen, der mich nicht begriffe und der niemals vom Zauber der Natur bewegt worden wäre. Würde uns das Gefühl nur diese köstliche Ergriffenheit empfinden lassen, so hätte es schon viel für uns getan, es würde uns eine Folge von Genüssen ohne Reue, ohne Ermüdung, ohne eine Art heftiger Erschütterung dargeboten haben. Das wäre ihr kostbarstes Geschenk gewesen, wenn die Vaterlandsliebe, die eheliche Liebe und die göttliche Freundschaft nicht auch ebenso freigebig wären.

Ihr kehret nach vier Jahren Abwesenheit in euer Land zurück. Ihr durcheilt die Gegenden, Schauplätze der Spiele eurer ersten Kindheit und Zeugen der Aufregung, die die erste Kenntnis des Menschen und das Aufgehen der Sinne und Leidenschaften in uns hervorbringen. Ihr werdet einen Augenblick lang das Leben eurer Kindheit leben, ihr werdet seine Freuden genießen . . . Ihr fühlet alle Flammen der Vaterlandsliebe . . . Ihr habt, sagt ihr, einen Vater und eine zärtliche Mutter, noch unschuldige Schwestern, Brüder, zugleich eure Freunde; allzu glücklicher Mensch, laufe, eile, verliere keinen Augenblick. Wenn der Tod dich auf dem Weg aufhielte, würdest du nicht die Köstlichkeiten des Lebens kennen gelernt haben: die süße Dankbarkeit, die zärtliche Achtung, die aufrichtige Freundschaft . . . Aber, wendet man ein, ich habe eine Frau und Kinder . . . eine Frau und Kinder! . . . Das ist zu viel, mein Freund, das ist zu viel! Entferne dich davon nicht mehr; die Freude könnte dich bei der Rückkehr ersticken oder der Schmerz bei der Abreise erdrücken . . . Eine Frau und Kinder! Ein Vater und eine Mutter, Brüder und Schwestern, ein Freund! Und man beklagt sich über die Natur, und man fragt sich, warum wir geboren sind! Und man erleidet mit Ungeduld die vorübergehenden Übel und läuft mit Wut den leeren Schläuchen der Eitelkeit und der Reichtümer nach. Welch verderblicher Trank ist es also, ihr unglücklichen Menschen, der so die in euer Blut, auf eure Nerven, in eure Augen geprägten Triebe angreift? . . . Besäßet ihr ein so glühendes Herz, wie der Herd des Ätna, ihr könntet nicht, wenn ihr einen Vater, eine Frau, Kinder habt, die Bangigkeit der Langeweile fürchten.

Ja, das sind die wahren, die einzigen Vergnügungen des Lebens, und nichts kann uns mehr davon abbringen noch schadlos halten. Der Mensch hat sich gut mit allen Gütern des Glückes zu umgeben; sobald seine Gefühle aus seinem Herzen entfliehen, bemächtigt sich dessen die Langeweile; die Traurigkeit, düstere Gedanken, die Verzweiflung folgen, und wenn dieser Zustand andauert, gibt er sich den Tod.

Pontaveri wird Tahiti entrissen: nach Europa geführt, ist er von Sorgen überhäuft. Man vergißt nichts, um ihn zu zerstreuen; ein einziger Gegenstand rührt ihn mächtig und entlockt ihm Tränen des Schmerzes: es ist ein Maulbeerbaum, auf Papier gemalt! Er küßt ihn in einem Freudenausbruch, indem er ausruft: Baum meiner Heimat! . . . Man verschwendet vergeblich an fünf Grönländer alles, was ihnen der Hof von Kopenhagen bieten kann, die Bangigkeit um ihre Heimat, ihre Familie führt sie zur Melancholie und dann in den Tod . . . Dagegen, wie viele Engländer, Holländer, Franzosen haben mit den Wilden gelebt! Diese Unglücklichen waren eben in Europa gesunken. Sie lebten als Spielzeug der Leidenschaften und als trauriger Auswurf der Großen, während der Naturmensch glücklich mit seinem gesunden Menschenverstand lebt.

Wir sahen soeben, wie wir durch das Gefühl uns, die Natur, das Vaterland, die Menschen, die uns umgeben, genießen. Es bleibt uns zu beobachten, wie es uns beim Anblick verschiedener Veränderungen des Lebens erbeben läßt. Hier können wir uns überzeugen, daß es uns, wenn es uns zu Freunden des Guten, des Gerechten macht, gegen den Unterdrücker und Bösen empört.

Eine junge Schönheit ist in ihr sechzehntes Jahr getreten. Die Rosen auf ihrem Teint haben den Lilien Platz gemacht; das Feuer in ihren Augen ist fast erloschen. Die Lebhaftigkeit ihrer Grazie ist nur mehr ein Dahinschmachten in Melancholie . . . Sie liebt . . . Flößt sie dir Achtung, Vertrauen ein? Es ist die Achtung und das Vertrauen des Gefühls. Flößt sie dir Verachtung ihrer Schwäche ein? Es mag sein! Aber sage es mir niemals, wenn dir an meiner Achtung liegt.

Nina liebte, ihr Geliebter starb. Sie hätte auch sterben mögen. Sie überlebte ihn dennoch, aber nur, um ihm treu zu bleiben. Nina hat wohl gewußt, daß ihr Geliebter gestorben war, aber das Gefühl konnte seine Vernichtung nicht begreifen: sie hat ihn immer erwartet, sie würde ihn weiter erwarten . . . Du beklagst geringschätzig ihre Narrheit, harter Mensch! . . . Empfindest du jedoch Achtung vor ihrer Beständigkeit und Rührung für ihren Irrtum? Es ist das Gefühl der Achtung und der Rührung.

Eine angebetete Frau ist gestorben, es ist die deines Feindes. Der Unglückliche ist davon niedergeschmettert, er hat die Gesellschaft der Menschen geflohen. Schwarzes Tuch hat die bunten Farben der Freude ersetzt; zwei Leuchter stehen auf dem Tisch; Verzweiflung ist in seinem Herzen. Er wird so den schleichenden Rest seines Lebens verbringen . . . Gute Seele, du fühlst deinen Haß sich dämpfen, du läufst zu ihrem Grab, um dich mit ihm zu versöhnen. Das ist das Gefühl der Versöhnung.

Ein Unglücklicher seufzt in den Gefängnissen; ihr kennet seine Unschuld und den Bedrücker, der ihn dort eingesperrt hält. Dieser kommt vorbei. Eure Augen entflammen sich, euer Herz krampft sich zusammen, ein allgemeines Zittern teilt sich euren Nerven mit . . . das ist das Gefühl der Entrüstung.

Ihr habet Tacitus gelesen. Wer von euch hat nicht mit dem jungen Cato ausgerufen: „Man gebe mir ein Schwert, um dieses Ungeheuer zu töten!“ Seit zweitausend Jahren empört euch die Erzählung der Taten Sullas, Marius', Neros' Caligulas, Domitians usw.: die Erinnerung an sie ruft Haß und Verwünschungen in euch wach.

Das hassenswerte Schauspiel des jugendlichen Lasters oder der Unschuld in Ketten bricht euch das Herz. Entmutigung kreist in euren Adern, um darin bald den Wunsch nach Rache zu entzünden. Wenn die Erlöser der Völker erscheinen werden, werfet ihr euch vor sie hin und spendet ihnen Weihrauch: das ist das Gefühl des Kults.

Wenn Sokrates euch Achtung und Tränen entlockt, so heißt das für euch, sofort unter die Fahnen von Trasybullus zu treten. Euer Arm kennt keine Gefahren mehr und ihr gewährt erst Frieden, wenn die dreißig Tyrannen von Athen vertrieben sind.

Cäsar, der unter zweiundzwanzig Dolchstößen unterliegt, läßt euch eine verwüstete Welt, geschändete Gesetze, eine gestürzte Republik erstehen; ihr seid an der Seite des Brutus, ihr folget ihm auf das Kapitol, in all sein Glück und Unglück, ihr deckt ihn mit eurem Leib. Als er schließlich bei Philippi umkommt, rufet ihr in einem Augenblick der Niedergeschlagenheit aus: „Tugend! Wärest du nur ein Hirngespinst! Als der stoische Cato sich die Adern öffnet, um nicht die Republik, den Fall von Rom und der Freiheit zu erleben, fühle ich mich auf meine Art stolz: dieses Schauspiel der Stärke erhebt mich, ich falle huldigend zu den Füßen der Statue nieder. Diese Bewunderung ist das Gefühl des Stolzes.

Die korsischen Sklaven, die man in Rom nach dem Siege von C. Circeus verkaufte, waren kaltblütig; sie widersetzten sich der schlechten Behandlung, sie warfen sich gegen eine Mauer, um sich dort vor Hunger umkommen zu lassen. Man konnte nichts durch Gewalt erlangen. Das ist der wahre Charakter des Menschen. Hat er nicht einen Verstand und ein Gefühl? Will man Gewalt anwenden? Mißhandeln ihn die Tyrannen? Wohlan, möge er lieber zugrunde gehen als seinem Henker irgendeinen Dienst erweisen.

Welche Dinge hätte ich zu sagen, welche Bilder zu entwerfen, welche verschiedenen Vorträge zu halten! Aber man muß sich beherrschen. Es gibt Wahrheiten, die man nur halb sehen lassen soll. Wer ein Herz und Blut in den Adern hat und nicht durch die Zügellosigkeit der Sitten verdorben ist, begreift das besser, als man es schildern könnte.

Da man, um glücklich zu sein, fühlen muß, da das Gefühl jener Schauder ist, der uns so köstlich mit den verschiedenen Perspektiven der Natur verknüpft, da das Gefühl uns mit der Heimat verbindet, uns Liebe, Freundschaft, Dankbarkeit einflößt, da es das Band ist, das den Menschen mit der höheren Intelligenz, den Menschen mit der Gesellschaft, den Menschen mit dem Menschen eint, so leben wir also hauptsächlich durch und für das Gefühl. Also muß man es besonders zu entwickeln suchen, es nach dem Antrieb der guten Natur wachsen lassen. Ihr werdet die Hindernisse jeder Art entfernen können, es ersticken oder verderben und aus dem Menschen ein erkünsteltes, sekundäres Wesen machen, das Instrument eines anderen und daher seines Unglücks.

Aber welche Gefühle soll man ihm einflößen?

Die der Natur.

Eine Frau ist notwendig zum Spiel seiner animalischen Triebe, aber sie ist es weit mehr zur Befriedigung seines Gefühls. Sie ist die eigens dafür erschaffene, dafür von der Natur verliehene Gefährtin; liebe er sie also ihrer selbst wegen und werde er von ihr unzertrennlich, indem er sich mit ihrem Wesen identifiziert. Möge sein Herz sich in dieses andere Selbst ergießen. Stärker gegen die zügellosen Lüste, werden beide miteinander empfänglicher für die Reize des Lebens sein. Die Süße der Vereinigung wird den Ernst der Träumerei mildern, wird die Melancholie zärtlicher, die Genüsse vielfältiger, das weite Feld des Gefühles noch reichlicher und fruchtbarer gestalten.

Aber besonders soll der Mensch die hinfälligen sinnlichen Vergnügungen einschätzen lernen. Sie verderben ohne Zweifel seine Triebe, aber die Hauptstrafe für den, der sich ihnen hingibt, ist, die Reinheit des Gefühls, die seelische Feinheit eines guten Gewissens zu verlieren.

Eine zügellose Phantasie ist die Ursache, die Quelle allen Unglückes der Menschheit. Sie läßt uns von Meer zu Meer irren, von Phantasie zu Phantasie, und wenn sie sich endlich beruhigt, wenn ihre Gaukelei uns verläßt, so ist es zu spät! Die Stunde schlägt und der Mensch stirbt mit einem Fluch auf sein Leben. Der Freigeist stirbt wie der Böse, da gibt es wenig Unterschied. Der unglückliche und seltsame Mensch kann nicht gut sein. Wißt ihr, wohin die Empörung gegen die Gesetze der Natur führt? Zu der schrecklichsten Zügellosigkeit, zu der unüberlegten Verschwendung, zur hassenswürdigen Heuchelei. Unruhe, Ekel, Krankheit, ein trostloser Tod in der Einsamkeit sind das Erbteil des Hagestolzen. Rufet also energisch dem Gesetzgeber zu, daß diese Leute sich nicht um die Aufrechterhaltung der Ordnung bewerben können, da sie ihre obersten Gesetze verletzen.

Ihr habt mit dem Gesetzgeber zu sprechen begonnen. Was ist ihm zu sagen? Der Anblick unseres, durch einen Mächtigen bedrückten Nachbars betrübt und empört uns. Es müßte also nichts mächtigeres als das Gesetz geben. Die Sicherheit aller, das persönliche Glück hängt von der Disposition der Kriminalgesetze ab: das heilige Gesetz der Geschworenengerichte muß also angenommen werden. Wenn die Glückseligkeit und die Freiheit selbst auf die Erde kämen, würden sie kein anderes einsetzen.

In unserem Stand und Reichtum werden wir ohne Zweifel ungleich geboren, aber in den Rechten sind wir alle gleich. Wenn ihr einen anderen Grundsatz annehmt, so werdet ihr die menschliche Pflanze verkommen, in Angst hinwelken sehen. Sie wird nur von der Natur das Äußere haben.

Der Hochmut ist ein Laster, aber mönchische Unterwürfigkeit ist für jeden Charakter, jede Tatkraft, jede Regierung destruktiv. Weit entfernt davon, sage der Gesetzgeber dem Menschen auf jeder Zeile seines Gesetzbuches, daß er für sich lebe und nicht für einen anderen, daß alle seine Handlungen wie die der Regierung sein Glück in dieser Welt zum Ziel haben sollen. Er sage ihm, in seinen Augen stehe die Unabhängigkeit, auf seinem Gesicht die Freiheit geschrieben; die Gesellschaft sei für ihn gemacht, und er schulde ihr seine Opfer nur unter dieser Bedingung. Wenn aber etwas existierte, wo er in den Augen des Gesetzes nicht mit einem anderen gleich wäre, solle er das Gesetzbuch verbrennen und die Juristen mit Entrüstung über sein beleidigtes Persönlichkeitsgefühl und seiner verkannten Menschenwürde davonjagen.

Man muß mit Gefühl seine Sprache sprechen. Stellet dem Menschen also manchmal als Beispiel Bewerly vor. Er wird daraus Abscheu vor Vergnügungen gewinnen, die man an ihm verachtet. Viele andere Stücke dieser Art könnten ihm nützlich sein, wenn es darin nicht zu viel Liebe gäbe. Die Natur flößt sie genügend ein, ohne daß man diese Glut noch anfachen sollte. Die wiederholte Vorführung von Liebesstücken kann nur für einen zügellosen Menschen gut sein. Sein Charakter ist so fürchterlich! Er hat nichts zu verlieren.

Sein verderbtes Empfinden zu verhindern, das ist eure große Aufgabe. Die Zärtlichkeit soll indes nicht in Weichheit ausarten. Ohne Stärke, ohne Kraft gibt es weder Tugend noch Glück. Er mag die mütterliche Unschlüssigkeit der Merope und Andromache teilen, er mag sogar mit den Tränen von Phädra und Zaire übereinstimmen; er soll über die Folgen zügelloser Leidenschaften nachdenken und lernen, sich davor zu schützen; aber Philoktet, Cato, Lukrezia, Brutus, der seine Kinder opfert, müssen sein Herz erweichen und in sein Blut den regenerierenden Balsam der Willenskraft, des Mutes, des Heroismus träufeln. Sei er mild mit Augustus. Lasse er diese schöne Szene an seinem Geiste vorübergleiten, nachdem er Tränen der Befriedigung und des Wohlbehagens vergossen hat. Die Tränen des Gefühles sind die Wollust der Seele; aber zeigt ihm ja niemals das bizarre Schauspiel Alzire.

Was für ein erstaunlicher Mensch ist das, der Amerika zu rächen hat? Umgeben von seinen Tapferen, schwört er in seiner Wut, den Dolch in die Brust der Mörder Atalibas zu versenken. Er ist für mich kein einfacher Sterblicher, er ist der Gott der Gerechtigkeit, der Stärke, der Schutzgeist dieses schönen und großen Landes. Mein Atem stockt, meine Seele ist in Zweifel, mein Herz fliegt ihm zu. Es gibt keine Unschlüssigkeit, die ich nicht teile. Wenn ich den Dolch bereithalte, zuzustoßen, werfe ich mich vor dem Schöpfer, dem Erhalter und Walter alles Seins nieder; ich sage zu ihm: „Dein Volk ist der schwache Bedrückte, gewähre ihm deine Hilfe! Einst hat dein Engel hundertachtzigtausend Unterdrücker ausgetilgt; wärest du wenigstens heute gerecht? War Senacherib schuldiger oder waren die Israeliten verfolgter? Gott der Guten, Geißel der Bösen, Seele der Welt! Wenn die Wunder für deine Macht unwürdig sind, so wären sie es nicht für deine Güte.“ Dieser Augenblick der Sammlung entführt mich einen Augenblick von dem Schauspiel Alzire. Ich komme darauf zurück. Ja, was sehe ich! Zamore zu den Füßen einer Frau! Um das Vaterland, die Rache seiner Mitbürger zu vergessen! Ich schlage mir die Hände vor den Kopf, gehe fluchend gegen den Autor und die Zuschauer davon.

Ruhiger geworden, öffne ich das Buch und lese das Stück zu Ende. Ich sehe Guzman, den blutdürstigen Guzman, sterben, wie Sokrates gestorben wäre, während der unwürdige Zamore als Gnade Alzire und das Leben erhält.

Franzosen! Dieses Schauspiel habt ihr das eure nennen können? Es soll es von nun an nicht mehr sein! Ich habe dafür zu Bürgen eure Stärke und Willenskraft. Bei dem Wort Amerika entflammt sich mein Blut, meine Haare sträuben sich, das Gefühl des Schmerzes, des Mitleids für seine unglücklichen Bewohner, des Abscheus für die Briganten, die es verwüstet haben, beherrscht mich allmächtig . . . Diese köstliche Szene macht mich traurig; die schönen Gedanken Guzmans empören mich in seinem Munde weniger als die abscheuliche Zufriedenheit Zamores . . . Ach, wir haben Amerika genug Schlechtes zugefügt, ziehen wir nicht noch seine alten Sitten in den Schmutz.

Der Inhalt des Stückes ist eine Fabel, ich weiß es wohl.

Wenn Zamore existiert hätte, so würde ich keinen verächtlicheren Menschen kennen. Auf alle Fälle ist das einer dieser Charaktere, die man niemals den Menschen vorführen soll, da die Reize der Poesie und Dramatik ihr vollstes Interesse auf die Einzelheit erstrecken. Aber wenn Zamore existiert hätte, so würde ich mich erinnern, daß es damals Despoten in Peru gab und daß Zamore Inka war. Man weiß hinlänglich, wie viele Könige stets Egoisten gewesen sind: zu tragen in sich ihr Volk, ihre Nation, ihre Pflicht, die Gesetze, wie Ludwig XI. sein Ratskollegium mit sich trug. Ein König glaubt, alles sei nur für ihn geschaffen. Freie Völker! Erinnert euch immer daran.

Die Musik entsteht mit dem Menschen, und wie die meisten Künste sich mit der Gesellschaft ausbilden, so verderben sie und regenerieren sie sich auch mit ihr. Die Musik ist zugleich eine Wohltat des Gefühls und ein Mittel, um es zu regeln.

In jedem Alter, in jeder Lage, selbst unter den Tieren, tröstet die Musik, ergötzt und ergreift angenehm. Dem Zwitschern des Vögelchens vermählt der Landarbeiter seine bäuerliche Stimme; seine Seele ergießt sich, sei es, daß er seine Liebe, seine Wünsche oder sein Unglück, seine Arbeit besingt, er erleichtert sich damit die Bürde seiner Mühen. Laßt uns also nicht die Musik verachten, die sanfte Begleiterin des innerlich bewegten Menschen, die Anregerin seines Gefühls. Da sie die Zahl seiner Genüsse noch vermehrt und er in kleinen Zügen alle Reize der Melodie auskostet, überzeugt sich der Mensch innerlich von der Köstlichkeit des Empfindens, von dem Glück des Landlebens, der Unschuld der Jugend . . . Der Ehrgeizige wird bewegt und betrachtet unruhig seine ehrgeizigen Handlungen. Der Wüstling empfindet und überzeugt sich von der Abscheulichkeit seiner Ausschweifungen! Das Herz des Finanzmannes und des Machthabers wird so weich, daß die Perlen des Gefühles in seine Augen treten! Daß irregeführte Mädchen eilt an die mütterliche Brust, um ihr Herz auszuschütten und ihr sein Vertrauen zuzuwenden! Die Menschen verhalten sich in allen ihren Unbeständigkeiten tugendhaft.

Alle diese Wunder kann die Musik hervorbringen. Die Abwesenheit der Tugend ist nur Mangel an natürlichem Empfinden. Alles, was den Menschen wieder zum Gefühl zurückführen kann, muß dem Moralisten kostbar sein.

Höret das Lied der Nachtigall oder die klagenden Seufzer einer jungen Schönheit. Sehet den „Dorfwahrsager“ *, dieses Meisterwerk der Musik oder vielmehr des natürlichen Empfindens. Fürchtet nicht, daß eure Seele durch die Tränen, die ihr vergossen habt, verweichlicht wird. O nein, es ist das edelste Gefühl des Herzens, das sie entströmen ließ. Ihr werdet stärker, feinfühliger zurückkehren, nachdem ihr die Zärtlichkeit des schlichten Landmädchens genossen habt.

Oh, Rousseau, warum hast du nur sechzig Jahre gelebt? Um der Tugend willen hättest du unsterblich sein müssen! Aber hättest du auch nur den „Dorfwahrsager“ geschrieben, es würde schon viel für das Glück deiner Anhänger sein, und du hattest dir die Stütze der gefühlvollen Welt verdient.

Es gibt auch einige bevorzugte Intermezzi; es gibt eine Anzahl schöner Arien, die man nicht oft genug dem Volk wiederholen, vorspielen und es lehren könnte. Aber wie viele muß man ablehnen. Wie viele gibt es, die nur Verweichlichung einflößen, wie viele suchen nur liederliche Begierden hervorzurufen? Es sind die Stimmen der Sirenen, die zwar einen Augenblick fesseln, aber dann sofort der Tugend und dem Glück den Todesstoß versetzen. Diese Meisterwerke, diese verderbliche Musik sollen ins Feuer geworfen werden. Sie haben den Menschen Schlimmeres angetan als der Epikuräer oder der Materialist, denn wenn diese Lehren so viele Proselyten gefunden haben, so geschah es, weil das Gefühl verdorben war.

Wenn die Krankheit sich durch einen verdorbenen Magen äußert, erschöpft der Arzt vergeblich seine Kunst, denn der Mittelpunkt der Gesundheit ist angegriffen. Mehr oder weniger Hilfe ist zu erhoffen, wo die Nationen ein verdorbenes Empfinden haben, alle Absurditäten glauben, alle

* „Le devin du village“ von J. J. Rousseau.

Verbrechen Verteidiger finden. Religion, Gesetzgebung, Moral, Rechte, alles ist ein Chaos.

Mögen alle eure Institutionen nur trachten, dieses Gefühl des Gewissens von jedem fremden Einfluß rein zu halten, und man wird die Menschen zur Tugend und zum Glück führen können. Kein Moralgesetz mehr, kein Katechismus der Redlichkeit! Nicht Worte muß man die Völker lehren, sondern ihr natürliches Empfinden vor der Verderbnis schützen.

Besonders darf man aus der Schwäche des menschlichen Verstandes keinen Gewinn ziehen. Man soll die Phantasie des Kindes nicht schon von der Geburt an durch Schreckgespenster oder durch Erzählungen über Fabelwesen und Wunder beeinflussen. Ihr ersticket die innere Stimme, ihr zerbrecht das Gefühl in ihnen, und Verbrechen überschwemmen die Erde, wie der Ozean Holland überschwemmen würde, wenn eine ungeschickte oder verbrecherische Hand die Dämme, die Frucht der Jahrhunderte und der Erfahrung, zerbrechen würde.

Der Gesetzgeber soll, nachdem er jedem Menschen durch das Zivilgesetz irgendeinen Anteil am Eigentum gesichert hat, ihm auch durch ein Kriminalgesetz die Unabhängigkeit seines Lebens, die Aufrechterhaltung seiner Freiheit sichern, durch ein politisches Gesetz aber die Unantastbarkeit seiner Rechte und seiner Würde. Er soll in seiner väterlichen Sorge alles das von ihm abwenden, was ihn vom rechten Wege abzubringen trachtet. Alle Ammenmärchen und Lügen, alle die raffiniert angelegten Erzählungen von Wundern und Fabelwesen müssen verboten werden und nicht mehr seine Wiege umgeben. Auch jene perfide Musik sollte verboten, und jeder, der diese zwei erhaltenden und beschützenden Gesetze verletzt, sollte wie ein öffentlicher Giftmischer bestraft werden.

Wenn ihr dem Menschen ratet, zu sich selbst zurückzukehren, so habt ihr ihn der Natur wiedergegeben! Ihre allmächtige Stimme wird es verstehen, ihn zum Glück zu führen.

Derart sind die Gefühle, meine Herren, die man den Menschen für ihr Glück einprägen muß.

Die Vernunft erhält die Vollendung durch logisches Denken. Die Logik ist jene Eigenschaft, die uns befähigt, zu vergleichen.

Es gibt Wahrheiten, die das Gefühl allein beweisen kann; wir werden sie Wahrheiten des Gefühls nennen. Es gibt Wahrheiten der reinen Logik, alle mathematischen Wahrheiten zum Beispiel.

In den abstrakten Wissenschaften hat eine durch eine natürliche Logik entwickelte Wahrheit des Gefühls zum Ergebnis: die Vernunft oder eine Reihe von Wahrheiten, die die Gesellschaft, die Gesetzgebung vollenden, die Regeln des Benehmens vorschreiben: so sind die Dialoge Platos, der „Contrat social" und „Le livre de l'Entendement" entstanden.

In den abstrakten Wissenschaften bringt eine selbst durch eine gesunde Logik entwickelte Wahrheit der Logik eine Reihe von Resultaten hervor, die gewöhnlich nur Sophismen und Irrtümer sind. Dies erklärt, wie der Scholastiker mit einer guten Logik die Theologie hervorgebracht hat, die Kloake der Vorurteile und Irrtümer aller Art.

Es existiert eine universelle, allen Nationen und allen Jahrhunderten gemeinsame Logik.

Die Vernunft ist einzig wie die Wahrheit, wie das natürliche Gefühl. Man soll sie nicht mit dem Vorurteil oder den Sophismen verwecheln. Jede Nation, jedes Jahrhundert, jede Leidenschaft hat die seine, weil jedes Jahrhundert, jede Nation sich mehr von dem natürlichen Gefühl entfernt oder sich ihm nähert, je nachdem es mehr oder weniger verdorben ist. Was die Leidenschaften anbelangt, so ist ihre Logik wohl immer dieselbe, aber Vergleiche, deren Elemente, sind schwach geworden: daher ist das Resultat fehlerhaft.

Die Vernunft ist wie ein Vertrag. Wenn ihr mit Gewalt etwas erreichen wollt, erhaltet ihr nichts. Die heftige Leidenschaft will das, was sie will. Die Vernunft entflieht, die vorgefaßte Meinung bleibt; Verirrungen, Fehler aller Art sind die Folge.

Wenn man sagt, daß ein Mensch eine falsche Urteilskraft besitzt, so versteht man darunter nicht, daß er eine falsche Logik hat, sondern nur, daß er, sei es aus Mangel an Einsicht, Beobachtung oder Überlegung, ein leidenschaftlicher, unüberlegter Mensch ist.

Aus der Vollendung, der dem Menschen ausschließlichen Eigenschaft, entspringen Künste und Wissenschaften. Das Jägervolk bringt durch die Vollendung die Kunst der Jagd hervor. Der Ichthyophage erhält mit weniger Mühen mehr Überfluß an Fischen, der Rhizophage mehr saftigere Wurzeln. Der vernünftige, vollendete Landmann erhält mit weniger Arbeit reichere Ernten.

Durch die Vollendung werden die Hütten der Menschen gesünder, bequemer, seine Kleidung dem Klima, der lokalen Lage mehr angepaßt.

Durch die Vollendung entstehen die Gesetze und modifizieren sich nach den Bedürfnissen und Umständen. Durch die Vollendung wird dem Menschen die Kunst zuteil, sich vor den Elementen und seinesgleichen zu verteidigen. Durch die Vollendung erlegt er den Tiger des Kaukasus und den Adler in den Lüften, den Mufflon in den Felsen, er bezähmt den Ozean . . . Das Feuer, das Wasser, die Luft können weder seiner Kühnheit noch seiner Beobachtung widerstehen. König der Natur, macht er alles, bis zur Bewegung der Sterne, seinen Bedürfnissen, seinen Phantasien, seinen Launen untertan. Aber auch er wird besiegt! Er fängt sich in seinen eigenen Netzen, er wird zum Sklaven seiner Bedürfnisse und der seiner Mitmenschen. Aber wenn er so weit ist, dann lebt er stumpfsinnig, heruntergekommen, dann hat er vom Menschen nur mehr die Gestalt. Er verliert damit den Mut, den Stolz, die ausgesprochensten Charaktereigenschaften. — Hunderttausend Perser flohen vor einer Handvoll Athener; zwanzigtausend unterlagen unter den Hieben von dreihundert Spartanern, und ihr ganzes Reich, das zu durcheilen die Sonne Mühe hätte, wird durch zehntausend Menschen bekämpft, gestürzt, unterjocht, von vierzigtausend erobert . . . Einundzwanzig Korsen schlagen achthundert Deutsche, sieben entwaffnen hundert Genuesen . . . Fünfzehnhundert Schweizer werfen bei Morgarten den lächerlichen Stolz von zwanzigtausend Österreichern nieder. Das Schlachtfeld von Näfels sah deren fünfzehntausend vor vierhundert Schweizern aus Glarus fliehen . . . Sagen wir es mit Stolz: der sklavische Mensch ist nicht einmal der Schatten des freien Menschen.

Die Vernunft wird durch das Gefühl regelmäßig bezwungen. Das Gefühl ist warm, lebhaft, übereilt. Vermählt es sich mit zügelloser Einbildung, so kommt das Unglück, um sich von allen Seiten auf den Menschen zu stürzen. Ändert es sich im Gegenteil, geht es mit der Vernunft Hand in Hand, so wird Glückseligkeit, das wahre Glück sein ständiger Begleiter sein.

In der Ruhe der Leidenschaften bildet sich die Vernunft: naht sich der Sturm, so erinnert sich der Mensch seiner Erfahrung und Grundsätze. Er mäßigt sich und richtet sich danach. Er würde auf immer unterlegen sein, wenn er längere Zeit abgeirrt wäre; die Vernunft allein hat ihn aufrechterhalten, wenn auch nicht gänzlich, so doch bis zu einem gewissen Grad.

Alles ist in den Augen des Gefühles möglich; darum entstehen diese Phantome, die die Einbildung in das Unendliche vermehrt und die Vernunft allein verschwinden lassen kann. Was gewesen ist, wird in ihren Augen bestehen. Was ist, ist das, was sie als möglich begreift.

Der Mensch soll sich dem Trieb der Sinne nur so viel hingeben, als er für seine animalische Erhaltung braucht. Durch die Vernunft genießt er die wahren Freuden. Die Vernunft sichert ihm nicht allein deren Dauer, sondern verschafft ihm auch noch genügend Abwechslung seiner Genüsse.

Alle Genüsse, bei denen der Mensch sich beobachtet, sind vernünftig. Durch diese vervollkommnet sich der Mensch. Ein Akt der Vervollkommnung ist ein Akt der Macht. Von da ab berührt ihn das Gefühl seiner Vortrefflichkeit angenehm und er genießt. Der Landmann, der Ichthyophage, der Rhizophage, der Jäger, der Mathematiker, der Moralist, der Publizist empfinden Genüsse dieser Art, jedoch in den verschiedensten Formen.

Die Vernunft macht voraussehend und der Vernünftige vermag Ratschläge zu erteilen. Aus Vernunft führt das Alter die anderen auf den Pfaden des Lebens; durch sie genießt das Alter das Gefühl seiner Nützlichkeit. Durch die Vernunft überzeugt sich der tugendhafte Mensch von der Vortrefflichkeit seines Wesens. Die Vernunft schreibt uns unsere Pflichten vor; sie modifiziert sogar das Gefühl für unsere Rechte. Die Vernunft sieht die Zukunft vorher, indem sie aus der Vergangenheit Gewinn zieht.

Wenn das Gefühl die Gesellschaft entstehen ließ, so hält die Vernunft sie aufrecht. Wenn Brutus das väterliche Gefühl erstickte, wenn Codrus, Decius, Winkelried sich opferten, wenn Sokrates den Schierlingsbecher leerte, so hatte die Vernunft in ihnen das natürliche Gefühl entwickelt, sie hatte sie zu großen Männern gemacht. Seine Heimat lieben, ist eines der einfachsten Gefühle. Sie über alles lieben, ist die Liebe des Schönen in ihrer ganzen Kraft: es ist die Freude, um die Glückseligkeit einer ganzen Nation zu werben. Als Regulus zurückkehrte und in Karthago umkam, habt ihr da die Regungen befragt, die ihn bewegten? Nichts ist schwach: die Bewunderung, das Mitleid, der Haß schläfern euch gebieterisch ein. Alles seufzt um ihn herum; die erstaunte Welt bewundert, er allein ist unwandelbar; es ist die Vollendung der Vernunft! Das Gefühl allein führt uns zur Tugend; das durch die Vernunft erhobene Gefühl bringt uns zum Heroismus. Diese unbezähmbare Stärke, diese unerschütterliche Ruhe, die Cato beseelte, als er spielte, nachdem ihm das Amt eines Prätors verweigert worden war, als er an den Pforten des Todes lag, ist vollendete Weisheit.

Wenn der Stoiker den Tod verachtet, den Schmerz schätzt, ihn überwindet, ihn sogar verachtet, so ist das die Kraft der Vernunft. Wenn er in seinem Herzen alle Gefühle erstickt, um darin allein denen der Kraft und der Tugend Lauf zu geben, wenn er nichts auf die Sinne, die Phantasie, den Zufall gibt, wenn alles in ihm die Frucht der Philosophie und seiner Pflicht ist, so ist sein Leben das Reich der Vernunft. Der Adler, der im Empyreum schweift, der schroffe Gipfel des Kaukasus, der sich in den Wolken verliert, dieses Schauspiel reißt mich hin, flößt mir Achtung und Bewunderung ein, aber ich fühle nicht den Mut, dahin zu gelangen. Muß ich es? Diese Vollendung ist fortgesetzte Arbeit, ist nicht der natürliche Zustand, ist nicht . . . aber ich mache Halt, die Feder entfällt meinen Händen, die Verehrung legt mir Schweigen auf! Cato war Stoiker, Brutus war Stoiker, Thraseas war Stoiker. Oh, ihr Ahnen aller großen Männer, an die jeder Freund der Tugend nur mit religiöser Begeisterung denken kann, euer Leben war die Vollendung des Weisen und des Patrioten! In Zeiten, wo verdorbene Menschen dem Laster ausgeliefert waren und die Republik von Aufrührern und Tyrannen erschüttert wurde, hat eure Moral euch allein aufrecht erhalten; ihr trotztet dem Laster, den Tyrannen und den Menschen.

Entartete Völker haben das natürliche Gefühl verderbt, entweder durch Not und Mißgeschick oder durch eine ausschweifende, zügellose Phantasie. Der Aberglaube ist oft ihre Krankheit. Der Enthusiasmus ist bei gewissen Leuten eine heftige seelische Erschütterung. Er ist die Raserei der Vernunft, wie der Aberglaube die Verderbnis des Gefühls ist.

Man muß mit der Feststellung des natürlichen Gefühls beginnen, denn wenn es verdorben ist, wird die Vernunft eine trügerische Leuchte; aber was sage ich, die Vernunft? Sie besteht nicht mehr, sie hat sich verwandelt. Das Vorurteil, der Sophismus ersetzen sie, und der Mensch verirrt sich rettungslos.

Mit dem natürlichen Gefühl und einer gesunden Logik kommt die reine und keusche Vernunft aus dem Kopf des Menschen wie einst Minerva aus dem des Göttervaters. Bei dem natürlichen Gefühl, in seiner ganzen Stärke vorausgesetzt, handelt es sich nur mehr darum, der Logik zu helfen und sie zu entwickeln, so daß sie dem Menschen keine Illusionen machen und ihn in seinen Kombinationen nicht vom Weg abbringen kann. Als unerläßliche Präliminarien werdet ihr den ganzen Plunder der Argumente vernichten, um nur den Weg der Analyse bestehen zu lassen.

Um die Logik zu fördern und zu befestigen, handelt so, wie wenn ihr ein Kind gehen lehrt. Führt es in eine Wissenschaft ein, wo alles durch die Logik bestimmt wird: die Mathematik . . . es gibt keine andere Richtschnur der Logik.

Das Volk muß Mathematik lernen? Wäre das denn so absurd? Lasset ihr es nicht den Katechismus lernen? Nun, wenn man an dieser Stelle einen kleinen Geometriekurs einschöbe, wäre das vielleicht unpraktischer oder weniger nützlich? Viel lieber würde ich junge Leute sehen, denen man einige Lehrsätze Euklids beibrächte. Ihre Logik würde sich befestigen und die Vernunft mit ihr — aber habe ich euch nicht gesagt, ich beanspruche nicht, daß man die Hütten des Hirten oder des Bauern in Schulen verwandelt; ich halte die Wissenschaft für den Menschen nicht für unerläßlich und ich denke gewiß nicht, daß man ohne Euklid nicht glücklich sein könnte.

Der Landmann muß seine Kunst seinen Sohn lehren. Die Kunst des Landmannes besteht in vielen Handlungen und in einigen Überlegungen; es ist eine mathematische Wissenschaft. Alle nützlichen Künste bieten sich euch ebenso an und alle Handwerker lernen in ihrer Lehrzeit eine mathematische Wissenschaft.

Was die Lehrklasse betrifft, die sich besonders dem widmet, die anderen auf den Pfad der Wahrheit zu führen, so muß sie ihre Logik ganz besonders pflegen. Ein guter Lehrkurs der Geometrie und Algebra wird vollständig seinen Zweck erfüllen. Die Geschichte, die Grundfeste der abstrakten Wissenschaften, die Fackel der Wahrheit, die Zerstörerin der Vorurteile, soll ebenfalls nicht vergessen werden. Mit diesen beiden Wissenschaften werden sich alle politischen Wahrheiten ihren Augen entdecken: man wird imstande sein, mächtig zu dem Gedeihen des öffentlichen Wohls mitzuwirken.

Die Arbeit auf dem Felde oder in der Werkstätte beruhigt die wilde Phantasie. Der glückliche Bewohner der Fluren kennt nicht jene Unruhe, die den Müßiggänger verzehrt. So wenig auch die Vernunft des Landarbeiters gebildet ist, sie genügt, um ihn zu leiten, um den Trieb seiner Gefühle zu mäßigen oder seine ausschweifende Phantasie zu zähmen. Jener, der im Müßiggang sich ergeht, soll im Gegenteil eine gebildetere, mächtigere Vernunft haben. Der Bach ist stärker: die Dämme sollten es sein. Ihm ist Selbstbeobachtung nötiger; er hat die ganze Kraft der Vernunft nötig. Fühlt er das Feuer des Genies in seinen Adern kreisen? Unglücklicher, ich beklage dich; er wird die Bewunderung und den Neid seiner Mitmenschen erregen und der Elendste von allen sein. Sein Gleichgewicht ist zerstört, er wird unglücklich leben ... Ach, das Feuer des Genies! Aber beunruhigen wir uns nicht, es ist so selten! Wie viele Jahre vergehen, ohne daß die Natur ein einziges Genie hervorbringt! Geniale Menschen sind wie Meteore, bestimmt zu verbrennen, um ihr Jahrhundert zu erleuchten.

Da der Mensch das Glück nur in einem seinem Organismus angepaßten Leben genießt, da die Vernunft durch seine intellektuelle Organisation die Leiterin seiner Handlungen ist, da Zwang ihn verdirbt und vernichtet, so soll man daher niemand zwingen, Ideen anzunehmen, die nicht von ihm empfunden wären.

Die gänzliche und vollständige Freiheit zu denken, in Freiheit zu sprechen und zu schreiben, was nicht die soziale Ordnung verletzt, ist also die Grundfeste der Moralität, der Freiheit und des persönlichen Glücks. Das Naturgesetz soll demnach nur durch ein genaues Gesetz bestimmt sein, und dieses Gesetz kann nur die der Gesellschaft direkt nachteiligen Handlungen verbieten. Wenn es damit anders bestellt sein würde, wäre die soziale Ordnung ein Unglück, eine unerträgliche Sklaverei.

Die Vernunft tritt den Teil ihrer Gesetze ab, den sie nur mit ihrer Unabhängigkeit bewahren könnte, aber sie tritt sie der allgemeinen Vernunft ab; das Gesetz soll also der Ausdruck der Vernunft sein und kann nur allgemeine Gegenstände betreffen. Das ist eine Zustimmung individueller Vernunft für Dinge, die alle Bürger angehen.

Ohne Freiheit gibt es weder Kraft, noch Tugend, noch

Stärke der Nationen. Ohne Kraft, ohne Tugend, ohne Stärke gibt es weder Gefühl noch natürliche Vernunft: es gibt kein Glück. Der Sklave, der angesichts seines Unterdrückers zittert, der als Eigentum, Gesetz, Gerechtigkeit nur die Phantasie, die Laune, das Interesse des Mächtigen, als Gefühl nur das seines Elends, als Vernunft nur die seiner Tyrannen kennt, wird feige, niedrig, hochfahrend, klein. Mensch, dem alles Ehre erweist, dessen Fleiß es verstanden hat, sich alles anzueignen, alles zu unterwerfen, wie hast du es dulden können, irgendeinem anzugehören, das Eigentum irgendeines zu werden? Wie hast du es dulden können, daß man dich verkaufte und kaufte? Wie kannst du es dulden, daß man dich noch verkauft und kauft? Die Könige verhandelten dich, verhandeln dich noch, je nach ihren Leidenschaften, ihren niederen Ränken, die hohen Herren, je nach ihrer unersättlichen Habgier. Wie hast du dich, wie kannst du dich noch unter das Niveau des Ochsen und des Pferdes herabsetzen lassen? ... unter das Niveau? Du hast weniger Stärke und Schnelligkeit, du bist zarter und schwieriger. Sklave, du hast weder Vernunft noch Gefühl mehr! — Hast du einen Herrn? Er schätzt dich weniger als die Tiere seines Stalles. — Mensch, du bist Sklave gewesen und du hast dich entschließen können zu leben? — Nun, ist der Tod nicht ein Zustand der Seele, ist die Sklaverei nicht deren Auflösung? Erwache doch: Jetzt ist es Zeit oder nie! Der Hahn hat gekräht, das Signal ist gegeben! Aus deinen Ketten schmiede das rächende Eisen! Es wird dich dir selbst zurückgeben, dem Glück, dem Vaterland. — Kannst du es ohne Verbrechen tun? Lächerliche Verlegenheit! Es gibt weder Pflicht noch Gesetz, wo es keine Freiheit gibt. Wo es keine Freiheit gibt, können sich die Menschen gegenseitig erwürgen, können sie ihre Tyrannen, ihre angeblichen Vorgesetzten umbringen. Der gefesselte Mensch kehrt in die Anarchie des Egoismus, des persönlichen Interesses zurück. Wo die Gesellschaft nicht das Glück aller zum Prinzip hat, ist sie nichtig, und jeder Mensch wird Vorgesetzter. Wo das Gesetz nicht allgemein vernünftig ist, kehrt die individuelle Vernunft in ihre Unabhängigkeit zurück, um alle ihre Rechte zu genießen. Fürchte nicht die Schwätzereien des Aberglaubens, sei sicher, daß der freie Mensch allein des Schöpfers würdig ist. — Alle Tyrannen werden ohne Zweifel in der Hölle sein, denn für das Verbrechen, ein Volk zu unterdrücken, ist Höllenpein erdulden die größte Strafe.

Diese Grundsätze sollten dem Menschen ohne Unterlaß wiederholt werden. Der Unterdrückung zu widerstehen, ist sein schönstes Recht, und die Tyrannen fürchten es am meisten. Zu allen Zeiten sind sie dadurch beunruhigt worden. Sie hätten es erreicht, dieses Recht ganz auszutilgen, wenn es seiner Natur nicht so verbunden wäre, wenn der Schöpfer es dem Gefühl nicht für ewig eingegraben hätte. Nach Jahrhunderten ist der Franzose durch die Könige und ihre Minister, die Adeligen und ihre Vorurteile, die Priester und ihre Betrügereien verdummt, plötzlich erwacht und hat die Menschenrechte geschaffen. Mögen sie dem Gesetzgeber zum Vorbild dienen! Dann wird man weniger schlechte Menschen sehen, weil es glückliche geben wird. Der Einfluß der guten Gesetze auf die Moral, auf die persönlichen Leidenschaften, ist unberechenbar, und die Moral, die in andere Bahnen gelenkten Leidenschaften bestimmen das Glück.

Wenn es eine Konstitution, eine politische Freiheit gibt, so gibt es auch eine Konstitution und eine physische Freiheit, es gibt auch eine Konstitution und eine moralische Freiheit.

Durch die körperliche Konstitution berühren die Hände, sehen die Augen, gehen die Füße, spricht der Mund.

Durch die moralische Konstitution genießt das Gefühl jede Entwicklung, deren es fähig ist. Der Mann identifiziert sich mit der Frau, erneuert sich in seinen Kindern, ergießt sich in der Freundschaft, genießt die Natur, erlebt das Leben seines Landes, das Glück der Seinen. Durch die moralische Konstitution modifiziert die Vernunft die Wärme des Gefühls, sichert ihm deren Dauer, klärt ihn auf, bezähmt die Phantasie und spezifiziert dem Menschen sein äußerliches Betragen. Durch die moralische Konstitution wird er vollendet und genießt seine Vollendung. Er erteilt

Ratschläge, er sieht voraus, er genießt seine Nützlichkeit, seine Vorsehung. Das sind die Gesetze der Konstitution oder menschlichen Organisation. Man genießt sie, man lebt glücklich.

Was ist die politische Freiheit? Es heißt, nur dem Gesetz der Konstitution gehorchen.

Was ist die physische Freiheit? Es heißt, nur dem Gesetz der animalischen Konstitution gehorchen.

Was ist die moralische Freiheit? Es heißt, nur dem Gesetz der moralischen Konstitution gehorchen.

Alles das, was uns stark erschüttert, die Nerven und den Magen verdirbt, erschöpft das Blut. — Keuschheit und Liederlichkeit, Fasten und Ausschweifung, absolute Ruhe und exzessive Ermüdung, die Arbeiten im Studierzimmer und die des Soldaten sind gleicherweise unnatürlich, sind gleicherweise für unsere Konstitution und daher für die animalische Freiheit unzuträglich.

Was die moralische Freiheit anlangt, so lassen sich ihre Hauptfeinde auf zwei zurückführen: die schlechten politischen Gesetze, die Herrschaft des Machthabers und Usurpators. Wir haben davon gesprochen, um zusammenzufassen, daß die Natur weniger dem Tod als der Sklaverei widerstrebt, weil diese Auflösung ja Schlimmeres, nämlich das Leiden der Seele, bedeutet, während der Tod nur die Verklärung der Seele ist.

Der zweite Feind der moralischen Freiheit und dadurch des Glücks des Menschen trennt sich von ihm nicht mehr, sobald er ihn unterjocht hat. Er durchkreuzt die Meere, erklimmt die Felsen mit ihm; in das Herz der Städte, der Ländereien, an irgendeinem Punkt der Erde, wohin er auch geht, überall folgt dem Menschen die Leidenschaft, die ihn beherrscht.

Ehrgeiz, Gier nach Reichtümern, die Liebe oder jede andere Leidenschaft bemächtigt sich des Menschen, sie versetzt seiner Ruhe oder zum mindesten eine Zeitlang seinem Glück den Todesstoß.

Heftige Leidenschaft der Sinne bringt den Zustand der animalischen Konstitution in Unordnung; alle Organe werden in ihren Funktionen gestört; sie befinden sich in Aufruhr. Unter diesem Gesichtspunkt ist sie der animalischen Freiheit unzuträglich.

Heftige Leidenschaft der Sinne zerstört das zugleich süße und erhabene Gefühl der Existenz, der Freiheit, der Dankbarkeit, der zarten Achtung des Menschen. Die Natur hat keine Reize mehr für ihn. Dicker Dunst und Nebel verhüllt sie seinen Augen. Die heftige Leidenschaft will das, was sie will. Sie duldet keine Kontraste. Die Vernunft verschwindet, vorgefaßte Meinungen bestehen, und der Mensch ist ihr rettungslos verloren. Aber damit nicht zufrieden, ruft sie die zügellose Phantasie zu Hilfe, die, stolz und vergnügt über die Demütigung ihrer Feindin, der Vernunft, sich ihres Opfers bemächtigt, um es auf alle Arten zu quälen.

Das Glück ist also unvereinbar mit heftiger Leidenschaft der Sinne, da diese auf die animalische Einrichtung, das Gefühl und die natürliche Vernunft zerstörend wirkt.

Sehet jenen, der Liebe ausgelieferten Jüngling: er ist erregt, er seufzt, er weint. Ein verzehrendes Feuer kreist in seinen Adern, nichts kann ihn beruhigen. Was will er? Was hat er? Was ersehnt er? Bald zittert, brüllt er, wie der Löwe der Wüste, bald singt er wie ein sterbender Schwan oder er gurrt wie die zärtliche Taube. — Er schafft sich Ungeheuer, um sie zu bekämpfen und von ihnen gequält zu werden. Die Welt ist für ihn auf ein einziges Gemach, die Meinung auf einen einzigen Mund, das Glück auf eine einzige Phantasie beschränkt. Die Moral, die Tugend, die Gesellschaft, die Natur, das Vaterland, Vater und Mutter, bisher das ihm Teuerste, alles wird ihm fremd, alles unerträglich, denn ohne die Erfüllung der Pflichten gibt es weder Moral, noch Tugend, noch Gesellschaft oder Verwandte. Aber Pflichten übt er nicht aus, er achtet nur die seiner Leidenschaft. Ohne Zweifel empfindet er Freude und Leid, aber ergänzen sie sich? Das ist hier nicht die Frage. Genießt er das natürliche Gefühl? Nein. — Genießt er Vernunft? Er kennt nur die Genüsse der Leidenschaft. In diesem Zustand könnte er alle erdenkbaren Freuden genießen, er wäre doch nicht glücklich, weil er nicht seiner Organisation gemäß lebt und weder die animalische noch moralische Freiheit genießt.

Das Jünglingsalter ist vorüber. Hat dieser selbe junge Mensch das Mannesalter erreicht, so bemächtigt sich seiner die Ehrsucht. Die Ehrsucht mit der bleichen Farbe, den herumirrenden Augen, dem beschleunigten Schritt, unregelmäßigen Bewegungen und dem sardonischen Lächeln? Verbrechen sind ihm nur mehr Spielereien; die Intrige ist ihm nur mehr Mittel zum Zweck, Lüge, Verleumdung, Lästern sind ihm ein Argument, ein Ausdruck der Beredsamkeit. Gelangt er endlich ans Staatsruder? Die Ehrerbietung der Völker langweilt ihn. — Aber er kann Gutes tun. Nichts ist für die Vernunft tröstlicher als sagen zu können: Ich habe soeben das Glück von hundert Familien gesichert; ich habe mich zwar dabei angestrengt und erregt, aber dem Staat wird es dadurch besser gehen. Meine Mitbürger leben ruhig durch meine Unruhe, sind durch meine Zweifel glücklich, durch meine Sorgen vergnügt. Ja, aber ihr achtet nicht darauf, daß es so geschieht, wie Fabricius, Cincinnatus, Catinat dachten — und Fabricius, Cincinnatus und Catinat waren nicht ehrgeizig. Der, der nur in dem reinen Gefühl, dem öffentlichen Wohlergehen beizusteuern, emporzukommen wünscht, ist ein edler Mensch. Er hat teil am Mut, an der Festigkeit und den Talenten. Er wird den Ehrgeiz beherrschen, anstatt von ihm beherrscht zu werden, und dann wird er das Gefühl und die Vernunft genießen können. Ein solcher Mensch genießt stets moralische Freiheit.

Aber der Ehrgeiz, dieser unbändige Wunsch, den Hochmut oder die Unmäßigkeit zu befriedigen, der niemals zu stillen ist, der Alexander von Theben nach Persien, vom Granicus an den Issus nach Arbella und von da nach Indien führt, der Ehrgeiz, der ihn die Welt erobern und verheeren läßt, um ihn dennoch nicht zu befriedigen. Das gleiche Feuer entflammt ihn, in seiner Raserei weiß er nicht mehr, welchen Lauf er ihm geben soll; er ist von ihm durchrüttelt, er schweift herum. Alexander hält sich für einen Gott; er hält sich für den Sohn Jupiters, er will es die anderen glauben lassen. Der Ehrgeiz, der den Kaufmann zum Vermögen führt und von da zum Generalkontrolleur, ohne ihn durch den ersten Platz im Finanzwesen zufriedenzustellen; der Ehrgeiz, der Cromwell beherrschte, wie er England beherrschte, aber um es mit allen Dolchen der Furien zu quälen; der Ehrgeiz, der Staaten stürzt, Privatvermögen untergräbt, der sich von Blut und Verbrechen nährt; der Ehrgeiz, der Karl V., Philipp II., Ludwig XIV. beseelte, ist wie alle übermäßigen Leidenschaften, eine heftige, unüberlegte Raserei, die nur mit dem Leben aufhört, wie ein durch einen unbarmherzigen Sturm begünstigter Brand erst endet, nachdem er alles verzehrt hat. Richelieu, von geringer Herkunft, erreicht es nach unendlichen Beschwerlichkeiten und Plagen, unter dem Namen eines Ministers König zu sein. Er kann ohne Zweifel seine Erhöhung genießen, er kann glücklich leben. Was bleibt ihm zu wünschen übrig? . . . Aber er ist nicht Kardinal! Er erhält zwar den Hut, aber es gibt im Lande Frankreich einen Corneille! Er wird ein Dichter und seine Schmeichler, — wie soll man daran zweifeln —, stellen ihn an den ersten Platz. Was kann er noch begehren? . . . Derselbe Wahnsinn, der das Gehirn Alexanders in Mitleidenschaft zog, durch die gleiche Ursache hervorgerufen, bemächtigt sich Richelieus. Er will ein anderer Bacchus sein, er will für einen Heiligen gehalten werden. In dieser Hoffnung stirbt er, und sein letzter Seufzer ist ein Akt des Betruges, aber es gefällt ihm, die Komödie bis zu Ende zu spielen.

Ist Gier nach Reichtum, schmutziger Geiz vernünftiger? Bringen sie wesentlichere Freuden hervor? Sehet diesen Kaufmann, einen Millionär: das Meer ist bedeckt mit seinen Schiffen. Wohlan, er braucht noch mehr Bewegung. Er setzt sein Leben den Orkanen, den Jahreszeiten, den Unwettern aus. Ihr würdet ihn für einen Bedürftigen halten. Sehet den schmutzigen Geizhals! Er häuft Gold auf Gold. Vielleicht plant er irgendein großes Unternehmen. Er strebt nach einer Ehrenstelle, oder eine nützliche Stiftung wird vielleicht seinen Namen unsterblich machen und ihm den Namen Vater der Armen geben? Ach nein, er plant nur, seinen Schatz zu vermehren.

Die Liebe weiß allein, was sie will. Sie brennt so lange sie dauert. Der Ehrgeiz ist niemals zufrieden, selbst auf dem Gipfel der Herrlichkeiten. Aber den Geizigen könnt ihr die Goldminen von Potosi in seine Truhen legen, und ihr werdet nicht das Vergnügen haben, ihn zu befriedigen.

Alle heftigen Leidenschaften sind nicht zu befriedigen! Die Phantasie entzündet das Blut, dieses reizt die Nerven, bringt Unruhe hervor. Beobachtet die großen Leidenschaften, ihr werdet darin dieselben Symptome sehen. Von den Geschöpfen, die die Natur durch die Vernunft vor allen ihren anderen Schöpfungen ausgezeichnet hat, bist du, Mensch, das unbeständigste, das inkonsequenteste, das größte ihrer Opfer. Willst du leben nach dem Zweck deiner Erschaffung? Nun, so gib dich niemals dem Wildbach der heftigen Leidenschaften hin, du kannst es, du bist dein eigener Herr, aber wenn du dich nicht in acht nimmst, wirst du schließlich beherrscht werden. Die Leidenschaft ist wie die Donau: das Kind bei Donaueschingen lenkt sie von seinen Spielen ab, aber einige Meilen weiter überschwemmt sie Länder, reißt sie Städte nieder... Sofern der Steuermann den fürchterlichen Tornado von Guinea oder den Schlund des Euripus bemerkt, wird er das Schiff ablenken, er ist der Herr, nach seiner Laune zu manövrieren, aber vertraut er seiner Geschicklichkeit, ist er nur einen Augenblick nachlässig, so verliert er durch seine Unklugheit Schiff und Leben. Menschen, das ist eure Geschichte: beherrschet eure Leidenschaften von ihrem Ursprung an, oder ihr werdet davon beherrscht! Einen Mittelweg gibt es nicht.

Die Stürme des Meeres sind seiner Stille vorzuziehen, denn sie haucht nur tödliche Dünste aus. Leidenschaft ist der vollständigen Stumpfheit, der erniedrigenden Ausschweifung vorzuziehen. Mehr wert ist es, enthusiastisch, leidenschaftlich zu sein als gefühllos. Ohne Zweifel muß man die Raserei des Gefühls seiner Schläfrigkeit, seiner Abgestorbenheit vorziehen.

Wißt ihr, woher die zügellosen Leidenschaften kommen? Von der Entbehrung natürlicher Freuden. Der natürlichen Freuden beraubt, hat das Feuer des Gefühles keine Bahn:

es gährt, es bringt Leidenschaft hervor, und die Phantasie, eine wahre Pandorabüchse, ein Sammelplatz aller Laster, wird alle seine Begierden außer Ordnung bringen, ebenso wie in Ermanglung von Bewegung die üblen Säfte des Körpers sich vereinigen, das Blut sich durch seine Verarmung entzündet, sind Fieber und Konvulsionen der Raserei die unvermeidliche Folge.

Sehet die Unruhe des Reichen: Paläste, Güter, die Dienerschar, die ihn umgibt, können ihn nicht dem Mißbehagen, der Sorge, der Unzufriedenheit entreißen. Er wird ehrgeizig, um sich bald zu sagen: Ich habe das Glück gesucht und nur Ruhm gefunden. Er schlägt einen anderen Weg ein. Diesmal hofft er das Glück in der Liebe zu finden. Der Unglückliche sucht das Gefühl und findet stets nur Raserei. Nach einigen ebenso unfruchtbaren Versuchen glaubt er nicht mehr an das Glück und stirbt mit diesem grausamen Gedanken im Herzen.

Heute gelangen drei Viertel der Menschen durch dieselben Versuche zu den gleichen Ergebnissen. Verblendete! Lebet eurer Natur gemäß; fühlet und denket nach dem Gefühl und nach der natürlichen Vernunft, und ihr werdet glücklich sein.

Wir haben den Naturmenschen inmitten der Felder und Wälder werden sehen. Wir sind Zeugen seines jungen, unschlüssigen Herzens über die Ungerechtigkeiten des Eigentums gewesen. Wir haben seinen Vater, jenen verehrungswürdigen Greis, die Beunruhigungen des Sohnes besänftigen gesehen, indem er ihm den Stand seines Vermögens und das Unnütze, ja sogar die Gefahr des Reichtums enthüllte: Auf seinem Feld arbeitend, in seiner Hütte hausend, durch seine Ernten genährt, sehnte er sich, einen Sohn zu haben. Seine Existenz würde verdreifacht, seine Arbeit würde damit leichter. Welche Gefühle lebten im Herzen dieses glücklichen Menschen! Sein Vater, seine Frau, sein Kind, die ganze Natur sind Gegenstände seiner Zuneigung und seines Gefühles. Ohne Sorgen wäre das Glück weniger vollkommen. Sein Vater stirbt... eine sanfte und treue Gefährtin, unschuldige Kinder lassen ihn fühlen, daß er nicht alles verloren hat. Er mäßigt seinen Schmerz. Er setzt seinem Vater ein Denkmal, so einfach wie er selbst. Wenn seine Seele dem Schmerz oder einer verderbten Begierde unterliegt, dann eilt er zum Grab seines verehrungswürdigen Vaters, um wieder Geschmack an der Pflicht und Einfachheit zu finden. So fließen die Tage inmitten seiner ländlichen Arbeiten, seiner Freude dahin, und Tage und Jahreszeiten scheinen zu kurz für ihn. Der Winter seines Lebens nähert sich unmerklich, er lebt von dem verflossenen Glück, er lebt in seinen Kindern. Und wenn er um den Preis seines Lebens seine Enkelkinder sehen kann, so segnet er diesen Tag und erwartet freudig den Augenblick des Sterbens.

Umringt von allen, die er liebt, haucht er den letzten Seufzer aus! „Meine Kinder“, sagt er zu ihnen, „ich habe Gott verehrt, denn ich habe glücklich gelebt und euer Glück vorbereitet. Sein Glück schaffen, dem Glück der Menschen beispringen ist der einzige, dem Ewigen würdige Kult . . . Lebet also glücklich in eurem eigenen Interesse, aber auch, um dem Schöpfer des Weltalls zu gefallen. Lasset euch niemals durch Habsucht noch durch heftige Leidenschaft verführen, um stets imstande zu sein, zu fühlen und zu denken . . . Meine Kinder, der Körper ist sterblich; er geht unmerklich zugrunde, bis der Tod kommt und ihn ganz auflöst. Die Seele hingegen stirbt nimmer. Die Jahre tragen zu ihrer Vollendung bei und sie beherrscht das Leben . . . Die Seele ist unsterblich: dieser Gedanke tröstet mich und macht mir den Tod leicht, sogar wünschenswert . . . ja wünschenswert . . . Ach, liebe Freunde, es kommt eine Zeit, wo das Leben nur eine Last ist; es ist die Zeit, wo alles darauf hinweist, daß man sterben muß. Meine Sinne nehmen nur noch dieses Bild wahr und machen sich nur noch durch den Schmerz bemerkbar . . . Ich habe die Menschen, meine Zeitgenossen umkommen sehen . . . Liebe, Freundschaft, die Kindheitserlebnisse, alles ist seit langem tot. Ein süßer Schauer der Erinnerung bringt mir allein die Dinge wieder . . . und die Dinge haben sich nicht verändert! Hat nicht unsere Hütte (der Körper) selbst durch ihren Einsturz den Augenblick der großen Reise angekündigt? Beklaget mich also nicht, meine Kinder! Seid nicht traurig! Der Tod ist ein Zustand der Seele, eine Veränderung des Hauses, in dem sie gewohnt hat. Was gibt es dabei so viel zu klagen! Mein Vater ruft mich in den Schoß des anderen Lebens: eines Tages werde ich euch meinerseits rufen, ihr selbst werdet eure Söhne rufen. So laufen Jahrhunderte ab. Aber was immer es für ein Ort sei, wohin sich meine Seele schwingt, ich werde in eurer Mitte sein, zweifelt nicht daran; ich fühle es an meiner Zärtlichkeit . . . Ich werde in euren Herzen lesen. Mögen die Gefühle, die darin herrschen, immer eurer würdig sein! . . . Ach, meine Lieben, wenn die Zwietracht euch trennen sollte, erinnert euch eures Vaters . . . Ich trage euch alle in meiner Seele; eure Feindschaft würde sie zerreißen . . . Ich kann nur durch eure Eintracht bei euch sein . . . Setzet meine Asche neben die meines Vaters, und wenn ihr irgendwelche Meinungsverschiedenheiten haben solltet, so entscheidet sie auf unserem Grab. Erinnert euch dann dieser letzten Worte, erinnert euch, daß ich seit eurer Geburt nur für euch gelebt habe und daß ich nur noch das erhoffe, was an eurem Glück mitwirken könnte . . . Ach, wenn ihr die ganze Sorge dieser Gefühle kennen würdet! Aber auch ihr werdet einst Väter sein! . . . Liebe Kinder, fahret fort, zu leben, wie wir zusammen gelebt haben! Möge mein Grab kein Ort der Trauer sein, im Gegenteil, meine Freunde, seid fröhlich und genießt eure unschuldigen Spiele und Vergnügungen. Der, der nur für eure Glückseligkeit atmete, kann nur über den Anblick eurer Vergnügungen gerührt sein . . . Lebet wohl, meine Kinder! Ich fühle, der Augenblick naht . . . Wenn ihr je diesen Ort verlasset, traget Sorge, meine Asche und die meines Vaters mit euch zu nehmen . . . Lebet wohl, empfanget meinen Segen, der das Palladium eurer Einigkeit und eures Glückes sei."

Er wendet den Kopf, öffnet weit die Augen und seine Seele entflieht.

Ich habe nur die Nützlichkeit der Reise zu Rate gezogen, als ich versuchte, mir einen Weg durch das wegen seiner Schiffbrüche berühmte Wasser zu bahnen. Bin ich nicht glücklich gewesen, habe ich kein Ziel erreicht? Ich bin darüber nicht erstaunt; ich habe auf meinem Weg nur Leute gesehen, die sich verirrt hatten. Habe ich sie nachgeahmt? Ich bin zum mindesten sicher, daß es irgendeinem geglückt sein wird, und ich finde mich getröstet, durch meinen Kampf den Triumph des Siegers zu vergrößern. Sicher wird die Mittelmäßigkeit nicht einen Palmzweig heimbringen, der euer Ansehen herabsetzen wird.

*An Herrn Joseph Buonaparte, Administrator des Direktoriums in Corte*

Paris, den 14. Juni 1792.

Gestern war ich bei Herrn Permon zu Tisch. Seine Frau ist sehr liebenswürdig. Sie liebt ihr Vaterland leidenschaftlich und sieht es gern, wenn Korsen zu ihr kommen.

Der Marineminister Servan, der Minister des Innern Roland sowie der Minister der öffentlichen Steuern sind gestern verabschiedet worden. — Dumouriez, der Minister der Auswärtigen Angelegenheiten, hat das Portefeuille Servans übernommen und das seinige einem Herrn von Naillac aus Drôme übergeben, den ich sehr gut kenne. Roland hat das seinige einem Herrn Mourgues abgetreten, von dem ich nie etwas gehört habe. Der Minister der öffentlichen Steuern ist noch nicht ernannt.

Die Gesetzgebende Versammlung war wütend über die Verabschiedung der drei Minister, weil sie gute Patrioten sind. Sie erklärte, sie hätten die Achtung des ganzen Volkes besessen und ihr Abgang würde allgemein bedauert werden. — Man beschuldigt Dumouriez als Urheber dieses Ministerwechsels, so daß wahrscheinlich die Gesetzgebende Versammlung heute gegen ihn vorgehen wird.

Aus den Zeitungen werdet Ihr den Tod Gouvions erfahren haben, der von einer Kanonenkugel getroffen wurde. Er hatte den Oberbefehl über die Vorhut Lafayettes. In der

Nacht griffen ihn die Österreicher an. Lafayette eilte herbei; die Angreifenden wurden in die Flucht geschlagen und haben auf ihrem Rückzug große Verluste gehabt. Die Feinde gaben einige Kanonenschüsse ab, von denen einer Gouvion den Tod brachte.

Dieses Land ist im wahren Sinne des Wortes von den leidenschaftlichsten Parteien zerrissen, und man vermag nur schwer den Faden in all den verschiedenen Plänen zu erfassen. Welche Wendung das nehmen wird, weiß ich nicht, jedenfalls aber sieht es sehr revolutionär aus.

Die Veröffentlichung des Briefes Bacciocchis hat man nicht gebilligt. Man fand ihn unsittlich.

Dein Brief an Aréna war zu trocken, und Du mußt noch lernen, anders zu schreiben. Ich unterlasse das ihm gegenüber; er ist eifriger Demokrat.

Ich umarme Dich. Ich habe an den Konsul wegen der Pension geschrieben. Benachrichtige ihn, damit er auf der Post in Ajaccio seinen Brief in Empfang nehme. Laß Dich nicht verhaften: Du mußt unbedingt bei der nächsten Versammlung dabei sein, oder du bist ein Narr.

Mach, daß Du nach Ajaccio kommst, um Deine Stimme als Wähler abzugeben.

Diese Schiffsfahrkarte finde ich in meiner Tasche; laß sie Dir wieder herausbezahlen, denn ich habe sie dem Eigentümer abgekauft.

Napoleon.

### *An Joseph Bonaparte über den Sturm auf die Tuilerien*

Paris, Freitag 22. Juni 1792.

Herr von Lafayette hat an die Gesetzgebende Versammlung gegen die Jakobiner geschrieben. Sein Brief, den viele für gefälscht halten, ist in kräftigem Ton verfaßt. Herr von Lafayette, viele Offiziere der Armee, alle ehrenhaften Bürger, die Minister, die Pariser Verwaltung stehen auf der einen, die Mehrzahl der Gesetzgebenden Versammlung, die Jakobiner und der Pöbel auf der andern Seite. Die Jakobiner halten gegen Lafayette kein Maß mehr, sie bezeichnen ihn als Mörder, Lumpen, Schurken. Sie gebärden sich wie die Wahnsinnigen, ohne gesunden Menschenverstand. Vorgestern zogen 7—8000 Menschen, mit Piken, Äxten, Degen, Gewehren, Spießen und spitzen Stöcken bewaffnet, nach der Gesetzgebenden Versammlung, um eine Bittschrift einzureichen. Darauf begaben sie sich zum König. Der Tuileriengarten war verschlossen und von 15000 Nationalgardisten bewacht. Sie haben die Tore eingerannt, sind ins Schloß eingedrungen, haben gegen die Gemächer des Königs Kanonen gerichtet, vier Türen eingeschlagen, dem König zwei Kokarden angeboten, eine weiße und eine dreifarbige, und ihm die Wahl gelassen. „Wähle", befahlen sie ihm, „hier oder in Koblenz zu regieren." Der König zeigte sich und setzte die rote Jakobinermütze auf. Die Königin und die königlichen Prinzen taten das gleiche. Dann mußte der König mit ihnen trinken. Vier Stunden waren sie im Schloß. Dies lieferte den Feuillants reichlichen Stoff zu ihren aristokratischen Erklärungen. Dennoch ist das alles sehr verfassungswidrig und ein gefährliches Beispiel. Bei so stürmischen Zuständen kann man schwerlich voraussehen, welchem Schicksal Frankreich entgegengeht.

Ich hoffe, Du bist in Ajaccio, wenn Du Dich nicht auf der Rückreise befindest. Du würdest mich indes von der Lage der Dinge unterrichtet haben. Buonarotti kann Dir bei Deinen Plänen äußerst nützlich sein. Ich schicke Dir ein Exemplar des „Modenkabinetts"; es wird Paoletta (Pauline) interessieren.

Ich erwarte Deine Antwort für Mariana (Elisa). Ich bin unentschlossener denn je. Nun bin ich schon einen Monat in Paris, und die Papiere hinsichtlich der Pflanzschule sind immer noch nicht angekommen. Ich hatte ganz richtig vorausgesehen, was kommen würde.

Luckners Heer hat einige Fortschritte gemacht, aber sie sind kaum der Mühe wert. Die Einnahme von Menin und Courtrai will nicht viel sagen. Ich habe den absurden Brief

Massarias gelesen. Es ist für uns von höchstem Interesse, Aréna zu schonen: teile das Fesch und Lucien mit.

Cataneo aus Calvi ist hier. Ach, wie bedauerlich ist doch menschlicher Irrsinn! Er hat fast den Verstand verloren, spielt den ganzen Tag, verliert meist, hat alle seine Anzüge verkauft und besitzt nur noch einen alten blauen Rock. Er tut einem leid. Seit drei Jahren hat er seine Tochter nicht besucht. Die Kleine denkt, er ist in Korsika. Diese Mitteilungen sind für Dich bestimmt, denn wie die Dinge jetzt liegen, halte ich es für das einzig Richtige, diejenigen schonend zu behandeln, die einst unsere Freunde werden können, oder es waren.

Peraldi hat mir ohne Pardon den Krieg erklärt. Er ist glücklich, daß man ihn nicht verletzen kann, ich würde ihn sonst gelehrt haben, wie er zu handeln hat. Aber dieser Mann ist toller denn je. Hier, wo man ihn genau kennt, ist er wenig geachtet.

Ihr Bürokraten seid doch etwas barsch mit Aréna verfahren. Wenn er sich von Euch abwendet, wird er Euch nur hinderlich sein, und die andern werden Euch nur schwach unterstützen. Außerdem ist er sehr angesehen und klüger als die andern und gehört im wahren Sinne des Wortes der herrschenden Partei an.

Ich habe Dir eine Unmenge Briefe geschrieben. Ohne Zweifel hast Du sie erhalten. Von Dir erhielt ich genau fünf. Adressiere sie auch fernerhin an Pietri oder Leonetti.

Ich schrieb Dir von Ajaccio wegen der 26 Gewehre, die ich zu Hause hatte. Wenn Du sie Pietri, der sich in Cervione befindet, wieder zustellen könntest, wären wir in der Lage, sie noch aufzubewahren, denn sie könnten uns augenblicklich von Nutzen sein.

Napoleon.

# *DAS SOUPER VON BEAUCAIRE**

Ich befand mich am letzten Tag des Jahrmarktes in Beaucaire; durch Zufall hatte ich am Abend als Tischgenossen zwei Kaufleute aus Marseille, einen Herrn aus Nîmes und einen Fabrikanten aus Montpellier. Nachdem wir miteinander bekannt geworden waren, wußte man, daß ich aus Avignon kam und Offizier war. Hatten sich meine Tischgenossen die ganze Woche über mit Geschäften, bei denen Geld zu verdienen ist, befaßt, so waren sie jetzt mit dem Ausgange der Ereignisse beschäftigt, von denen die Erhaltung ihres Vermögens abhing. Sie versuchten meine Meinung kennen zu lernen und wollten sie mit ihrer eigenen Ansicht vergleichen, vielleicht auch berichtigen und sich ein ungefähres Bild von der Zukunft machen, die uns mehr oder weniger am Herzen lag. Die Marseiller waren noch am wenigsten angriffslustig. Die Räumung Avignons machte sie in allem skeptisch, ihnen blieb nur die große Sorge über ihre Zukunft. Gegenseitiges Vertrauen veranlaßte uns bald zur Aussprache und zwischen uns begann etwa folgendes Gespräch:

*Der Herr aus Nîmes:* „Ist die Armee des Generals Carteaux stark? Man sagt, er habe beim Angriff viele Leute verloren. Wenn sie zurückgetrieben worden ist, warum haben dann die Marseiller Avignon geräumt?“

*Der Offizier:* „Die Armee hatte 4000 Mann beim Angriff auf Avignon, heute ist sie schon bis auf 6000 gestiegen. Noch ehe vier Tage vergehen, wird sie auf 10.000 gebracht. Sie hat 5 Mann verloren und 4 sind verwundet worden. Sie ist nicht zurückgeschlagen worden, denn sie hat überhaupt keinen richtigen Angriff gemacht. Sie hat in der Umgebung der Festung operiert und versucht, die Tore mit Petarden zu sprengen. Zur Prüfung der Haltung der Garnison hat sie einige Kanonenschüsse abgegeben; dann hat sie sich ins Lager zurückziehen müssen, um den Angriff für die nächste Nacht vorzubereiten.

Die Marseiller waren 3600 Mann stark; sie besaßen eine

* Entstanden April 1793.

Artillerie, die zahlreicher war und ein größeres Kaliber hatte; trotzdem mußten sie über die Durance zurück. Das setzt Sie in Erstaunen? Nur ganz erprobte Truppen können die Wechselfälle einer Belagerung durchhalten. Wir waren Herren der Rhône, von Villeneuve und dem Hinterland; wir hätten ihnen alle Verbindungen abgeschnitten. So mußten sie die Stadt aufgeben. Die Kavallerie hat sie auf ihrem Rückzug verfolgt; sie haben viele Gefangene gehabt und zwei Kanonen eingebüßt."

*Der Marseiller:* Man hat uns ganz anders darüber berichtet. Ich will Ihre Darstellung nicht bestreiten, weil Sie anwesend sind; aber geben Sie ruhig zu, daß das zu nichts führt. Unsere Armee steht in Aix, drei tüchtige Generale sind zum Ersatz der früheren eingetroffen. In Marseille hebt man neue Bataillone aus, wir haben einen neuen Artilleriepark und mehrere Vierundzwanzigpfünder. In wenigen Tagen sind wir in der Lage, Avignon wieder zu nehmen, oder wenigstens bleiben wir Herren der Durance."

*Der Offizier:* „Das erzählt man euch nur, um euch in den Abgrund zu locken, der immer tiefer, und vielleicht die schönste Stadt Frankreichs, die alle Patrioten am meisten verdient, verschlingen wird. Man hat euch ja auch eingeredet, daß ihr durch Frankreich marschieren, in der Republik den Ton angeben werdet, und eure ersten Schritte sind Fehlschläge gewesen. Man hat euch gesagt, Avignon könne gegen 20.000 Mann lange Widerstand leisten, und eine einzige Abteilung ist ohne Kanonen in 24 Stunden Herrin der Stadt geworden. Der Süden, sagte man euch, habe sich erhoben, aber ihr wart ganz allein; man hat euch ferner gesagt, die Kavallerie von Nîmes werde die Allobrogen vernichten, und sie waren bereits in Saint-Esprit und Villeneuve. Man hat euch erzählt, 4000 Lyoner unterhandelten über den Vergleich. Merkt ihr endlich, daß man euch täuscht? Begreift die Torheit eurer Führer und mißtraut ihren Berechnungen. Der schlimmste Ratgeber ist die Eigenliebe. Ihr seid von Natur lebhaft; man treibt euch ins Verderben, indem man eure Eitelkeit reizt, ein Mittel, das schon viele Völker vernichtet hat. Ihr habt Reichtum und eine ansehnliche Bevölkerung, aber man übertreibt das euch gegenüber. Ihr habt der Freiheit hervorragende Dienste geleistet. Man ruft sie euch ins Gedächtnis, ohne darauf zu achten, daß der Genius der Republik damals mit euch war und euch heute verlassen hat. Ihr sagt, eure Armee sei in Aix mit einem großen Artillerietrain und guten Generalen. Schön! Aber was sie auch unternimmt, sie wird geschlagen werden! Ihr hattet 3600 Mann, mehr als die Hälfte sind versprengt; Marseiller und einige Flüchtlinge aus dem Departement können euch 4000 Mann stellen: das ist viel. Ihr werdet also 5—6000 Mann haben, die aber keine Einheit bilden und militärisch nicht geschult sind. Ihr habt gute Generale. Ich kenne sie nicht, kann also ihre Tüchtigkeit nicht abstreiten. Jedenfalls werden sie durch Nebendinge abgelenkt und, ohne bei ihren Untergebenen die nötige Unterstützung zu finden, ihren militärischen Ruf schwerlich aufrecht erhalten können; sie brauchten nämlich mindestens zwei Monate, um das Heer auch nur einigermaßen zu organisieren, und bereits in vier Tagen wird Carteaux jenseits der Durance stehen. Und mit welchen Soldaten! Mit der ausgezeichneten leichten Truppe der Allobrogen, dem vorzüglichen burgundischen Kavallerieregiment, dem braven Bataillon der Côte d'Or, das hundertmal den Sieg in seinen Kämpfen davongetragen hat, und sechs oder sieben anderen Korps; alles gediente Soldaten, die durch Erfolge an den Grenzen und über euer Heer ermutigt sind. Ihr habt Vierundzwanzigpfünder und Achtzehnpfünder und haltet euch nach allgemeiner Ansicht für unbezwinglich; aber die Leute vom Fach werden es euch sagen und eine schlimme Erfahrung wird es euch bestätigen, daß auf dem flachen Lande gute Vier- und Achtpfünder ebensoviel leisten wie großkalibrige Kanonen, ja, ihnen in vieler Hinsicht vorzuziehen sind. Ihr habt neu ausgehobene Kanoniere, eure Gegner aber haben die Artillerie der Linienregimenter, die in Europa als Meister ihrer Waffe bekannt sind.

Was tut euer Heer, wenn es sich in Aix zusammenzieht? Ein Grundsatz der Kriegskunst lehrt, daß jedes Heer, das hinter seinen Verschanzungen bleibt, geschlagen wird. Die

General Bonaparte

Die Mutter Napoleons

Erfahrung und die Theorie stimmen damit überein. Die Mauern von Aix sind nicht einmal so viel wert wie die schlechteste Feldschanze, besonders, wenn man ihre Ausdehnung und die Häuser in Betracht zieht, die sie auf Pistolen-Schußweite von außen umgeben. Seid also versichert, daß dieser angeblich beste Plan tatsächlich der schlechteste ist. Wie könnt ihr übrigens die Stadt in so kurzer Zeit genügend verproviantieren? Wird euer Heer sich dem Feinde entgegenstellen? Es hat ja keine Kavallerie, ist in der Minderzahl und besitzt eine für das flache Land ungeeignete Artillerie; es würde durchbrochen und dann rettungslos vernichtet werden, denn die Reiterei wird es hindern, sich wieder zu sammeln.

Denkt ihr vielleicht, den Krieg auf Marseiller Gebiet hinüberzutragen? Eine starke Partei hält dort zur Republik. Sie wird alles daransetzen, wird sich mit dem Feinde vereinigen, und diese Stadt, das Handelszentrum der Levante, die Niederlage für den Süden Europas, ist verloren ... Erinnert euch nur an das jüngste Beispiel von Lisle bei Avignon und an die barbarischen Gesetze des Krieges.

Aber welcher Schwindelgeist hat sich plötzlich eures Volkes bemächtigt? Welche Verblendung reißt es ins Verderben? Wie könnt ihr euch anmaßen, der gesamten Republik Widerstand zu leisten? Selbst wenn es euch gelänge, diese Armee zum Rückzug auf Avignon zu zwingen, so wird doch in kurzem ein Ersatzheer heranrücken. Wird die Republik, die Europa ihre Gesetze diktiert, sich etwa in Marseille befehlen lassen?

Ihr wart mit Bordeaux, Lyon, Montpellier, Nîmes, Grenoble, dem Jura- und Euregebiet, mit Calvados vereinigt und habt euch erhoben! Damals hattet ihr Aussicht auf Erfolg. Eure Rädelsführer konnten schlechte Absichten haben, jedenfalls bildetet ihr eine imposante Streitmacht. Heute dagegen haben Lyon, Nîmes, Montpellier, Bordeaux, der Jura, die Eure, Grenoble, Caen die Verfassung angenommen, und Avignon, Tarascon, Arles haben nachgegeben. Gestehet, daß jetzt eure Hartnäckigkeit an Wahnsinn grenzt. Ihr seid durch Leute beeinflußt, die euch in ihren

Sturz mit hinabziehen, weil sie selbst nichts mehr zu verlieren haben.

Eure Armee wird aus den wohlhabendsten und reichsten Leuten der Stadt zusammengesetzt sein, denn die Sansculotten könnten sich gar zu leicht gegen euch selbst wenden. Ihr setzt also die Blüte eurer Jugend, die gewohnt ist, den Mittelmeerweg aufrechtzuerhalten, die euch durch ihre Sparsamkeit und ihren Unternehmungsgeist bereichert, aufs Spiel gegen bewährte Soldaten, die sich hundertmal mit dem Blute der wütenden Aristokraten oder der grimmigen Preußen gefärbt haben!

Laßt die armen Länder bis zum letzten Atemzuge kämpfen. Der Bewohner des Vivarais, der Cevennen und Korsikas wird sich ohne Furcht vor dem Ausgang in den Kampf stürzen. Gewinnt er, so hat er sein Ziel erreicht. Verliert er, so kann er ebensogut wie vorher unter denselben Bedingungen Frieden schließen. Aber ihr! . . . Nur eine verlorene Schlacht, und ihr büßt die Frucht tausendjähriger Anstrengungen, Ersparnisse und Glück mit einem Male ein.

Das sind die Gefahren, in die man euch mit so viel Unüberlegtheit stürzen will."

*Der Marseiller:* „Sie sind rasch und erschrecken mich. Ich gebe ohne weiteres zu, daß unsere Lage kritisch ist; vielleicht denkt man tatsächlich nicht ganz an die Lage, in der wir uns befinden, aber Sie müssen doch zugeben, daß wir noch außerordentliche Hilfsmittel zur Verfügung haben.

Sie haben mich davon überzeugt, daß wir in Aix keinen Widerstand leisten können. Ihre Angabe, daß es uns an Proviant fehlen würde, trifft doch nur für eine lange Belagerung zu, oder meinen Sie wirklich, die Provence werde lange kaltblütig der Belagerung von Aix zusehen? Sie wird sich vielmehr wie ein Mann erheben, und eure Armee wird, von allen Seiten umzingelt, froh sein, wenn sie den Weg zurück über die Durance findet."

*Der Offizier:* „Wie schlecht Sie den Geist der Menschen und des Augenblicks verstehen. Überall gibt es zwei Parteien. Im Augenblick, wo man euch belagert, wird die Sektionspartei überall die Oberhand gewinnen; das Beispiel von

Tarascon, Orgon, Arles muß Sie davon überzeugen! 20 Dragoner haben ausgereicht, um die frühere Verwaltung wiederherzustellen und die anderen fortzujagen. Von jetzt an ist in eurem Departement jeder Aufstand zu euren Gunsten völlig ausgeschlossen; das konnte höchstens geschehen, als das Heer noch jenseits der Durance stand und ihr einig waret. In Toulon sind die Meinungen sehr geteilt und die Sektionisten haben dort keineswegs dieselbe Überlegenheit wie in Marseille. Es ist also besser, sie bleiben in der Stadt, um ihre Gegner im Zaum zu halten . . . Wie Sie wissen, hat sogar im Departement Basses-Alpes die Mehrheit die Konstitution angenommen."

*Der Marseiller:* „Wir werden Carteaux in unseren Bergen angreifen, wo ihm seine Kavallerie nichts nützt."

*Der Offizier:* „Meint ihr, eine Armee, die eine Stadt beschützt, ist imstande, den Angriffspunkt zu wählen? Übrigens ist es unrichtig, daß Marseille in seiner Umgebung Berge hat, die jeden Kavallerieangriff unmöglich machen. Eure Hügel sind allenfalls steil genug, um den Artilleriedienst gefährlicher zu gestalten und euren Feinden einen großen Vorteil zu geben. Denn in einem durchschnittenen Lande hat der gute Artillerist durch die Schnelligkeit der Bewegungen, durch Genauigkeit und richtige Abschätzung die Überlegenheit."

*Der Marseiller:* „Sie meinen also, wir seien ohne Hilfe? Kann diese Stadt, die den Römern widerstand und seine Gesetze zum Teil unter den Despoten, die ihnen folgten, behielt, die Beute einiger Banditen werden? Wie? Der Allobroger soll, mit dem Laub von Lisle beladen, in Marseille Gesetze diktieren! Wie! Dubois de Crancé und Albitte sollten keine Gegner finden! Diese blutbefleckten Männer, die nur durch unselige Umstände ans Ruder gekommen sind, sollten unumschränkte Herren werden! Welche traurigen Perspektiven eröffnen Sie mir da! Man würde unser Eigentum unter verschiedenen Vorwänden beschlagnahmen. Jeden Augenblick würden wir die Opfer jener räuberischen Soldateska werden. Man sperrte unsere besten Bürger ein und tötete sie. Der Klub erhöbe sein fürchterliches Haupt, um seine teuflischen Pläne auszuführen! Der Gedanke ist entsetzlich, und es ist wahrlich besser, den Versuch zu machen, zu siegen, als rettungslos zum Opfer zu werden."

*Der Offizier:* „So ist eben der Bürgerkrieg. Man zerfleischt sich, verabscheut und tötet sich, ohne sich überhaupt zu kennen . . . Was glauben Sie, was Allobroger sind? Etwa Afrikaner, oder Einwohner von Sibirien? Nein, es sind eure Landsleute, Provenzalen, Leute aus der Dauphiné, Savoyarden; man hält sie für Barbaren, weil ihr Name fremdartig klingt. Wenn man eure Truppe die phocäischen Phalangen nennen würde, könnte man jede Fabel auf ihre Rechnung setzen.

Es stimmt, ihr habt mich an die Affäre von Lisle erinnert, ich will sie nicht rechtfertigen, aber erklären. Die Lisler haben den Trompeter, den man ihnen gesandt hatte, getötet; sie haben hoffnungslos Widerstand geleistet, und ihre Stadt ist im Sturm genommen worden. Der Soldat ist mitten unter dem Kugelregen und den Toten hereingekommen, man hat die Bevölkerung nicht im Zaum halten können, und die Erbitterung hat das übrige getan. Die Soldaten, die Sie Banditen nennen, sind unsere besten Truppen, sie sind am besten diszipliniert. Ihr Ruf ist über jede Verleumdung erhaben.

Dubois de Crancé und Albitte sind als ständige Volksfreunde nie von der geraden Linie abgewichen und nur in den Augen der Bösewichte Verbrecher. Aber waren nicht auch Condorcet, Brissot, Barbaroux ‚Verbrecher', obwohl sie rein waren? Die Edlen werden immer bei den schlechten Charakteren in üblem Rufe stehen. Ihr glaubt, sie gehen ohne jede Schonung gegen euch vor, und doch behandeln sie euch wie Kinder, die auf abschüssige Wege geraten sind. Glaubt ihr, sie hätten sonst Marseille die in Beaucaire aufgestapelten Waren fortschaffen lassen? Sie konnten sie bis zum Ausgang des Krieges mit Beschlag belegen, sie haben es nicht getan, und nur ihnen ist es zu danken, wenn ihr in aller Ruhe heimkehren könnt.

Ihr nennt Carteaux einen Mörder. Nun, wißt, daß gerade dieser General sich außerordentlich um Ordnung und Disziplin bemüht. Beweis: sein Verhalten in Saint-Esprit und Avignon. Es ist keine Stecknadel gestohlen worden. Er hat einen Sergeanten eingesperrt, der einen Bürger verhaftete, weil er einen Soldaten aus eurer Armee verborgen hielt. Für den General war er schuldig, weil er ohne Befehl und besonderen Auftrag in eine Privatwohnung eingedrungen war. Man hat Leute aus Avignon bestraft, weil sie ein Haus als Aristokratenwohnung bezeichneten. Man macht einem Soldaten den Prozeß wegen Diebstahls. Hingegen hat eure Armee mehr als dreißig Menschen getötet, ermordet, die Zufluchtsstätte der Familie verletzt, die Gefängnisse mit Bürgern vollgepfropft und das alles unter dem vagen Vorwand, es seien Räuber.

Habt nur keine Angst vor unserer Armee; sie achtet Marseille und weiß, daß keine andere Stadt der öffentlichen Sache so große Opfer gebracht hat. Ihr habt 18.000 Mann an der Grenze und habt euch nicht in allen Punkten gemäßigt. Schüttelt das Joch der Handvoll Aristokraten ab, die euch führen, nehmt gesunde Grundsätze an, und ihr werdet keine wahreren Freunde haben als die Soldaten."

*Der Marseiller:* „Ah! Eure Soldaten! Seit 1789 haben sie die Armee recht verändert. Das Heer von 1789 wollte nicht die Waffen gegen die Nation ergreifen. Eure Soldaten sollten ihnen nacheifern und nicht gegen Bürger kämpfen."

*Der Offizier:* „Mit solchen Grundsätzen hätte die Vendée heute die weiße Fahne auf der wieder errichteten Bastille aufgepflanzt und das Lager von Jalès würde in Marseille herrschen."

*Der Marseiller:* „Die Vendée will einen König, sie will die Gegenrevolution; der Krieg der Vendée, der Krieg von Jalès wird im Geiste des Fanatismus und Despotismus geführt. Wir führen Krieg im Namen der wahren Republik, als Freunde des Volkes und der Ordnung, als Feinde der Anarchie und Verbrecher. Haben wir nicht als Banner die Trikolore? Was für ein Interesse hätten wir, uns Sklaverei zu wünschen?"

*Der Offizier:* „Ich weiß sehr gut, daß das Volk in Marseille betreffs der Gegenrevolution andere Meinungen vertritt als die Vendéer. Die Bevölkerung der Vendée ist kräftig und gesund, die von Marseille dagegen schwach und krank, sie braucht Honig, um die Pille hinunterzuschlucken; um hier der neuen Lehre Geltung zu verschaffen, muß man versuchen, das Volk zu täuschen. In den vier Revolutionsjahren, nach so vielen Intrigen, Komplotten, Verschwörungen hat sich die menschliche Verworfenheit unter den verschiedensten Formen gezeigt, die Menschen haben ihren natürlichen Takt entwickelt. Das ist so richtig, daß trotz des Bündnisses der Departements, trotz der Geschicklichkeit der Führer und der Menge Hilfsmittel, über die alle Feinde der Revolution verfügen, das Volk überall in dem Augenblick erwachte, wo man glaubte, es völlig eingeschläfert zu haben.

Ihr habt, sagt ihr, die Trikolore? Paoli hat sie auch in Korsika aufgepflanzt, um Zeit zu gewinnen, das Volk zu täuschen, die wahren Freunde der Freiheit zu vernichten und um seine Landsleute in seine ehrgeizigen und verbrecherischen Pläne zu verwickeln. Ja, er pflanzte die Trikolore auf, ließ aber auf die Gebäude der Republik schießen, ließ unsere Truppen aus den Festungen verjagen, entwaffnete alle, die er darin noch fand. Er verjagte die Garnison von der Insel, plünderte die Magazine, verkaufte alles, was sich darin befand, zu Spottpreisen, um Mittel für seine Revolte zu gewinnen. Er plünderte und beschlagnahmte die Güter der wohlhabendsten Familien, weil sie der einheitlichen Republik zugetan waren. Er ließ sich zum Generalissimus ernennen und erklärte alle, die in unserem Heere bleiben würden, für Vaterlandsfeinde. Er hatte vorher die Expedition nach Sardinien zum Scheitern gebracht. Bei alledem besaß er die Schamlosigkeit, sich Freund Frankreichs und einen trefflichen Republikaner zu nennen. Und doch täuschte er den Konvent, der seinen Antrag auf Absetzung einbrachte. Kurz, er verfuhr so geschickt, daß nach seiner Entlarvung durch seine eigenen, in Calvi aufgefundenen Briefe, keine Zeit mehr übrig blieb, denn schon unterbrachen die feindlichen Flotten jede Verbindung.

Man darf sich nicht mehr an Worte halten, man muß Taten sprechen lassen. Ihr müßt zugeben, daß, wenn man eure Taten abschätzt, man mühelos beweisen kann, daß ihr Gegenrevolutionäre seid.

Welche Wirkung hat eure Bewegung in der Republik hervorgebracht? Ihr habt sie fast bis an den Abgrund gebracht. Ihr habt die Operationen unserer Heere gehemmt; ich weiß nicht, ob ihr von den Spaniern oder den Österreichern bezahlt werdet, aber sie könnten sich keine vorteilhafteren Spaltungen wünschen. Was könntet ihr noch mehr tun, wenn ihr es wäret? Eure Erfolge sind Gegenstand des Interesses der waschechten Aristokratie; ihr habt an die Spitze eurer Sektionen und eurer Heere anerkannte Aristokraten gestellt, einen Latourette, der ehemals Oberst war, einen Songis, den früheren Pionier-Oberstleutnant; beide haben beim Kriegsausbruch das Heer verlassen, um nicht für die Freiheit des Volkes kämpfen zu müssen.

Eure Bataillone stecken voll solcher Leute und sie würden mit euch nicht gemeinsame Sache machen, wenn es sich um die Sache der Republik handelte."

*Der Marseiller:* „Aber Brissot, Barbaroux, Condorcet, Buzot, Vergniaud, Guadet, sind das vielleicht auch Aristokraten? Wer hat denn die Republik gegründet? Wer den Tyrannen gestürzt? Wer hat endlich das Vaterland in seiner gefährlichen Lage bei dem letzten Feldzuge unterstützt?"

*Der Offizier:* „Ich will es nicht untersuchen, ob diese um das Volk verdienten Männer wirklich gegen das Land konspiriert haben. Mir genügt zu wissen, daß, nachdem die ‚Montagne' aus republikanischem oder aus Parteigeist die äußersten Maßregeln gegen sie ergriffen, sie diskreditiert und ihre Einsperrung beschlossen und, auch das will ich zugeben, sie verleumdet hatte, die Anhänger Brissots verloren waren, ohne einen Bürgerkrieg, der es ihnen ermöglichte, gegen ihre Feinde vorzugehen. Für die ist also euer Krieg von größtem Nutzen gewesen. Hätten sie ihren früheren Ruf verdient, sie hätten die Waffen angesichts der Verfassung niedergelegt und ihr Interesse der öffentlichen Wohlfahrt geopfert. Aber es ist leichter, Decius zu zitieren als ihn nachzuahmen. Sie haben sich heute des schwersten unter allen Verbrechen schuldig gemacht; sie haben durch ihr Verhalten den Beschluß gegen sie gerechtfertigt. Das Blut, das sie vergossen haben, hat ihre wirklichen Dienste ausgelöscht."

*Der Fabrikant aus Montpellier:* „Sie haben die Sache unter dem für diese Herren günstigsten Gesichtspunkte dargestellt, denn es scheint erwiesen, daß die Anhänger Brissots tatsächlich schuldig waren; aber schuldig oder nicht, wir leben nicht mehr in dem Jahrhundert, wo man sich für einzelne Persönlichkeiten schlug.

England hat Ströme Blutes vergossen für die Familien Lancaster und York; Frankreich für Lothringen und die Bourbonen. Sollten wir heute noch in so barbarischen Zeiten leben?"

*Der Herr aus Nîmes:* „Übrigens haben wir die Marseiller aufgegeben, als wir merkten, daß sie die Gegenrevolution wollten und daß sie sich wegen privater Streitigkeiten schlugen. Die Maske ist gefallen, als sie sich weigerten, die Verfassung zu veröffentlichen; damals haben wir der ‚Montagne' einige Unregelmäßigkeiten verziehen. Wir haben Rabaut und seine Jeremiaden vergessen, nur um die junge Republik zu fördern, die von der schrecklichsten Koalition bedroht war und Gefahr lief, schon in der Wiege unterdrückt zu werden, nur um die Siegesfreude der Aristokraten und Europas zu sehen."

*Der Marseiller:* „Ihr habt uns feige im Stich gelassen, nachdem ihr uns durch vorübergehende Deputationen aufgestachelt habt."

*Der Herr aus Nîmes:* „Wir hatten den besten Glauben, aber ihr wart schlau wie ein Fuchs. Wir wollten die Republik und mußten statt dessen eine republikanische Verfassung annehmen. Ihr wart mit der ‚Montagne' und mit dem 31. Mai unzufrieden. Ihr mußtet also die Verfassung doch annehmen, um sie wieder abzulehnen und ihre Mission beenden."

*Der Marseiller:* „Wir wollen ebenfalls die Republik, aber wir wollen, daß unsere Gesetzgebende Macht aus Vertretern bestehe, die frei sind in ihren Vorhaben. Wir wollen die Freiheit, aber Repräsentanten, die wir achten, sollen sie uns geben; wir wollen nicht, daß unsere Verfassung die Plünderung und Anarchie beschütze. Unsere erste Bedingung ist: keinen Klub, keine der zahlreichen Urwählerversammlungen, Achtung vor dem Eigentum."

*Der Fabrikant aus Montpellier:* „Für jeden Denkenden ist es klar, daß ein Teil von Marseille die Gegenrevolution will. Man behauptet zwar, die Republik zu wünschen, aber diese Maske ist mit jedem Tage durchsichtiger geworden. Man gewöhnt euch daran, die Gegenrevolution ganz unverhüllt zu sehen; der Schleier, der sie verhüllte, war auch aus Gaze. Euer Volk war gut, aber mit der Zeit hätte man die Massen verdorben, wäre nicht der Genius der Revolution dazwischen getreten, der sie schützte.

Unsere Truppen haben sich um das Vaterland verdient gemacht, als sie mit solcher Energie gegen euch die Waffen ergriffen; ihr seid nicht die Nation, deshalb durften sie nicht dem Beispiel des Heeres von 1789 folgen. Das Zentrum der Einheit ist der Konvent, er ist der wahre Herrscher, besonders wenn das Volk sich spaltet.

Ihr habt alle Gesetze, jeden Anstand umgeworfen. Wer gab euch das Recht, euer Departement aufzulösen? Hatte Marseille es etwa geschaffen? Mit welchem Recht hat das Bataillon eurer Stadt die Distrikte durchzogen? Mit welchem Recht wollten eure Nationalgarden in Avignon einziehen? Dieser Distrikt war der erste verfassungsmäßige Körper nach Auflösung des Departements. Mit welchem Recht wolltet ihr Drôme verletzen? Und warum verweigert ihr dem Departement das Recht, die öffentliche Gewalt zu seiner Verteidigung heranzuziehen? Ihr habt also die Rechte durcheinandergeworfen, ihr habt die Anarchie eingeführt, und da ihr eure Operationen mit dem Recht des Stärkeren begründet, so seid ihr eben Räuber und Anarchisten.

Ihr habt eine Volksregierung geschaffen. Marseille allein hat sie ernannt, das widerspricht allen Gesetzen. Sie kann nur ein Bluttribunal sein, da sie nur eine Partei vertritt. Mit Gewalt habt ihr das ganze Departement diesem Gericht unterworfen. Mit welchem Recht? Ihr usurpiert also dieselbe Autorität, die ihr ungerechterweise Paris zum Vorwurf macht.

Euer Sektionskomitee hat Verbindungen gutgeheißen. Das ist eine den Klubs ähnliche Organisation und gegen sie protestiert ihr. Euer Komitee hat sich über die Gemeinden von Var eine Oberregierung angemaßt; damit verleugnet ihr die Einteilung in Distrikte.

Ihr habt in Avignon ohne Mandat, ohne Beschlußfassung, ohne Untersuchung Magistratspersonen verhaftet. Ihr habt die Wohnungen der Familien verletzt, die Freiheit des Individuums mit Füßen getreten. Ihr habt kaltblütig auf öffentlichen Plätzen gemordet. Ihr habt die grausamsten Szenen erneuert, die die Anfänge der Revolution befleckt hatten, ohne jede Untersuchung, ohne Prozeß, ohne eure Opfer überhaupt zu kennen, allein auf Denunziation ihrer Feinde hin. Ihr habt sie ergriffen, von ihren Kindern weggerissen, durch die Straßen geschleift und mit Säbelhieben getötet. Man berechnet die Zahl derer, die auf diese Weise durch euch zugrunde gegangen sind, auf dreißig. Ihr habt die Freiheitsstatue in den Schmutz gezogen, sie öffentlich gestürzt; sie ist von einer zügellosen Jugend auf jede Weise geschändet worden. Ihr habt sie, das könnt ihr nicht leugnen, mit Säbelhieben zerhauen. Da es gerade Mittag war, waren mehr als zweihundert Personen bei dieser Profanierung zugegen; der Zug ging durch mehrere Straßen und kam zur Place de l'Horloge, zog durch die Rue Epicière usw. Ich bin mit meiner Beobachtung und Entrüstung zu Ende. Ist das die Republik, die ihr euch wünscht? Ihr habt den Marsch unserer Heere gehemmt, indem ihr die Proviantwagen aufhieltet. Wie könnt ihr euch gegen so augenscheinliche Tatsachen noch wehren und wie ist es möglich, euch nicht als Feinde des Vaterlandes zu bezeichnen?"

*Der Offizier:* „Es ist bewiesen, daß die Marseiller unsere Armeen in ihren Bewegungen gestört haben und darauf ausgingen, die Freiheit zu vernichten, aber darum handelt es sich hier nicht; es handelt sich darum, zu wissen, worauf sie hoffen und welcher Weg ihnen noch bleibt."

*Der Marseiller:* „Wir besitzen allerdings weniger Hilfsmittel als ich glaubte, aber man ist sehr stark, wenn man entschlossen ist, zu sterben, und wir wollen lieber in den

Tod gehen, als uns wieder unter das Joch der Männer beugen, die den Staat regieren. Ihr wißt, ein Ertrinkender klammert sich an jeden Zweig; so werden wir, statt uns ermorden zu lassen, lieber . . . Ja, wir haben alle an dieser neuen Revolution Anteil gehabt und aus Rache würde man uns alle niedermetzeln. Vor zwei Monaten bestand eine Verschwörung zur Ermordung von viertausend unserer besten Bürger, urteilt, welche Exzesse man da erst heute verüben würde; man wird jenes Scheusal, das eines der bedeutendsten Klubmitglieder war, nie vergessen. Er ließ einen Bürger am Laternenpfahl aufhängen, plünderte sein Haus und mißbrauchte seine Frau, die er vorher das Blut ihres Gatten hatte trinken lassen."

*Der Offizier:* „Entsetzlich! Aber ist das wahr? Ich bin mißtrauisch, denn, wie Sie wissen, glaubt man heute nicht mehr an Schändung."

*Der Marseiller:* „Ehe wir uns solchen Leuten unterwerfen, werden wir bis aufs letzte kämpfen, wir werden uns mit den Feinden verbünden, die Spanier zu Hilfe rufen. Es gibt kein Volk in der Welt, dessen Charakter weniger mit dem unsrigen übereinstimmt, keines, das uns verhaßter ist. Aus diesem Opfer, das wir bringen wollen, könnt ihr schließen, wie gemein die Menschen sind, die wir fürchten."

*Der Offizier:* „Ihr wollt euch den Spaniern in die Arme werfen? Wir werden euch keine Zeit dazu lassen."

*Der Marseiller:* „Man meldet sie täglich vor unseren Häfen."

*Der Herr aus Nîmes:* „Mir genügt die Drohung, um zu erkennen, ob die Föderierten oder die Bergpartei auf seiten der Republik stehen. Die Bergpartei ist einen Augenblick die schwächere gewesen, die Erregung schien allgemein. Hat sie aber jemals daran gedacht, den Feind zu Hilfe zu rufen? Wißt ihr nicht, daß in Europa die Patrioten und die Despoten auf Tod und Leben kämpfen? Wenn ihr also von dieser Seite auf Hilfe rechnet, so müssen eure Rädelsführer guten Grund haben, auf herzlichen Empfang rechnen zu können. Aber ich denke von eurem Volke noch zu gut, um zu glauben, daß ihr in Marseille stark genug seid, um so feige Pläne ausführen zu können."

*Der Offizier:* „Glaubt ihr damit der Republik großen Schaden zufügen zu können, und meint ihr, eure Drohung erschrecke? Denken wir nach:

Die Spanier haben keine Landungstruppen, ihre Schiffe können nicht in euren Hafen einlaufen. Wenn ihr die Spanier herbeiruft, so könnten eure Führer vielleicht einen Teil ihrer Habe retten; aber die Entrüstung wäre allgemein. Binnen acht Tagen hättet ihr 60.000 Mann auf dem Hals, die Spanier würden aus Marseille fortschleppen, was sie können; es bliebe aber gleichwohl noch genug für die Sieger übrig.

Wenn die Spanier 30.000 oder 40.000 Mann auf ihrer Flotte zur Ausschiffung bereit hätten, so würde uns eure Drohung erschrecken; aber heute ist sie nur lächerlich, sie richtet Marseille nur noch rascher zugrunde."

*Der Fabrikant von Montpellier:* „Wäret ihr einer solchen Nichtswürdigkeit fähig, so müßte man in eurer prächtigen Stadt keinen Stein auf dem andern lassen. Käme dann nach einem Monat ein Reisender nach Marseille und sähe nur die Trümmer, so müßte er glauben, es sei schon hundert Jahre zerstört."

*Der Offizier:* „Glaubt mir, Marseiller, schüttelt das Joch der wenigen Verbrecher ab, die euch zur Gegenrevolution verleiten. Stellt die verfassungsmäßigen Behörden wieder her! Nehmt die Verfassung an; gebt den Volksvertretern die Freiheit wieder! Sie mögen nach Paris gehen und für euch sprechen. Ihr seid verführt worden, wie das einem Volke oft durch eine kleine Anzahl Verschwörer und Intriganten geschieht. Zu allen Zeiten haben Leichtfertigkeit und Unwissenheit der Menge den Anstoß zu den meisten Bürgerkriegen gegeben."

*Der Marseiller:* „Aber, mein Herr, wer wird in Marseille alles gut machen? Die Flüchtlinge, die von allen Seiten aus dem Departement herzuströmen? Die haben ein Interesse daran, wie die Verzweifelten zu handeln. Sollen sie es sein, die uns regieren? Sind sie denn nicht in derselben Lage wie wir? Oder soll es das Volk sein? Ein Teil kennt seine Lage nicht, weil er verblendet und fanatisiert ist; der andere Teil ist entwaffnet, verdächtig, gedemütigt; ich sehe also mit tiefer Betrübnis nur unvermeidliches Unglück.“

*Der Offizier:* „Jetzt seid ihr endlich vernünftig; warum sollte sich nicht ein großer Teil eurer Mitbürger, der sich in guter Absicht hat täuschen lassen, ähnlich umstimmen lassen? Dann wird Albitte, der nichts Besseres wünscht, als das französische Blut zu schonen, euch einen loyalen und geschickten Mann senden, und die Armee wird, ohne Zögern, unter den Mauern von Perpignan vor dem Spanier, den einige Erfolge übermütig gemacht haben, die Carmagnole tanzen. Marseille wird dann immer der Mittelpunkt der Freiheit bleiben, und man wird nur einige Blätter aus seiner Geschichte herausreißen müssen.“

Die glückliche Prophezeiung gab wieder die gute Laune zurück. Der Marseiller spendete bereitwillig mehrere Flaschen Champagner, die alle Angst und Besorgnisse zerstreuten. Wir gingen um zwei Uhr morgens schlafen und verabredeten uns für den nächsten Vormittag; der Marseiller wollte noch einige Zweifel vorbringen, während ich ihm noch wichtige Wahrheiten zu sagen hatte.

## *BELAGERUNG VON TOULON*

Meine öffentliche Laufbahn begann bei der Belagerung von Toulon. Ich war damals 24 Jahre alt und wurde als Offizier eines alten Korps, das ein gewisses Ansehen genoß, zu dieser Belagerung geschickt. Bei dieser Gelegenheit entfaltete ich zum ersten Male jene militärischen Talente, die seitdem der französischen Armee so großen Ruhm verschafften. Persönlich nahm ich den General O'Hara, den Oberstkommandierenden in Toulon, gefangen. Im November 1793 hatte dieser General an der Spitze von 6000 Mann einen Ausfall gemacht, um sich in den Besitz einer französischen Batterie zu setzen, die das Fort Malbousquet beschossen hatte. Der Ausfall gelang ihnen, und sie vernagelten die Kanonen, die sie fanden. Der Obergeneral der Franzosen, Dugommier, setzte sich an die Spitze seiner Truppen, während ich als Artilleriebefehlshaber — man nannte mich schon damals seine rechte Hand — einige Geschütze auf verschiedene Hügel aufstellen ließ, um den Rückzug zu decken und den Engländern das Gelände streitig zu machen, falls der feindliche General seinen Erfolg bis nach Ollioules ausdehnen und versuchen würde, sich in den Besitz des großen Belagerungsparks des französischen Heeres zu setzen, der unweit dieses Dorfes aufgestellt war. Nachdem das vollbracht war, begab ich mich auf eine, der verlorenen Batterie gegenüberliegende, in diesem Augenblick von unseren .Truppen besetzte Höhe, und mit einem Bataillon von 400 Mann schlich ich mich einem Laufgraben entlang, der mit Olivenzweigen bedeckt war und bis zur Höhe der Batterie hinaufführte. Diesen Laufgraben hatte man angelegt, um darin Pulver und anderes Kriegsmaterial hinaufzubringen. Auf diese Weise kam ich, ohne entdeckt zu werden, bis an den Fuß der Batterie, und von da aus ließ ich ein heftiges Feuer von rechts nach links auf die Engländer und Neapolitaner, die die Batterie besetzt hielten, richten, ohne daß es ihnen möglich war, zu wissen, von woher diese Schießerei käme. Ein englischer Offizier, den man damals für einen Oberst ansah, stieg auf die Brustwehr, um zu sehen, von wo aus dieser sonderbare Angriff erfolgte. Ein Unteroffizier schoß auf ihn und zerschmetterte ihm den Arm. Der Oberst, von dem man später erfuhr, daß es der General O'Hara selbst war, rollte bis an den Fuß der Batterie, die nach der Seite der Franzosen gelegen war. Die Soldaten warfen sich auf ihn und wollten ihn töten. Da eilte ich herbei, ergriff ihn mit eigener Hand und rettete ihn in dieser so kritischen Lage vor jeder weiteren Gefahr der Beleidigung. Als ich ihm seinen Degen zurückgab, sagte mir der englische General seinen Namen und seinen Rang. Ich übte übrigens meinen Einfluß dahin aus, daß er wie ein Mann seines Ranges behandelt wurde, trotz der unmenschlichen Behandlungsmethoden, die man damals gegen die

Engländer anwandte. Wegen dieser Waffentat wurde ich zum Oberst ernannt, und nach der Einnahme von Toulon erhielt ich den Grad eines Brigadegenerals.

Bei dieser Belagerung wurde ich von einer schrecklichen Krankheit befallen: von der Krätze! Ich befand mich bei einer Batterie von zwei Kanonen. Eine der englischen Schaluppen näherte sich dem Ufer, feuerte und tötete zwei Kanoniere an meiner Seite. Da raffte ich einen Ladestock auf, wie er der warmen Hand eines der Getöteten entfallen war. Der Mann war, wie es sich später ergab, krank gewesen, und ich selbst befand mich einige Tage nachher mit einer hartnäckigen Krätze behaftet. Darauf gebrauchte ich Bäder und genas. Da ich mich aber sehr schlecht pflegte, hatte ich sie fünf Jahre später noch in Italien und auch in Ägypten. Als ich von dort zurückkehrte, brachte Corvisart sie dadurch weg, daß er mir drei Blasenpflaster auf die Brust legte, die eine heilsame Krise herbeiführten. Vorher war ich immer sehr gelb und mager. Seitdem aber fühlte ich mich wohler, und ich bekam ein gesünderes Aussehen.

*An den Kriegsminister Carnot.*

Hauptquartier Ollioules, 24. Brumaire des Jahres II.
(14. November 1793.)

Bürger Minister, der Angriffsplan auf die Stadt Toulon, den ich den Generalen und Volksrepräsentanten unterbreitet habe, ist, wie ich glaube, der einzig ausführbare; wäre er von Anfang an mit ein wenig mehr Eifer befolgt worden, so würden wir wahrscheinlich jetzt in Toulon sein.

Ich habe Ihnen die allgemeinen Beobachtungen, welche die Basis des von mir entworfenen Planes bilden, gesandt.

Die Feinde aus dem Hafen vertreiben, ist das erste bei einer regelrechten Belagerung; vielleicht verschafft uns diese Operation sogar Toulon; über beide Hypothesen werde ich sprechen.

Um sich des Hafens zu bemächtigen, muß man sich vor allem zum Herrn des Forts Eguillette machen.

Sobald wir uns dieses Punktes versichert haben, muß Toulon mit acht oder zehn Mörsern bombardiert werden. Wir sind Herren der Höhe der Arenen, die 900 Toisen nicht übersteigt, und könnten uns leicht bis zu 800 Toisen nähern, ohne den Fluß Neuve überschreiten zu müssen. Gleichzeitig würde man zwei Batterien vor das Fort Malbousquet und eine weitere gegen das Fort Artigues aufstellen. Dann wird vielleicht der Feind erstaunt sein, bereits seine Position am Hafen verloren zu haben, und von Minute zu Minute fürchten, daß er in unsere Hände falle. Er wird sich zum Rückzug entschließen.

Wie Sie sehen, ist dies sehr hypothetisch; sicher wäre es vor einem Monat gewesen, wo der Feind noch keine Verstärkungen erhalten hatte. Heute indes ist es möglich, daß die Garnison, obwohl die Flotte gezwungen wurde, den Hafen zu räumen, die Belagerung noch hält und unterstützt.

Nun würden die beiden Batterien, die wir gegen Malbousquet gerichtet hätten, durch eine dritte verstärkt werden. Die Mörser, die seit drei Tagen Toulon beschießen sollten, müßten sich gegen Malbousquet wenden, um dessen Befestigungen zu zerstören. Das Fort wird keine 48 Stunden Widerstand leisten, und nichts hält uns dann mehr bis vor die Tore von Toulon auf.

Wir greifen Toulon auf der Seite, wo sich der Sumpfwall und der Arsenalwall befinden, unversehens an, wodurch wir sogleich, von den in Malbousquet und auf den Höhen der Arenen aufgestellten Batterien gedeckt, in den zweiten Laufgraben gelangen.

In dieser Bewegung werden wir durch das Fort Artigues etwas gehindert, aber die vier Mörser und sechs Kanonen, die bei Beginn des Angriffs dort aufgestellt wurden, bleiben da und eröffnen ein noch lebhafteres Feuer.

Allerdings darf man sich nicht verhehlen, daß wir allerhand Bedürfnisse haben, und daß die verschiedenen, in beiliegendem Verzeichnis verlangten Gegenstände in unserm Park vorhanden sein müssen.

Ich habe Ihnen über die von mir unternommenen Schritte und Anordnungen Bericht zu erstatten, die ich traf, um rasch einen Belagerungstrain zu bilden.

Vor mehr als einem Monat sagte ich den Generalen, daß die augenblicklich bestehende Artillerie imstande sei, das Feuer der englischen Redouten zum Schweigen zu bringen, die auf dem Gipfel des Vorgebirges von Eguillette aufgestellt seien.

Wir müssen also zwei verschiedene Perioden in der Belagerung von Toulon unterscheiden.

## Erste Periode.

Die Einnahme von Eguillette, die Vertreibung der Engländer aus den Häfen und die gleichzeitige Beschießung mit dem Angriff auf das Fort Faron.

Die Wirkung, die dieser erste Angriff hervorbringen muß: Uns mittels der allgemeinen Panik, die das hervorrufen wird, und der Angst der Feinde, daß sie in unsere Hände fallen und den Rückzug nicht bewerkstelligen könnten, Toulons zu bemächtigen.

## Zweite Periode.

Da, was sehr leicht möglich ist, die Garnison wahrscheinlich geneigt ist, eine Belagerung auszuhalten, wird man, während man versucht, welche Wirkung eine mehrere Tage lange Beschießung erzielt, eine dritte Batterie auf der Verlängerung der Höhen von Gaux gegen Malbousquet aufstellen. Um die Brustwehren und Palisaden zu zerstören, die die Feinde errichtet haben, werden einige Haubitzen aufgestellt; während die drei Batterien Feuer geben, wendet man die Mörser und bombardiert das Fort. Ist das feindliche Batteriefeuer einmal zum Schweigen gebracht, sind die Palisaden zerstört, dann nimmt man es im Sturm.

Nun bleibt nur noch die Front des Arsenals anzugreifen, indem man das feindliche Feuer durch vorgerückte Batterien und Prallschüsse zum Schweigen bringt und endlich in die vermittelnde Front der Sumpfbastionen und der Arsenalbastionen Bresche schießt. Aber für alle diese Operationen sind die in dem Belagerungstrain angeführten Gegenstände notwendig.

Buonaparte.

*An den Bürger Multedo*

Hauptquartier Kairo, 2. Vendémiaire des Jahres III.
(23. September 1794.)

Du hast mir die verschiedenen Briefe noch nicht beantwortet, die ich Dir vor einigen Dekaden schrieb.

Die Österreicher bedrohten Savona und wollten durch die Einnahme der Festung die Neutralität des genuesischen Volkes erzwingen, indem sie unsern Handel vollkommen hemmten. Sie hatten bereits auf großen Strecken hinter sich Lager gebildet und die Artillerie vorrücken lassen. Aber sie hatten, als sie ihre Berechnungen machten, nicht an die Republikaner gedacht, die alle ihre Bewegungen beobachteten und den Augenblick abwarteten, wo sie sie auf frischer Tat ertappen würden.

Es ist Dir bekannt, daß die Oligarchen von Genua, die diese Republik regieren, uns hassen und nur auf die Gelegenheit warten, uns ohne Gefahr verraten zu können.

Die Nachrichten aus Genua und die Bewegungen des Feindes lassen keine Zweifel mehr über ihre Absichten aufkommen. Überzeugt, daß es nun endlich Zeit wäre, ihre Pläne zu vereiteln und zunichte zu machen, beschlossen die Volksvertreter, daß die Italienische Armee sich auf die Suche nach dem Feinde mache, ihn schlage und seine Pläne vereitle.

Am zweiten Sansculottenfesttag haben wir uns mit 12.000 Mann, einer Abteilung Gebirgsartillerie und 600 Dragonern in Marsch gesetzt.

Wir haben den Feind durch klug berechnete und einheitlich ausgeführte Märsche gezwungen, die Stellungen zu verlassen, hinter die er sich verschanzt hatte, und die für ihn außerordentlich günstig waren.

Am Morgen des vierten Sanskülottenfesttages standen wir der österreichischen Armee gegenüber; sie war in Schlachtordnung in der Ebene von Carcare, einer genuesischen Stadt, aufgestellt, hatte die Höhen verschanzt und war mit guten Batterien versehen.

Wir besetzten nun die Höhen von Biestro, Pallare und Millesimo. Sobald wir die Stellung des Feindes erkannt hatten, gingen wir zum Angriff über, indem wir uns zu Herren des alten Schlosses von Millesimo machten, uns von da nach der Kapelle zwischen Carcare und Kairo wandten und den Feind hinter seinen Verschanzungen angriffen. Durch diese Operation schnitten wir ihm den Rückzug ab, vereitelten seinen Schlachtplan und sicherten uns einen vollkommenen Sieg. Um drei Uhr nachmittags griffen wir das alte Schloß Millesimo an. Der Feind hatte hier ein gutes Bataillon Ungarn, das sich, um Zeit zu gewinnen, ziemlich lange verteidigte, das Feld jedoch räumte, als es sich auf dem Punkte sah, umzingelt zu werden. Als der Feldmarschall Colloredo sah, daß wir Herren von Millesimo und bereit waren, auf die Kapelle zu marschieren, gab er das Zeichen zum Rückzug, den er in ziemlicher Ordnung und guter Haltung von seiten seiner Truppen bewerkstelligte. Übrigens war er dadurch begünstigt, daß er die ganze Nacht durchmarschierte. Erst in Dego, zwei Meilen jenseits von Cairo, machte er halt. Noch dieselbe Nacht drangen wir in Carcare ein und marschierten am nächsten Morgen nach Cairo, einer kleinen Stadt von Piemont, deren Schlüssel uns die Einwohner überreichten.

Gegen zwei Uhr nachmittags entdeckten wir die Feinde in der Nähe des Dorfes La Rochetta. Sie hatten ihre Linke und Rechte gegen die Gebirge gestützt, die sie sehr stark wähnten; ihre Mitte war hinter der Bormida verschanzt und von ihrer Artillerie unterstützt.

Ihre Ulanen, die ihre ganze Kavallerie ausmachten, unternahmen in der Ebene Scheinbewegungen, womit sie uns zu imponieren suchten.

Hätten wir annehmen können, daß sie uns den nächsten Tag erwarteten, wir würden gern die Partie aufgeschoben haben; so waren wir aber sicher, daß sie während der Nacht fliehen würden, und trafen daher sofort unsere Maßnahmen zum Angriff.

Sechs Bataillone mit einigen Gebirgsgeschützen bestiegen die Berge rechts und hatten Befehl, den linken Flügel der Feinde zu umgehen, die Stellung auf dem Wege von Dego nach Spigno zu nehmen und durch diese Maßnahme dem Feinde vollkommen den Rückzug abzuschneiden.

Zwei Bataillone wurden abgesandt, um den Feind aus der Stellung zu verdrängen, die seine Rechte stützte.

Der Rest der Armee stellte sich mit der Kavallerie und Artillerie hinter dem Dorfe La Rochetta in Schlachtordnung auf.

Alle diese Anordnungen konnten indes erst sehr spät beendet werden. Der linke Flügel griff an, und nachdem er viermal zum Angriff hinaufgestürmt war, bemächtigte er sich der Höhen, die der Feind besetzt hatte.

Das Feuer war sehr lebhaft auf der Rechten, wo der Feind große Streitkräfte entwickelt hatte; wir vertrieben ihn teilweise aus seiner Stellung, aber die stockfinstere Nacht erlaubte uns nicht, noch weiter vorzurücken und bis Dego zu gelangen.

Das Zentrum griff mit großer Lebhaftigkeit an. Überall gab der Feind nach und seine bei den Evolutionen so glänzende Kavallerie hielt es für geratener, den Anprall der unseren nicht abzuwarten.

Die Nacht brachte uns auseinander. Wir biwakierten auf dem Schlachtfelde. Wir hatten unsere Artillerie aufgestellt, um den Feind, sobald der Tag graute, niederzuschmettern, aber er hatte es für besser gehalten, uns nicht zu erwarten. Eine Nacht und einen Tag ist er ununterbrochen marschiert!

Man schätzt seinen Verlust auf 1000—1200 Mann. Das Schlachtfeld, seine Magazine in Dego, ja sogar seine Verwundeten sind in unsere Hände gefallen.

So sind seine Pläne hinsichtlich Savonas für lange Zeit vereitelt. Das Gefecht von Dego wäre für den Kaiser in seinen lombardischen Staaten entscheidend gewesen, wenn wir drei Tagesstunden mehr gehabt hätten.

Durch diese Expedition wird der Feind wahrscheinlich für lange Zeit keine Absichten auf Savona haben. Es bleibt uns nur noch, Korsika von der Tyrannei der Engländer zu befreien. Die Jahreszeit ist günstig, und kein Augenblick zu verlieren. Die Spanier sind in ihren Hafen zurückgekehrt; von Ajaccio sind ganz frische Nachrichten eingetroffen, und, anstatt ihre Verteidigungsmittel auf diesem bedeutenden Punkte der Insel zu vermehren, haben sie im Gegenteil die Zitadelle eines Teils ihrer Kriegsmunition entblößt.

Acht- oder zehntausend Mann, zwölf Kriegsschiffe, und die Expedition nach Korsika wird in dieser Jahreszeit weiter nichts als eine militärische Spazierfahrt sein.

Die Engländer aus einer Stellung vertreiben, die sie zu Herren des Mittelmeers macht, sie aus dem einzigen Departement, das sie noch besetzt halten, verjagen, die Ehrlosen, die die Republik verraten haben, bestrafen, eine große Anzahl guter Patrioten, die es noch auf der Insel gibt, befreien und die guten Republikaner, die sich durch ihre edelmütige Art, mit der sie alles für ihre Grundsätze ausgestanden, dem Vaterland würdig erwiesen haben, ihren Familien wiederzugeben: das, mein Freund, ist die Expedition, mit der sich die ganze Regierung beschäftigen sollte, besonders aber die Abgeordneten dieses Departements und die Deputationen der benachbarten Provinzen.

Buonaparte.

*An Frau Permon*

Paris, 30. Prairial des Jahres III.
(18. Juni 1795)

Ich habe niemals für einen Narren gelten wollen. Aber in Ihren Augen würde ich es sein, wenn ich Ihnen nicht sagte, daß ich seit länger als 20 Tagen weiß, daß Saliceti sich bei Ihnen versteckt hält. Erinnern Sie sich an meine Worte, Frau Permon. Schon am 1. Prairial hatte ich innerlich fast

Gewißheit darüber. Heute weiß ich es positiv. Saliceti, Du siehst, ich hätte Dir das Schlechte, das Du mir angetan, vergelten und auf diese Weise mich rächen können, während Du, Du hast mir Böses zugefügt, ohne daß ich Dich beleidigte. Welches ist die schönere Rolle in diesem Augenblick: die Deine oder die meine? Ja, ich hätte mich rächen können, aber ich tat es nicht. Vielleicht wendest Du ein, daß Deine Wohltäterin Dir als Schutz dient. Allerdings, dies ist ein triftiger Grund. Aber auch allein, entwaffnet und verbannt würde Dein Kopf für mich heilig gewesen sein. Geh, such Dir in Frieden eine Zuflucht, wo Du wieder bessere Gefühle für Dein Vaterland bekommst. Mein Mund wird Deinen Namen niemals aussprechen. Geh in Dich und achte besonders meine Beweggründe. Ich verdiene es, denn sie sind edel und hochherzig.

Madame Permon, meine Wünsche begleiten Sie und Ihr Kind. Sie sind zwei schwache Geschöpfe, ohne jeden Schutz. Die Vorsehung und die Gebete eines Freundes sollen Sie begleiten. Seien Sie vor allem vorsichtig und halten Sie sich niemals in großen Städten auf. Leben Sie wohl und empfangen Sie meine freundschaftlichsten Grüße.

Bonaparte.

*An Joseph Bonaparte*

Paris, 24. Messidor des Jahres III.
(12. Juli 1795.)

Die Engländer werden gezwungen sein, sich in wenigen Tagen wieder einzuschiffen. Pichegru bereitet den Übergang über den Rhein vor. Die eigentliche Vendée ist ruhig. Die Chouans fangen erst im Norden der Loire an. Man sagt, der Frieden mit Spanien stehe bevor.

Die Holländer scheinen ihre Revolution warm zu begrüßen. Wahrscheinlich kommt der Statthalter nicht wieder hin; seine Partei ist ohne alle Bedeutung.

Der Norden entzweit sich und Polen schöpft Hoffnungen.

Italien bereichert sich fortwährend an dem Vermögen und Unglück Frankreichs.

Galeazzo ist, wie ich glaube, in Genua. Schreibe mir recht bald, wie es Dir geht.

Luxus, Vergnügungen und Künste tauchen hier in erstaunlicher Weise wieder auf. Gestern hat man in der Oper die Phädra als Benefizvorstellung einer alten Schauspielerin gegeben; der Zudrang war schon von zwei Uhr an ungeheuer groß, obgleich die Preise dreifach waren. Elegante Equipagen kommen wieder zum Vorschein, oder vielmehr es kommt ihnen wie ein langer Traum vor, daß sie jemals aufgehört haben zu glänzen. Man besucht die Bibliotheken und Vorlesungen über Geschichte, Chemie, Botanik, Astronomie. Alles häuft sich hierzulande, um das Leben angenehm zu machen. Man entreißt sich seinen Gedanken. Wie wäre es auch möglich, bei dieser Geistesrichtung und diesem unausgesetzten Wirbel trübe in die Zukunft zu sehen? Die Frauen sind überall, im Theater, auf den Spaziergängen, in den Bibliotheken. Im Studierzimmer der Gelehrten trifft man die schönsten Frauen. Gewiß ist Paris der einzige Ort von allen Ländern der Erde, wo sie das Steuer zu führen verdienen. Die Männer sind in sie vernarrt; sie denken nur an sie, sie leben nur durch sie und für sie. Eine Frau braucht nur sechs Monate in Paris zu sein, um zu wissen, was ihr gebührt und wie groß ihre Herrschaft ist.

Napoleon.

### *An Joseph Bonaparte*

Paris, 20. Fructidor des Jahres III.
(6. September 1795)

Das Konsulat von Chio ist unbesetzt. Aber Du sagtest mir, Du wolltest nicht auf eine Insel. Ich hoffe, für Dich etwas besseres in Italien zu finden.

Gestern ist festgesetzt worden, daß jeder Mann, der die Belagerung von Toulon unterstützt oder einen Posten unter dem König bekleidet hat, als Emigrant gekennzeichnet ist. Fréron und Tallien haben sehr energisch gesprochen. Heute tritt die Urwählerversammlung von Paris zusammen. Es gibt viele Anschlagzettel für und gegen, aber man hofft, daß alles ruhig verlaufen wird. Über die Verfassung herrscht kein Zweifel. Sie wird einstimmig angenommen werden. Das einzige Zweifelhafte ist das Dekret, das bestimmt, daß die beiden Drittel des Konvents bleiben.

Ich werde hauptsächlich wegen Deiner Angelegenheit in Paris bleiben.

Für mich brauchst Du nichts zu befürchten, was sich auch ereignen mag. Ich habe in jeder Partei, welche es auch sei, Leute von Einfluß zu Freunden. Mariette gibt sich die größte Mühe für mich. Seine Meinung ist Dir bekannt. Mit Doulcet bin ich sehr befreundet. Meine anderen Freunde von der entgegengesetzten Partei kennst Du.

Fahre fort, mir pünktlich und ausführlich zu schreiben. Sage mir, was Du tun willst. Sieh zu, meine Angelegenheiten so zu ordnen, daß meine Abwesenheit nicht eine Sache vereitelt, die ich wünsche.

Ich schreibe an Deine Frau. Mit Louis bin ich sehr zufrieden. Er erfüllt alle meine Hoffnungen und die Erwartungen, die ich in ihn gesetzt habe. Er ist ein guter Mensch, allerdings auch etwas durch meinen Einfluß: feurig, geistvoll, gesund, talentiert, exakt, gütig, er vereinigt alles. Du weißt, lieber Freund, ich lebe nur durch die Freude, die ich den Meinigen bereite. Wenn meine Hoffnungen durch das Glück, das meine Unternehmungen niemals verläßt, unterstützt werden, dann kann ich Euch glücklich machen und Eure Wünsche erfüllen. Was Du mir von Félicien erzählst, ist sehr schmeichelhaft. Er soll nach Korsika gehen, dann mit seinem Geld zurückkehren. Ich werde ihm einen guten Posten in der Nähe von Paris verschaffen, wo er herrlich leben und seine Frau glücklich machen kann.

Ich empfinde lebhaft, Louis nicht bei mir zu haben. Er war mir eine große Hilfe. Es gibt keinen fleißigeren, keinen geschickteren, keinen einschmeichelnderen Menschen als ihn. Er machte in Paris was er wollte. Wenn er hier gewesen wäre, würde die Angelegenheit mit der Baumschule längst beendet sein, ebenso die mit Milleli. Seit ich Louis nicht mehr habe, kann ich mich nur um die hauptsächlichsten

Dinge kümmern. Schreibe ihm und sage ihm, daß Du die erste Zeichnung erwartest, die er schicken soll, um seine Fortschritte festzustellen und daß Du nicht zweifeltest, er halte sein Versprechen, ebenso wie Junot, noch vor Ende des Monats zu schreiben.

Morgen soll ich drei Pferde bekommen. Dadurch kann ich alle meine Geschäfte per Wagen erledigen.

Leb wohl, lieber Freund. Unterhalte Dich gut. Alles ist in Ordnung. Sei lustig. Denke an meine Angelegenheit, denn ich bin närrisch, bald ein Haus zu haben. Da Du nicht hier bist und Du im Ausland bleiben willst, muß die Geschichte mit Eugenie (Desirée) entweder abgebrochen oder zu Ende geführt werden. Du kannst, solange Du willst, in Genua bleiben. Der Grund dazu ist ganz einfach: nämlich aus Korsika die wenigen Rosinen herauszuholen, die uns noch bleiben. Einen Gruß meinerseits an Felicino.

## *CLISSON UND EUGÉNIE* *

*Roman von*

*Napoléon de Bonaparte*

Clisson war ein geborener Soldat und Kriegsmann. Schon als Kind interessierte er sich für das Leben aller großen Feldherren. In einem Alter, in dem andere junge Männer noch auf der Schulbank sitzen oder Mädchen im Kopf haben, dachte Clisson über die Grundsätze der Kriegskunst nach. Von dem Augenblick an, da er fähig war, Waffen zu tragen, war jeder Schritt seines Lebens durch glänzende Taten ausgezeichnet. Noch fast ein Knabe, erwarb er sich

* Dieses bisher in deutscher Sprache unveröffentlichte Fragment eines Romans des jungen Generals Bonaparte erschien nur französisch und polnisch in „Manuscrits de Napoléon 1793—1795 en Pologne". Publiés par Simon Askenazy, Warschau, 1929. Librairie ancienne scientifique polonaise Jérôme Wilder. Mit freundlicher Genehmigung der Gattin des Herausgebers, des verstorbenen Professors Szymon Askenazy, Warschau.

den ersten militärischen Grad. Das Glück wich nicht von seiner Seite. Sein Genie führte ihn von Sieg zu Sieg und sein Name war bald im Volk bekannt. Man nannte ihn den wärmsten Verteidiger des Vaterlandes.

Clisson war dennoch nicht glücklich. Zum Glück geboren, hatte er bis jetzt nur Ruhm erworben. Er hatte die Liebe verachtet. Da lernte er Eugenie kennen. Sie war 16 Jahre alt — sanft, gut und heiter. Sie hatte hübsche Augen, eine normal gewachsene Gestalt. Sie war weder häßlich noch eine Schönheit. Aber sie besaß in hohem Maße Güte, Sanftmut und ein zärtliches Wesen. Clisson hatte bisher die Frauen und die Liebe verschmäht. Nun machte sich die Reaktion in ihm bemerkbar. Ein wunderbar süßes Gefühl überkam ihn und stieß auf keinen Widerstand in seinem Herzen. Aber Clisson empfand Scheu vor Eugenie. Clisson, der ernste Clisson, war verliebt! Sein Herz, an Siege und große Taten gewöhnt, erfüllte bald eine so starke, unerschütterliche Leidenschaft, wie sie nur Clisson eigen war. Eugenie selbst fühlte ihr Schicksal mit dem des großen Mannes verknüpft. Sie schwor ihm, ihn ewig zu lieben. Auch Clisson versprach es ihr.

Neid, Verleumdung, niedrige Leidenschaften, die sich dem aufsteigenden Ruhm an die Fersen heften, werden brauchbaren Menschen und großen Genies oft zum Verderben! Macht, Unerschrockenheit, Mut, Festigkeit eines Menschen, tragen nur zur Vermehrung seiner Feinde bei und um den Neid seiner Vorgesetzten zu erwecken. Man nannte Clissons Charakterstärke Ehrgeiz. Man warf ihm seine Tatkraft vor. Von den Triumphen angeekelt, die nur seine Feinde vermehrten, ohne ihm Freunde zu erwerben, fühlte Clisson das Bedürfnis, zum erstenmal (in seinem Leben) sein eigenes Ich zu befragen, seine Neigungen und sein Herz in Betracht zu ziehen.

Wie alle Menschen hatte er Sehnsucht nach dem Glück. Und er hatte bis jetzt nur Ruhm gefunden. Er entsagte diesen Illusionen und begab sich vier Wochen aufs Land zu einem Freund. Er, den seit frühester Jugend die Kriegsleidenschaft beherrscht hatte, war unberührt geblieben von den Eindrücken anderer Leidenschaften. Nun entsagte er dem Ruhm. Sein Freund empfing in seinem Hause viele Gäste. Er hatte einen großen Bekanntenkreis und gab oft prächtige Feste. Clisson aber war es unmöglich, sich gesellschaftlichen Förmlichkeiten unterzuordnen. Er, mit seiner glühenden Phantasie, seinem heißen, leidenschaftlichen Herzen, seiner klaren, ernsten Urteilskraft, seinem kühlen Verstand, langweilte sich bei den faden Schmeicheleien koketter Frauen, dem tändelnden, galanten Spiel mit den Gefühlen des Herzens, bei der Logik der Kleinigkeitskrämer und der Zweideutigkeit verletzender Witze. Er verstand weder Verfänglichkeiten zu sagen noch mit den Worten und Gefühlen zu spielen. Das Leben, das er führte, war ungesellig. Ihn beherrschte nur ein Gedanke, und darüber konnte und mochte er nicht sprechen. Dieser eine Gedanke aber beherrschte sein ganzes Sein. An körperliche Anstrengungen gewöhnt, hatte er das Bedürfnis nach Tätigkeit, nach Bewegung. Am liebsten streifte er durch den Wald. Hier gefiel es ihm. Hier entging er der Schlechtigkeit der Welt. Hier fühlte er sich über die Torheiten menschlicher Schwächen erhaben.

Manchmal ließ er sich auf einer Bank nieder. Das silberne Licht der Venus flutete über den Platz. Clisson hörte auf die Stimme und den Pulsschlag seines Herzens. Er konnte sich nicht losreißen von der süßen Melancholie der berauschenden Mondnacht. Erst als der Mond hinter den Wolken verschwand, als die Finsternis seine Träume verscheuchte, ging er — und trauriger, erregter als zuvor suchte er Ruhe im Schlaf.

Den Träumereien folgte bald Beschaulichkeit. Mit einer ihm bis dahin unbekannten Freude sah er die verschiedenen Ereignisse in der Natur: das Aufgehen der Morgenröte und das Versinken des Tages. Er vernahm den Gesang der Vögel, das Murmeln der Bäche, er freute sich am satten Grün der Wiesen. Stundenlang saß er in Gedanken versunken im Walde beim silbernen Schein des Abendsterns.

Dieses Zurückkommen auf sein Ich ließ Clisson empfinden, daß es noch andere Leidenschaften als den Krieg, andere Neigungen als die Zerstörung gab: nämlich die Gabe, Menschen zu erhalten, sie zu erziehen, sie glücklich zu machen. Das wiegt gewiß die Leidenschaft, sie zu vernichten, auf.

Diese Menge Ideen, die seit einigen Tagen seine Seele bestürmten, mußte er in seinem Geist verarbeiten, sie ordnen. Daher entfernte er sich (für ein paar Wochen) von seinem Regiment und begab sich nach Champvert bei Lyon zu seinem Freund. Champvert war eine der schönsten Besitzungen nahe der großen Stadt. Es vereinte alles, was Kunst und Natur an Schönheit erzeugen können. Clisson sah mit Staunen den Zauber der Natur. Er beobachtete entzückt den Lauf der Gestirne, den Mond, der alles, Feld, Büsche und Wiesen mit seinem silbernen Licht überstrahlte. Alles war so neu für Clissons empfängliches Herz. Und doch hatte er das alles schon oft gesehen — nie aber hatte er darüber nachgedacht. Nichts hatte er dabei empfunden, nichts hatte ihn berührt. Mensch, wenn du . . . (unleserlich im Manuskript), über deine Mitmenschen erhaben, dein Herz von Hoffnungen und Illusionen, von Sorgen und Aufregungen erfüllt ist und sich doch den Freuden und der Schönheit der Natur verschließt und nichts empfindet, dann sei verflucht!

Von Natur Skeptiker, wurde Clisson nun Melancholiker. Er träumte nur noch, er dachte nicht mehr! Er hatte nichts zu überlegen, nichts zu fürchten, nichts zu hoffen. Dieser Zustand der Behaglichkeit, seinem Geiste vollkommen neu, machte ihn in kurzer Zeit zu einem stupiden Menschen. Vom Morgengrauen bis in die Nacht irrte er in den Feldern umher, in seine traurigen Gedanken versunken. Oft besuchte er den Badeort Alles, eine Stunde von seinem Wohnort entfernt. Dort brachte er ganze Vormittage damit zu, die Menschen zu beobachten, oder im Wald herumzustreifen. Manchmal las er auch ein gutes Buch.

Eines Tages, als ungewöhnlich viele Leute in Alles waren, bemerkte er zwei hübsche junge Mädchen. Sie schienen großen Gefallen an ihrem Spaziergang auf der Kurpromenade zu finden, denn sie kehrten immer wieder um, und zwar waren sie allein. Die Grazie und Heiterkeit ihrer 16 Jahre war reizend. Amalie hatte eine entzückende Gestalt, wunderschöne Augen, einen herrlichen Teint, prachtvolles Haar. Sie war 17 Jahre alt. Eugenie, um ein Jahr jünger, war weniger schön. Sie war nicht besonders gut gewachsen, auch ihre Hautfarbe war durchschnittlich. Amalie schien jedem zu sagen, der sie ansah: Du liebst mich, aber du bist nicht der einzige, es gibt noch viele andere, die mich lieben. Wisse! mir kann nur der gefallen, der mir Schmeicheleien sagt und mir den Hof macht. Ich liebe Schmeicheleien und zierliche Worte.

Eugenie hingegen sah niemals einem Mann fest in die Augen. Sie lächelte hold und zeigte dabei zwei Reihen blendend weißer Zähne, die schönsten, die man je gesehen. Wenn man sie begrüßte, reichte sie schüchtern ihre Hand und zog sie sofort wieder zurück. Es war, als wollte sie absichtlich diese schönsten aller Hände zeigen, deren zarte weiße Haut von blauen Äderchen durchzogen war.

Amalie war wie ein französisches Lied. Man hört es sich gern an, weil die Harmonie seiner Töne alle Welt entzückt. Eugenie war wie der Gesang der Nachtigall, oder wie ein Musikstück von Paësiello. Es gefällt nur sensiblen Menschen. Seine Melodie reißt hin und begeistert empfindsame Herzen, während sie gewöhnlichen Menschen nur mittelmäßig erscheint.

Amalie zwang fast alle jungen Männer zu ihren Füßen. Sie befahl die Liebe. Eugenie hingegen konnte nur dem (gefühlvollen) und leidenschaftlichen Mann gefallen, einem Mann, der nicht aus Verlangen oder Galanterie, sondern aus Leidenschaft und aus dem tiefen Gefühl seines Herzens liebt. Amalie liebte man ihrer Schönheit wegen. Eugenie aber sollte in dem Herzen eines einzigen Mannes eine starke Leidenschaft entfachen, eine Leidenschaft, würdig der Helden . . . (fehlt Zusammenhang zu dem Folgenden. Clisson hatte Eugenie geheiratet und mußte bald darauf in den Krieg ziehen).

Es war Mitte Juni. Die Hitze am Tage war erdrückend, aber die Nächte waren herrlich! Ein furchtbares Gewitter zog am Himmel auf. Regen, Blitz und Donner verdunkelten und erleuchteten abwechselnd die Luft. Eugenie brach in Tränen aus. Eng preßte sie ihren Gatten an sich. Sophie, ihre kleine Tochter, schluchzte, als sie die Mutter weinen sah und verbarg sich ängstlich in ihren Kleidern, der Mutter Knie umfassend.

„Clisson", schluchzte Eugenie, „du gehst einer unsicheren Zukunft entgegen. Mein Herz bricht bei dem Gedanken an das Unglück, das dir bevorsteht. Wenn du je aufhören müßtest, mich zu lieben, so entreiße mit dieser einst zärtlichen Hand das Leben deiner Eugenie."

Clisson, den Achtung, Liebe und Treue unzertrennlich mit Eugenie verbanden, schmerzte der Kummer seiner Freundin. Er tat alles, um sie wieder zur Vernunft zu bringen und sie glücklich zu machen. Er nahm die kleine Sophie in seine Arme. „Meine Eugenie", sagte er, „bei unserem Kind schwöre ich dir, dich ewig zu lieben. Höre auf zu weinen. Es betrübt mich. Darfst du Tränen vergießen, wenn mein Herz so ruhig ist?"

Sie sprachen noch lange in dieser Nacht im Dunkeln. Erst sehr spät schliefen sie ein. Noch lagen sie im ersten tiefen Schlaf. Da wird Clisson durch Pferdegetrappel und ihm vertraute Stimmen wach. Er erhebt sich. Ein Kurier steht vor ihm. Er überbringt ihm einen Brief von der Regierung. Es ist der Befehl: binnen 24 Stunden nach Paris aufzubrechen, wo er einen wichtigen Auftrag übernehmen soll, den man gerade ihm wegen seiner Fähigkeiten anvertrauen möchte.

Arme Eugenie! Du schläfst und man entführt dir den Geliebten! „Also ist es wahr geworden, das fürchterliche Geheimnis!" schrie sie. „Also ist das Unglück eingetroffen! — Ach, Clisson, du gehst von mir! Von neuem wirst du das wahnsinnige Spiel der Menschen, der Ereignisse und des Zufalls kennen lernen. Ade, mein Glück, lebt wohl, ihr wenigen, allzu kurzen glücklichen Tage! Ihr seid vorüber!"

Sie war bleich und so schwach, daß sie fast einer Ohnmacht nahe war. Auch Clisson war nicht viel standhafter. Und doch hieß es: scheiden!

Nun befindet er sich bereits an der Spitze des Heeres. Er tut keinen Schritt, ohne an Eugenie zu denken, ohne ihr Beweise seiner Liebe zu geben. Sein Name ist das Signal zum Sieg. Sein Feldherrntalent und sein Glück sind die Garantie dafür. Alles glückt ihm. Er übertrifft die Hoffnungen, die das Volk auf ihn setzt. Er übertrifft die Hoffnungen der Armee, die ihm ihre Erfolge verdankt. Darf Clisson, so jung, so nützlich für seine Familie und das Vaterland, schon jetzt seine Laufbahn beenden?

Viele Jahre schon war er von seiner geliebten Eugenie fern. Es verging kein Tag, ohne daß er von ihr einen zärtlichen Brief erhielt. Ihre Briefe stählten seinen Mut und gaben seiner Liebe neue Nahrung. In einer der Schlachten war er mehr als sonst ausgesetzt. Er wurde ernstlich verwundet. Da sein Name weltbekannt war, schilderte man in den Zeitungen seine Verwundung schlimmer, als sie wirklich war. Um daher seine Frau von seinem Zustand zu unterrichten, sandte Clisson einen seiner Offiziere zu ihr. Berville sollte ihr bis zu Clissons Genesung Gesellschaft leisten und sie zerstreuen.

Berville war jung und heißblütig. Sein Herz hatte noch nicht geliebt. Er war wie ein müder Wanderer, der am Ende einer langen Wanderung seine Blicke umherschweifen läßt, um zu erspähen, wo er sein Haupt für die Nacht niederlegen kann. Kurz, Berville suchte sein Herz unterzubringen. Er sah Eugenie. Er weinte mit ihr, teilte ihre Einsamkeit, und jeden Tag sprachen sie von Clisson und seinem Mißgeschick. Bervilles junges, unberührtes Herz glaubte zärtliche Freundschaft für Eugenie zu empfinden. Aber heiße Leidenschaft, um so mächtiger, weil sie verborgen, weil sie ihm fremd war, hatte sich bereits seiner bemächtigt. Er betete Eugenie an. Sie mißtraute dem Freund ihres Mannes nicht im geringsten. Schon aber schrieb sie weniger oft an Clisson, weniger ausführlich. Er wird besorgt, er ist traurig. Seine Wunde ist geheilt. Aber eine unerklärliche Unruhe, die er nicht meistern kann, bewegt sein aufgeregtes Herz. Eugenie schreibt nicht mehr. Eugenie liebt ihn nicht mehr! Berville schreibt ihm nur gezwungen und

Gleichgültiges. Tag und Nacht denkt Clisson an sein Unglück.

In der ersten Aufregung will er nach Champvert eilen, Eugenie der Schande und dem Verderben entreißen. Aber — darf er das Heer — seinen Dienst verlassen? — Das Vaterland hat ihn an seinen Platz gestellt! — —

Zwei Uhr nachts. Es ist alles zum Tod bereit. Die Befehle sind erteilt. — Die Schlacht ist in Vorbereitung. Wie viel Blut wird morgen früh hier fließen! Du aber, Eugenie, was sagst du? Wast tust du? Was wird aus dir? Freue dich meines Todes! Verfluche mein Andenken und sei glücklich!

Der Generalmarsch wird geschlagen. Der Tag bricht an. Die Lagerfeuer erlöschen. Die Kolonnen setzen sich in Bewegung. Es wird zum Angriff geblasen und — der Tod geht durch die Reihen.

Wie viele Unglückliche müssen ihr Leben lassen! Und möchten es doch behalten! Nur ich — ich möchte nicht mehr leben. Eugenie gab es mir, das Leben!

Da meldet man Clisson, daß der rechte Flügel geschlagen worden sei. Das Zentrum wird zurückgeworfen — man befindet sich im Handgemenge! Kurz darauf trifft die Meldung vom Siege des Zentrums ein. Und auf der Linken! — Sie gehen frisch in den Kampf!

Und nun leb wohl, du, die ich zur Herrin meines Herzens erkor! Leb wohl, Gefährtin meiner glücklichsten Tage! In deinen Armen, in deiner Gesellschaft genoß ich das höchste Glück. Ich habe das Leben und seine Schätze erschöpft. Was bleibt mir noch fürs Alter übrig? — Nur Überdruß und Langeweile. Mit 26 Jahren bin ich des vergänglichen Ruhmes überdrüssig geworden, denn in deiner Liebe genoß ich das Herrlichste, was ein Mann erleben kann. Die Erinnerung daran zerreißt mir das Herz. Sei glücklich, Eugenie, und denke niemals mehr an den unglücklichen Clisson! Küsse meine Söhne. Hoffentlich haben sie nicht ein so leidenschaftliches Herz wie ihr Vater! Sie würden sonst, wie er, die Opfer der Menschen, des Ruhmes und der Liebe sein!

Clisson faltete seinen Brief, gab seinem Adjutanten den

Der junge Napoleon

General Moreau

Befehl, ihn sofort Eugenie zu überbringen, begab sich darauf an die Spitze einer Eskadron, warf sich kopfüber ins Handgemenge und — fiel, von den Kugeln durchbohrt.

## *GESUCH DES GENERALS BONAPARTE, IN DER TÜRKEI VERWENDET ZU WERDEN**

Da der Wohlfahrsausschuß den General Buonaparte in den Stand zu setzen wünscht, seine Sendung nach der Türkei so nützlich wie möglich zu erfüllen, setzt er auf sein Verlangen fest, daß die Bürger: Songis und Rolland, Bataillonsgenerale der Artillerie, die Hauptleute Marmont, Blait de Villeneuve, der Leutnant Bourgeois und die Sergeanten der Artillerie, Moissonnet und Scheined, sich nach Konstantinopel unter den Befehlen des Generals Buonaparte begeben, um in der türkischen Armee Dienste zu nehmen (indem sie nach ihrem Können zum Dienst der Artillerie und der Organisation dieser Waffe beitragen). Sie werden alle nach ihrem Grad behandelt.

Bemerkung: Ich verlange für meine Reise nach der Türkei die Bürger Songis und Rolland. Letzterer tut augenblicklich keinen Dienst. Marmont, ein junger Mann, der mein Adjutant war. Aguettant (ist unbeschäftigt), momentan wird er in Valence sein; bei der Artillerie ist er erst kurze Zeit. Blait de Villeneuve, ist unbeschäftigt. Bourgeois ist in diesem Augenblick Führer einer Kompagnie freiwilliger Grenadiere.

Von den sechs Offizieren, die ich für meine Reise nach der Türkei verlange, sind drei ohne Anstellung. Von den drei anderen ist der Bürger Marmont ein junger Mann, früher meinem Stab zugeteilt. Bourgeois ist jetzt Führer einer Kompagnie Freiwilliger Kanoniere. (Es ist also nur der Bürger Songis von einiger Bedeutung.)

Die Regierung der französischen Republik, in der Ab-

* Ebenfalls zum erstenmal abgedruckt. In: „Manuscrits de Napoléon 1793—1795 En Pologne.“ Publiés par Askenazy, Warschau 1929.

sicht, dem Großkönig, ihrem treuen Verbündeten, einen Beweis der Freundschaft und des Interesses zu geben, das sie an dem Fortschritt seiner Waffen nimmt, hat auf das Verlangen des Generals Buonaparte beschlossen, einige französische Artillerie-Offiziere nach der Türkei zu senden ...

Beschluß: Der General Buonaparte begibt sich nach Konstantinopel (mit zwei Hauptleuten als Adjutanten), um in der Armee des Großkönigs Dienste zu nehmen und durch seine Fähigkeiten und Kenntnisse zur Neubildung der Artillerie dieses mächtigen Reiches beizutragen und auszuführen, was ihm von den Ministern der Pforte befohlen wird. Er tritt mit seinem Grad als General ein und wird vom Großkönig so behandelt werden, wie die Generale seiner eigenen Armee.

Er wird auf seiner Sendung von den Bürgern Andoche Junot und Henri Livrat als Adjutanten begleitet werden, ferner von Songis und Rolland als Bataillonschefs der Artillerie, Marmont und Aguettant als Hauptleute der Artillerie; (Blait de Villeneuve als Pionierhauptmann;) Bourgois und La Chasse als Artillerieleutnants 1. Klasse; Moissonnet (und Scheined) als Artilleriesergeanten 1. Klasse. Auch diese Offiziere werden ihrem Grad nach behandelt.

Beschluß: Die 9. Kommission wird den Befehl erteilen, daß die Bürger: Bataillonschef der Artillerie Songis, Artilleriehauptmann Marmont, Artillerieoffizier Aguettant in Valence, Artillerieleutnant Bourgeois (Feldwebel-Leutnant der Artillerie bei der Italienischen Armee La Chasse), Sergeant Moissonnet von der Kompagnie Mathieu im 1. Regiment, Sergeant Scheined von der Artilleriearbeitskompagnie in Antibes, sich sofort nach Besançon begeben, wo sie die Befehle entgegennehmen und die Instruktionen befolgen sollen, die ihnen der General Buonaparte erteilen wird. Die Kommission wird ihnen die Reisespesen bis Besançon vergüten, gemäß des Reglements vom 6. Prairial. Die beiden Sergeanten erhalten die gleichen Spesen wie die Leutnants.

Beschluß: Die 9. Kommission wird dem General Buonaparte, seinem Adjutanten, dem Bataillonschef der Artillerie die Reisespesen von Paris bis Besançon vergüten. Sie wird dem Bürger Henri Livrat, Kriegskommissar in der Armee der Südpyrenäen, der die Stelle eines Adjutanten beim General Buonaparte angenommen, den Befehl erteilen, sich nach Besançon zu begeben und ihm gleichfalls seine Reisespesen vergüten . . .

Dem General Buonaparte, zwei Adjutanten, Hauptleuten, zwei Bataillonschefs der Artillerie, zwei Artilleriehauptleuten, die sich auf Befehl der Regierung nach der Türkei begeben, wird freie Durchreise gewährt. Den Gesandten, Ministern, Konsuln und anderen Vertretern der Republik im Ausland wird befohlen, diesen Herren auf ihrer Reise Hilfe, Unterstützung und Schutz in jeder Beziehung zu gewähren. Die Minister der Freundesstaaten werden gebeten, ihnen Schutz und Hilfe angedeihen zu lassen.

## *DER 13. VENDEMIAIRE*

Ich befand mich am Abend des 12. Vendémiaire des Jahres V (4. Oktober 1795) im Rate der Vierzig, dessen Vorsitz Cambacérès führte, als man die Absichten der Sektionen kundgab. Alle Welt zitterte und neigte zur Verständigung. Sieyès näherte sich mir und sagte: „Während sie beraten, werden die Sektionen alles über den Haufen werfen, deshalb beeilen Sie sich, General, handeln Sie nach Ihrem Kopf und schießen Sie nur mutig." Ich hatte den Repräsentanten Flinten verabfolgen lassen, und sie fragten, was sie damit machen sollten. Als ich ihnen sagte, daß sie sich damit verteidigen sollten, und daß sie auf diese Weise die Verteidiger um 150 Mann vermehren würden, begriffen sie, daß sie sich in Gefahr befanden.

Die Bewegung des 13. Vendémiaire wurde durch royalistische Führer geleitet. Einer von ihnen, Danican mit Namen, sandte uns einen Parlamentär, dem man in der Versammlung der Vierzig die Augen verband. Aber alle Mitglieder baten ihn, die Republik seinem General zu empfehlen. Es war geplant, wenn wir besiegt würden, uns auf Tours zurückzuziehen.

Am nächsten Morgen früh 5 Uhr wurde der Volksvertreter Barras zum Obergeneral der Armee des Innern und ich zu seinem Stellvertreter ernannt.

Die Artillerie befand sich noch im Lager von Sablons und wurde nur von 150 Mann bewacht; der Rest befand sich in Marly mit 200 Mann. Ich verlangte einen Offizier vom 21. Jägerregiment. Murat bot sich an, und ich sandte ihn im Galopp nach Sablons, um den Park wegzunehmen. Es war die höchste Zeit, denn die Sektionen kamen schon an, um sich seiner zu bemächtigen. Murat griff sie sofort an, und auf diese Weise lernte ich ihn kennen. Dort sah ich auch zum erstenmal Lemarois.

Das Pulvermagazin von Meudon war ohne besonderen Schutz. Die Feuillants besaßen nur vier Geschütze ohne Kanoniere und 30.000 Patronen. Die Proviantmagazine waren in ganz Paris zerstreut. In verschiedenen Sektionen schlug man den Generalmarsch. Die Sektion des „Théâtre Français“ hatte ihre Vorposten bis zum Pont-Neuf vorgeschoben, den man verbarrikadierte.

General Verdier, der im Palais Royal befehligte, manövrierte mit großem Geschick; nur im äußersten Falle sollte er feuern lassen.

Inzwischen kamen von allen Seiten Meldungen, daß die Sektionen sich bewaffneten, sammelten und Kolonnen bildeten. Deshalb ließ ich die Truppen aufstellen, um den Konvent zu verteidigen, und verteilte die Artillerie, um die Rebellen zurückzutreiben. Beim ehemaligen Kloster der Feuillants stellte ich Geschütze auf, um die Rue Saint-Honoré bestreichen zu können; an allen Ausgängen standen Achtpfünder. Der Sicherheit halber ließ ich Reservegeschütze aufstellen, um ein Flankenfeuer auf die Kolonnen eröffnen zu lassen, falls sie einen Zugang erzwungen haben sollten. Schließlich ließ ich auf dem Carousselplatz drei Haubitzen aufstellen, um die Häuser zu bestreichen, aus denen man auf den Konvent schießen konnte.

Um 4 Uhr kamen die Massen der Rebellen aus den Straßen heraus, um sich zu Angriffskolonnen zu formieren. Es war selbst für die kriegsgewohnten Truppen schwer, in diesem überaus kritischen Augenblick nicht zu schießen, aber es war das Blut der Franzosen, das geflossen wäre. Man wollte die Unglücklichen, die bereits durch ihre Auflehnung zu Verbrechern wurden, auch noch zu Brudermördern machen, indem man ihnen den Angriff überließ.

Gegen 4¾ Uhr hatten sich die Rebellen versammelt. Von allen Seiten begannen sie den Vorstoß, doch wurden sie überall zurückgeschlagen. Es floß französisches Blut, aber für das Verbrechen und die Schande dieses Tages tragen allein die Sektionen die Verantwortung.

Unter den Toten erkannte man zumeist Emigranten, Grundbesitzer und Adelige. Bei den Gefangenen wurde festgestellt, daß es vor allem Chouans, also Anhänger des Generals Charette, waren.

Die Sektionen hielten sich jedoch noch nicht für geschlagen. Sie hatten sich in die Kirche Saint-Roch, in das „Theater der Republik" und in das Palais Egalité geflüchtet. Überall hörte man, wie sie in ihrer Wut die Bewohner antrieben, die Waffen zu ergreifen. Um ein Blutvergießen am nächsten Tag zu vermeiden, durfte man ihnen keine Zeit lassen, sich zu sammeln, sondern mußte sie mit Nachdruck verfolgen und verhindern, daß es in einer schwer zugänglichen Gegend zum Kampfe kam.

Ich befahl dem General Montchoisy, der sich mit einer Reserve auf der Place de la Révolution befand, eine Kolonne zu bilden, die mit zwei Geschützen vom Boulevard aus marschierte, um den Vendômeplatz zu umgehen, eine Verbindung mit der Abteilung, die sich beim Generalstab befand, herzustellen, und von dort geschlossen zurückzukommen. General Brune marschierte mit zwei Haubitzen aus den Straßen Saint-Nicaise und Saint-Honoré heraus, General Carteaux sandte 200 Mann und ein Geschütz seiner Division durch die Rue Saint-Thomas-du-Louvre, um auf der Place du Palais-Egalité herauszukommen.

Das Pferd, auf dem ich saß, wurde durch eine Kugel

getötet. Nachdem ich ein anderes bestiegen hatte, begab ich mich zum Kloster der Feuillants.

Die Truppen setzten sich jetzt in Bewegung. Saint-Roch und das „Theater der Republik“ wurden genommen. Nun zogen sich die Rebellen bis ans Ende der Rue de la Loi zurück und verbarrikadierten sich nach allen Seiten. Ihre Stellungen wurden die ganze Nacht erfolgreich beschossen.

Bei Tagesanbruch erfuhr ich, daß Studenten des Stadtviertels Sainte-Geneviève mit zwei Geschützen heranrückten, um den Rebellen beizustehen. Ich sandte ihnen eine Abteilung Dragoner entgegen, die ihnen die Geschütze abnahmen und in die Tuilerien zurückbrachten.

Ein paar Sektionen hielten trotzdem noch stand. Sie hatten die Straßen der Sektion Grenelle verbarrikadiert und ihre Geschütze an den Hauptstraßen aufgestellt. Um 9 Uhr marschierte General Berruyer mit seiner Division auf dem Vendômeplatz auf und richtete seine beiden Geschütze von der Rue des Vieux-Augustins aus auf das Hauptquartier der Sektion „Le Pelletier“. General Vachot wandte sich zur Rechten auf der Place de la Victoire, General Brune stellte zwei Haubitzen am Ende der Rue Vivienne auf, und General Duvigier marschierte mit seiner Kolonne von 600 Mann und zwei Geschützen auf die Rue Saint-Roch und den Montmartre zu. Da aber den Sektionen der Mut schwand, denn sie fürchteten, daß ihnen der Rückzug abgeschnitten würde, so räumten sie ihre Stellungen.

Die Sektion „Brutus“ verursachte noch einige Besorgnisse, denn sie hatte die Frau eines Volksvertreters gefangen genommen. Deshalb befahl ich dem General Duvigier, den Boulevard entlang bis zur Rue Poissonnière zu marschieren, dem General Berruyer, sich auf der Place de la Victoire aufzustellen, und ich selbst besetzte den Pont-au-Change.

Nachdem man die Sektion „Brutus“ entwaffnet hatte, marschierte man auf den Grèveplatz. Überall hatten die wahren Patrioten wieder Mut gefaßt, allerorts waren die mit Dolchen bewaffneten Emigranten verschwunden, und das Volk kam von seinen Verrücktheiten und von seiner Verirrung ab. Schließlich entwaffnete man am nächsten Tage die Sektion „Le Pelletier“ und die vom „Théâtre français“.

## *BEKANNTSCHAFT MIT JOSEPHINE DE BEAUHARNAIS*

Nach dem 13. Vendémiaire benachrichtigte mich eines Morgens mein Adjutant Lemarois, der Sohn der Frau von Beauharnais, deren Mann als General guillotiniert worden war, befände sich in meinem Vorzimmer und wolle mich sprechen. Er sei ein hübscher Junge. Ich ließ ihn eintreten, worauf er mir sagte, seine Mutter hätte den Degen seines Vaters aufbewahrt, aber man habe ihn ihr weggenommen, als man die Sektionen entwaffnete. Er bat mich, ihm die Waffe zurückzugeben. Ich gewährte seine Bitte und sandte Lemarois mit ihm zur Erfüllung seines Wunsches zu seiner Sektion. Am nächsten Tage ließ sich Frau von Beauharnais bei mir einschreiben, und einige Tage darauf kam sie selbst. Jetzt beauftragte ich Lemarois, ihr einen Besuch abzustatten. Er wurde sehr gut empfangen und berichtete mir, daß Frau von Beauharnais eine schöne und liebenswürdige Frau sei und ein eigenes Haus besäße. Nun ließ ich meine Karte bei ihr abgeben und wurde bald darauf von ihr zum Essen eingeladen. In ihrem Hause traf ich bekannte Personen der Gesellschaft, unter anderen den Herzog von Nivernois, Frau Tallien, Elleviou; ich glaube sogar, daß auch Talma da war. Sie behandelte mich ganz ausgezeichnet, wies mir meinen Platz neben sich an und forderte mich durch allerlei Neckereien heraus. Meinerseits lud ich sie zu mir zum Essen ein; Barras war auch anwesend. Endlich nahmen die Dinge so ihren Lauf, daß wir uns ineinander verliebten. Barras hat mir einen Dienst erwiesen, indem er mir riet, Josephine zu heiraten. Er versicherte mir, daß sie sowohl der alten als auch der neuen Gesellschaft angehöre; diese Tatsache würde mir mehr Rückhalt verleihen. Ihr Haus sei das beste in Paris und befreie mich von meinem korsischen Namen; endlich würde ich durch diese Ehe vollkommen französisiert werden. Hortense wollte nichts von dieser Heirat wissen, denn damals nannte man die Generale „Achselschnurhändler“. Eugen im Gegenteil wünschte die Heirat, denn er sah sich im Geiste schon als meinen Adjutanten.

Josephine war damals eine sehr angenehme Frau, voller Anmut, indes eine Frau im vollen Sinne des Wortes. Niemals antwortete sie anders als: „Nein“, um Zeit zum Nachdenken zu finden. Darauf sagte sie: „Ach ja, mein Herr!“ Sie log fast beständig, aber auf geistreiche Weise. Ich kann sagen, daß ich Josephine sehr geliebt habe. Sie kannte mich sehr gut und hat niemals etwas für ihre Kinder verlangt. Sie bat niemals um Geld, machte dafür Millionen Schulden. Sie hatte schlechte Zähne, doch war sie so geschickt, daß man es gar nicht bemerkte. Sie wäre ganz dazu geschaffen gewesen, mich nach der Insel Elba zu begleiten.

## *An Josephine de Beauharnais*

Paris, im Januar 1796,
9 Uhr morgens.

Ich habe Sie mit traurigem Herzen verlassen, liebe Freundin, und mich ärgerlich schlafen gelegt. Eigentlich müßte die Achtung vor meinem Charakter einen solchen Gedanken, wie Sie ihn gestern Abend aussprachen, gar nicht in Ihnen aufkommen lassen. Sie wären sehr ungerecht, Madame, wenn Sie etwas Derartiges ernstlich glauben. Mich aber machen Sie dadurch sehr unglücklich.

Sie haben also geglaubt, ich liebe Sie nicht um Ihrer selbst willen? Ja, weshalb denn sonst? Ach, Madame, ich müßte mich sehr verändert haben! Wie kann ein so reines Herz einen so niedrigen Gedanken fassen! Ich bin noch ganz erstaunt darüber. Noch mehr aber erstaunt es mich, was ich für Sie empfinde und daß ich, als ich erwachte, ohne Groll Ihrer gedenke und wider meinen Willen mich Ihnen zu Füßen lege. Es gibt sicher keinen schwächeren und unwürdigeren Menschen als ich es bin.

Über welch geheimnisvolle Macht verfügst Du, unvergleichliche Josephine? Ein Gedanke von Dir vergiftet mein Leben. Er zerreißt mir das Herz, das mit den widersprechendsten Gefühlen angefüllt ist. Und doch fesselt mich ein starkes Gefühl an Dich. Meine Stimmung ist weniger traurig. Sie führt mich wieder zu Dir zurück, und ich fühle mich als den Schuldigen. Ich weiß: wenn wir uns streiten, mußt du mein Herz und meinen Verstand für unzurechnungsfähig halten. Du hast beide bezaubert, und sie gehören noch immer Dir!

Du aber, mio dolce amor, Du hast herrlich geschlafen. Hast Du auch nur ein einziges Mal an mich gedacht? Ich gebe Dir drei Küsse: einen auf Dein Herz, einen auf den Mund und einen auf Deine Augen.

Bonaparte.

*An die Bürgerin Josephine Bonaparte*

Albenga, 5. April 1796

Liebe Freundin!

Es ist eine Stunde nach Mitternacht. Man bringt mir einen Brief. Sein Inhalt ist traurig, mein Herz ist ergriffen. Chauvet ist tot! Er war Oberzahlungsanweiser beim Heere. Was ist die Zukunft, was die Vergangenheit? Was sind wir? Welches magische Fluidum umgibt uns und verbirgt uns Dinge, die wir gerade am nötigsten wissen sollten! Wir werden geboren, wir leben, wir sterben inmitten von Wundern. Ist es erstaunlich, daß Priester, Astrologen, Charlatane diese mysteriösen Vorgänge und unsere eigene Neigung zum Geheimnisvollen benutzten, um sich unseres Denkens zu bemächtigen und es nach Belieben ihrer Leidenschaften zu leiten?

Chauvet ist tot! Er war mir sehr ergeben und hätte dem Vaterland große Dienste geleistet. Seine letzten Worte waren: er sei im Begriff abzureisen, um zu mir zu eilen. Ja, sein Schatten verfolgt mich! Überall irrt er umher. Er schwebt in der Luft. Seine Seele verschwindet in den Wolken; sie wird meinem Geschick günstig sein. Ich Unsinniger! Was tue ich? Ich vergieße Tränen um der Freundschaft willen! Und wer sagt mir, daß ich nicht bald um Dinge weinen muß, die nie wieder gut zu machen sind?

Bonaparte.

*General Bonaparte an die Bürgerin Bonaparte, bei der Bürgerin Beauharnais, rue Chantereine in Paris*

Albenga, den 18. Germinal des Jahres IV. (7. April 1796)

Soeben erhalte ich Deinen Brief. Du hattest ihn unterbrochen, um, wie Du schreibst, eine Landpartie zu machen. Und Du quälst mich mit Eifersüchteleien, mich, der ich vor Anstrengung und Arbeit ganz erschöpft bin! Ach! meine geliebte Freundin! . . . Gewiß, ich bin im Unrecht. Im Frühling ist es so schön auf dem Lande. Und dann befand sich wohl auch der neunzehnjährige Liebhaber dort . . . Du könntest ja einen Augenblick mehr verlieren, wenn Du an den schriebest, der dreihundert Meilen entfernt von Dir nicht lebt, nicht genießt, sondern nur in dem Gedanken an Dich sein Leben fristet, der Deine Briefe liest wie einer, der nach einer mehrstündigen Jagd sein Lieblingsgericht verschlingt! Ich bin unzufrieden mit Dir. Dein letzter Brief atmet kalte Freundschaft. Ich habe darin nicht das Feuer gefunden, das in Deinen Augen glüht und das ich zuweilen darin zu erblicken glaube. Aber wie seltsam! Früher fand ich Deine Briefe für meine Ruhe schädlich. Der Aufruhr, den sie in mir entfachten, störte meine Seele und bannte meine Sinne. Ich wünschte Deine Briefe kälter — und jetzt durchdringen sie mein Herz mit der Kälte des Todes. Die Angst, von Josephine nicht geliebt zu werden, der Gedanke, sie untreu zu wissen . . ., ach — ich schaffe mir Leiden. Es gibt der wahren Schmerzen genug — muß man da sich noch eingebildete schaffen? Du kannst mir diese grenzenlose Liebe nicht eingeflößt haben, ohne sie mit mir zu teilen. Mit Deinem Charakter, Deiner Klugheit, Deiner Vernunft kann man als Vergeltung für soviel Hingebung nicht den Todesstoß versetzen . . .

Du sagst mir nichts über Dein schlechtes Befinden? Ich verwünsche es. Lebe wohl bis morgen, mio dolce amor. Ein Gedenken meiner einzigen Frau, eine Gunst des Schicksals, das sind meine Wünsche! Ein einziges vollkommenes Gedenken, würdig dessen, der jeden Augenblick an Dich denkt!

Mein Bruder ist hier (Joseph). Er hat meine Vermählung mit Freuden erfahren und brennt darauf, Deine Bekanntschaft zu machen. Ich will versuchen, ihn zu veranlassen, daß er nach Paris kommt. Seine Frau hat einem Mädchen das Leben geschenkt. Er schickt Dir aus Genua eine Schachtel Bonbons. Von mir wirst Du Orangen, Parfüm und Orangenblütenwasser erhalten. Junot und Murat lassen Dich grüßen.

Bonaparte.

## *INSTRUKTION NAPOLEONS ZUR HERAUSGABE SEINER MEMOIREN ÜBER DEN KRIEG VON ITALIEN FÜR GENERAL MONTHOLON*

Ich sende Ihnen meine Korrespondenz. Ich bitte Sie, erstens alles das mit Tinte zu überziehen, was ich nur mit Bleistift geschrieben habe, sowohl die Anmerkungen als auch die Nummer des Kapitels, zu welchem jeder Brief gehört. Zweitens: legen Sie ein kleines Buch von 18 Blättern an, jedes zu vier Seiten, was zusammen 72 Seiten ausmacht. Diese Blätter gehören:

| | | | | |
|---|---|---|---|---|
| Blatt 1 | zum | 5. | Kapitel. | Montenotte. |
| 2 | „ | 6. | „ | Lodi |
| 3 | „ | 7. | „ | Pavia |
| 4 | „ | 8. | „ | Livorno |
| 5 | „ | 9. | „ | Castiglione |
| 6 | „ | 10. | „ | Operationen an der Brenta |
| 7 | „ | 11. | „ | Operationen der Rheinarmee |
| 8 | „ | 12. | „ | Arcole |

| | | | | |
|---|---|---|---|---|
| Blatt 9 | zum | 13. | Kapitel. | Rivoli |
| 10 | „ | 14. | „ | Tolentino |
| 11 | „ | 15. | „ | Korsika |
| 12 | „ | 16. | „ | Tagliamento |
| 13 | „ | 17. | „ | Leoben |
| 14 | „ | 18. | „ | Venedig |
| 15 | „ | 19. | „ | Montebello |
| 16 | „ | 20. | „ | 18. Fructidor |
| 17 | „ | 21. | „ | Campo Formio |
| 18 | „ | 22. | „ | Paris |

Jedes Blatt muß die Seitenzahl des Kapitels führen, wo der darauf bezügliche Brief steht. Es gibt Kapitel, welche Briefe aus allen vier Bänden enthalten und beinahe alle werden Briefe aus mehreren Bänden enthalten. Sie wissen, daß die Italienische Korrespondenz aus vier Bänden besteht, so daß dieses kleine Heft hinreicht, um die in achtzehn Kapitel aufgeteilte Korrespondenz drucken lassen zu können. Die Briefe, die in dem Werke keine Verwendung finden sollen, habe ich durchgestrichen. Numerieren Sie jeden Brief nach dem Kapitel und nach dem Datum, indem Sie jedes Kapitel in vier Briefklassen einteilen:

1. Meine eigenen Briefe
2. Die Briefe des Direktoriums
3. Die militärischen Briefe
4. Die diplomatischen Briefe,

wobei natürlich darauf zu achten ist, daß sie einigermaßen zueinander passen. Im Notfall können Sie jedoch auch von dieser Ordnung abgehen. Dazu muß am Rande des Manuskriptes Platz für Korrekturen oder Erläuterungen der Briefe gelassen werden, die mit abgedruckt werden sollen.

Außer den Briefen der Korrespondenz müssen auch die bereits gedruckten nach Kapiteln beigefügt werden, sowie die, welche im Moniteur stehen, soweit sie sich auf die Angelegenheiten der Italienischen Armee beziehen. Vor meinen Briefen müssen die offiziellen Schriftstücke stehen, wie Proklamationen, Kapitulationen, Tagesbefehle, Friedensverträge. Ferner meine gedruckten Rapporte, dann meine Briefe aus der Korrespondenz. Auf diese Weise wird es sechs starke Bände ausmachen, wovon zwei den Text und die anderen die Belege enthalten. Sie werden beide italienischen Feldzüge umfassen *.

## *FELDZUG IN ITALIEN*

### Die Hauptschlachten von 1796

Ich traf am 26. März 1796 in Nizza ein. Die Lage des Heeres, wie mir General Scherer berichtet hatte, war schlimmer als jedwelche Einbildungskraft sie zu schildern vermag. Die Brotversorgung war nicht sichergestellt, und seit langer Zeit fand keine Fleischverteilung mehr statt. Für den Transport standen nur 200 Maulesel zur Verfügung, und man konnte nicht daran denken, mehr als 12 Geschütze zu befördern. Jeden Tag verschlimmerte sich die Lage. Es war kein Augenblick zu verlieren, denn das Heer konnte nicht mehr leben, wo es sich befand, sondern mußte entweder vorrücken oder sich zurückziehen.

Ich gab deshalb dem Heer Befehl, sich in Marsch zu setzen. Es lag mir daran, den Feind gleich beim Beginn des Feldzugs zu überraschen und ihn durch glänzende und entscheidende Siege zu betäuben.

Das Hauptquartier, das seit Beginn des Kriegs niemals Nizza verlassen hatte, erhielt jetzt Weisung, sich nach Albenga zu begeben. Am 27. nahm ich eine Musterung der Truppen vor und sagte: „Soldaten! Ihr seid halb nackt und schlecht gekleidet. Man schuldet euch viel und kann euch doch nichts geben. Eure Geduld und der Mut, den ihr inmitten dieser Felsen zeigt, sind bewunderungswürdig, aber sie verschaffen euch keinen Ruhm. Ich werde euch in die fruchtbarsten Ebenen der Welt führen. Reiche Provinzen und große Städte werden in eurem Besitz sein, und dann werdet ihr Reichtümer, Ehren und Ruhm in Fülle haben.

* Napoleon hat später diese Einteilung etwas geändert.

Soldaten des Italienischen Heeres, wird es euch an Mut fehlen?"

Die Rede eines jungen, fünfundzwanzigjährigen Generals, zu dem man wegen seiner glänzenden Waffentaten bei Toulon, Saorgio und Savona schon großes Vertrauen hatte, wurde mit lebhaftem Beifall aufgenommen.

Wenn man die Alpen umgehen wollte, um in Italien durch den Paß von Cadibona einzudringen, so mußte sich das ganze Heer auf dem äußersten rechten Flügel versammeln. Es wäre ein sehr gefährliches Wagnis gewesen, wenn der Schnee nicht noch die Ausgänge aus den Alpen bedeckt hätte. Der Übergang aus der Defensive in die Offensive ist eine der schwierigsten militärischen Operationen. Sérurier wurde mit seiner Division in Garessio aufgestellt, um das Lager Collis bei Ceva zu beachten. Masséna und Augereau blieben in Reserve bei Loano, Finale und in der Gegend von Savona. Laharpe setzte sich in Marsch, um Genua zu bedrohen, und eine Vorhut besetzte Voltri. Gleichzeitig ließ ich den Senat von Genua um Erlaubnis bitten, durch die Bocchetta auf Gavi zu marschieren und kündigte an, daß ich die Absicht hätte, in die Lombardei einzufallen, und mich dabei auf Genua stützen wolle. Darüber war man in Genua äußerst bestürzt, und der Rat trat zu einer Dauersitzung zusammen.

Der Oberbefehlshaber des österreichischen Heeres, Beaulieu, der durch diese Mitteilungen sehr beunruhigt war, eilte schnellstens zum Schutz Genuas herbei. Er verlegte sein Hauptquartier nach Novi und teilte sein Heer in drei Korps ein. Der rechte Flügel, unter dem Befehl des Generals Colli, der ganz aus Piemontesen bestand, hatte sein Hauptquartier in Ceva. Er wurde mit der Verteidigung der Stura und des Tanaro beauftragt. Das Zentrum, unter Argenteau, marschierte auf Montenotte, um das französische Heer abzuschneiden, indem es in seine linke Flanke fiel und ihm den Weg von Savona nach Corniche abschnitt. In eigener Person deckte Beaulieu mit seinem linken Flügel Genua und marschierte auf Voltri.

Auf den ersten Blick scheinen diese Verfügungen gut

angeordnet; wenn man jedoch die Lage des Landes genauer studiert, so entdeckt man, daß Beaulieu seine Kräfte geteilt hatte, da jede direkte Verbindung zwischen seinem Zentrum und seiner Mitte unterbunden war und nur hinter den Bergen erfolgen konnte, während andererseits das französische Heer so aufgestellt war, daß es sich in wenigen Stunden vereinigen und in Masse auf das eine oder das andere feindliche Korps werfen konnte. Sobald das eine geschlagen war, war das andere unbedingt gezwungen, sich zurückzuziehen.

General Argenteau, der die Mitte des feindlichen Heeres befehligte, hatte am 9. April in Montenotte Stellung genommen. Am 10. marschierte er über Monte Negino, um Madonna di Savona zu erreichen. Oberst Rampon, der mit dem Schutz der drei Redouten von Monte Negino betraut war, erhielt vom Anmarsch des Feindes Mitteilung und sandte ihm eine starke Abteilung entgegen, die er am Nachmittag wieder in die Redouten zurückzog. Argenteau versuchte sie ohne besondere Vorbereitung zu nehmen, doch seine drei nacheinander erfolgten Angriffe wurden zurückgeschlagen, so daß er darauf verzichtete. Da seine Truppen ermüdet waren, ging er in seine frühere Stellung zurück und verschob es auf den nächsten Tag, die Redouten von der Rückseite aus zu nehmen.

Beaulieu seinerseits marschierte am 9. April auf Genua. Den ganzen folgenden Tag befand sich Laharpe mit seiner Vorhut auf Voltri im Kampfe, um ihm die Engpässe zu entreißen und sich dort festzusetzen. Aber am 10. abends zog er sich auf Savona zurück, und am 11. bei Tagesanbruch befand er sich mit seiner ganzen Division hinter Rampon und den Redouten von Monte Negino.

In derselben Nacht vom 10. zum 11. marschierte ich mit den Divisionen Masséna und Augereau durch den Paß von Cadibona und wandte mich auf Montenotte. Bei Tagesanbruch wurde Argenteau, der von allen Seiten umzingelt war, an der Spitze von Rampon und Laharpe, von hinten und von der Flanke von mir selbst angegriffen. Die Auflösung war vollkommen, und das ganze Korps Argenteaus wurde vernichtet. Zur selben Zeit kam Beaulieu in Voltri an, wo er niemand mehr vorfand. Erst im Laufe des 13. erfuhr dieser General die Niederlage von Montenotte und den Einmarsch der Franzosen in Piemont. In aller Eile mußte er seine Truppen auf den schlechten Wegen, auf denen sie gekommen waren, zurückziehen. Daraus ergab es sich, daß drei Tage später, bei der Schlacht von Montebello, nur ein Teil seiner Truppen rechtzeitig eintreffen konnte.

### *AN DEN GENERAL SÉRURIER!*

Hauptquartier Carcare,
24. Germinal des Jahres IV (13. April 1796).

Wir haben einen vollkommenen Sieg zu verzeichnen, Herr General! Beaulieu ist persönlich vollständig geschlagen. Er hat mehr denn 3000 Mann verloren. Wir haben außerdem mehr als 2000 Gefangene gemacht. Argenteau und Roccavina sind gefährlich verwundet.

Nun kommt Ihre Division an die Reihe. Ich greife heute Montezemolo an. Treffen Sie Ihre Maßnahmen, damit eine Ihrer Kolonnen sich in die Stadt Ceva in dem Augenblick wirft, in dem ich Herr von Montezemolo bin. Die andere Division soll sich der Höhen von Battifollo bemächtigen, den Tanaro entlang marschieren und dem Feinde die Verbindungen abschneiden. Begeben Sie sich nach der Brücke von Nucetto, damit wir einen leichten Übergang haben. Lassen Sie nichts in unserm Rücken. Tuen Sie alles, um in Bagnasco und Garessio im voraus für Brot-, Schnaps- und Kartuschenlieferungen zu sorgen, so viel Sie verfügen können.

Wenden Sie alle möglichen Mittel an, sei es im Guten oder mit Gewalt, daß die Genuesen uns Maultiere liefern.

Bonaparte.

Am 12. befand sich das Hauptquartier des französischen Heeres in Carcare. Das geschlagene Heer hatte sich zurückgezogen: die Piemontesen auf Millesimo und die Österreicher auf Dego. Diese beiden Stellungen waren durch eine piemontesische Division verbunden, die die Höhen von Biestro besetzen sollte. In Millesimo befanden sich die Piemontesen zu beiden Seiten des Wegs, der Piemont deckt. Zu ihnen gesellte sich Colli mit allen Truppen, die er von seinem rechten Flügel nehmen konnte. In Dego hatten die Österreicher die Stellung besetzt, die den Weg nach Acqui verteidigt, der direkten Straße, die ins Mailändische führt. Nach und nach wurden die Feinde durch die Truppen verstärkt, die Beaulieu aus Voltri herbeiführen konnte.

Auf diese Weise waren die beiden großen Ausgänge nach Piemont und nach dem Mailändischen gedeckt: der Feind hoffte, Zeit zu finden, um sich dort festsetzen und verschanzen zu können. So vorteilhaft für uns die Schlacht von Montenotte gewesen war, so hatte der Feind doch in der zahlenmäßigen Überlegenheit die Möglichkeit, seine Verluste wieder auszugleichen. Indes, am übernächsten Tag — es war am 14. April — öffnete uns die Schlacht von Millesimo die beiden Wege nach Turin und nach Mailand. Augereau, der den linken Flügel des französischen Heeres befehligte, marschierte auf Millesimo, Masséna mit dem Zentrum wandte sich auf Dego, und Laharpe, dem der rechte Flügel unterstellt war, suchte die Höhen von Cairo zu gewinnen. Der Feind hatte seinen rechten Flügel an den Hügel von Cosseria gestützt, der die beiden Ufer der Bormida beherrschte. Aber am 13. warf General Augereau, der an der Schlacht bei Montenotte nicht beteiligt gewesen war, die Rechte des Feindes mit einem derartigen Ungestüm zurück, daß er ihm die Engpässe von Millesimo wegnahm und Cosseria einschloß. Provera mit seiner 2000 Mann starken Nachhut wurde umzingelt. In dieser verzweifelten Lage zog er sich in ein altes Schloß zurück und verschanzte sich darin. Von seiner Höhe aus sah er den rechten Flügel des sardinischen Heeres, das Anstalten für den folgenden Schlachttag traf, wobei er hoffte, entsetzt zu werden. Alle Truppen Collis aus dem Lager von Ceva sollten während der Nacht eingetroffen sein. Französischerseits erkannte man die Bedeutung, sich während des Tages des Schlosses von Cosseria zu bemächtigen. Da es jedoch sehr stark war, mißlang das Unternehmen. Am nächsten Tage wurden die beiden Heere handgemein. Nach einem hartnäckigen Kampf nahmen Masséna und Laharpe Dego, Ménard und Joubert die Höhen von Biestro weg. Alle Angriffe Collis, Cosseria zu entsetzen, waren vergebens. Er wurde geschlagen und hartnäckig verfolgt, so daß Provera in Cosseria sich ergeben mußte. Der Feind, der bis in die Pässe von Spigno verfolgt wurde, verlor einen Teil seiner Artillerie, viele Fahnen und Gefangene. Von jenem Augenblick an machte sich die Trennung der österreichischen und sardinischen Armee bemerkbar. Beaulieu verlegte sein Hauptquartier nach Acqui auf der Straße nach dem Mailändischen, und Colli wandte sich nach Ceva, um sich der Vereinigung mit Sérurier entgegenzusetzen und Turin zu decken.

Inzwischen kam eine Division österreichischer Grenadiere, die von Voltri nach Sassello marschiert war, am 15. April früh 3 Uhr in Dego an. Nach einem sehr heißen Kampf von zwei Stunden wurde Dego wieder erobert und die feindliche Division fast vollständig gefangen genommen.

Von nun an wandte ich mich gegen Colli und den König von Sardinien und begnügte mich, die Österreicher zu beobachten. Laharpe erhielt bei Dego einen Beobachtungsposten, um unsere rückwärtigen Verbindungen zu schützen und Beaulieu in Schach zu halten, der sehr geschwächt war und sich nur damit beschäftigte, die Trümmer seines Heeres zusammenzuziehen und neu zu ordnen. Die Division Laharpe, die genötigt gewesen war, einige Tage in ihrer Stellung zu bleiben, befand sich infolge der ausgesogenen Gegend und des Mangels an Unterhaltsmitteln in einer sehr schlechten Lage, wodurch Unordnungen unvermeidlich wurden. Sérurier, der in Garessio von den Schlachten bei Montenotte und Millesimo erfahren hatte, setzte sich jetzt in Marsch, bemächtigte sich der vor ihm liegenden Höhen und traf in Ceva am selben Tage ein, wie Augereau auf den Höhen von Montezemolo. Nach einigen leichten Gefechten räumte Colli das befestigte Lager von Ceva, die Höhen von Montezemolo und zog sich hinter die Corsaglia zurück.

Am gleichen Tage verlegte ich mein Hauptquartier nach Ceva. Der Feind hatte dort seine ganze Artillerie zurückgelassen, da er nicht Zeit fand, sie mit sich zu führen und sich begnügt, eine Garnison im Schloß zu lassen. Die Aussicht bei der Ankunft des Heeres auf den Höhen von Montezemolo war überwältigend, denn von dort aus erblickte man die riesigen und fruchtbaren Ebenen von Piemont. Der Po, der Tanaro und eine Menge anderer Flüsse schlängelten sich durch die Ebene. Eine weiße Kette von Schnee und Eis begrenzte in beträchtlicher Höhe am Horizont dieses gepriesene Land. Gigantische Schranken, die die Grenzen einer anderen Welt zu sein schienen, und die die Natur so mächtig gestaltet hatte, die aber noch künstlich verstärkt wurden, waren mit Leichtigkeit gefallen. „Hannibal hat die Alpen überschritten“, sagte ich, indem ich meine Blicke auf die Berge lenkte, wir, wir haben sie umgangen! Es war ein glücklich gewähltes Wort, das kurz den Gedanken und das Ergebnis des Feldzugs ausdrückte.

Jetzt überschritt das Heer den Tanaro. Zum ersten Male befanden wir uns völlig in der Ebene, und die Reiterei konnte uns von gewissem Nutzen sein. General Stengel, der sie befehligte, überschritt die Corsaglia bei Lesigno und marschierte in die Ebene. Das Hauptquartier wurde in das Schloß von Lesigno verlegt, das sich auf dem rechten Ufer der Corsaglia in der Nähe ihrer Mündung in den Tanaro befindet.

General Sérurier vereinigte seine Kräfte bei San Michele. Am 20. ging er hier über die Brücke, während Masséna gleichzeitig den Tanaro überschritt, um die Piemontesen anzugreifen. Aber Colli, der die gefährliche Lage seiner Stellung erkannte, verließ den Zusammenfluß der beiden Flüsse und nahm selbst in Mondovi Stellung. Infolge günstiger Umstände befand er sich gerade vor San Michele, als Sérurier über die Brücke marschierte. Colli machte Halt, setzte Sérurier überlegene Kräfte entgegen und zwang ihn, sich zurückzuziehen. Sérurier würde sich trotzdem in San Michele gehalten haben, wenn nicht eines seiner Infanterieregimenter geplündert hätte.

Am 22. marschierte ich selbst über die Brücke von Torre auf Mondovi. Colli hatte bereits einige Verschanzungen anlegen lassen und war zur Abwehr bereit. Seine Rechte stand bei Madonna del Vico und seine Mitte bei Bicocca. Im Laufe des Tages nahm Sérurier die Verschanzungen von Bicocca weg und entschied die Schlacht, der man den Namen Mondovi gegeben hat. Die Stadt und alle Magazine fielen in die Hände des Siegers.

General Stengel, der sich mit etwa 1000 Reitern in die Ebene gewagt hatte, wurde von einer doppelt so starken Anzahl Piemontesen angegriffen. Er traf alle Maßnahmen, die man von einem tüchtigen General verlangen kann und zog sich auf die Haupttruppe zurück, als er bei einem Angriff tödlich verletzt wurde. General Murat warf die Piemontesen an der Spitze der Kavallerie zurück und verfolgte sie seinerseits während mehrerer Stunden.

### *An das Direktorium über den Zustand des Heeres*

Hauptquartier Kairo, 5. Floréal des Jahres IV.
(24. April 1796)

Beifolgend lasse ich Ihnen den Bericht über die Schlacht von Mondovi zugehen, woraus Sie ersehen werden, daß sie der Armee zur größten Ehre gereicht. Sie können sich keine Vorstellung von der militärischen und administrativen Lage des Heeres machen. Als ich ankam, war es vollkommen mit schlechten Elementen durchsetzt, ohne Brot, ohne Manneszucht, ohne Gehorsam. Ich habe Strafen diktiert, habe alles in Bewegung gesetzt, den Dienst wieder hochzubringen, und der Sieg hat das Übrige getan. Bei der geringen Zahl von Fuhrwerken, den schlechten Pferden und habgierigen Verwaltungen leiden wir an allem Mangel. Ich führe hier ein unglaubliches Leben. Ermüdet komme ich an, muß dann die ganze Nacht aufbleiben, um die Verwaltung zu führen und mich überall hinbegeben, um Ordnung zu schaffen.

Der Soldat ohne Brot überläßt sich Exzessen der Wut,

bei denen man sich schämen muß, Mensch zu sein. Die Einnahme von Ceva und Mondovi wird mich in den Stand setzen, exemplarische Strafen vorzunehmen. Ich will schon die Ordnung wiederherstellen, oder lieber darauf verzichten, diesen Banditen zu befehlen.

Ich, der ich nur 34.000 Mann Infanterie und 3500 Reiter besitze, habe 100.000 Mann gegen mich. Der Feind hat starke Festungen und eine zahlreiche, vollständig ausgerüstete Artillerie; der Feldzug ist daher noch nicht entschieden. Der Feind ist darüber in Verzweiflung, denn er ist zahlreich und schlägt sich ausgezeichnet. Er weiß genau, daß es mir an allem fehlt und erhofft alles von der Zeit. Ich hingegen setze meine ganze Hoffnung auf den Genius der Republik, auf die Tapferkeit der Soldaten, auf die Einigkeit der Befehlshaber, ja sogar auf das mir entgegengebrachte Vertrauen.

In wenigen Tagen wird Piemonts Schicksal entschieden sein! Ich bitte Sie jedoch dringend, mir die Artillerieoffiziere zu schicken, um die ich gebeten habe, sowie die mir bereits bewilligten Genieoffiziere, von denen indes noch kein einziger angekommen ist. Ferner bitte ich um einen Oberkriegskommissar, da ich nur Lambert hier habe. Er genügt jedoch nicht. Ferner bitte ich um 1000 Mann Kavallerie und 6000 Mann Infanterie... Es ist kein Augenblick zu verlieren, der Alpenarmee Ihre Befehle zu erteilen, im Fall Sie es nicht schon getan haben. Denn, wenn ich in Saluzzo erschiene, das Melletal umginge, und die Alpenarmee verzögerte ihren Vormarsch, so wäre alles vergebens.

Bonaparte.

Nach der Schlacht von Mondovi marschierte ich auf Cherasco, Sérurier auf Fossano und Augereau auf Alba.

Die drei Kolonnen kamen gleichzeitig am 25. April in Cherasco, Fossano und Alba an. Das Hauptquartier Collis war in Fossano am selben Tage, als Sérurier es daraus vertrieb. Cherasco, das an der Mündung der Stura und des Tanaro liegt, war zwar eine starke Position, doch schlecht verteidigt und keineswegs mit Nahrungsmitteln versehen, da es nicht an der Grenze lag. Ich legte großen Wert auf seinen Besitz. Da ich dort Geschütze vorfand, ließ ich es befestigen. Die Vorhut ging über die Stura und marschierte auf die kleine Stadt Bra zu. Da die Vereinigung mit Sérurier uns erlaubte, mit Nizza über Ponte di Nava in Verbindung zu treten, so erhielten wir von dort Verstärkungen an Artillerie und was man sonst noch vorbereiten konnte. In den verschiedenen Kämpfen hatte man sich vieler Artillerie und Pferde bemächtigt; außerdem hob man noch viele Pferde in der Gegend von Mondovi aus. Wenige Tage nach unserem Einmarsch in Cherasco besaß das Heer 60 Kanonen mit Munition und die Kavallerie neue Remonten. Die Soldaten, die während der 8 bis 10 Tage dieses Feldzuges ohne regelmäßige Lebensmittelversorgung waren, empfingen nun regelmäßig Bezüge. Die Plünderung und die Unordnung, gewöhnliche Folgen des schnellen Vormarsches, hörten auf. Die Disziplin wurde wieder hergestellt, und von Tag zu Tag besserte sich der Zustand des Heeres infolge des Überflusses und der Hilfsmittel, die das schöne Land boten. Die Schnelligkeit der Bewegungen und das Ungestüm der Truppen, ganz besonders aber die Kunst, den Feinden immer eine gleiche, oft sogar eine größere Zahl entgegenzustellen, im Verein mit den erlangten Erfolgen, hatten große Verluste verhütet. Im übrigen trafen von allen Seiten aus den Depots und den Lazaretten haufenweise Soldaten ein beim bloßen Gerücht der Siege und weil überall im Heere Überfluß herrschte. In Piemont fand man die herrlichsten Weine; das Gewächs von Montferat glich am meisten den französischen Weinen. Aber das Elend war bis dahin derart groß gewesen, daß man es kaum zu beschreiben wagte. Die Offiziere erhielten seit mehreren Jahren nur acht Franken monatlich, und der Generalstab mußte zu Fuß gehen. Marschall Berthier hat in seinen Papieren einen Tagesbefehl aus Albenga aufbewahrt, worin jedem General eine Gratifikation von sechzig Franken bewilligt wurde.

Das Heer war nur noch zehn Meilen von Turin entfernt. Der Hof von Sardinien wußte keinen Ausweg mehr. Sein

Heer war entmutigt und zum Teil zerstört. Das österreichische Heer, das auf weniger als die Hälfte zusammengeschmolzen war, schien keinen anderen Gedanken zu haben, als Mailand zu decken. In ganz Piemont waren die Gemüter sehr aufgeregt, und der Hof genoß keineswegs das öffentliche Vertrauen. In seiner Not wandte er sich an den französischen General und bat um Waffenstillstand. Ich ging darauf ein. Viele würden es gern gesehen haben, wenn das Heer sich in Marsch gesetzt hätte und auf Turin marschiert wäre. Aber Turin ist eine Festung, und wenn man die Tore geschlossen hätte, würde man, um sie zu öffnen, eine Belagerungsartillerie benötigt haben, über die man aber nicht verfügte. Der König besaß außerdem noch eine große Anzahl Festungen, und trotz der Siege, die man soeben davongetragen hatte, konnte der kleinste Mißerfolg, die geringste Laune der Glücksgöttin alles umstoßen. Die beiden feindlichen Heere, die trotz ihrer vielen Niederlagen dem französischen Heere an Zahl noch ebenbürtig waren, besaßen eine beträchtliche Artillerie und besonders eine zahlreiche Kavallerie.

Trotz der vielen Siege war man im französischen Heere wegen der Größe des Unternehmens bestürzt und zweifelte an der Möglichkeit des Erfolges, wenn man die Schwäche der Mittel in Betracht zog. Das geringste zweifelhafte Ereignis hätte die unangenehmsten Folgen nach sich gezogen. Offiziere, ja sogar Generale begriffen nicht, daß man wagte, an die Eroberung Italiens mit so wenig Artillerie, fast keiner Kavallerie und einem so schwachen Heere heranzugehen, das sich durch Krankheiten und durch die Entfernung von der Heimat immer mehr verringerte. Man findet noch Spuren dieser Gesinnung des Heeres in der Proklamation, die ich damals an meine Soldaten in Cherasco richtete.

## *PROKLAMATION AN DIE ARMEE*

Hauptquartier Cherasco,
7. Floréal des Jahres IV (26. April 1796).

Soldaten, ihr habt in vierzehn Tagen sechs Siege davongetragen, einundzwanzig Fahnen, fünfundfünfzig Kanonen, mehrere Festungen genommen, den reichsten Teil von Piemont erobert! Ihr habt fünfzehntausend Gefangene gemacht, mehr als zehntausend Mann getötet oder verwundet!

Ihr hattet euch bis jetzt für unfruchtbare Felsen geschlagen, die durch euren Mut berühmt wurden, aber dem Vaterlande ohne Nutzen sind. Ihr steht jetzt durch eure Dienste der holländischen und der Rheinarmee gleich. Von allem entblößt, habt ihr für alles gesorgt. Ihr habt ohne Kanonen Schlachten gewonnen, ohne Brücken Flüsse überschritten, ohne Schuhe Eilmärsche gemacht, ohne Branntwein und oft auch ohne Brot biwakiert. Nur republikanische Scharen, nur Soldaten der Freiheit waren fähig zu ertragen, was ihr ertragen habt. Empfanget meinen Dank, Soldaten! Das Vaterland wird euch einst Dank schulden für sein Gedeihen, und wenn ihr, Sieger von Toulon, den unsterblichen Feldzug von 1794 voraussahet, so lassen eure jetzigen Siege einen noch schöneren ahnen.

Die zwei Heere, die euch vor kurzem so verwegen angriffen, fliehen jetzt in maßlosem Schrecken vor euch; die gemeinen Menschen, die über euer Elend lachten und sich im Innern über die Siege eurer Feinde freuten, sind beschämt und zittern.

Aber, Soldaten, ihr habt noch nichts getan, weil euch noch zu tun übrig bleibt. Weder Turin noch Mailand sind euer; auf der Asche der Besieger des Tarquinius wandeln noch Bassevilles Mörder.

Zu Beginn des Feldzuges fehlte euch alles! Heute seid ihr reichlich versehen. Die euren Feinden genommenen Magazine sind zahlreich. Das Belagerungs- und Feldgeschütz ist angekommen. Soldaten, das Vaterland ist berechtigt, von euch Großes zu erwarten! Werdet ihr seine Erwartung rechtfertigen? Die größten Hindernisse sind zwar überwunden, aber ihr habt noch Schlachten zu liefern, Städte einzunehmen, Flüsse zu überschreiten. Gibt es welche unter euch, deren Mut nachläßt? Gibt es welche, die lieber nach den Apeninnen und in die Alpen zurückkehren und die Beleidigungen dieser sklavischen Soldateska geduldig ertragen möchten? Nein, solche finden sich nicht unter den Siegern von Montenotte, Millesimo, Dego und Mondovi. Alle brennen darauf, den Ruhm des französischen Volks weithin zu verbreiten, alle wollen jene hochmütigen Könige demütigen, die den Gedanken zu fassen wagten, uns in Fesseln zu schlagen. Ihr alle wollt dem Feinde einen ruhmvollen Frieden vorschreiben, einen Frieden, der das Vaterland für seine ungeheuern Opfer entschädigt. Ihr alle wollt, wenn ihr in eure Dörfer zurückkehrt, mit Stolz sagen können: „Ich war bei der Armee, die Italien erobert hat."

Freunde, ich verspreche euch diese Eroberung, aber nur unter einer Bedingung, die zu erfüllen ihr schwören müßt, nämlich: die Völker zu schonen, die ihr befreit, den abscheulichen Plünderungen Einhalt zu tun, die von unseren Feinden besoldete Verbrecher begehen. Sonst wäret ihr nicht die Befreier der Völker, ihr würdet ihre Geißel sein. Ihr machtet dem französischen Volke keine Ehre, es würde euch verleugnen. Eure Siege, euer Mut, eure Erfolge, das Blut unserer in den Schlachten gefallenen Brüder, alles wäre verloren, selbst die Ehre und der Ruhm. Ich und die Generale, die euer Vertrauen besitzen, wir würden uns schämen, ein zügelloses Heer anzuführen, das keine Manneszucht und kein anderes Gesetz kennt als die Gewalt. Aber ausgestattet mit den Vollmachten der Nation, auf Recht und Gesetz mich stützend, werde ich diese kleine Zahl mut- und herzloser Menschen zu zwingen wissen, die Gesetze der Menschlichkeit und der Ehre zu achten, die sie mit Füßen treten. Ich werde nicht dulden, daß Raubgesindel eure Lorbeeren besudelt; ich werde die Verordnungen, die ich auf den Tagesbefehl gesetzt habe, mit aller Strenge vollziehen lassen. Plünderer werden ohne Erbarmen erschossen. Schon haben mehrere diese Strafe erfahren, und mit Freude habe ich bemerkt, daß die guten

Soldaten des Heeres sich eifrig bemühten, diese Befehle vollziehen zu lassen.

Völker Italiens! die französische Armee kommt, um eure Ketten zu zerbrechen! Das französische Volk ist der Freund aller Völker! Kommt ihm mit Vertrauen entgegen! Euer Eigentum, eure Religion und eure Gebräuche sollen geachtet werden.

Wir führen den Krieg als edelmütige Feinde und wir wollen nur die Tyrannen bekämpfen, die euch unterdrücken.

Bonaparte.

*

Die Besprechungen wegen des Waffenstillstandes fanden im Hauptquartier im Palast des Grafen Salmatoris statt, der damals Haushofmeister des Königs war und später Präfekt in meinem kaiserlichen Palais wurde. Der piemontesische General La Tour und der Oberst Costa de Beauregard, die vom König bevollmächtigt waren, begaben sich nach Cherasco. Der Graf La Tour, ein alter Soldat, Generalleutnant in sardinischen Diensten, war allen neuen Ideen abhold. Er besaß nur geringe Bildung und sehr mittelmäßige Fähigkeiten. Dagegen stand der aus Savoyen gebürtige Oberst Costa de Beauregard im besten Alter. Er drückte sich mit Leichtigkeit aus, hatte viel Geist und zeichnete sich in jeder Hinsicht vortrefflich aus. Die Hauptbedingungen waren folgende: Der König sollte aus der Koalition austreten und einen Bevollmächtigten nach Paris senden, damit man dort über den endgültigen Frieden verhandeln könne, während bis dahin ein Waffenstillstand bestand. Bis zum Frieden oder bis zum Abbruch der Verhandlungen sollten Ceva, Cuneo, Tortona — oder an dessen Stelle Alessandria — mit der gesamten Artillerie und den Magazinen sofort dem französischen Heere übergeben werden.

Von nun an konnten die allein stehenden Österreicher bis in das Innere der Lombardei verfolgt werden. Alle Truppen der Alpenarmee und aus der Gegend von Lyon waren nun verfügbar und konnten zum Heere stoßen. Unsere Verbindungslinie mit Paris war um die Hälfte verringert; endlich hatte man überall Stützpunkte und große Artilleriedepots, um Festungsbatterien zu bilden und Turin selbst zu belagern, falls das Direktorium keinen Frieden schließen würde. Mein erster Adjutant, Oberst Murat, wurde mit 21 eroberten Fahnen und der Abschrift des Waffenstillstandes nach Paris gesandt.

Nach Ablauf von zwei Wochen war das erste Ergebnis des Feldzugs erreicht worden. Man hatte die größten Ergebnisse erlangt: die piemontesischen Alpenfestungen waren in unserer Hand, die Koalition gegen Frankreich war um eine Macht geschwächt worden, die 50.000 Mann aufgestellt hatte und die mehr noch durch ihre geographische Lage wichtig war.

Gemäß der Waffenstillstandsbedingungen von Cherasco sandte der König von Sardinien den Grafen Thaon de Revel nach Paris, um dort über den endgültigen Frieden zu verhandeln. Er wurde am 15. Mai geschlossen. Durch diesen Vertrag blieb auch Alessandria zur Verfügung der französischen Heere. Die Grenzfestungen wurden demoliert. Die Alpen waren jetzt geöffnet, und der König stand ganz unter dem Einfluß Frankreichs, denn er besaß weiter keine festen Plätze als Turin und das Fort Bardo.

## *LODI*

### 10. Mai 1796

Das Hauptquartier kam am 10. Mai, 3 Uhr morgens in Casale an. Um 9 Uhr stieß unsere Vorhut auf die Feinde, die die Zugänge von Lodi verteidigten. Ich befahl sofort der ganzen Kavallerie aufzusitzen und vier leichte Geschütze mitzunehmen, die eben angekommen und mit den Wagenpferden der Lehnsherren von Piacenza bespannt waren. Die Division des Generals Augereau, die in Borghetto und die des Generals Massena, die in Casale übernachtet hatte, setzten sich sogleich in Bewegung. Währenddessen warf die Vorhut alle feindlichen Vorposten über den Haufen und eroberte eine Kanone. Wir drangen in Lodi ein, immer die Feinde verfolgend, die bereits die Brücke der Adda überschritten hatten. Beaulieu stand mit seiner ganzen Armee in Schlachtordnung. Dreißig Belagerungsgeschütze verteidigten die Brücke. Ich ließ meine ganze Artillerie auffahren. Die Kanonade war mehrere Stunden lang sehr lebhaft. Sobald die Armee angekommen war, formierte sie sich in gedrängter Kolonne mit dem 2. Karabinierbataillon an der Spitze, dem alle Grenadierbataillone folgten. Im Sturmschritt und unter dem Ruf „Es lebe die Republik" stürzte man auf die Brücke zu, die 100 Toisen (200 Meter) lang war. Der Feind eröffnete ein mörderisches Feuer. Fast schien die Spitze der Kolonne zu zögern; ein Augenblick Unschlüssigkeit und alles wäre verloren gewesen. Das gewahrten die Generale Berthier, Masséna, Cervoni, Dallemagne, der Brigadegeneral Lannes und der Bataillonskommandeur Dupas, die sich sofort an die Spitze stellten und das noch schwankende Glück entschieden. Diese furchtbare Kolonne riß alles, was sich ihr in den Weg stellte, nieder. Die ganze Artillerie wurde in einem Augenblick genommen, die Schlachtordnung Beaulieus durchbrochen, und nach allen Seiten verbreitete die Kolonne Schrecken, Flucht und Tod. Im Handumdrehen war die ganze feindliche Armee zersprengt. Die Generale Rusca, Augereau und Beyrand marschierten, sobald ihre Divisionen angekommen waren, über die Brücke und entschieden noch vollends den Sieg. Die Artillerie ging durch eine Furt über die Adda, da aber diese Furt außerordentlich schlecht war, wurde die Artillerie sehr aufgehalten, was sie am Schießen hinderte.

Um den Rückzug der Infanterie zu decken, versuchte die feindliche Kavallerie, unsere Truppen anzugreifen, aber sie waren nicht so leicht zu erschrecken. Die einbrechende Nacht und die außerordentliche Ermattung der Soldaten, von denen viele an diesem Tage mehr als zehn Meilen weit marschiert waren, gestatteten uns nicht, sie zu verfolgen. Der Feind hatte 20 Kanonen, 2 bis 3000 Tote, Verwundete oder Gefangene verloren, während sich unser Verlust auf nur 150 Tote und Verwundete belief.

## *PROKLAMATION AN DAS VOLK DER LOMBARDEI*

Hauptquartier, Milano, 30. Floréal
des Jahres IV. (19. Mai 1796).

Die französische Republik, die den Tyrannen ewigen Haß geschworen hat, ist den Völkern in Brüderlichkeit verbunden. Dieser Grundsatz, den die republikanische Verfassung geheiligt hat, ist auch der Grundsatz der Armee. Der Despot, der so lange schon die Lombardei unterdrückt, hat Frankreich viel Übles zugefügt. Aber die Franzosen wissen, daß Fürsten nicht die Interessen des Volkes wahren.

Die siegreiche Armee eines unverschämten Monarchen verbreitet zweifellos Schrecken unter dem Volke, das sie besiegt hat. Ein republikanisches Heer, das gezwungen ist, einen Krieg auf Leben und Tod gegen die Könige zu führen, die es bekämpft, gelobt den Völkern Freundschaft, die es durch seine Siege von der Tyrannei befreit. Achtung vor dem Eigentum, Achtung vor den Menschen, Achtung vor der Religion der Völker! so denkt die Regierung der französischen Republik und die siegreiche Armee in Italien. Die strenge Ordnung, die sie seit ihrem Einzug in die Lombardei aufrechterhalten hat, ist der unzweideutigste Beweis dafür.

Wenn die französischen Sieger die lombardische Bevölkerung als Brüder betrachten wollen, schuldet diese ihnen gerechterweise das Gleiche.

Die Armee hat ihre Siege zu verfolgen; sie hat den Despoten, der die Lombardei in Fesseln schlug, vollkommen aus Italien zu vertreiben.

Die Unabhängigkeit bedeutet ihr Glück; sie hängt von den Erfolgen der Franzosen ab. Sie muß sie daher mit allen Mitteln unterstützen. Um den Vormarsch der Truppen zu sichern, brauchen sie Verproviantierungen, die sie nicht aus Frankreich bekommen können, von dem sie so weit entfernt sind. Sie müssen sie in der Lombardei finden, in die sie ihre Eroberungen geführt haben: der Kriegsbrauch sichert sie ihnen, die Freundschaft muß sich beeilen, sie ihnen anzubieten!

Zwanzig Millionen Franken sind den verschiedenen österreichischen Provinzen der Lombardei als Steuern auferlegt worden; die Bedürfnisse des Heeres erfordern es. Die Zahlungstermine, die, soweit es möglich ist, kurz aufeinander folgen müssen, werden durch besondere Verordnungen bestimmt. Für eine so fruchtbare Gegend ist es eine sehr kleine Entschädigung, besonders wenn man die Vorteile bedenkt, die für das Land dabei entstehen.

Die Verteilung hätte zweifellos durch Beamte der französischen Regierung vorgenommen werden können: das wäre nur ihr gutes Recht gewesen. Die französische Republik will sich nichtsdestoweniger davon enthalten. Sie überläßt das der lokalen Verwaltung, dem Staatskongreß. Sie schreibt ihm nur eine Basis vor: nämlich, daß diese Kontribution, die vor allem in den Provinzen so verteilt werden soll, daß sie der Höhe der Abgaben entspricht, welche die Lombardei dem Tyrannen von Österreich zahlte, ausschließlich von den Reichen, den wirklich wohlhabenden Leuten, von dem Klerus, von denen, die sich schon zu lange als Bevorzugte betrachteten und sich von jeder Steuer zu befreien wußten, erhoben wird. Die ärmere Klasse soll geschont werden.

Wenn Lebensmittelrequisitionen gemacht worden sind, so erklären der Oberbefehlshaber und der Regierungskommissar, daß sie nicht eine Erhöhung der Kontribution bedeuten. Der Preis der requirierten Dinge wird vom heutigen Tage an festgesetzt; er wird den Lieferanten von dem Ertrag der beifolgend festgesetzten Kriegsentschädigung bezahlt, oder die Empfangsscheine werden als Zahlung angenommen.

Bonaparte, Saliceti.

*Auszug aus dem Tagesbefehl*

Hauptquartier Peschiera, 12. Prairial
des Jahres IV. (31. Mai 1796)

Die Feinde haben die Etsch überschritten! . . . Im Mantuanischen bleibt nur noch die Garnison von Mantua, und auch sie wird bald durch die Unzuträglichkeit der Mantua umgebenden Sümpfe aufgerieben sein.

Es lebe die Republik! Die Österreicher sind vollkommen aus Italien vertrieben.

Auf Befehl des Obergenerals.

### *An die Bewohner Tirols*

Hauptquartier Tortona, 26. Prairial
des Jahres IV. (13. Juni 1796)

Ich werde durch Euer Gebiet marschieren, tapfere Tiroler, um den Wiener Hof zu einem Frieden zu zwingen, den Europa und seine Völker benötigen. Eure eigene Sache werde ich verteidigen. Lange genug seid Ihr durch die Schrecken eines nicht für die Interessen des deutschen Volkes, sondern für die Leidenschaften einer einzigen Familie unternommenen Krieges verletzt und erschöpft.

Die französische Armee achtet und liebt alle Völker, aber ganz besonders die einfachen, ehrlichen Bewohner der Berge. Eure Religion, Eure Gebräuche sollen überall geachtet werden. Unsere Truppen werden auf strenge Disziplin sehen. Nichts soll in diesem Lande angenommen werden, es sei denn gegen Bezahlung von barem Gelde.

Ihr sollt uns gastfreundlich empfangen und wir werden Euch brüderlich und als Freunde behandeln.

Sollte es aber welche unter Euch geben, die ihre eigenen Interessen so wenig kennen und die Waffen ergreifen und uns als Feinde behandeln, gegen die werden wir furchtbar wie das Feuer des Himmels sein. Wir werden die Häuser verbrennen, alle Dörfer dem Erdboden gleich machen, die an einem Kriege teilnehmen, der sie nichts angeht.

Laßt Euch zu diesem Irrtum nicht durch die Agenten Österreichs verleiten. Schützet Euer bereits seit sechs Jahren durch Kriege bedrücktes Vaterland vor den Drangsalen, die es heimsuchen. Bald wird der Wiener Hof, zum Frieden gezwungen, die Privilegien, die er usurpiert hat, den Völkern wieder verkaufen und Europa die Ruhe, die er stört, wiedergeben müssen!

Bonaparte.

*An die Bürgerin Bonaparte in Paris*

Hauptquartier Pistoia in Toskana, den
8. Messidor des Jahres IV. (26. Juni 1796)

Ich habe seit einem Monat nur drei Briefe von wenigen Zeilen von meiner Freundin erhalten. Was hat sie denn Wichtiges zu tun? Empfindet sie niemals das Bedürfnis, ihrem Freund zu schreiben oder auch nur an ihn zu denken? . . . Ohne den Gedanken an Josephine zu leben wäre der Tod für Deinen Freund. Dein Bild verschönt mein Dasein. Es erheitert mich in meiner trüben, melancholischen Stimmung und lindert meinen Schmerz . . . Vielleicht ist der Tag nicht mehr fern, an dem ich Dich wiedersehen werde. Jetzt aber zweifle ich nicht mehr daran, daß Du noch in Paris bist. An dem Tage unseres Wiedersehens, Josephine, will ich Dir alle jene Briefe zeigen, die ich an Dich schrieb und nicht absandte, weil sie dumm waren. Ja, dumm, das ist der richtige Ausdruck dafür. Mein Gott, Josephine, die Du andere so verliebt machen kannst, ohne selbst Liebe zu empfinden, sage mir, wie man von dieser Krankheit geheilt wird! Alles gäbe ich darum, wüßte ich ein Mittel dagegen.

Du hättest am 5. Prairial abreisen sollen. Ich war so gutmütig und erwartete Dich am 15. Als ob eine hübsche Frau ihre Gewohnheiten, ihre Freunde, Frau Tallien, ein Diner bei Barras, ein neues Theaterstück und Fortuné (Josephines Lieblingshund), ja Fortuné aufgeben würde! Du liebst alle mehr als Deinen Mann. Ihn achtest Du nur ein wenig und schenkst ihm einen ganz kleinen Teil Deines Wohlwollens, an dem Dein Herz so reich ist.

Laß uns einmal Deine Fehler und Dein Unrecht rekapitulieren, Josephine. Ich will mir einbilden, Dich nicht mehr zu lieben. Ach, da merke ich gerade, daß ich Dich noch viel, viel mehr liebe. Meine unvergleichliche kleine Frau, ich muß Dir endlich alles sagen: verspotte mich, bleibe in Paris, nimm Dir Liebhaber, daß es jeder weiß, schreibe niemals — ich liebe Dich dennoch tausendmal mehr. Ist das nicht Irrsinn? Fieber, Wahnwitz? Und nie werde ich

General Bonaparte auf der Brücke von Arcole

General Bonaparte und Josephine

Königin Hortense

davon geheilt werden. Doch, doch, ich werde genesen. Aber schreibe mir nicht, daß Du krank seist. Suche Dich nicht zu verteidigen. Mein Gott! Ich habe Dir längst verziehen. Ich liebe Dich wahnsinnig und nie wird mein armes Herz aufhören, Dich zu lieben, meine Freundin anzubeten.

Wenn Du mich nicht liebtest, wäre es mein Verhängnis. Du schriebst mir nicht, weil Du krank warst. Du kamest nicht, weil es das Schicksal nicht wollte. Und dann — Deine Krankheit — das Kind — es regte sich so sehr, daß es Dir weh tat!

Nun aber bist Du über Lyon gereist, wirst am 10. in Turin und am 12. in Mailand sein. Dort sollst Du mich erwarten. Dann bist Du in Italien — aber ich bin dann doch noch sehr weit von Dir entfernt.

Lebe wohl, meine über alles Geliebte. Einen Kuß auf Deinen Mund, einen andern auf Dein Herz und einen dritten Deinem Kinde. — Wir haben mit Rom Frieden geschlossen und werden viel Geld bekommen. Morgen werden wir in Livorno sein. Sobald ich kann, werde ich in Deinen Armen, zu Deinen Füßen, an Deinem Herzen liegen.

Bonaparte.

*An Josephine Bonaparte in Mailand*

Marmirolo, den 29. Messidor,
9 Uhr abends. (17. Juli 1796)

Meine anbetungswürdige Freundin, ich erhalte soeben Deinen Brief. Er hat mein Herz mit Freude erfüllt. Tausend Dank für die Mühe, die Du Dir gemacht hast, mich von Deinem Befinden zu benachrichtigen. Heute geht es Dir gewiß wieder besser. Ja, ich bin sicher, daß Du wieder ganz gesund bist. Ich rate Dir dringend, zu reiten, es wird auf Deine Gesundheit wohltuend wirken.

Seit ich fern von Dir bin, bin ich immer traurig. Glücklich fühle ich mich nur in Deiner Nähe. Ich denke fortwährend an Deine Küsse, Deine Tränen, Deine reizende Eifersucht. Und der Zauber der unvergleichlichen Josephine entfacht immer von neuem die heißlodernde Flamme meines Herzens und meiner Sinne. Wann endlich werde ich, frei von Sorgen und Geschäften, alle meine Zeit bei Dir verbringen können? Wann werde ich nichts anderes zu tun haben, als Dich zu lieben, an nichts anderes zu denken, als an das Glück, es Dir zu sagen und zu beweisen. Ich werde Dir Dein Pferd schicken, hoffe aber, daß Du bald zu mir kommen kannst.

Vor einiger Zeit glaubte ich Dich zu lieben. Seitdem ich Dich jedoch wiedergesehen habe, weiß ich, daß ich Dich noch tausendmal mehr liebe. Je besser ich Dich kenne, desto mehr bete ich Dich an. Das beweist, wie falsch die Behauptung La Bruyères ist: die Liebe käme mit einem Male. Alles in der Natur hat seine Zeit und seine verschiedenen Grade der Steigerung. Ach, Josephine, zeige mir wenigstens einige Deiner Fehler. Sei weniger schön, weniger anmutig, weniger zärtlich, weniger gut. Sei vor allem niemals eifersüchtig. Weine niemals. Deine Tränen bringen mich um den Verstand, sie regen mich auf. Glaube mir, es steht nicht mehr in meiner Macht, auch nur einen Gedanken zu fassen, der nicht Dir gehört, eine Idee, die sich nicht mit Dir verbindet. — Ruhe Dich gut aus. Erhole Dich recht bald. Komme so schnell als möglich zu mir, damit wir wenigstens, ehe wir sterben, sagen können: wir waren so viele Tage glücklich!

Millionen Küsse, sogar für Fortuné, trotz seiner Häßlichkeit.

Bonaparte.

*An Madame Josephine Bonaparte in Mailand*

Castiglione, 21. Juli 1796.

Ich schicke Dir ein Stück Florentiner Taft, damit Du Dir ein schönes Kleid davon machen lassen kannst, das Du an Sonntagen und den übrigen Tagen trägst, wenn Du Dich schön machen mußt. Du siehst, wie freigebig ich bin. Es kostet nicht mehr als 30 Franken. Das ist aber noch nicht alles. Ich werde Dir noch ein hübsches Kleid aus Crêpe senden. Schreibe mir, bitte, und gib mir Qualität, Größe und Farbe an. Ich werde es Dir nach Bologna schicken, damit Du es dort in Empfang nehmen kannst.

Die Leute, die Du protegierst, sind zwar etwas hitzig und haben es sehr eilig, aber ich freue mich, für sie etwas tun zu können, was Dir angenehm ist. Sie mögen sich nach Mailand begeben, doch müssen sie sich noch etwas gedulden.

Nun wirst Du Mailand schon sehr gut kennen. Vielleicht hast Du den Liebhaber gefunden, den Du suchtest, und wenn Du ihn gefunden hast, dann ist es ohne mein Zutun geschehen... Vermute ich richtig oder nicht?... Aber nein, wir wollen eine bessere Meinung von uns haben. — Übrigens versichert man mir, daß Du jenen Herrn, den Du mir für eine Heereslieferung empfiehlst, schon sehr lange und sehr gut kennst. Wenn das wahr ist, so wärest Du ein Scheusal!

Was tust Du jetzt? Du schläfst gewiß. Und ich bin nicht bei Dir, um Deinen Atem zu spüren, Deine Anmut zu bewundern und Dich mit Zärtlichkeiten zu überschütten. Entfernt von Dir sind die Nächte lang, monoton und traurig. In Deiner Nähe bedauert man, daß es nicht immer Nacht ist.

Lebe wohl, Schöne, Gute, Unvergleichliche, Göttliche! Tausend glühende Küsse überallhin, überallhin.

Bonaparte.

*An Madame Bonaparte in Mailand*

Castiglione, 4. Thermidor des Jahres IV. (22. Juli 1796)

Das Heer erfordert meine Anwesenheit in dieser Gegend, meine Freundin. Ich kann mich unmöglich bis Mantua entfernen, denn ich brauchte fünf bis sechs Tage dazu. Während dieser Zeit können Bewegungen stattfinden, die meine Anwesenheit hier notwendig machen.

Du versicherst mir, Deine Gesundheit wäre gut. Ich bitte Dich daher, komme nach Brescia. Ich schicke Dir sofort Murat, damit er für Dich dort eine Unterkunft vorbereitet, wie Du sie wünschest. Ich glaube es wäre gut, wenn Du am 6. in Cassano übernachtetest, weil Du ziemlich spät von

Mailand abgereist bist. Am 7. kommst Du nach Brescia, wo der zärtlichste Geliebte Dich erwartet. Ich bin ganz verzweifelt, meine liebe Freundin, wie Du nur glauben kannst, mein Herz könne sich anderen Frauen zuwenden als Dir. Es gehört Dir, weil Du es Dir erobert hast, und es wird ewig Dir gehören. Ich verstehe nicht, warum Du von Frau T(urreau) sprichst, um die ich mich ebenso herzlich wenig kümmere wie um die Frauen in Brescia. Wenn es Dir übrigens unangenehm ist, daß ich Briefe an Dich öffne, so soll es das letztemal gewesen sein. Ein Brief von Dir ist nicht angekommen.

Lebe wohl, meine süße Freundin, schreibe mir oft. Komme schnell und bald zu mir und sei glücklich und sorglos. Alles geht gut, und mein Herz gehört Dir fürs Leben.

Gib dem Generaladjutanten Miollis den Kasten mit den Medaillen wieder zurück. Er schrieb mir, er hätte ihn Dir übergeben. Die Menschen sind schlecht und haben gar böse Zungen. Man muß stets über alles im reinen sein.

Gesundheit, Liebe und baldige Ankunft in Brescia! — Ich besitze in Mailand einen Wagen, der gleichzeitig für die Stadt und fürs Land zu gebrauchen ist. Bediene Dich seiner, um hierher zu reisen. Bringe Dein Silberzeug und einen Teil der notwendigsten Gegenstände mit. Mache die Reise in kleinen Etappen und während der kühlen Tageszeit, damit Du Dich nicht ermüdest. Die Truppe braucht nur drei Tage, um nach Brescia zu marschieren. Mit der Post sind es vierzehn Wegstunden. Ich rate Dir, am 6. in Cassano zu übernachten. Am 7. komme ich Dir so weit wie möglich entgegen.

Lebe wohl, meine Josephine. Tausend zärtliche Küsse.

Bonaparte.

## *LONATO UND CASTIGLIONE. AM 3. UND 5. AUGUST 1796*

Als man die Ankunft der Franzosen an der Etsch und die Belagerung Mantuas erfuhr, verzichtete der österreichische Hof auf die Offensive, die er im Elsaß und am Niederrhein beabsichtigt hatte, und befahl dem Marschall Wurmser, der für diese Operation bestimmt war, sich in aller Eile nach Italien zu wenden und 30.000 seiner besten Truppen mitzunehmen, die zusammen mit anderen Verstärkungen, die aus der gesamten Monarchie hergeschickt worden waren, ein Heer von fast 100.000 Mann bildeten.

Seit Ende Juni 1796 verfolgte ich aufmerksam alle diese Vorbereitungen, die mich lebhaft beschäftigten. Ich ließ das Direktorium wissen, es sei unmöglich, daß 30.000 Franzosen allein den Angriff der gesamten österreichischen Macht aushalten könnten. Ich bat, man möchte mir Verstärkungen von den Rheinarmeen senden, oder diese Heere sollten ohne Verzug den Feldzug beginnen. Ich erinnerte an das mir bei meiner Abreise aus Paris gegebene positive Versprechen, daß die Heere am Rhein am 15. April ihre Operationen beginnen würden, daß aber bereits zwei Monate vergangen seien, ohne daß sie sich gerührt hätten.

Wurmser verließ den Rhein mit seinen Verstärkungen Anfang Juni, und die Rhein- und die Sambre-Maasarmee eröffneten endlich den Feldzug. Zu dieser Zeit aber war ihre Mitwirkung dem Heere von Italien nicht mehr nützlich, denn Wurmser war bereits angekommen.

Ich vereinigte alle meine Kräfte an der Etsch und an der Chiese und ließ weder in den Legationen noch in Toskana Truppen zurück, nur ein Bataillon in Ferrara und zwei in Livorno. Im ganzen konnte ich nicht mehr als 30.000 Mann unter den Waffen vereinigen, und mit diesem Heer hatte ich gegen die Hauptarmee des österreichischen Heeres zu kämpfen.

Ende Juli stand General Sauret mit seinem Generalstab in Salo; er war beauftragt, die Ausgänge der Chiese zu decken, wo eine große Straße Trient mit Brescia verbindet. Masséna war in Bussolengo und ließ Corona und Monte Baldo durch die Brigade Joubert besetzen und kämpfte mit dem Rest seiner Division auf dem Plateau von Rivoli. Die Brigade Dallemagne war in Verona aufgestellt, und die Division Augereau hielt Legnago und die untere Etsch besetzt. Der General Guillaume befehligte in Peschiera, wo sechs Galeeren unter dem Befehl des Linienschiffskapitäns Allemand den Gardasee schützten. Endlich belagerte Sérurier Mantua und Kilmaine befehligte die Reiterei des Heeres.

Wurmser, der von der Einnahme des verschanzten Lagers vor Mantua und den Nöten der Festung unterrichtet war, suchte seine Bewegungen um 8 bis 10 Tage zu beschleunigen. Er teilte sein Heer in drei Korps ein: Das erste und stärkste bildete sein Zentrum. Es bestand aus vier Divisionen, die 40.000 Mann stark waren. Das Korps marschierte über Monte Baldo und bemächtigte sich des ganzen Landes zwischen der Etsch und dem Gardasee. Das zweite bildete den linken Flügel und war aus einer Infanteriedivision von 10 bis 12.000 Mann, der gesamten Artillerie, der Kavallerie und dem Gepäck zusammengesetzt. Es rückte auf der Straße vor, die von Rovereto nach Verona längs des linken Ufers der Etsch führt. Er sollte sich entweder auf dem Plateau von Rivoli oder an den Brücken von Verona mit dem Heere vereinigen. Das dritte Korps, das seinen rechten Flügel bildete, war drei Divisionen stark und hatte 30 bis 35.000 Mann. Es marschierte auf dem linken Ufer des Gardasees hinab, folgte dem Lauf des Chiese und dann dem Ufeer des Idrosees. Durch diesen Marsch hatte das Korps den Mincio umgangen, schnitt eine der großen Straßen des französischen Heeres nach Mailand ab und veränderte völlig die Belagerung Mantuas. Dieser Plan war von seiten des Feindes der Beweis eines außerordentlichen Vertrauens in seine Kräfte und seine Erfolge. Er rechnete vollkommen mit unserer Niederlage, so daß er sich schon mit dem Gedanken beschäftigte, unseren Rückzug abzuschneiden. Auf diese Weise umzingelte Wurmser schon im voraus das französische Heer. Er glaubte, daß es unbedingt die Belagerungsarmee Mantuas verteidigen müsse. Und wenn er diesen festen Punkt einschloß, so meinte er das französische Heer zu umzingeln, da er es für untrennbar von dem Belagerungskorps hielt. Ende Juli wurde das französische Hauptquartier nach Brescia verlegt. Am 28., 10 Uhr abends, verließ ich Brescia, um meine Vorhut zu besichtigen. Als ich am 29. bei Tagesanbruch in Peschiera ankam, erfuhr ich, daß Corona und Monte Bello von beträchtlichen Kräften angegriffen worden seien. Acht Uhr früh kam ich in Verona an. Zwei Uhr nachmittags zeigten sich die leichten Truppen des Feindes auf dem Gipfel der Berge, die Verona von Tirol trennen, und griffen unsere Truppen an. Den ganzen Abend ging ich zurück und verlegte mein Hauptquartier nach Castel Nuovo, zwischen der Etsch und dem Mincio. Dort war ich am besten in der Lage, Berichte von der ganzen Linie zu empfangen.

Im Laufe der Nacht erfuhr ich, daß Joubert bei Corona von einem ganzen Heere angegriffen worden sei. Er habe sich aber soeben auf das Plateau von Rivoli zurückgezogen, das Masséna mit beträchtlichen Kräften besetzt hatte.

Etwas später erfuhr ich, daß die feindliche Division bereits ihre Vorhut auf Brescia vorgeschoben hätte, wo sie keinen Widerstand fand, denn man hatte dort nur 300 aus den Krankenhäusern entlassene Soldaten zurückgelassen. Auf diese Weise war die Verbindung des Heeres mit Mailand über Brescia unterbrochen, und man konnte mit dieser Stadt nur über Cremona verkehren.

Feindliche Vortrupps ließen sich schon auf allen Straßen von Brescia nach Mailand, Cremona und Mantua sehen und kündigten an, daß ein Heer von 80.000 Mann über Brescia vorgerückt sei, während ein anderes von 100.000 Mann sich auf Verona bewege. Ich erfuhr fernerhin, daß die feindliche Division, die auf Salo anmarschiert kam, sich bereits mit Sauret im Gefecht befände, und daß dieser, der erfahren hatte, daß zwei weitere Divisionen auf Brescia und auf Lonato marschierten, befürchtete, von Brescia und von dem Heere abgeschnitten zu werden, es deshalb für nötig gehalten hatte, sich auf die Höhe von Desenzano zurückzuziehen. Er hatte den General Guieu in Salo mit 1500 Mann in einem alten Schloß, einer Art Festung, zurückgelassen.

Von diesem Augenblick an war der Angriffsplan Wurmsers enthüllt. Allein gegen alle diese Kräfte konnte die französische Armee nichts ausrichten, denn man war nur einer gegen drei. Aber gegen jedes der feindlichen Korps bestand Gleichgewicht der Kräfte.

Sofort faßte ich meinen Entschluß. Der Feind hatte die

Initiative ergriffen, die er auch beizubehalten hoffte; ich aber beschloß, die feindlichen Projekte zunichte zu machen, indem ich selbst die Offensive ergriff. Wurmser vermutete, daß das französische Heer an die Stellung von Mantua gebunden sei. Ich aber beschloß, es sofort beweglich zu machen, indem ich die Belagerung dieses Platzes aufhob, meinen ganzen Belagerungspark opferte und mich schnellstens auf eines der feindlichen Armeekorps warf, um mich gegen die anderen zu wenden. Da der rechte Flügel des österreichischen Heeres, der sich auf der Straße von der Chiese nach Brescia befand, sich am meisten vorgewagt hatte, so marschierte ich zuerst auf diesen los.

Sérurier verbrannte seine Lafetten und seine Plattformen, warf das Pulver ins Wasser, grub seine Munition ein, vernagelte seine Geschütze und hob die Belagerung Mantuas in der Nacht vom 31. Juli zum 1. August auf.

Augereau marschierte von Legnago über den Mincio nach Borghetto. Masséna verteidigte den ganzen Tag des 30. die Höhen zwischen der Etsch und dem Gardasee, und Dallemagne wandte sich auf Lonato.

Ich begab mich auf die Höhen hinter Desenzano. Ich ließ Sauret auf Salo zurückmarschieren, um den General Guieu zu entsetzen. Mittlerweile hatte sich dieser General 48 Stunden lang gegen eine ganze feindliche Division herumgeschlagen. Fünfmal war man zum Sturm geschritten und fünfmal hatte er ihn abgewiesen. Sauret kam gerade im letzten Augenblick an, als der Feind einen letzten Versuch machte. Er fiel ihm in seine Flanke, schlug ihn völlig, nahm ihm Fahnen ab und entsetzte Guieu.

Im selben Augenblick hatte sich die österreichische Division von Gavardo nach Lonato in Bewegung gesetzt, um auf den Höhen in Stellung zu gehen und ihre Vereinigung mit Wurmser am Mincio zu veranstalten. Ich selbst führte die Brigade Dallemagnes gegen diese Division. Diese Brigade erwarb sich außerordentlichen Ruhm. Der Feind wurde geschlagen und erlitt einen großen Verlust.

Während dieser Zeit hatte Wurmser seine Artillerie und seine Kavallerie über die Brücken von Verona marschieren lassen. Herr des ganzes Landes zwischen der Etsch und dem Gardasee, stellte er eine seiner Divisionen auf den Höhen von Peschiera auf, um diesen Platz zu decken und seine Verbindungslinien zu beschützen. Zwei andere Divisionen mit einem Teil seiner Kavallerie sandte er auf Borghetto, um sich der Brücke über den Mincio zu bemächtigen und sich in Verbindung mit seinem rechten Flügel zu setzen. Endlich marschierte er mit seinen zwei letzten Infanteriedivisionen und dem Rest seiner Reiterei auf Mantua, um die Belagerung dieser Festung aufzuheben.

Seit 24 Stunden hatten die französischen Truppen die ganze Gegend von Mantua geräumt: Wurmser fand dort die Laufgräben und Batterien noch intakt, jedoch die Geschütze umgeworfen und vernagelt und überall Reste von Lafetten, Plattformen und Munition aller Art. Die Eile, die diese Maßnahmen verursacht hatten, schien ihn angenehm zu berühren, denn alles, was er um sich sah, schien ihm mehr das Ergebnis eines plötzlichen Schreckens als die Folgen eines ausgeklügelten Planes zu sein.

Nachdem Masséna den ganzen Tag des 30. den Feind aufgehalten hatte, ging er in der Nacht bei Peschiera über den Mincio und wandte sich dann auf Brescia. Die österreichische Division, die vor Peschiera erschien, fand das rechte Mincioufer voll Tirailleure. Sie waren aus der Garnison und einer von Masséna zurückgelassenen Nachhut gebildet worden, die Befehl hatte, den Übergang über den Mincio zu verteidigen und sich dann auf Lonato zu konzentrieren.

Während Augereau sich auf Brescia wandte, hatte er den Mincio bei Borghetto überschritten. Dort hatte er die Brücke vernichtet und ebenfalls eine Nachhut zum Schutze des Flusses zurückgelassen mit dem Befehl, sich auf Castiglione zurückzuziehen, im Falle der Übergang erzwungen würde.

Die ganze Nacht vom 31. Juli zum 1. August marschierte ich mit den Divisionen Augereau und Masséna auf Brescia, wo man 10 Uhr früh ankam. Die feindliche Division von Brescia, die davon unterrichtet war, daß das gesamte französische Heer auf verschiedenen Wegen gegen sie heranrücke, hatte keine Lust, den Feind zu erwarten, und zog sich in größter Eile zurück. Die Österreicher hatten bei ihrem Einmarsch in Brescia alle unsere Kranken und Genesenden vorgefunden, aber sie blieben hier nur kurze Zeit und wurden so schnell gezwungen, sich daraus zurückzuziehen, daß sie nicht Gelegenheit fanden, sich mit ihren Gefangenen zu beschäftigen. Einige Bataillone wurden zur Verfolgung des Feindes auf St. Osetto abgesandt. Die beiden Divisionen Augereau und Masséna kehrten in Eilmärschen vom Mincio her zurück, um ihre Nachhut zu unterstützen.

Am 2. August besetzte Augereau, der den rechten Flügel bildete, Montechiaro, Masséna, der die Mitte bildete, war in Ponte-Marco aufgestellt und stand in Verbindung mit Sauret, der mit dem linken Flügel eine Höhe zwischen Salo und Desenzano besetzte und so aufgestellt war, daß er den ganzen rechten feindlichen Flügel in Schach halten konnte.

Indes die Nachhuten, die Augereau und Masséna hinter dem Mincio zurückgelassen, zogen sich vor den feindlichen Divisionen zurück, die diesen Fluß überschritten hatten. Die Nachhut Augereaus verließ diesen Posten vor der Zeit und kam aufgelöst auf ihr Korps zurück. Der Feind, der aus dem Fehler des Generals Valette, der die Nachhut befehligte, Nutzen zog, bemächtigte sich am 2. August Castigliones und setzte sich dort fest.

Am 3. August fand die Schlacht von Lonato statt, die von den beiden Divisionen Wurmsers, die aus Borghetto gekommen waren, und von einer der Brigaden der bei Peschiera zurückgebliebenen Divisionen geschlagen wurde. Mit der Kavallerie konnten die Feinde etwa 30.000 Mann zählen. Die Franzosen hatten 20 bis 30.000 Mann, so daß der Erfolg nicht zweifelhaft sein konnte. Wurmser mit den beiden Infanteriedivisionen und der Kavallerie, die er nach Mantua geführt hatte, konnte nicht dabei sein.

Beim Morgengrauen marschierte der Feind auf Lonato, das er heftig angriff. Von da aus hoffte er seine Vereinigung mit seinem rechten Flügel zu bewerkstelligen, über dessen Lage er übrigens anfing, sich zu beunruhigen. Die Vorhut Massénas wurde über den Haufen geworfen, und der Feind nahm Lonato.

Ich befand mich zur Zeit in Ponte-Marco und beschloß, Lonato wieder zu nehmen. Der österreichische General, der seine Stellung besonders auf dem rechten Flügel zu weit ausgedehnt hatte, um mit Salo in Verbindung zu treten, wurde geworfen, Lonato im Sturmschritt genommen und die feindliche Linie durchbrochen. Ein Teil zog sich an den Mincio zurück, der andere warf sich nach Salo hinein, doch bei dieser Gelegenheit trafen die Österreicher auf den General Sauret in der Front und den General Saint-Hilaire im Rücken.

Von allen Seiten umstellt, mußte der Feind die Waffen niederlegen. Da wir im Zentrum angegriffen wurden, gingen wir unsererseits auf dem rechten Flügel zum Angriff vor. Während des Tages griff Augereau den Feind an, der Castiglione deckte, und schlug ihn nach einem hartnäckigen Kampf, wobei der Wert der Truppen die Zahl ersetzen mußte. Der Feind erlitt großen Schaden, verlor Castiglione und zog sich auf Mantua zurück, von wo die ersten Verstärkungen zu ihm gelangten, jedoch erst, nachdem der Tag bereits zu Ende war. Wir verloren viele tapfere Soldaten in diesem hartnäckigen Treffen.

Die drei Divisionen des österreichischen rechten Flügels erfuhren in der Nacht von dem Ausgang der Schlacht von Lonato, und groß war ihre Entmutigung. Ihre Vereinigung mit dem Hauptteil des österreichischen Heeres wurde jetzt unmöglich. Sie hatten sich übrigens verschiedenen französischen Divisionen gegenüber gesehen und glaubten, das französische Heer sei unerschöpflich, da sie es überall sahen.

Wurmser hatte von Mantua aus einen Teil seiner Truppen auf Marcaria in Anmarsch gesetzt, um Sérurier zu verfolgen. Es kostete ihn deshalb Zeit, um seine Truppen auf Castiglione zurückkommen zu lassen. Noch am 4. war er dazu nicht imstande. Er verwandte seine ganze Zeit darauf, um die Truppen, die bei Lonato gekämpft hatten, zu reorganisieren und seine Artillerie wieder instand zu setzen.

Als ich gegen 2 oder 3 Uhr meine Schlachtlinie übersah, fand ich sie sehr stattlich, denn sie umfaßte immerhin noch 40.000 Kämpfer. Ich befahl, daß man sich bei Castiglione verschanze und begab mich selbst nach Lonato, um die Bewegungen meiner Truppen, die sich in der Nacht bei Castiglione sammeln sollten, zu beobachten. Den ganzen Tag über waren die Generale Sauret und Herbin auf der einen und die Generale Dallemagne und Saint-Hilaire auf der anderen Seite der drei Divisionen des feindlichen rechten Flügels und derjenigen, die im Zentrum bei Lonato geschlagen wurden, marschiert. Man hatte sie ohne Rast und Ruhe verfolgt und ihnen bei jedem Schritt Gefangene abgenommen. Ganze Bataillone hatten die Waffen bei San-Osetto, andere bei Gavardo niedergelegt. Manche Truppenteile wiederum irrten in den umliegenden Tälern umher.

Vier- oder fünftausend Mann, die von den Landleuten erfahren hatten, daß sich nur 1200 Franzosen in Lonato befanden, marschierten auf diesen Ort zu, in der Hoffnung, sich einen Weg gegen den Mincio zu bahnen. Es war 4 Uhr nachmittags. Zur selben Zeit kam ich auch von Castiglione aus an. Man kündigt mir einen Parlamentär an. Gleichzeitig erfahre ich, daß man die Waffen ergreift, denn feindliche Kolonnen kommen von Ponte-San-Marco herbei. Sie sind im Begriff, in Lonato einzumarschieren und fordern die Besatzung auf, sich zu ergeben.

Wir waren indes immer noch Herren von Salo und Gavardo, und es war augenscheinlich, daß es sich nur um versprengte Kolonnen handeln konnte, die sich einen Weg zu bahnen suchten. Ich befahl meinem zahlreichen Generalstab, zu Pferde zu steigen, ließ den feindlichen Parlamentär herbeiführen und die Binde von den Augen nehmen, so daß er sehen konnte, daß er sich inmitten eines großen Generalstabes befand. „Melden Sie Ihrem General", sagte ich zu ihm, „daß ich ihm acht Minuten Zeit gebe, die Waffen niederzulegen. Er befindet sich nämlich inmitten des französischen Heeres; ist die angesetzte Frist verstrichen, so hat er nichts mehr zu hoffen."

Die 4 bis 5000 Mann, die seit drei Tagen herumgehetzt waren und nicht wußten, was aus ihnen werden solle, glaubten, von den Landleuten getäuscht worden zu sein, und legten die Waffen nieder. Allein dieser Zug kann eine

Vorstellung von der Unordnung und Verwirrung der österreichischen Divisionen geben, die in Salo, Lonato und Gavardo geschlagen, von allen Seiten verfolgt wurden, völlig desorganisiert und nahezu aufgelöst waren.

Der Rest des Abends vom 4. August verging damit, die Kolonnen zu sammeln und sie auf Castiglione zu dirigieren.

Am 5. August, noch vor Tagesanbruch, war das ganze französische Heer, 25.000 Mann stark, einschließlich der Division Sérurier vereinigt und hielt die Höhen von Castiglione besetzt. Es war eine ausgezeichnete Stellung. General Sérurier mit der Einschließungsdivision von Mantua hatte den Befehl erhalten, die ganze Nacht hindurch zu marschieren und bei Tagesanbruch auf die Nachhut des linken Flügels Wurmsers zu fallen. Séruriers Angriff sollte das Signal für den Beginn der Schlacht sein. Ich erwartete einen großen moralischen Erfolg von diesem unerwarteten Angriff, und um ihn noch wirksamer zu gestalten, gab sich das französische Heer den Anschein, als ginge es zurück.

Sobald man die ersten Schüsse der Truppen Séruriers erfuhr, der, da er krank war, durch den General Fiorella ersetzt wurde, warf man sich auf den schon sehr im Vertrauen auf den Sieg erschütterten Gegner. Ein mitten in der Ebene liegender Hügel bildete einen starken Stützpunkt für den feindlichen linken Flügel. General Verdier war damit beauftragt, ihn anzugreifen. Mein Adjutant Marmont kam ihm mit 20 Geschützen zu Hilfe, und der Stützpunkt wurde genommen. Masséna griff den rechten Flügel, Augereau das Zentrum an, und Fiorella fiel dem linken Flügel in den Rücken. Überall war man siegreich, und der Feind wurde völlig in die Flucht geschlagen. Nur die ungeheure Erschöpfung der französischen Truppen konnte die Trümmer Wurmsers vorm Untergang retten. Sie flohen in Unordnung über den Mincio, wo Wurmser sich zu halten hoffte. Wenn er mit Mantua in Verbindung geblieben wäre, würde es ihm wohl möglich gewesen sein. Aber die Division Augereau marschierte auf Borghetto und die Massénas auf Peschiera. Ich selbst rückte mit der Division Sérurier auf Verona vor. Am 7. nachts kamen wir vor der Stadt an. Wurmser hatte die Tore schließen lassen, denn er hoffte in der Nacht seine Bagagen retten zu können. Man schoß die Tore mit Kanonenkugeln ein und gelangte in die Stadt. Dabei verloren die Österreicher viele Leute. Bald wurden auch Montebaldo, Rocca d'Anfo und Riva genommen, und Augereau gelang es, bis nach Ala zu kommen.

Nach dem Verlust zweier Schlachten, wie die von Lonato und Castiglione, hätte Wurmser einsehen müssen, daß es ihm nicht möglich war, den Franzosen die Etschlinie streitig zu machen. Er zog sich deshalb nach Rovereto und Trento zurück. Aber das französische Heer hatte auch Ruhe nötig. Die Streitkräfte Wurmsers waren trotz seiner Niederlagen immer noch ebenso stark wie die unsrigen, jedoch mit dem Unterschied, daß von jetzt an ein Bataillon des Italienischen Heeres vier feindliche in die Flucht schlug. Wurmser hatte zwar die Garnison von Mantua verstärkt, aber er führte von seiner ganzen schönen Armee nicht mehr als 40 bis 45.000 Mann, einschließlich der Kavallerie, zurück.

### *An Madame Bonaparte in Mailand*

Ala, den 17. Fructidor des<br>Jahres IV. (3. September 1796)

Meine anbetungswürdige Freundin, wir sind im offenen Felde. Wir haben die feindlichen Posten über den Haufen geworfen und ihnen acht bis zehn Pferde und ebensoviele Reiter genommen. Das Heer ist lustig und guter Dinge. Ich hoffe, wir schließen gut ab und können am 19. in Trient einziehen.

Keinen Brief von Dir! Das beunruhigt mich wirklich. Aber man versichert mir, Du befändest Dich wohl. Ja, Du habest sogar einen Ausflug nach dem Comosee gemacht. Ungeduldig erwarte ich täglich den Boten, der mir Nachricht von Dir bringen soll. Du weißt, wie lieb mir Deine Briefe sind. Entfernt von Dir, lebe ich nicht. Mein Lebensglück ist nur in der Nähe meiner süßen Josephine. Denke an mich. Schreibe mir oft, sehr oft! Das ist das einzige Mittel gegen die Trennung. Sie ist grausam, aber hoffentlich nur vorübergehend.

Bonaparte.

*An das Direktorium.*

Hauptquartier Mailand, 17. Vendémiaire des Jahres V.

(8. Oktober 1796)

Wie ich Ihnen schon mitgeteilt haben muß, kann Mantua vor Februar nicht genommen werden. Daraus werden Sie sehen, wie unsicher unsere Lage in Italien und wie schlecht unsere Politik ist.

Wir haben mit Rom Unterhandlungen angeknüpft, als der Waffenstillstand noch nicht geschlossen war, als man im Begriff stand, zehn Millionen, eine große Menge Gemälde und fünf Millionen an Lebensmitteln zu liefern. Rom bewaffnet, fanatisiert die Völker. Von allen Seiten verbindet man sich gegen uns und erwartet nur den günstigen Augenblick, um zu handeln. Der Erfolg ist sicher, wenn das Heer des Kaisers nur ein wenig verstärkt wird.

Triest liegt ebenso nahe bei Wien, als Lyon bei Paris; in vierzehn Tagen sind die Truppen dort. Der Kaiser besitzt auf dieser Seite bereits ein Heer.

Ich halte den Frieden mit Neapel für sehr wichtig und die Allianz mit Genua oder dem Hof von Turin für äußerst notwendig.

Schließen Sie mit Parma Frieden und erlassen Sie eine Erklärung, die den Völkern der Lombardei, von Modena, Reggio, Bologna und Ferrara den Schutz Frankreichs zusagt. Schicken Sie aber vor allem Truppen! Am Ende eines Feldzuges, wie dieser, ist es unbedingt notwendig, 15.000 Rekruten zu haben. Der Kaiser hat während des Feldzugs dreimal Rekruten gesandt.

Man verdirbt in Italien alles. Der Glaube an unsere Macht schwindet! Man zählt uns. Ich halte es für außerordentlich notwendig, daß Sie die Lage Ihrer Armee in Italien in Betracht ziehen, daß Sie eine Politik verfolgen, die Ihnen Freunde verschaffen kann, sowohl von seiten der Fürsten als von Seiten der Völker. Verringern Sie die Zahl Ihrer Feinde. Der Einfluß Roms ist unberechenbar. Man hat einen großen Fehler begangen, mit dieser Macht zu brechen; sie wird daraus Nutzen ziehen. Hätte man mich über dies alles befragt, so würde ich die Unterhandlungen mit Rom, ebenso wie die mit Genua und Venedig, hinausgeschoben haben. Jedesmal, wenn Ihr General in Italien nicht der Mittelpunkt von allem ist, setzen Sie sich allerhand Gefahren aus. Man wird hoffentlich diese Sprache nicht dem Ehrgeiz zuschreiben. Ich bin leider schon mit zu viel Ehren überhäuft, und meine Gesundheit ist dermaßen erschüttert, daß ich vielleicht genötigt sein werde, Sie um einen Nachfolger zu bitten. Ich kann kein Pferd mehr besteigen; nur der Mut bleibt mir noch, aber das ist für einen Posten wie diesen nicht hinreichend.

Alles war für die Angelegenheit mit Genua bereit, aber der Bürger Faipoult glaubte noch damit warten zu müssen. Von aufgereizten Völkern umgeben, ist es nur ein Akt der Klugheit, sich bis auf weiteres mit dem genuesischen Volke auszusöhnen. Ich habe den Turiner Hof durch den Bürger Poussielgue ausforschen lassen: er ist zu einer Allianz bereit. Ich setze die Unterhandlungen fort. Truppen! Truppen! wenn Sie Italien behalten wollen!

Bonaparte.

*An den General Wurmser*

Hauptquartier Modena, 25. Vendémiaire des Jahres V.
16. Oktober 1796

Die Belagerung von Mantua, Herr General, ist der Menschheit verderblicher als zwei Feldzüge. Der Tapfere muß der Gefahr trotzen, aber nicht der Pest eines Sumpfes. Ihre kostbare Reiterei ist ohne Futter; Ihre zahlreiche Besatzung ist schlecht genährt. Tausende von Kranken bedürfen frischer Luft, sehr vieler Arzneimittel und gesunder Nahrung: Der Mangel an diesen Dingen trägt die meiste Schuld an der Verheerung. Es liegt, glaube ich, im Geiste des Kriegs, im Interesse der beiden Armeen, einen Vergleich einzugehen.

Geben Sie dem Kaiser Ihre Person, Ihre Reiterei und Ihre Infanterie zurück! Übergeben Sie uns Mantua! Wir gewinnen alle dabei, und die Menschlichkeit am allermeisten.

Da Sie jedoch glauben könnten, ich hätte besondere und ganz andere Gründe, als nur die Menschlichkeit und das wahre Interesse der beiden Armeen, um Ihnen diesen Vorschlag zu machen, so begreife ich wohl, daß Sie von der Lage und Stellung meiner Beobachtungsarmee Kenntnis nehmen müssen. Ich sehe daher kein Hindernis, Anordnungen zu treffen, die Sie in den Stand setzen, die Lage meiner Heere in Tirol und an der Brenta kennen zu lernen, indem Sie zugleich den Gebräuchen und dem Geiste des Kriegs entsprechen.

Ich bitte Sie, mein Herr, den achtungsvollen Gesinnungen zu glauben, mit welchen ich die Ehre habe zu sein...

Bonaparte.

### *Ansprache an die Division Vaubois*

Rivoli, 17. Brumaire des Jahres V.
(7. November 1796)

Soldaten! Ich bin nicht zufrieden mit Euch. Ihr habt weder Disziplin noch Ausdauer noch Mut bewiesen. Keine Stellung hat Euch wieder vereinigen können. Ihr habt Euch einem panischen Schrecken hingegeben, habt Euch aus den Stellungen vertreiben lassen, wo eine Handvoll Tapferer eine Armee hätte aufhalten müssen. Soldaten der 39. und der 85. Division, Ihr seid keine Franzosen! General, Chef des Generalstabs, lassen Sie auf die Fahnen schreiben: „Sie gehören nicht mehr zur Italienischen Armee!"

Bonaparte.

## *ARCOLE, 15. BIS 18. NOVEMBER 1796*

Da ich von den Bewegungen des Befehlshabers der kaiserlichen Armee, Feldmarschalls Alvinczy, unterrichtet war, der sich Verona näherte, um seine Vereinigung mit den in Tirol stehenden Divisionen seines Heeres zu bewerkstelligen, zog ich mit den Divisionen Augereau und Masséna die Etsch entlang. In der Nacht vom 14. zum 15. November 1796 ließ ich bei Ronco eine Schiffbrücke schlagen, und wir setzten über den Fluß. Ich hoffte, im Laufe des Vormittags nach Villanova zu gelangen und von dort aus die feindliche Artillerie und das Gepäck wegzunehmen sowie den Feind in der Flanke und im Rücken anzugreifen. Das Hauptquartier des Generals Alvinczy befand sich in Caldiero. Der Feind hatte indes von einigen unserer Bewegungen Kenntnis erhalten und schickte ein Regiment Kroaten nebst ein paar ungarischen Regimentern nach dem Dorfe Arcole, das durch seine Lage zwischen Sümpfen und Kanälen außerordentlich stark ist. Dieses Dorf hielt den Vortrab der Armee den ganzen Tag auf. Umsonst eilten die Generale, die den Verlust der kostbaren Zeit begriffen, an die Spitze unserer Kolonnen, um sie zu zwingen, die kleine Brücke von Arcole zu überschreiten. Zuviel Mut schadet: sie wurden fast alle verwundet. Die Generäle Verdier, Lannes, Bon und Verne wurden kampfunfähig gemacht. Da ergriff Augereau eine Fahne, lief mit ihr bis an den Anfang der Brücke und rief: „Feiglinge, fürchtet ihr denn den Tod gar so sehr?“ und stand so mehrere Minuten, ohne die geringste Wirkung zu erzielen. Wir mußten indes über die Brücke oder einen Umweg von mehreren Stunden machen, wodurch unsere ganze Operation fehlgeschlagen wäre. Ich eilte daher selbst zur Brücke und fragte die Soldaten, ob sie denn die Sieger von Lodi seien. Meine Gegenwart rief bei den Truppen eine Bewegung hervor, die mich entschied, nochmals den Übergang zu versuchen. Der General Lannes, der bereits durch zwei Flintenschüsse verwundet war, kehrte zurück und erhielt noch eine dritte, gefährlichere Wunde. Auch der General Vignolle wurde verwundet. Nun mußten wir darauf verzichten, das Dorf von vorn zu erstürmen und abwarten, bis eine vom General Guieu befehligte Kolonne, die ich über Albaredo gesandt hatte, ankam. Sie traf erst nachts ein. Guieu bemächtigte sich des Dorfes, nahm vier Kanonen und machte einige hundert Gefangene. Während dieser Zeit griff der General Masséna eine Division an, die der Feind von seinem Hauptquartier aus auf unsere Linke marschieren ließ. Er warf sie und schlug sie vollkommen in die Flucht.

Man hatte es für gut befunden, das Dorf Arcole während der Nacht zu räumen, und wir waren darauf gefaßt, bei Tagesanbruch von der ganzen feindlichen Armee angegriffen zu werden, die Zeit gefunden hatte, ihr Gepäck und ihre Parks wegzubringen und sich weiter zurückzuziehen, um uns zu empfangen.

Bei Tagesgrauen entspann sich der Kampf auf allen Seiten mit der größten Lebhaftigkeit. Masséna auf der Linken schlug den Feind in die Flucht und verfolgte ihn bis an die Tore von Caldiero.

Der General Robert, der sich mit der 75. Halbbrigade im Zentrum befand, griff den Feind mit dem Bajonett an und bedeckte das Feld mit Toten. Ich befahl nun dem General Vial, mit einer Halbbrigade die Etsch entlang zu marschieren, um den ganzen linken Flügel des Feindes zu umgehen. Aber das Land bot unüberwindliche Hindernisse. Vergebens stürzte sich der tapfere General bis an den Hals in die Etsch: es konnten ihm nur 80 Grenadiere folgen, was kein genügendes Resultat ergab. In der Nacht vom 16. zum 17. ließ ich über die Kanäle und Sümpfe Brücken schlagen, die der General Augereau mit seiner Division überschritt. Um 10 Uhr morgens standen wir uns gegenüber: der General Masséna auf dem linken Flügel, General Robert in der Mitte und General Augereau auf dem rechten Flügel.

Der Feind griff das Zentrum kräftig an und drängte es zurück. Da zog ich vom linken Flügel die 32. Halbbrigade heran, stellte sie in die Wälder in Hinterhalt, und als der Feind, der das Zentrum vor sich hertrieb, im Begriff war, unseren rechten Flügel zu umgehen, stürzte General Gardanne an der Spitze der 32. Halbbrigade aus seinem Hinterhalt hervor, nahm den Feind in die Flanke und richtete ein fürchterliches Blutbad an. Der linke Flügel des Feindes lehnte sich an die Sümpfe an und hielt unseren rechten Flügel durch seine Überlegenheit an Zahl in Respekt. Jetzt befahl ich dem Bürger Hercule, einem Offizier meiner Guiden, aus seiner Kompagnie 25 Mann auszuwählen, mit ihnen eine halbe Meile längs der Etsch hinzuziehen, alle Sümpfe, die den linken Flügel des Feindes stützten, zu umgehen, und dann im schärfsten Galopp unter Trompetengeschmetter dem Feinde in den Rücken zu fallen. Dieses Manöver gelang vortrefflich: die feindliche Infanterie geriet ins Schwanken. Daraus wußte der General Augereau Nutzen zu ziehen. Obwohl der Feind sich kämpfend zurückzieht, widersteht er doch seinen Angriffen, als eine kleine Kolonne von 8 bis 900 Mann mit vier Kanonen, die ich über Porte-Legnago hatte marschieren lassen, um Stellung hinter dem Feinde zu nehmen und ihm während des Gefechts in den Rücken zu fallen, ihn noch völlig in die Flucht schlägt. Der General Masséna, der wieder seine Stellung auf dem linken Flügel eingenommen hatte, marschierte nun direkt nach Arcole, bemächtigte sich des Dorfes und verfolgte den Feind bis nach San-Bonifacio; die Nacht hinderte uns jedoch, weiter vorzudringen.

Die Frucht der Schlacht von Arcole waren 4 bis 5000 Gefangene, 4 Fahnen, 18 Kanonen. Der Feind hatte wenigstens 4000 Tote und ebensoviele Verwundete, wir hingegen 900 Verwundete und ungefähr 200 Tote zu verzeichnen.

Ich bin sehr oft in meinem Leben von Soldaten und Offizieren gerettet worden, die mich mit ihren Körpern schützten, wenn ich mich in der größten Gefahr befand. Als ich bei Arcole im wütendsten Kampfgewühl war, warf sich mein Adjutant, Oberst Muiron, mir entgegen, bedeckte mich mit seinem Körper und erhielt die Kugel, die für mich bestimmt war. Er sank zu meinen Füßen, und sein Blut spritzte mir ins Gesicht. Er opferte sein Leben, um das meinige zu erhalten. Niemals glaube ich, haben Soldaten so große Aufopferung bewiesen als die meinigen für mich! Trotz aller meinen Niederlagen hat doch niemals ein Soldat mich verwünscht, nicht einmal wenn er starb; niemals haben Truppen einem Menschen treuer gedient als mir! Bis zum letzten Blutstropfen, der aus ihren Adern floß, riefen sie: „Es lebe der Kaiser.“

*An den Bürger Garrau*

Hauptquartier Verona, 29. Brumaire
des Jahres V. (19. November 1796)

Die Armee ist ohne Schuhe, ohne Löhnung, ohne Kleider. In den Spitälern fehlt es an allem. Unsere Verwundeten liegen auf dem bloßen Fußboden und befinden sich im größten Elend. Das alles kommt nur von dem Mangel an Geld, und das alles in einem Augenblick, in dem wir in Livorno 4,000.000 Frs. erhalten haben und uns durch die in Tortona und Mailand aufgestapelten Waren eine wirkliche Hilfsquelle zur Verfügung steht! Modena sollte uns auch 1,800.000 Frs. und Ferrara bedeutende Kriegskontributionen zahlen. Aber in den Kontributionen, mit denen Sie speziell beauftragt sind, herrscht weder Ordnung noch Übereinstimmung. Das Elend ist so groß, daß man ihm abhelfen muß. Ich bitte Sie, mir im Laufe des Tages zu antworten, ob Sie in der Lage sind, für die Bedürfnisse der Armee zu sorgen. Wenn nicht, so bitte befehlen Sie dem Bürger Haller — dem Schuft, der nur in dieses Land gekommen ist, um zu stehlen und sich zum Intendanten der Finanzen der eroberten Länder aufgeschwungen hat —, daß er seine Abrechnungen dem Oberzahlungsanweiser in Mailand übergibt. Gleichzeitig lassen Sie von ihnen Maßnahmen treffen, um dem Heere zu verschaffen, was ihm fehlt. Es liegt in der Absicht der Regierung, daß ihre Kommissare sich speziell um die Bedürfnisse der Armee kümmern, aber mit Bedauern sehe ich, daß Sie sich überhaupt um nichts kümmern und diese Sorge einem Fremden überlassen, dessen Charakter und Absichten höchst verdächtig sind.

Der Bürger Saliceti gibt auf der einen Seite Erlässe heraus, auf der andern Sie, und das Ergebnis des Ganzen ist, daß man sich nicht einig ist und man kein Geld hat. Die 1500 Mann, die wir in Livorno stehen haben, kosten uns mehr als eine Armee. Kurz, wir sind, dank aller dieser Unannehmlichkeiten, auf dem Punkte angelangt, am Nötigsten Mangel zu leiden. Unsere Soldaten entbehren schon das, was sie in einem so reichen Lande und nach den Erfolgen, die sie davongetragen, nicht entbehren sollten.

Bonaparte.

*An die Bürgerin Muiron*

Mailand, 8. Nivôse des Jahres V.
(28. Dezember 1769)

Bürgerin, Ihrem Wunsche gemäß finden Sie beiliegend eine Abschrift meines Briefes an das Direktorium. Da ich weiß, mit welchem Interesse es die Verteidiger des Vaterlandes schützt, hoffe ich, daß mein Brief Beachtung findet. Beigeschlossen finden Sie sechs Empfehlungsschreiben an jedes der Mitglieder des Direktoriums und den Polizeiminister. Suchen Sie den General Dupont auf. Er wird Ihnen den Augenblick bezeichnen, wann es an der Zeit ist, über Ihre Angelegenheit zu verhandeln und wann Sie dann diese Briefe vorlegen können. Durch den ersten meiner Adjutanten, den ich nach Paris sende, werde ich Ihnen eine Unterstützung für Ihr Kind zukommen lassen.

Ich bitte Sie, versichert zu sein, daß ich jederzeit bereit bin, Ihnen nützlich zu sein.

Bonaparte.

*An Josephine Bonaparte in Mailand*

Verona, den 5. Frimaire des
Jahres IV. (24. November 1796)

Meine süße Freundin, bald werde ich in Deinen Armen liegen. Ich liebe Dich wahnsinnig. Ich schrieb gleich mit diesem Kurier nach Paris. Alles geht gut. Wurmser ist gestern vor Mantua geschlagen worden. Um glücklich zu sein, fehlt Deinem Mann nur die Liebe Josephinens.

Bonaparte.

*An Josephine Bonaparte in Genua*

Mailand, den 8. Frimaire des Jahres IV.
8 Uhr abends (28. November 1796)

Soeben kommt der Bote zurück, den Berthier nach Genua sandte. Du hast keine Zeit gehabt, mir zu schreiben. Ich begreife. Inmitten all der Vergnügungen und Zerstreuungen liegt Dir nichts daran, mir auch nur das geringste Opfer zu bringen. Berthier war so liebenswürdig und zeigte mir den Brief, den Du ihm geschrieben hast. Ich habe nicht die Absicht, Dich in Deinen Dispositionen und Vergnügungen, die Dir geboten werden, zu stören. Es lohnt sich nicht um meinetwillen. Das Glück oder Leid eines Mannes, den Du nicht liebst, kann Dich nicht interessieren.

Mein Verhängnis und mein einziges Streben hingegen ist, Dich zu lieben, Dich glücklich zu machen, nichts zu tun, was Dich kränken könnte. Sei glücklich. Mache mir keine Vorwürfe. Nimm keinen Anteil an dem Glück eines Mannes, der nur für Dich, nur in Dir lebt, der nur zufrieden ist, wenn Du es bist, nur glücklich, wenn Du glücklich bist. Von Dir eine Liebe wie die meinige zu verlangen, wäre falsch. Warum wünschen, daß die zarte Spitze ebenso schwer sei wie das Gold? Wenn ich Dir jeden Augenblick meines Lebens opfere, alle meine Wünsche, alle meine Gedanken Dir unterordne, so tue ich es unter dem Einfluß, den Deine Reize, Dein Wesen, Deine ganze Person auf mein unglückliches Herz auszuüben verstanden haben. Es ist nicht meine Schuld, daß die Natur mich nicht mit Reizen ausgestattet hat, die Dich fesseln. Was ich indes von Josephine verdiene, ist ein wenig Rücksicht, ein wenig Achtung, denn ich liebe sie bis zum Wahnsinn und ganz allein.

Lebe wohl, anbetungswürdige Frau. Lebe wohl, meine Josephine! Mag das Schicksal allen Kummer und allen Schmerz in meinem Herzen anhäufen. Wenn nur meiner Josephine schöne und glückliche Tage bereitet werden. Wer verdiente es mehr als sie? Wenn sie mich wirklich nicht mehr lieben kann, dann will ich mein großes Leid tief in meinem Innern verschließen und mich damit begnügen, ihr, wo ich kann, nützlich zu sein.

Ich öffne noch einmal den Brief, um Dir einen Kuß zu geben... Ach! Josephine!... Josephine!

Bonaparte.

*An den Bürger Auzou*

*Hauptagent für Kriegslieferungen bei der Italienischen Armee*

Mailand, 18. Frimaire des Jahres V.
(8. Dezember 1796)

Ich habe, Bürger, die beiden Briefe erhalten, die Sie mir schrieben. Wenn ich Ihnen noch nicht den Grund sagen ließ, warum ich Sie verhaftete, so kommt es daher, daß ich erst die Einsetzung des neuen Kriegsrates abwartete, der, da er aus Offizieren besteht, Ihnen aufgeklärtere Richter geben wird, die mehr geeignet sind, Sie zu verhören.

Ich beklage mich über Sie, weil Ihr Dienst in der Armee desorganisiert ist und nicht ausgeführt wird;

weil Peschiera niemals verproviantiert worden ist;

weil Sie Ihren Unterlieferanten niemals die nötigen Mittel verschafften;

weil Sie endlich den Dienst in einem für die Armee kritischen Augenblick vollkommen vernachlässigten. Immer, wenn Ihre Gegenwart im Hauptquartier am nötigsten gewesen wäre, waren Sie nicht da, d. h. gerade dann, wenn der Feind im Begriff war, uns anzugreifen.

Durch Ihre strafbare Nachlässigkeit haben wir mehrere hundert Pferde eingebüßt, der Dienst bei der Artillerie hat unglaublich darunter gelitten und die Kavallerie, die gezwungen war, die Felder zu durchstreifen und die Bauernhöfe aufzustöbern, um sich Subsistenzmittel zu sichern, hat sich oft Ausschreitungen zuschulden kommen lassen, die geeignet sind, die Einwohner von uns abwendig zu machen. Das alles in einer Zeit, wo Sie seit Ihrem Eintritt ins Feld 17—18,000.000 Frcs. zur Verfügung gestellt bekamen, wovon Sie sicher nicht ein Drittel verausgabt haben.

Ich bitte Sie, mir zu senden:

1. Eine Aufstellung des täglichen Verbrauchs an Fourage der Armee, oder einen Rechnungsauszug für einen der vergangenen Monate.

2. Eine ungefähre Aufstellung darüber, was Sie mit den ihnen übergebenen Geldern gemacht haben.

3. Eine genaue Aufstellung über das, was Sie jedem Ihrer Unterlieferanten übergeben haben.

Endlich, wenn unter ihnen welche sind, die durch ihre Mitschuld und trotzdem sie Gelder erhalten haben, ihren Dienst vernachlässigten, sie mir zu nennen.

Bonaparte.

*An Josephine Bonaparte in Bologna*

Tolentino, 1. Ventôse, (9. Februar 1797)

Soeben ist der Frieden mit Rom geschlossen. Bologna, Ferrara, die Romagna gehören der Französischen Republik. Der Papst zahlt uns demnächst 30 Millionen und außerdem muß er viele Kunstwerke hergeben. Morgen breche ich nach Ancona auf und begebe mich von da nach Rimini, Ravenna und Bologna. Wenn es Dein Zustand erlaubt, so komme nach Rimini oder Ravenna. Aber schone Dich, ich bitte Dich.

Keine Zeile von Deiner Hand! Großer Gott! Was habe ich getan? Ich denke nur an Dich. Ich liebe nur Josephine, lebe nur für meine Frau, bin nur dann glücklich, wenn sie glücklich ist. — Sollte ich dafür eine so harte Behandlung von ihr verdient haben?

Ich bitte Dich dringend, liebe Freundin, denke oft an mich und schreibe mir täglich! Entweder bist Du krank oder Du liebst mich nicht mehr. Glaubst Du, ich hätte ein steinernes Herz? Interessiert Dich mein Kummer so wenig? Kennst Du mich so schlecht? Ich kann es nicht glauben. Du, der die Natur Geist, Sanftmut und Schönheit verlieh, Du, die ganz allein in meinem Herzen herrschest, Du weißt wahrscheinlich nur zu gut, welch unumschränkte Macht Du über mich hast. — Schreibe mir, denke an mich und liebe mich!

Fürs Leben ganz der Deine.

Bonaparte.

*An den Bürgermeister von Lienz*

Hauptquartier Villach, 8. Germinal
des Jahres V. (28. März 1797)

Der Obergeneral Bonaparte sieht mit Bedauern, Herr Bürgermeister, die furchtbare Angst, die der französischen

Armee vorangeht. Die Einwohner können beruhigt sein, und besonders brauchen sie keinerlei Befürchtungen zu hegen. Der Obergeneral wird Ihre Religion beschützen, ebenso wie die Menschen persönlich, ihr Eigentum und ihre Gebräuche.

Auf Befehl des Obergenerals.

*An den Prinzen Karl,*
*Oberbefehlshaber der österreichischen Armee*

Hauptquartier Klagenfurt, 11. Germinal des Jahres V.
(31. März 1797)

Herr Obergeneral, tapfere Soldaten führen Krieg und wünschen den Frieden. Dauert dieser Krieg nicht schon seit sechs Jahren? Haben wir nicht genug Menschen getötet und der trauernden Menschheit genug Übel zugefügt? Sie erhebt Einspruch. Europa, das die Waffen gegen die französische Republik ergriff, hat sie niedergelegt. Ihre Nation allein bleibt übrig, und doch soll noch mehr Blut vergossen werden denn je. Dieser sechste Feldzug kündigt sich durch unheilvolle Vorzeichen an. Wie auch sein Ausgang sei, wir werden auf beiden Seiten einige tausend Menschen mehr töten, aber schließlich wird man dahin kommen müssen, sich zu verständigen, weil alles ein Ziel hat, selbst der leidenschaftlichste Haß.

Das Direktorium der französischen Republik hatte Sr. Majestät dem Kaiser den Wunsch ausdrücken lassen, den Krieg, der die beiden Völker zugrunde richtet, zu beendigen. Die Intervention des Londoner Hofes hat sich dem widersetzt. Ist denn keine Hoffnung, uns zu verständigen? Müssen wir uns einander für das Interesse oder die Leidenschaften einer den Leiden des Krieges fremden Nation umbringen? Sie, Herr Obergeneral, der Sie durch Ihre Geburt dem Throne so nahe und über allen kleinlichen Leidenschaften stehen, von denen die Minister und die Regierungen oft erfüllt sind, sind Sie entschlossen, sich den Namen eines Wohltäters der ganzen Menschheit und des wahren Retters von Deutschland zu verdienen? Glauben Sie nicht, Herr Obergeneral, daß ich damit sagen will, es sei Ihnen nicht möglich, es durch Waffengewalt zu retten. Aber selbst unter der Voraussetzung, daß das Glück des Krieges Ihnen günstig wäre, so wird Deutschland doch nicht weniger verwüstet werden. Ich, Herr Obergeneral, würde, wenn die Eröffnung, die ich Ihnen zu machen die Ehre habe, einem einzigen Menschen das Leben rettet, viel stolzer auf die Bürgerkrone sein, die ich verdiente, als auf den traurigen Ruhm, der mir durch militärische Erfolge zuteil werden könnte. Ich bitte Sie, Herr Obergeneral, an die Versicherung meiner ausgezeichneten Hochachtung zu glauben, mit welcher ich bin

Bonaparte.

## *DER FELDZUG IN ÄGYPTEN*

### *Die Hauptereignisse*

Am 19. Juni 1798 hatte die Armee Malta verlassen und war am 1. Juli im Morgengrauen vor Alexandria eingetroffen. Ein, wie man sagte, sehr starkes englisches Geschwader war drei Tage vorher dort erschienen und hatte Depeschen für Indien abgegeben. Ich schrieb folgenden Brief an den Pascha von Ägypten Seid Abu-Bekr.

An Bord der „Orient", 12. Messidor des Jahres VI.
(30. Juni 1798)

Das Direktorium der französischen Republik hat sich bereits mehrmals an die Hohe Pforte mit der Bitte gewandt, die Beis von Ägypten, die die französischen Kaufleute durch ihre Erpressungen fast erdrücken, zu bestrafen.

Aber die Hohe Pforte hat erklärt, die Beis seien alle launenhafte und habgierige Leute, die die Grundsätze der Gerechtigkeit nicht beachteten, und daß die Pforte nicht allein die ihren guten Freunden, den Franzosen zugefügten Beleidigungen nicht gutheiße, sondern sie auch ihres Schutzes beraube.

Die französische Republik hat sich daher entschlossen, eine mächtige Armee nach Ägypten zu senden, um den Räubereien der Beis ein Ende zu machen, wie sie es im Laufe dieses Jahrhunderts verschiedene Male gegen die Beis von Tunis und Algier zu tun gezwungen war.

Du, der Du der oberste aller Beis sein solltest, den sie indes in Kairo ohne Macht und Ansehen lassen, Du mußt meiner Ankunft mit Freuden entgegensehen.

Ohne Zweifel bist Du schon davon unterrichtet, daß ich nicht komme, um etwas gegen den Koran oder den Sultan zu unternehmen. Wie du weißt, ist das französische Volk der einzige Verbündete, den der Sultan in Europa besitzt.

Komme mir daher zu Hilfe und verfluche mit mir die gottlose Rasse der Beis!

Bonaparte.

Der Wind war frisch und das Meer ging hohl, doch glaubte ich, sofort landen zu müssen. Der Tag verlief mit Vorbereitungen zur Landung. Als erster ging General Menou an der Spitze seiner Division in der Nähe des Marabuts, anderthalb Stunden von Alexandria, an Land.

Ich landete mit dem General Kleber 11 Uhr abends. Wir marschierten sogleich nach Alexandria. Im Morgendämmern erblickten wir die Pompejussäule. Eine Abteilung Mamelucken und Araber begann mit unseren Vorposten zu scharmützeln, aber wir zogen schnell nach den verschiedenen Punkten von Alexandria. Der Wall der arabischen Stadt war voll Menschen. General Kleber brach von der Pompejussäule aus auf, um die Mauern zu ersteigen, während General Bon das Tor von Rosette erstürmte und General Menou, der mit einem Teile seiner Division das dreieckige Schloß blockierte, mit dem Rest gegen einen anderen Teil des Walls vorstieß und ihn bezwang. Er drang zuerst in die Festung ein. Bei dieser Gelegenheit erhielt er sieben Wunden, von denen glücklicherweise keine gefährlich war.

General Kleber bezeichnete am Fuß der Mauer die Stelle, die seine Grenadiere ersteigen sollten. Er erhielt dabei eine Kugel vor die Stirn, die ihn zu Boden schleuderte. Glücklicherweise war seine Wunde nicht tödlich. Dadurch wurden die Grenadiere seiner Division zu größerem Mute angespornt und drangen in die Festung ein. Die vom General

Marmont befehligte 4. Halbbrigade schlug das Tor von Rosette mit der Axt ein, und die ganze Division des Generals Bon stürmte in die Festungswerke der Araber.

Als wir Herren des arabischen Walls waren, flüchteten sich die Feinde in das dreieckige Schloß, den Leuchtturm und die Neustadt. Jedes Haus war für sich eine kleine Festung. Als aber der Tag zu Ende ging, war die Stadt ruhig; die Besatzungen der beiden Schlösser ergaben sich, und nun waren wir völlig Herren der Stadt, der Forts und der beiden Häfen.

Mittlerweile waren die Araber der Wüste in Reiterabteilungen von 30 bis 50 Mann herbeigeeilt. Sie belästigten unsere Nachhut und fielen über unsere Nachzügler her. Zwei Tage lang beunruhigten sie uns ununterbrochen. Es gelang mir aber bald, nicht allein einen Freundschafts-, sondern sogar einen Bündnisvertrag mit ihnen abzuschließen. Dreizehn der bedeutendsten Häuptlinge kamen zu mir. Ich setzte mich in ihre Mitte, und wir hatten eine lange Unterredung miteinander. Nachdem wir über unsere Artikel übereingekommen waren, versammelten wir uns um einen Tisch und weihten den dem Feuer der Hölle, der unsere Abmachungen verletzen würde, das heißt also sie oder mich. Die Abmachungen bestanden in folgendem:

Sie ihrerseits sollten nicht mehr meine Nachhut beunruhigen, mir nach Kräften beistehen und mir so viele Mannschaften liefern, als ich verlangen würde, um gegen die Mamelucken zu marschieren. Ich hingegen sollte ihnen, wenn ich Herr von Ägypten sein würde, die Ländereien zurückgeben, die ihnen ehemals gehört hatten.

Die Gebete wurden wie gewöhnlich in den Moscheen abgehalten, und mein Haus war fortwährend mit Imams oder Kadis, Scherifs, den Vornehmen des Landes, Muftis oder Häuptern der Religion angefüllt.

### *Marsch durch die Wüste. — Erste Kämpfe*

Am 7. Juli brach die Armee von Alexandria auf und kam am 8. in Damanhur an, nachdem sie auf dem Marsche durch die Wüste unter der außerordentlichen Hitze und dem Mangel an Wasser ungeheuer zu leiden hatte. Am 10. Juli kamen wir bei El-Rahmanieh an den Nil und vereinigten uns mit der Division des Generals Dugua, der in Eilmärschen von Rosette herbeigekommen war. Die Division des Generals Desaix wurde von einem 7 bis 800 Mann starken Mameluckenkorps bei El-Rahmanieh angegriffen, das sich nach einer ziemlich lebhaften Kanonade und dem Verlust einiger Leute wieder zurückzog.

Inzwischen erfuhr ich, daß uns Murad Bei an der Spitze seiner aus einer zahlreichen Reiterei bestehenden Armee, die acht bis zehn große Kanonenboote und mehrere Batterien am Nil hatte, bei dem Dorfe Kobrakit erwartete. Um mit ihm in Fühlung zu kommen, setzten wir uns am 12. Juli abends in Bewegung, und am nächsten Tage mit Tagesanbruch standen wir ihm gegenüber. Wir besaßen nur zweihundert vom Marsch durch die Wüste ermattete und halbkranke Reiter. Die Mamelucken hingegen hatten ein prächtiges, von Gold und Silber strotzendes Reiterkorps, das mit den besten Londoner Karabinern und Pistolen und den besten Säbeln des Orients bewaffnet war und vielleicht auch die besten Pferde des Kontinents ritt.

Das Heer stand in Schlachtordnung. Jede Division bildete ein Viereck. Das Gepäck befand sich in der Mitte und die Artillerie in den Zwischenräumen der Bataillone. Alle fünf Divisionen des Heeres waren staffelförmig aufgestellt, die sich gegenseitig deckten und von zwei Dörfern, die wir besetzt hielten, beschützt wurden.

Der Bürger Perrée, Kommandeur eines kleinen Geschwaders, rückte mit drei Kanonenbooten, einer Schebecke und einer Halbgaleere vor, um die feindliche Flottille anzugreifen. Der Kampf war äußerst hartnäckig. Von beiden Seiten wurden mehr als 1500 Kanonenschüsse abgegeben. Perrée wurde von einer Kanonenkugel am Arme verwundet. Seinen geschickten Anordnungen war es gelungen, die drei Kanonenboote und die Halbgaleere wieder zu nehmen, die die Mamelucken zuerst erobert hatten, und ihr Admiralsschiff anzuzünden.

Bald überschwemmte die Kavallerie der Mamelucken die ganze Ebene, überflügelte unsere beiden Flügel und suchte überall in unseren Flanken und in unserem Rücken einen schwachen Punkt, um in unsere Stellungen einzudringen. Aber überall fand sie die Linie gleich furchtbar, und ein doppeltes Feuer von vorn und von der Seite begrüßte sie. Mehrmals versuchte die feindliche Reiterei uns anzugreifen, jedoch ohne Erfolg. Einige Tapfere begannen zu scharmützeln, wurden indes von dem Pelotonfeuer der Karabiniers empfangen, die vor den Zwischenräumen der Bataillone aufgestellt waren. Endlich, nachdem sie einen Teil des Tages in halber Kanonenschußweite geblieben waren, schickten sie sich zum Rückzug an und verschwanden. Man kann ihren Verlust auf dreihundert Tote und Verwundete schätzen.

Acht Tage lang sind wir, von allem entblößt, in einem der heißesten Länder der Erde ununterbrochen marschiert. Am Morgen des 20. Juli erblickten wir die Pyramiden. Am Abend befanden wir uns nur noch sechs Stunden von Kairo entfernt, und ich erfuhr, daß die 23 Beis sich mit allen ihren Streitkräften in Embabeh verschanzt und ihre Schanzen mit mehr als 60 Kanonen besetzt hätten.

### *Die Schlacht bei den Pyramiden, am 21. Juli 1798*

Am 21. Juli beim Morgengrauen stießen wir auf die feindliche Vorhut und drängten sie von Dorf zu Dorf zurück. Um 2 Uhr nachmittags befanden wir uns den Verschanzungen und dem Heer des Feindes gegenüber.

Ich befahl den Divisionen der Generale Desaix und Reynier, auf der Rechten zwischen Giseh und Embabeh Stellung zu nehmen, und zwar so, daß sie dem Feinde die Verbindung mit Oberägypten, seiner natürlichen Rückzugslinie, abschnitten. Die Armee war auf die gleiche Weise aufgestellt, wie bei der Schlacht von Kobrakit.

Als Murad Bei die Bewegung des Generals Desaix bemerkte, beschloß er, ihn anzugreifen. Er schickte einen seiner tapfersten Beis mit einem Elitekorps, der sich mit Blitzesschnelle auf die beiden Divisionen warf. Wir ließen ihn bis auf fünfzig Schritte nahe kommen und empfingen ihn mit einem Kugel- und Kartätschenhagel, der viele von seinen Leuten zu Boden streckte. Die übrigen warfen sich in den Zwischenraum, der die beiden Divisionen trennte. Dort begrüßte sie ein verdoppeltes Feuer, das ihre Niederlage vollendete.

Ich benutzte den Augenblick und befahl der Division des Generals Bon, der am Nil stand, die Verschanzungen anzugreifen. General Vial, der die Division des Generals Menou kommandierte, sollte sich zwischen das Korps, das ihn eben angegriffen hatte, und die Verschanzungen werfen, um den dreifachen Zweck zu erfüllen: dieses Korps zu verhindern, einzudringen, jenem Korps, das sie besetzt hielt, den Rückzug abzuschneiden und endlich, wenn nötig, die Verschanzungen von links anzugreifen.

Sobald sich die Generale Bon und Vial in Schußweite befanden, befahlen sie der 1. und 3. Abteilung eines jeden Bataillons sich in Sturmkolonnen aufzustellen, während die 2. und 4. Abteilung ihre Stellungen beibehielten und ein Viereck bildeten, das nur noch drei Mann tief war und zur Unterstützung der Sturmkolonnen vorrückte.

Die vom tapferen General Rampon befehligten Sturmkolonnen der Division Bon warfen sich trotz des Feuers einer zahlreichen Artillerie mit ihrem gewöhnlichen Ungestüm auf die Verschanzungen, als die Mamelucken einen Angriff machten. Im gestreckten Galopp stürzten sie aus den Verschanzungen, aber unsere Truppen hatten noch Zeit, Halt und auf allen Seiten Front zu machen und sie mit aufgepflanztem Bajonett und einem Kugelhagel zu empfangen. Im Handumdrehen war das Schlachtfeld mit ihren Leichen bedeckt. Bald hatten auch unsere Truppen die Verschanzungen genommen. Die fliehenden Mamelucken stürzten sich in Menge auf unseren linken Flügel; dort aber stand der General Vial. Ein Bataillon Karabiniers, unter dessen Feuer sie auf fünf Schritte Entfernung vorüber mußten, richtete ein fürchterliches Gemetzel unter ihnen an; viele stürzten sich in den Nil und ertranken.

Mehr als 400 mit Gepäck beladene Kamele und 50 Ge-

Die Kaiserin Josephine

Bonaparte als erster Konsul

schütze sind in unsere Hände gefallen. Ich schätzte den Verlust der Mamelucken auf 2000 Mann Elitekavallerie. Viele der Beis sind verwundet oder getötet worden. Murad Bei wurde an der Wange verwundet. Unser Verlust belief sich auf 20 bis 30 Tote und 120 Verwundete. Noch in derselben Nacht ward Kairo geräumt; alle Kanonenboote, Korvetten, Briggs und sogar eine Fregatte der Mamelucken sind von uns verbrannt worden, und am 22. Juli zogen unsere Truppen in Kairo ein. In der Nacht hatte der Pöbel die Häuser des Beis angezündet und verschiedene Exzesse begangen. Kairo, das mehr als 300.000 Einwohner zählte, besaß den abscheulichsten Pöbel von der Welt.

Nach allen diesen Gefechten und Schlachten, die die von mir befehligten Truppen gegen überlegene Streitkräfte geliefert hatten, mußte ich ganz besonders ihre Fassung und Kaltblütigkeit bei dieser Gelegenheit loben, denn diese ganz neue Art der Kriegführung erforderte von ihrer Seite eine Geduld, die einen starken Gegensatz zu dem französischen Ungestüm bildete. Hätten sie sich ganz ihrem heißen Temperament hingegeben, so würden sie niemals gesiegt haben, was nur mit außerordentlicher Kaltblütigkeit und großer Selbstbeherrschung erreicht werden konnte.

Die Reiterei der Mamelucken legte große Tapferkeit an den Tag. Sie verteidigten ja ihr Vermögen, denn es befand sich keiner unter ihnen, bei dem unsere Soldaten nicht 3, 4, ja 500 Louisdor gefunden hätten.

In diesem Lande gab es wenig bares Geld, nicht einmal genug, um die Armee zu besolden, dagegen viel Korn, Reis, Gemüse und Vieh. Die Republik konnte keine für sie besser geeignete Kolonie finden, deren Boden fruchtbarer gewesen wäre. Das Klima ist sehr gesund, weil die Nächte frisch sind.

Trotz eines vierzehntägigen Marsches, Beschwerden aller Art, des gänzlichen Mangels an Wein und allem, was zur Erfrischung beitragen kann, hatten wir keine Kranken. Die Soldaten fanden in den Pasteken, einer Art Wassermelonen, die in großer Anzahl vorhanden waren, genügenden Ersatz.

Am 5. August befahl ich der Division des Generals Reynier nach El-Kanga zu marschieren, um den Reitergeneral Leclerc zu unterstützen, der sich mit einem Schwarm Araber und Bauern des Landes herumschlug, die Ibrahim Bei aufgewiegelt hatte. Leclerc tötete an fünfzig Bauern, einige Araber und nahm im Dorfe El-Kanga Stellung. Gleichzeitig ließ ich die vom General Lannes befehligte Division und die des Generals Dugua abgehen.

### *Auf der Verfolgung des Feindes*

In großen Tagesmärschen zogen wir gegen Syrien und trieben Ibrahim Bei und seine Armee immer vor uns her.

Ehe wir Belbes erreichten, befreiten wir einen Teil der Karawane von Mekka, die von den Arabern angegriffen und bereits zwei Meilen weit in die Wüste entführt worden war. Ich ließ diese Pilger unter sicherem Schutz nach Kairo bringen. Bei Koraim stießen wir auf einen anderen Teil der Karawane, lauter Kaufleute, die erst von Ibrahim Bei gefangen, dann freigelassen und schließlich von den Arabern beraubt worden waren. Auch diesen Rest ließ ich sammeln und ebenfalls nach Kairo führen.

Die Araber müssen eine außerordentliche Beute gemacht haben. Ein einziger Kaufmann versicherte mir, daß er für 200.000 Taler Schals und andere indische Waren verloren habe. Der Landessitte gemäß hatte dieser Kaufmann alle Frauen bei sich. Ich ließ ihnen zu essen geben und verschaffte ihnen die für die Reise nach Kairo nötigen Kamele. Manche von den Frauen waren recht gut gebaut, aber das Gesicht war, wie üblich, verhüllt, eine Sitte, an die sich unsere Soldaten nur schwer gewöhnen konnten.

Wir gelangten nach Salihijeh, dem letzten bewohnten Ort Ägyptens, wo es gutes Wasser gibt. Dort beginnt die Wüste, die Syrien von Ägypten trennt.

Ibrahim Bei war mit seiner Armee, seinen Schätzen und Weibern von Salihijeh aufgebrochen. Ich verfolgte ihn mit der wenigen Kavallerie, die ich besaß, und wir sahen sein zahlreiches Gepäck an uns vorüberziehen.

Eine aus 150 Mann bestehende arabische Horde, die in der Nähe war, schlug uns vor, gemeinsam anzugreifen, um die Beute zu teilen. Die Nacht brach herein, die Pferde waren todmüde, die Infanterie noch weit hinter uns. General Leclerc griff die Nachhut an, wobei wir ihnen zwei Kanonen und ungefähr fünfzig mit Zelten und anderen Gegenständen beladene Kamele nahmen. Die Mamelucken hielten den Angriff mit der größten Tapferkeit aus. Sie sind außerordentlich tapfer und würden ein treffliches leichtes Kavalleriekorps abgeben. Sie waren äußerst reich gekleidet, sehr sorgfältig bewaffnet und ritten die besten Pferde. Jeder Offizier, jeder Soldat hatte einen besonderen Kampf bestanden.

Ibrahim Bei zog sich in die syrische Wüste zurück. Er war im Kampfe verwundet worden.

### *Wir verlieren unsere Flotte*

Ich ließ in Salihijeh die Division des Generals Reynier und einige Genieoffiziere zurück, die dort eine Festung errichten sollten und marschierte am 13. August wieder nach Kairo ab. Kaum war ich zwei Stunden von Salihijeh entfernt, als ein Adjutant des Generals Kleber mir die Nachricht von der Schlacht brachte, die unser Geschwader am 1. August bei Abukir geliefert hatte. Am 6. Juli war ich von Alexandria aufgebrochen. Ich hatte dem Admiral geschrieben, er sollte innerhalb vierundzwanzig Stunden in den Hafen einlaufen und, im Fall dies seiner Flotte unmöglich wäre, so schnell wie möglich alles Geschütz und die den Landtruppen gehörigen Gegenstände ausschifffen und sich nach Korfu begeben.

Da der Admiral vor dem Hafen von Alexandria auf Felsen geankert war, und mehrere Schiffe bereits ihre Anker verloren hatten, glaubte er, in dieser Lage nicht die Ausschiffung bewerkstelligen zu können und legte vor Abukir an, das guten Ankergrund besaß. Ich sandte Genie- und Artillerieoffiziere hin, die bald mit dem Admiral einsahen, daß das Land ihnen keinerlei Schutz bieten konnte. Wenn daher während der zwei oder drei Tage, die er in Abukir bleiben mußte, um die Artillerie auszuschiffen oder das Fahrwasser nach Alexandria zu untersuchen, die Engländer erschienen, bliebe ihm nichts weiter übrig, als die Ankertaue zu kappen. Es wäre deshalb dringend nötig gewesen, so kurze Zeit als irgend möglich in Abukir zu bleiben. So habe ich denn Alexandria in dem festen Glauben verlassen, daß das Geschwader binnen drei Tagen im dortigen Hafen eingelaufen oder nach Korfu abgesegelt sein würde. Vom 6. bis zum 24. Juli hatte ich keinerlei Nachricht, weder aus Rosette noch Alexandria erhalten. Aus allen Teilen der Wüste eilten die Araber herbei und umschwärmten beständig das Lager auf fünfhundert Toisen. Endlich bewirkte das Gerücht unserer Siege und verschiedene Anordnungen am 27. Juli, daß unsere Verbindungen wieder frei wurden. Der Admiral schrieb mir mehrere Briefe, aus denen ich mit Erstaunen sah, daß er sich noch in Abukir befand. Sofort antwortete ich ihm wieder, daß er nicht einen Augenblick verlieren dürfe, in Alexandria einzulaufen oder nach Korfu zu segeln.

Darauf meldete mir der Admiral in einem Brief vom 20. Juli, daß ihn mehrere englische Schiffe erkundet hätten, und er sich befestige, um den Feind zu erwarten, der sich quer vor Abukir vor Anker gelegt habe. Dieser seltsame Entschluß erfüllte mich mit der größten Sorge. Aber schon war es zu spät, denn der vom Admiral am 20. Juli geschriebene Brief erreichte mich erst am 30. Ich schickte ihm meinen Adjutanten, den Bürger Julien, mit dem Befehl, Abukir nicht früher zu verlassen, als bis er die Flotte unter Segel gesehen habe. Unmöglich konnte dieser am 30. abgehende Kurier zur Zeit hinkommen. Er wurde auf dem Wege von einem Arabertrupp überfallen, seine Barke auf dem Nil aufgehalten und er und seine Eskorte getötet.

Am 26. schrieb mir der Admiral, daß sich die Engländer entfernt hätten, was er dem Mangel an Lebensmitteln zuschrieb. Diesen Brief erhielt ich am 30. Juli mit demselben Kurier.

Am 29. teilte er mir mit, daß er endlich soeben den Sieg bei den Pyramiden und die Einnahme von Kairo erfahren und daß man eine Stelle gefunden habe, an der man in den

Hafen von Alexandria einlaufen könne. Ich erhielt diesen Brief am 5. August. Am 1. abends hatten die Engländer angegriffen. Sobald er das Geschwader gewahr geworden war, sandte Brueys mir einen Offizier, um mich von seinen Anordnungen und Plänen in Kenntnis zu setzen; jedoch der Offizier kam auf dem Wege um.

Wie es scheint, wollte sich der Admiral nicht nach Korfu begeben, ehe er nicht gewiß war, in den Hafen von Alexandria einlaufen zu können und ehe er nicht wußte, ob die Armee, von der er lange keine Nachricht erhalten hatte, die Flotte bei einem etwaigen Rückzug nötig habe.

Wenn er aber bei diesem unseligen Ereignis Fehler begangen hat, so hat er sie durch einen glorreichen Tod gebüßt.

Das Schicksal wollte bei dieser wie bei so vielen anderen Gelegenheiten beweisen, daß, wenn es uns auch große Überlegenheit auf dem Festlande gewährte, es die Herrschaft über das Meer unseren Nebenbuhlern verlieh. Wie groß aber auch die Niederlage war, so kann sie doch nicht der Unbeständigkeit des Glücks zugeschrieben werden. Das verließ uns noch nicht, im Gegenteil, es war uns während des ganzen Unternehmens geneigter denn je. Als ich vor Alexandria anlangte und vernahm, daß die Engländer einige Tage vorher mit überlegenen Streitkräften dort gewesen seien, landete ich trotz des furchtbaren Sturmes, der mich der Gefahr aussetzte, Schiffbruch zu leiden. Ich erinnere mich, daß während der Vorbereitung zur Landung in der Ferne vor dem Winde ein Schnellsegler signalisiert wurde: es war die „Justice“, die aus Malta kam. Da rief ich: „Glück, solltest du mich verlassen? Gib mir nur fünf Tage!“ Ich marschierte die ganze Nacht, griff bei Tagesanbruch mit 300 erschöpften Soldaten, ohne Kanonen und beinahe ohne Patronen an, und nach fünf Tagen hatte ich Rosette und Damanhur erobert, das heißt, ich hatte in Ägypten bereits festen Fuß gefaßt. Während dieser fünf Tage wenigstens mußte das Geschwader vor den Engländern sicher sein, wie groß auch ihre Anzahl war. Nichtsdestoweniger blieb es noch den ganzen Juli über der Gefahr ausgesetzt. In den letzten Tagen des Monats erhielt es von Rosette Reis für zwei Monate. Zehn Tage lang zeigten die Engländer sich in diesen Gewässern in überlegener Zahl. Am 29. Juli erfuhr das Geschwader die Nachricht von der vollständigen Eroberung Ägyptens und unserem Einzug in Kairo, und erst, als Fortuna sah, daß alle ihre Gunst vergebens war, überließ sie unsere Flotte ihrem Schicksal!

## *DIE SEESCHLACHT BEI ABUKIR*

### *Was man in London von der Expedition denkt, die in den französischen Häfen vorbereitet wird*

In England erhielt man die Nachricht, daß in Brest, Toulon, Genua, Civita-Vecchia bedeutende Rüstungen gemacht, daß die spanische Flotte in Cadix mit großer Emsigkeit instandgesetzt und daß zahlreiche Lager an der Schelde, an den Küsten bei Pas-de-Calais, in der Normandie und der Bretagne aufgeschlagen würden. Napoleon, als Oberbefehlshaber der Armee von England, inspizierte die Küsten des Ozeans und besuchte alle Häfen. Er hatte in Paris alles um sich versammelt, was von alten Marineoffizieren, die sich in französischen Kriegen einen Namen erworben hatten, noch übrig war, wie Buhor, Marigny usw. Sie rechtfertigten indes das nicht, was man von ihnen erwartete. Die Verbindungen Frankreichs mit den Irländern konnten nicht so geheim gehalten werden, um der englischen Regierung alle Kenntnis davon zu entziehen. Zuerst war das Kabinett von St. James der Ansicht, alle diese Rüstungen seien gegen England und Irland gemeinsam gerichtet. Man nahm an, Frankreich werde den eben wiederhergestellten Kontinentalfrieden dazu benutzen, um den langen Kampf in einem Krieg Mann gegen Mann zu beenden. Was in Italien geschah, wurde für Täuschung gehalten. Man glaubte, die Touloner Flotte würde durch die Meerenge segeln, sich in Cadix mit der spanischen Flotte vereinigen, und beide würden dann zusammen vor Brest erscheinen, um die eine Armee nach England und die zweite nach Irland zu werfen. In dieser Ungewißheit begnügte sich die englische Admiralität, in aller Eile ein neues englisches Geschwader auszurüsten.

Sobald sie die Abfahrt Napoleons von Toulon erfuhr, wurde Admiral Sir Roger Curtis mit zehn Kriegsschiffen abgesandt, um das englische Geschwader vor Cadix zu verstärken. Hier befehligte Lord St. Vincent die Flotte, die nun achtundzwanzig Schiffe stark war. Eine andere Flotte von gleicher Stärke lag vor Brest.

Admiral St. Vincent ließ ein leichtes, aus drei Schiffen bestehendes Geschwader zwischen den Küsten Spaniens, der Provence und Sardiniens kreuzen, um Nachrichten einzuziehen und diese Küsten im Auge zu behalten. Am 24. Mai schickte er noch zehn Schiffe von der Flotte vor Cadix nach dem Mittelländischen Meer mit dem Befehl, sich mit Nelson zu vereinigen, der nun dreizehn Schiffe besaß, um Toulon zu blockieren oder die französische Flotte zu verfolgen, wenn sie ausgelaufen sein sollte. Lord St. Vincent blieb mit achtzehn Schiffen vor Cadix, um die spanische Flotte zu beobachten, besonders aber aus Angst, die Flotte von Toulon könne Nelsons Aufmerksamkeit entgehen und durch die Meerenge segeln.

Aus den gedruckten Instruktionen, die Admiral St. Vincent an Nelson sandte, geht hervor, daß er alles vorausgesehen hatte, nur nicht die Expedition nach Ägypten. Man hatte an Brasilien, an das Schwarze Meer, an Konstantinopel gedacht. Mehr als 150.000 Mann lagerten an der Küste, was in England beständige Bewegung und Unruhe hervorbrachte.

*Bewegungen der englischen Flotte im Mittelländischen Meer, in den Monaten Mai, Juni, Juli.*

Nelson kreuzte mit seinen drei, von Lord St. Vincent entsandten Schiffen zwischen Korsika, der Provence und Spanien, als in der Nacht vom 19. Mai ein Windstoß seine Schiffe beschädigte und das Schiff entmastete, das er selbst befehligte. Er war genötigt, sich ins Schlepptau nehmen zu lassen. Er wollte sich im Golf von Cristano auf Sardinien vor Anker legen. Aber er konnte nicht mehr bis dahin gelangen und blieb auf der Reede der Insel San Pietro liegen, wo er seine Havarie ausbesserte.

In derselben Nacht des 19. lichtete die französische

Flotte bei Toulon die Anker. Am 10. Juni erreichte sie Malta, nachdem sie das Kap Corso und das Kap Bonara umsegelt hatte. Nelson, zu dem nun die zehn anderen Schiffe Lord St. Vincents gestoßen waren, kreuzte am 1. Juni noch vor Toulon. Er wußte damals noch nicht, daß die französische Flotte ausgelaufen war. Am 15. erschien er auf der Reede von Tagliamone an der toskanischen Küste, die er für den Treffpunkt der französischen Flotte hielt. Am 20. war er vor Neapel und erfuhr von der dortigen Regierung, daß die französische Flotte in Malta sei und daß Garat, der Gesandte der Republik, zu verstehen gegeben habe, die Expedition sei nach Ägypten bestimmt. Nelson langte am 22. vor Messina an. Die Nachricht, daß Malta von den Franzosen genommen sei, bestätigte sich; auch erfuhr er, daß sie von da ihre Fahrt nach Candia gerichtet habe. Er passierte darauf die Straße von Messina und steuerte nach Alexandrien, wo er am 29. Juni eintraf.

Die französische Expedition erhielt die erste Nachricht von dem Vorhandensein eines englischen Geschwaders im Mittelländischen Meer auf der Höhe des Kap Bonara durch ein Schiff, dem sie begegnete. Am 25., als eben die Küsten von Candia rekognosziert worden waren, erschien die Fregatte „La Justice", die vor Neapel gekreuzt hatte. Sie brachte die sichere Nachricht von der Anwesenheit eines englischen Geschwaders in diesen Meeren. Darauf befahl Napoleon, anstatt direkt auf Alexandrien zu steuern, Kurs nach der afrikanischen Küste nach dem Kap Azeh, fünfzehn Meilen von Alexandrien, zu nehmen und sich erst dann, wenn man weitere Nachrichten eingezogen hätte, dieser Stadt zu nähern. Den 29. wurde die afrikanische Küste und das Kap Azeh gesichtet. Nelson befand sich damals gerade vor Alexandrien, und da er dort nichts von der französischen Flotte bemerkte, richtete er seinen Kurs nach Alexandrette und von da nach Rhodus. Später segelte er an den Inseln des Archipels vorbei, rekognoszierte die Einfahrt in das Adriatische Meer und war genötigt, am 18. bei Syrakus auf Sizilien vor Anker zu gehen, um Trinkwasser einzunehmen. Noch hatte er keine Meldung über den Kurs, den die französische Flotte genommen. Von Syrakus segelte er wieder ab und warf am 28. Juli Anker beim Kap Coron, an der Spitze von Morea. Erst hier erfuhr er, daß die französische Armee seit einem Monat in Ägypten gelandet sei. Er vermutete die französische Flotte schon auf dem Rückwege nach Toulon; dessenungeachtet steuerte er nach Alexandrien, um seiner Regierung eine positive Nachricht zu bringen und vor dieser Stadt die zu einer Blockade nötigen Schiffe zu lassen.

### *Mögliche Fälle für und wider die französischen und englischen Flotten, wenn sie sich unterwegs begegnet wären*

Bei der Abfahrt aus Toulon bestand das französische Geschwader aus dreizehn Linienschiffen, sechs Fregatten und einem Dutzend Briggs, Korvetten oder Avisos. Die englische Flotte umfaßte dreizehn Schiffe, wobei eins fünfzig, die übrigen 74 Kanonen stark waren. Sie waren in großer Eile ausgerüstet worden und befanden sich in schlechtem Zustand. Nelson besaß keine Fregatten. Unter den französischen Schiffen war eines mit 120 und drei mit 80 Kanonen. Eine Transportflotte, aus mehreren hundert Segelschiffen bestehend, wurde von dem Geschwader eskortiert. Besonders aber waren seiner Bewachung zwei Schiffe zu 64 Kanonen, vier Fregatten venezianischer Bauart zu 18 Kanonen und etwa 20 Briggs oder Avisos anvertraut. Das französische Geschwader wurde von einer großen Anzahl leichter Fahrzeuge begleitet, deren es sich bediente, um sie weit voraus zu senden, so daß die Transportflotte nichts zu fürchten hatte und bei Annäherung des Feindes jede beliebige Stellung einnehmen konnte, um vom Gefecht fern zu bleiben. Jedes französische Schiff hatte 500 alte Soldaten an Bord, mit Einschluß einer Landartilleriekompagnie. Seit einem Monat nach Einschiffung hatte man die Landungstruppen zweimal des Tages im Manöver mit dem Geschütz geübt. Auf jedem Kriegsschiff befanden sich charakterfeste Generale, die ans Feuer gewöhnt und mit dem Krieg vertraut waren.

Die Möglichkeit, den Engländern zu begegnen, war der Gegenstand aller Gespräche. Die Schiffskapitäne hatten in diesem Fall Befehl, am Gefecht teilzunehmen und den Nachbar zu unterstützen und jederzeit darauf vorbereitet zu sein.

Die Flotte Nelsons war eine der schlechtesten, die England in letzter Zeit ausgesandt hatte.

### *Die französische Flotte erhält Befehl, in den alten Hafen von Alexandrien einzulaufen*

Die französische Flotte wurde angewiesen, in den Hafen von Alexandrien einzulaufen. Dies war für die Armee und für die weiteren Pläne des Oberbefehlshabers notwendig. Das Erstaunen war groß, als die türkischen Lotsen erklärten, sie könnten keine mit 74 Kanonen bestückten Schiffe, noch weniger aber die mit 80 Kanonen bestückten in den alten Hafen bringen. Kapitän Barré, ein ausgezeichneter Seeoffizier, der die Durchfahrten zu untersuchen hatte, erklärte indes ganz bestimmt das Gegenteil. Die mit 64 Kanonen bestückten Schiffe und die Fregatten liefen ohne Schwierigkeit ein. Der Admiral und mehrere Seeoffiziere bestanden indes auf einer zweiten Untersuchung der Durchfahrt, ehe man die ganze Flotte einer eventuellen Gefahr aussetzte. Da die Kriegsschiffe Artillerie und Munition des Heeres an Bord hatten und eine starke Brise wehte, so schlug der Admiral vor, die Ausschiffung bei Abukir zu bewerkstelligen. Er erklärte, er werde dazu nur 36 Stunden brauchen, während fünf bis sechs Tage nötig seien, wenn er unter Segel bleiben und diese Operation vornehmen solle.

Bei seinem Abmarsch von Alexandrien gegen die Mamelucken wiederholte Napoleon dem Admiral den Befehl, in den Hafen von Alexandrien einzulaufen. Wenn er es jedoch für unmöglich halte, solle er sich nach Korfu begeben, wo er von Konstantinopel aus durch den dortigen französischen Gesandten Talleyrand Befehle empfangen werde. Würden diese aber ausbleiben, so sollte der Admiral nach Toulon zurückkehren.

Die Flotte konnte in den alten Hafen von Alexandrien einlaufen. Die Untersuchung ergab, ein Schiff, das 21 Fuß Tiefgang hatte, könne ohne Gefahr dahin gelangen. Die 74-Kanonen-Schiffe, die 23 Fuß Wasser halten, brauchten sich daher nur um 2 Fuß zu erleichtern, die zu 80 Kanonen, welche 24½ halten, um 3½ Fuß, und die Dreidecker, die 27 Fuß halten, um 5 Fuß. Diese Erleichterungen konnten ohne Nachteile vorgenommen werden, entweder durch Ablassen des Wassers ins Meer oder durch Ausschiffung der Artillerie. Es ist bekannt, um wieviel ein Schiff durch Löschung der Lebensmittel und Ablassen des Wassers erleichtert wird, ebenso um wieviel durch Ausschiffung der Artillerie. Dieser Vorschlag wurde dem Admiral durch seine Offiziere unterbreitet. Er gab darauf zur Antwort, er würde ihn annehmen, wenn alle Schiffe mit 74 Kanonen bestückt wären, da er aber eines mit 120 und drei mit 80 besäße, so laufe er Gefahr, wenn er einmal im Hafen sei, nicht wieder auslaufen zu können und von acht oder neun englischen Linienschiffen blockiert zu werden. Denn es sei unmöglich, den drei 80-Kanonen-Schiffen und dem „Orient“ eine solche Stellung anzuweisen, daß sie sich nur in der Wassertiefe schlagen könnten, die ihnen die Durchfahrt gestatte. Diese Unbequemlichkeit war an sich unbedeutend. Die in diesen Gegenden herrschenden Winde machen eine ernste Blockade unmöglich, und hatte das Geschwader einmal die Durchfahrt zurückgelegt, so konnte es in 24 Stunden schlachtbereit sein. Überdies gab es ein ganz natürliches Mittel, dem abzuhelfen. Man brauchte nämlich in Alexandrien nur vier Halbkamele zu bauen, um dadurch für die 80-Kanonen-Schiffe 2 Fuß und für das 120-Kanonen-Fahrzeug 4 Fuß zu gewinnen. Die Erbauung dieser vier Kamele für einen so unbedeutenden Zweck erforderte keine großen Anstrengungen. Der in Venedig gebaute „Rivoli“ ist vollständig gerüstet auf einem solchen Kamel aus Malamocco herausgebracht worden. Es wurden ihm dadurch 7 Fuß Wasser gewonnen, so daß er nur 16 Fuß brauchte. Wenige Tage später schlug er sich, so gut er konnte, mit einem englischen Schiff und einer Fregatte. In Alexandrien befanden sich Linienschiffe, Fregatten und 400 Transportschiffe, die alles Material enthielten, das man dazu bedurft hätte. Es waren auch genügend Marineingenieure da, unter anderen der Marineintendant Leroy, der sein ganzes Leben auf Schiffswerften zugebracht hat.

Nachdem der vom Kapitän Barré erstattete Rapport geprüft worden war, sandte der Admiral Brueys einen Bericht darüber an den Oberkommandierenden. Er konnte indes nicht rechtzeitig eintreffen und eine Antwort erhalten, weil die Verbindungen einen Monat lang bis zur Einnahme von Kairo unterbrochen waren. Hätte der Kommandierende General diesen Rapport erhalten, so würde er den Befehl erneuert haben, in den alten Hafen einzulaufen und den größeren Schiffen einen Teil ihrer Last abzunehmen. Er würde auch die nötigen Maßnahmen vorgeschrieben haben, um das Auslaufen der Flotte zu erleichtern. Da jedoch der Admiral Brueys Befehl hatte, sich, im Fall er nicht auslaufen könne, nach Korfu zu begeben, so hatte er völlig freie Hand, den Umständen gemäß zu handeln. Korfu hatte französische Besatzung und Depots von Zwieback und Fleisch für sechs Monate. Der Admiral hätte die Küste Albaniens angelaufen und dort Lebensmittel eingenommen. Schließlich war er ermächtigt, von Korfu nach Toulon zu segeln, wo sich 5—6000 Mann von den in Ägypten befindlichen Regimentern befanden. Sie hatten sich teils vom Urlaub, teils aus den Lazaretten, teils mit verschiedenen Detachements nach Toulon begeben, als die Expedition bereits unter Segel war.

Admiral Brueys tat indes nichts von alledem. Er warf auf der Reede vor Abukir Anker und sandte nach Rosette um Reis und Lebensmittel. Die Meinungen sind sehr verschieden über die Ursachen, die den Admiral bewogen, auf dieser schlechten Reede so hartnäckig lange auszuharren. Einige glaubten, daß, nachdem er die Unmöglichkeit erkannte, seine Flotte in den Hafen zu bringen, er vor allen Dingen Gewißheit über die Einnahme von Kairo haben wollte, um die Armee nicht in einer bedenklichen Lage zu lassen. Brueys war dem Kommandierenden General sehr ergeben. Die

Verbindungen waren abgeschnitten und, wie es unter solchen Umständen zu geschehen pflegt: es verbreiteten sich im Rücken des Heeres die nachteiligsten Gerüchte. Inzwischen hatte der Admiral die Erfolge der Schlacht bei den Pyramiden und den Siegeseinzug der Franzosen am 29. Juli in Kairo erfahren. Wahrscheinlich wollte er, da er nun schon einen Monat gewartet hatte, noch ein paar Tage vergehen lassen, um direkte Nachrichten vom Oberbefehlshaber zu erhalten. Solche Gründe aber können sein Verhalten nicht rechtfertigen, denn er hatte ganz strikte Befehle. Unter keiner Voraussetzung durfte er in einer Lage verharren, in der seine Flotte gefährdet war. Die Besorgnisse, die ihm die falschen Nachrichten über die Armee einflößten, hätte er besser mit dem vereinbart, was er der Sicherheit seiner Flotte schuldig war, wenn er zwischen den Küsten Ägyptens und Karamans gekreuzt und in Damiette oder einem anderen dazu geeigneten Ort Nachrichten über die Armee und über Alexandrien eingezogen hätte.

### *Die französische Flotte legt sich auf der Reede vor Abukir vor Anker*

Sowie der Admiral die Artillerie und die dem Landheer gehörigen Effekten ausgeschifft hatte, was nicht länger als 48 Stunden dauerte, mußte er die Anker lichten und unter Segel gehen, ob er nun neue Anweisungen zum Einlaufen in den Hafen von Alexandrien oder Nachrichten von der Armee erwartete. Er begriff jedoch seine Lage ganz und gar nicht. Er verwendete mehrere Tage darauf, seine Ankerlinie zu ordnen. Sein linker Flügel war durch die kleine Insel Abukir gedeckt, und da er ihn für unangreifbar hielt, stellte er seine schlechtesten Schiffe, den „Guerrier" und den „Conquérant" dort auf. Der „Conquérant" war das älteste Schiff der ganzen Flotte und führte auf seiner untersten Batterie nur Achtzehnpfünder. Brueys ließ die kleine Insel besetzen und dort eine Batterie von zwei Zwölfpfündern aufstellen. Im Zentrum behielt er seine besten Schiffe, den „Orient", den „Franklin", den „Tonnant", und auf dem äußersten rechten Flügel stand der „Généreux", eines der besten und am besten geführten Schiffe. Da er für seine rechte Flanke besorgt war, ließ er sie durch den „Guillaume Tell", sein drittes Schiff zu 80 Kanonen, unterstützen.

In dieser Lage fürchtete Admiral Brueys nicht, in seiner linken Flanke angegriffen zu werden, die sich an die Insel lehnte. Weit mehr war er um seine Rechte besorgt. Wenn aber der Feind sich gegen diese wendete, verlor er den Wind, und es scheint, daß Brueys in diesem Fall die Absicht hatte, sich mit seinem Zentrum und dem linken Flügel in Bewegung zu setzen. Den linken Flügel hielt er für so vollkommen gedeckt, daß er es nicht einmal nötig fand, ihn durch das Feuer der Insel zu unterstützen. Die schwache, dort stehende Batterie hatte keinen anderen Zweck, als eine feindliche Landung abzuwehren. Hätte der Admiral seine Lage besser beurteilt, so würde er die Insel mit zwanzig Sechsunddreißigpfündern und acht bis zehn Mörsern besetzt haben. Er hätte seinen linken Flügel dort verankert und die beiden 64-Kanonen-Schiffe von Alexandrien zurückgerufen. Sie würden ihm als zwei sehr gute schwimmende Batterien gedient haben, welche, da sie weniger Wasser brauchten, sich der Insel mehr nähern konnten. Er hätte ferner 3000 Franzosen von der Transportflotte aus Alexandrien gezogen und damit die Mannschaft seiner Schiffe verstärkt. Zu diesem letzten Mittel nahm er erst in dem Augenblick seine Zuflucht, als das Gefecht bereits im Gange war, so daß dadurch die Verwirrung nur vergrößert wurde. Er täuschte sich völlig über die Stärke seiner Ankerlinie.

### *Napoleon erfährt, daß die Flotte in Abukir geblieben ist. Seine Verwunderung*

Nach dem Treffen bei Rahamanieh schnitten die Araber alle Verbindungen der Armee mit Alexandrien ab. Erst nach der Schlacht bei den Pyramiden und der Einnahme von Kairo unterwarfen sie sich aus Furcht vor der Rache der französischen Armee. Am 27. Juli, zwei Tage nach dem Einzug in Kairo, erhielt Napoleon zum erstenmal Depeschen aus Alexandrien und Briefe des Admirals. Er war sehr erstaunt, zu hören, daß die Flotte nicht in Sicherheit sei, daß sie sich weder im Hafen von Alexandrien noch in Korfu befinde, noch auf dem Wege nach Toulon, sondern daß sie auf der Reede von Abukir liege, den Angriffen eines überlegenen Feindes ausgesetzt. Er sandte seinen Adjutanten Julien an den Admiral ab, um ihm seine ganze Unzufriedenheit zu erkennen zu geben und ihm zu befehlen, sich sogleich segelfertig zu machen und entweder in Alexandrien einzulaufen oder nach Korfu zu steuern. Er erinnerte ihn daran, daß die Marinereglements verbieten, ein Gefecht auf offener Reede anzunehmen. Der Schwadronchef Julien reiste am 27. um 7 Uhr abends ab; er hätte erst am 3. oder 4. August ankommen können. Die Schlacht fand vom 2. zum 3. statt. Julien wurde in der Dscherme (Nilschiff), in der er sich befand, bei Alkam von einem Trupp Araber überfallen und ermordet, nachdem er seine Depeschen, deren Wichtigkeit ihm bekannt war, bis zu letzten Atemzug verteidigte.

### *Die vor Anker liegende französische Flotte wird von einer englischen Flotte rekognosziert*

Admiral Brueys verharrte untätig in der von ihm erwählten schlechten Stellung. Eine seit drei Wochen von Nelson auf Kundschaft ausgesandte englische Fregatte zeigte sich vor Alexandrien und kam nach Abukir, wo sie die ganze Ankerlinie ungestraft rekognoszierte. Nicht ein Schiff, nicht eine Brigg, nicht eine Fregatte befand sich unter Segel. Der Admiral besaß dreißig leichte Fahrzeuge, womit er das Meer bedecken hätte können. Sie lagen alle vor Anker! Nach Kriegsbrauch hätte er mit seiner ganzen Flotte unter Segel sein sollen, was auch seine weiteren Pläne sein mochten. Zum mindesten hätte er ein leichtes Geschwader von zwei oder drei Kriegsschiffen und acht bis zehn Fregatten oder Avisos unter Segel halten müssen, um den englischen leichten Fahrzeugen jede Annäherung zu verwehren und von der Nähe des Feindes unterrichtet zu sein. Ein unglückliches Geschick riß ihn fort.

Am 31. Juli sandte Nelson zwei seiner Schiffe ab, die, ohne weiter gestört zu werden, die französische Ankerlinie rekognoszierten. Am 1. August, gegen 3 Uhr nachmittags, erschien die englische Flotte mit vollen Segeln. Es wehte ein in dieser Jahreszeit beständiger frischer Nordwestwind. Admiral Brueys saß bei Tisch. Ein Teil der Mannschaft war an Land gegangen. Auf keinem Schiff ertönte das Alarmsignal. Der Admiral befahl sofort: „Klar zum Gefecht!“ Er sandte einen Offizier nach Alexandrien, um Matrosen von den Transportschiffen zu verlangen. Kurz darauf gab er das Signal, sich segelfertig zu machen. Allein die feindliche Flotte kam mit derartiger Schnelligkeit heran, daß man kaum Zeit hatte, das Alarmsignal zu geben, was noch dazu äußerst nachlässig geschah. Auf dem „Orient“, wo sich der Admiral in Person befand, ließ man sogar die Kabinen stehen, die man auf der Überfahrt auf dem obersten Deck für die Offiziere der Landtruppen errichtet hatte; sie blieben mit Matratzen, Farbeimern und Teertonnen angefüllt. Auf dem „Guerrier“ und dem „Conquérant“ wurde eine einzige Batterie in Stand gesetzt. Die nach der Landseite gelegene wurde mit allem überdeckt, was man auf der anderen Seite wegnahm, so daß diese Batterien, wenn sie umgangen wurden, nicht in der Lage waren, zu feuern. Das setzte die Engländer dermaßen in Erstaunen, daß sie Leute ausschickten, um die Ursache zu erfahren, warum sie die französische Flagge wehen sahen und doch kein Feuer bekamen.

Der am Lande befindliche Teil der Mannschaft hatte kaum Zeit, an Bord zurückzukehren. Da der Admiral der Meinung war, der Feind könne erst gegen 6 Uhr in Schußnähe gelangen, so erwartete er den Angriff am nächsten Morgen, um so mehr, da er nur elf englische Linienschiffe entdeckte. Die beiden anderen waren nach Alexandrien geschickt worden und stießen erst gegen 8 Uhr abends wieder zu Nelson. Brueys konnte sich nicht vorstellen, daß die Engländer ihn noch am selben Tag und nur mit elf Schiffen angreifen würden. Man nimmt an, seine Absicht sei anfangs gewesen, unter Segel zu gehen. Er habe es nur aufgeschoben, um die Matrosen aus Alexandrien zu erwarten und sie an Bord zu nehmen. Dann aber habe die Kanonade begonnen. Außerdem war ein englisches Schiff an der Insel auf den Strand gelaufen, was das Vertrauen des Admirals noch bestärkte. Die Matrosen trafen erst gegen 9 Uhr ein. Man beschoß sich bereits auf mehreren Schiffen. In der Verwirrung und der Dunkelheit blieb ein großer Teil von ihnen am Ufer und schiffte sich gar nicht ein. Es war die Absicht des englischen Admirals, den Angriff von Schiff gegen Schiff zu machen, indem jedes englische Fahrzeug den Anker rückwärts auswarf und seine Stellung quer vor dem Bug der Franzosen nahm. Der Zufall änderte diese Anordnung. Der „Culloden“ sollte den „Guerrier“ angreifen. Er strandete jedoch, als er links zwischen dem französischen Schiff und der Insel vorbeisegeln wollte. Wäre die Insel mit schwerem Geschütz besetzt gewesen, so hätte man das englische Kriegsschiff genommen. Dem „Culloden“ folgte der „Goliath“. Er war bemüht, sich quer vor den Bug des „Guerrier“ zu legen, wurde aber vom Wind und von der Strömung abgetrieben und warf die Anker erst, als er schon über den „Guerrier“ hinaus in dessen Rücken war. Da er hier gewahr wurde, daß die linke Batterie des „Conquérant“ Feuer gab — nämlich aus dem obenerwähnten Grund —, so nahm er seine Stellung Bord an Bord von ihm und machte ihn in kurzer Zeit kampfunfähig. Der „Zealous“, das zweite englische Schiff, folgte der Bewegung des „Goliath“, legte sich an Bord des „Guerrier“, der sein Feuer nicht erwiderte, und entwaffnete ihn in einem Augenblick. Der „Orion“, das dritte englische Schiff, führte das gleiche Manöver aus. Er wurde indes durch das Feuer einer französischen Fregatte aufgehalten und warf seine Anker zwischen dem „Franklin“ und dem „Peuple Souverain“. Der „Vanguard“, das englische Admiralschiff, warf seine Anker quer vor dem „Spartiate“, dem dritten französischen Schiff. Der „Defence“, der „Bellerophone“, der „Majestic“ und der „Minotaur“ folgten dieser Bewegung. Dadurch kam das ganze Zentrum der französischen Linie bis zum achten Schiff, dem „Tonnant", ins Gefecht. Nun formierte der Admiral nebst seinen beiden Flankenschiffen eine Linie von drei Schlachtschiffen, die denen der Engländer weit überlegen war. Das Feuer war fürchterlich. Der „Bellerophon" hatte Masten und Takelwerk verloren und mußte die Flagge streichen. Mehrere andere Linienschiffe der Engländer waren genötigt, sich zu entfernen. Wenn in diesem Augenblick der den rechten französischen Flügel kommandierende Kontreadmiral Villeneuve die Anker gekappt hätte und mit seinen fünf Schiffen, dem „Heureux", „Timoléon", „Mercure", „Guillaume Tell", „Généreux", nebst den Fregatten „Diane" und „Justice" über die englische Flotte hergefallen wäre, dann war sie verloren. Der „Culloden" war auf einer Sandbank festgefahren und der „Leander" bemühte sich, ihn wieder flott zu machen. Da der „Alexander", der „Swiftsure" und noch zwei andere Schiffe bemerkten, daß unser rechter Flügel unbeweglich blieb, und daß das Zentrum der englischen Schlachtlinie heftig beschossen wurde, so setzten sie sich dahin in Bewegung. Der „Alexander" nahm die Stelle des „Bellerophon" ein, der „Swiftsure" griff den „Franklin" an. Bisher war der „Leander" mit dem „Culloden" beschäftigt gewesen. Nun eilte er ebenfalls herbei, um in der dringenden Gefahr das Zentrum zu verstärken. Der Sieg war nichts weniger als entschieden. Der „Guerrier" und der „Conquérant" hatten ihr Feuer eingestellt; es waren die ältesten Schiffe der Flotte. Auf Seiten der Engländer waren der „Culloden" und der „Bellerophon" außer Gefecht. Das Zentrum der französischen Linie hatte durch sein überlegenes Feuer viel mehr Schaden zugefügt als erlitten. Die Engländer hatten nur Vierundsiebzigerkanonenschiffe minderen Ranges. Es war zu erwarten, daß der Admiral Villeneuve, wenn das Feuer so die ganze Nacht anhielt, endlich am Morgen die Anker lichtete. Dann war anzunehmen, daß der Angriff von fünf guten Schiffen, die noch nicht einen Schuß gewechselt hatten, von Erfolg gekrönt sein werde. Um elf Uhr jedoch geriet der „Orient" in Brand und flog in die Luft. Der unvorhergesehene Fall entschied den Sieg. Die fürchterliche Explosion brachte einen Stillstand im Gefecht hervor. Nach einer Viertelstunde begann unsere Linie das Feuer von neuem, ohne durch dieses traurige Schauspiel den Mut zu verlieren. Der „Franklin", der „Tonnant", der „Peuple Souverain", der „Spartiate", der „Aquilon" unterhielten das Feuer bis 3 Uhr morgens. Zwischen 3 und 5 Uhr ließ es auf beiden Seiten nach. Zwischen 5 und 6 Uhr begann es mit neuer Heftigkeit und wurde furchtbar. Was wäre geworden, wenn der „Orient" nicht aufgeflogen wäre? Gegen Mittag wütete der Kampf noch und endete erst gegen 2 Uhr. Erst dann schien Villeneuve zu sich zu kommen und inne zu werden, daß man sich 20 Stunden hintereinander schlage. Er kappte seine Anker und stach mit dem „Guillaume Tell", worauf er sich selbst befand, und mit den Fregatten „Diane" und „Justice" in See. Die anderen drei Linienschiffe seines Flügels warfen sich an die Küste, ohne zu kämpfen. So waren also, ungeachtet der schrecklichen Katastrophe des „Orient", ungeachtet der außerordentlichen Untätigkeit Villeneuves, der fünf Schiffe davon abhielt, einen einzigen Schuß abzugeben, die Verluste und die Verwirrung bei den Engländern so groß, daß 24 Stunden nach der Schlacht noch die Trikolore auf dem „Tonnant" wehte. Nelson besaß kein Schiff mehr, daß imstande gewesen wäre, den „Tonnant" anzugreifen. Der „Guillaume Tell" und der „Généreux" wurden nicht nur nicht verfolgt, sondern die Feinde befanden sich in einem derartig hilflosen Zustand, daß sie die Entfernung dieser Schiffe mit Freuden begrüßten. Admiral Brueys verteidigte die Ehre Frankreichs äußerst standhaft. Trotz mehrerer Wunden war er nicht zu bewegen, das Deck zu verlassen, um sich verbinden zu lassen. Er starb auf seinem Posten und erteilte bis zuletzt seine Befehle. Casabianca, Thévenard, Petit-Thouard haben sich an diesem unglückseligen Tage mit Ruhm bedeckt. Der Kontreadmiral Villeneuve hätte, wie Nelson und die Engländer behaupteten, selbst nach dem Unfall des „Orient" den Sieg entscheiden können. Hätte er noch um Mitternacht sich in Bewegung gesetzt und mit seinen Schiffen am Gefecht teilgenommen, so wäre es ihm gelungen, die englische Flotte in den Grund zu bohren. Er blieb ruhiger Zuschauer der Schlacht!

Da der Konteradmiral Villeneuve ein tapferer Soldat und guter Seemann ist, so fragt man nach der Ursache seines sonderbaren Benehmens. Er erwartete Befehle! Man behauptet, Admiral Brueys habe ihm den Befehl gegeben, die Anker zu lichten, aber im Pulverrauch habe er das Signal nicht bemerkt. Bedurfte es indes eines Befehls, um am Gefecht teilzunehmen und seinen Kameraden zu Hilfe zu kommen? Übrigens flog der „Orient" um 11 Uhr abends auf. Von da bis 2 Uhr nachmittags dauerte die Schlacht, also 15 Stunden! Villeneuve kommandierte persönlich. Warum tat er nichts? Er war unentschlossen und ohne Tatkraft.

### *Die Folgen der Schlacht*

Die Mannschaften der drei gescheiterten Schiffe und der beiden Fregatten landeten an der Küste von Abukir. Hundert Mann etwa retteten sich vom „Orient", und eine große Anzahl Matrosen von anderen Schiffen flüchteten an Land, nachdem der Sieg entschieden war, indem sie die bei den Feinden herrschende Verwirrung benutzten. Die Armee gewann dadurch 3500 Mann, wovon man eine aus drei Bataillonen bestehende Marinelegion bildete, zusammen 1800 Mann stark. Die übrigen wurden in die Artillerie, Infanterie und Kavallerie eingereiht. Die Rettung wurde sehr tätig betrieben. Es wurden viele Geschütze, Munition, Masten und Holzwerk in Sicherheit gebracht, die im Arsenal von Alexandrien gute Verwendung fanden. Im Hafen blieben uns die beiden Linienschiffe „Causse" und „Dubois", vier Fregatten venezianischer, drei französischer Bauart, alle leichten Schiffe und die Fahrzeuge von der Transportflotte. Einige Tage nach der Schlacht lichtete Nelson die Anker und verließ die Küste von Alexandrien. Es blieben nur drei Linienschiffe zur Blockade des Hafens zurück. Vierzig neapolitanische Transportschiffe erbaten und erhielten vom Kommandanten von Alexandrien die Erlaubnis, nach Hause zurückkehren zu dürfen. Der Befehlshaber des englischen

Kreuzergeschwaders steckte sie jedoch in Brand und nahm die Mannschaft gefangen. Diese Verletzung des Völkerrechts brachte indes den Engländern selbst Schaden. Die italienische und französische Besatzung der Transportschiffe, die zum Konvoi gehörte, sah, daß ihr Heil vom Sieg der französischen Armee abhinge und machte fortan gemeinsame Sache mit den Franzosen.

Nelson wurde im Hafen von Neapel im Triumph empfangen. Der Verlust der Schlacht von Abukir hatte großen Einfluß auf die Angelegenheiten in Ägypten, ja sogar auf die ganze Welt. Wäre die französische Flotte noch vorhanden gewesen, die Expedition nach Syrien hätte nicht mißlingen können. Die Belagerungsartillerie wäre leicht und sicher jenseits der Wüste angelangt und St. Jean d'Acre hätte die französische Armee nicht aufgehalten. Die Zerstörung der französischen Flotte gab dem Diwan den Mut, Frankreich den Krieg zu erklären. Die Armee verlor ihre größte Stütze. Ihre Lage in Ägypten war mit einem Schlag ganz verändert, und Napoleon mußte die Hoffnung aufgeben, die französische Herrschaft im Westen je durch die Erfolge des Feldzuges nach Ägypten zu befestigen.

## *DER AUFSTAND IN KAIRO AM 21. OKTOBER 1798*

Während Desaix in Oberägypten weilte, um Murad Bei völlig zu vernichten, fand am 21. Oktober in Kairo ein Aufstand statt, der aber niedergeschlagen wurde. Allerorts bildeten sich in der Stadt Versammlungen, und als der Platzkommandant General Dupuy erschien, fand er alle Straßen verbarrikadiert. Um sich einen Weg durch die Menge zu bahnen, ließ er angreifen, wurde aber dabei selbst getötet. Nun übernahm General Bon den Oberbefehl. Alarmschüsse wurden durch die Geschütze abgegeben, doch bald schoß man auf allen Straßen, und die Bevölkerung begann die Häuser der Reichen zu plündern. Am Abend war die Stadt nahezu wieder beruhigt, abgesehen von der Großen

Moschee, wo sich der Sitz der Aufständischen befand, die die benachbarten Straßen verrammelt hatten.

Nachdem ich durch den General Veaux die Araber und Landleute, die zur Verstärkung der Aufständischen in der Stadt herbeigeeilt waren, hatte zerstreuen lassen, begann General Dommartin, der sich mit einigen Geschützen auf eine Höhe begeben hatte, die die Große Moschee beherrschte, diese am nächsten Tage zu beschießen.

In weniger als 20 Minuten Beschießung waren die Barrikaden weggeräumt, der Platz gesäubert und die Moschee in den Händen unserer Truppen. Die Ruhe war jetzt völlig hergestellt. Man schätzte den Verlust der Aufständischen auf 2 bis 2500 Mann; der unsere betrug nur 57 Mann.

## *MARSCH NACH SYRIEN, 1799*

Im neuen Jahre beschloß ich, eine Expedition nach Syrien zu unternehmen. Drei Beweggründe veranlaßten mich zu diesem Entschluß: Die Eroberung Ägyptens durch Errichtung einer Festung jenseits der Wüste sicher zu stellen und die Pforte zu veranlassen, sich über ihre Stellung zu uns zu äußern, endlich, um zu verhindern, daß das englische Geschwader Hilfsmittel aus Syrien bezöge.

Am 22. August 1798 hatte ich einen Offizier an Djezzar, Pascha von Akka, geschickt. Er wurde schlecht aufgenommen, und ich erhielt keine Antwort auf meine Fragen. Am 19. November schrieb ich dem Pascha nochmals; er ließ kurzerhand dem Überbringer den Kopf abschneiden. Die in Akka anwesenden Franzosen wurden verhaftet und aufs grausamste mißhandelt.

Die Provinzen von Ägypten waren mit großherrlichen Befehlen überschwemmt, in denen Djezzar seine feindlichen Gesinnungen nicht verhehlte und seine Ankunft ankündigte.

Er tat mehr. Er besetzte die Provinzen Jaffa, Ramle und Ghazze. Seine Vorhut nahm in El-Arisch Stellung, wo sich ein paar gute Brunnen befanden, und wo mitten in der Wüste, zehn Stunden von der Grenze entfernt, auf ägyptischem Gebiet ein Fort steht.

Mir blieb also keine Wahl mehr. Man forderte mich zum Kriege heraus. Ich glaubte, nicht zögern zu dürfen, Djezzar selbst anzugreifen. General Reynier vereinigte sich am 4. Februar 1799 mit seiner Vorhut, die sich unter den Befehlen des unermüdlichen Generals Lagrange bei Katieh befand, das drei Tagereisen weit in der Wüste liegt, und wo ich beträchtliche Magazine errichtet hatte.

Am 6. Februar 1799 kam der General Kleber von Damiette über den Mensalesee an, auf dem man mehrere Kanonenboote gebaut hatte. Er landete in Pelusium und begab sich nach Katieh.

General Reynier marschierte am 6. Februar mit seiner Division von Katieh ab, um sich nach El-Arisch zu begeben. Mehrere Tage marschierten wir, ohne einen Tropfen Wasser zu finden, durch die Wüste. Aber alle Schwierigkeiten wurden überwunden. Der Feind ward angegriffen, zurückgeworfen, das Dorf El-Arisch genommen und die ganze feindliche Vorhut in das Fort El-Arisch eingeschlossen.

### *Einnahme von El-Arisch und Ghazze*

Inzwischen hatte die Kavallerie Djezzars, von einem Infanteriekorps unterstützt, eine Stunde hinter uns Stellung genommen und blockierte das Belagerungsheer. General Kleber ließ den General Reynier eine Bewegung machen. Um Mitternacht wurde das feindliche Lager umzingelt, angegriffen und genommen. Einer der Beis fand dabei den Tod. Geräte, Waffen, Gepäck, alles wurde genommen. Der größte Teil der Mannschaft hatte Zeit, sich zu retten. Mehrere Unterführer Ibrahim Beis wurden gefangen genommen.

Die Laufgräben vor dem Fort El-Arisch wurden eröffnet. Eine unserer Minen war aufgefunden und unsere Minierer waren vertrieben worden. Am 16. Februar ließ ich eine Bresch- und zwei Laufgräbenbatterien errichten. Man schoß den ganzen 17. hindurch. Am 18. mittags war die Bresche gangbar. Ich forderte den Kommandanten zur Übergabe auf, und er ergab sich.

Wir fanden in El-Arisch 300 Pferde, viel Zwieback und Reis, 500 Albanier, 500 Moghrebiner, 200 Anatolier und Karamanier. Die Moghrebiner nahmen Dienste bei uns.

Wir verließen El-Arisch am 22. Februar. Die Vorhut verirrte sich in der Wüste und hatte außerordentlich unter dem Mangel an Wasser zu leiden. Da es uns an Lebensmitteln fehlte, waren wir gezwungen, Pferde, Esel und Kamele zu schlachten. Am 23. erreichten wir die an den Grenzen von Afrika und Asien aufgestellten Säulen. Am 24. lagerten wir auf asiatischem Boden, und am folgenden Tag befanden wir uns auf dem Marsche nach Ghazze. Gegen 10 Uhr morgens gewahrten wir 3 bis 4000 Mann Reiterei, die uns entgegenzog.

In Gegenwart des Feindes ließ der General Murat, der die Kavallerie befehligte, durch ein paar mit der größten Genauigkeit ausgeführte Bewegungen mehrere Bergströme überschreiten.

General Kleber zog links gegen Ghazze. General Lannes unterstützte mit seiner leichten Infanterie die Bewegungen der Reiterei, die in zwei Linien aufgestellt war. Jede Linie hatte hinter sich eine Reserveschwadron. Wir griffen den Feind bei der Anhöhe an, von wo aus man Hebron sieht, wohin Simson die Tore von Ghazze trug. Der Feind wich dem Angriff aus und zog sich zurück; es wurden ihm einige Leute getötet, unter anderen der Kiaya des Paschas.

Die 22. Halbbrigade leichter Infanterie zeichnete sich sehr aus. Sie folgte den Pferden im Laufschritt, obwohl sie bereits tagelang keine richtige Mahlzeit gehalten und keinen Schluck guten Wassers getrunken hatte.

Bei unserem Einzug in Ghazze fanden wir 150 Zentner Pulver, eine große Menge Kriegsmunition, Bomben, Werkzeuge, mehr als 200.000 Rationen Zwieback und sechs Kanonen.

Das Wetter war abscheulich; viel Donner und Regen; seit unserer Abreise aus Frankreich hatten wir kein Gewitter gehabt.

Wir übernachteten am 28. Februar in Esdud, dem alten Azotus. Am 1. März 1799 schliefen wir in Ramle, das der

Feind so eilig verlassen hatte, so daß er uns 100.000 Rationen Zwieback, eine große Menge Gerste und 1500 Schläuche zurückließ, die Djezzar für den Marsch durch die Wüste bestimmt hatte.

## *EINNAHME UND PLÜNDERUNG JAFFAS*
## *7. MÄRZ 1799*

Die Division Kleber schloß zuerst Jaffa ein und begab sich darauf an den Fluß El Ugeh, um die Belagerung zu decken. Die Division Bon schloß die rechten und die Division Lannes die linken Werke der Stadt ein.

Am 6. März waren zwei Laufgräbenbatterien, die Breschbatterie und einer der Mörser schußfertig. Die Besatzung machte einen Ausfall. Dann sah man eine Menge verschiedenartig gekleideter Menschen aller Farben auf die Breschbatterie losstürzen: es waren Moghrebiner, Albanier, Kurden, Anatolier, Karamanier, Damaszener, Alepinen, Schwarze von Takrur. Sie wurden lebhaft zurückgewiesen und mußten sich schneller zurückziehen, als sie beabsichtigten.

Als der Morgen des 7. anbrach, ließ ich den Gouverneur auffordern, sich zu ergeben: statt jeder Antwort ließ er meinem Abgesandten den Kopf abschneiden. Um 7 Uhr begann das Feuer. Um 1 Uhr hielt ich die Bresche für gangbar. Der General Lannes traf Anstalten zum Sturm. Der den Generaladjutanten beigegebene Offizier Netherwood erstieg mit zehn Karabiniers als erster den Wall, ihm folgten drei Grenadierkompagnien der 13. und 69. Halbbrigade, die vom Generaladjutanten Rambeaud befehligt wurden.

Um 5 Uhr waren wir Herren der Stadt, die 24 Stunden lang der Plünderung und allen Schrecken des Krieges überliefert wurde; niemals sind mir diese so gräßlich erschienen als damals.

4000 Mann der Truppen Djezzars mußten über die Klinge springen, darunter 800 Kanoniere. Ein Teil der Einwohner wurde niedergemacht.

Viscount Ebrington fragte mich auf Elba, ob ich die bei Jaffa gefangen genommenen Türken hätte niedermetzeln lassen. Darauf antwortete ich ihm: „Allerdings ließ ich einige Tausend niederschießen. Man wird das ein wenig stark finden, aber ich hatte ihnen vorher eine Kapitulation unter der Bedingung bewilligt, daß sie nie wieder gegen uns kämpfen und in ihre Heimat zurückkehren sollten. Statt dessen hatten sie sich in El-Arisch festgesetzt, das sie gegen mich verteidigten, und das ich im Sturm nahm. Ich konnte sie nicht als Gefangene mit mir nehmen, denn ich hatte kein Brot. Sie hingegen waren viel zu große Schurken, als daß ich sie hätte ein zweites Mal freilassen können. Es blieb mir also nichts anderes übrig, als sie zu erschießen."

Während der folgenden Tage kamen mehrere Schiffe mit Kriegs- und Mundvorrat von Akka an; sie wurden im Hafen weggenommen. Ihre Besatzung war sehr erstaunt, die Stadt in unseren Händen zu sehen, denn man meinte, sie würde uns sechs Monate aufhalten. Abd-Allah, einem General Djezzars, gelang es, sich unter den Ägyptern zu verbergen und sich mir zu Füßen zu werfen. Ich habe nach Damaskus und Aleppo mehr als 500 Personen aus den beiden Städten, sowie 4 bis 500 Ägypter geschickt.

Die Mamelucken und Unterführer, die ich in El-Arisch gefangen genommen hatte, habe ich begnadigt; auch dem Scheich von Kairo, Omar-Makram, habe ich verziehen. Gegen die Ägypter bin ich ebenso gnädig gewesen als gegen das Volk von Jaffa, aber streng gegen die Besatzung, die sich mit den Waffen in der Hand gefangennehmen ließ.

Wir fanden in Jaffa 50 Kanonen, darunter 30 Feldgeschütze nach europäischem Muster, viel Munition, mehr als 400.000 Rationen Zwieback, 200.000 Zentner Reis und eine Menge Seife.

### *Es gelingt mir nicht, Akka zu nehmen*

Am 19. März kam ich vor Akka an und ließ sogleich die von Djezzar-Pascha und von dem englischen Kommodore Sidney Smith verteidigte Festung angreifen. Die große Anzahl Artillerie, die die Engländer den Türken zur Verfügung gestellt hatten, und der eigene Mangel an schweren Geschützen war für uns sehr ungünstig. 14 Tage lang haben wir keinen einzigen Kanonenschuß abgegeben und uns bescheiden damit begnügt, die feindlichen Kugeln aufzulesen, für die ich einen Franken das Stück bezahlen ließ.

Während wir Akka belagerten, versuchte ein türkisches Heer uns zu vernichten, doch wurde es bei Nazareth und dann beim Berge Tabor geschlagen.

Bei der Belagerung fiel eine von Sidney Smith geschleuderte Granate gerade vor meinen Füßen nieder. Zwei Soldaten, die neben mir standen, deckten mich sogleich mit ihren Körpern, der eine von vorn, der andere von der Seite, und so bildeten sie eine Schutzwehr für mich. Die Granate explodierte und überschüttete uns alle mit Sand. Wir versanken in dem von ihr gebildeten Loch; einer der Soldaten wurde verwundet. Ich ernannte sie beide zu Offizieren.

Obgleich wir verschiedene Stürme unternommen und dabei viele Leute verloren hatten, gelang es uns nicht, das elende Nest zu nehmen, und ich beschloß, den Rückzug nach Ägypten anzutreten.

*An den Emir Beschir schrieb ich:*

Hauptquartier vor Akka, 30. Ventôse
des Jahres VII. (20. März 1799)

Nachdem ich ganz Ägypten an mich gerissen habe, bin ich durch die Wüste gezogen und in Syrien eingedrungen. Ich habe die Festungen El-Arisch, Gaza und Jaffa erobert, welche die Truppen Djezzar-Paschas eingenommen hatten. Ich habe seine ganze Armee geschlagen und vernichtet. Ich habe ihn jetzt in Akka eingeschlossen, mit dessen Belagerung ich seit vorgestern beschäftigt bin.

Ich beeile mich, Ihnen alle diese Mitteilungen zu machen, weil ich weiß, daß sie Ihnen angenehm sein müssen, da alle diese Siege die Tyrannei eines grausamen Mannes vernichten, der dem tapferen drusischen Volk ebenso viel Böses zugefügt hat als der ganzen Menschheit.

Ich habe die Absicht, das drusische Volk unabhängig zu machen, den Tribut, den es bezahlt, zu erleichtern und ihm den Hafen von Beirut und andere Städte zurückzugeben, die ihm für die Absatzwege seines Handels notwendig sind.

Ich wünsche, daß Sie selbst sobald als möglich kommen, oder daß Sie jemanden zu mir hierher vor Akka senden, damit wir alle nötigen Anordnungen treffen können, um Sie von unseren gemeinschaftlichen Feinden zu befreien.

Sie können in allen Dörfern des drusischen Volkes verkündigen lassen, daß diejenigen, welche Lebensmittel, vor allem Wein und Branntwein ins Lager bringen, pünktlich bezahlt werden.

Bonaparte.

## *EREIGNISSE IN ÄGYPTEN WÄHREND MEINER ABWESENHEIT*

Während meines Einfalls in Syrien hatten in Unterägypten Ereignisse stattgefunden, die ich hier nachtragen möchte.

Am 31. Januar 1799 empörte sich ein Teil der Provinz Beni-Suef. General Veaux marschierte mit einem Bataillon der 22. Halbbrigade dahin und bedeckte das Land meilenweit mit feindlichen Leichen. Alles kehrte wieder zur Ordnung zurück. Er selbst hatte nur 3 Tote und 20 Verwundete zu verzeichnen.

Am 4. Februar erhielt die englische Kreuzerflotte von Alexandria Verstärkung, und kurze Zeit darauf begann sie den Hafen zu beschießen. Die Engländer warfen 1500 bis 1600 Bomben, töteten indes niemand; sie schossen nur zwei elende Häuser zusammen und bohrten ein altes Schiff in den Grund.

Am 6. März verschwand das Geschwader, und wir haben es nicht wieder zu sehen bekommen.

Vier Kanonenboote gingen am 1. Februar von Suez ab, kamen am 6. vor Kôser an, wo sie mehrere mit den Schätzen der vom General Desaix in Oberägypten geschlagenen Mamelucken beladene Fahrzeuge vorfanden. Beim ersten Kanonenschuß brach Feuer auf dem „Tagliamento“ aus, wodurch er in die Luft gesprengt wurde.

Der Bürger Duranteau, Kommandeur des dritten Bataillons der 32. Halbbrigade, rückte am 14. März nach der Provinz Scharkieh. Das Dorf Horbeyt, das sich empört hatte, ward niedergebrannt, und seine Bewohner wurden getötet.

Am 5. März ließ der General Dugua, den man benachrichtigt hatte, daß ein neuer Sturm aus dem Innern Afrikas an die Grenzen der Provinz Giseh ziehe, den General Lanusse gegen sie marschieren. Er überfiel ihr Lager, legte ihnen mehrere Hinterhalte und nahm ihnen eine große Anzahl Kamele ab, nachdem er mehrere Hundert von ihren Leuten getötet hatte.

Der Emir Hadschi, ein schwacher, unentschlossener Mann, den ich mit Wohltaten überhäuft hatte, konnte den ihn umgebenden Intrigen nicht widerstehen und trug sich selbst in die Liste unserer Feinde ein. Mit mehreren Araberstämmen und einigen Mamelucken ist er auf dem Kampfplatz erschienen. Vertrieben, verfolgt, hat er an einem Tage alle Güter, die ich ihm gegeben hatte, all seinen Reichtum und einen Teil seiner Familie verloren, die sich noch in Kairo befand, außerdem ist er des Rufes eines Ehrenmannes, den er bis dahin genoß, verlustig gegangen.

## *DER AUFSTAND DES ENGELS EL-MAHDI*

Ende April 1799 brachte ein Ereignis, das erste dieser Art, das wir je gesehen hatten, die Provinz Bahireh zum Aufstand. Ein Mann aus dem Innern Afrikas landete in Dern, versammelte die Araber und gab sich für den Engel El-Mahdi aus, der im Koran vom Propheten verkündet wird. Einige Tage später kamen zufällig 200 Moghrebiner dazu und scharten sich gleichfalls um ihn. Da im Koran gesagt ist, daß der Engel El-Mahdi vom Himmel herabsteigen wird, behauptete dieser Betrüger, mitten in der Wüste vom Himmel herabgekommen zu sein. Er war nackt, teilte aber Gold in Menge aus, das er sehr geschickt verborgen zu halten wußte. Jeden Tag tauchte er seine Finger in Milch und benetzte seine Lippen damit, die einzige Nahrung, die er zu sich nahm. Er zog nach Damanhur, überrumpelte dort 60 Mann der Seelegion, die man unvorsichtigerweise dort gelassen hatte, anstatt sie in der Schanze von El-Ramanieh zu verwenden und ermordete sie. Durch diese Tat ermutigt, erhitzte er die Phantasie seiner Jünger so sehr, daß sie glaubten, das Pulver könne sich nicht entzünden, wenn er ein wenig Staub gegen unsere Kanonen würfe. Auch waren sie überzeugt, daß unsere Flintenkugeln den wahren Gläubigen nichts anhaben könnten. Unzählige Menschen bestätigten Hunderte von derartigen Wundern, die er jeden Tag vollbrachte.

Der Brigadekommandeur Lefèbvre brach mit 400 Mann auf, um gegen den Engel zu marschieren, aber da er sah, daß sich die Zahl der Feinde von Minute zu Minute vermehrte, mußte er bald die Unmöglichkeit erkennen, eine so große Zahl fanatischer Menschen zur Vernunft zu bringen. Er stellte seine Leute im Viereck auf und schoß den ganzen Tag auf die Unsinnigen, die nicht von ihrem Irrtum zu überzeugen waren, und sich auf unsere Kanonen stürzten. Erst in der Nacht, als sie ihre Toten und Verwundeten zählten — es waren mehr als 1000 Tote —, sahen die Fanatiker ein, daß Gott keine Wunder mehr tut.

Am 8. Mai kam General Lanusse, der sich äußerst rührig erwiesen hatte und überall hingeeilt war, wo es Feinde zu bekämpfen gab, in Damanhur an, hieb 1500 Mann zusammen, und von Damanhur blieb nur noch ein Haufen Asche übrig. Selbst der Engel El-Mahdi, der mehrmals verwundet worden war, fühlte jetzt seinen Eifer erkalten, er verbarg sich tief in der Wüste, war aber noch lange von Anhängern umgeben, denn fanatische Köpfe haben keinen Raum für Vernunft.

Diese Empörungen trugen dazu bei, meine Rückkehr nach Ägypten zu beschleunigen.

Jenes Auftreten des Engels El-Mahdi war verabredet und sollte im selben Augenblick stattfinden, in dem die türkische Flotte vor Alexandria erscheinen mußte, um die von mir vor Akka vernichtete Armee auszuschiffen. Die Ausrüstung dieser Flotte, von der die Mamelucken Oberägyptens durch Karawanen Kenntnis erhielten, veranlaßten sie, nach Unterägypten vorzudringen. Da sie aber verschiedene Male vom Brigadechef Détrès, einem äußerst tapferen Offizier, geschlagen wurden, zogen sie sich nach Scharkieh zurück. Dorthin befahl der General Dugua dem General Davout zu marschieren. Am 8. Mai griff er Elfi-Bei und die Bili an, und nachdem drei der vornehmsten Unterführer Elfis von ein paar Kanonenkugeln getötet worden waren, floh Elfi voll Schrecken in die Wüste.

Ein englisches Linienschiff und eine Fregatte kamen ungefähr am 4. Mai vor Suez an. Es entspann sich eine Kanonade, die aber die Engländer einstellten, sobald sie merkten, daß Suez mit zahlreichen Geschützen ausgerüstet und imstande war, ihnen zu widerstehen: die beiden Fahrzeuge waren spurlos verschwunden.

Nachdem der General Lanusse die Provinz Bahireh befreit hatte, stieß er am 5. Juni im Dorfe Kafr-Furnig in der Provinz Scharkieh auf die in Bahireh entkommenen Moghrebiner und Einwohner. Er tötete ihnen 150 Mann und brannte das Dorf nieder.

## *RÜCKMARSCH AUS SYRIEN NACH ÄGYPTEN*

### *Die Pestkranken*

Am 3. Juni kam ich auf meinem Rückmarsch aus Syrien in El-Arisch an. Die Hitze des Wüstensandes brachte das Thermometer bis auf 44 Grad, während die Wärme der Luft 34 Grad betrug. Um zu dem Brunnen zu gelangen, der etwas salziges, schwefelhaltiges und warmes Wasser enthielt, mußte man täglich elf Stunden zurücklegen. Dennoch trank man dieses Wasser mit größerer Gier als eine Flasche guten Champagners in unseren Restaurants.

Auf Elba fragte man mich, ob es wahr sei, daß ich auf dem Rückzuge aus Syrien meine Kranken vergiftet hätte. Ich antwortete darauf: „Es ist etwas Wahres daran. Einige

Leute meiner Armee hatten die Pest; sie hatten kaum noch 24 Stunden zu leben. Ich war gezwungen, aufzubrechen und fragte den Doktor Desgenettes, wie man sie fortschaffen könne. Er sagte, das sei unnötig, denn sie würden nicht am Leben bleiben, und überdies könnten sie Ansteckung verbreiten. Ich veranlaßte den Arzt daher, ihnen Opium zu geben, damit sie nicht den Grausamkeiten der Türken ausgesetzt seien, die uns verfolgten. Darauf entgegnete er mir als ehrenhafter Mann, daß es sein Beruf wäre, zu heilen, aber nicht zu töten, und die Unglücklichen wurden dem Schicksal überlassen. Vielleicht hatte er recht, obgleich ich ihm nur das geraten hatte, was ich in einem ähnlichen Falle wünschte, daß es mein bester Freund an mir täte."

Mein Einzug in Kairo fand am 14. Juni statt. Eine ungeheure Menschenmenge hielt die Straßen besetzt. Alle Muftis, die auf Maultieren ritten, weil der Prophet diese Tiere mit Vorliebe bestieg, alle Janitscharenkorps, die Odiaken, die Agas der Tag- und Nachtpolizei, Abkömmlinge Abu-Bekrs, der Fatme und der Söhne mehrerer von den wahren Gläubigen verehrten Heiligen waren zu meinem Empfange bereit und umringten mich. Vor mir her zogen die Häupter der Kaufleute sowie der koptische Patriarch. Den Schluß bildeten die griechischen Hilfstruppen.

Die Scheichs El-Bekry, El-Schergâuy, El-Sadat, El-Mahdi, El-Sauy haben sich so gut benommen, als ich es nur wünschen konnte. Sie predigten alle Tage in den Moscheen für uns, und ihre Firmans machten in den Provinzen den größten Eindruck. Sie stammen zum größten Teil von den ersten Kalifen ab und stehen beim Volke in ganz besonderem Ansehen. Ich schrieb

*An den Großvezier*

Hauptquartier Kairo, 30. Thermidor
des Jahres VII. (17. August 1799)

An den Großvezier, groß unter den aufgeklärten und weisen Großen, den einzigen Besitzer des Vertrauens des Größten unter den Sultanen!

Ich habe die Ehre, Eurer Exzellenz durch den Effendi zu schreiben, der in Abukir gefangengenommen wurde und den ich Ihnen zurückschicke, um Sie von der wirklichen Lage Ägyptens in Kenntnis zu setzen und zwischen der Hohen Pforte und der Französischen Republik Unterhandlungen zu eröffnen, die dem Krieg ein Ende machen können, der zum Unglück beider Staaten ausgebrochen ist.

Durch welches Verhängnis ist es gekommen, daß die Pforte und Frankreich, die zu allen Zeiten und somit aus Gewohnheit Freunde waren, Freunde wegen der Entfernung ihrer Grenzen, Frankreich, der Feind Rußlands und des Kaisers, die Pforte, die Feindin Rußlands und des Kaisers, daß sie dennoch miteinander Krieg führen?

Wie sollte Eure Exzellenz nicht einsehen, daß, so oft ein Franzose getötet wird, die Pforte eine Stütze weniger hat?

Unmöglich kann es Eurer Exzellenz, die in der Kenntnis der Politik und der Interessen der verschiedenen Staaten so unterrichtet ist, unbekannt sein, daß Rußland und der Kaiser von Deutschland mehrere Male die Teilung der Türkei beschlossen haben, und daß nur die Dazwischenkunft Frankreichs sie daran hinderte?

Eure Exzellenz weiß wohl, daß Rußland der wahre Feind des Islams ist. Kaiser Paul I. hat sich zum Großmeister von Malta erklärt, d. h. er hat das Gelübde abgelegt, mit den Muselmanen Krieg zu führen. Ist er nicht das Oberhaupt der griechischen Religion, d. h. der zahlreichsten Feinde, die der Islam hat?

Frankreich hat im Gegenteil die Malteserritter vernichtet, die Ketten der Türken zerbrochen, die in Sklaverei gehalten wurden, und es glaubt, wie der Islam es befiehlt, nur an einen einzigen Gott.

So hat denn die Hohe Pforte ihren wahren Freunden den Krieg erklärt und sich mit ihren wahren Feinden verbündet!

So hat denn die Hohe Pforte, welche die Freundin Frankreichs war, so lange es christlich gewesen ist, ihm den Krieg erklärt, als es sich durch seine Religion dem muselmännischen Glauben näherte.

Rußland und England haben die Hohe Pforte getäuscht; sie haben unsere Kuriere aufgefangen, durch welche wir sie von der Expedition nach Ägypten in Kenntnis setzten. Man hat diese als den Anfang der Besitznahme des muselmännischen Reiches hingestellt. Als wenn ich nicht immer erklärt hätte, daß die Französische Republik nur die Mamelucken vernichten und nicht gegen die Hohe Pforte Krieg führen wolle! Daß sie ferner die Absicht habe, den Engländern zu schaden und nicht dem Kaiser Selim, ihrem großen und getreuen Verbündeten.

Ist die Art und Weise, wie ich mich gegen alle Angehörigen der Pforte, die sich in Ägypten aufhielten, gegen die Schiffe des Sultans, gegen die Handelsschiffe, welche die ottomanische Flagge aufgehißt hatten, benommen habe, nicht eine sichere Bürgschaft der friedlichen Absichten der Französischen Republik?

Die Hohe Pforte hat im Januar der Französischen Republik mit einer Übereilung den Krieg erklärt, ohne die Ankunft des Gesandten Descorches abzuwarten — er war schon von Paris abgereist, um sich nach Konstantinopel zu begeben —, ohne irgendeine Erklärung von mir zu verlangen, noch auf die Vorschläge zu antworten, die ich gemacht hatte.

Ich habe jedoch gehofft, obwohl mir ihre Kriegserklärung recht gut bekannt war, sie umstimmen zu können. Zu diesem Zwecke habe ich den Bürger Beauchamp, Konsul der Republik, auf der Karawelle gesandt. Statt aller Antwort hat man ihn gefangengenommen. Statt aller Antwort hat man Armeen aufgestellt, man hat sie in Gaza vereinigt und ihnen den Befehl gegeben, in Ägypten einzufallen. Ich habe mich daher gezwungen gesehen, durch die Wüste zu marschieren, da ich den Krieg lieber in Syrien führen will, als abzuwarten, bis man mich in Ägypten angreift.

Meine Armee ist stark, vortrefflich diszipliniert und mit allem versehen, was ihr den Sieg über Truppen verschaffen kann, und wären sie auch so zahlreich wie der Sand des Meeres. Zitadellen und feste Plätze, die mit Kanonen gespickt sind, haben sich an den Ufern und an den Grenzen der Wüste erhoben. Ich fürchte also nichts. Ich bin hier unüberwindlich; aber ich bin der Menschheit, der wahren Politik, dem ältesten wie dem aufrichtigsten Bundesgenossen, dem Kaiser Selim, den Schritt schuldig, den ich tue.

Was die Hohe Pforte niemals durch Waffengewalt erreichen wird, kann sie durch Unterhandlungen erhalten. Ich werde alle Armeen schlagen, wenn sie beabsichtigen, in Ägypten einzufallen; aber ich werde in versöhnender Weise auf alle Anerbietungen von Unterhandlungen antworten, die man mir macht. Sobald die Hohe Pforte mit unseren Feinden, mit Rußland und dem Kaiser von Deutschland, nicht mehr gemeinsame Sache macht, wird die Französische Republik alles tun, was in ihren Kräften steht, um das gute Vernehmen wieder herzustellen und alles zu entfernen, was Grund zur Zwietracht zwischen den beiden Staaten geben könnte.

Stellen Sie also die nutzlosen und kostspieligen Rüstungen ein. Ihre Feinde sind nicht in Ägypten, sie sind am Bosporus, sie sind in Korfu, sie sind heute infolge ihrer außerordentlichen Unklugheit mitten im Archipel.

Bessern Sie Ihre Schiffe aus und bestücken Sie sie neu. Versetzen Sie Ihre Artillerie in besseren Zustand! Halten Sie sich bereit, die Fahne des Propheten bald zu entfalten, nicht gegen Frankreich, sondern gegen die Russen und Deutschen, die über den unsinnigen Krieg lachen, den wir miteinander führen. Wenn sie Sie geschwächt haben, werden sie mit hochmütig erhobenem Kopf die Ansprüche stellen, die sie jetzt schon machen.

Sie wollen Ägypten, sagt man! Aber Frankreich hat niemals die Absicht gehabt, es Ihnen zu nehmen.

Geben Sie Ihrem Gesandten in Paris gehörige Vollmachten oder schicken Sie jemand, der Ihren Willen kennt, mit Ihren Vollmachten versehen nach Ägypten. In zwei Verhandlungen ist alles erledigt. Das ist das einzige Mittel, das muselmännische Reich wieder zu befestigen, indem man es gegen seine wahren Feinde kräftigt und auf diese Weise ihre arglistigen Pläne zunichte macht, die ihnen leider schon in so hohem Grade gelungen sind.

Sagen Sie ein Wort, und wir schließen das Schwarze Meer gegen Rußland ab, wir hören auf, der Spielball dieser feindlichen Macht zu sein, die wir so guten Grund haben zu hassen, und ich werde alles tun, was Ihnen angenehm sein kann.

Nicht gegen die Muselmänner wünschen die französischen Heere ihre Taktik und ihren Mut zu entfalten. Im Gegenteil, sie sollen eines Tages, wie es zu aller Zeit gewesen ist, mit Muselmännern vereinigt, ihren gemeinschaftlichen Feind vertreiben.

Ich glaube, Eurer Exzellenz mit diesem Brief genug gesagt zu haben. Sie können den Bürger Beauchamp zu sich kommen lassen. Wie man mich versichert, wird er im Schwarzen Meer gefangen gehalten. Sie können aber auch jedes andere Mittel ergreifen, um mich Ihre Absichten wissen zu lassen.

Ich aber werde den Tag zu den schönsten meines Lebens zählen, an dem ich dazu beitragen kann, einen Krieg zu beendigen, der ebenso unpolitisch als grundlos ist.

Ich bitte Eure Exzellenz, an meine ausgezeichnete Hochachtung zu glauben.

Bonaparte.

Da ich seit meiner Abreise aus Frankreich nur ein einziges Mal Briefe vom Direktorium empfing, die mich am 25. März 1799 vor Akka erreichten und die einen nahen Krieg auf dem Festland vermuten ließen, fühlte ich, daß ich nicht mehr lange von Frankreich abwesend bleiben durfte.

Wenn ich aber auch auf meinem Feldzug durch Syrien die Heere zerstört hatte, die Ägypten von der Wüste her zu überschwemmen drohten, so war ich doch genötigt, den Ausgang der Seexpedition abzuwarten, die sich mit großem Eifer im Schwarzen Meere (auf der Insel Rhodos) vorbereitete. Die Landung erfolgte bei Alexandria. Als die Meldung von der Landung der Türken eintraf, marschierte ich sogleich dem Feinde entgegen und vernichtete ihn bei Abukir. Ägypten war nun vor jeder weiteren Invasion geschützt und gehörte uns ganz.

Nach mehreren diplomatischen Verhandlungen verschaffte

ich mir die Zeitungen von England bis zum 6. Juni 1799, durch die ich die Niederlagen Jourdans in Deutschland und Scherers in Italien erfuhr. Noch zur selben Stunde segelte ich mit den Fregatten „La Muiron und „La Carrère“ ab, obwohl sie schlechte Segler waren. An die Gefahr durfte ich nicht denken. Mein Platz mußte da sein, wo meine Anwesenheit am nötigsten gebraucht wurde. Von solchen Gefühlen beseelt, würde ich, wenn ich keine Fregatten gehabt hätte, mich in meinen Mantel gehüllt haben und auf einer Barke abgereist sein.

Ich habe Ägypten ausgezeichnet verwaltet unter den Befehlen des Generals Kleber zurückgelassen. Es war schon ganz unter Wasser, und der Nil war so schön, wie er seit 50 Jahren nicht gewesen war.

Ich bin verschiedenen Kreuzern begegnet und habe es nur den geschickten Maßnahmen des Konteradmirals Ganteaume zu danken, daß ich ohne Unfall in Fréjus gelandet bin.

## *DER 18. BRUMAIRE, 9. NOVEMBER 1799*

Niemals gelang es einer Revolution wie der vom 18. Brumaire, sich so leicht durchzusetzen, so sehr war sie erwünscht.

Mein ganzer Anteil an der Ausführung des Staatsstreichs bestand darin, daß ich zu einer festgesetzten Stunde die Menge meiner Besucher vereinigte und an ihrer Spitze abmarschierte, um mich der Staatsgewalt zu bemächtigen. Von der Freitreppe vor meiner Tür aus führte ich sie, ohne daß sie vorher benachrichtigt worden wären, zu dieser Eroberung. In ihrer Begleitung erfaßte mich die allgemeine Begeisterung und ich begab mich vor die Schranken des Rates der Alten, um ihm für die Diktatur zu danken, die er mir übertrug.

Man hat überspannterweise darüber diskutiert und wird auch noch lange darüber diskutieren, ob wir die Gesetze nicht verletzten, und ob wir keine Verbrecher wären. Das sind alles nur Schwärmereien, die sich höchstens für Bücher oder Rednerbühnen eignen, aber vor der unabweislichen Notwendigkeit weichen müssen. Ebensogut könnte man den Seemann für den Schaden verantwortlich machen, wenn er die Masten seines Schiffes kappt, um nicht unterzugehen. Tatsache ist, daß das Vaterland ohne uns verloren gewesen wäre, und daß wir es gerettet haben. Deshalb müssen die Urheber dieses großen Staatsstreichs, anstatt sich zu rechtfertigen, ihren Anklägern gleich jenem Römer mit Stolz antworten: „Wir versichern öffentlich, daß wir unser Vaterland gerettet haben, kommt, laßt uns dafür den Göttern opfern!“

### *REDE DES GENERALS BONAPARTE*
### *im Rat der Alten, während der Sitzung des 19. Brumaire*

(10. November 1799)

Bürger Volksvertreter! Die Verhältnisse, in denen Sie leben, sind ungewöhnliche; Sie stehen auf einem Vulkan.

Erlauben Sie mir, mit der Offenheit eines Soldaten zu Ihnen zu sprechen, und um der Falle zu entgehen, die Ihnen gestellt ist, urteilen Sie nicht eher, als bis ich geendigt habe.

Gestern war ich in aller Ruhe in Paris, als Sie mich zu sich riefen, um mir das Dekret der Verlegung bekanntzugeben und mich mit dessen Vollziehung zu beauftragen. Sogleich habe ich meine Waffenbrüder zusammengerufen; wir sind zu Ihrer Hilfe herbeigeeilt. Und heute überhäuft man mich schon mit Verleumdungen. Man spricht von Cäsar, man spricht von Cromwell, man spricht von einer militärischen Regierung. Militärische Regierung! Wenn ich sie gewollt hätte, wäre ich herbeigeeilt, um der Nationalversammlung beizustehen.

Bürger Volksvertreter! Der Augenblick drängt; es ist notwendig, daß Sie schnelle Maßregeln ergreifen. Die Republik hat keine Regierung mehr. Vier Direktoren haben ihre Entlassung eingereicht; ich habe kraft der Gewalt, mit der Sie mich bekleidet haben, geglaubt, den fünften unter Aufsicht stellen zu müssen. Der Rat der Fünfhundert ist uneinig, es bleibt nur noch der Senat. Von ihm habe ich meine Vollmacht; er möge Maßregeln ergreifen! Er spreche! Hier bin ich, um sie zu vollziehen. Retten wir die Freiheit! Retten wir die Gleichheit!

(„Und die Verfassung!“ ruft eine Stimme.)

Die Verfassung! Sie haben sie selbst vernichtet. Am 18. Fructidor haben Sie sie verletzt; Sie haben sie am 22. Floréal verletzt; Sie haben sie am 30. Prairial verletzt. Sie wird von niemandem mehr geachtet. Ich will alles sagen. Seit meiner Rückkehr bin ich fortwährend von Intrigen umgarnt. Alle Parteien haben sich um mich gedrängt, um mich zu gewinnen. Und diese Menschen, die sich unverschämterweise für die einzigen Patrioten erklären, haben mir gesagt, daß man die Verfassung beseitigen müsse; und um die Senate zu reinigen, schlugen sie mir vor, Männer auszuschließen, welche aufrichtige Freunde des Vaterlandes sind. Das ist ihre Anhänglichkeit an die Verfassung! Da habe ich für die Republik gefürchtet. Ich habe mich mit meinen Waffenbrüdern verbunden; wir haben uns um Sie geschart. Es ist keine Zeit zu verlieren; der Senat soll sich aussprechen. Ich bin kein Intrigant; Sie kennen mich; ich glaube genug Bürgschaften für meine Hingebung an das Vaterland gegeben zu haben. Diejenigen, welche Ihnen von der Verfassung sprechen, wissen recht gut, daß die Verfassung, die ständig verletzt und zerrissen wurde, nicht mehr besteht. Die Volkssouveränität, die Freiheit, die Gleichheit, diese heiligen Grundlagen der Verfassung, sind noch da; man muß sie retten. Wenn man unter Verfassung jene heiligen Grundsätze versteht, wonach alle Rechte dem Volke gehören, alle Rechte, die jedem Bürger gehören, so sind meine Kameraden und ich bereit, unser Blut zu ihrer Verteidigung zu vergießen. Aber ich will das Wort Verfassung nicht entehren, indem ich es auf rein bürokratische Verfügungen anwende, die dem Bürger nicht die geringste Bürgschaft darbieten. Übrigens erkläre ich, daß, wenn dies beendigt ist, ich in der Republik nicht mehr sein will, als der Arm, der das verteidigen wird, was Sie beschließen.

Bürger Volksvertreter! Der Rat der Fünfhundert ist uneinig; die Häupter der Parteien sind daran schuld. Die

Männer des Prairial, welche die Schafotte und die fürchterliche Schreckensherrschaft wieder auf den Boden der Freiheit einführen wollen, umgeben sich mit ihren Mitschuldigen und schicken sich an, ihre entsetzlichen Pläne auszuführen. Schon tadelt man den Rat der Alten wegen der von ihm ergriffenen Maßnahmen und weil er mir sein Vertrauen geschenkt hat. Das kann mich indes nicht wankend machen. Sollte ich vor Aufwieglern zittern, ich, den die Koalition nicht hat vernichten können? Wenn ich ein Verräter bin, so seien Sie jeder ein Brutus. Und ihr, meine Kameraden, die ihr mich begleitet, ihr, tapfere Grenadiere, die ich im Kreise um mich aufgestellt sehe, kehrt diese Bajonette, mit denen wir zusammen gesiegt haben, gleich gegen mein Herz. Aber, wenn irgendein von den Fremden bezahlter Redner gegen euren General das Wort: „Vogelfrei" auszusprechen wagt, so soll ihn der Donnerkeil des Krieges alsobald zermalmen. Erinnert euch, daß mich der Gott des Krieges und der Gott des Glücks begleitet!

Ich ziehe mich zurück... Sie werden beraten. Befehlen Sie, und ich werde Ihre Befehle ausführen.

(„Ernennen! Ernennen!" rufen mehrere Stimmen.)

Jeder hatte seine Absichten, jeder hatte seine Pläne, jeder hatte seine Leute. Der Bürger Barras, der Bürger Moulin hatten die ihrigen. Sie haben mir Vorschläge gemacht.

(„Das Generalkomitee!" rufen mehrere Stimmen.)

Wir brauchen kein Generalkomitee! Ganz Frankreich muß wissen, was wir erfahren wollen; wir wären die unwürdigsten Menschen, wenn wir nicht sofort die Maßnahmen ergriffen, welche die Freiheit und die Gleichheit retten können.

Seit meiner Ankunft haben mir alle Behörden, alle Beamten, mit denen ich mich unterhalten habe, die Überzeugung ausgesprochen, daß die so oft verletzte, stets mißachtete Verfassung ihrem Untergang entgegengehe; daß sie den Franzosen keine Gewähr mehr leistet, weil sie keine Ausdehnung hat. Alle Parteien sind davon überzeugt, alle schicken sich an, den Sturz der gegenwärtigen Regierung zu benutzen; alle sind zu mir gekommen; alle haben mich an sich fesseln wollen. Ich habe geglaubt, mich nur mit dem Rat der Alten, der obersten Körperschaft der Republik, verbinden zu dürfen. Ich wiederhole ihm, daß er nicht zu schnelle Maßnahmen ergreifen kann, wenn er die Bewegung aufhalten will, die vielleicht im Handumdrehen die Freiheit tötet.

Sammeln Sie sich, Bürger Repräsentanten; ich habe Ihnen soeben Wahrheiten gesagt, die man bis jetzt einander nur ins Ohr flüsterte, die aber endlich einmal laut zu sagen irgend jemand den Mut haben muß. Die Mittel, das Vaterland zu retten, sind in Ihren Händen. Wenn Sie zögern, davon Gebrauch zu machen, wenn die Freiheit zugrunde geht, so werden Sie dafür der Welt, der Nachwelt, Frankreich und Ihren Familien verantwortlich sein.

## *PROKLAMATION*

Paris, 19. Brumaire des Jahres VIII.
11 Uhr abends. (10. November 1799)

Bei meiner Rückkehr nach Paris habe ich alle Behörden uneinig gefunden. Nur darin stimmte alles überein, daß die Verfassung zur Hälfte vernichtet sei und die Freiheit nicht retten könne.

Alle Parteien sind zu mir gekommen, haben mir ihre Absichten anvertraut, ihre Geheimnisse enthüllt und haben mich um meine Unterstützung gebeten: ich habe mich geweigert, der Mann einer Partei zu sein.

Der Rat der Alten hat mich berufen. Ich bin seinem Ruf gefolgt. Ein Plan zu einer allgemeinen Restauration war von Männern vereinbart worden, in denen die Nation Verteidiger der Freiheit, der Gleichheit, des Eigentums zu sehen gewohnt ist. Dieser Plan verlangte eine ruhige, freie, von jedem Einfluß und jeder Furcht freie Prüfung. Infolgedessen beschloß der Rat der Alten die Verlegung der Gesetzgebenden Körperschaft nach Saint-Cloud; er hat mich mit der Verfügung über die für seine Unabhängigkeit nötige Streitmacht beauftragt. Ich habe geglaubt, es meinen Mitbürgern, den in unseren Armeen zugrundegehenden Soldaten und dem mit ihrem Blut erkauften Nationalruhm schuldig zu sein, den Oberbefehl anzunehmen.

Die Räte versammeln sich in Saint-Cloud. Die republikanischen Truppen bürgen für die äußere Sicherheit, aber Mörder verbreiten im Innern Schrecken. Mehrere Abgeordnete des Rates der Fünfhundert, mit Dolchen und Feuerwaffen ausgerüstet, drohen um sich herum mit Tod und Verderben.

Die Pläne, die entwickelt werden sollten, werden beschränkt, die Majorität aufgelöst, die mutigsten Redner verlieren die Fassung, und die Nutzlosigkeit jedes verständigen Vorschlages ist offenbar.

Ich bringe meinen Unwillen und meinen Schmerz vor den Rat der Alten. Ich bitte ihn darum, die Ausführung seiner edlen Absichten sicherzustellen; ich unterbreite ihm das Unglück des Vaterlandes, das ihm diese Pläne eingegeben hat; er verbindet sich mit mir durch neue Beweise seines beharrlichen Willens.

Ich erscheine im Rat der Fünfhundert, allein, ohne Waffen, mit entblößtem Haupt, genau so wie die Alten mich empfangen und mir ihren Beifall bewiesen hatten. Ich kam, um die Majorität an ihren Willen zu erinnern und sie von ihrer Macht zu überzeugen.

Die Dolche, welche die Abgeordneten bedrohten, richteten sich sogleich gegen ihren Befreier. Hundert Mörder stürzen sich auf mich und suchen meine Brust. Die Grenadiere der Gesetzgebenden Körperschaft, die ich an der Türe des Saales zurückgelassen hatte, eilen herbei, drängen sich zwischen die Mörder und mich. Einer von diesen Grenadieren wird von einem Dolchstoß getroffen, von dem seine Kleider durchlöchert werden. Sie bringen mich weg!

In dem Augenblick lassen sich Rufe: „Vogelfrei!" gegen den Verteidiger des Gesetzes vernehmen. Es war das wilde Geschrei der Mörder gegen die Streitmacht, die zu ihrer Unterdrückung bestimmt war.

Sie drängen sich um den Präsidenten, Drohungen im Munde, Waffen in der Hand. Sie befehlen ihm das „Vogelfrei" auszusprechen. Man benachrichtigt mich. Ich befehle, ihn ihrer Wut zu entreißen. Sechs Grenadiere der Gesetzgebenden Körperschaft bemächtigen sich seiner. Gleich darauf dringen Grenadiere der Gesetzgebenden Körperschaft im Sturmschritt in den Saal und räumen ihn.

Eingeschüchtert zerstreuen und entfernen sich die Aufrührer. Die von ihrer Gewalttätigkeit befreite Majorität kehrt ruhig und friedlich in den Sitzungssaal zurück, hört die Vorschläge an, die ihr zum allgemeinen Wohl gemacht werden sollten, beratet und faßt den heilsamen Beschluß, der das neue und provisorische Gesetz der Republik werden soll.

Franzosen! Ihr werdet ohne Zweifel in diesem Benehmen den Eifer eines Soldaten der Freiheit, eines der Republik ergebenen Bürgers erkennen. Die konservativen, beschützenden, liberalen Ideen kommen wieder zu ihrem Recht durch die Auflösung der Aufrührer, welche die Räte unterdrückten, und die, indem sie die verhaßtesten Menschen geworden sind, nicht aufgehört haben, die verächtlichsten zu sein.

Bonaparte.

## *AN DIE FRANZOSEN*

Paris, 21. Brumaire des Jahres VIII.
(12. November 1799)

Die Verfassung des Jahres III ging zugrunde. Sie hatte weder eure Rechte noch sich selbst schützen können. Wiederholte Verletzungen raubten ihr unwiederbringlich die Achtung der Völker. Gehässige und habsüchtige Parteien teilten sich in die Republik. Frankreich näherte sich schließlich dem letzten Termin einer allgemeinen Auflösung.

Die Patrioten haben sich verständigt. Alles, was euch schaden konnte, ist entfernt worden. Alles, was euch dienen konnte, alles, was in der Volksvertretung rein geblieben war, hat sich unter dem Banner der Freiheit vereinigt.

Franzosen! Die Republik, die wieder befestigt ist und in Europa wieder den Rang eingenommen hat, den sie niemals hätte verlieren sollen, wird alle Hoffnungen der Bürger verwirklicht sehen und ihre glorreiche Bestimmung erfüllen.

Leistet mit uns den Eid, der einigen und unteilbaren, auf Gleichheit, Freiheit und dem Repräsentativsystem gegründeten Republik treu zu sein.

Die Konsuln der Republik:

Bonaparte. Roger Ducos. Sieyès.

*An S. M. den König von Großbritannien und Irland*

Paris, 4. Nivôse des Jahres VIII.
(25. Dezember 1799)

Vom französischen Volke dazu berufen, das oberste Amt der Republik einzunehmen, halte ich es für angebracht, ehe ich mein Amt antrete, Eurer Majestät direkt davon Mitteilung zu machen.

Soll der Krieg, der seit acht Jahren in den vier Weltteilen wütet, ewig währen? Gibt es denn kein Mittel, sich zu verständigen? Wie können die beiden aufgeklärtesten Nationen Europas — mächtiger und stärker als es ihre Sicherheit und Unabhängigkeit erfordert — dem Gedanken eitler Größe das Wohl des Handels, den inneren Wohlstand, das Glück der Familien zum Opfer bringen? Warum begreifen sie nicht, daß der Frieden das erste Bedürfnis wie auch der höchste Ruhm ist?

Diese Gefühle können dem Herzen Ihrer Majestät nicht fremd sein, Ihnen, der Sie über ein freies Volk regieren in dem einzigen Bestreben, es glücklich zu machen.

Eure Majestät sollen in dieser Eröffnung nur meinen aufrichtigen Wunsch erblicken, zum zweitenmal wirksam zu einem allgemeinen Frieden beizutragen und sofortige Schritte zu unternehmen, ganz im Vertrauen und frei von jenen Formalitäten, die vielleicht nötig sind, um die Abhängigkeit schwacher Staaten zu verschleiern, die aber in starken Staaten nur den gegenseitigen Wunsch sich zu täuschen erwecken.

Frankreich, England können durch den Mißbrauch ihrer Kräfte noch lange, aber nur zum Nachteil aller Völker, ihre völlige Erschöpfung hinausschieben. Ich wage jedoch zu behaupten, daß das Geschick aller zivilisierten Nationen mit dem Ende eines Krieges verbunden ist, der die ganze Welt umfaßt.

Bonaparte.

## *MARENGO*

*Bulletin der Reservearmee*

Torre dei Garoffoli, 26. Prairial des Jahres VIII. (15. Juni 1800)

Nach der Schlacht bei Montebello ist die Armee aufgebrochen, um über die Scriva zu gehen. Die vom General Gardanne kommandierte Vorhut stieß am 24. (Prairial) auf den Feind, der die Zugänge an der Bormida und die drei Brücken, die er bei Alessandria geschlagen hatte, verteidigte. Sie rannte ihn über den Haufen, nahm ihm zwei Kanonen und machte 100 Gefangene.

Die Division des Generals Chabran kam zur selben Zeit längs des Po herbei, Valencia gegenüber, um dem Feind den Übergang über diesen Fluß streitig zu machen. So fand sich Melas zwischen der Bormida und dem Po umzingelt. Die einzige Rückzugslinie nach Genua, die ihm nach der Schlacht bei Montebello übrig blieb, war ihm abgeschnitten. Der Feind schien noch keinen Plan gefaßt zu haben und war in seinen Bewegungen sehr unsicher.

Am 25. ging der Feind bei Tagesanbruch auf seinen drei Brücken über die Bormida, entschlossen, einen Durchbruch zu wagen. Er brach mit starker Macht hervor, überfiel unsere Vorhut und begann mit größter Lebhaftigkeit die berühmte Schlacht bei Marengo, die endlich über das Schicksal Italiens und der österreichischen Armee entscheidet.

Viermal sind wir während der Schlacht zurückgeworfen worden und viermal sind wir vorgedrungen. Mehr als sechzig Kanonen sind auf beiden Seiten an verschiedenen Punkten und zu verschiedenen Stunden genommen und wieder genommen worden. Es haben mehr als zwölf Kavallerieangriffe stattgefunden, und zwar mit verschiedenem Erfolg.

Es war drei Uhr nachmittags. 10.000 Mann Reiterei überflügelten unsere Rechte in der herrlichen Ebene von San Giuliano. Sie wurden von einer Linie Reiterei und viel Artillerie unterstützt. Unsere Gardegrenadiere standen wie eine eherne Schanze inmitten dieser ungeheuren Ebene; nichts konnte sie erschüttern. Reiterei, Fußvolk, Artillerie, alles wurde gegen dieses Bataillon geführt, aber vergeblich. Da konnte man wahrlich sehen, was eine Handvoll mutiger Leute vermag.

Durch diesen hartnäckigen Widerstand wurde die Linke des Feindes in Schach gehalten und unsere Rechte bis zur Ankunft des Generals Monnier gestützt, der das Dorf Castel-Ceriolo durch einen Bajonettangriff nahm.

Da machte die feindliche Reiterei eine schnelle Bewegung gegen unsere Linke, die bereits wankte; diese Bewegung beschleunigte ihren Rückzug.

Der Feind rückte auf der ganzen Linie vor, indem er mit mehr als 100 Kanonen ein Kartätschenfeuer unterhielt. Die Wege waren mit Flüchtlingen, Verwundeten, Trümmern bedeckt. Die Schlacht schien verloren. Man ließ den Feind bis auf Schußweite an das Dorf San-Giuliano vorrücken, wo die Division Desaix mit acht Stück leichter Artillerie vor sich und zwei Bataillonen im rechten Winkel auf den Flügeln in Schlachtordnung aufgestellt war. Alle Flüchtlinge sammelten sich hinter ihr. Schon machte der Feind Fehler, die seine Niederlage voraussehen ließen: er breitete seine Flügel zu sehr aus.

Die Gegenwart des Ersten Konsuls erfüllt die Truppen mit neuem Mut. „Kinder!" redete er sie an, „denkt daran, daß ich gewohnt bin, auf dem Schlachtfeld zu übernachten!"

Unter dem Rufe: „Es lebe die Republik! Es lebe der Erste Konsul!" griff Desaix im Sturmschritt im Zentrum an. In einem Augenblick wird der Feind geworfen. General Kellermann, der mit seiner Brigade schwerer Reiterei während der ganzen Schlacht den Rückzug unserer Linken geschützt hatte, machte einen Angriff mit so großer Heftigkeit und zu so gelegener Zeit, daß 6000 Grenadiere und der Chef des Generalstabes, General Zach, gefangengenommen und mehrere feindliche Generäle getötet wurden.

Die ganze Armee folgte dieser Bewegung. Die Rechte des Feindes sah sich abgeschnitten; Bestürzung und Schrecken bemächtigten sich der Truppen.

Die österreichische Reiterei hatte sich im Zentrum aufgestellt, um den Rückzug zu schützen. Der Brigadekommandant Bessières machte an der Spitze der Sturmtruppen der Grenadiere der Garde einen ebenso kräftigen als mutigen Angriff und durchbrach die Linie der feindlichen Reiterei, was die gänzliche Niederlage der Armee vollendete.

Wir haben 15 Fahnen, 40 Kanonen erobert und 6—8000 Gefangene gemacht. Mehr als 6000 Feinde sind auf dem Schlachtfeld geblieben.

Die 9. leichte Halbbrigade hat den Namen der „Unvergleichlichen" verdient. Die schwere Reiterei und das 8. Dragonerregiment haben sich mit Ruhm bedeckt. Unser Verlust ist ebenfalls beträchtlich; wir haben 600 Tote, 1500 Verwundete und 900 Gefangene gehabt.

Die Generäle Champeaux, Mainoni und Boudet sind verwundet.

Dem Obergeneral Berthier sind die Kleider von Kugeln durchlöchert, mehreren seiner Adjutanten sind die Pferde unter dem Leibe getötet worden. Aber ein Verlust, der von der Armee lebhaft bedauert worden ist und von der ganzen Republik beklagt werden wird, verschließt unser Herz der Freude. Desaix ist zu Beginn des Angriffs seiner Division von einer Kugel getroffen worden; er war auf der Stelle tot. Er hat nur noch Zeit gehabt, dem jungen Lebrun, der bei ihm war, zu sagen: „Sagen Sie dem Ersten Konsul, daß ich mit dem Bedauern sterbe, nicht genug getan zu haben, um in der Nachwelt zu leben."

In seinem Leben sind dem General Desaix vier Pferde unter dem Leibe getötet worden, und er wurde dreimal verwundet. Er war erst seit drei Tagen ins Hauptquartier gekommen; er brannte vor Begier, sich zu schlagen. Am Abend vorher hatte er zu seinem Adjutanten zwei- oder dreimal gesagt: „Ich habe mich schon lange nicht mehr in Europa geschlagen. Die Kugeln kennen uns nicht mehr, es wird uns etwas begegnen."

Als man mitten im stärksten Feuer dem Ersten Konsul den Tod des Generals Desaix meldete, entfuhr ihm nur dieses einzige Wort: „Warum ist es mir nicht erlaubt, zu weinen?“ Desaix’ Leichnam ist nach Mailand gebracht worden, um dort einbalsamiert zu werden.

## *ÜBER DEN GENERAL MOREAU*

General Moreau hat niemals in Flandern befehligt. Auch nicht in Holland. Er nahm teil an den Feldzügen von 1794 bis 1795 unter den Befehlen des Generals Jourdan und des Generals Pichegru, ebenso wie Souham, Taponnier, Michaud und andere. Zum erstenmal kommandierte er unabhängig im Mai 1796 bei der Rheinarmee. Im Juli überschritt er den Rhein. Damals war Napoleon Herr über ganz Italien.

Der Feldzug von 1796 in Deutschland macht weder den Talenten derjenigen Ehre, die diesen Plan entwarfen, noch dem General, der ihn hauptsächlich ausführte und leitete und die Hauptarmee befehligte. Erstens, weil er nach der Schlacht von Neresheim, am 11. August, auf das rechte Donau- und Lechufer überging, anstatt auf dem linken Ufer der Donau zu bleiben und geradeaus an die Altmühl zu marschieren, wo er sich in drei Tagesmärschen mit der an der Rednitz stehenden Sambre-und-Maasarmee vereinigen und durch diese Bewegung den Feldzug entscheiden konnte. Zweitens, weil er im August und September sechs Wochen untätig in Bayern blieb, während der Erzherzog die Sambre-und-Maasarmee schlug und sie über den Rhein trieb. Drittens, weil er Kehl mehrere Monate durch eine schwächere Armee im Angesicht der seinigen belagern und wegnehmen ließ.

Im Feldzug von 1799 diente Moreau anfangs in Italien unter Schérer als Divisionsgeneral. Dort bewies er sich ebenso tapfer als geschickt an der Spitze von zwei oder drei Divisionen. Als er aber Ende April nach der Abberufung Schérers das Oberkommando über diese Armee übernahm, beging er nichts als Fehler und bewährte hier ebensowenig seine Kenntnisse in der höheren Kriegskunst wie seinerzeit im Feldzug von 1796.

Erstens ließ er sich bei Cassano von Suwarow schlagen, verlor dort den größten Teil seiner Artillerie und ließ die Division Sérurier umzingeln und gefangen nehmen. Zweitens zog er sich an den Ticino zurück, anstatt bei Piacenza auf das rechte Poufer überzugehen und sich mit der Neapolitanischen Armee unter Macdonald zu vereinigen, der sich dem Po näherte. Drittens schlug Moreau vom Ticino den weiteren Rückzug nach Turin ein und überließ es der Willkür Suwarows, nach Genua vorzurücken und ihn ganz von der Neapolitanischen Armee abzuschneiden. Er erkannte diesen Fehler rechtzeitig und kam eiligst auf dem rechten Poufer nach Alessandria zurück. Wenige Tage später indes machte er denselben Fehler und marschierte nach Coni, wodurch er die Höhen von Genua und die Armee von Neapel preisgab. Viertens: während er sich westlich bewegte, kam Macdonald an der Spezia an. Anstatt sich bei Genua hinter den Apenninen mit Macdonald zu vereinigen und mit ihm aus der Bochetta hervorzubrechen, befahl Moreau, daß Macdonald über die Apenninen in das Potal rücken und bei Tortona zu ihm stoßen sollte. Die ganz natürliche Folge davon war, daß die Neapolitanische Armee allein den feindlichen Streitkräften an der Trebbia die Spitze bieten mußte, und nun war Italien erst wirklich verloren.

Im Jahre 1799 war Moreau weder in der Armee noch im Volk gut angeschrieben. Sein Verhalten im Fructidor 1797 hatte ihm das Vertrauen aller Parteien entrissen. Er hatte die im Wagen Klinglins gefundenen Papiere behalten, welche den zwischen Pichegru, dem Herzog von Enghien, und den Österreichern existierenden Briefwechsel, sowie die Machenschaften der Parteien im Innern Frankreichs bewiesen, während Pichegru unter der Maske seines in Holland erworbenen guten Rufes großen Einfluß auf die Legislaturen ausübte. Moreau vergaß seinen Eid und verletzte die Pflichten gegen seine Regierung, indem er ihr die Kenntnis so wichtiger Aktenstücke entzog, von denen die Existenz der Republik abhängen konnte. War es die Freundschaft zu Pichegru, die ihm diese strafbare Handlung eingab, so durfte er diese Papiere auch dann nicht mehr erwähnen, als sie dem Staate nicht mehr von Nutzen sein konnten, da nach dem 18. Fruktidor die Partei gestürzt und Pichegru gefangen saß. Moreaus Proklamation und sein Brief an Barthélemi waren ein tödlicher Schlag, der Pichegru und seine Unglücksgenossen des einzigen Trostes beraubte, der den Gefallenen bleibt, nämlich der öffentlichen Teilnahme.

Moreau besaß weder in der Politik noch im Krieg ein System. Er war ein guter Soldat, persönlich tapfer, fähig, ein kleines Heer auf dem Schlachtfelde gehörig herumzuwerfen, aber ganz unbekannt mit dem, was höhere Taktik heißt. Hätte er sich zu Intrigen verleiten lassen, um einen 18. Brumaire herbeizuführen, so wäre er sicher gescheitert und hätte sich und alle, die sich mit ihm verbanden, ins Unglück gestürzt. Als im November 1799 die Gesetzgebende Körperschaft Napoleon zu Ehren ein Diner gab, bei dem Moreau einen der ersten Plätze einnehmen sollte, weigerten sich mehrere Abgeordnete, zu erscheinen, weil sie einem General, der die Republik verraten hatte, nicht die Ehre erweisen wollten. Bei dieser Gelegenheit sahen sich die beiden Befehlshaber (Napoleon und Moreau) zum erstenmal. Einige Tage vor dem 18. Brumaire stellte sich Moreau, der gewisse Vermutungen über die bevorstehende Veränderung hegte, zur Verfügung Napoleons und sagte, man brauche ihn nur eine Stunde vorher zu benachrichtigen, er werde sich dann mit seinen Offizieren und seinen Pistolen bedingungslos einfinden. Man hatte ihn nicht in das Geheimnis der bevorstehenden Ereignisse des 18. Brumaire eingeweiht. Mit Tagesanbruch erschien er bei Napoleon, sowie eine große Anzahl anderer Generale und Offiziere, die man in der Nacht entboten hatte und auf deren Ergebenheit man zählen konnte.

Nachdem Napoleon gegen Mittag den Befehl über die 17. Division und alle in Paris befindlichen Truppen übernommen hatte, übergab er Lannes den Befehl in den Tuilerien. Murat erhielt das Kommando in Saint-Cloud, Sérurier auf der Chaussee von Saint-Cloud nach Paris, Macdonald in Versailles und Moreau im Luxembourg mit 400 Mann von der 96. Halbbrigade. Diese Soldaten weigerten sich, Moreau zu folgen, weil sie, wie sie sagten, nicht unter den Befehlen eines unpatriotischen Generals stehen wollten! Napoleon war gezwungen, sich selbst nach dem Luxembourg zu begeben und die Soldaten anzureden, um alle Schwierigkeiten aus dem Wege zu räumen.

Nach dem 18. Brumaire waren die Jakobiner noch heimlich tätig und suchten Unterstützung in den Heeren von Holland und der Schweiz.

Masséna war mehr als ein anderer geeignet, an der Riviera zu befehligen, weil er jeden Fußsteig dort kannte. Brune, der den Oberbefehl in Holland hatte, wurde in die Vendée gesandt. So wurden alle in der Armee existierenden Intrigen zerstört. Übrigens hatte der Erste Konsul alle Ursache, mit Moreau zufrieden zu sein, bis zu seiner Vermählung, die während des Waffenstillstandes von Pahrsdorf, im Juli 1800, stattfand.

Man würde sich eine falsche Vorstellung von dem Zustand der öffentlichen Meinung machen, wenn man glauben wollte, daß damals die Macht geteilt war. Die Republik war einig und Napoleon, die erste Amtsperson, der Mann der Franzosen. Er war alles: die verfassungsmäßigen Gewalten, der Senat, das Tribunal, die Gesetzgebende Körperschaft hatten ihren Einfluß. Keiner, der mit diesen Staatskörpern nicht auf irgendeine Weise im Zusammenhang stand, war etwas! Moreau hatte kein Kommando. Alle Heere befanden sich in Händen der Gegenparteien. Masséna, der Frankreich bei Zürich gerettet, Brune, der den Herzog von York geschlagen und Holland befreit hatte, besaßen damals einen größeren Ruf. Moreau stand wenig in Gunst, weil außer den bedauerlichen Ereignissen am 18. Fruktidor auch noch die Niederlagen bei Cassano und an der Trebbia ihm zur Last gelegt wurden. Denn diesen Niederlagen schrieb man den Verlust von Italien zu. Allein, gerade weil er damals wenig Ansehen genoß, war die Gegenpartei, wenn überhaupt im Heere etwas zu befürchten gewesen wäre, gefährlich. Darum hatte die Konsularregierung Vertrauen zu Moreau und übergab ihm ein ausgedehntes Kommando über ein Heer von 140.000 Mann, dessen Linie sich von der Schweiz bis an den Main erstreckte.

Über den Feldzugsplan von 1800 fand zwischen Moreau und dem Kriegsminister überhaupt keine Verhandlung statt. Napoleon erwog Frankreichs geographische Lage und erkannte, daß von den beiden Grenzlinien, auf denen man im Begriff stand, zu operieren, die deutsche Grenze prädominierend, die italienische hingegen sekundär sei. Denn wenn die republikanische Armee am Rhein geschlagen und in Italien Siegerin war, so konnten die Österreicher im Elsaß, in der Franche-Comté oder in Belgien vordringen und ihre Vorteile verfolgen, ohne daß die siegreiche Italienische Armee imstande gewesen wäre, sie durch eine Diversion aufzuhalten. Denn, um sich im Potal festzusetzen, hätte Alessandria, Tortona und Mantua genommen werden müssen, und dazu war ein ganzer Feldzug erforderlich. Ein Ablenkungsangriff in der Schweiz wäre ohne Erfolg gewesen. Von dem letzten Joch der Alpen kann man ohne Schwierigkeit in Italien eindringen, aber auf dem Marsche aus der italienischen Tiefebene stößt man mit jedem Schritt auf Stellungen. Glückten hingegen die Operationen der französischen Armee auf der Hauptgrenze, während sie in Italien geschlagen wurde, so war höchstens der Verlust Genuas und eine Invasion der Provence zu befürchten, vielleicht auch die Belagerung von Toulon. Dann aber hätte eine Abteilung der Armee von Deutschland, die aus der Schweiz ins Potal übergegangen wäre, allen weiteren Unternehmungen des Feindes in Italien und der Provence Schranken gesetzt. Daraus folgte, daß die Italienische Armee höchstens bis auf 40.000 Mann zu bringen wäre. Ferner, daß alle Streitkräfte der Republik in der Nähe der Hauptgrenze versammelt sein müßten. Es wurden daher 140.000 Mann von der Schweiz bis Mainz aufgestellt und eine zweite, die Reservearmee, wurde zwischen der Saone und dem Jura in zweiter Linie zusammengezogen. Die Absicht des Ersten

Konsuls war, im Mai mit diesen beiden Armeen nach Deutschland aufzubrechen und mit einem Schlag den Kriegsschauplatz an den Inn zu verlegen. Allein die Ereignisse vor Genua im April bestimmten ihn, die Feindseligkeiten am Rhein beginnen zu lassen, als die Reservearmee noch kaum beisammen war. Der Erfolg an dieser Grenze war nicht zweifelhaft. Österreich hatte alle seine Anstrengungen auf Italien gerichtet. General Kray besaß ein Heer, das an Zahl und Qualität dem französischen nachstand, weil viel Reichstruppen dabei waren.

Der Operationsplan, den der Erste Konsul dem Kriegsminister diktierte und den dieser an den General Moreau weitergab, war folgender: Alle vier Armeekorps unter dem Schutz des Rheins auf dessem linken Ufer zwischen Stein und Schaffhausen zu verteilen. Auf vier Brücken den Rhein gleichzeitig zu überschreiten und sich mit dem linken Flügel am Rhein, mit dem rechten an der Donau aufzustellen. Den General Kray in die Engpässe des Schwarzwaldes und ins Rheintal zu drängen, seine Depots zu nehmen und sich zwischen seine Divisionen zu schieben, um ihre Vereinigung zu verhindern; vor ihm in Ulm anzukommen, ihm den Rückzug nach dem Inn abzuschneiden und den zerstreuten Resten seines Heeres höchstens den Rückzug nach Böhmen zu gestatten. Dieses Manöver hätte in 14 Tagen den Feldzug entschieden. Die Umstände konnten nicht günstiger sein, denn nichts kann Bewegungen besser verschleiern, als ein so breiter Fluß wie der Rhein. Der Erfolg wäre unfehlbar gewesen. Moreau aber begriff diesen Plan nicht. Er wollte mit dem linken Flügel aus Mainz hervorbrechen, wozu der Erste Konsul seine Einwilligung nicht geben wollte. Da die Verhältnisse ihm nicht gestatteten, sich selbst zur Armee zu begeben, so erklärte er seinem Minister, es sei vergebene Mühe, einen kommandierenden General zur Ausführung eines Planes zu bringen, den er nicht verstände. Es sei daher besser, ihn nach seinem Willen operieren zu lassen, wenn er nur überhaupt eine einzige Operationslinie nehmen und auf dem rechten Donauufer manövrieren wolle.

Moreau eröffnete den Feldzug, indem sein linker Flügel

unter General Sainte-Suzanne aus Kehl hervorbrach. Saint-Cyr ging über die Brücke von Neu-Breisach, die Reserve überschritt den Rhein in Basel und Lecourbe fünf Tage später bei Stein. Kaum war Sainte-Suzanne auf dem rechten Ufer, als Moreau wahrnahm, daß dieses Korps zu sehr exponiert sei. Er zog es daher wieder bei Neu-Breisach auf das linke Ufer. Diese Eröffnung des Feldzuges ist gegen die Elementarregeln der Kriegskunst. Er manövrierte, auf beiden Seiten durch den Rhein beengt, in den Engpässen des Schwarzwaldes vor einer Armee in Stellung! Er bewegte sich, als ob die Schweiz besetzt oder neutral gewesen wäre. Er fühlte nicht, welchen Nutzen man aus dem Besitz dieses wichtigen Landes ziehen konnte, wenn man am Bodensee herauskam. General Kray, der auf diese Weise den Plan seines Gegners sofort übersah, zog seine Truppen bei Stockach und Engen zusammen, ehe die französische Armee dorthin gelangen konnte. Er erlitt nicht die geringste Störung. Er wäre indes unwiederbringlich verloren gewesen, wenn Moreau begriffen hätte, daß sein ganzes Heer da über den Rhein gehen mußte, wohin er Lecourbe dirigiert hatte. Die nähere Beleuchtung so schlecht geleiteter Operationen bewog den Ersten Konsul oft, zu sagen: „Was kann ich da machen! Sie verstehen es nicht anders. Die Geheimnisse der Kriegskunst und die Hilfsmittel der höheren Taktik sind ihnen völlig unbekannt."

Wir haben nicht nötig, die Behauptung zu widerlegen, daß der Erste Konsul aus den Schweizer Bergen nach Italien vordringen wollte, ohne die Offensive am Rhein zu ergreifen. Er glaubte im Gegenteil, daß die Diversion über den Gotthardt nur dann möglich wäre, wenn die österreichische Armee geschlagen und über den Lech zurückgedrängt war. Denn die Operation der Reservearmee wäre eine reine Torheit gewesen, wenn in dem Augenblick, wo sie am Po ankam, die österreichische Armee in Deutschland die Offensive ergriffen und die Franzosen aus dem Felde geschlagen hätte. Wenn er, von Leidenschaft gepackt, mit aller Gewalt Italien zuerst hätte nehmen wollen, wer konnte ihn hindern, die Armee von Helvetien in der Lage zu lassen, in der sie sich 1800 befand? Wer hätte ihn hindern können, die 40.000 Mann, womit sie verstärkt wurde, nach Genua zu senden? Das hätte Masséna in den Stand gesetzt, an den Po vorzurücken. Napoleon wußte wohl, daß Italien nicht von der Wichtigkeit eines Sieges in Deutschland, sondern ein Korollarium der an der Hauptgrenze erfochtenen Vorteile war.

Reubel sagte bei Gelegenheit einer Unterredung mit dem Ersten Konsul im Februar 1800: „Sie ziehen eine schöne Armee am Rhein zusammen, Sie haben alle französischen Truppen dort. Fürchten Sie nicht Mißhelligkeiten, wenn Sie das Kommando dieses Heeres in eine Hand legen? Ich habe aus politischen Gründen immer für zwei Armeen gestimmt: eine Rhein-und-Moselarmee und eine Sambre-und-Maasarmee. Vielleicht hat es bei Ihnen weniger zu bedeuten, da der Soldat Sie als den obersten Feldherrn betrachtet. Doch glauben Sie mir, begeben Sie sich selbst zu dieser Armee, damit Sie nicht große Nachteile davon haben. Ich weiß, Moreau ist nicht gefährlich, aber wenn unruhige Köpfe und Intriganten sich an einen Mann hängen, so wissen sie zu allem Rat."

Während des Waffenstillstandes zu Pahrsdorf reiste Moreau nach Paris und stieg in den Tuilerien ab, ohne erwartet zu sein. Als er sich im Zimmer des Ersten Konsuls befand, erschien der Kriegsminister Carnot und brachte dem Ersten Konsul zwei Pistolen aus Versailles, reich mit Diamanten geschmückt, die er für ihn hatte machen lassen. Der Erste Konsul nahm sie nur, um sie sofort Moreau mit den Worten zu überreichen: „Sie kommen zur rechten Zeit." Das war nicht verabredet, und der Minister war über die Freigebigkeit Napoleons verwundert, denn die Pistolen waren sehr wertvoll.

Die Kaiserin Josephine verheiratete Moreau mit einer Kreolin aus Isle-de-France, Mademoiselle Hulot. Das junge Mädchen hatte eine sehr ehrgeizige Mutter, die sowohl ihre Tochter als auch bald darauf ihren Schwiegersohn vollkommen beherrschte. Sie hatte so großen Einfluß auf ihn, daß sein Charakter sich völlig veränderte. Er war nicht wiederzuerkennen. Er mengte sich in Intrigen. Sein Haus wurde der Versammlungsort aller Übelgesinnten. Er widersetzte sich nicht nur, sondern er konspirierte gegen die Wiederherstellung des Kultus und gegen das Konkordat von 1801. Er machte sogar die Ehrenlegion lächerlich. Der Erste Konsul nahm anfangs von diesen Unziemlichkeiten Moreaus keine Notiz. Schließlich sagte er: „Ich wasche mir die Hände; er soll sich die Nase an den Pfeilern der Tuilerien zerstoßen." Das Benehmen Moreaus war gegen seinen Charakter. Er war aus der Bretagne, haßte die Engländer und die Chouans, hatte starken Widerwillen gegen den Adel, war unfähig zu jeder großen Anstrengung des Geistes, von Natur aufrichtig und ein Mann von Welt. Die Natur hatte ihn nicht für die ersten Rollen bestimmt. Hätte er eine andere Frau bekommen, so wäre er Marschall und Herzog geworden. Er hätte an den Feldzügen der Großen Armee teilgenommen, hätte neuen Ruhm erworben, und wäre es ihm bestimmt gewesen, in der Schlacht zu fallen, so wäre er von einer russischen, preußischen oder österreichischen Kugel getroffen worden. Von einer französischen durfte er nicht den Tod erleiden!

Als im Oktober 1813 mehrere französische Armeekorps von Dresden kamen und bei Wittenberg über die Elbe gingen, wurde ein Kurier aufgefangen, der aus dem Hauptquartier der böhmischen Armee nach England unterwegs war. Er hatte alle Papiere Moreaus bei sich. General Rapatel, sein Adjutant und Landsmann, schickte Frau Moreau ihre Briefschaften zurück. Sie war sehr bourbonisch gesinnt und machte ihrem Mann in jedem Brief Vorwürfe über seine Abneigung gegen die Bourbonen, über sein Sichgehenlassen, seine geringe Neigung zur Intrige. Ferner erteilte sie ihm Ratschläge, auf welche Weise er sich am russischen und österreichischen Hofe geltend machen sollte. Moreau antwortete auf alle: „Sie sind ja nicht gescheit, mit Ihren Bourbonen. — Übrigens kennen Sie meine Ansichten und Gesinnungen. Ich verlange weiter nichts, als sie zu unterstützen. Im Grunde meines Herzen kann ich Sie versichern usw." Der erste Gedanke des Kaisers war, diese Korrespondenz drucken zu lassen, aber er machte sich bereits Vorwürfe, gewisse Ausdrücke in einem Bulletin stehen gelassen zu haben, die sich auf den Tod Moreaus bezogen. Ihm schien es, Worte des Bedauerns, die er bei dieser Nachricht gesprochen hatte, wären dort besser an ihrem Platz gewesen. Der Kaiser hielt es für unrecht, Moreaus Asche durch Aufdeckung seiner innersten Gesinnungen zu stören, die er ganz einfach seiner Frau in einem vertrauten Briefwechsel mitgeteilt hatte.

Moreau hat Dienste geleistet, und sein Name wird ruhmvoll in der Geschichte der Revolutionskriege genannt. Seine politischen Meinungen waren stets sehr gemäßigt, und oft erwähnte Napoleon sein unglückliches Ende mit den bedauernden Worten: „Die Schlechtigkeit der Weiber ist schuld an seinem Unglück." Schwache und unentschlossene Männer sind diesem Übel gewöhnlich ausgesetzt.

## *BOTSCHAFT AN DEN SENAT, DIE GESETZGEBENDE KÖRPERSCHAFT UND DAS TRIBUNAT*

Paris, 24. Pluviôse des Jahres IX.
(13. Februar 1801)

Der Friede des Kontinents ist in Lunéville unterzeichnet worden; er ist so, wie ihn das französische Volk wollte. Sein erster Wunsch war die Rheingrenze; Niederlagen hatten seinen Willen nicht wanken gemacht; Siege haben seinen Ansprüchen nichts hinzufügt.

Nachdem es die alten Grenzen Galliens wiederhergestellt hatte, mußte es Völkern, die ihm durch einen gemeinschaftlichen Ursprung, durch die Gleichartigkeit der Interessen und Sitten verbunden waren, die Freiheit wiedergeben.

Die Freiheit der Zisalpinischen Republik und Liguriens ist gesichert.

Nach dieser Pflicht gab es eine andere, die ihm Gerechtigkeit und Edelmut auferlegten.

Der König von Spanien ist unserer Sache treu gewesen und hat für sie gelitten: weder unsere Niederlagen, noch die treulosen Ränke unserer Feinde haben ihn von unseren Interessen abziehen können; es sollen ihm verdiente Gegendienste erwiesen werden. Ein Prinz seines Hauses wird den Thron von Toskana besteigen. Er wird nicht vergessen, daß er ihn der Treue Spaniens und der Freundschaft Frankreichs verdankt; seine Reeden und Häfen werden unseren Feinden verschlossen sein, und unser Handel und unsere Schiffe werden einen Zufluchtsort in ihnen finden.

Österreich, und darin liegt die Bürgschaft des Friedens, Österreich, das von nun an durch große Gebiete von Frankreich getrennt ist, wird jene Eifersucht, jenes Mißtrauen nicht mehr kennen, die seit so vielen Jahrhunderten die Qual dieser zwei Mächte und das Unglück Europas bewirkt haben.

Durch diesen Vertrag ist für Frankreich alles beendigt; es wird nicht mehr nötig haben, gegen die Formen und die Intrigen eines Kongresses anzukämpfen.

Die Regierung muß dem Gesandten, der diese Unterhandlung zu einem so glücklichen Ende geführt hat, seine Zufriedenheit bezeugen. Es sind keine Interpretationen zu fürchten, keine Erklärungen zu verlangen, noch sind darin solche zweideutige Bestimmungen enthalten, in denen die Kunst der Diplomatie den Keim eines neuen Krieges niederlegt.

Warum kann dieser Vertrag nicht den allgemeinen Frieden bringen!... Dies war der Wunsch Frankreichs, dies war der beständige Gegenstand der Bemühungen der Regierung; aber alle ihre Bemühungen sind vergeblich gewesen. Europa weiß, was das britische Ministerium alles versucht hat, um die Unterhandlungen von Lunéville zum Scheitern zu bringen.

Vergeblich erklärte ihm am 9. Oktober 1800 ein von der Regierung bevollmächtigter Vertreter, daß Frankreich bereit sei, in eine Sonderverhandlung mit ihm einzutreten; diese Erklärung stieß nur auf Ablehnungen, unter dem Vorwand, daß England seinen Verbündeten nicht im Stich lassen könne. Seitdem dieser Verbündete eingewilligt hat, ohne England zu unterhandeln, sucht diese Regierung andere Mittel, um einen der Welt nötigen Frieden aufzuschieben.

Sie verletzt Übereinkünfte, die die Menschheit geheiligt hatte und erklärt armen Fischern den Krieg.

Sie erhebt Ansprüche, die der Würde und den Rechten aller Nationen zuwider sind.

Der ganze Handel Asiens und der unermeßlichen Kolonien genügt ihrem Ehrgeiz nicht mehr; alle Meere sollen der ausschließlichen Herrschaft Englands unterworfen sein.

Es rüstet gegen Rußland, Dänemark und Schweden, weil Rußland, Schweden und Dänemark durch Verträge ihre Souveränität und die Unabhängigkeit ihrer Flagge sichergestellt haben. Die ungerecht angegriffenen nordischen Mächte haben das Recht, auf Frankreich zu zählen. Die französische Regierung wird mit ihnen einen allen Nationen gemeinsamen Schimpf rächen, ohne jemals aus den Augen zu verlieren, daß sie nur für den Frieden und für das Glück der Welt kämpfen soll.

## *DAS KONKORDAT 1801*

Seit meiner Jugend habe ich der religiösen Frage eine ganz besondere Aufmerksamkeit geschenkt. Ich habe sehr viel über die Geschichte der Sorbonne nachgedacht. Diese Kenntnisse sind mir als Eroberer und Gesetzgeber Italiens und als Wiederhersteller der Religion in Frankreich sehr nützlich gewesen. Auch in Ägypten mußte ich den Koran studieren, denn es war durchaus nötig, daß ich, um meine Macht inmitten eines dem Islam unterworfenen Volkes zu begründen, von Grund aus die Glaubensregeln der vier Sekten und ihre Beziehungen zu Konstantinopel und zu Mekka studierte. Diesen Studien verdanke ich das Entgegenkommen und die Hilfe des Klerus in Italien im Jahre 1797 und der Ulemas in Ägypten.

Es ist falsch, wenn behauptet wird, daß ich jemals bereut hätte, das Konkordat von 1801 geschlossen zu haben. Niemals habe ich gesagt, daß das Konkordat der größte Fehler meiner Regierung gewesen sei.

Ich hatte Meinungsverschiedenheiten mit der römischen Kurie, da sie sich ständig in meine Herrscherrechte einmischen wollte. Es kann sein, daß ich einige Male mit Recht ungeduldig wurde, da man mich, in allem, was ich für die Religion tun wollte, so falsch verstand. Es war der Löwe, der sich durch die Mücken gestochen fühlte; aber niemals habe ich weder meine Entschlüsse, noch meine Grundsätze geändert. Ich glaube heute noch, wie ich 1801 glaubte, daß das Konkordat nützlich und der Religion, der Republik und der Regierung nötig war. Die Kirchen waren geschlossen und die Priester verfolgt. Sie teilten sich in drei Sekten: die Konstitutionellen, die apostolischen Vikare und die emigrierten Priester, die im Solde Englands standen. Das Konkordat machte mit dieser Unordnung ein Ende. Es ließ aus den Trümmern die katholische, apostolische und römische Kirche wieder aufleben. Wie gut aber auch die Absichten des frommen und ehrwürdigen Pius waren, der, sobald er von meinem Plane erfuhr, sagte, „Versichert dem Ersten Konsul, daß ich gern zu einer Unterhandlung bereit bin, deren Zweck so lobenswert ist und so gut zu meinem heiligen Amte paßt und ganz den Wünschen meines Herzens entspricht“, so gestalteten sich die Verhandlungen mit der Kurie doch sehr schwierig.

Der Heilige Stuhl ernannte zu Bevollmächtigten den Kardinal Spina und einen berühmten Theologen. Französischerseits wurden Joseph Bonaparte, der Staatsrat Crétet und der Pfarrer Bernier, ehemaliger Vendéerchef, ernannt. Man hätte glauben sollen, daß das ungeheure Interesse des Heiligen Stuhls für die Wiedererrichtung der Altäre Christi alle untergeordneten Fragen zurücktreten ließ, aber bei Rom trifft gewöhnlich das Gegenteil zu. Die kanonische Einrichtung, die Zulassung der vereidigten Priester in der reorganisierten französischen Kirche, die Billigung des Verkaufs der Kirchengüter wurden die Ursache überaus scharfer Debatten. Andererseits machte die Scheidungsfrage durchaus keine Schwierigkeit, und die römischen Unterhändler erklärten, daß sie einwilligten, die Heirat der Priester zu gestatten, wenn der Erste Konsul dem Papst das ausschließliche Recht, diese Fragen zu lösen, zuerkenne. Ich weigerte mich, dem Papst eine gesetzliche Intervention zu gestatten, da ich sie mit Recht als eine Befugnis der französischen Gerichte ansah. Der Papst wollte auch, daß ich ihm die Berechtigung zusprach, die kanonische Einrichtung auf unbestimmte Zeit zu vertagen, was darauf hinauslief, daß das Staatsoberhaupt auf das Recht, Bischöfe zu ernennen, verzichtete.

Mit allen diesen Dingen wollte ich ein Ende machen. Ich befahl meinem Gesandten in Rom, zu erklären, daß, wenn der Heilige Stuhl nicht binnen drei Tagen meine Vorschläge angenommen und das Konkordat (1801) unterzeichnet hätte, die Unterhandlungen abgebrochen seien. Vor allem von dem Wunsche beseelt, das französische Volk zu religiösen Empfindungen zurückzuführen, dachte ich darüber nach, ob ich dem Beispiel Heinrichs VIII. folgen solle oder nicht.

Pius VII. regte sich auf, das Heilige Kollegium zitterte, und der Kardinal Consalvi reiste in Eile nach Paris. Alle Schwierigkeiten wurden beigelegt und das Konkordat in Paris am 15. Juli 1801 unterzeichnet. Der Heilige Stuhl ratifizierte es noch im selben Monat, ebenso wie die Organischen Artikel, die sich auf die Ausführung des Konkordats bezogen.

Die Scheidung und die Ehe der Geistlichen sind zwei wichtige Fragen, die dem Schiffbruch der höchsten Rechtsprechung der katholischen Kirche entgangen sind. Das sind keineswegs, wie unwissende Fanatiker behaupten, Entweihungen des Heiligen Sakramentes. Zu allen Zeiten haben die Konzilien die Trennung der Ehe zugelassen. Das Konzil von Trient hat sogar die Regeln festgesetzt. Über die Scheidung oder ihre Gültigkeit zu diskutieren, hieße nur, sich über Kleinigkeiten streiten.

Die Ehelosigkeit der Priester ist nur eine Vervollkommnung; die Konzilien haben es gesagt, und diese Wahrheit kann nicht bestritten werden, denn dieselben Konzilien haben dem Papst die Macht erteilt, einen Priester von seinem Gelübde zu entbinden und ihm die Heirat zu gestatten.

Herr von Talleyrand, der während der Zeit des Konkordats Minister des Auswärtigen war, war vor der Revolution Bischof von Autun gewesen, was ihn nicht verhinderte, später eine Holländerin namens Grant zu heiraten, in die er sehr verliebt zu sein glaubte. Ich wollte ihn zum Kardinal ernennen. Er weigerte sich aber hartnäckig und bat heimlicherweise den Papst, ihn von seinem Gelübde zu entbinden. Ohne mein Wissen willigte der Papst ein, und Frau Grant wurde Fürstin Talleyrand, ohne daß der eifrigste Verteidiger der Satzungen der Kirche gewagt hätte, seine Stimme gegen diese Heirat zu erheben.

Das Konkordat hat die Altäre wieder aufgerichtet, den Unordnungen ein Ende gemacht, den Gläubigen vorgeschrieben, für die Republik zu beten und alle Zweifel der Besitzer von Nationalgütern beseitigt. Es hat den letzten Faden zerrissen, durch den die alte Dynastie noch mit dem Lande verbunden war, indem sie die Bischöfe, die die weltliche Macht und die weltlichen Interessen den geistigen Dingen und der göttlichen Sache vorzogen, dem Heiligen Stuhl als Rebellen anzeigte.

Man hat gesagt, ich hätte mich nicht in religiöse Angelegenheiten einmischen, sondern nur die Religion und den Gottesdienst dulden und den Gläubigen ihre Kirchen wiedergeben sollen. Den Kult ausüben . . . aber welchen? Die Kirchen wieder herausgeben . . . aber an wen? An die Konstitutionellen, den Klerus oder die papistischen Vikare, die im Solde Englands standen?

Während der Unterhandlungen über das Konkordat wurde einmal die Frage aufgeworfen, einen Zeitpunkt zu bestimmen, für das dem Papst verliehene Recht, Bischöfe zu ernennen. Der Papst hatte aber schon große Zugeständnisse gemacht: Er hatte in die Aufhebung von 60 Kirchspielen eingewilligt, die seit Beginn des Christentums bestanden. Aus eigener Machtvollkommenheit setzte er eine große Anzahl alter Bischöfe ab und willigte, ohne jegliche Entschädigung, in den Verkauf von Kirchengütern im Werte von

400 Millionen ein. Ich war der Meinung, im Interesse der Republik nichts mehr zu verlangen. Ich sagte damals mit Recht: „Wenn der Papst nicht vorhanden wäre, so müßte man einen für diese Gelegenheit ernennen, ebenso wie die römischen Konsuln in schwierigen Lagen einen Diktator ernannten.“ Es ist wahr, daß durch das Konkordat im Staat eine fremde Macht anerkannt wurde, die geeignet war, die Ruhe zu stören, jedoch es führte sie nicht ein, denn sie hat schon immer bestanden. Sobald ich Herr über Italien war, betrachtete ich mich auch als Herrn von Rom, und dieser italienische Einfluß diente mir dazu, die feindlichen Einwirkungen meiner Regierung zu zerstören.

Die Schriftstücke, die man über meine Beziehungen zu Rom in London gedruckt hat, sind apokryph. Sie sind niemals zugestanden worden. Durch ihre Veröffentlichung hat man gehofft, die spanische Einbildungskraft und die der Frömmler der ganzen Welt zu erregen: besonders die Geistlichen, die das Konkordat nicht anerkannten, haben sie mit Eifer verbreitet. Einige der Schriftstücke sind falsch, die anderen sind mehr oder weniger entstellt. Ich habe weder direkt noch indirekt die Legationen versprochen, und der Papst hat niemals diese Bedingung als Preis für seine Reise nach Paris gestellt. Es ist wahr, daß er sich geschmeichelt gefühlt hätte, die Romagna, wo sich seine Heimat Cesena befindet, als kaiserlichen Dank zu erhalten. Es ist auch Tatsache, daß er während seines Aufenthaltes in Paris davon gesprochen hat, aber nur ganz nebenbei und ohne Hoffnung auf Erfolg. Es ist indes unsinnig, zu vermuten, ich hätte den Heiligen Stuhl gebeten, einen Patriarchen der Gallier einzusetzen. Ein Patriarch hätte nur in Frankreich Einfluß gehabt. Der Papst, der Patriarch der ganzen Christenheit war, dehnte seinen Einfluß auf die ganze Welt aus; ich würde also beim Tausch verloren haben. Ebenso unsinnig ist es, zu vermuten, daß ich die Annahme des Zivilgesetzbuches verlangt hätte.

Mein unmittelbarer Briefwechsel mit dem Papst während der Jahre 1805 bis 1809 ist geheim geblieben; er betraf aber nur die weltlichen Angelegenheiten, deretwegen ich weder die Zustimmung noch die Meinung seiner Bischöfe benötigte. Erst als der Papst im Jahre 1809 sich durch die Bulle von Savona an die Domkapitel von Florenz und Paris wandte, griff die Diskussion auf das geistliche Gebiet über. Da empfand ich die Notwendigkeit eines Rates und einer Intervention des Klerus. Ich richtete einen Rat der Theologen ein, und die Wahl, die ich traf, war sehr glücklich. Duvoisin, der Bischof von Nantes, der seit einem halben Jahrhundert als Orakel der Christenheit angesehen wurde, war die Seele des Rates. Seit diesem Zeitpunkt sind alle Erörterungen öffentlich bekannt geworden.

Als Fox nach dem Vertrag von Amiens mir vorwarf, ich hätte vom Papst nicht die Erlaubnis erlangt, daß die Priester sich verheirateten, antwortete ich ihm: „Ich hatte und habe nötig, Frieden zu schließen; mit Wasser und nicht mit Öl beruhigt man die theologischen Vulkane; es war nicht leicht mit Rom, und es hätte mich weniger Mühe gekostet, die Augsburger Konfession durch die französischen Landsleute anzunehmen, als ihnen durch einen verheirateten Priester die Messe lesen zu lassen."

Seit der Krönung gab es allerlei Streitigkeiten wegen der Hüte der Kardinäle usw., aber keine dieser Diskussionen beschäftigte direkt die beiden Herrscher; sie wurden vielmehr den Kanzleien überlassen, die alle diese Angelegenheiten mit Mäßigung und Klugheit behandelten.

Die Ausrüstung Anconas gehörte zu dem allgemeinen Plan der Verteidigung Italiens. Ich beauftragte meinen Gesandten in Rom, sie von der Regierung des Papstes zu verlangen und bot einen Offensiv- und Defensivallianzvertrag zwischen dem König von Italien und dem Römischen Hof an. Der Papst verweigerte es und antwortete, daß er als Vater der Gläubigen in keinerlei Liga gegen seine Kinder eintreten und mit niemandem Krieg führen könne noch wolle. Ich antwortete: „Die Geschichte der Päpste ist voll von Bündnissen mit Kaisern, Königen von Spanien oder Königen von Frankreich: Julius II. hat selbst Heere befehligt; im Jahre 1797 habe ich als General Bonaparte das Heer Pius' VI. geschlagen, das in den Reihen der Österreicher gegen die

Bonaparte, Erster Konsul, in Malmaison

König Ludwig von Holland

Französische Republik kämpfte. Und da in unseren Tagen die Banner des heiligen Petrus an der Seite der Adler Österreichs flattern konnten, so können sie auch sehr wohl auf den Mauern Anconas als Verbündete des Adlers von Frankreich wehen. Indes aus Achtung für die Gewissensbisse des Heiligen Vaters willige ich ein, daß der Allianzvertrag auf den Fall eines Angriffes von seiten der Ungläubigen oder Ketzer beschränkt bleibe."

Die Ereignisse nahmen in dem Todeskampf zwischen Frankreich und England einen schnellen Lauf. Um jeden Preis mußte Ancona besetzt werden, denn das Heil des Königreichs Italien hing davon ab. Der General Miollis erhielt Befehl, eine Garnison hineinzulegen und wurde mit der Verteidigung der Marschen und der Legationen beauftragt. Der Nuntius verließ Paris, sobald er von dieser Verfügung Kenntnis erhielt, und als Vertreter der kleinsten aller weltlichen Mächte erklärte er ohne Zögern dem französischen Koloß den Krieg. Ich tat, als ob ich mich nicht in Mißhelligkeiten mit Rom befände und schrieb meinem Gesandten vor, nichts in den diplomatischen Beziehungen zu dem Heiligen Stuhl zu ändern.

Mehr als irgend jemand verstand ich die Interessen der Kirche. Was die katholische Kirche in Frankreich seit 40 Jahren an Macht gewonnen hat, verdankt sie mir. Das Konkordat von 1801 hat viel böses Blut gemacht. Die berühmtesten Generale klagten mich an, die Republik verraten zu haben. Einer unter ihnen, General Lannes, der die Grenadiere meiner Garde befehligte, wagte mir sogar in meinem Arbeitszimmer Vorwürfe zu machen. Seine Erregung legte sich aber wie im Handumdrehen vor der väterlichen Ruhe, mit der ich ihn anhörte, und noch am selben Abend reiste er in einer diplomatischen Sendung nach Lissabon. Frau von Staël hatte sich an die Spitze der Unzufriedenen der Pariser Salons gestellt und sagte zu den Republikanern: „Passen Sie auf, morgen wird der Tyrann 40.000 Geistliche als Anhänger haben."

Später ließ mir der Papst Gerechtigkeit widerfahren. Als er meine Landung in Cannes erfuhr, sagte er zum Prinzen

Lucien mit einer Miene, die sein Vertrauen ausdrückte: „Er ist abgereist und angekommen, und Sie gehen nach Paris. Es ist recht so. Schließen Sie für mich Frieden mit ihm; ich bin in Rom, und er wird niemals Unannehmlichkeiten von mir zu erwarten haben."

## *PROKLAMATION*

*Frieden von Amiens*

Paris, 18. Brumaire des Jahres X. (1801)

Franzosen! Ihr habt ihn endlich ganz, diesen Frieden, den ihr durch so lange und so heldenmütige Anstrengungen verdient habt!

Die Welt zeigt euch nur noch das Bild befreundeter Nationen, und auf allen Meeren eröffnen sich euren Schiffen gastfreundliche Häfen.

Die Regierung hat sich, euren Wünschen und ihren Versprechungen getreu, weder vom Ehrgeiz der Eroberungen noch von den Lockungen der kühnen und außerordentlichen Unternehmungen hinreißen lassen. Es war ihre Pflicht, der Menschheit die Ruhe wiederzugeben, und die große europäische Familie, deren Aufgabe ist, das Schicksal der Welt zu bestimmen, durch feste und dauerhafte Bande zu vereinen.

Ihre erste Aufgabe ist erfüllt; eine andere beginnt für euch und für sie. Wir wollen dem Ruhm der Schlachten einen Ruhm folgen lassen, der für unsere Landsleute milder, für unsere Nachbarn weniger furchtbar ist.

Wir wollen unsere Einrichtungen und unsere Gesetze vervollkommnen, und vor allem die jungen Geschlechter lehren, sie zu lieben. Diese Einrichtungen sollen die bürgerliche Gleichheit, die öffentliche Freiheit, den Nationalwohlstand vermehren. Laßt uns in die Stätten des Ackerbaues und Künste jenes Feuer, jene Ausdauer, jene Geduld tragen, die Europa in allen unseren schwierigen Verhältnissen in Erstaunen gesetzt haben. Laßt uns die Anstrengungen der Bürger mit denen der Regierung verbinden, um alle Teile unseres weiten Gebietes zu bereichern und zu befruchten.

Seien wir das Band und das Beispiel der Völker, die uns umgeben. Möge der Ausländer, den die Neugierde zu uns herüberführt, bei uns verweilen, vom Zauber unserer Sitten, vom Anblick unserer Eintracht, unseres Gewerbefleißes und dem Reiz unserer Genüsse gefesselt; er soll als ein größerer Freund des französischen Namens, belehrt und bereichert in sein Vaterland zurückkehren.

Wenn es noch Menschen gibt, die das Bedürfnis haben, ihre Mitbürger zu hassen, oder die das Andenken an ihre Verluste verbittert, so harren ihrer unermeßlich große Länder. Mögen sie es wagen, dort Reichtum und die Vergangenheit ihres Unglücks und ihrer Leiden zu suchen. Die Blicke des Vaterlandes werden ihnen dorthin folgen; es wird ihrem Mut zu Hilfe kommen. Einst werden sie, durch ihre Arbeiten beglückt, in seine Mitte zurückkehren, würdig, Bürger eines freien Staates zu sein, und vom Wahnsinn der Verfolgungen geheilt.

Franzosen! Vor zwei Jahren sah dieser nämliche Tag das Ende eurer bürgerlichen Zerwürfnisse, den Untergang aller Parteien. Da konntet ihr nur eure ganze Tatkraft zusammenfassen, alles, was in den Augen der Menschheit groß, alles, was in den Augen des Vaterlandes nützlich ist, unternehmen. Überall war die Regierung euer Führer und eure Stütze; ihr Verhalten wird beständig das gleiche sein. Eure Größe ist die ihrige, und euer Glück ist die einzige Belohnung, die sie erstrebt.

## *AN DEN SENAT BEI VERKÜNDIGUNG DES KONSULATS AUF LEBENSZEIT*

Paris, 15. Thermidor des Jahres X.
(3. August 1802)

Senatoren, das Leben eines Bürgers gehört seinem Vaterlande! Das französische Volk wünscht, daß ich das meinige ihm ganz widme. Ich gehorche seinem Willen.

Indem es mir ein neues, ein dauerndes Pfand seines Vertrauens gibt, legt es mir die Verpflichtung auf, das

System meiner Gesetze auf treffliche Einrichtungen zu stützen.

Durch meine Bemühungen und Ihre Mithilfe, Bürger Senatoren, sowie durch die Mitarbeit aller Behörden und das Vertrauen und den Willen dieser großen Nation werden Frankreichs Freiheit, Gleichheit und Wohlstand vor den Launen des Schicksals und einer ungewissen Zukunft geschützt sein. Das beste der Völker soll das glücklichste sein, wie es dies auch als das würdigste verdient! Sein Glück wird zu dem Glück von ganz Europa beitragen.

Glücklich, durch den Befehl desjenigen, von dem alles kommt, dazu berufen worden zu sein, Gerechtigkeit, Ordnung und Gleichheit auf Erden wiederherzustellen, kann ich meine letzte Stunde ohne Reue und ohne Besorgnis um die Meinung der künftigen Geschlechter schlagen hören.

Senatoren, empfangen Sie meinen Dank für diesen feierlichen Schritt!

Der Senat hat gewünscht, was das französische Volk wünschte, und dadurch hat er sich um so enger an alles angeschlossen, was zum Glück des Vaterlands noch zu tun übrig bleibt.

Es ist für mich eine große Genugtuung, diese Gewißheit in der Rede eines so ausgezeichneten Präsidenten zu finden.

Bonaparte.

### *An den König von Preußen*

Paris, 19. Fructidor des Jahres X.
(6. September 1802)

Ich danke Eurer Majestät für die in Ihrem Briefe enthaltenen Liebenswürdigkeiten.

Es ist mein sehnlichster Wunsch, Preußen und Frankreich mehr und mehr im Einverständnis zu wissen und durch dieses Bündnis den Kontinentalfrieden auf sichern Grundlagen beruhen und vor überseeischen Machenschaften geschützt zu sehen.

Die Mühe, die ich auf den Wiederaufbau des Hauses Bayern verwendet habe, wurde mir allerdings von der Politik Frankreichs eingegeben, aber auch die Interessen Preußens und seine Politik haben keine geringe Rolle dabei gespielt.

Das Wiener Kabinett scheint indes auf seinem Plan zu bestehen, Passau, das rechte Innufer und eine große Anzahl schwäbischer Klöster besetzen zu wollen, in der geheimen Absicht, Bayern zu zwingen, daß es ihm den Lech abtrete, daß es nur noch ein abhängiger, machtloser Standesherr ist.

Die neuen Eröffnungen, die Herr von Cobenzl beauftragt war mir zu machen, haben mich mehr und mehr von der Unmöglichkeit überzeugt, das Haus Österreich von einem Plane abzubringen, den es bereits seit mehreren Jahrhunderten hegt und den Friedrich der Große im Jahre 1778 zunichte machte. Wir beide, Sie, Majestät, als Nachkomme des großen Mannes, und ich als sein Bewunderer, sind auserwählt, gemeinschaftlich in seinem Sinne weiter zu arbeiten.

In dieser Voraussicht habe ich Herrn von Lucchesini überredet, einen Vertrag zu unterzeichnen, der geeignet ist, allen Widerstand des Wiener Hofes zu besiegen; sobald ihn Eure Majestät ratifiziert haben, werde ich die Angelegenheiten Deutschlands als beendet betrachten.

Ich bitte Eure Majestät, von meinem Wunsch überzeugt zu sein, daß ich Ihnen bei dieser Gelegenheit, sowie in jeder Hinsicht einen Gefallen erweisen möchte.

Bonaparte.

### *An den Kaiser von Rußland*

Paris, 20. Ventôse des Jahres XI.

Generalmajor von Hittorff überbrachte mir den Brief Eurer Majestät und erhielt alle die von ihm gewünschten Erleichterungen zum Zweck seiner Reise. Die Schweizer Angelegenheiten, für die sich Eure Majestät interessieren, scheinen glücklich beendet. Ich habe alles getan, um die

Leidenschaften zu besänftigen und die Interessen zu versöhnen. Die Erfahrung wird lehren, ob die getroffenen Maßnahmen gut sind. Auch die Angelegenheiten in Deutschland scheinen glücklich beendet zu sein, Dank des Interesses, das Eure Majestät daran genommen haben.

Ich hatte Eurer Majestät vorgeschlagen, sich mit mir zu verständigen, um die Barbaresken zu verhindern, gegen die christlichen Mächte Schiffe auszusenden, indem man sie zwinge, ihre Ländereien zu bebauen. Es hatte den Anschein gehabt, als ob Eure Majestät diesem Vorschlag, der Ihrer vollkommen würdig ist, Beifall zollen würde. Ich glaube, daß er ausgeführt werden könnte, weil er im Interesse aller und besonders der Kulturvölker ist. Wenn Eure Majestät diesen ersten Eröffnungen Folge geben will, so bitte ich Sie, Ihrem Minister Instruktionen und Vollmacht zu schicken. Man würde versuchen, das, was man dem Frieden auf dem Meere und dem Interesse der ottomanischen Pforte schuldig ist, in Einklang zu bringen.

Eine wichtigere Verhandlung erhebt sich in diesem Augenblick mit England: nach dem Wortlaut des Vertrages von Amiens sollte es Malta in drei Monaten verlassen, wie Frankreich den Hafen von Tarent zu derselben Zeit räumen sollte. Ich habe den Hafen und die Reede von Tarent gewissenhaft geräumt. Als ich fragte, warum man Malta nicht räume, hat man mir geantwortet, daß der Großmeister nicht ernannt sei: so hatte man also dem Vertrag schon einen Vorbehalt beigefügt. Der Großmeister ist ernannt worden: darauf hat man entgegnet, daß man die Zustimmung Eurer Majestät erwarte, die ebenfalls eingetroffen ist und der ich mich beeilt habe, beizustimmen. Ich habe es dem britischen Kabinett eröffnen lassen: nun hat England die Maske abgelegt und mir mitteilen lassen, daß es Malta sieben Jahre lang zu behalten wünsche. Ich gestehe Ew. Majestät, daß eine so außerordentliche Treulosigkeit mich sehr in Erstaunen gesetzt hat, und ich glaube, daß sie in der Geschichte ohne Beispiel ist. Wie wird man denn in Zukunft unterhandeln können, wenn man den Geist und den Buchstaben der Verträge so verletzen kann? Ich meinerseits bin weit entfernt, in eine solche Ehrlosigkeit einzuwilligen, und ich bin zu allem entschlossen, um sie zu verhindern. Aber es scheint mir, daß das Interesse, das Eure Majestät für den Malteserorden gezeigt hat, die Ihr zugegangene Einladung, die Unabhängigkeit dieser Insel zu gewährleisten, und die von Ihnen vorgeschlagenen Artikel verlangen, daß Sie an dieser Angelegenheit einiges Interesse nehmen.

Seit sechs Monaten sind 2000 Neapolitaner in Malta; die Engländer haben keine Rücksicht darauf genommen und haben sie nicht in die Festungswerke eingelassen. Ich fordere Eure Majestät auf, zu intervenieren; es scheint mir, daß dies für die Fortdauer des Friedens auf dem Meere notwendig ist, wofür Sie sich immer zu interessieren schienen.

Ich bitte Eure Majestät, an meinen Wunsch zu glauben, Ihnen gefällig zu sein.

Bonaparte.

*Botschaft an den Senat*

Paris, 30. Floréal des Jahres XI.
(20. Mai 1803)

Der englische Gesandte ist abberufen worden; durch diesen Umstand gezwungen, hat der Gesandte der Republik ein Land verlassen, wo er keine Friedensworte mehr zu hören bekam.

In diesem entscheidenden Augenblick legt Ihnen die Regierung ihre ersten Beziehungen zu dem britischen Ministerium vor, sowie die Unterhandlungen, die durch den Vertrag von Amiens beendigt worden sind, ferner die neuen Erörterungen, die mit einem vollständigen Bruch zu enden scheinen; sie wird alles dies auch Frankreich und Europa vorlegen.

Unser Jahrhundert und die Nachwelt werden daraus ersehen, was die französische Regierung alles getan hat, um dem Unglück des Krieges ein Ende zu machen, mit welcher Geduld sie gearbeitet hat, um der Wiederkehr eines Königs vorzubeugen.

Nichts hat die Entwicklung der Pläne hindern können,

die geschmiedet wurden, um die Zwietracht zwischen den beiden Nationen wieder anzufachen.

Der Vertrag von Amiens war unter dem Geschrei einer dem Frieden feindlichen Partei verhandelt worden. Kaum geschlossen, wurde er der Gegenstand des bittersten Tadels; man stellte ihn als verderblich für England hin, weil er für Frankreich nicht schmachvoll war. Bald erweckte man Besorgnisse, sprach von vermeintlichen Gefahren, auf die man die Notwendigkeit eines Friedenszustandes begründete, der eine beständige Losung zu neuen Feindseligkeiten war. Man versicherte sich jener verworfenen Bösewichte, die das Herz ihres Vaterlandes zerrissen hatten, und besoldete sie, damit sie es noch mehr zerrissen. Eitle Berechnungen des Hasses! Es ist nicht mehr jenes von Parteien entzweite und von Stürmen heimgesuchte Frankreich; es ist das der inneren Ruhe zurückgegebene Frankreich, das in seiner Verwaltung und in seinen Gesetzen wiedergeboren und bereit ist, sich mit seinem ganzen Gewicht auf die Ausländer zu stürzen, die wagen sollten, es anzugreifen. Vereint wird es gegen die Räuber ziehen, die eine unmenschliche Politik nochmals auf seinem Boden ausspeien würde, um Plünderungen und Morde zu verüben.

Schließlich hat eine unerwartete Botschaft wegen mutmaßlicher Rüstungen in Frankreich und Batavien England auf einmal in Schrecken gesetzt. Man hat von wichtigen Verhandlungen gesprochen, die die beiden Regierungen entzweiten, während nicht e i n e solche Verhandlung der französischen Regierung bekannt war.

Alsobald wurden furchtbare Rüstungen an den Küsten und in den Häfen von Großbritannien vorgenommen; das Meer wimmelte von Kriegsschiffen, und mitten unter diesen Vorkehrungen verlangt das Londoner Kabinett von Frankreich die Aufhebung eines Hauptartikels des Vertrages von Amiens.

Sie wünschten, sagten sie, neue Garantien, und sie erkannten die Heiligkeit der Verträge nicht an, deren Einhaltung die erste Garantie ist, die sich die Völker geben können.

Napoleon I., Kaiser und König

Kaiserin Josephine

Umsonst hat sich Frankreich auf das beschworene Wort berufen; umsonst hat es an die von den Völkern anerkannten Formen erinnert; umsonst hat es eingewilligt, wegen der gegenwärtigen Nichtvollziehung des Artikels des Vertrages von Amiens, von welchem England sich befreien wollte, ein Auge zuzudrücken; umsonst war es bereit, mit einem definitiven Entschluß zu warten, bis Spanien und Batavien, die beide vertragschließende Teile waren, ihren Willen ausgesprochen hätten; umsonst endlich hat es vorgeschlagen, die Vermittlung der Mächte anzurufen, die aufgefordert worden waren, die Bedingung zu gewährleisten, deren Aufhebung verlangt wurde, und die sie in der Tat gewährleistet hatten: alle Vorschläge sind zurückgewiesen worden, und die Forderungen Englands sind gebieterischer und schroffer denn je geworden.

Es lag weder in den Grundsätzen der Regierung, der Drohung nachzugeben, noch in ihrer Macht, die Majestät des französischen Volkes unter Gesetze zu beugen, die man ihr unter so hochmütigen und so neuen Formen vorschrieb. Wenn sie es getan hätte, würde sie England das Recht zuerkannt haben, durch seinen Willen allein die Bedingungen umzustoßen, die es Frankreich gegenüber verpflichten; sie hätte es ermächtigt, bei der geringsten Besorgnis, die es sich eingebildet haben würde, neue Garantien von Frankreich zu fordern, und infolgedessen wären zwei neue Grundsätze in das Völkerrecht Großbritanniens neben demjenigen aufgenommen worden, durch den es die anderen Nationen von der gemeinschaftlichen Souveränität über die Meere enterbt und die Unabhängigkeit ihrer Flaggen seinen Gesetzen und Verordnungen unterworfen hat.

Die Regierung hat an der Richtung festgehalten, die ihr ihre Grundsätze und ihre Pflichten vorgezeichnet haben. Die Verhandlungen sind abgebrochen, und wir sind bereit, zu kämpfen, wenn wir angegriffen werden.

Wenigstens werden wir kämpfen, um die Heiligkeit der Verträge aufrecht zu erhalten, und für die Ehre des französischen Namens.

Hätten wir einer leeren Furcht nachgegeben, so wären wir

bald genötigt gewesen, zu kämpfen, um neue Anmaßungen zurückzuweisen; aber wir hätten gekämpft, entehrt durch eine erste Schwäche, in unseren eigenen Augen herabgewürdigt und in den Augen eines Feindes verächtlich geworden, nachdem er uns einmal seinen ungerechten Ansprüchen unterworfen hätte.

Die Nation wird im Gefühl ihrer Kraft ausharren. Welche Wunden uns der Feind auch an Orten schlagen kann, wo wir ihm weder zuvorkommen, noch ihn erreichen können, so wird das Ergebnis dieses Kampfes so sein, wie wir es von der Gerechtigkeit unserer Sache und dem Mut unserer Soldaten zu erwarten das Recht haben.

Bonaparte.

## *DIE VERSCHWÖRUNG PICHEGRUS, GEORGES CADOUDALS UND MOREAUS GEGEN NAPOLEONS LEBEN*

Am 5. Februar erließ die Gesetzgebende Körperschaft ein Gesetz, das jeden mit dem Tode bedrohte, der den Briganten Unterkunft gewähren würde.

Pichegru wurde durch einen Mann verraten, dem er sein Geheimnis anvertraut hatte. 100.000 Franken war der Preis des Verrats! Am 25. Februar 2 Uhr früh gelang es den Agenten der Polizei, in Pichegrus Schlafzimmer einzudringen. Sie öffneten die Tür mittels eines Schlüssels, den man ihnen gegeben hatte, und stürzten sich auf einen kleinen Nachttisch, auf dem seine Pistolen lagen. Pichegru, ein Mann von ungeheurer Kraft und ebensolchem Mut, verteidigte sich, obgleich man ihn überrascht hatte, mit Faustschlägen wie ein Verrückter derart, daß man gezwungen war, ihn zu fesseln und ihn im Hemd nach der Polizeipräfektur zu bringen. Da er sah, daß ein längerer Widerstand unnütz sei, ergab er sich schließlich, ließ ein Verhör über sich ergehen und sich ins Gefängnis führen.

Bis dahin war die öffentliche Meinung über die Schuld Moreaus noch sehr im Zweifel. Aber sobald man erfuhr, daß Pichegru verhaftet worden sei, wurde Moreau fast von jedermann verlassen und nur noch von seinen Anhängern unterstützt.

Georges Cadoudal und ungefähr zwanzig andere seiner Anhänger waren noch nicht gefangengenommen worden. Da ich befürchtete, daß es ihnen gelänge, zu entweichen, so griff ich zu einem bis dahin noch nicht angewandten Mittel, das auch bewies, bis zu welchem Grade ich von der öffentlichen Meinung unterstützt wurde. Ich verhängte den Belagerungszustand über Paris, und niemand durfte außer am Tage aus der Stadt, und das auch nur durch 15 Tore. Die Konsulargarde und die ganze Garnison biwakierten um die Stadt herum, und Schildwachen und andere Posten wurden von 50 zu 50 Schritt längs des Stadtumkreises aufgestellt. Man ließ niemand aus der Stadt heraus, ohne daß die beauftragten Agenten einen jeden gesehen hatten. Sie kannten die Übeltäter persönlich, deren Beschreibung überall aushing.

Die Spaziergänge im Bois de Boulogne und in der Umgebung von Paris wurden verboten. Der Belagerungszustand dauerte sechs Wochen und schnitt dem Volke alle liebgewonnenen Gewohnheiten und Vergnügungen ab, ohne daß die geringste Klage laut wurde.

Endlich, am 9. März, erfuhr man, daß Georges Cadoudal in einem leichten Wagen am Nachmittag 4 Uhr über den Pont-Royal fahren würde, um in der Nähe des Panthéons eine Zuflucht zu finden. Infolgedessen wurden alle Vorsichtsmaßregeln getroffen und einige Polizeiagenten auf der Brücke aufgestellt. Zum angegebenen Zeitpunkt fuhr Cadoudal schnell vorüber; er führte selbst den Wagen. Als er auf der Place du Panthéon angekommen war, bemerkte er, daß das Haus, in das er sich flüchten wollte, umstellt war. Er kehrte deshalb um und begegnete den beiden Beamten, die ihm gefolgt waren. Einer von ihnen ergriff die Zügel seines Pferdes, aber Georges streckte ihn mit einem Pistolenschuß nieder, öffnete die Tür seines Wagens und sprang heraus, wobei er den zweiten Polizeiagenten verwundete. Inzwischen aber war er von der herbeieilenden Volksmenge erkannt worden. Man umgab ihn und schrie: „Das ist Georges, das ist Georges!“ Er wurde nun in die Polizeipräfektur geführt und nach einem vorläufigen Verhör eingesperrt. Alle seine Mitschuldigen wurden darauf festgenommen und der Belagerungszustand von Paris nach der letzten Verhaftung aufgehoben.

Pichegru mußte sich im Gefängnis verschiedener Verhöre unterziehen. Er leugnete, mit Georges Cadoudal nach Paris gekommen zu sein, ja sogar, ihn gesehen zu haben. Aber als er sah, daß alles entdeckt sei, machte er am 4. April seinem Leben selbst ein Ende, indem er sich erwürgte. Niemand beklagte sein Schicksal. Es war bewiesen, und er selbst leugnete es nicht einmal, daß er sein Vaterland verraten hatte, daß er der bourbonischen Partei angehöre und von England bezahlt sei. Er würde zum Tode verurteilt worden sein, nicht nur wegen des Komplotts gegen mich, sondern auch wegen seiner früheren Verrätereien.

Moreau verharrte auf seiner Behauptung, daß er der Feind Pichegrus sei. Er leugnete ferner, ihn gesehen zu haben und behauptete, nicht einmal den Ort zu kennen, wo sich beide treffen wollten; er leugnete auch beständig, Georges Cadoudal gesehen zu haben.

Am 15. Mai las der öffentliche Ankläger beim Kriminalgerichtshof die Anklageakte vor, obgleich man, den Kriegsgesetzen entsprechend, die Angeklagten hätte vor ein Kriegsgericht stellen müssen, dessen Urteil innerhalb von 24 Stunden vollstreckt worden wäre. Ich versagte aber hierzu meine Einwilligung. Der Fall wurde lange vor dem Kriminalgericht der Seine verhandelt und beschäftigte mehrere Tage die Aufmerksamkeit von ganz Paris. Denkschriften zugunsten der Angeklagten wurden in ergiebigster Weise verbreitet, und man ließ der Verteidigung die größte Freiheit. Als erwiesen war, daß Moreau trotz seines beständigen Leugnens Georges Cadoudal gesehen hatte, wurde er Gegenstand allgemeiner Verachtung. Georges Cadoudal, de Rivière, Bouvet de Lozier, Armand de Polignac, Lajolais, Coster und andere wurden zum Tode verurteilt, einige erhielten zwei Jahre Gefängnis, Moreau, der unter Zubilligung mildernder Umstände schuldig befunden wurde, bekam zwei Jahre Gefängnis und reiste, von mir begnadigt, am nächsten Tage nach den Vereinigten Staaten von Amerika, nachdem er alle seine Besitzungen verkauft hatte. Ich begnadigte verschiedene zum Tode Verurteilte, deren Strafe in einige Jahre Gefängnis umgewandelt wurde. Die übrigen wurden zur großen Genugtuung des Publikums auf dem Grèveplatz hingerichtet.

Die Gerichtsverhandlungen fanden — es ist wohl erlaubt, dies festzustellen — angesichts von ganz Europa statt, denn die Gesandten und fremden diplomatischen Agenten wohnten allen Sitzungen des Kriminalhofs bei. Es ergab sich, daß Pichegru sich mit Moreau wieder versöhnt hatte, daß er nach Paris gekommen war, daß verschiedene Zusammenkünfte zwischen ihnen stattgefunden hatten, und daß Cadoudal bei dreien von diesen anwesend gewesen war.

Die erste Zusammenkunft fand zwischen Moreau, Pichegru und Cadoudal nachts auf dem Boulevard de la Madeleine statt. „Da bin ich", sagte Pichegru, „es ist keine Zeit zu verlieren, um den Ersten Konsul zu stürzen." Moreau sagte: „Ich kann nichts gegen den lebenden, aber alles gegen den toten Ersten Konsul unternehmen. Tötet den Ersten Konsul, und der Senat, das Volk und das Heer werden mich an seiner Stelle ernennen. Ich werde die Befehlshaber der Truppen des Lagers von Boulogne ändern und eine Kommission ernennen, um Sie, Pichegru abzuurteilen. Sobald sie freigesprochen sind, werden Sie zum Zweiten Konsul ernannt werden."

„Sehr gut", sagte Georges Cadoudal, „aber dann will ich Dritter Konsul sein." — „Das ist unmöglich", rief Moreau, „schon wenn man wüßte, daß ich Sie gesehen habe, würde ich ein verlorener Mann sein; nicht einmal meinen Kammerdiener hätte ich auf meiner Seite." — „Das ist alles nur Larifari! Sobald Ihr, Moreau und Pichegru, die Macht besitzt, werdet Ihr mich erschießen lassen. Ich erkläre Euch daher ganz offen, daß Bonaparte ebensoviel wert wie ein anderer ist."

Am Ende der Besprechung versprach Moreau, seine Freunde aufzusuchen und zu überlegen, was zu tun sei. Er sondierte verschiedene, doch vermutet man, daß er ihnen nicht alles anvertraut hat, was man vorhatte, und er überzeugte sich, daß Georges Cadoudal und die Chouans den Versuch machen müßten, sich meiner zu entledigen. Nach und nach versuchte man verschiedene Mittel. Sechs Übeltäter wurden beauftragt, mich während der Parade zu erdolchen, und zwar in dem Augenblick, wenn ich aus dem Gitter des Caroussellplatzes heraustreten und durch die Menge gehen würde, um Bittschriften in Empfang zu nehmen. Die Parade fand aber nicht an dem festgesetzten Tage statt, und oft vergingen drei Monate, ohne daß eine einzige Parade abgenommen wurde.

Dreißig andere Verschwörer wurden als Gardejäger verkleidet und sollten meinen Wagen zwischen Nanterre und der Brücke von Neuilly angreifen, wenn ich nach Malmaison führe, wohin ich mich gewöhnlich des Nachts begab. Sie sollten die Bedeckung, die nur aus 15 Mann bestand, angreifen, von denen voraussichtlich schon die Hälfte durch eine Pistolenschußsalve getötet worden wäre, ehe sie sich zur Wehr hätten setzen können, und mich dann in meinem Wagen erdolchen.

Es ist erwiesen, daß die meisten dieser Chouans gar keinen persönlichen Haß oder kein Rachegefühl gegen mich hegten. Da sie aber viel Geld zur Verfügung hatten, so ergingen sie sich in allerlei Ausschweifungen. Fast alle hatten Mätressen und verschoben von Tag zu Tag ihre schwierige und gefährliche Aufgabe.

Sobald man die Nachricht von meiner Ermordung erhalten hätte, sollte ein Prinz vom Hause Bourbon an der Küste von Biville landen. Da man aber wegen der Unbeständigkeit des Windes nicht sicher war, ob die Landung sich auch bewerkstelligen ließe, wurde bestimmt, daß der Herzog von Enghien, der damals in Deutschland war, sobald er das Ereignis erfuhr, sich nach Paris als Stellvertreter des Königs begeben sollte, denn man hielt die Gegenwart eines Prinzen von Geblüt für notwendig. Der Herzog von Enghien, ein junger, sehr tapferer Mann, wohnte vier Meilen von der französischen Grenze entfernt und unterhielt, wie schon erzählt worden ist, zahlreiche Beziehungen zu den feindlichen Agenten.

Ich hielt es für nötig, mich der Person des Prinzen zu versichern. Infolgedessen überschritt abends 7 Uhr ein Regiment Dragoner den Rhein bei Neubreisach, umstellte während der Nacht das Haus des Prinzen, machte ihn zum Gefangenen und führte ihn nach Straßburg. Von hier aus wurde er sogleich nach Paris überführt, vor eine militärische Kommission gestellt und den Gesetzen gemäß zum Tode verurteilt. Das Urteil wurde ausgeführt und überall in Paris bekannt gegeben. Der Gerichtshof war nicht etwa willkürlich gewählt, sondern gesetzgemäß von allen Obersten in Paris gebildet worden. Der Prinz gestand, die Waffen gegen die Republik getragen, eine Anstellung in England erbeten und von neuem erhalten zu haben. Er gestand auch, daß er von den Tagesereignissen unterrichtet und daran tätig teilgenommen hätte.

Wenn der Graf von Artois unter ähnlichen Umständen gefangen genommen wäre, würde er auf gleiche Weise verurteilt und hingerichtet worden sein. Die Gesetze Frankreichs waren kurz und bündig gegen diejenigen, die sich mit den Waffen in der Hand gegen das Vaterland auflehnten. Und im übrigen war der Prinz einer der Häupter der großen Verschwörung, die damals angezettelt wurde.

Diejenigen, die die These verfochten, daß der Herzog von Enghien nicht in das Komplott verwickelt war, sind darin übereingekommen, daß man seinen Tod dem Grafen von Artois zuzuschreiben habe, der den Umsturz der Republik und die Ermordung ihres ersten Beamten plante. Dieser Vorwurf ist überdies auch mehr als einmal dem Grafen von Artois durch den Herzog von Bourbon, dem Vater des unglücklichen Enghien, gemacht worden.

### *An Josephine Bonaparte in Plombières*

Malmaison, 30. Prairial 1803

Ich habe noch keine Nachricht von Dir, denke jedoch, daß Du bereits mit den Bädern begonnen hast. Hier sind alle ein wenig traurig, obgleich das liebenswürdige Mädchen

(Hortense de Beauharnais) die Honneurs des Hauses wunderbar macht.

Seit zwei Tagen quälen mich meine Schmerzen etwas. Der dicke Eugen (Napoleons Stiefsohn) ist heute angekommen. Es geht ihm ausgezeichnet.

Ich liebe Dich wie am ersten Tag, weil Du über die Maßen gut und liebenswürdig bist. Hortense hat mir gesagt, sie schriebe Dir oft.

Tausend liebe Dinge und einen zärtlichen Kuß.

Ganz der Deine.

Bonaparte.

*An Josephine Bonaparte in Plombières*

Malmaison, 12. Messidor des Jahres XI. (1. Juli 1803)

Ich habe Deinen Brief vom 10. Messidor erhalten. Du schreibst jedoch weder etwas über Deine Gesundheit noch von der Wirkung der Bäder. Wie ich sehe, gedenkst Du in acht Tagen zurück zu sein. Das freut Deinen Freund außerordentlich, denn er langweilt sich ohne Dich. — Du mußt den General Ney empfangen. Er reist soeben nach Plombières ab. Nach seiner Rückkehr will er heiraten.

Hortense hat gestern die Rosine im Barbier von Sevilla mit gewohnter Intelligenz gespielt.

Ich bitte Dich, mir zu glauben, daß ich Dich ewig liebe. Kaum kann ich es erwarten, Dich wiederzusehen. Alle sind traurig ohne Dich.

Bonaparte.

## *ÜBER DIE ERMORDUNG DES HERZOGS VON ENGHIEN*

Der Herzog von Enghien kam um, weil er eine der Hauptpersonen in der Verschwörung Georges Cadoudals, Pichegrus und Moreaus war. Pichegru wurde am 28. Februar verhaftet, Georges Cadoudal am 9. März und der Herzog von Enghien am 18. Mai 1804.

Der Herzog von Enghien nahm bereits seit 1796 an den Intrigen der englischen Agenten teil, wie die im Wagen von Klinglin gefundenen Papiere und die Briefe Moreaus an das Direktorium vom 19. Fruktidor 1797 beweisen.

Im März 1803 kündigte die Thronrede im englischen Parlament den Beginn eines neuen Krieges an und den Bruch des Friedens von Amiens. Die französische Regierung zeigte klar ihre Absicht, den Kriegsschauplatz nach England zu verlegen. In den Jahren 1803 und 1804 schlug sie an den Küsten von Boulogne, Dünkirchen und Ostende Lager auf. Sie rüstete große Flotten aus in Brest, Rochefort, Toulon. Sie bedeckte die Schiffswerften in Frankreich mit Prahmen, Schaluppen, Kanonenbooten, großen und kleinen Schiffen. Sie setzte tausend Arme in Bewegung, um für die zahlreichen Flottillen am Ärmelkanal Häfen zu bauen. England griff seinerseits zu den Waffen. Pitt ließ die friedlichen Beschäftigungen in der Schatzkammer beiseite, legte die Uniform an und träumte von nichts anderem als von Kriegsmaschinen, Bataillonen, Forts, Batterien. Der alte ehrwürdige König Georg III. verließ seine Paläste und nahm täglich Paraden ab. Lager entstanden auf den Dünen von Dover und in den Grafschaften Kent und Sussex. Die beiden Armeen lagen sich gegenüber, sie waren nur durch das Meer getrennt.

Indes versäumte England nichts, was die Kontinentalmächte aufzuwiegeln geeignet war. Nur Österreich, Rußland, Preußen, Spanien waren Verbündete oder Freunde Frankreichs, dem ganz Europa gehorchte. Die Versuche, den Krieg in der Vendée wieder zu entzünden, waren nicht glücklicher. Das Konkordat hatte den Klerus an Napoleon gebunden, und die Stimmung der Einwohner in dieser Provinz hatte sich sehr verändert. Mit Dank erkannte sie den Gang seiner Verwaltung an. Die von Napoleon angeordneten großen Bauten beschäftigten Tausende, man arbeitete an einem Kanal zur Verbindung der Vilaine mit der Rence, wodurch die Küstenfahrer von der Küste von Poitou nach der Normandie gelangen konnten, ohne das Cap Quessant zu umfahren. Eine neue Stadt entstand mitten in der Vendée, und acht neue Landstraßen sollten im westlichen Frankreich angelegt werden. Endlich wurden bedeutende Summen in Gestalt von Prämien unter die Vendéer verteilt, um ihre verbrannten oder auf Befehl des Wohlfahrtsausschusses zerstörten Häuser, Kirchen, Presbyterien aufzubauen.

Das Kabinett von St. James war oft durch die Royalisten irregeleitet worden, die, in ihrer eigenen Täuschung befangen, es in unglückliche Expeditionen verwickelten. Doch es faßte eine große Meinung von der Macht und den Mitteln der Jakobiner. Es glaubte, ein großer Teil sei unzufrieden und folglich geneigt, sich mit den Royalisten zu verbinden. Ferner glaubte es, daß die Jakobiner von der Eifersucht der Generale Unterstützung zu hoffen hätten, und daß das Zusammenwirken dieser entgegengesetzten, aber durch eine gemeinschaftliche Leidenschaft vereinigten Parteien eine Macht bilden könnte, die imstande sei, kraftvoll vorzugehen.

Seit vier Jahren hatte der Erste Konsul alle Parteien, die Frankreich spalteten, vereinigt. Die Emigrantenliste war geschlossen worden. Man hatte anfangs Namen ausgestrichen, dann welche weggelassen und schließlich allen denen Amnestie erteilt, die in ihr Vaterland zurückkommen wollten. Alle ihre noch vorhandenen, nicht verkauften Güter waren ihnen wiedergegeben worden, mit Ausnahme der Wälder, von denen ihnen jedoch das Gesetz die Einkünfte zugestand. Es blieben auf dieser Liste nur einige Personen im Dienste der bourbonischen Prinzen oder erklärte Gegner der Revolution, die keinen Gebrauch von der Amnestie hatten machen wollen. Tausende von Emigranten aber waren zurückgekommen und keinen anderen Bedingungen unterworfen worden, als dem Eide des Gehorsams und der Treue für die Republik. Auf diese Weise hatte der Erste Konsul die süße Genugtuung, 30.000 Familien neu aufzubauen und dem Vaterlande wiederzugeben, was an Nachkommen von Männern noch übrig war, die Frankreich in verschiedenen Jahrhunderten berühmt gemacht hatten. Selbst diejenigen, die im Ausland geblieben waren, erhielten häufig Pässe, ihre Familien in Frankreich zu besuchen. Die Altäre waren wieder aufgerichtet. Die deportierten oder verbannten Geistlichen befanden sich wieder in ihren Dörfern und Kirchspielen und wurden von der Republik besoldet. Alle diese verschiedenen Gesetze hatten die Lage der Angelegenheiten wesentlich gebessert. Aber das System dieser außerordentlichen Nachsicht hatte den unvermeidlichen Nachteil, die Feinde der Konsularregierung kühn zu machen und die Hoffnungen der royalistischen Partei zu nähren.

Von 1803 bis 1804 gab es fünf Verschwörungen. Alle Emigranten, die im Solde Englands standen, hatten soeben den Befehl erhalten, sich im Breisgau und im Badischen zu versammeln. Mussey, englischer Agent und Mittelsperson für die Korrespondenz mit den Ministern Drake und Spencer Smith, hielt sich in Offenburg auf und streute das Geld für alle diese Verschwörungen mit vollen Händen aus. Und der Herzog von Enghien, ein junger Prinz voller Mut, hatte seinen Wohnsitz zwei Meilen von der französischen Grenze.

*An Pauline Borghese*

Paris, 16. Germinal des Jahres XII.
(6. April 1804)

Madame und liebe Schwester, ich habe mit Bedauern erfahren, daß Sie nicht so vernünftig sind, sich nach den Sitten und Gewohnheiten der Stadt Rom zu richten, sondern die Einwohner verächtlich behandeln und nur fortwährend Paris im Sinn haben. Obgleich ich mit wichtigen Angelegenheiten beschäftigt bin, habe ich Sie doch von meinem Willen in Kenntnis setzen wollen, in der Hoffnung, daß Sie sich nach ihm richten werden.

Lieben Sie Ihren Mann und seine Familie, seien Sie höflich, passen Sie sich den Sitten der Stadt Rom an und seien Sie überzeugt, daß, wenn Sie in Ihrem Alter schlechten Ratschlägen Gehör geben, Sie nicht mehr auf mich zählen dürfen.

Was Paris anlangt, so können Sie sicher sein, daß Sie dort keine Aufnahme finden werden, und daß ich Sie nie anders als mit Ihrem Mann empfangen werde. Wenn Sie sich mit ihm überwerfen, so läge die Schuld an Ihnen, und dann müßte Ihnen Frankreich verboten werden. Sie verlören Ihr Glück und meine Freundschaft.

Bonaparte.

### *Botschaft an den Senat*

Saint-Cloud, 5. Floréal des Jahres XII.
(25. April 1804)

Senatoren, Ihre Adresse vom 6. Germinal ist mir in steter Erinnerung geblieben. Ich habe lange darüber nachgedacht.

Sie sind der Ansicht, daß die Erblichkeit der obersten Beamten nötig sei, um das französische Volk vor den Verschwörungen unserer Feinde und vor den Erschütterungen, die die Folge eifersüchtigen Ehrgeizes sein würden, sicherzustellen. Es hat Ihnen zu gleicher Zeit geschienen, daß mehrere unserer Einrichtungen vervollkommnet werden müßten, um den Sieg der öffentlichen Gleichheit und Freiheit auf ewig zu sichern und der Nation und der Regierung die doppelte Bürgschaft zu geben, die sie nötig haben.

Wir sind stets von jener großen Wahrheit geleitet worden, daß die Souveränität im französischen Volk ruht in dem Sinn, daß alles — alles ohne Ausnahme — in seinem Interesse, zu seinem Wohle und zu seinem Ruhm getan werden muß. Um diesen Zweck zu erreichen, sind die obersten Beamten, der Senat, der Staatsrat, die Gesetzgebende Körperschaft, die Wahlkollegien und die verschiedenen Zweige der Verwaltung eingesetzt und müssen eingesetzt sein.

Je mehr ich meine Aufmerksamkeit auf diese wichtigen Gegenstände gerichtet habe, desto mehr bin ich von der Wahrheit der Ansichten überzeugt, die ich Ihnen ausgesprochen habe, und desto mehr fühlte ich, daß ich bei einem ebenso neuen als wichtigen Umstand Ihrer weisen Ratschläge und Ihrer Erfahrung bedarf, um eine feste Ansicht zu gewinnen.

Ich fordere Sie daher auf, mir Ihre volle Meinung mitzuteilen.

Das französische Volk hat den Ehren und dem Ruhm, womit es mich umgeben hat, nichts hinzuzufügen; aber die für mich heiligste, wie meinem Herzen teuerste Pflicht ist, seinen Kindern die Vorteile zu sichern, die es durch jene Revolution errungen hat, die ihm so viel gekostet, namentlich durch das Opfer einer Million tapferer Männer, die für die Verteidigung seiner Rechte geopfert wurden.

Ich wünsche, daß wir am 14. Juli dieses Jahres sagen können: Vor fünfzehn Jahren ergrifft ihr aus eigenem Antriebe die Waffen, ihr errangt Freiheit, Gleichheit und Ruhm. Heute sind diese ersten Güter der Nation auf ewig gesichert und vor allen Stürmen geschützt; sie sind euch und euren Kindern erhalten; Einrichtungen, die mitten im Grollen des innern und äußern Krieges entworfen und begonnen wurden, sind trotz aller Attentate und Verschwörungen unserer Todfeinde vollendet worden, und zwar auf Grund dessen, was die Erfahrung der Jahrhunderte als geeignet erwies, um die Rechte sicherzustellen, die die Nation für ihre Würde, ihre Freiheit und ihr Glück für nötig gehalten hatte.

*An den König von England*

Paris, 2. Januar 1805

Mein Herr Bruder! Von der Vorsehung und der Stimme des Senats, des Volkes und der Armee auf den französischen Thron berufen, ist der Wunsch nach Frieden mein erster Gedanke. Frankreich und England schädigen ihren Wohlstand. Sie können jahrhundertelang kämpfen. Aber erfüllen ihre Regierungen ihre heiligste Pflicht? Und wird so viel nutzlos und ohne irgendeinen Zweck vergossenes Blut nicht ihr eigenes Gewissen anklagen? Ich halte es nicht für unehrenhaft, den ersten Schritt zu tun. Ich denke, ich habe der Welt hinlänglich bewiesen, daß ich die Launen des Krieges nicht fürchte; ich wüßte auch nicht, was ich dabei zu fürchten hätte. Der Friede ist der Wunsch meines Herzens, aber der Krieg ist für meinen Ruhm noch niemals nachteilig gewesen. Ich beschwöre Eure Majestät, sich nicht des Glückes zu berauben, der Welt den Frieden zu geben. Überlassen Sie dieses süße Gefühl nicht Ihren Kindern, denn es hat noch nie glücklichere Umstände, nie einen günstigeren Augenblick gegeben, alle Leidenschaften zum Schweigen zu bringen und allein auf das Gefühl der Menschlichkeit und der Vernunft zu hören. Wenn dieser Augenblick einmal verpaßt ist, wie soll man einem Krieg ein Ziel setzen, den alle meine Anstrengungen nicht hätten beendigen können! Eure Majestät hat seit zehn Jahren an Gebiet und Reichtum mehr gewonnen, als ganz Europa besitzt. Ihr Volk hat den höchsten Gipfel des Wohlstandes erreicht. Was wollen Sie vom Krieg hoffen? Eine Koalition mit einigen Mächten des Festlandes eingehen? Das Festland wird ruhig bleiben; eine Koalition würde nur das Übergewicht und die Größe Frankreichs auf dem Festlande vermehren. Innere Unruhen erneuern? Die Zeiten sind nicht mehr die gleichen. Unsere Finanzen zugrunde richten? Finanzen, die auf einem guten Ackerbau beruhen, werden niemals zugrunde gerichtet. Frankreich seine Kolonien entreißen? Die Kolonien sind für Frankreich von untergeordneter Bedeutung; und hat Eure Majestät nicht schon mehr, als Sie verwalten können? Wenn Eure Majestät einmal selbst darüber nachdenken wollen, so werden Sie sehen, daß der Krieg keinen Zweck und voraussichtlich kein Ergebnis für Sie hat. Ach! wie traurig ist es doch, die Völker in die Schlacht zu führen, nur damit sie sich schlagen! Die Welt ist groß genug, daß unsere beiden Nationen darin leben können, und die Vernunft ist mächtig genug, um Mittel zu finden, alles auszugleichen, wenn man es von beiden Seiten ernstlich will. Ich habe hiermit eine heilige und meinem Herzen teuere Pflicht erfüllt. Möge Eure Majestät an die Aufrichtigkeit der Gefühle glauben, die ich Ihnen hier geschildert habe, und an meinen Wunsch, sie Ihnen zu beweisen.

Napoleon.

## *ÜBER DEN KRIEG MIT ENGLAND*

Nach langem Zögern wollten die Engländer uns zwingen, den gewagten Entschluß zum Kriege zu fassen. Sie konnten uns zwar ein paar Schiffe, ein paar Kolonien nehmen, aber ich wollte Schrecken in London verbreiten und sagte im voraus, daß sie blutige Tränen über diesen Krieg vergießen würden. Die Minister hatten den König, Europa gegenüber, zur Lüge veranlaßt. Es fanden keine Rüstungen in Frankreich statt, und keinerlei Unterhandlungen sind angeknüpft worden. Nicht eine einzige Note hatten sie mir überreicht. Lord Whitworth konnte nicht anders, als dies einzuräumen. Und doch suchte die englische Regierung mit Hilfe so niedriger Machenschaften die Leidenschaften herauszufordern! Seit Monaten litt ich unter den Frechheiten Englands; die Engländer nahmen das für Schwäche und wurden immer zudringlicher. Es ging so weit, daß der Gesandte zu sagen wagte: „Tun Sie das, oder ich reise in acht Tagen ab!" Spricht man so zu einer großen Nation? Man antwortete ihm: „Schreiben Sie, und man wird Ihre Bemerkungen der Regierung unterbreiten." „Nein", meinte er, „ich habe Befehl, es mündlich auszurichten." War das nicht eine unerhörte Art, zu unterhandeln? Sie irrten sich, wenn sie meinten, sie könnten einer Nation von 40 Millionen Menschen Gesetze vorschreiben! Sie haben geglaubt, ich fürchtete den Krieg um meiner Autorität willen. Wenn es sein mußte, hätte ich zwei Millionen Mann haben können. Das Ergebnis des ersten Krieges war die Vergrößerung Frankreichs durch Belgien und Piemont; das Ergebnis des zweiten Krieges sollte die Befestigung unseres Föderativsystems sein.

*

Der in Amiens geschlossene Frieden dauerte 18 Monate. Im März 1803 kündigte die englische Thronrede den Anfang eines neuen Krieges an, und seit Beginn dieses blutigen Kampfes äußerte die französische Regierung die Absicht, die Feindseligkeiten bis in das Herz des alten Englands zu tragen. In den Jahren 1803 und 1804 wurden zahlreiche Lager an der Küste von Boulogne, Dünkirchen und Ostende gebildet und mächtige Flotten in Brest, Rochefort und Toulon ausgerüstet. Alle Werften an der Küste des Meeres und an den Flüssen bedeckten sich mit Prahmen, Kanonenbooten und Transportschiffen aller Art, und Millionen Hände waren damit beschäftigt, dem Ärmelkanal entlang kleine

Häfen anzulegen, um eine zahlreiche Flottille, die zum Angriff bestimmt war, aufzunehmen.

In England eilte die ganze Bevölkerung zu den Waffen. Pitt selbst gab die friedlichen Beschäftigungen eines Kanzlers auf, zog die Uniform an, umgürtete sich mit einem Säbel und träumte nur von Kriegswerkzeugen, Bataillonen und Batterien. Der ehrwürdige englische Herrscher verließ seinen Palast und verbrachte einen großen Teil seiner Zeit inmitten seiner Truppen. Ebenso zahlreiche Lager wie die der Franzosen bildeten sich in den Grafschaften Kent und Sussex, bei Dover und Deal.

Die gegnerischen Heere betrachteten einander stillschweigend und waren nur durch den von englischen Schiffen bedeckten Kanal getrennt.

Das englische Ministerium tat alles, um die kontinentalen Mächte auf meine Pläne aufmerksam zu machen. Aber Rußland, Österreich, Preußen und Spanien waren entweder mit Frankreich verbündet oder befreundet, dem fast ganz Europa gehorchte. Die englischen Anstrengungen, den Bürgerkrieg in der Vendée zu entfachen, der bisher so sehr den englischen Interessen gedient hatte, scheiterten gleichfalls. Der Geist der Bewohner des westlichen Frankreichs hatte sich vollkommen verändert. Durch das mit dem Papste geschlossene Konkordat hatte ich die Priester für mich gewonnen, auch waren mir die ärmeren Klassen wegen der zahlreichen gemeinnützigen Arbeiten, bei denen ich sie verwendete, dankbar. Schließlich waren den Vendéern beträchtliche Summen zugewiesen worden, um die auf Befehl des Wohlfahrtsausschusses zerstörten oder verbrannten Häuser wieder aufzubauen.

Es gab also weder von den kontinentalen Mächten noch von den Royalisten der Vendée etwas zu hoffen, so lange ich regierte. Immerhin waren die Umstände derart, daß das englische Ministerium eine Ablenkung für nötig hielt.

Die englische Regierung war sehr oft durch die Illusionen der Royalisten irregeführt und zu verschiedenen Malen zu sehr unglücklichen Unternehmungen verleitet worden. Außerdem hatte die englische Regierung eine große Meinung von

Prinz Eugène

Königin Hortense

der Macht und den Hilfsquellen der jakobinischen Partei. Sie ließ sich davon überzeugen, daß eine große Zahl dieser mit Bonaparte unzufriedenen Jakobiner geneigt wären, ihre Anstrengungen mit denen der Royalisten zu vereinigen, und daß sie auch durch verschiedene neidische Generale unterstützt würden. An der Spitze dieser Generale stand Moreau. Er war unzufrieden, denn seit seiner Heirat war er durch seine Frau und seine Schwiegermutter, zweier ehrgeiziger und ränkesüchtiger Kreolinnen, von Ile-de-France stark beeinflußt worden. Er setzte sich mit mir in offenen Widerstreit, verurteilte öffentlich das Konkordat und die Einrichtung der Ehrenlegion, söhnte sich mit Pichegru aus, der sein Waffengefährte bei der holländischen und bei der Rheinarmee gewesen war. Moreau hatte zwar im Fructidor des Jahres VII (1797) in einem Tagesbefehl Pichegru als einen Feind der Republik erklärt, während der Zeit nach dem Frieden von Amiens jedoch hatte sich ein Briefwechsel zwischen Moreau und Pichegru entwickelt. Ihre Wiederversöhnung war vollkommen und aufrichtig, und die Partei, von der ich soeben sprach, konnte auf seine Unterstützung zählen.

Ein Agent in München und ein anderer in Stuttgart verlangte die nötigen Gelder, um die Partei zu unterstützen, mit der sie in Briefwechsel standen, und die, so versicherten sie, nicht zögern würde, den Bürgerkrieg in Frankreich zu entfachen. Abbé Rattel hatte Beziehungen in Abbeville, Amiens und im übrigen Artois und sparte nicht mit den schönsten Versprechungen. In London gab es 250 bis 300 Offiziere der Chouans, die mit der Bretagne und der Normandie in ständiger Fühlung standen. Weitgehende Vollmachten und beträchtliche Summen wurden nach München gesandt. Der Oberbefehl über das Kreuzergeschwader der Schelde und der Somme wurde Sidney Smith anvertraut und ein Kutter wurde dem Kapitän Wright unterstellt, um die Pläne Georges Cadoudals auszuführen.

Am 21. August 1804 schaffte Kapitän Wright Georges Cadoudal, Villeneuve, Lahaye-Saint-Hilaire (zwei Teilnehmer am Attentat vom 3. Nivôse), Querelle, La Bonté, Picot,

Troche, Jean-Marie, alles Leute erprobten Mutes, von England nach Frankreich. Sie wurden an der felsigen Küste bei Biville, zwischen Dieppe und Tréport, in deren Nähe sich ein kleines Gut befand, dessen Inhaber man schon vorher für die Partei gewonnen hatte, ausgeschifft. Er gab den Ankommenden vorher verabredete Zeichen. Von der Höhe der Küste warf er ein Seil in die Tiefe, mit Hilfe dessen die Gelandeten die Abhänge des Abgrundes hinaufkletterten. Dieser senkte sich außerordentlich steil ins Meer hinab und war infolge seiner Abgelegenheit der Aufmerksamkeit der Küstenwächter und Zollbeamten völlig entgangen.

Den Tag nach der Landung verbrachten Georges und seine Gefährten auf dem Gut und reisten in der folgenden Nacht nach Paris. Unterwegs hatte man ihnen Unterschlupfe vorbereitet, damit sie sich am Tage ausruhen und nur während der Nacht ihren Weg fortsetzen konnten.

Am 10. Dezember vermittelte Kapitän Wright eine zweite Landung von Verschwörern, die aus Coster-Saint-Victor (ebenfalls in die Affäre vom 3. Nivôse verwickelt), Lemercier, Tamerlan, Lelan und dem adeligen Emigranten Armand de Polignac bestand. Zur selben Zeit machte General Lajolais, der unter Moreau und Pichegru gedient hatte, und dessen Frau die Mätresse Pichegrus gewesen war, häufige Reisen nach London. Er überbrachte die zwischen beiden Generalen gewechselten Briefe und kündigte an, daß Moreau geneigt sei, alles gegen mich zu unternehmen. Er fügte bei, daß der Augenblick und die Umstände gut gewählt seien und daß man keine Zeit verlieren dürfe. Infolgedessen bewerkstelligte Kapitän Wright am 16. Januar eine dritte Landung an der Felsenküste von Biville und setzte die Generale Pichegru und Lajolais, Rusillion, Rochelle, Armand Gaillard, alles Vendéer und Chouans, sowie die adeligen Emigranten Jules de Polignac und de Rivière ans Land. Letzterer war der Hauptvertraute des Grafen von Artois. Etwa 50 andere Chouans wurden an den Küsten der Bretagne und von Poitou gelandet und wandten sich getrennt und auf verschiedenen Wegen nach Paris.

Ich kann mit Recht sagen, daß ich während der Monate

September 1803 bis Januar 1804 wie auf einem Vulkan saß. Drei Arten von Leuten waren an der Küste von Biville gelandet: Chouans und Vendéer, elendes Gesindel, das an Verbrechen und Morde gewöhnt war, Adelige, wie Polignac und Rivière, und schließlich solche, die mehr oder weniger unter Pichegru während der Revolution verwendet worden waren.

Um diesen Zeitpunkt wurde ein gewisser Leclere, ein Agent des Abbé Rattel in Abbeville, verhaftet. Man beschlagnahmte seine Papiere, unter denen man eine große Anzahl unwichtiger Spionagesachen fand, jedoch zogen einige mysteriöse Berichte die Aufmerksamkeit auf sich. Es wurde darin von der Landung von Chouans gesprochen, die einen großen Schlag vorbereiten wollten, und dieses Ereignis, hieß es, sei nahe bevorstehend. Der berüchtigte Méhée de la Touche, der ein leidenschaftlicher Jakobiner gewesen und über mich aufgebracht war, da ich ihn nach der Insel Oléron verbannte, hatte sich nach London begeben. Hier war er von Prinzen des Hauses Bourbon empfangen worden, hatte Besprechungen mit dem Bischof von Arras und war auch bei einigen Ministern eingeführt worden. Er wurde von London nach München geschickt, wo er sich dem dortigen Agenten entdeckte. Von dort kam er nach Paris und korrespondierte einige Zeit mit den verschiedenen Agenten in München und Stuttgart. Da er aber im Grunde gar kein Vertrauen zu den Emigranten hatte und die Engländer auf den Tod haßte, so beschloß er, alles der Polizei zu entdecken, die ihm riet, seine Korrespondenz wie bisher weiterzuführen. Da man ihm aber nicht traute, wurde ein Offizier der Garnison von Straßburg, dessen Treue man sicher war, nach Deutschland gesandt, wo er bei dem bourbonischen Agenten die Aussagen Méhées bestätigt fand.

Infolge der außerordentlichen Überwachung durch die Polizei von Straßburg entdeckte man im Herzogtum Baden ein sonderbares Kommen und Gehen. Ein gewisser Massey, ein Agent der feindlichen Partei, hatte mit dem Herzog von Enghien seinen Wohnsitz in Offenburg. Er war der Korrespondent mit den Intriganten im Innern Frankreichs, denen er auch Geldmittel zukommen ließ. Der Prinz selbst war öfters nach Straßburg gekommen, besuchte auch einige Male in der Woche das linke Rheinufer unter dem Vorwand, an Jagden teilzunehmen, und hatte bei dieser Gelegenheit Zusammenkünfte mit verschiedenen Agenten. Eine gewisse Baronin Reich, die lange verdächtig war, schien auch sehr beschäftigt und war tätiger als gewöhnlich. Schließlich hatte die Polizei von Paris seit dem Monat September verschiedene Chouans und Briganten festgenommen, die nicht amnestiert worden waren. Sie befanden sich unerlaubterweise in Paris und konnten keinen hinreichenden Grund für ihren Aufenthalt in der Hauptstadt angeben. Unter den Festgenommenen befanden sich auch Picot und Querelle, die am Felsenufer von Biville gelandet waren.

Die Gesamtheit aller dieser Umstände bewies augenscheinlich, daß sich ein Komplott vorbereite.

Gegen Ende Januar 1804 las ich eines nachts den Bericht, in dem alle diese Angaben zusammengestellt waren. Ich dachte, daß, wenn ich einem Teil der eingesperrten Chouans den Prozeß machte, die Hoffnung auf Begnadigung vielleicht irgendeinen veranlassen könnte, Enthüllungen zu machen. So begann ich also damit, Querelle aburteilen zu lassen, der auf der Liste der Chouans als Chirurg bezeichnet war.

Dieser Mann wurde vom Großrichter vor ein Kriegsgericht gestellt und zum Tode verurteilt. Als man ihn zur Richtstätte führte, bat er um die Erlaubnis, sprechen zu dürfen. Er versprach, wichtige Eröffnungen zu machen. General Lauriston, der damals Dienst bei mir hatte, kam gerade zur rechten Zeit, um die Hinrichtung aufschieben zu lassen. Darauf begab sich der Staatsrat Réal ins Gefängnis, und Querelle gestand, daß er von England käme, daß er am 21. August 1803 an der Küste von Biville von einem englischen Kutter mit Georges Cadoudal und mehreren anderen gelandet worden sei. Er gab alle Quartiere an, in denen man die Tage über während der Reise nach Paris verbracht hatte und fügte bei, daß Georges Cadoudal sich in diesem Augenblick, während er spräche, in Paris befände, um mich zu ermorden! Mehrere Offiziere wurden sofort in die verschiedenen Orte gesandt, wo die Verschwörer Unterkunft gefunden hatten.

Das Ergebnis dieser Nachforschungen war die Entdeckung von den zwei anderen bereits erwähnten Landungen. Man konnte jedoch trotzdem nicht die Namen der Gelandeten ermitteln, sondern erfuhr nur, daß eine Person von großer Bedeutung, denen alle anderen viel Achtung erwiesen, an der dritten Landung beteiligt gewesen sei. Ferner gewann man die Gewißheit, daß eine neue Landung in kurzer Zeit erfolgen werde. Infolgedessen begab sich Savary mit einer Abteilung Gendarmen an die Küste von Biville und besetzte alle Ausgänge. Er hatte auch jemand bei sich, der Signale nachahmen konnte, um die Ankommenden zu täuschen und sie zu verhaften, sobald sie den Fuß an die Küste gesetzt hätten.

Infolge der erhaltenen Angaben nahm man auch Bouvet de Lozier, einen Emigranten und Besitzer eines Hauses in Saint-Germain sowie einige andere Leute gefangen. Die Angeklagten wurden verhört und einander gegenübergestellt. Alles, was man bisher wußte, fand sich bestätigt, aber man erfuhr nichts Neues.

Gegen Mitte Februar 1804 hatte sich Bouvet de Lozier aus Verzweiflung im Gefängnis erhängt. Der Wächter, der in seinem Zimmer ein verdächtiges Geräusch hörte, kam aber rechtzeitig hinzu, schnitt den Strick ab und rettete dem Mann dadurch das Leben. Der Wächter holte sogleich einen höheren Beamten, und als dieser ankam, fand er Bouvet de Lozier von Chirurgen umgeben. Er war noch ganz violett im Gesicht, und seine Züge waren verzerrt. „Wir sind verraten worden“, rief er zornig, „wieviel tapfere Leute werden sterben, weil der Verräter Moreau uns getäuscht hat! Er erzählt uns, daß das Heer ihm geneigt sei; er hat, aus London Pichegru und viele andere wichtige Personen kommen lassen, und da wir nun angekommen sind, verläßt er uns, und wir sterben als seine Opfer.“

Der Großrichter, der von diesen Aussagen unterrichtet worden war, verlangte von mir die Berechtigung, den General Moreau festnehmen zu lassen. Für mich war es aber vor allem wesentlich, zu erfahren, ob Pichegru wirklich in Paris war, was man noch nicht hatte beweisen können. Zwei Stunden darauf wurde ein ehemaliger Mönch, der Bruder Pichegrus, in seiner Wohnung in der dritten Etage eines Hauses auf dem Vendômeplatz verhaftet. Er war ein Mann von sehr ruhigem Charakter, und er gestand sofort, daß er während der letzten zehn Tage seinen Bruder dreimal gesehen und ihn getadelt hätte, daß er sich einem so unwürdigen Tode, wie ein Verbrecher, aussetze. Das war alles, was man nötig hatte. Sofort erließ der Großrichter, gemäß dem Artikel 10 der Verfassung, einen Haftbefehl gegen den General Moreau, da er gegen die Republik und das Leben des Ersten Konsuls in Gemeinschaft mit Georges Cadoudal und Pichegru konspiriert habe. Als er von seinem Landsitz Grosbois zurückkam, wurde er auf halbem Wege nach Paris von einem Gendarmerieobersten verhaftet. Als man seinen Wagen anhielt und der Oberst seine Absicht kundtat, fing Moreau an zu lachen und folgte ihm in den Temple. Als er dort angekommen war, verlangte er seinen Haftbefehl zu sehen, aber als er die Namen Georges Cadoudal und Pichegru gelesen hatte, erbleichte er und schien ebenso bestürzt zu sein, als er vorher lustig war.

Eine vierte Landung war gerade im Begriff, an der Küste von Biville bewerkstelligt zu werden, als eine feindliche Fregatte erschien und dem Kapitän Wright Signale gab, der darauf sofort wieder in See stach. Man vermutete, daß man gerade in diesem Augenblick die Vorgänge in Paris erfahren hatte. Ohne diesen Zwischenfall würde zweifellos eine sehr wichtige Persönlichkeit gelandet worden sein.

Zu jener Zeit war man über die vermeintliche Ungerechtigkeit, die man Moreau angedeihen ließ, entsetzt: Es wurde behauptet, daß er das Opfer meines Ehrgeizes und meiner Eifersucht sei. Pichegru habe nicht einen Augenblick London verlassen, man könnte sein Alibi beibringen, und dann würden die Feinde Moreaus beschämt. Gleichzeitig entfaltete die Polizei eine außerordentliche Tätigkeit. Man ließ die Beschreibung der 60 Briganten drucken, die sich in der Hauptstadt befanden, um die Regierung zu stürzen. Pichegru und Cadoudal wurden in die Enge getrieben, jedoch gelang es noch nicht, sie zu verhaften, obgleich man ihre Spur bis in ihre Schlupfwinkel verfolgt hatte und wußte, wo Cadoudal drei Nächte und Pichegru zwei Nächte vorher geschlafen hatten. Die Polizeiagenten waren wie Spürhunde; sie hatten eine Fährte aufgespürt und hetzten die Verschwörer ohne Unterlaß.

Eine Landung in England wurde von jeher als möglich betrachtet, und hätte man sie ausgeführt, so wäre die Einnahme Londons die unfehlbare Folge gewesen. War man aber Herr Londons, so hätte sich eine mächtige Partei gegen die Oligarchie gebildet. Blickten Hannibal, als er über die Alpen zog, Cäsar, als er im Epirus oder in Afrika landete, hinter sich? London liegt nur wenige Märsche von Calais entfernt, und das englische Heer, das zur Verteidigung der Küsten zerstreut war, hätte sich nicht zur rechten Zeit vereinigen können, um die Hauptstadt zu schützen, nachdem die Landung einmal bewerkstelligt war. Allerdings konnte dieses Unternehmen nicht mit einem Armeekorps ausgeführt werden. Aber mit einem Heere von 160.000 Mann, das sich fünf Tage nach der Landung vor London gezeigt hätte, wäre es gewiß gelungen.

Die Flotten wären nur das Mittel gewesen, die 160.000 Mann in wenigen Stunden ans Land zu setzen und sich aller Landungsplätze zu bemächtigen. Die Überfahrt mußte unter dem Schutze eines bei der Insel Martinique liegenden Geschwaders, das von dort mit vollen Segeln nach Boulogne eilte, bewerkstelligt werden. 50 Schlachtschiffe, die von Toulon, Brest, Rochefort, Lorient und Cadix ausliefen und sich bei der Insel Martinique sammelten, würden bei Boulogne eingetroffen sein und die Landung in England gesichert haben, während die englischen Geschwader das Meer besetzt hielten, um beide Indien zu decken.

*

Ich wollte 40 oder 50 Schlachtschiffe im Hafen der Insel Martinique durch kombinierte Operationen von Toulon,

Cadix, Brest und Ferrol aus versammeln. Vereint sollten sie plötzlich nach Boulogne zurückkehren. 14 Tage lang hoffte ich, Herr des Meeres zu sein. Ich hatte 150.000 Mann und 10.000 Pferde an jener Küste vereint, dazu 3000 bis 4000 Flachboote. Sobald die Ankunft meiner Flotten gemeldet worden wäre, würde ich in England gelandet und mich Londons und der Themse bemächtigt haben. Dieser Plan ist ins Wasser gefallen. Wenn Admiral Villeneuve, statt in Ferrol einzulaufen, sich damit begnügt hätte, die spanische Flotte an sich zu ziehen und nach Brest gesegelt wäre, um sich dort mit dem Admiral Ganteaume zu vereinigen, würde mein Heer gelandet sein, und mit England wäre es zu Ende gewesen.

Um meinen Plan auszuführen, mußte ich 150.000 Mann in Boulogne vereinigen. Außerdem bedurfte ich dazu 4000 Flachboote und ein ungeheures Material. Alles an Bord bringen und trotzdem den Feind über meine wahren Absichten zu täuschen, das schien unmöglich. Wenn es mir doch gelungen ist, so geschah es, weil ich das Gegenteil von dem tat, das ich zu tun vorhatte. Wenn 50 Schlachtschiffe nötig waren, um den Übergang meines Heeres nach England zu schützen, so brauchte ich in Boulogne nur Transportschiffe. Und dieser Luxus von Prahmen, Kanonenbooten usw., alles mit Geschützen versehene Fahrzeuge, war völlig unnötig.

Wenn es mir gelungen wäre, 4000 Transportfahrzeuge zu vereinigen, kein Zweifel, daß der Feind dann gesehen hätte, daß ich meine Flotte erwartete, um die Überfahrt zu wagen. Aber indem ich Prahmen und Kanonenboote bauen ließ und alle diese Fahrzeuge mit Geschützen versah, so stellte ich Kanonen anderen Kanonen und Kriegsschiffe anderen Kriegsschiffen gegenüber, so daß der Feind der Geprellte war.

Der Feind glaubte, daß ich die Absicht hätte, mit Gewalt die Überfahrt zu erzwingen, und zwar durch die einzige militärische Kraft der Flottille. Der Gedanke meines tatsächlichen Planes ist ihm nicht gekommen, und als alle Bewegungen meiner Geschwader gescheitert waren, hat er erst die Gefahr bemerkt, die ihm drohte, Schrecken ist über London gekommen, und alle vernünftigen Menschen haben gestanden, daß England niemals seinem Untergang so nahe gewesen sei.

*

Bevor England die spanischen Silberschiffe angriff und Spanien mir seine unbeschränkte Unterstützung zugesichert hatte, besaß ich zu Ende des Jahres 1804 weiter keine Hilfe als die Hollands. Mein Plan war damals folgender: Nach Vereinigung der Flotten von Toulon, Rochefort (6 Schlachtschiffe) und Brest (23 Schlachtschiffe) gedachte ich mit dieser gesamten Streitmacht vor Boulogne zu erscheinen, mich dort mit den holländischen Schlachtschiffen zu vereinigen und somit die Überfahrt und Landung meiner Truppen zu decken. Diesen Plan haben aber die Österreicher vereitelt.

Nach dem Tode Latouche-Trévilles, eines meiner tüchtigsten Admiräle, bekam Villeneuve den Oberbefehl in Toulon und zog seine Flagge auf dem Schlachtschiff „Bucentaure" auf. Sein Geschwader bestand aus vier Schlachtschiffen von je 80 Geschützen, acht Schlachtschiffen von je 74 Geschützen und sechs Fregatten nebst 7000 Mann Besatzung. Am 30. März 1805 segelte er von Toulon ab und traf am 7. April vor Cartagena ein, um dort noch sechs spanische Schlachtschiffe zu erwarten. Da diese noch nicht völlig ausgerüstet waren, setzte er seine Fahrt fort und erschien Mitte April vor Gibraltar. Von hier aus machte er auf Sir John Orde Jagd, der vor Cadix kreuzte.

In dieser Gegend bekam er Verstärkung durch ein Schlachtschiff von 74 Geschützen, zwei Korvetten und ein vom Admiral Gravina befehligtes spanisches Geschwader, das aus sechs Schlachtschiffen nebst 2000 Mann Landungstruppen bestand.

Villeneuve öffnete am 9. Mai die ihm von mir übersandten versiegelten Befehle und beauftragte demgemäß den Admiral Gravina, sich von ihm zu trennen, die Besatzungen von Portorico und Havanna zu verstärken und an einem angegebenen Hafenplatz wieder zu ihm zu stoßen. Am

14. Mai ging Villeneuve bei der Insel Martinique vor Anker. Hier erfuhr er, daß Admiral Missiessy soeben Westindien verlassen hätte. Dieser war am 11. Januar 1805 an Bord des Flaggschiffs „Majestueux“ mit sechs Schlachtschiffen, drei Fregatten und 3000 Mann von Rochefort nach den westindischen Kolonien abgefahren.

Ich war gerade im Begriff, die Festungen am Rhein zu besichtigen, als ich Befehle für einige zu unternehmende Expeditionen erließ. Sie bestanden in folgendem: Erstens, die Besatzungen der Inseln Guadeloupe und Martinique zu verstärken und die englischen Inseln Dominika und Santa Lucia zu erobern; zweitens, Surinam mit den dazugehörigen Besitzungen unter französische Herrschaft zu bringen und Sankt Domingo anzulaufen, und drittens, Sankt Helena zu besetzen.

Kurz bevor ich nach meiner Krönung zum König von Italien Mailand verließ, um meine östlichen Departements zu besuchen, erfuhr ich von der Rückkehr des Geschwaders und mußte natürlich das übereilte Aufgeben Dominikas tadeln. Während ich, wie ich soeben geschildert, meine Schiffe nach den verschiedensten Richtungen auslaufen ließ, verdankte ich meine Erfolge diesem Manöver und konnte mir Glück wünschen, das wahre Ziel der Flotte Villeneuves verheimlicht zu haben. Nur wegen Nelson war ich in großer Unruhe. In einem Briefe, den ich kurz vor meiner Abreise aus Mailand am 9. Juni an meinen Marineminister Decrès schrieb, sagte ich: „Es ist sehr schwer zu erfahren, was Nelson unternommen hat. Es ist leicht möglich, daß die Engländer 15 neue ausgerüstete Schlachtschiffe nach Ostindien und gleichzeitig Nelson nach Amerika geschickt haben. Ich bin übrigens der Meinung, daß Nelson sich noch in den europäischen Gewässern befindet. Nach meinem natürlichsten Empfinden ist er nach England zurückgekehrt, um sich zu verproviantieren und seine Mannschaften auf andere Schiffe zu verteilen, denn die Schiffe hatten es nötig, ausgebessert zu werden, und seine Flotte kann als in sehr schlechtem Zustand befindlich angesehen werden.“ Ich erinnerte den Marineminister, welche Wichtigkeit ich der

Tatsache beimaß, daß Villeneuve die in Ferrol vor Anker liegende Flotte verproviantierte und bemerkte wegen des Geschwaders von Rochefort, daß die Engländer diesem zweifellos eine Anzahl Schiffe nachgesandt hätten. Man kann nicht im voraus berechnen, was eine Admiralität alles tun soll, die über 100.000 Mann in Boulogne, sieben Schlachtschiffe am Texel und 30.000 Mann sowie 22 Schlachtschiffe in Brest verfügt. Es wäre möglich gewesen, daß Villeneuve sogleich umkehrte, aber ebensogut konnte er seine Fahrt nach Westindien oder Jamaika fortsetzen. Welch große Verantwortung lastete dann auf einem Ministerium, wenn es Monate verstreichen ließ, ohne zum Schutz der Kolonien Truppen abzusenden! Aller Wahrscheinlichkeit nach konnte England jederzeit 65 Schlachtschiffe segelfertig machen. Sobald Villeneuve vor Ferrol ankam, mußten ihm Nachrichten zugesandt werden, denn nichts stärkt mehr Mut und Festigkeit, als wenn man über die Stellung des Gegners orientiert ist.

Tatsächlich verfügten die Engländer über 111 Schlachtschiffe. Rechnet man von dieser Anzahl 3 Wachtschiffe und 16 Gefangenen- und Lazarettschiffe ab, so bleiben 92 übrig, von denen aber in der Regel 20 immer in den Docks lagen. Die übrigen 72 waren vermutlich folgendermaßen verteilt: 8 bis 10 in Indien, 2 bis 4 in Jamaika, ebensoviel in Barbados. Das macht zusammen 14 bis 18. So blieben noch 54 bis 58 übrig, die zur Einschließung der Geschwader von Cadix, Ferrol und Brest, sowie zur Verfolgung der Flotten Villeneuves und Missiessys verwendet wurden.

Die französisch-spanische Seemacht hatte folgenden Bestand: 22 Schlachtschiffe in Brest, 15 in Cadix, 12 in Ferrol, 20 unter dem Befehl Villeneuves, 1 in Lorient, 5 unter Missiessy, zusammen 75. Den 15 in Cadix liegenden Schlachtschiffen standen nur 5 englische gegenüber; rechnet man 10 von 75 ab, so blieben noch 65, die nach Belieben vereinigt werden konnten. Aller Wahrscheinlichkeit nach vermochten die Engländer, wie ich bereits sagte, gleichfalls 65 Schlachtschiffe zu jeder Zeit aufzubringen.

Als Villeneuve nach Westindien fuhr, wurde er von Nelson

verfolgt. Am 21. verließ er die Insel Martinique, erbeutete auf der Höhe von Barbados ein englisches Fahrzeug, ein anderes in der Nähe der Azoren, bemächtigte sich noch eines Kaperschiffs mit reicher Prise sowie einer Galeone und wurde durch zwei Schlachtschiffe verstärkt, deren Befehlshaber Magon ihm meinen Befehl hinterbrachte, nach Ferrol zu segeln, um dort 5 Schlachtschiffe unter Konteradmiral Gourdon, 6 spanische unter Grandellana und 5 französische unter Allemand (vorher unter dem Befehl Missiessys) an sich zu ziehen. Mit Hilfe dieser Flotte von ungefähr 40 Schlachtschiffen verjagte Villeneuve den Admiral Cornwallis von Brest und ebnete somit den Weg für die 22 Schlachtschiffe des Admirals Ganteaume. Villeneuve sollte nun mit 62 Schlachtschiffen, darunter 6 Dreidecker, sowie einer großen Anzahl von Kanonenbooten am Eingang des Kanals Stellung nehmen, um die 2283 Transportfahrzeuge, aus denen meine Flottille bestand, zu decken. Dies war mein Plan; leider vereitelte ihn Villeneuve. Denn nach dem Seetreffen mit Admiral Sir Robert Calder fuhr er nach Vigo, schaffte seine Verwundeten und Kranken ans Land und begab sich unter Zurücklassung von 3 Schlachtschiffen nach Coruña, um dort 6 französische und 10 spanische Schlachtschiffe an sich zu ziehen.

Ich befand mich damals in Boulogne und ersah aus den von den Engländern getroffenen Maßnahmen die Stellung der verschiedenen Geschwader. Ich befahl Ganteaume, in der Bucht von Brest vor Anker zu gehen, um dort Villeneuve mit seiner Flotte zu erwarten. Am 21. August befolgte Ganteaume meinen Befehl und warf in der Bucht von Brest Anker.

Am 10. August, als der Wind aus Osten wehte, ging Villeneuve in See, nachdem er sich vorher durch die französischen und spanischen Geschwader unter Gourdon, Gravina und Grandellana, die in der Bucht bei Ferrol vor Anker lagen, verstärkt hatte. Als am 13. keine feindliche Flotte erschien, segelte Villeneuve zuerst nach Norden, änderte aber dann plötzlich seinen Kurs in der Richtung nach Süden. Auf der Höhe von Sao Vicente kreuzte er vier Tage lang und traf am 21. August vor Cadix ein, gerade am nämlichen Tage, an dem er in Brest erwartet wurde. Lord Collingwod, der vor Cadix mit 4 Schlachtschiffen kreuzte, sah sich überrascht und fand gerade noch Zeit, sich zu retten.

Während dieser Vorfälle kreuzte Admiral Allemand, wie ihm befohlen war, mit 4 Schlachtschiffen in der Bucht von Biscaya. Er hatte den Auftrag, dort weitere Befehle zu erwarten und, falls diese nicht eintreffen sollten, nach Vigo zu steuern, um am 13. August mit Villeneuve zusammenzutreffen. Er führte diese Befehle pünktlich aus und warf am 16. bei Vigo Anker, nachdem Villeneuve zwei Tage früher, ohne Befehle zu hinterlassen, von dort abgesegelt war. Durch dieses außergewöhnliche Verhalten setzte Villeneuve die Sicherheit des Geschwaders Allemand aufs Spiel. Da Allemand keine Befehle vorfand, ging er wieder in See, um seine Kreuzerfahrt fortzusetzen, bei welcher Gelegenheit er ein feindliches Schiff von 50 Geschützen und eine Korvette erbeutete. Darauf ging er am 24. Dezember bei Rochefort vor Anker.

Als ich in Boulogne von der Ankunft Villeneuves vor Cadix erfuhr, geriet ich außer mir und rief wütend aus: „Das ist Verrat!", denn Villeneuve hatte, ehe er Ferrol verließ, die Absicht geäußert, daß er nach Brest fahren wolle und Allemand beauftragt, ihn in Vigo zu erwarten. Trotzdem segelte er an diesem Hafen vorüber, ohne in denselben einzulaufen.

### *An die Königin von Neapel* *

Paris, 12. Nivôse des Jahres XIII.
(2. Januar 1805)

*Madame!*

Der Brief Eurer Majestät ist mir durch den Marchese di Gallo überreicht worden. Die Gesinnungen, die er enthält, sind mit den feindseligen Absichten, die man in Neapel zu hegen scheint, nicht leicht in Einklang zu bringen. Ich be-

* Maria Karoline, die Tochter der großen Maria Theresia, war Napoleons ärgste Feindin.

sitze mehrere Briefe Eurer Majestät, die über Ihre wirklichen geheimen Absichten keinen Zweifel lassen. Wie groß aber auch der Haß sein mag, den Eure Majestät gegen Frankreich zu hegen scheinen, sollte, nach den Erfahrungen, die Sie gemacht haben, die Liebe zu Ihrem Gemahl, zu Ihren Kindern, zu Ihrer Familie, zu Ihren Untertanen Ihnen nicht ein wenig mehr Zurückhaltung und eine Ihren Interessen angemessenere politische Richtung auferlegen? Können Sie, Majestät, die sich unter den Frauen durch Ihren Geist so sehr auszeichnen, sich nicht von den Vorurteilen Ihres Geschlechts losreißen, um Staatsangelegenheiten nicht wie Herzensangelegenheiten zu behandeln? Schon einmal haben Sie Ihr Reich verloren; zweimal sind Sie die Ursache eines Krieges gewesen, der Ihr Stammhaus beinahe vollständig vernichtet hätte; wollen Sie auch die Ursache zu einem dritten Krieg sein? Schon sind auf Wunsch Ihres Gesandten in St. Petersburg 10.000 Russen nach Korfu geschickt worden. Wie? Ist Ihr Haß so jugendlich und Ihre Liebe zu England so überspannt, daß Sie das Festland in Brand setzen und diese für England glückliche Ablenkung herbeiführen wollen, obwohl Sie sicher sind, daß Sie ihr erstes Opfer sein werden? Ich gebe zu, daß so heftige Leidenschaften meine Achtung einigermaßen gewinnen könnten, wenn nicht die einfachsten Vernunftgründe mich von deren Leichtfertigkeit und Ohnmacht überzeugen würden. Ich hoffe, daß Ihr Neffe, der Kaiser von Österreich, Ihre Gesinnungen nicht teilt und den Krieg nicht von neuem beginnen will, der für sein Reich nur sehr geringe Vorteile hätte. Selbst Rußland, das auf Verlangen der Minister Eurer Majestät bestimmt wurde, 10.000 Mann nach Korfu zu schicken, weiß recht wohl, daß es dadurch Frankreich nicht bekriegen kann, und der Kaiser Alexander I. ist nicht kriegerisch gesinnt. Aber angenommen, daß das Unglück Ihrer Familie und der Sturz Ihres Thrones Rußland und England dazu bestimmen würden, die Waffen zu ergreifen, wie können Eure Majestät, die Sie eine so gute Meinung von mir haben, glauben, daß ich untätig bleiben würde, um von meinen Nachbarn abhängig zu werden? Lassen Sie sich folgendes prophezeien, Majestät, und hören Sie es ruhig an: Bei dem ersten Krieg, an dem Sie schuld wären, würden Sie und Ihre Nachkommen zu regieren aufhören; Ihre Kinder würden in den verschiedenen Gegenden von Europa herumirren und bei Verwandten um Unterstützung betteln. Durch Ihr unerklärliches Benehmen hätten Sie das Verderben Ihrer Familie verursacht, während die Vorsehung und meine Nachsicht sie erhält. Verzichtet man also auf eines der schönsten Reiche der Welt? Es täte mir jedoch leid, wenn Eure Majestät meine Offenheit für eine Drohung halten wollte. Nein, wenn es meine Absicht gewesen wäre, dem König von Neapel den Krieg zu erklären, so hätte ich es getan, als die ersten Russen in Korfu einzogen, wie es eine umsichtige Politik erfordert haben würde. Aber ich will Frieden haben mit Neapel, mit ganz Europa, ja sogar mit England. Ich fürchte den Krieg mit niemand. Ich bin imstande, ihn mit jedem zu führen, der mich herausfordern will. Ich bin imstande, den neapolitanischen Hof zu bestrafen, ohne die Rache von irgendjemand zu fürchten. Majestät, nehmen Sie diesen brüderlichen Rat an, rufen Sie die Anführer der Miliz zurück und fordern Sie zu keiner Art von Bewaffnung auf. Schicken Sie die Franzosen fort, die Sie gegen ihr Vaterland aufhetzen, berufen Sie von Petersburg einen Minister ab, dessen Schritte alle den Zweck haben, die neapolitanischen Angelegenheiten zugrunde zu richten und Ihr Land in unvermeidliche Gefahr zu stürzen. Verabschieden Sie Herrn Elliot, der nur Verschwörungen und Morde anzettelt und an allen Unruhen in Neapel schuld ist. Schenken Sie Ihr Vertrauen dem Oberhaupt Ihres Hauses, sogar ein wenig mir selbst, und seien Sie nicht so sehr Ihr eigener Feind, um ein Reich zu verlieren, das Sie sich in der großen Umwälzung bewahrt haben, in der so viele andere Staaten zugrunde gegangen sind. Ich schmeichle Eurer Majestät nicht mit diesem Brief; er wird Ihnen unangenehm sein; möchten Sie indes in ihm einen Beweis meiner Achtung sehen. Nur gegenüber einer Persönlichkeit von starkem und über dem Durchschnitt stehendem Charakter nehme ich mir die Mühe, so aufrichtig zu schreiben. Und somit bitte ich Gott, Frau Schwester und

Base, daß er Eure Majestät in seinen heiligen und gnädigen Schutz nehme.

Napoleon.

*An Herrn Marbeuf, Unterleutnant im 25. Dragonerregiment*

Paris, 18. Ventôse des Jahres XIII.
(9. März 1805)

Ich habe Ihnen auf Lebenszeit eine Pension von 6000 Franken auf den Kronschatz bewilligt, und habe Herrn de Fleurieu, meinen Intendanten beauftragt, Ihnen die Urkunde darüber zuzusenden. Ich habe Befehl erteilt, Ihnen auf die laufenden Ausgaben aus meiner Privatschatulle 12.000 Franken für Ihre Equipierung zu geben. Es ist meine Absicht, Ihnen unter allen Umständen Beweise des Interesses zu geben, das ich Ihnen in der Erinnerung an Ihres Herrn Vaters Dienste für mich entgegenbringe. Sein Andenken ist mir teuer, und ich gebe mich der Hoffnung hin, daß Sie seinen Spuren folgen werden.

Napoleon.

*An die Kaiserin-Mutter*

Stupinigi, 22. April 1805

Madame!

Jérôme Bonaparte ist mit der Frau, mit der er lebt, in Lissabon angekommen. Ich habe dem verlorenen Sohn befohlen, sich über Perpignan, Toulouse, Grenoble und Turin nach Mailand zu begeben, und ihn wissen lassen, daß er verhaftet wird, wenn er sich von dieser Reiseroute entfernt. Fräulein Patterson, die mit ihm lebt, war so vorsichtig, sich von ihrem Bruder begleiten zu lassen. Ich habe Befehl gegeben, sie nach Amerika zurückzuschicken. Entzieht sie sich meinen Befehlen und kommt sie nach Bordeaux oder Paris, so wird sie nach Amsterdam gebracht, um von dort mit dem ersten amerikanischen Schiffe weggeschickt zu werden. Ich werde mit diesem jungen Mann scharf ins Gericht gehen,

Papst Pius VII.

Joseph Bonaparte

wenn er sich in der einzigen Unterredung, die ich ihm bewillige, seines Namens unwürdig zeigt und auf Fortsetzung seiner Liaison besteht. Ist er nicht gewillt, den Schimpf, den er meinem Namen angetan hat, indem er die Fahnen wegen eines erbärmlichen Frauenzimmers verließ, gutzumachen, so gebe ich ihn für immer auf. Vielleicht statuiere ich ein Exempel, um den jungen Soldaten zu zeigen, wie heilig ihre Pflichten sind, wie ungeheuer ihr Verbrechen ist, wenn sie ihre Fahnen wegen einer Frau verlassen. Sie können ihm schreiben, vorausgesetzt, daß er sich nach Mailand begibt. Sagen Sie ihm, daß ich wie ein Vater zu ihm gewesen, er daher heilige Pflichten mir gegenüber zu erfüllen habe, und daß ihm keine andere Wahl bleibe, als meine Ratschläge zu befolgen. Sagen Sie seinen Schwestern, sie sollen ihm auch schreiben. Denn, habe ich erst sein Urteil gesprochen, so werde ich unerbittlich sein, und sein Leben ist auf ewig verpfuscht.

Napoleon.

### *An den König von Preußen*

Mailand, 19. Floréal des Jahres XIII.
(9. Mai 1805)

Mein Herr Bruder, die liebenswürdigen Dinge, die Eure Majestät mir in Ihrem Briefe sagen, haben mich sehr angenehm berührt. Ich habe Befehl erteilt, daß der Person, die der Kaiser Alexander mir schicken will, Pässe ausgefertigt werden. Aber ich erwarte wenig von einer Unterhandlung, die nicht den geraden Weg geht, da eine solche alles verwirren und zu keiner Entscheidung führen kann. Rußland ist zu weit entfernt, ihm sind die kolonialen und maritimen Interessen zu fremd; die Woronzoffs haben sich den Engländern zu sehr verkauft; der Charakter des Kaisers Alexander ist zu schwankend und schwach, als daß man vernünftigerweise etwas Gutes für den Weltfrieden hoffen könnte. Rußland kann keine Partei nehmen, da es nicht Krieg führt; und wäre es der Fall, so würde ich nicht zugeben, daß es mit England unterhandle, ich müßte denn mit Gewalt dazu gezwungen werden. Rußland kann nicht vermitteln, weil seine Beziehungen zu Frankreich unterbrochen sind. Eure Majestät kennen England allzu gut, als daß Sie nicht wissen sollten, daß, wenn der königliche Rat den Frieden wollte, er den König nicht die Rede halten lassen durfte, die er im Parlament gehalten hat. So oft man die Vorschläge nach St. Petersburg schickt, um sie nach Paris gelangen zu lassen, will man sich nicht verständigen, man will in London Zeit gewinnen, die Augen der Völker blenden, vielleicht auch versuchen, eine Koalition anzuknüpfen, die ganz anders als die beiden ersten zur Schmach Englands ausfallen würde. Indes, falls man sich einer gemäßigten und offenen Sprache befleißigt, so soll es nicht von mir abhängen, wenn die Dinge kein günstiges Aussehen gewinnen und die unglückliche Menschheit nicht getröstet wird. Auch glaube ich, daß der Kaiser Alexander seinen Charakter nicht verleugnet und seine und meine Macht zu gut kennt, als daß er fortfahren sollte, sich gegen mich unbesonnen zu benehmen. So oft dies geschehen ist, habe ich es nur für ein lächerliches Verhalten angesehen. Rußland sollte meinen und meiner Völker Charakter nicht verkennen. Rußland hat kein Recht, mit irgendjemand in diesem Ton zu sprechen, mit mir noch weniger als mit jedem andern. Mein Herr Bruder, ich will den Frieden; aber ich kann nicht zugeben, daß mein Volk vom Welthandel ausgeschlossen wird. Ich habe keinen Ehrgeiz; ich habe zweimal den dritten Teil Europas geräumt, ohne dazu gezwungen zu sein. Ich bin Rußland über die italienischen Angelegenheiten keine andere Rechenschaft schuldig, als es mir über die türkischen und persischen schuldig ist. Jeder Friede mit England muß, wenn er von Bestand sein soll, die Bestimmung enthalten, daß es den Bourbonen und den Emigranten kein Asyl mehr gebe, den Schmähungen seiner Schriftsteller Einhalt gebiete. Diese Beleidigungen sind verächtlich, ich weiß es; aber wenn man sie stillschweigend duldet, so geben sie ein ausschließliches Privilegium einer Nation, die sich aus allem ein Privilegium zu machen weiß. Es bleibt mir nur noch übrig, Eurer Majestät für Ihre gute Absicht zu danken, meine friedlichen Absichten zu unterstützen, Sie zu bitten, mir Ihre Freundschaft zu bewahren und zu glauben, daß jeder Tag, an dem ich Ihnen Beweise von der meinigen geben kann, ein glücklicher für mich ist. Ich werde nicht verfehlen, Eure Majestät über den weiteren Verlauf dieser ersten Eröffnungen in Kenntnis zu setzen. Und so bitte ich Gott, mein Herr Bruder, daß er Eure Majestät in seinen heiligen und gnädigen Schutz nehme. Ihr lieber Bruder

Napoleon.

*An Seine Heiligkeit Papst Pius VII.*

Mailand, 4. Prairial des Jahres XIII.
(24. Mai 1805)

Ich habe den Brief erhalten, den Eure Heiligkeit geruhten mir unterm 18. Mai zu schreiben. Von Ihrer glücklichen Ankunft in Rom war ich bereits unterrichtet. Ich habe ein wahres Vergnügen empfunden, zu erfahren, daß Sie gesund geblieben sind und daß weder die Veränderung des Klimas noch die Beschwerden einer so großen Reise Sie angegriffen haben.

Meine erste Tätigkeit bei meiner Ankunft war die Erlassung eines Dekrets, um das Konkordat in Kraft treten zu lassen; Eure Heiligkeit kann es somit in Rom ohne jegliche Besorgnis veröffentlichen lassen. So ist alles auf angemessene Weise geordnet.

Ich werde morgen den Kardinal Caprara als Ihren Legaten empfangen, und Sonntag wird die Feier meiner Krönung stattfinden, die ich verschoben hatte, weil noch nicht alles bereit war. Ich habe es mit dem Wetter gut getroffen; denn am festgesetzten Donnerstag war es sehr schlecht.

Ich meine, daß der Luftballon, den man in Paris am Tage der Salbung hatte aufsteigen lassen, und der so glücklich nach Rom gelangt ist, zum Gedächtnis dieses außerordentlichen Ereignisses sorgfältig aufbewahrt werden sollte; mein Wunsch ist, daß Eure Heiligkeit ihn an einen besonderen Ort bringen lasse, wo die Romreisenden ihn sehen könnten. Eine Inschrift müsse bekunden, daß er in so und so viel Stunden nach Rom gelangt sei.

Ich habe mehrmals mit Eurer Heiligkeit von meinem jungen, achtzehnjährigen Bruder gesprochen, den ich auf einer Fregatte nach Amerika geschickt hatte, um an dem dortigen Krieg teilzunehmen, und der sich nach einem vierwöchigen Aufenthalt in den Vereinigten Staaten in Baltimore . . . mit einer Protestantin, der Tochter eines Kaufmannes dieser Stadt, verheiratet hat. Dieser junge Mann ist eben zurückgekommen. Er sieht seinen Fehler ein. Ich habe Fräulein Patterson, seine sogenannte Frau, nach Amerika zurückgeschickt. Die Heirat ist nichtig. Ein spanischer Priester ist so pflichtvergessen gewesen, sie einzusegnen. Ich hätte gern eine Bulle Eurer Heiligkeit, die die letzte Spur dieser Heirat austilgte. Ich schicke Ihnen mehrere Denkschriften, von denen eine vom Kardinal Castelli ist, dessen Handschrift Sie erkennen werden. Es wäre für mich leicht, diese Heirat durch den Erzbischof von Paris ungültig erklären zu lassen; die gallikanische Kirche erkennt keine solche Heirat an; aber es wäre angemessen, wenn das unmittelbare Einschreiten Eurer Heiligkeit dieser Angelegenheit größere Bedeutung gäbe, und wäre es nur deshalb, weil es sich um ein Mitglied eines souveränen Hauses handelt. Ich bitte Eure Heiligkeit, diese erste Mitteilung noch geheim zu halten, denn ich will erst öffentlich darum ansuchen, wenn Sie mir mitgeteilt haben, daß Sie damit einverstanden sind. Es ist aus vielen Gründen, und sogar im Interesse der Religion in Frankreich von Wichtigkeit, daß ein protestantisches Mädchen nicht in so naher Beziehung zu mir stehe; denn es wäre ein gefährliches Beispiel, daß ein Unmündiger, ein Sohn von hohem Rang, einen solchen Verstoß gegen die bürgerlichen Gesetze und gegen jegliche Schicklichkeit begehen würde.

Und so bitte ich Gott, Heiligster Vater, daß er Sie lange Jahre für die Leitung und Regierung unserer Mutter, der heiligen Kirche, erhalte.

Ihr frommer Sohn, Kaiser der Franzosen und König von Italien.

Napoleon.

*An den König von Preußen*

Lager von Boulogne, 23. August 1805

Mein Herr Bruder, ich schicke den General Duroc zu Eurer Majestät. Er ist mit meiner Vollmacht versehen, um mit der Person, die Eure Majestät bezeichnen wird, den Vertrag zu unterzeichnen, über den sich unsere Minister verständigt haben. Ich freue mich über alle neuen Beziehungen, die unsere Staaten enger verbinden. Wir haben gemeinschaftliche Feinde. Die Eroberung von Hannover ist für Eure Majestät, vom geographischen Standpunkt betrachtet, notwendig, besonders da Europa sich unter so großen Mächten geteilt findet. Die Teilung Polens hat eine große Veränderung herbeigeführt; sie hat Schweden vernichtet und Rußland zu einer europäischen Macht erhoben, die kein Gegengewicht mehr hat. Konstantinopel und Ispahan sind keines mehr. Österreich verdoppelt seine Vorbereitungen. Der Kurfürst von Bayern ist sehr beunruhigt. Eure Majestät haben keinen Tag zu verlieren, um eine Truppenzusammenziehung an den Grenzen Böhmens anzuordnen.

Ich habe befohlen, daß man Eurer Majestät alles mitteile, was ich Österreich habe sagen lassen; wenn es sich nicht in seine Garnisonen und Friedenskantonierungen zurückzieht, bin ich entschlossen, selbst mit mehr als 100.000 Mann nach Bayern zu marschieren. Man wird sich also nochmals schlagen müssen. Gott, mein Gewissen, Eure Majestät und Europa sind meine Zeugen, daß ich angegriffen werde, weil man mich auf meinen Grenzen bedroht, während alle meine Truppen eingeschifft sind und an den Küsten stehen. Das Haus Österreich ist nicht in der Lage, mir die Stirne zu bieten. Es ist blind. Die Übel des Krieges werden auf Österreich zurückfallen. Ich habe mit Hilfe Gottes, von dem alles abhängt, von diesem Kampf nichts zu fürchten.

Mein Herr Bruder, es bereitet sich ein neues Schauspiel für Europa vor. Wir haben nötig, uns für die Ruhe der Welt und das Wohl unserer Staaten zu verständigen und in Eintracht vorwärts zu gehen. Ich hoffe, daß wir, Eure Majestät und ich, nicht unterliegen, und daß wir unsere Staaten und die der Fürsten, die mit uns gemeinschaftliche Sache machen, auf derselben Höhe des Glanzes erhalten werden, auf der sie sich befinden.

Ich habe das Haus Österreich zu sehr geschont; es ist noch zu mächtig, um Europa in Ruhe zu lassen und nicht die Freiheit Deutschlands zu verletzen. Wenn es unter den Waffen bleibt, so ist der Krieg unvermeidlich.

Alle Gelegenheiten, die sich mir darbieten, Ihnen Beweise meiner Hochachtung und Freundschaft zu geben, werden für mich glückliche Augenblicke sein.

Napoleon.

## *PROKLAMATION*

Kaiserl. Hauptquartier, Elchingen, 19. Vendémiaire des Jahres XIV. (21. Oktober 1805)

Soldaten der Großen Armee! Wir haben in vierzehn Tagen einen ganzen Feldzug geschlagen. Was wir uns vorgenommen haben, ist in Erfüllung gegangen. Wir haben die Truppen des Hauses Österreich aus Bayern verjagt und unseren Bundesgenossen wieder in seine Staaten eingesetzt. Diese Armee, die sich mit ebensoviel Prahlerei als Unklugheit an unseren Grenzen festgesetzt hatte, ist vernichtet. Aber was kümmert sich England darum? Sein Zweck ist erfüllt. Wir sind nicht mehr in Boulogne, und es wird nicht mehr noch weniger Subsidien verteilen.

Von den 100.000 Mann, aus denen diese Armee bestand, sind 60.000 gefangen; sie werden unsere Rekruten in unsern Feldarbeiten ersetzen; zweihundert Kanonen, der ganze Park, 90 Fahnen, alle Generäle sind in unsern Händen; es sind keine 15.000 Mann von dieser Armee entwischt.

Soldaten! Ich hatte euch eine große Schlacht angekündigt; aber dank der schlechten Dispositionen unserer Feinde habe ich die nämlichen Erfolge erzielen können, ohne mich irgendeiner Gefahr auszusetzen; und, was in der Geschichte der Völker beispiellos ist, ein so großes Ergebnis schwächt uns nicht um mehr als 1500 Kampfunfähige.

Soldaten! Dieser Erfolg ist eurem grenzenlosen Vertrauen zu eurem Kaiser, eurer Geduld, die Beschwerden und Entbehrungen jeglicher Art zu ertragen, eurem seltenen Mut zu verdanken.

Aber wir bleiben nicht dabei stehen; ihr sehnt euch nach einem zweiten Feldzug. Die russische Armee, die das englische Gold aus den äußersten Winkeln der Welt herbeigeführt hat, wird von unserer Hand das gleiche Schicksal erleiden. Dieser Kampf wird ganz besonders über die Ehre der Infanterie entscheiden; dort wird zum zweitenmal festgestellt werden, was schon in der Schweiz und in Holland entschieden worden ist, ob die französische Infanterie die zweite oder die erste in Europa ist. Dort sind keine Generäle, gegen die ich Ruhm erwerben könnte; mein ganzes Bestreben wird sein, den Sieg mit dem geringsten Blutvergießen zu erringen; meine Soldaten sind meine Kinder.

Napoleon.

*An die Kaiserin Josephine in München*

Austerlitz, 14. Frimaire des Jahres XIV.
(5. Dezember 1805)

Ich habe einen Waffenstillstand abgeschlossen. Die Russen gehen zurück. Die Schlacht von Austerlitz ist die schönste von allen meinen Schlachten. 45 Fahnen, mehr als 150 Geschütze, die Fahnen der russischen Garde, 20 Generale, 30.000 Gefangene. Mehr als 20.000 Tote! Ein furchtbares Schauspiel.

Kaiser Alexander ist in Verzweiflung und geht nach Rußland zurück. Gestern habe ich in meinem Biwak (in der Mühle von Saruchitz) den Kaiser von Deutschland empfangen und mich zwei Stunden lang mit ihm unterhalten. Wir sind übereingekommen, schnell Frieden zu schließen.

Das Wetter ist noch leidlich. Endlich ist dem Kontinent die Ruhe wiedergegeben! Hoffen wir, daß dies bald in der ganzen Welt so ist. Die Engländer werden uns nicht die Stirn bieten können.

Mit großer Freude sehe ich dem Augenblick entgegen, der mich Dir näherbringt. — Es ist eine leichte Augenkrankheit in Umlauf. Sie dauert zwei Tage. Mich hat sie jedoch noch nicht ergriffen.

Lebe wohl, meine liebe Freundin. Mir geht es ausgezeichnet und ich habe große Sehnsucht, Dich zu küssen.

Napoleon.

### *An die Kaiserin Josephine in München*

Schönbrunn, den 28. Frimaire des Jahres XIV. (19. Dezember 1805)

Große Kaiserin! Nicht einen Brief von Ihnen, seit Sie Straßburg verlassen haben! Sie reisten durch Baden, Stuttgart und München, ohne uns ein Wort zu schreiben. Das ist weder nett noch zärtlich. Ich bin immer noch in Schönbrunn. Die Russen sind fort. Ich habe einen Waffenstillstand abgeschlossen. Binnen kurzem werde ich sehen, was mit mir wird. Geruhen Sie, sich ein wenig von den Höhen Ihrer Erhabenheit herab mit Ihrem Sklaven zu beschäftigen.

Napoleon.

### *An den Kardinal Fesch*

München, 7. Januar 1806

Der Papst hat mir unterm 13. November den lächerlichsten und unsinnigsten Brief geschrieben. Diese Leute hielten mich für tot. Ich habe die Festung Ancona besetzt, weil man trotz meiner Vorstellung nichts getan hatte, um sie zu verteidigen. Übrigens ist alles so schlecht organisiert, daß man außer Stand gewesen wäre, sie gegen irgendwen zu verteidigen, was man auch unternommen hätte. Erklären Sie, daß ich eine solche Verspottung nicht mehr dulden werde, daß ich in Rom weder einen russischen noch einen sardinischen Minister will. Ich habe die Absicht, Sie zurückzuberufen und Sie durch einen Weltlichen (Gesandten) zu ersetzen. Da diese Dummköpfe es nicht für unpassend halten, daß eine

Protestantin den französischen Thron besteigen könne, so will ich ihnen einen protestantischen Gesandten schicken. Sagen Sie dem Kardinal Consalvi, daß, wenn er sein Vaterland liebt, er aus dem Ministerium ausscheiden müsse, oder er soll tun, was ich verlange. Sagen Sie ihm, ich sei gottesfürchtig, aber kein Frömmling. Konstantin habe das Bürgerliche vom Militär getrennt, und ich könne auch einen Senator ernennen, um in meinem Namen in Rom zu befehlen. Es steht ihnen gut an, von Religion zu sprechen, sie, die die Russen zugelassen und Malta zurückgewiesen haben und die meinen Minister fortschicken wollen! Sie sind es, die die Religion schänden. Hat man je von einem apostolischen Nuntius in Rußland gehört? Sagen Sie dem Consalvi, sagen Sie selbst dem Papst, daß, wenn er meinen Minister aus Rom fortjagen will, ich wohl hingehen könnte, um ihn wieder einzusetzen. Aus diesen Menschen kann man nur mit Gewalt etwas machen. Sie lassen die Religion in Deutschland zugrunde gehen, da sie nichts in bezug auf das Konkordat zu Ende bringen wollen; sie lassen sie in Bayern, in Italien zugrunde gehen; sie machen sich bei den Höfen wie bei den Völkern lächerlich. Ich habe ihnen Ratschläge erteilt, auf die sie niemals haben hören wollen. Sie glaubten also, daß die Russen, die Engländer, die Neapolitaner die Neutralität des Papstes geachtet hätten? Für den Papst bin ich Karl der Große, weil ich wie Karl der Große die französische Krone mit der lombardischen vereinige und weil mein Reich an das Morgenland grenzt. Ich verlange daher, daß man sein Benehmen mir gegenüber aus diesem Gesichtspunkte einrichte. Ich will nichts an dem äußeren Schein ändern, wenn man sich gut aufführt; sonst werde ich den Papst zu einem bloßen Bischof von Rom machen.

Sie beklagen sich, daß ich die italienischen Angelegenheiten ohne sie behandelt habe. Sollte es denn auch dort so weit kommen wie in Deutschland, wo es keine Feierlichkeiten, keine Sakramente, keine Religion mehr gibt? Sagen Sie ihnen, daß, wenn sie nicht anders werden, ich sie dem ganzen Europa als Egoisten hinstellen und die kirchlichen Angelegenheiten in Deutschland mit dem Erzkanzler und ohne sie ordnen werde. Es gibt in Wahrheit nichts Unvernünftigeres als den Römischen Hof.

Napoleon.

*An Herrn Talleyrand, Minister des Äußern*

Paris, 28. Februar 1806

Herr Talleyrand, ich wünsche in meinen, die auswärtigen Angelegenheiten betreffenden Arbeiten Regelmäßigkeit einzuführen. Es ist daher angebracht, daß Sie mir alle Tage die Briefe meiner Gesandten und Agenten für die Auswärtigen Angelegenheiten schicken, nachdem Sie sie gelesen, da ich oft willens bin, alle ihre Korrespondenzen zu lesen. Ich werde Ihnen ein Portefeuille senden, zu dem ich einen Schlüssel behalte. Sie sollen es durch einen Ihrer Sekretäre bringen lassen, der es dem Herrn Méneval oder demjenigen von meinen Sekretären übergibt, der gerade Dienst tut. Schicken Sie mir auch die Übersetzung der englischen und fremden Zeitungen, und wenn sie nichts Wichtiges enthalten, nur die Bemerkung, wann sie angekommen und von welchem Tag sie sind. Dies soll schon morgen in Kraft treten. Es würde mir lieb sein, dieses Portefeuille um sechs Uhr abends zu erhalten, soweit es mit den Geschäften und der Ankunft der Kuriere verträglich ist.

Napoleon.

*An den König Friedrich Wilhelm III. von Preußen*

Paris, den 30. März 1806

Mein Herr Bruder!

In zwei langen Unterredungen habe ich dem Grafen von Haugwitz alle meine Gedanken von Grund auf dargelegt. Ich konnte ihm leider mein Bedauern darüber nicht verhehlen, daß man in Berlin den Wiener Vertrag so wenig gut aufgenommen hat. Eure Majestät wissen am besten, daß ein Vertrag das Zusammenlaufen zweier Willensäußerungen ist und daß man, wenn man ihn ratifiziert, gegen die eine der Parteien keinen größeren Verstoß begehen kann, als die Stipulationen darin zu ändern oder ihnen eine andere Auslegung zu geben als sie ausdrücken. Aber schließlich hat der Pariser Vertrag einer für mein Gefühl allzu langen Ungewißheit ein Ende gemacht. Sire, Eure Majestät gestatten, daß ich es Ihnen sage: seit dem Pariser Vertrag ist in der an Neuchâtel gerichteten Proklamation im Namen Eurer Majestät gesagt worden, es sei besser, man hätte Neuchâtel an Frankreich abgetreten, als wenn es durch Frankreich erobert worden wäre. Ach, Sire, es ist niemals meine Absicht gewesen, mit Eurer Majestät Krieg zu führen. Und wenn ich gewollt hätte, wenn ich einen Augenblick die politischen Grundsätze meiner Krone und die Gefühle hätte vergessen können, die ich seit langem für Eure Majestät persönlich empfinde, wenn ich mich durch die Beleidigungen Ihres Ministers und durch jene Art künstlicher Aufreizung, die man Ihrem Volke gegen Frankreich eingeflößt hat, hätte beeinflussen lassen, so sage ich es mit edlem Stolze: ich hätte das Eure Majestät teuer bezahlen lassen können; aber hier fordere ich die Gerechtigkeit Eurer Majestät: ich bin niemals gekommen und habe Eurer Majestät den Krieg angetragen, auch nicht die Bedingungen des Wiener oder Pariser Vertrages. Der Krieg gegen Preußen war eine Unmöglichkeit meinerseits. Ich habe Eurer Majestät angeboten, alles wieder so herzustellen, wie es vor dem Wiener Vertrag, vor dem Krieg mit Österreich war, indem man das Korps des Marschalls Bernadotte nach Hannover sandte, oder, wenn Eure Majestät die Provinz Hannover behalten wollten, sie Ihnen zu lassen und dafür ein paar Provinzen einzutauschen.

Es ist daher ungerecht, wenn man in Berlin den Wiener und den Pariser Vertrag als durch Gewalt aufgezwungen hinstellt. Ja, ich wage zu sagen, diejenigen, die Eure Majestät den Augen Europas auf diese Weise zeigen, tuen es nicht mit der Würde, die einem der mächtigsten Souveräne und Befehlshaber eines der stärksten und schönsten Heere zukommt. — Wie dem auch sei, ich betrachte alle diese früheren Geschehnisse als das Resultat der zahllosen Intrigen, die die Engländer auf Befehl in allen Kabinetten anzetteln. Ich erinnere mich jetzt nur noch der Klauseln des Pariser Vertrages, der uns miteinander bindet, und ich hoffe meinerseits, daß Eure Majestät den Gefühlen, die ich Ihnen entgegenbringe, Gerechtigkeit werden lasse. Graf Haugwitz wird Eurer Majestät nicht oft genug wiederholen können, wie redlich, offen und bestimmt meine Absichten sind. Ich werde niemals, wenn es sich darum handelt, Eurer Majestät zu gefallen, zögern oder im Zweifel sein und niemals zu einem „mezzo termine" meine Zuflucht nehmen.

Eure Majestät werden die dem englischen Parlament gemachte Mitteilung gesehen haben. Darin werden Sie die ganze Doppelzüngigkeit Österreichs und Rußlands erkannt und sich überzeugt haben, daß Rußland es darauf angelegt hatte, Eure Majestät zu zwingen, sich gegen mich zu erklären. — Nun, ich berufe mich auf das, was Graf Haugwitz Eurer Majestät über unsere gegenwärtige Lage sagen wird und schätze mich in dem Gedanken glücklich, daß Eure Majestät überzeugt ist, daß ich mich in diesem letzten Umstand über alle kleinlichen Leidenschaften erhaben gezeigt und mich stets von meinen Freundschaftsgefühlen für Eure Majestät und der Wahrung der Interessen Frankreichs habe leiten lassen, die in meinen Augen niemals als von den Interessen Preußens getrennt betrachtet werden können.

Darüber bitte ich Gott, mein Herr Bruder, daß er Eure Majestät in seinen heiligen und würdigen Schutz nehme.

Eurer Majestät lieber Bruder

Napoleon.

Der Briefumschlag trägt die Aufschrift:

An den sehr hohen, ausgezeichneten und sehr mächtigen Fürsten, Unsern sehr lieben und sehr geliebten guten Bruder und Vetter, Verbündeten und Konföderierten, den König von Preußen.

*An den König von Preußen*

Saint-Cloud, 12. September 1806

Mein Herr Bruder, ich habe den Brief Eurer Majestät erhalten. Die Versicherungen Ihrer Gesinnungen sind mir um so angenehmer, als alles, was seit vierzehn Tagen vorgeht, mir Anlaß gab, an ihnen zu zweifeln. Wenn ich gezwungen werde, die Waffen zu meiner Verteidigung zu ergreifen, so werde ich sie nur mit dem größten Bedauern gegen die Truppen Eurer Majestät gebrauchen. Ich werde diesen Krieg als einen Bürgerkrieg betrachten, so eng sind die Interessen unserer Staaten verbunden. Ich will nichts von Ew. Majestät. Ich habe nichts von Ihnen verlangt. So oft die Feinde des Festlandes falsche Gerüchte verbreiteten, habe ich Ihnen die ausdrücklichsten Versicherungen geben lassen, daß ich mit aller Beständigkeit an unserem Bündnis festhalten würde. Es ist an Ihnen, zu untersuchen, ob Sie nicht der Partei, die an Ihrem Hof die Absichten unserer gemeinschaftlichen Feinde so eifrig und so warm unterstützt hat, zu leichthin Ihr Vertrauen geschenkt haben. Ich habe eine so hohe Meinung von Ihrer Gerechtigkeitsliebe, daß ich mich auf Sie selbst berufe, um zu erfahren, wer unter diesen Umständen unrecht hat, Preußen oder Frankreich. Alle Ihnen gemachten Mitteilungen sind falsch. Allein, diese Tatsache, von der Sie jetzt überzeugt sein müssen, muß Ihnen beweisen, daß ich vor jedem Vorwurf gesichert bin. Wenn Eure Majestät mir gesagt hätte, daß die Truppen, die ich in Westfalen habe, Sie beunruhigen, so hätte ich sie zurückgezogen, um Ihnen einen Gefallen zu erweisen. Ich bin ein offener Freund oder Feind. Ihre Minister, die Ihre Angelegenheiten führten, und die ich zur Audienz zugelassen habe, können es Ihnen bezeugen. Ich bin Eurer Majestät mehr als mit dem Herzen, ich bin Ihnen aus Vernunft zugetan. Aber ich habe soeben Verfügungen getroffen, um gegen Ihre Truppen gerüstet zu sein, die meine Armee in Deutschland anzugreifen drohen. Ich habe es getan, weil ich meinem Volke gegenüber strafbar gewesen wäre, wenn ich mich nicht gegen die furchtbaren Vorbereitungen vorgesehen hätte, die

Sie treffen, Vorbereitungen, dic so weit vorgeschritten sind, daß sogar die Truppen Ihrer Hauptstadt abmarschierten, nachdem Sie mir geschrieben hatten. Ich darf es Eurer Majestät sagen, niemals werde ich einen Krieg beginnen, denn ich würde mich als Verbrecher betrachten, wenn dies der Fall wäre. Denn so nenne ich einen Fürsten, der einen Krieg aus Liebhaberei beginnt, der durch die Politik seiner Staaten nicht gerechtfertigt ist. Ich bleibe unerschütterlich bei dem Bündnis, das ich mit Ihnen geschlossen habe. Wenn Sie mir durch Ihre Antwort zu erkennen geben, daß Sie es zurückweisen, daß Sie nur der Macht Ihrer Waffen vertrauen wollen, so werde ich mich gezwungen sehen, den Krieg anzunehmen, den Sie mir erklären, aber auch noch im Kampfe und nach siegreichem Erfolg, wenn er mir bei der Gerechtigkeit meiner Sache zuteil wird, werde ich immer der nämliche bleiben. Ich werde auch dann um Frieden nachsuchen, weil ich diesen Krieg für frevelhaft halte, da er nur geeignet ist, unseren Feinden Jubel und Freude zu bereiten. Wenn mir Eure Majestät dagegen antwortet, daß Sie Ihre Verfügungen widerrufen haben, werde auch ich die meinigen aus vollem Herzen widerrufen. Die Anschläge unserer Feinde werden vereitelt, und, ich wage es zu sagen, meine kaltblütige und ruhige Haltung bei dieser Gelegenheit wird Ihnen und Ihren Ministern für das Vertrauen bürgen, das Sie meiner Gesinnung schenken können, da ich mich niemals, weder dem Einfluß fremder Intrigen und Hetzereien noch aufbrausenden Leidenschaften hingeben werde, sondern mich einzig und allein von einer gesunden Politik und dem Wohl meiner Völker werde leiten lassen.

Napoleon.

## *PROKLAMATION AN DIE ARMEE*

Kaiserliches Hauptquartier Bamberg,
6. Oktober 1806

Soldaten! Der Befehl zu eurer Rückkehr nach Frankreich war bereits abgegangen. Ihr hattet euch dem Vaterland schon um einige Tagesmärsche genähert. Siegesfeste erwarteten euch, und die Vorbereitungen zu eurem Empfang waren in der Hauptstadt begonnen worden.

Aber, während wir uns dieser allzu vertrauensvollen Sicherheit überließen, wurden neue Komplotte unter der Maske der Freundschaft und des Bündnisses geschmiedet. Es hat sich in Berlin Kriegsgeschrei erhoben. Seit zwei Monaten werden wir täglich mehr herausgefordert.

Die gleiche Partei, der gleiche Geist des Betruges, der, von unseren inneren Zwistigkeiten begünstigt, vor vierzehn Jahren die Preußen in die Ebenen der Champagne führte, herrscht jetzt in ihren Rathäusern. Wenn sie auch Paris nicht mehr verbrennen und bis auf die Grundmauern zerstören wollen, so prahlen sie doch jetzt, daß sie ihre Fahnen in den Hauptstädten unserer Bundesgenossen aufpflanzen werden. Sie wollen Sachsen durch eine schmähliche Übereinkunft zwingen, auf seine Unabhängigkeit zu verzichten und es zu einer ihrer Provinzen machen! Sie wollen, daß wir beim Anblick ihrer Waffen Deutschland räumen. Die Narren! So sollen sie erfahren, daß es tausendmal leichter ist, die große Hauptstadt zu zerstören, als die Ehre der Kinder der Großen Nation und seiner Bundesgenossen zu schänden! Ihre Pläne wurden damals vereitelt; sie fanden in den Ebenen der Champagne Niederlagen, Tod und Schande. Aber das haben sie vergessen, und es gibt Menschen, bei denen das Gefühl des Hasses und der Eifersucht niemals ausstirbt.

Soldaten! Es ist keiner unter euch, der auf einem andern Wege als dem der Ehre nach Frankreich zurückkehren möchte! Wir dürfen nur unter Triumphbogen unseren Einzug halten.

Wie! Hätten wir den Jahreszeiten, den Meeren, den Wüsten Trotz geboten, das mehrmals gegen uns verbündete Europa besiegt, unsern Ruhm vom Morgenland bis ins Abendland verbreitet, um heute unsere Bundesgenossen preiszugeben und als Flüchtlinge in unser Vaterland zurückzukehren? Damit man sagen könne, daß der französische Adler beim Anblick der preußischen Armeen voll Schrecken geflohen sei?

Aber schon sind sie bis zu unseren Vorposten gelangt. So laßt uns vorwärtsmarschieren, weil die Mäßigung sie nicht aus diesem seltsamen Rausch hat reißen können. Möge die preußische Armee das nämliche Los erfahren, wie vor vierzehn Jahren! Sie sollen erfahren, daß, wenn es leicht ist, mit der Freundschaft der großen Nation Gebiets- und Machtvergrößerung zu erwerben, deren Feindschaft, die man sich nur durch das Aufgeben jedweder Klugheit und Vernunft zuziehen kann, schrecklicher ist, als die Stürme des Ozeans.

Napoleon.

## *ERSTES BULLETIN DER GROSSEN ARMEE*

Bamberg, 8. Oktober 1806

Der mit Rußland am 10. Juli abgeschlossene und unterzeichnete Friede, die mit England begonnenen und beinahe zur Reife gelangten Unterhandlungen hatten Berlin in Angst versetzt. Die unbestimmten, stets wachsenden Gerüchte, das Bewußtsein dieses Kabinetts, gegen alle Mächte gefehlt zu haben, die es nacheinander verraten hatte, veranlaßten es, an die verbreiteten Gerüchte zu glauben, daß einer der geheimen Artikel des mit Rußland abgeschlossenen Vertrages dem Großfürsten Konstantin Polen mit dem Titel König, dem Kaiser von Österreich, als Entschädigung für den österreichischen Teil von Polen, Schlesien und dem König von England Hannover gebe. Es redete sich schließlich ein, diese drei Mächte gingen mit Frankreich einig und bedrohten durch diese Übereinstimmung Preußen mit unmittelbarer Gefahr.

Preußen hat sich schon vor langer Zeit gegen Frankreich manches Unrecht zuschulden kommen lassen. Es hatte zuerst gerüstet, um unsere inneren Zwistigkeiten zu benutzen. Hierauf sah man es die Waffen in dem Augenblick ergreifen, als der Herzog von York in Holland einfiel und während des letzten Krieges rüstete es nochmals, obwohl es keinen Grund zur Unzufriedenheit hatte. Es unterzeichnete am 1. Oktober

König Friedrich Wilhelm III. von Preußen

Kaiser Alexander I. von Rußland

1805 jenen berüchtigten Potsdamer Vertrag, der einen Monat später durch den Wiener Vertrag ersetzt wurde.

Gegen Rußland verging es sich, denn dieser Staat kann nicht vergessen, daß der Potsdamer Vertrag nicht vollzogen und der Wiener Vertrag bald darauf geschlossen wurde.

Preußens Verschuldungen gegen den deutschen Kaiser und das Deutsche Reich sind zahlreicher und älter. Sie waren jederzeit bekannt. Es stand immer mit dem Reichstag in Opposition. Wenn das Deutsche Reich Krieg führte, lebte es mit dessen Feinden in Frieden. Niemals wurden seine Verträge mit Österreich vollzogen, und sein beständiges Bestreben ging dahin, die Mächte zum Krieg zu reizen, um beim Frieden die Frucht seiner Geschicklichkeit und ihrer Siege zu ernten.

Diejenigen, die es damit entschuldigen möchten, daß so große Unbeständigkeit von einer menschlichen Schwäche im Charakter des Fürsten herrührt, würden sich in einem großen Irrtum befinden. Seit fünfzehn Jahren ist der Berliner Hof ein Kampfplatz, auf dem sich die Parteien bekämpfen und abwechselnd siegen. Die eine will den Krieg und die andere den Frieden. Das geringste politische Ereignis, der unbedeutendste Zufall setzt die eine oder die andere in Vorteil, und mitten unter diesen entgegengesetzten Leidenschaften, mitten in diesem Labyrinth von Intrigen schwankt der König hin und her, ohne jedoch aufzuhören, ein ehrlicher Mann zu sein.

Am 31. August kam ein Kurier des Herrn Marchese von Luchesini nach Berlin und brachte in den bestimmtesten Ausdrücken die Versicherung jener vorgeblichen Bestimmungen, nach welchen Frankreich und Rußland durch Vertrag vom 20. Juli übereingekommen wären, das Königreich Polen wiederherzustellen und Schlesien von Preußen abzutrennen. Die Kriegspartei geriet sogleich in Feuer. Sie tat der persönlichen Ansicht des Königs Gewalt an. Vierzig Kuriere wurden in einer Nacht abgeschickt und man griff zu den Waffen. Die Nachricht dieses plötzlichen Ausbruches traf am 20. des nämlichen Monats in Paris ein. Man bedauerte einen so grausam getäuschten Bundesgenossen; man gab ihm sogleich bestimmte Erklärungen und Zusicherungen, und da ein offenbarer Irrtum der einzige Beweggrund zu diesen unerwarteten Rüstungen war, hoffte man, daß Überlegung diese so wenig begründete Aufregung beruhigen werde.

Indessen wurde der in Paris unterzeichnete Vertrag in Petersburg nicht ratifiziert, und Mitteilungen aller Art ließen Preußen bald erkennen, daß der Herr Marchese von Luchesini seine Informationen in den verdächtigsten Versammlungen der Hauptstadt und bei den intriganten Menschen, aus denen seine tägliche Gesellschaft bestand, geschöpft habe. Er wurde infolgedessen abberufen. Man meldet, Herr Baron von Knobelsdorf solle sein Nachfolger werden, ein Mann von geradem und freimütigem Charakter und größter Rechtlichkeit.

Dieser außerordentliche Gesandte kam bald in Paris an und überbrachte einen Brief des Königs von Preußen vom 23. August. Dieser Brief enthielt die verbindlichsten Ausdrücke und die friedlichsten Erklärungen, und der Kaiser beantwortete ihn aufrichtig und beruhigend. Am Tage, nachdem der Kurier mit dieser Nachricht abgegangen war, erfuhr man, daß mehrere für Frankreich beleidigende Lieder auf den Berliner Bühnen gesungen worden seien. Man habe sogleich nach der Abreise des Herrn von Knobelsdorf die Rüstungen verdoppelt. Obgleich die Männer, die kaltblütig geblieben waren, über diesen blinden Lärm schamrot geworden seien, habe die Kriegspartei auf allen Seiten Zwietracht erregt und alle Köpfe so sehr erhitzt, daß der König dem Strom nicht mehr zu widerstehen vermochte.

Nun begann man in Paris zu begreifen, daß die Friedenspartei, selbst durch lügenhafte Versicherungen und trügerischen Schein erschreckt, ihren ganzen Einfluß verloren habe, während die Kriegspartei den Irrtum benutzte, zu dem sich ihre Gegner hatten hinreißen lassen, eine Herausforderung auf die andere zu häufen, so daß die Dinge so weit waren, daß man nur durch den Krieg aus dieser Lage kommen konnte.

Der Kaiser sah nunmehr, daß die Umstände so gewaltig waren, daß er nicht mehr vermeiden konnte, die Waffen gegen seinen Bundesgenossen zu ergreifen. Er befahl, Vorbereitungen zu treffen.

Alles ging in Berlin mit großer Schnelligkeit. Die preußischen Truppen drangen in Sachsen ein, erschienen an den Grenzen des Rheinbundes und beschimpften die Vorposten.

Am 24. September marschierte die kaiserliche Garde von Paris ab und gelangte am 6. Oktober nach Bamberg. Die nötigen Befehle wurden für die Armee ausgefertigt, und alles setzte sich in Bewegung.

Am 25. September verließ der Kaiser Paris, am 28. war er in Mainz, am 2. Oktober in Würzburg und am 6. in Bamberg.

An dem gleichen Tage wurden zwei Karabinerschüsse von den preußischen Husaren auf einen Offizier des französischen Generalstabes abgefeuert. Die zwei Armeen standen sich gegenüber.

Am 7. erhielt seine Kaiserliche Majestät einen Kurier aus Mainz, der vom Fürsten von Benevent abgeschickt worden war und zwei wichtige Depeschen brachte; die eine war ein zwanzig Seiten langer Brief des Königs von Preußen, in Wahrheit nur eine elende Schmähschrift gegen Frankreich, in der Art derjenigen, die das englische Kabinett von seinen Zeitungsschreibern um 500 Pfund jährlich anfertigen läßt. Der Kaiser las ihn nicht zu Ende und sagte den Personen, die ihn umgaben: „Ich bedaure meinen Bruder, den König von Preußen; er kann nicht französisch; er hat dieses Machwerk sicherlich nicht gelesen.“ Diesem Brief war die berühmte Note des Herrn von Knobelsdorf beigefügt. „Marschall“, sagte der Kaiser zum Marschall Berthier, „man hat uns auf den 8. zu einer Zusammenkunft eingeladen. Niemals hat ein Franzose bei einer Einladung, bei der die Ehre beteiligt ist, gefehlt. Aber da man sagt, daß eine schöne Königin Zeuge des Kampfes sein will, so wollen wir höflich sein und nach Sachsen marschieren, ohne eine Nacht im Bett zu verbringen.“ Der Kaiser hatte Recht, so zu sprechen, denn die Königin von Preußen ist bei der Armee als Amazone gekleidet, in der Uniform ihres Dragonerregiments, schreibt täglich zwanzig Briefe, um den Brand auf allen

Seiten anzufachen. Man glaubt, Armida zu sehen, die in ihrem Irrsinn ihren eigenen Palast in Brand steckt. Außer ihr glaubt der Prinz Louis von Preußen, ein junger, tapferer und mutiger Prinz, der von der Partei aufgereizt ist, im Kriege großen Ruhm erwerben zu können. Nach dem Beispiel dieser zwei großen Persönlichkeiten schreit der ganze Hof nach Krieg. Aber wenn der Krieg mit allen seinen Schrecken da ist, werden sich alle entschuldigen, an ihm Schuld zu tragen und das Gewitter auf die friedlichen Länder des Nordens herbeigezogen zu haben; dann werden in natürlicher Folge der Unbeständigkeit der Höflinge die Anstifter des Krieges ihn nicht nur für unsinnig erklären, sich entschuldigen, ihn hervorgerufen zu haben und behaupten, sie hätten ihn zwar gewollt, aber zu einer anderen Zeit, sondern sie werden sogar die Schuld auf den König wälzen, auf diesen rechtschaffenen Mann, den sie durch ihre Intrigen und ihre Kniffe betört haben.

## *ÜBER DIE SCHLACHT VON JENA*

Die preußische Armee befand sich auf dem Marsche nach dem Main. Sie hatte Jena nicht besetzt, und die Franzosen hatten seit einigen Tagen die Saale überschritten. Sie brauchten den Übergang über diesen Fluß nicht zu erzwingen, weil er schon lange geschehen war und Napoleon am Abend vor der Schlacht bereits mit seiner Armee auf dem linken Ufer biwakierte. Diese Truppen waren von den andern Korps nicht allzu weit entfernt, denn der Fürst von Pontecorvo (Bernadotte) war bei Dornburg übergegangen, das eine Meile entfernt liegt. Der Feind faßte nicht den Entschluß, wie behauptet wird, über dieses einzelne Korps auf dem linken Ufer der Saale herzufallen, ehe es Unterstützung erhalten konnte. Denn am Tage vor der Schlacht stand der Fürst von Eggmühl durch die Saale gedeckt und hatte nur zwei Bataillone auf dem linken Ufer, um den Paß von Kösen zu verteidigen. Er konnte sich im Notfall hinter die Saale zurückziehen.

Die Saale ist so tief eingeschnitten, daß es von Jena bis Naumburg keinen Durchbruch gibt als Dornburg, wo der Fürst von Pontecorvo überging. Wenn hingegen der Fürst von Eggmühl bei Dornburg übergegangen wäre, nicht in einer Entfernung von zwei, sondern sogar drei Stunden, so würden die Preußen bei Kösen ungehindert über die Saale gekommen sein, ihre Magazine an sich gezogen und sich auf die Elbe gestürzt haben, wodurch das ganze Mänover seinen Zweck verfehlt hätte.

Die rechte Kolonne der französischen Armee bestand nicht, wie behauptet wird, aus 30.000 Mann. Sie war formiert aus dem 3. Armeekorps unter dem Fürsten von Eggmühl, 30.000 Mann, ferner aus dem 1. Korps unter dem Fürsten von Pontecorvo, 20.000 Mann, aus drei Divisionen Kavallerie unter Murat, 10.000 Mann, zusammen also 60.000 Mann. Die übrigen Truppen hatten gar nicht nötig, den Übergang bei Jena zu erzwingen, weil, wie gesagt, schon seit Tagen dies bewerkstelligt war. In der Nacht vom 13. zum 14. Oktober vereinigten sich die Korps des Fürsten von der Moskwa, des Marschalls Lannes, des Herzogs von Castiglione und des Herzogs von Dalmatien, ferner die Garden und die Kürassiere unter Hautpoult und Nansouty vor Jena. Die Armee stand in zwei großen Massiven zusammen, das eine zu 80.000 bei Jena, das andere bei Naumburg. Zwischen beiden Orten sind die Ufer der Saale sehr steil und haben nur einen Durchbruch bei Dornburg, der von einem Korps Flankeure besetzt war.

Die preußische Armee wurde auf der Tat ertappt. Der General Blücher und der Herzog von Weimar waren in Kassel eingerückt*, und marschierten an den Main, als der Herzog von Braunschweig das Manöver Napoleons gewahr wurde. Er rief die beiden Korps zurück. Sie brauchten indes einige Tage, um wieder heranzukommen, und dann war es zu spät. Am 13. Oktober nahm der Fürst von Eggmühl Naumburg und alle preußischen Magazine. Die Unruhe stieg

* Sie waren beide nicht in Kassel eingerückt. Napoleon irrt sich.

im Hauptquartier in Weimar aufs höchste. Der preußische General faßte den Entschluß, über die Saale zurückzugehen, um nach Naumburg zu marschieren, das er durch ein Streifkorps besetzt glaubte; er gedachte seine Depots wieder zu erobern. Der Herzog von Weimar und Blücher blieben ihren eigenen Kräften überlassen. Am 14. begann das Gefecht zwischen 60.000 Preußen und dem 3. Armeekorps an dem Defilee von Kösen, und nicht, wie behauptet wird, bei Auerstädt. Aber Napoleon war schon seit drei Stunden mit 30.000 Mann auf die Höhen von Jena vorgerückt und drängte die Armee der Generale von Rüchel und des Prinzen Hohenlohe. Die 60.000 Preußen, die der König persönlich kommandierte, wurden allein durch die Anstrengungen des 30.000 Mann starken 3. Korps aufgehalten und überwunden. Denn Marschall Bernadotte wollte sich nicht hinter ihnen in das Defilee von Kösen verwickeln. Er war in der Nacht zwei Stunden rückwärts marschiert, um auf der Brücke von Dornburg, zwischen Jena und Naumburg, über die Saale zu gehen. Hier stand er am 14. morgens bereit, in die Flanke der Preußen zu fallen, was sie sehr beunruhigte. Ohne Zweifel konnte es geschehen, daß der Fürst von Eggmühl geschlagen wurde, aber er konnte das Defilee von Kösen nicht verlieren. Mit einer so guten Infanterie wie der seinigen, brauchte er nur 10.000 Mann, um den Durchbruch einen ganzen Tag zu halten. Hätte er es aber auch verloren, so konnte die preußische Armee doch nicht vor seinen Augen über die Saale gehen. 6000 Franzosen und 24 Geschütze waren hinreichend, um den Übergang zu decken. Folglich, wenn der Fürst von Eggmühl in dem Defilee von Kösen überwältigt und über die Saale geworfen worden wäre, hätte das doch keinen Einfluß auf das Schicksal der Schlacht von Jena gehabt. Vielleicht wäre die Niederlage der Preußen nur um so sicherer gewesen. Der Rückmarsch Bernadottes setzte Davout in die Lage, sich mit unsterblichem Ruhm zu bedecken und den Ruf der französischen Infanterie aufs höchste zu bringen. Auf alle Fälle war der Sieg bei Jena gewiß.

*An die Kaiserin Josephine in Mainz*

Berlin, 1. November 1806,
2 Uhr morgens.

Meine Freundin, Talleyrand kommt soeben an und erzählt mir, daß Du fortwährend weintest. Weshalb denn? Was willst Du noch? Du hast Deine Tochter, Deine Enkelkinder, hast gute Nachrichten. Das ist übergenug, um zufrieden und glücklich zu sein.

Das Wetter ist herrlich hier. Während des ganzen Feldzuges hat es nicht ein einziges Mal geregnet. Ich befinde mich sehr wohl, und alles geht ausgezeichnet.

Lebe wohl, meine Freundin. Ich habe einen Brief von Monsieur Napoleon (dem kleinen Sohn Hortenses) erhalten. Aber ich glaube, er ist nicht von ihm selbst, sondern von Hortense geschrieben.

Tausend Grüße an alle. Napoleon.

## *DEKRET ÜBER DIE KONTINENTALSPERRE*

Kaiserliches Hauptquartier
Berlin, 21. November 1806

Napoleon, Kaiser der Franzosen, König von Italien etc.

In Betracht, daß

1. England kein Völkerrecht für alle politisch organisierten Völker allgemein anerkennt,

2. daß es jeden als Feind verschmäht, der einem feindlichen Staat angehört und infolgedessen nicht nur die Besatzungen der Kriegsschiffe, sondern auch die der Kauffahrtei- und Handelsschiffe gefangen nimmt, ja sogar die Handelsvertreter und Händler zu Gefangenen macht, die für ihre Firma reisen,

3. daß es über Handelsschiffe und Privatfahrzeuge das Kaperrecht verhängt, das nur auf Dinge angewandt werden kann, die dem feindlichen Staat angehören,

4. daß es über nichtbefestigte Handelshäfen und Städte, über Flußmündungen und -häfen die Blockade verhängt, die

nach Vernunft und Brauch aller zivilisierten Völker nur über Festungen verhängt werden darf,

daß es jene Städte für blockiert erklärt, vor denen es kein einziges Kriegsschiff besitzt, obwohl eine Festung erst dann blockiert ist, wenn sie derart umzingelt ist, daß man ihr ohne große Gefahr nicht nahekommen kann,

daß es diejenigen Gegenden in Blockadezustand erklärt, die selbst seine gesamten Streitkräfte nicht imstande wären zu blockieren, nämlich ganze Küsten und ein ganzes Reich,

5. daß dieser Mißbrauch des Blockaderechtes nichts weiter bezweckt, als jede Verbindung unter den Völkern zu verhindern und Englands Handel und Industrie auf dem Ruin des kontinentalen Handels und der Industrie aufzubauen.

6. Da das der augenscheinliche Zweck Englands ist, so begünstigt jeder, der auf dem Kontinent mit englischen Waren Handel treibt, die Pläne Englands, und macht sich zu seinem Mitschuldigen.

7. Diese Handlung Englands, in jeder Beziehung den ersten Anfängen des Barbarentums würdig, hat ihm zum Nachteil aller anderen gereicht.

8. Es ist nur natürlich und richtig, den Feind mit den gleichen Waffen und in gleicher Weise zu bekämpfen, die er selbst anwendet, besonders wenn er alle Gerechtigkeit und Liberalität, die unter zivilisierten Menschen üblich sind, außeracht läßt.

Aus diesen Gründen haben wir beschlossen, gegen England alles das anzuwenden, was es in seinen Seegesetzen bestätigt.

Die Verfügungen des gegenwärtigen Dekrets werden so lange als Fundamentalprinzip des Kaiserreichs betrachtet, bis England anerkannt hat, daß das Kriegsgesetz ein und dasselbe ist zu Wasser und zu Land, daß es sich nicht auf Privateigentum, welcher Art es auch sei, auch nicht auf Privatpersonen, die dem Waffenhandwerk fernstehen, erstrecken kann, und daß das Blockaderecht nur auf Festungen angewendet werden darf, die wirklich durch genügende Kräfte eingeschlossen sind.

Zusammenkunft Napoleons I. mit Alexander von Rußland auf dem Njemen bei Tilsit 1807

Napoleon I.

Infolgedessen haben wir dekretiert und dekretieren wir folgendes:

§ 1. Die britischen Inseln sind in Blockadezustand erklärt.

§ 2. Aller Handel und aller Briefverkehr mit England ist verboten.

Infolgedessen werden alle nach England oder an einen Engländer adressierten oder in englischer Sprache geschriebenen Briefe oder Pakete nicht befördert oder beschlagnahmt.

§ 3. Jeder englische Untertan, welchen Standes oder Berufes er auch sei, der in den von unseren Truppen oder von unseren Verbündeten besetzten Gebieten angetroffen wird, ist Kriegsgefangener.

§ 4. Jeder Laden, jede Ware, jeder Besitz, welcher Art es auch sei, die einem englischen Untertan gehören, wird als Beute erklärt.

§ 5. Der Handel mit englischen Waren ist verboten. Jede aus England kommende oder aus seinen Fabriken und seinen Kolonien stammende Ware wird als Beute erklärt.

§ 6. Die Hälfte des Ertrages aus der Beschlagnahme der in den vorhergehenden Paragraphen als Beute erklärten Waren und Besitztümer wird dazu verwendet, die Kaufleute für ihre Verluste zu entschädigen, die sie durch die Wegnahme der Handelsschiffe durch englische Kreuzer erlitten.

§ 7. Kein direkt aus England oder aus den englischen Kolonien kommendes Schiff wird in einem unserer Häfen aufgenommen, auch die nicht, die sich seit der Veröffentlichung dieses Dekrets dort befanden.

§ 8. Jedes Schiff, das mittels falscher Erklärungen gegen obige Verfügung verstößt, wird beschlagnahmt, und sowohl das Schiff als seine Ladung werden wie englisches Eigentum behandelt.

§ 9. Unser zuständiges Gericht in Paris ist mit dem endgültigen Urteil jedes Streitfalles beauftragt, der in unserem Kaiserreich oder in den von der französischen Armee besetzten Ländern in bezug auf die Ausführung der gegenwärtigen Verfügung sich erheben kann. Unser zuständiges Gericht in Mailand wird mit dem definitiven Urteil der erwähnten Streitfälle beauftragt, die sich in unserm Königreich Italien erheben können.

§ 10. Das vorliegende Dekret wird durch unsern Außenminister den Königen von Spanien, von Neapel, von Holland und von Etrurien übermittelt werden, ferner auch unseren anderen Verbündeten, deren Bevölkerung wie die unsere das Opfer der Ungerechtfertigkeit und des Barbarentums der englischen Seegesetze geworden sind.

§ 11. Unsere Außenminister, Kriegsminister, Marineminister, Finanzminister, Polizeiminister und unsere Generaldirektoren der Post sind mit der Vollstreckung dieses vorliegenden Dekrets beauftragt.

Napoleon.

## *ÜBER GOTT UND RELIGION*

Der in die Welt gesetzte Mensch fragt sich: Woher komme ich? Was bin ich? Wohin gehe ich? Mysteriöse Fragen, die ihn zur Religion hindrängen. Wir alle gehen ihr entgegen, denn unsere natürliche Veranlagung treibt uns dazu. Wir glauben an Gott, denn alles um uns beweist sein Vorhandensein. Die größten Geister haben geglaubt: nicht nur Bossuet, sondern auch Newton und Leibniz. Da man das Bedürfnis hat zu glauben, so glaubt man. Zweifelsohne wird man, wenn man nachdenkt, in den meisten Fällen zweifeln, doch sagt man sich dann innerlich: Vielleicht glaubt man von neuem, blindlings, denn Gott will es.

Der fromme Mensch zweifelt niemals an dem Vorhandensein Gottes, denn wenn die Vernunft nicht genügt, um es zu verstehen, so ist es der Instinkt der Seele, der es begreift. Alles, was mit der Seele zusammenhängt, sympathisiert mit dem religiösen Gefühl.

Als ich zur höchsten Macht gelangte, erkannte ich die ganze Bedeutung der Religion. Nur schwer wird man verstehen können, welchen Widerstand ich zu überwinden hatte, um die Altäre des Katholizismus wieder aufzurichten. Der Staatsrat war keineswegs für ein Konkordat geneigt. Die meisten seiner Mitglieder, und zwar die in der öffentlichen Meinung am höchsten stehenden, beschlossen Protestanten zu werden, um von Rom unabhängig zu sein, falls die Kirche sich des Zepters wieder bemächtigte, das die Revolution zerbrochen hatte. Alles drängte zur reformierten Kirche. Aber abgesehen davon, daß ich persönlich an der Religion meiner Väter hing, hatte ich die höchsten politischen Gründe, mich dafür zu entscheiden. Was würde ich erreicht haben, wenn ich den Protestantismus eingeführt hätte? Ich würde den religiösen Fanatismus wieder erweckt und neue Parteien geschaffen haben, während es doch das erste Ziel meines Ehrgeizes war, daß es in Frankreich keine Parteien mehr gäbe, und daß alle Franzosen sich unter das Banner der nationalen Interessen scharten. Die Parteien, wie sie auch heißen mögen, schwächen den sozialen Körper und geben den Intrigen des Auslandes freies Feld. Keine dieser Gefahren ist mit dem Katholizismus zu fürchten. Übrigens hatte der Katholizismus den großen Vorteil, die Freundschaft des Heiligen Stuhls zu gewinnen. Und welchen Einfluß hatte ich seitdem auf 80 Millionen Katholiken!

## *ÜBER KLÖSTER*

Im Prinzip sind die Klöster unnütz und von geisttötendem Müßiggang. Indes gibt es viel zu ihrem Vorteil zu sagen, und sie dulden, ihre Mitglieder veranlassen, nützlich zu werden, ist der beste mezzo termine, den man in bezug auf sie anwenden kann, denn ein Reich wie Frankreich kann und muß Trappisten haben. Kein Gesetz kann ohne schreckliche Tyrannei Regeln vorschreiben, die sie beobachten; aber manchmal sind sie eine Wonne für diejenigen, die sie sich selbst auferlegen. Die Mönche vom Mont Cenis sind seit dem Konsulat wieder eingesetzt worden, weil sie nützlich und heroisch in ihrer Hilfsleistung für das Wohl der Reisenden sind. Vielleicht würden sich die Mönche am allerbesten als Lehrer eignen!

*An die Kaiserin Josephine in Mainz*

Warschau, den 3. Januar 1807

Ich habe Deinen lieben Brief erhalten, meine geliebte Freundin. Dein Schmerz rührt mich sehr, aber Du mußt Dich den Ereignissen fügen. Es ist ein weiter Weg von Mainz bis Warschau; Du mußt also warten, bis die Ereignisse mir gestatten, mich nach Berlin zu begeben. Von dort aus werde ich Dir dann schreiben, daß Du zu mir kommen kannst.

Obwohl der geschlagene Feind zurückgeht, habe ich doch noch eine Menge Dinge hier zu tun. Ich wäre der Ansicht, Du kehrtest nach Paris zurück, wo man Dich braucht. Verabschiede die Damen, die ihre persönlichen Angelegenheiten erledigen wollen. Auf diese Weise wirst Du Leute los, die Dir sicher lästig gefallen sind.

Mir geht es gut. Es ist schlechtes Wetter. Ich liebe Dich herzlich.

Napoleon.

*An die Gräfin Marie Walewska in Warschau*

Warschau, im Januar 1807

Marie, meine süße Marie! Mein erster Gedanke bist Du. Dich wiederzusehen ist mein einziger Wunsch. Nicht wahr, Du kommst wieder? Du versprichst es mir. Wenn nicht, dann fliegt der Adler zu Dir. Ich werde Dich beim Diner sehen. So sagt mir der Freund (Palastmarschall Duroc). Ich bitte Dich flehentlich, nimm diese Blumen an. Sie sollen die heimlichen Vermittler unserer Gefühle sein, wenn wir von der Menge umgeben sind. Den Blicken der Leute ausgesetzt, werden wir uns dennoch verständigen können. Wenn ich meine Hand auf mein Herz lege, dann weißt Du, daß es nur mit Dir beschäftigt ist. Als Antwort drückst Du Deine Blumen an Deine Brust. Ach, liebe mich, meine reizende Marie! Möchte Deine Hand niemals die Blumen verlassen!

N.

*Napoleon an die Kaiserin Josephine in Mainz*

Warschau, den 11. Januar 1807

Ich habe Deinen Brief vom 27. erhalten und daraus ersehen, daß Du Dir wegen der militärischen Ereignisse Sorgen machst. Wie ich Dir bereits schrieb, ist alles zu meiner Zufriedenheit ausgefallen. Meine Angelegenheiten stehen gut. Die Entfernung ist zu groß. Ich kann nicht zugeben, Dich in dieser Jahreszeit so weit reisen zu lassen. Mir geht es ausgezeichnet, nur langweile ich mich oft in den langen Winternächten. Bis jetzt habe ich nur sehr wenig Menschen bei mir empfangen.

Lebe wohl, meine Freundin. Ich wünsche Dich heiter zu sehen. Du sollst ein wenig Leben in die Hauptstadt (Paris) bringen. Ich möchte viel lieber auch in Paris sein.

Ganz der Deine.

Napoleon.

PS. Ich hoffe, die Königin (Hortense) ist mit Napoleon (ihrem Sohn) nach dem Haag gereist.

*An die Kaiserin in Mainz*

Warschau, 16. Januar 1807

Meine gute Freundin, ich habe Deinen Brief vom 5. Januar erhalten. Alles, was Du mir von Deinem Kummer schreibst, tut mir weh. Warum Tränen, warum Schmerz? Hast Du keinen Mut mehr? Bald sehen wir uns wieder. Zweifle nie an meinen Gefühlen für Dich. Und wenn Du mir noch lieber sein willst, so sei stark und zeige Charakter. Der Gedanke, meine Frau könnte mir mißtrauen, erniedrigt mich.

Lebe wohl, meine Freundin. Ich liebe Dich und sehne mich nach Dir. Ich möchte Dich zufrieden und glücklich wissen.

Napoleon.

*An die Kaiserin in Mainz*

Warschau, 18. Januar 1807

Ich fürchte, Du machst Dir Kummer über unsere Trennung, die noch einige Wochen dauern wird. Auch glaube ich, daß Du wegen Deiner Rückkehr nach Paris traurig bist. Ich verlange von Dir mehr Charakterstärke! Man sagt mir, daß Du immer weintest. Pfui! Wie häßlich. Dein Brief vom 7. Januar tut mir weh. Sei meiner würdig und zeige mehr Festigkeit. Repräsentiere in Paris mit Würde und sei vor allem heiter.

Mir geht es gut. Ich liebe Dich sehr. Wenn Du jedoch immer weinst, halte ich Dich für mut- und charakterlos. Ich mag feige Menschen nicht. Eine Kaiserin muß standhaft sein.

Napoleon.

*An die Kaiserin Josephine in Paris*

(Vermutlich einen oder zwei Tage vor der Schlacht bei Eylau, 6. oder 7. Februar 1807)

Meine Freundin! Dein Brief vom 20. Januar hat mir sehr weh getan. Er ist zu traurig. Es ist schlimm, wenn man sich nicht ein wenig fügen kann. Du schreibst: Dein Glück sei Dein Ruhm. Das ist nicht edel. Es muß heißen: das Glück anderer ist mein Ruhm. Das wieder ist nicht ehelich gedacht. Man müßte sagen: das Glück meines Mannes ist mein Ruhm. Aber das ist wieder nicht mütterlich. Vielmehr müßte es heißen: das Glück meiner Kinder ist mein Ruhm. Da nun aber das Volk, Dein Mann, Deine Kinder nicht glücklich sein können ohne Ruhm, so darf man ihn nicht so nebensächlich behandeln.

Josephine, Sie haben ein vortreffliches Herz, aber einen schwachen Geist. Sie empfinden sehr tief, können aber nicht vernünftig denken. — Doch genug des Streites! Ich will, daß Du heiter, mit Deinem Schicksal zufrieden bist. Du sollst alles tun, was ich wünsche, aber nicht schmollend und weinend, sondern freudigen Herzens und mit ein wenig Zufriedenheit.

Lebe wohl, meine Freundin. Heute Nacht begebe ich mich zu meinen Vorposten.

Napoleon.

## *EYLAU*

Nach der Schlacht von Pultusk im Dezember 1806 marschierte General Bennigsen, der die russische Armee befehligte, an die untere Weichsel, um Bernadotte, Fürst von Pontecorvo, in Elbing anzugreifen. Napoleon brach am 25. Januar 1807 aus Warschau auf, zog seine Armee bei Willemberg zusammen und nahm seine Richtung in die linke Flanke der Russen, um sie in das Frische Haff zu werfen. Der Boden war mit Eis und Schnee bedeckt. Die Armee des Generals Bennigsen befand sich in großer Gefahr. Schon näherten die Franzosen sich in seinem Rücken, da fingen die Kosaken einen Offizier vom Generalstab des Prinzen von Neuchâtel (Berthier) auf. Seine Depeschen enthüllten die Bewegung der französischen Armee. Dadurch erschreckt, zog Bennigsen sich in großer Eile auf Allenstein zurück, das er aber noch in der Nacht räumte, um einer Schlacht auszuweichen. Er wurde heftig verfolgt. In Deppen angelangt, sandte er den General von York über die Passarge nach Wormditt. Ney, Fürst von der Moskwa, folgte ihm mit dem 6. Armeekorps. Wäre York nicht verfolgt worden, so hätte er der französischen Armee, die am 7. Februar abends nach mehreren Gefechten vor Eylau anlangte, in Flanke und Rücken fallen können. General Bennigsen hielt die Stadt stark besetzt. Der Herzog von Dalmatien griff sie mit dem 4. Korps an und nahm sie nach hartnäckigem Kampf.

Der Fürst von Eggmühl wandte sich mit dem 3. Korps drei Stunden rechts, um eine russische Kolonne an der Alle anzugreifen und die linke Flanke der feindlichen Linie zu umgehen. Napoleon schlug sein Hauptquartier in Eylau auf. Das 4. Korps biwakierte rechts und links vor der Stadt, die

Garde in zweiter Linie, das 7. Korps und die Reservekavallerie in dritter. Am folgenden Tag, dem 8., bei Tagesanbruch, eröfffneten die Russen das Gefecht. Sie wollten Eylau nehmen, wurden aber zurückgeworfen. Es wäre ihnen allerdings auch schwer gefallen, diese Stadt im Angesicht der Armeekorps der Herzöge von Dalmatien und Castiglione, der Garde und der Reservekavallerie zu nehmen, da sie sich am Tage vorher nicht einmal gegen ein einziges Armeekorps hatten halten können. Wenn die Schlacht von Eylau blutig für uns ausfiel, so war sie es sicher noch mehr für den Feind. Wir verloren an diesem Tage nahezu 18.000 Mann.

Wenn wir auch den Fürsten von der Moskwa drei Stunden links und den Fürsten von Eggmühl zwei Stunden von uns rechts hatten, so standen ihnen ebenso große Abteilungen der russischen Armee gegenüber. Nicht die Entfernung verzögerte die Ankunft des 3. Korps, sondern der Widerstand des Feindes, den es zu bekämpfen hatte. Unser Zentrum war so wenig vernichtet, als das 3. Korps auf dem Schlachtfeld eintraf, daß die Garde, das 4. und 7. Korps und die Reservekavallerie sich noch im Feuer befanden, das bis in die Nacht sehr lebhaft anhielt. Beim Eintreffen des 3. Korps auf unserem rechten Flügel traten die Russen ihren Rückzug an. General Bennigsen nahm nicht die geringste Frontveränderung vor, sondern eines seiner Korps, das sich kämpfend von der Alle zurückzog, mußte sich auf ganz natürliche Weise im Haken auf dem linken Flügel aufstellen. Die Russen konnten uns also nicht einzeln schlagen, weil sie selbst nicht beisammen waren und weil wir keine anderen abgesonderten Korps besaßen, als die den übrigen von gleicher Stärke gegenüberstanden. Man hat dem Herzog von Castiglione nie den Vorwurf gemacht, er sei kein guter Taktiker. Übrigens befand sich Napoleon in der Kirche von Eylau. Er sah das 7. Korps vorbeimarschieren. Er ließ es entwickeln, weil es in dem Kugel- und Kartätschenhagel, der auf die Kirche und den Friedhof gerichtet war, nicht in Kolonne hervorbrechen konnte. Dieses Armeekorps rückte in bester Ordnung und in Linie vor, die Flügel jeder Division von einer Kolonne in der Entfernung eines Zuges unterstützt. Der Schnee fiel in dichten Flocken und verdunkelte die Luft. Augereau nahm eine exzentrische Richtung und hatte allein mehr zu leiden als die ganze Armee zusammen.

*An die Kaiserin Josephine in Paris*

Eylau, 14. Februar 1807

Ich bin noch immer in Eylau, meine liebe Freundin. Die Gegend ist mit Toten und Verwundeten bedeckt. Das ist allerdings die wenigst schöne Seite des Krieges. Man leidet maßlos. Das Herz bricht einem fast beim Anblick so vieler Opfer. Mir geht es gut. Ich habe vollbracht, was ich wollte: ich habe den Feind zurückgeworfen und seine Absichten zum Scheitern gebracht.

Du wirst sehr in Sorgen sein. Das stimmt mich traurig. Beruhige Dich, meine Freundin, und sei heiter.

Ganz der Deine.

Napoleon.

Sage Karoline und Pauline (seinen Schwestern), der Großherzog (von Berg) und der Fürst (Borghese) befänden sich wohl.

*An den König von Preußen*

Kaiserliches Lager Osterode,
26. Februar 1807

Mein Herr Bruder, ich habe den Brief Eurer Majestät vom 17. Februar erhalten, den mir Ihr Adjutant, der Oberst von Kleist überreicht hat. Ich habe ihm mitgeteilt, was ich von der gegenwärtigen Lage unserer Angelegenheiten denke. Ich wünsche, dem Unglück Ihres Hauses und Ihrer Völker ein Ende zu machen, und die preußische Monarchie rasch wiederherzustellen, da diese zwischen zwei großen Reichen liegende Macht für die Ruhe von ganz Europa notwendig ist. Ich wünsche mit Rußland Frieden zu schließen, und wenn die russische Regierung nichts gegen die Türkei zu unternehmen beabsichtigt, so scheint es mir möglich. sich zu verständigen. Der Friede mit England ist allen Völkern nicht weniger notwendig, und ich würde keinen Anstand nehmen, einen Bevollmächtigten nach Memel zu schicken, um an einem Kongreß zwischen Frankreich, England, Rußland, Preußen und der Pforte teilzunehmen. Aber Eure Majestät wird begreifen, daß, wie die Erfahrung der Vergangenheit es bewiesen hat, ein solcher Kongreß möglicherweise mehrere Jahre lang tagen könnte; der westfälische hat, glaube ich, achtzehn Jahre gedauert. Die Lage Preußens erlaubt jedoch diesen schwankenden und unsicheren Zustand auf eine so lange Zeit nicht, die man brauchte, um solche Interessen zu besprechen, zu erläutern und zu vereinigen. Ich glaube daher, Eure Majestät wird mich bald wissen lassen, daß Sie den einfachsten und wirksamsten Entschluß gefaßt haben, der dem Wohl Ihrer Völker am meisten entspricht. Ich bitte Eure Majestät überzeugt zu sein, daß ich durchaus geneigt bin, unsere früheren Beziehungen wiederherzustellen. Ich füge sogar hinzu, daß ich eine Vereinbarung mit Rußland und England wünsche, wenn sie eine solche wirklich wollen. Ich würde mich selbst verachten, wenn ich die Ursache von so vielem Blutvergießen wäre; aber wenn England glaubt, daß dieses Blutvergießen seinen Plänen und seinem Monopol nütze, was kann ich da machen?

Napoleon.

*An die Kaiserin in Paris*

Osterode, den 13. März 1807,
2 Uhr nachmittags

Meine Freundin, wie ich höre, fängt das alberne Geschwätz von neuem an*. Bringe diese Leute doch endlich zum Schweigen. Ich wäre sehr böse, wenn Du dieser Sache kein Ende bereitetest. Du läßt Dich von Leuten traurig machen,

* Daß er sich von ihr scheiden lassen wolle und eine Geliebte, die Gräfin Walewska, hatte.

die Dich eher trösten sollten. Ich rate Dir, stark zu sein und einen jeden in seine Schranken zu weisen.

Es geht mir sehr gut. Meine Angelegenheiten stehen ausgezeichnet. Wir ruhen uns etwas aus und versorgen uns mit Proviant.

Lebe wohl, meine Freundin. Laß Dir's gut gehen.

Napoleon.

*An die Kaiserin in Paris*

Osterode, 27. März 1807
7 Uhr abends

Dein Brief, meine Freundin, hat mich sehr traurig gemacht. Du darfst nicht sterben. Es geht Dir gut. Du kannst keinen wahren Grund zur Traurigkeit haben. Meiner Meinung nach kannst Du im Mai nach Saint-Cloud übersiedeln. Den ganzen April aber mußt Du in Paris bleiben. — Mir geht es gut und meine Angelegenheiten stehen vortrefflich.

Du darfst diesen Sommer nicht daran denken zu reisen. Ich sehne mich genau so wie Du nach unserm Wiedersehen. Ja, sogar danach, recht ruhig zu leben. Jedenfalls wüßte ich andere Dinge zu tun, als Krieg zu führen. Aber die Pflicht geht vor. Ich habe in meinem Leben stets alles meiner Bestimmung geopfert: Ruhe, Interessen und Glück.

Lebe wohl, meine Freundin. Empfange so wenig wie möglich diese Madame P. Sie gehört nicht zur guten Gesellschaft. Es ist alles viel zu gewöhnlich und niedrig.

Napoleon.

PS. Ich hatte Grund, mit Herrn T. unzufrieden zu sein und habe ihn deshalb auf seine Güter in Burgund geschickt. Nun will ich nichts mehr davon hören.

*An Louis Napoleon, König von Holland*

Finkenstein, 4. April 1807

Ich erhalte Ihren Brief vom 24. März. Sie sagen, daß Sie 20.000 Mann bei der Großen Armee haben. Das glauben Sie doch selbst nicht! Es sind keine 10.000, und was für Leute! Man muß nicht Marschälle, Ritter und Grafen schaffen, sondern Soldaten. Wenn Sie so fortfahren, werden Sie mich in Holland lächerlich machen.

Sie regieren dieses Volk viel zu kapuzinermäßig. Die Güte eines Königs muß immer majestätisch, darf nie die eines Mönchs sein. Nichts ist tadelnswerter als diese zahlreichen Reisen nach dem Haag, ganz abgesehen von der Bettelei, die auf Ihren Befehl in Ihrem Königreich stattfindet. Ein König befiehlt, und bittet niemand um etwas; man nimmt an, daß er die Quelle aller Macht ist und Mittel genug hat, um nicht zur Börse der andern seine Zuflucht nehmen zu müssen.

Es kommen mir Berichte über die Wiederherstellung des Adels zu, worüber ich bald Aufklärung erhalten möchte. Sollten Sie den Kopf so ganz verloren und soweit vergessen haben, was Sie mir verdanken? Sie sprechen in Ihren Briefen immer von Achtung und Gehorsam; aber ich will nicht Phrasen, ich will Tatsachen! Die Achtung und der Gehorsam besteht darin, daß Sie in so wichtigen Dingen nicht ohne meinen Rat so rasch handeln, denn Europa kann nicht glauben, daß Sie die Rücksichten so sehr vergessen hätten, gewisse Dinge ohne mich zu tun. Ich werde mich gezwungen sehen, meine Mißbilligung zu erklären. Ich habe das die Wiederherstellung des Adels betreffende Aktenstück verlangt. Machen Sie sich auf ein öffentliches Zeichen meiner äußersten Unzufriedenheit gefaßt.

Unternehmen Sie nichts zur See; die Jahreszeit dafür ist vorbei. Errichten Sie Nationalgarden, Ihr Land zu verteidigen. Bezahlen Sie meine Truppen. Heben Sie viele einheimische Rekruten aus. Ein Fürst, der im ersten Jahr seiner Regierung für so gut gilt, ist ein Fürst, über den man sich im zweiten lustig macht. Die Liebe, welche Könige einflößen, muß eine männliche Liebe sein, die mit ehrerbietiger Furcht und einer hohen Meinung verbunden ist. Wenn man von einem König sagt, daß er ein gutmütiger Mensch sei, so ist seine Regierung verfehlt. Wie kann ein gutmütiger Mensch oder ein guter Vater, wenn Sie wollen, die Lasten des Thrones tragen, die Böswilligen im Zaum halten und es dahin bringen, daß die Leidenschaften schweigen oder seiner Führung folgen? Das erste, was Sie hätten tun sollen, und was ich Ihnen angeraten hatte, war die Einführung der Konskription. Was vermag man ohne eine Armee? Denn kann man eine Horde Deserteure eine Armee nennen? Wie war es möglich, in der Lage, in der sich Ihre Armee befindet, die Ernennung von Marschällen nicht als unpassend und lächerlich zu empfinden? Der König von Neapel hat keine. Ich habe in meinem Königreich Italien keine ernannt. Glauben Sie, daß, wenn sich vierzig französische Schiffe mit fünf oder sechs holländischen Kähnen vereinigt haben, der Admiral Ver-Huell z. B. sie in seiner Eigenschaft als Marschall kommandieren könne? Die kleinen Mächte haben keine Marschälle; es gibt keine in Bayern, keine in Schweden. Sie überhäufen Menschen mit Gunstbezeigungen, die sie nicht verdient haben. Sie handeln zu schnell und ohne sich raten zu lassen; ich habe Ihnen meinen Rat angeboten, Sie antworten mir mit schönen Komplimenten und begehen immer neue Dummheiten.

Die Zänkereien mit der Königin dringen auch ins Publikum. Zeigen Sie lieber in Ihrer Familie jenen väterlichen und weichen Charakter, den Sie in der Regierung an den Tag legen und zeigen Sie in den Geschäften jene Strenge, die Sie in Ihrem Hauswesen kundgeben. Sie behandeln eine junge Frau wie ein Regiment Soldaten. Mißtrauen Sie den Personen, die Sie umgeben. Sie sind nur mit Adeligen umgeben. Die Ansichten dieser Leute stehen immer im Gegensatz zu denen des Publikums. Nehmen Sie sich in Acht! Sie sind schon in Rotterdam und in Amsterdam bei dem Volke nicht mehr beliebt. Die Katholiken fangen an, Sie zu fürchten. Wie kommt es, daß Sie keinen anstellen? Müssen Sie nicht Ihre Religion beschützen? Das alles zeugt von wenig Kraft und Charakter. Sie schmeicheln einem Teile Ihres Volkes viel zu sehr. Sie erwecken Mißvergnügen bei den anderen. Was haben die Ritter getan, denen Sie Orden gegeben haben? Wo sind die Wunden, die sie für das Vaterland erhalten haben, wo die ausgezeichneten Talente, die ihnen zur Empfehlung dienen? Ich meine nicht alle, aber doch drei Viertel davon. Viele haben sich bei der englischen Partei Verdienste erworben und sind am Unglück ihres Vaterlandes schuld; mußte man sie mißhandeln? Nein, aber man mußte alles ausgleichen. Auch ich habe Emigrierte in meiner Nähe; aber ich lasse sie nicht aufkommen, und wenn sie sich nahe daran glauben, eine Stellung zu gewinnen, sind sie weiter davon entfernt, als da sie noch im Ausland waren, weil ich nach einem System, nicht aber mit Schwachheit regiere.

Sie haben die beste und tugendhafteste Frau, und Sie machen sie unglücklich. Lassen Sie sie tanzen, soviel sie will; sie ist eben in dem Alter. Ich habe eine vierzigjährige Frau. Ich schreibe ihr vom Schlachtfeld aus, daß sie Bälle besuchen soll, und Sie wollen, daß eine zwanzigjährige, die ihr Leben ungenossen dahinschwinden sieht und doch noch in allen Illusionen lebt, in einem Kloster oder als Amme leben und immer damit beschäftigt sein soll, ihr Kind zu waschen? Sie sind zu sehr Sie selbst in Ihrer Familie und zu wenig in Ihrer Verwaltung. Ich würde Ihnen das alles nicht sagen, wenn ich kein Interesse an Ihnen nähme. Machen Sie die Mutter Ihrer Kinder glücklich. Sie haben dazu nur ein Mittel, nämlich das, ihr große Achtung und Vertrauen zu beweisen. Unglücklicherweise haben Sie eine tugendhafte Frau. Wenn Sie eine kokette hätten, würde sie Sie an der Nase herumführen. Aber Sie haben auch eine stolze Frau, die der bloße Gedanke, daß Sie eine schlechte Meinung von ihr haben könnten, empört und betrübt. Sie hätten eine Frau haben sollen, wie ich sie in Paris kenne. Sie hätte Sie betrogen und Sie wären ihr noch dafür zu Füßen gefallen. Es ist nicht meine Schuld; ich habe es Ihrer Frau oft gesagt.

Übrigens können Sie in Ihrem Königreich Dummheiten begehen, ich habe nichts dagegen; aber ich will nicht, daß Sie auch bei mir welche begehen. Sie bieten Ihre Orden aller Welt an; viele Leute haben mir darüber geschrieben, die keinen Anspruch auf solche Auszeichnung machen können. Es tut mir leid, wenn Sie nicht begreifen, daß Sie die mir schuldige Achtung vergessen. Ich will nicht, daß irgendjemand in Frankreich diese Orden trage, da ich selbst entschlossen bin, sie nicht zu tragen. Wenn Sie mich um den Grund fragen, so antworte ich Ihnen: Sie haben noch nichts getan, noch nichts verdient, daß man Ihr Bildnis trage. Übrigens haben Sie diese Orden ohne meine Erlaubnis gestiftet und endlich haben Sie sie zu verschwenderisch ausgeteilt. Und was haben alle die Leute getan, die Sie umgeben, und denen Sie Orden verleihen?

N.

*An den Polizeiminister Fouché*

Finkenstein, 4. April 1807

Die Zeitungen werden im allgemeinen schlecht geleitet. Es ist vielleicht schwer, dem abzuhelfen. Jedoch wünsche ich, Sie wachten darüber, daß niemals von dem Interesse der neuen Dynastie gesprochen würde, denn es scheint, daß die Presse sie im Sinne einer Partei unterstützen will. Der obskure „Courrier français“ mag über das „Journal de l'Empire“ so oft schimpfen, als er will, aber man lasse mich aus dem Spiel. Der „Courrier français“ und das „Journal de l'Empire“ befolgen ein und dasselbe System; das eine schreibt alles Unglück der Revolution der Philosophie zu. Als ob sich die Menschen nicht zu allen Zeiten entzweit, geschmäht und verfolgt hätten! Das alles ist ohne Zweifel unsinnig; aber es ist ebenso unsinnig, daß sich der „Courrier français“ zu meinem Verteidiger aufwirft und meine Sache mit dem Interesse der Enzyklopädisten oder eines Chamfort, Diderot usw. in Verbindung bringen will. Ich glaube, man verlangt nicht zuviel, wenn man sie Albernheiten schwätzen und sich gegenseitig heruntermachen läßt, vorausgesetzt, daß sie nicht von den gegenwärtigen Verhältnissen reden. Jeder liest das „Journal de l'Empire“, und wenn es die Tendenz hat, dem Staat Übles zuzufügen, so haben wir doch nicht nötig, daß der „Courrier français“ uns davon in Kenntnis setzt. Ich will das Verbrechen der Majestätsbeleidigung nicht wieder einführen; ich lege keinen Wert auf das Geschwätz der Zeitungsschreiber. Aber ich will nicht, daß man eine Zeitung von den Bourbonen und der neuen Dynastie so sprechen läßt, wie der „Courrier français“ es tut. Kann er denn seine Sache nicht verteidigen, ohne die Regierung mit hineinzuziehen? Man sei ein Atheist wie Lalande, fromm wie Portalis, ein Philosoph wie Regnaud, so ist man deshalb der Regierung nicht weniger treu ergeben und ein guter Bürger. Mit welchem Recht darf man dulden, daß man diesen Leuten sage, sie seien schlechte Bürger? Das ist im Stil der Brüder und Freunde; und wenn er es wagte, seine Ansicht ganz auszusprechen, so würden Sie sehen, daß nur seine Sippschaft mir ergeben ist. Die Geistlichkeit, zwanzig Millionen Menschen, die der Religion ergeben sind, sie alle sind dem ehemaligen Regierungssystem zugetan. Das erste Mal, daß diese Zeitung von den Bourbonen oder von meinen Interessen spricht, unterdrücken Sie es. Was das „Journal des Débats“ betrifft, so betreibt es den Parteigeist bis zur Verfolgung. Das ist sicher! Es wird eine Zeit kommen, wo ich Maßregeln ergreifen werde, um diese Zeitung, die einzige, die man in Frankreich liest, verständigen und kühler denkenden Geistern anzuvertrauen. Jetzt, da der Parteigeist ausgestorben ist, kann ich es nur als ein Unglück betrachten, daß zehn talent- und geistlose Kerle fortwährend ins Blaue hinein gegen die achtenswertesten Männer belfern. Aber ich habe dabei nur ein literarisches Interesse. Halten Sie die Leute in Schranken, verbieten Sie ihnen, sowohl von den Bourbonen als von der neuen Dynastie zu sprechen.

### *An Josephine in Paris*

Finkenstein, 10. Mai 1807

Soeben erhalte ich Deinen Brief. Was Du mir darin von Damen schreibst, mit denen ich Briefe austauschen soll, verstehe ich nicht. Ich liebe nur meine kleine, schmollende, kapriziöse Josephine, die in allem, was sie tut, selbst wenn sie zankt, anmutig ist. Denn sie ist immer liebenswürdig, außer wenn sie eifersüchtig ist. Dann freilich ist sie eine reine Teufelin. Um noch einmal von den Damen zu sprechen: Sollte ich mich wirklich mit einer von ihnen beschäftigen, so müßte sie, das sage ich Dir, so schön sein wie eine eben erblühte Rose. Trifft das bei den Damen, von denen Du sprichst, zu?

Es ist mein Wunsch, daß Du nur mit Personen speisest, die auch zu meiner Tafel hinzugezogen wurden, und die gleichen Personen auch zu Deiner Cour empfängst. In Malmaison, im vertrauten Kreise, darfst Du niemals Gesandte und Fremde empfangen. Tust Du es anders, als ich es wünsche, so würde mir das sehr mißfallen. Laß Dich auch nicht zu sehr von Leuten beeinflussen, die ich nicht kenne. Sie kommen nur zu Dir, wenn ich abwesend bin. Lebe wohl, meine Freundin. Ganz der Deine.

Napoleon.

*An die Kaiserin in Saint-Cloud*

Friedland, 15. Juni 1807

Nur wenige Worte, liebe Freundin, denn ich bin von dem tagelangen Biwakieren völlig erschöpft. Meine Jungens (seine Soldaten) haben den Jahrestag von Marengo in würdiger Weise gefeiert.

Die Schlacht bei Friedland wird für mein Volk genau so berühmt und ruhmreich wie der Sieg von Austerlitz. Die ganze russische Armee ist auf der Flucht. 80 Kanonen sind erobert, 30.000 Mann gefangengenommen oder tot, 25 russische Generale getötet, verwundet oder zu Gefangenen gemacht. Die russische Garde ist vernichtet! Eine würdige Schwester von Marengo, Austerlitz, Jena! Das übrige wirst Du aus dem Bulletin erfahren. Meine Verluste sind nicht bedeutend. Ich habe mit Erfolg gegen den Feind manövriert.

Sei unbesorgt und glücklich. — Lebe wohl, meine Freundin. Soeben besteige ich mein Pferd.

Napoleon.

Sollte dieser Brief noch vor dem Bulletin eintreffen, so kann er als Voranzeige veröffentlicht werden. Auch das Geschütz kann abgefeuert werden. Cambacérès soll den Bericht abfassen.

*An Herrn von Talleyrand*

Tilsit, 20. Juni 1807

Herr Fürst von Benevent, die Schlacht von Friedland hat hier alles zur Entscheidung gebracht. Die Russen geben selbst zu, daß sie die Geschlagenen sind. Sie reden genau so wie nach Austerlitz und schreien laut nach Frieden. Sie haben mir einen Fürsten hierher geschickt, und Bennigsen sagte zu Marschall Duroc, der Zar wolle in wenigen Tagen Frieden schließen.

Jedenfalls wünsche ich, daß Sie sich nach Königsberg begeben. Ich nehme an, die Straßen sind sicher. Sollte das nicht der Fall sein, so nehmen Sie sich eine Eskorte.

Ich beherrsche den ganzen Niemen. Ich glaube, ich schließe heute einen Waffenstillstand, der als Grenze den Talweg des Niemen hat. Als Bedingung wird die Rückgabe der Festungen Graudenz, Kolberg und Pillau festgesetzt. Diese letzte Klausel hat verhindert, daß der Waffenstillstand nicht gestern abgeschlossen wurde, weil man das Einverständnis des Königs von Preußen abwarten muß.

Napoleon.

*An die Kaiserin in Saint-Cloud*

Tilsit, den 6. Juli 1807

Ich erhielt Deinen Brief vom 25. Juni und habe mit Schmerz gesehen, wie selbstsüchtig Du bist. Nicht einmal die Erfolge meiner Waffen üben noch einen Reiz auf Dich aus. — Die schöne Königin von Preußen soll heute mit mir speisen.

Ich befinde mich wohl und sehne mich sehr nach dem Wiedersehen mit Dir. Es hängt allerdings vom Schicksal ab. Vielleicht ist es schon bald.

Lebe wohl, meine Freundin. Tausend Zärtlichkeiten.

Napoleon.

## *ÜBER DIE ZUSAMMENKUNFT MIT DER KÖNIGIN LUISE IN TILSIT*

Wenn die Königin Luise zu Beginn der Verhandlungen nach Tilsit gekommen wäre, würde sie großen Einfluß auf das Ergebnis gehabt haben. Glücklicherweise kam sie erst an, als die Verhandlungen schon weit vorgeschritten waren, so daß ich in 24 Stunden den Vertrag abschließen konnte. Man vermutet, daß König Friedrich Wilhelm III. sie am früheren Kommen aus nicht unberechtigter Eifersucht gegen eine hohe Persönlichkeit verhindert hat.

Sobald sie in Tilsit eingetroffen war, begab ich mich zu ihr, um ihr einen Besuch abzustatten. Die Königin von Preußen war sehr schön, doch war sie nicht mehr in der ersten Jugend. Die Königin empfing mich wie Fräulein Duchesnois in „Ximena", indem sie Gerechtigkeit verlangte. Es war eine wahrhaftige Tragödie. Es gab kein anderes Mittel, um mich von ihr zu befreien, als daß ich ihr einen Stuhl anbot und sie zwang, sich zu setzen. Trotz alledem fuhr sie im feierlichsten Tone fort. „Preußen", sagte sie, „war blind über seine eigene Kraft. Das Land hatte versucht, einen Helden zu bekämpfen, sich den Geschicken Frankreichs zu widersetzen und die glückliche Freundschaft mit diesem Reiche gering zu schätzen. Preußen ist dafür schwer bestraft worden! Der Ruhm Friedrichs des Großen und die glorreichen Erinnerungen haben zu sehr die Herzen der Preußen aufschwellen lassen. Sie haben den Ruin des Landes verursacht." Sie bat, bettelte und flehte. Magdeburg besonders war der Gegenstand ihrer Bitten und Wünsche. Ich hielt, so gut ich konnte, ihren Bitten stand. Glücklicherweise trat ihr Gemahl ins Zimmer. Die Königin warf ihm einen bezeichnenden Blick zu und bedauerte, daß ihr Mann für sein Kommen eine so ungünstige Zeit gewählt hatte und wurde ärgerlich darüber. In der Tat beteiligte sich der König an der Unterhaltung und verdarb die ganze Geschichte, so daß ich befreit wurde.

Ich hatte die Königin zum Essen eingeladen. Sie bot mir gegenüber allen ihren Geist auf, wovon sie viel besaß. Ihr ganzes Benehmen war sehr angenehm, und ihre Koketterie war nicht ohne Reiz. Dennoch war ich entschlossen, fest zu bleiben; immerhin mußte ich sehr acht geben, daß ich keine halben Versprechungen machte oder ein zweifelhaftes Wort aussprach, um so mehr, da ich scharf beobachtet wurde, und zwar ganz besonders vom Kaiser Alexander.

Kurz bevor man sich zu Tisch setzte, trat ich an ein Tischchen heran, entnahm aus einer Vase eine sehr schöne Rose, die ich der Königin anbot. Zunächst schien ihre Hand sie abweisen zu wollen, dann aber griff sie zu und sagte: „Ja, aber wenigstens mit Magdeburg." Darauf antwortete ich: „Aber . . . ich möchte Eurer Majestät doch bemerken, daß ich es bin, der sie gibt, und Sie, die sie annimmt." Das Essen und die ganze übrige Zeit verging in dieser Weise.

Die Königin saß bei Tisch zwischen den beiden Kaisern, die sehr galant mit ihr waren. Man hatte sie so gesetzt, daß der Kaiser Alexander sie verstehen konnte, denn auf dem einen Ohre hörte er kaum. Als der Abend gekommen war und die Königin sich zurückgezogen hatte, beschloß ich, obgleich ich mich immer von der größten Liebenswürdigkeit gezeigt hatte, mich aber oft zum äußersten getrieben sah, der Sache ein Ende zu machen. Ich rief Herrn von Talleyrand und den Fürsten Kurakin herbei, wurde sehr heftig und bemerkte ihnen, daß trotz alledem eine Frau und Galanterie in keiner Weise eine Politik ändern könnten, die die Geschicke eines großen Landes anginge. Ich verlangte, daß man sofort abschlösse und den Vertrag unterzeichne. Es geschah, wie ich gewünscht hatte. Auf diese Weise hatte die Unterhaltung mit der Königin den Vertragsabschluß um 8 bis 14 Tage beschleunigt.

Am nächsten Tag fing die Königin an, ihre Angriffe zu wiederholen. Sie war außer sich, als sie den Abschluß des Vertrages erfuhr. Sie weinte viel und wollte mich nicht wiedersehen und nicht zum zweiten Abendessen erscheinen. Alexander wußte sie dazu zu bewegen. Sie war sehr empört und behauptete, daß ich mein Wort gebrochen hätte. Aber Alexander war stets dabei gewesen. Er war sogar ein gefährlicher Zeuge und bereit, zu meinen Gunsten zu sprechen. „Napoleon hat Ihnen nichts versprochen", sagte er zur Königin, „wenn Sie mir das Gegenteil beweisen können, so verpflichte ich mich, ihn dazu zu veranlassen, und ich bin überzeugt, daß er sein Versprechen einlösen wird." — „Ja, er hat mir aber doch Hoffnungen gemacht", sagte sie. — „Nein", antwortete Alexander, „und Sie haben ihm nichts vorzuwerfen."

Endlich kam sie. Da ich mich nicht mehr zu verteidigen hatte, so war ich außerordentlich liebenswürdig zu ihr. Einige Augenblicke lang spielte sie die Beleidigte. Als das Essen beendet war und sie sich zurückziehen wollte, begleitete ich sie zurück an ihren Wagen. Als ich auf der Treppe stehen blieb, drückte sie mir die Hand und sagte mit bewegter Stimme: „Da ich das Glück habe, dem Mann des Jahrhunderts und der Geschichte so nahe zu stehen, ist es da möglich, daß er mir nicht die Freiheit und die Genugtuung läßt, ihm zu versichern, daß er mich fürs Leben gefesselt hat?" — „Gnädige Frau", entgegnete ich ernst, „ich bin zu bedauern, daran ist mein böser Stern schuld." Und mit diesen Worten nahm ich Abschied von ihr.

An ihrem Wagen angekommen, warf sie sich schluchzend hinein, ließ Duroc rufen, den sie sehr schätzte, und wiederholte ihre Klagen. Indem sie auf das Gebäude zeigte, das sie soeben verlassen hatte, sagte sie zu ihm: „In diesem Hause hat man mich schrecklich getäuscht."

Die Königin von Preußen hat zweifellos viele gute Eigenschaften, besitzt viele Kenntnisse und eine große Geschicklichkeit. Sie war seit 15 Jahren die eigentliche Regentin. Trotz meiner Geschicklichkeit und aller meiner Anstrengungen beherrschte sie stets die Unterhaltung, kam immer auf ihr Hauptthema zurück, vielleicht aber zu häufig. Es geschah übrigens mit großer Gewandtheit, ohne daß es möglich war, sich darüber zu ärgern. Allerdings muß man sagen, daß der Gegenstand wichtig für sie, die Zeit wertvoll, aber kurz war.

*An die Kaiserin in Paris*

Benavente, 31. Dezember 1808

Liebe Freundin, seit einigen Tagen bin ich den Engländern auf den Fersen. Sie sind entsetzt vor mir geflohen. Um ihren Rückzug ja nicht um einen halben Tag zu verzögern, haben sie die Trümmer der Armee La Romañas im Stich gelassen. Mehr als 100 Gepäckwagen sind bereits in unseren Händen. Das Wetter ist sehr schlecht.

Lefèbvre ist gefangengenommen worden. Er hatte mit 300 Jägern ein tolles Gefecht begonnen. Da sind diese tollen Kerle durch den Fluß geschwommen und haben sich mitten in die englische Kavallerie gestürzt. Zwar haben sie viele Engländer getötet, aber auf dem Rückzug ist Lefèbvres Pferd verwundet worden. Er selbst stürzte ins Wasser. Die Strömung trieb ihn ans Ufer. Dort standen die Engländer und nahmen ihn gefangen. Tröste seine Frau.

Lebe wohl, meine Freundin. Bessières marschiert mit 10.000 Reitern nach Astorga.

Napoleon.

Ein glückliches neues Jahr für alle.

*An die Kaiserin in Paris*

Valladolid, 9. Januar 1809

Meine Freundin!

Soeben bringt Moustache (Kurier des Kaisers) mir Deinen Brief vom 31. Dezember. Ich sehe daraus, daß Du traurig bist und sehr trübe in die Zukunft blickst. Österreich wird mir nicht den Krieg erklären. Und tut es dies, so habe ich 150.000 Mann in Deutschland und ebensoviel am Rhein stehen. Außerdem stehen mir 400.000 Deutsche zur Verfügung, um den Österreichern entgegenzutreten. Rußland wird mich nicht im Stich lassen. In Paris ist man ja verrückt. Alles geht gut.

Ich werde in Paris sein, sobald ich es für nötig erachte. Nur rate ich Dir — hüte Dich vor Gespenstern! — Eines nachts — um 2 Uhr in der Früh! — Doch adieu, meine Freundin. Es geht mir gut. Ich bin ganz Dein

Napoleon.

## *ÜBER DEN FELDZUG IN SPANIEN*

Der unglückliche Krieg in Spanien hat mich zugrunde gerichtet. Alle meine Niederlagen entspringen aus dieser Quelle. Der spanische Krieg hat mein Ansehen in Europa vernichtet, meine Unannehmlichkeiten vermehrt und ist für die englischen Soldaten die beste Schule geworden. Ich selbst habe das englische Heer auf der Halbinsel gebildet.

Die Umstände haben bewiesen, daß ich mich in der Wahl meiner Mittel irrte, denn der Fehler lag viel mehr in den Mitteln als in den Prinzipien.

Zweifellos konnten wir in der Krisis, in der Frankreich sich damals befand, das heißt: während des Kampfes der neuen Ideen und in dem großen Ringen des Jahrhunderts gegen das übrige Europa Spanien nicht zurück- und unseren Feinden überlassen; man mußte es entweder aus freiem Willen oder durch Gewalt mit unserer Politik verketten. Das Schicksal Frankreichs verlangte es. Übrigens ist der Kodex für das Heil der Nationen nicht immer der gleiche wie für das einzelne Individuum.

Außerdem kam für mich, abgesehen von der Notwendigkeit der Politik, auch noch das gute Recht hinzu. Als Spanien mich in Gefahr glaubte und mich bei Jena im Kampfe mit den Preußen wußte, war es nahe daran, mir den Krieg zu erklären. Ein solches Verhalten durfte nicht ungestraft bleiben. Ich meinerseits konnte Spanien den Krieg erklären, und der Erfolg konnte nicht zweifelhaft sein. Diese Leichtigkeit verführte mich.

Das spanische Volk verachtete seine Regierung und verlangte eine Erneuerung der staatlichen Verhältnisse. Da mich die Vorsehung so hoch erhoben hatte, glaubte ich, daß ich dazu berufen sei, diese Erneuerung zu vollbringen. Ich hielt mich für würdig, ein so großes Ereignis mitten im

Frieden herbeizuführen. Ich wollte Blutvergießen vermeiden, wollte nicht einmal, daß ein Tropfen die kastilianische Selbständigkeit besudle. Daher befreite ich die Spanier von ihren abscheulichen Einrichtungen und gab ihnen eine liberale Verfassung. Ich hielt es für notwendig, vielleicht auch für allzu leicht, ihre Dynastie zu wechseln und setzte einen meiner Brüder auf ihren Thron. Aber er war der einzige Fremde unter ihnen. Ich achtete die Unverletzlichkeit ihres Gebiets, ihre Unabhängigkeit, ihre Sitten und ihre Gesetze.

Der neue Herrscher traf in der Hauptstadt ein und hatte keine anderen Minister, Ratgeber und Höflinge als die des alten Hofs. Meine Truppen waren im Begriff, sich zurückzuziehen. Damit beging ich die größte Wohltat, die man jemals einem Volke erwiesen hat, sagte ich mir und sage es auch heute noch. Die Spanier selbst dachten es, wie man mir versichert hat, und haben sich nur der Form wegen beklagt. Ich wartete auf ihren Dank; es kam aber anders. Sie entsetzten sich über mein Anerbieten und erhoben sich beim Anblick meiner Truppen. Alle eilten zu den Waffen. Die ganze Masse der Spanier verhielt sich wie ein Mann von Ehre. Ich habe darauf nichts gesagt, zumal sie den Sieg davongetragen haben. Sie sind indes schrecklich dafür bestraft worden und haben vielleicht ihren Triumph zu bedauern. Sie verdienten wirklich ein besseres Los!

*

Der meiner würdigste und sicherste Plan würde für Spanien eine Art Vermittlung gewesen sein, wie der der Schweiz. Ich hätte der spanischen Nation eine liberale Verfassung gegeben und Ferdinand beauftragen sollen, sie in die Praxis umzusetzen. Wenn er den Plan mit bestem Gewissen ausführte, hätte Spanien gedeihen und sich mit unseren neuen Sitten vertraut machen können. Der große Zweck wäre erreicht worden, und Frankreich hätte einen vertrauten Verbündeten und einen wahrhaft achtunggebietenden Machtzuwachs erhalten. Hätte Ferdinand im Gegenteil seine neuen Verpflichtungen nicht erfüllt, so würden die Spanier nicht verfehlt haben, ihn zurückzusenden. Sie wären dann gekommen, um mich zu bitten, ihnen einen neuen Herrn zu geben.

Wie es auch sei, dieser unglückliche spanische Krieg war eine wahrhaftige Plage, die erste Ursache von Frankreichs Unglück. Nach meinen Unterhandlungen in Erfurt mit Alexander mußte England entweder mit Waffengewalt oder durch gütliche Verhandlungen zur Vernunft gezwungen werden. Es sah sich auf dem Kontinent verloren und mißachtet. Die englische Beschießung Kopenhagens hatte alle Gemüter in Aufregung versetzt, während ich im Gegenteil in diesem Augenblick auf der Höhe meines Ruhmes stand, als jener unglückliche Krieg mit Spanien plötzlich die öffentliche Meinung gegen mich kehrte und England rehabilitierte. Es hat von diesem Augenblick an den Krieg fortsetzen können. Die Absatzgebiete Südamerikas waren England geöffnet. Es hat sich auf der spanischen Halbinsel ein Heer gebildet, ist dort Sieger geblieben. Auch haben sich in Spanien alle kontinentalen Intrigen vereinigt. Das alles hat mich zugrunde gerichtet.

Damals überhäufte man mich mit Vorwürfen, die ich nicht verdiente. Die Geschichte wird mich reinwaschen. Man klagte mich der Falschheit, Treulosigkeit und der Hinterlist an. Nichts davon ist wahr. Niemals, was man auch darüber gesagt hat, habe ich mein Wort gebrochen, weder gegen Spanien noch gegen eine andere Macht. Eines Tages wird man sich überzeugen, daß ich in den spanischen großen Angelegenheiten allen inneren Hofintrigen fern stand, daß ich niemals weder Karl IV. noch Ferdinand VII. mein Wort gebrochen habe. Ich hielt alle Verpflichtungen sowohl dem Vater als auch dem Sohne gegenüber, und ich bediente mich keinerlei lügnerischer Ausreden, um sie beide nach Bayonne kommen zu lassen. Sie kamen vielmehr beide ganz aus freiem Willen. Als ich sie zu meinen Füßen sah und ich selbst ihre völlige Unfähigkeit beurteilen konnte, erfaßte mich unsagbares Mitleid für das Schicksal eines großen Volkes. Ich ergriff die mir vom Glück bescherte, einzig dastehende Gelegenheit beim Schopfe, um Spanien neu erstehen zu lassen, es von England zu trennen und es mit unserer Politik eng zu verketten. Nach meiner Auffassung hieß es, einen Fundamentalpfeiler für die Ruhe und Sicherheit Europas zu setzen. Es war aber ferne von mir, unwürdige und schwache Mittel anzuwenden, wie man verbreitet hat. Wenn ich gefehlt habe, so geschah es aus gegenteiligem Grunde. Bayonne war kein Hinterhalt, sondern ein ungeheurer, ein glänzender Staatsstreich. Etwas Heuchelei würde mich gerettet haben, oder besser, wenn ich den Friedensfürsten der Wut des Volkes ausgeliefert hätte. Schon der Gedanke schien mir schrecklich. Es wäre mir vorgekommen, als wenn ich den Frieden mit einem Blutopfer erkauft hätte. Und dann hat allerdings auch Murat mir vieles verdorben.

Wie es auch sei, ich verachtete die unlauteren und gewöhnlichen Mittel, denn ich hielt mich doch für so mächtig! Ich wagte den Schlag aus allzu großer Höhe. Ich wollte wie die Vorsehung handeln, die die Leiden der Sterblichen auf ihre Weise, manchmal mit heftigen Mitteln und ohne sich um irgendein Urteil zu kümmern, heilt.

Zwei Parteien entzweiten den Hof und die regierende Familie. Die eine war die Partei des Königs, der sich blind von seinem Günstling, dem Friedensfürsten Godoy leiten ließ. Dieser hatte sich zum wahren Könige gemacht. Die andere Partei war die des mutmaßlichen Erben, den sein früherer Erzieher Escoiquiz beherrschte, der selbst hoffte, zu regieren. Beide Teile suchten in gleicher Weise meinen Schutz. Zweifellos war ich entschlossen, den denkbar besten Vorteil aus der Lage zu ziehen.

Der Günstling, der sich sowohl auf seinem Posten halten als auch sich der Rache des Sohnes entziehen wollte, falls der Vater stürbe, bot mir im Namen Karls IV. an, zusammen Portugal zu erobern, wobei er sich aber als Zufluchtsort die Herrschaft über Algarves reservierte.

Andererseits schrieb mir der Prinz von Asturien (Ferdinand) heimlicherweise und ohne Wissen seines Vaters, um aus meiner Hand eine Gemahlin und meinen Schutz zu erbitten.

Ich schloß mit dem ersten ab und ließ den zweiten ohne Antwort.

Meine Truppen befanden sich bereits auf der Halbinsel, als der Sohn einen Aufstand benutzte, um seinen Vater zur Abdankung zu zwingen und dann an seiner Stelle zu regieren.

Man hat mir törichterweise vorgeworfen, daß ich an allen diesen Intrigen teilgenommen hätte, und daß besonders der zuletzt erwähnte Umstand alle meine mit dem Vater verabredeten Pläne vereitelte, infolge deren meine Truppen sich bereits im Schoße Spaniens befanden.

Die beiden Parteien fühlten seitdem sehr wohl, daß nur ich der Schiedsrichter sein könne und müsse. Der entthronte König wandte sich also an mich, um gerächt, und der Sohn tat dasselbe, um anerkannt zu werden. Beide suchten mit Eifer ihre Ansicht vor mir zu verteidigen, wozu sie durch ihre Ratgeber veranlaßt wurden. Diese beherrschten sie vollkommen und sahen, um ihren eigenen Kopf zu retten, keine andere Möglichkeit, als sich mir in die Arme zu werfen.

Der Friedensfürst, der nahe daran gewesen war, ermordet zu werden, überzeugte den König und die Königin mit Leichtigkeit, diese Reise zu unternehmen, zumal sie selbst sich in Gefahr befunden hatten, von der Menge getötet zu werden.

Seinerseits war der Domherr Escoiquiz, der wahre Urheber aller Übel in Spanien, sehr bemüht, den jungen König zu dieser Reise zu bestimmen, denn er sah, daß Karl IV. mit großem Eifer gegen seine Abdankung protestierte. Er war überzeugt, daß sein Schüler das Schafott besteigen müsse, falls er nicht Erfolg habe. Dieser Domherr, der übrigens seiner Mittel sehr sicher war, zweifelte nicht, mich zu beeinflussen, daß ich Ferdinand anerkennen werde. Von sich aus machte er mir den Vorschlag, daß er ganz nach meinen Wünschen regieren werde, ebenso wie es der Friedensfürst im Namen Karls tun würde. Übrigens muß ich gestehen, daß, wenn ich verschiedene seiner Gründe angehört und einige seiner Ideen befolgt haben würde, ich mich viel besser gestanden hätte.

Als ich sie alle in Bayonne vereint hatte, besaß meine Politik ungemein viel mehr, als sie jemals zu besitzen gewagt hätte. Ich hatte hier den gordischen Knoten vor mir und durchhieb ihn. Ich bot Karl IV. und der Königin an, mir die Krone von Spanien abzutreten. Sie sollten ruhig in Frankreich leben. Sie waren damit einverstanden — ich kann fast sagen, gern damit einverstanden —, denn so sehr waren sie gegen ihren Sohn eingenommen, daß sie und ihr Günstling von jetzt an nur noch Ruhe und Sicherheit suchten. Der Prinz von Asturien (Ferdinand VII.) widersetzte sich meinem Wunsche nicht außerordentlich, jedoch wurden weder Gewalt noch Drohungen gegen ihn angewandt, und wenn er sich nur aus Furcht zur Abdankung entschloß, was ich gern glaube, so war das seine Sache.

Das ist in wenigen Worten die ganze Geschichte der spanischen Angelegenheiten.

### *An König Friedrich August von Sachsen*

Paris, 6. März 1809

Ich sende Eurer Majestät, aber nur Ihnen allein, die Unterhaltung, die soeben zwischen Herrn von Champagny und Herrn von Metternich stattgefunden hat. Daraus werden Sie ersehen, wie die Dinge stehen. Diese Aussprache hat sich bereits ausgewirkt, denn von allen Seiten, aus Triest, München, Dresden, Wien und aus anderen Gegenden in Österreich erfahre ich, daß alles auf den Beinen ist. Ich habe mich daher entschlossen, die Rheinbundheere aufzurufen. Ich habe meine Kantonierungen an der Saône, an der Rhône, an der Meurthe aufheben müssen und Truppen über den Rhein gehen lassen, die eigentlich für die Lager von Boulogne und Toulon bestimmt waren. Aber durch die feindliche Haltung Österreichs war ich gezwungen, diese

Truppen mitten in ihrem Marsch durch Frankreich aufzuhalten.

Ich habe dem Fürsten von Pontecorvo (Bernadotte) befohlen, sich nach Dresden zu begeben und dort den Oberbefehl über ein Armeekorps zu übernehmen, das zum Teil aus dem Kontingent Eurer Majestät besteht. Ich werde also am 20. März, wenn Eure Majestät diesen Brief erhält, in Ulm, Bamberg, Augsburg und an allen Punkten des Rheinbundes Heere zusammengezogen haben, um das Land zu verteidigen. Auch der Kaiser von Rußland wundert sich, wie ich, über den Taumel, der Österreich plötzlich erfaßt hat. Seine Truppen müssen wohl jetzt die ungarische Grenze erreicht haben.

Eure Majestät werden zweifellos den Oberbefehl über die polnischen Regimenter dem Fürsten Poniatowski übergeben. Bis sich die Dinge geklärt haben, müssen diese Truppen Galizien bedrohen. Dadurch sind die Österreicher gezwungen, auf dieser Seite bedeutende Kräfte zu entfalten. Polnische Kavallerieposten müssen sich so schnell wie möglich gegenüber von Krakau aufstellen, ohne jedoch das Gebiet des Herzogtums zu verlassen. Ich sehe nichts Unpassendes darin, wenn Eure Majestät alle Sachsen aus den polnischen Regimentern herausnehmen und sie in Dresden einstellen. In Danzig und in den Festungen an der Oder kann man die Garnisonen bestehen lassen, wie sie sind. Überdies können Eure Majestät Ihr schönes Kürassierregiment aus Danzig wegnehmen und damit einige 30.000 Mann in Dresden — die Truppen Eurer Majestät — verstärken, die Ihr Land vor jeder Invasion schützen.

Diese Vorbereitungen werden uns alle zugrunderichten. Österreich ist schon lange im Begriff sich zu ruinieren. Wird all das zum Kriege führen? Ich meinerseits habe keine Lust anzugreifen, denn ich habe nicht die Gewohnheit, mich ohne Grund zu schlagen. Ich warte bis das mysteriöse Verhalten Österreichs sich aufgeklärt hat und man sieht, worauf alles hinausgeht.

Napoleon.

*An Elisa, Großherzogin von Toskana, in Florenz*

Paris, 6. April 1809

Meine liebe Schwester, sorgen Sie dafür, daß man in Florenz keine Spiele, welcher Art sie auch seien, einführe. Ich dulde keine, weder in Turin, noch an irgendeinem Orte des Reiches; das bringt viele Familien ins Verderben und gibt ein böses Beispiel. Ich dulde sie nur in Paris, weil man sie in dieser ungeheuren Stadt nicht hindern könnte und es ein Mittel ist, dessen sich die Polizei bedient. Aber ich will sie in keinem anderen Teil meines Reiches gestatten.

Napoleon.

## *PROKLAMATION AN DIE UNGARN*

Kaiserliches Hauptquartier Schönbrunn,
15. Mai 1809

Ungarn! Der Kaiser von Österreich hat in treuloser Verletzung seiner Verträge die Großmut verkannt, die ich ihm nach drei aufeinanderfolgenden Kriegen und namentlich dem von 1805 bewiesen hatte. Er hat meine Armeen angegriffen! Ich habe diesen ungerechten Überfall zurückgeschlagen. Gott, der den Sieg verleiht und den Undankbaren und Meineidigen bestraft, ist meinen Waffen günstig gewesen! Ich bin in die Hauptstadt von Österreich eingezogen und befinde mich jetzt an Euren Grenzen. Es ist der Kaiser von Österreich und nicht der König von Ungarn, der mir den Krieg erklärt hat! Nach Eurer Verfassung hätte er es ohne Eure Einwilligung nicht tun dürfen. Eure stets defensive Politik und die von Eurem letzten Reichstag ergriffenen Maßnahmen haben hinlänglich bewiesen, daß Ihr den Frieden wünscht.

Ungarn! Der Augenblick ist gekommen, Eure Unabhängigkeit wieder zu erlangen. Ich biete Euch den Frieden, die Anerkennung Eures ganzen Gebiets, Eurer Freiheit und

Eurer Verfassung, entweder wie sie früher bestanden hat oder wie sie von Euch selbst verändert werden mag, wenn Ihr der Ansicht seid, daß der Geist der Zeit und die Interessen Eurer Mitbürger es verlangen. Ich will nichts von Euch! Ich wünsche nur, Euch als freie und unabhängige Nation zu sehen. Eure Vereinigung mit Österreich ist Euer Unglück gewesen. Ihr habt Euer Blut für Österreich in fernen Ländern vergossen, und Eure teuersten Interessen sind beständig vor denen seiner Erbstaaten vergessen worden. Ihr wart der schönste Teil seines Reichs, und Ihr wart immer nur eine den Leidenschaften, die Euch nichts angingen, preisgegebene Provinz. Ihr habt nationale Sitten, eine nationale Sprache. Ihr rühmt Euch eines erlauchten und alten Ursprungs. So werdet denn wieder eine Nation! Gebt Euch einen von Euch gewählten König, der nur durch Euch regiert, der in Eurer Mitte wohnt, der nur von Euren Mitbürgern und Euren Soldaten umgeben ist! Ungarn! Das verlangt ganz Europa von Euch! Es hat die Augen auf Euch gerichtet! Ungarn! Dies verlange auch ich von Euch! Ein ewiger Friede, Handelsbeziehungen, eine gesicherte Unabhängigkeit, das ist der Lohn, der Euch erwartet, wenn Ihr Eurer Ahnen und Eurer selbst würdig sein wollt.

Ihr werdet diese freisinnigen und großmütigen Anerbietungen nicht zurückweisen, und Ihr werdet Euer Blut nicht für schwache Fürsten vergeuden wollen, die sich nur von bestochenen Ministern beherrschen lassen, die sich an England verkauft haben, jenen Feind des Festlandes, das seinen Wohlstand auf dem Alleinhandel und unserer Uneinigkeit gegründet hat.

Versammelt Euch nach der Sitte Eurer Väter zu einem nationalen Reichstag auf den Feldern von Rakos und lasset mich Euern Entschluß wissen.

Napoleon.

## *DER VERLUST DER SCHLACHT BEI ESSLINGEN UND ASPERN*

Eine schöne Operation machte ich bei Landshut im Jahre 1809. Berthier hatte den Kopf verloren, als ich ankam. Piré ließ mir mitteilen, daß Davout umzingelt und verloren sei. Ich hätte die Österreicher nach Böhmen verfolgen sollen, aber sie würden sich dann auf Prag zurückgezogen haben. Und dann hätte dieser Krieg keinen anderen Zweck gehabt, denn die Österreicher waren es, die mir den Krieg erklärt hatten. Anfangs hatte ich die Absicht, die drei Kronen zu trennen, aber andererseits war es gut, eine starke Macht bestehen zu lassen, um sie Rußland gegenüberzustellen. Ohne Eßlingen (Aspern) würde ich die österreichische Monarchie vernichtet haben, aber Eßlingen kam mir teuer zu stehen, und so verzichtete ich auf diesen Plan.

Haben wir die Schlacht bei Eßlingen verloren, weil wir in Kolonnen das feindliche Zentrum angriffen, oder haben wir sie verloren wegen einer Kriegslist des Erzherzogs Karl, der unsere Brücken zerstören ließ und uns in dieser schrecklichen Lage mit 100.000 Mann angriff, während wir nur 45.000 Mann zählten?

Nach der Schlacht von Eggmühl kam das französische Heer in Wien an. Der Erzherzog Maximilian hatte den Oberbefehl in der Hauptstadt übernommen. Man hatte sie befestigt und in Verteidigungszustand versetzt. Während der Nacht ließ der Artilleriegeneral La Riboisière 30 Haubitzen hinter einem Hause der Vorstadt auffahren und die Stadt beschießen, worauf man die Tore öffnete.

Mittlerweile näherte sich der Erzherzog der Donau auf dem linken Stromufer. Ich beschloß, ihm zuvorzukommen und auf dieses Ufer überzugehen. Die Stellung auf dem rechten Ufer war nicht günstig, so lange man keinen Brückenkopf auf dem linken Ufer besaß, andernfalls war der Feind immer Herr seiner Bewegungen. Dieser Fall war von so großer Bedeutung, daß ich mich entschlossen hätte, bis an die Enz zurückzugehen, falls es unmöglich gewesen wäre, auf dem linken Ufer einen Brückenkopf anzulegen.

Napoleon I.

Marschall Ney

Diese Operation war sehr schwierig, denn die Donau war 500 Klafter breit, 15, 20, ja 30 Fuß tief und sehr reißend. Angesichts eines mächtigen Heeres einen großen Fluß zu überschreiten, schien unmöglich, doch konnte man sich aus seiner Stellung nicht sehr weit entfernen, aus Furcht, daß der Feind, der über zwei Brückentrains verfügte, selbst über die Donau ginge und sich auf Wien wandte.

Ich hatte die Absicht, zwei Meilen oberhalb von Wien den Übergang zu unternehmen, denn im Jahre 1805 hatte ich eine große Insel bemerkt, die vom rechten Ufer durch die Donau und vom linken Ufer nur durch einen 50 Klafter breiten Arm getrennt wird. Wenn man sich dieser Insel bemächtigte, konnte man sich auf ihr festsetzen, und dann hatte man nicht mehr einen Fluß von 500 Klaftern, sondern nur einen Flußarm von 50 Klaftern zu überschreiten; es hieß also die Donau wie bei einer regelrechten Belagerung bezwingen.

Der Herzog von Montebello (Lannes) landete am 16. Mai 500 Mann auf dieser Insel; damals war das Heer des Erzherzogs Karl noch um einen Tagesmarsch entfernt. Seit dem Jahre 1805 hatte man aber einen Damm zwischen der Insel und dem linken Ufer gebaut, so daß man nicht mehr von einer Insel sprechen konnte. An der Spitze von 6000 Mann warf sich General Bubna auf die 500 Mann und schlug sie: ein Teil wurde gefangen genommen, ein Teil konnte sich unter dem Schutz von 30 Geschützen und Haubitzen zurückziehen.

Da diese Operation mißlungen war, begab ich mich zwei Meilen unterhalb von Wien, also etwa fünf oder sechs Meilen von dem ersten Ort entfernt, wo die Donau eine schöne Insel (Lobau) von 800 Klaftern Ausdehnung bildet, die vom rechten Ufer durch einen 500 Klafter breiten Donauarm und vom linken Ufer durch einen nur 60 Klafter breiten Arm getrennt ist. Ich beschloß, mich auf dieser Insel festzusetzen, und besaß nun eine Schranke gegen den Erzherzog. Falls sich der Erzherzog auf Krems oder gegen einen anderen Punkt wandte, um über die Donau zu gehen und meine Verbindungslinien abzuschneiden, konnte ich von der Insel Lobau hervorbrechen und ihn auf frischer Tat erwischen.

Der Generalleutnant Bertrand baute eine Brücke aus Schiffen und Pontons über den Strom, und am 19. Mai ging eine Vorhut hinüber. Die Brücke war am 20. Mai beendet, und das Heer schickte sich an, überzugehen. Am Nachmittag schwoll die Donau drei Fuß an, die Anker der Schiffe gaben nach, und die Brücke brach. Inzwischen war man schon Herr der Insel, und die Vorhut hatte nichts mehr zu befürchten. In wenigen Stunden war die Brücke wieder hergestellt, und das Heer begann den Übergang. Gegen 6 Uhr warf man eine Brücke über den kleinen Arm. General Lasalle ging mit 3000 Pferden auf das linke Ufer über, rückte auf Eßlingen vor und breitete sich nach allen Richtungen hin aus. Bei dieser Gelegenheit traf er mit einer österreichischen Kavalleriedivision zusammen, mit der er ein Scharmützel hatte. Zwischen Eßlingen und Großaspern setzte er sich fest. Ich selbst biwakierte an der Spitze der kleinen Brücke, und am Morgen des 21. begab ich mich nach Eßlingen und Großaspern, wo ich den Herzog von Montebello und Masséna Aufstellung nehmen ließ. Ein Bataillon wurde in Enzersdorf postiert, dessen Mauern mit Schießscharten versehen wurden. Auch die Kürassiere von Espagne und Nansouty gingen über den Strom. Zur Mittagszeit war die Donau um weitere vier Fuß gestiegen, und die große Brücke wurde zerstört, so daß der Rest der Kavallerie und die Reserven des Geschützparks nicht hinübermarschieren konnten.

Während des Tages stellte Graf Bertrand zweimal die Brücken wieder her. Um 4 Uhr nachmittags ließ der General Lasalle mir mitteilen, daß das Heer des Erzherzogs sich in Marsch befände. Der Fürst von Neuchâtel (Berthier) stieg auf den Kirchturm von Eßlingen und ließ eine Skizze der Bewegungen der österreichischen Kolonnen anfertigen. Die Österreicher hatten die Absicht, mit ihrem rechten Flügel Großaspern, mit dem Zentrum Eßlingen und mit dem linken Flügel Enzersdorf anzugreifen, bildeten somit einen Halbkreis um Eßlingen. Ich gab Befehl zum Rückzug nach der Insel Lobau und wollte nur 10.000 Mann in dem Gehölz am

Ende der kleinen Brücke stehen lassen. In diesem Augenblick ließ aber der General Bertrand mir sagen, daß die Donau zurückginge, daß er die Brücke wieder hergestellt habe und daß die Geschützparks hinübergebracht würden. Es war schon spät. Dennoch beschloß ich, in der Stellung zu bleiben, denn, wenn der Feind das Dorf Eßlingen genommen hätte, so würde es sehr schwierig gewesen sein, es wieder zu erobern, und es hätte viel Blut gekostet. Um 5 Uhr fielen die ersten Schüsse, das Geschützfeuer und die Kanonade wurden bald allgemein. Die Kürassiere machten verschiedene schöne und glänzende Angriffe, und der Feind wurde bei allen seinen Angriffen auf Großaspern und Eßlingen zurückgewiesen. 25.000 Mann, die von 100.000 Mann angegriffen waren, behaupteten auf diese Weise während drei Stunden das Schlachtfeld.

Das französische Heer war um 20.000 Mann stärker als das des Erzherzogs, und der Sieg konnte nicht zweifelhaft sein. Gegen Mitternacht schwoll aber die Donau so furchtbar an, daß die Brücken von neuem brachen, aber Graf Bertrand stellte sie wieder her. Bei Tagesanbruch gingen die Garde und der Herzog von Reggio (Oudinot) im Geschwindschritt hinüber. Ich stieg, von den besten Hoffnungen beseelt, vom Pferde, und das Schicksal des Hauses Österreich sollte entschieden werden.

Als ich in Eßlingen angekommen war, befahl ich dem Herzog von Montebello, das Zentrum des österreichischen Heeres zu durchbrechen und mit der Jungen Garde aus Eßlingen herauszurücken, um sich im entscheidenden Augenblick auf die linke Flanke des Feindes zu werfen. Diese Flanke stützte sich auf Enzersdorf, einer kleinen Stadt am Donauarm, die die Insel Lobau bildet. Der Herzog von Montebello entwickelte seine Divisionen mit der bekannten Geschicklichkeit und jener Kaltblütigkeit, die er in unzähligen Kämpfen erworben hatte.

Der Feind erkannte die Bedeutung, seine sehr ausgedehnte Schlachtlinie nicht durchbrechen zu lassen. Sie war mehr als drei Meilen lang. Alle Anstrengungen waren vergeblich. Die Junge Garde marschierte bereits auf die Flanke des feindlichen linken Flügels zu, als man ihr befehlen mußte, stehen zu bleiben, da die Nachricht eintraf, daß die Kähne durch die Strömung fortgerissen worden seien und daß man keinerlei Hoffnung haben könne, die Brücken vor Ablauf mehrerer Tage wieder herzustellen. Die Hälfte der Kürassiere, das Korps des Fürsten von Eggmühl (Davout) und alle Artilleriereserven befanden sich noch auf dem rechten Ufer. Ein außergewöhnlicher Erfolg war nicht mehr möglich, aber der Operationsplan war so weise und so eingehend erdacht, daß dem Heer keinerlei Gefahr drohte, denn es konnte im schlimmsten Falle jederzeit seine Stellung auf der Insel Lobau wieder einnehmen, wo es unangreifbar war. Niemals ist ein befestigtes Lager stärker gewesen, denn es war durch einen 60 Klafter breiten Graben auf der einen Seite und auf der andern durch einen sehr schnell fließenden Donauarm gedeckt. Ich befahl deshalb dem Fürsten von Eßlingen und dem Herzog von Montebello, stehenzubleiben und unmerklich ihre Stellungen einzunehmen; dem ersten im Dorfe von Großaspern, das eine Meile lang ist, und dem andern zwischen Großaspern und Eßlingen. Auf letzterwähntes Dorf stützte er seinen rechten Flügel. Die Bewegung vollzog sich wie bei einer Parade auf dem Marsfeld. Der entmutigte und auf dem Rückzug befindliche Feind hielt erstaunt an, aber bald erfuhr er, daß unsere Brücken weggerissen seien, und sein Zentrum nahm seine vorige Stellung wieder ein. Es war 10 Uhr früh. Von dieser Zeit an bis nachmittags 4 Uhr, als das Feuer schwieg, also sechs Stunden lang, griffen 100.000 Mann nebst 400 Geschützen vergeblich und ohne Erfolg 50.000 Franzosen an, die nur 100 Geschütze in Stellung hatten und gezwungen waren, mit ihrer Munition zu sparen, da es ihnen an Geschossen und Pulver fehlte.

Der Erfolg der Schlacht lag in der Einnahme des Dorfes Eßlingen. Der Erzherzog tat alles, um es zu nehmen. Fünfmal griff er es mit frischen Truppen an, und fünfmal wurde es wieder genommen. Um 3 Uhr nachmittags befahl ich meinem Adjutanten, dem General Rapp und dem mutigen Grafen von der Lobau (Mouton), sich an die Spitze der Jungen Garde zu stellen, in drei Kolonnen anzugreifen und im Sturmschritt sich auf die Reserven des Feindes zu werfen, die in wilde Flucht geschlagen wurden, und der Sieg war entschieden. Der Erzherzog verfügte über keine frischen Truppen mehr und ging in seine frühere Stellung zurück. Das Feuer hörte genau um 4 Uhr auf, denn in dieser Jahreszeit kann man sich nicht bis 10 Uhr schlagen.

Die alte Garde, bei der ich mich befand, blieb ständig auf dem Schlachtfelde, eine Flintenschußweite von Eßlingen entfernt; der rechte Flügel an der Donau und der linke Flügel in der Nähe von Großaspern. Am Nachmittag bat der General Dorsenne, der Oberst der Grenadiere der Alten Garde, um die Erlaubnis, einen Angriff zu machen, um den Tag zu entscheiden und die Österreicher zum Rückzug zu bestimmen. „Nein“, antwortete ich, „es ist gut, daß es so endet. Ohne Brücke und ohne Kanonen haben wir sicherlich mehr geleistet, als ich erhoffte. Verhalten wir uns ruhig.“

Ich begab mich jetzt auf die Insel Lobau und besichtigte sie überall, denn ich fürchtete, daß die Österreicher weiter unten eine Brücke schlagen und einige Bataillone hinüberwerfen würden. Darauf ritt ich an die Donaubrücke. Leider war alles verschwunden, und kein Bataillon befand sich mehr am Platze. Seit drei Tagen hatte sich der Wasserspiegel der Donau um 28 Fuß erhöht, und die unteren Teile der Insel waren unter Wasser gesetzt. Dann ritt ich wieder zur kleinen Brücke, die auf das nördliche Ufer führte, und befahl dem Heere, am nächsten Morgen bei Tagesanbruch über den kleinen Arm zurückzumarschieren und auf der Insel Lobau zu kampieren. Das Korps des Marschalls Masséna ging erst gegen Mittag auf die Insel, ohne daß es von der geschlagenen österreichischen Armee behelligt wurde.

Das war die Schlacht von Eßlingen. So lange wir im Besitz der Insel Lobau waren, hatten wir alles, was wir brauchten, um uns des Besitzes von Wien zu versichern, und es sei nochmals gesagt — wir hätten die Stadt nicht halten können, wenn wir die Insel verloren hätten. Im Besitz dieses verschanzten Lagers waren wir jederzeit in der Lage, auf das linke Donauufer überzugehen.

Seit dem Tage von Eßlingen befürchtete ich immer, daß der Erzherzog Karl sich auf Linz wenden würde. Das war mir sehr unangenehm, denn meine Brücken waren erst zur Hälfte fertig. Ich ließ erst eine neue bauen, und zwar an der Stelle, wo ich seit Eßlingen bereits eine Brücke hatte schlagen lassen. Die Österreicher glaubten, daß die Maus da herauskommen würde, wo sie ins Loch hineingegangen war, und bauten Verschanzungen über Verschanzungen. Als ich über die Brücken ging, wollte ich ein großes Scheinmanöver vortäuschen, um die Österreicher zu verhindern, sich in Schlachtordnung zu stellen, und sie während der Nacht angreifen. Die Österreicher sind gut, wenn sie in der Linie stehen, aber sie manövrieren weder gut noch sicher, wenn sie sich auf dem Marsch angegriffen fühlen. Davout machte in der Schlacht bei Wagram einen großen Umweg, Bernadotte versagte mit den Sachsen, während die Österreicher ihre Stellungen nahmen. Ihre Schlachtlinie war länger als die meinige. Ich hatte einen Zwischenraum zwischen meinem linken Flügel und der Donau gelassen, besaß jedoch zahlreiche Truppen in Reserve und wollte ihren linken Flügel umgehen. Sie aber umgingen meinen linken Flügel, indem sie in den Zwischenraum einmarschierten. Aber meine Reserven änderten die Front, und der rechte Flügel des Feindes sah sich bedroht, in den Fluß geworfen zu werden. Schwarzenberg sagte mir später, daß diese Bewegung mehr als die Wirkung der Gardeartillerie die Österreicher zum Rückzug bestimmte. Tatsächlich stellten sie meiner Artillerie eine zahlreichere gegenüber, und man sah viele getötete Franzosen und wenig Österreicher.

### *An die Kaiserin in Malmaison*

Raab, 31. August 1809

Seit einigen Tagen habe ich keinen Brief von Dir erhalten. Die vielen Zerstreuungen in Malmaison, die schönen Gärten und Gewächshäuser lassen den Abwesenden in Vergessenheit geraten. Das ist nun einmal bei euch Frauen so. Jeder spricht davon, wie wohl Du Dich fühlst. Das interessiert mich außerordentlich. Morgen werde ich mit Eugen (Josephines Sohn) für zwei Tage nach Ungarn gehen. Es geht mir gut. Lebe wohl, meine Freundin.

Ganz Dein Napoleon.

## *ÜBER DIE SCHEIDUNG VON JOSEPHINE*

Die Trennung der Kaiserin Josephine ist in der Geschichte einzig in ihrer Art. Sie brachte nicht die geringste Veränderung in der Einigkeit beider Familien hervor. Es war ein schmerzliches Opfer, das beide Ehegatten allein der Politik brachten. Die Ehe wird in Frankreich als ein Zivilakt und ein Sakrament angesehen. Um sie aufzulösen, muß die bürgerliche und die kirchliche Gewalt dazwischen treten. Die kompetente Zivilgewalt, um die Scheidung Napoleons auszusprechen, war der Senat. Die beiden Gatten erklärten in einem Familienrat ihre Zustimmung zur Trennung. Diese Zeremonie fand in den großen Gemächern der Tuilerien statt. Sie erregte viel Teilnahme; alle Anwesenden schwammen in Tränen. Da die Einwilligung durch den Erzkanzler bestätigt war, so wurde die Scheidung vom Senat ausgesprochen. Die Kaiserin verließ die Tuilerien und begab sich nach Malmaison. Die Einrichtung der Zimmer Napoleons in diesem kleinen, aber reizenden Landhaus blieb unverändert. Außerdem erhielt Josephine das Schloß Navarra und eine Apanage von 2 Millionen, die sie hauptsächlich zur Unterstützung der Künste und der Armen verwendete. Malmaison liegt drei Stunden von Paris und eine Stunde von Saint-Cloud. In Malmaison hielt sich Josephine ständig auf. Im Laufe von fünf Jahren besuchte Napoleon sie vier- oder fünfmal. Der ganze Hof machte ihr regelmäßig seinen Besuch. Als die Verbündeten sich in Paris aufhielten, erhielt sie häufig die Besuche der Kaiser Franz und Alexander und des Königs von Preußen.

Josephines Sohn Eugen, den Napoleon in Ermangelung legitimer eigener Kinder zu seinem Nachfolger im Königreich Italien adoptiert hatte, wurde als italienischer Prinz von Geblüt betrachtet. Er genoß in Italien eine Apanage in Liegenschaften von 25 Millionen Wert. Im Jahre 1806 heiratete er die Tochter des Königs von Bayern, eine sehr schöne und liebenswürdige Prinzessin.

Eine Nichte der Kaiserin Josephine, Stephanie de Beauharnais, wurde 1806 mit dem Großherzog von Baden vermählt. Sie regiert jetzt (1820) in Karlsruhe, hat mehrere Kinder, ist schön, geistvoll, und besitzt alle Liebenswürdigkeit ihres Geschlechts. Eine andere Verwandte der Kaiserin Josephine vermählte sich mit dem Herzog von Aremberg aus einem der ältesten Häuser in Belgien, Herrn eines souveränen Fürstentums. Diese Ehe ist nicht so glücklich ausgefallen als die Stefanies, aber es war die Schuld der Prinzessin. Fürst Aremberg befehligte ein Chasseurregiment. Er zeichnete sich im spanischen Feldzug aus, wo er als Gefangener in die Hände der Engländer fiel. Napoleon legte viel Wert auf diese Ehe. Er hatte die Absicht, den Herzog von Aremberg zum Gouverneur der Niederlande zu machen und in Brüssel einen Hof einzuführen, um den Belgiern einen neuen Beweis seiner Fürsorge zu geben. Darum kaufte er aus seinem Privatschatz das Schloß Laeken vom Herzog von Sachsen-Teschen und ließ es prächtig einrichten. — Eine dritte Verwandte Josephines wurde von Ferdinand VII. zur Ehe verlangt, um über die Spanier zu herrschen.

Nachdem Napoleons Zivilehe durch die Entscheidung des Senats aufgelöst war, kam die Sache vor die geistlichen Gerichte von Paris, die nach der in der katholischen Religion üblichen Information die Ehescheidung aussprachen. Nun behauptete der römische Hof, diese Angelegenheit gehöre vor sein Forum. Aber die französische Geistlichkeit erklärte, das solches den Vorrechten der gallikanischen Kirche entzogen sei. Ein Souverän sei vor Gott nur ein Mensch, der Gerichtsbarkeit seines Kirchspiels und seines Bistums unterworfen. Der Erzbischof von Wien mußte diese Streitfrage vor der Vollziehung der Vermählung Napoleons mit der Erzherzogin von Österreich untersuchen. Das Urteil des

Napoleon I.

Kaiserin Marie Louise

Pariser geistlichen Gerichtshofes wurde ihm mitgeteilt und durch eine formelle Entscheidung von ihm gebilligt.

Die Scheidung Napoleons machte großes Aufsehen. Sein Thron, der höchste in Europa, war der Gegenstand der ehrgeizigsten Wünsche aller regierenden Häuser. Die Politik bestimmte dazu drei Prinzessinnen, eine russische, eine österreichische und eine sächsische. Die Mehrzahl war für die österreichische Verbindung, in Hinsicht auf einen dauernden Frieden. Man machte die Bemerkung, daß von allen Mächten Österreich die meisten Besorgnisse über die Absichten Frankreichs hinsichtlich eines Krieges mit ihm hege. Eine Verbindung mit dem österreichischen Kaiserhause mußte alle Zweifel verscheuchen, unbedingtes Vertrauen erwecken und das Unterpfand eines dauernden Friedens sein. Diese Gründe waren entscheidend, und die Ehe mit einer österreichischen Prinzessin erhielt den Vorzug. Um 6 Uhr abends beauftragte Napoleon den Prinzen Eugen, sich zum Fürsten von Schwarzenberg zu begeben und förmlich um die Hand der Kaisertochter anzuhalten. Gleichzeitig erhielt der Minister des Auswärtigen Vollmacht, mit dem Gesandten den Heiratskontrakt Napoleons mit der Erzherzogin Marie Louise abzuschließen und dabei den Ehevertrag Ludwigs XVI. und Maria Antoinettes zum Muster zu nehmen. Um 7 Uhr hatte Prinz Eugen dem Kaiser über seine Sendung berichtet und im Laufe des Abends wurde der Heiratsvertrag unterzeichnet. Berthier, Fürst von Neuchâtel, wurde nach Wien gesandt, um in Napoleons Namen offiziell anzuhalten, wie es üblich war. Erzherzog Karl wurde als Stellvertreter Napoleons bei der Prokuratrauung in Wien bestimmt, Erzherzog Großherzog von Würzburg vertrat den Kaiser von Österreich bei der Vermählung in Paris *.

* Vgl. das soeben erschienene Werk: Gertrude Aretz, „Marie Luise". Ralph Höger, Verlag, Wien.

*An die geschiedene Kaiserin in Malmaison*

Trianon (vermutlich zwei Tage nach der Scheidung, am 16. Dezember), 1809, abends

Meine Freundin, ich habe Dich heute verzweifelter gefunden, als Du sein solltest. Du hast soviel Mut bewiesen und mußt ihn auch jetzt finden, um Dein Leid zu tragen. Du darfst Dich keinem verderblichen Trübsinn überlassen. Du mußt glücklich sein und vor allem Deine Gesundheit schonen, die mir sehr am Herzen liegt. Wenn Du Dich mir noch verbunden fühlst, wenn Du mich noch liebst, so mußt Du auch die Kraft finden, glücklich zu sein. Du kannst an meiner dauernden zärtlichen Freundschaft nicht zweifeln und würdest meine Gefühle für Dich sehr schlecht kennen, wenn Du annähmest, ich sei glücklich, wenn Du unglücklich bist, ich sei zufrieden, wenn Du nicht ruhig bist.

Napoleon.

*An die Exkaiserin in Malmaison*

Paris, Mittwoch mittags
(27. Dezember 1809)

Eugen sagte mir gestern, Du seiest den ganzen Tag traurig gewesen. Das ist nicht recht, meine Freundin. Es ist ja das Gegenteil von dem, was Du mir versprachst.

Der Anblick der Tuilerien hat mich tief betrübt. Als ich dieses große Schloß wiedersah, schien es mir so leer, und ich fand mich so vereinsamt darin.

Lebe wohl, meine Freundin, bleibe gesund.

Napoleon.

*An die Exkaiserin in Malmaison*

Trianon, 17. Januar 1810

Meine Freundin, ich sandte Dir heute d'Audenarde (seinen Kammerherrn). Er sagte mir, Du hättest allen Lebensmut verloren, seit Du in Malmaison seiest. Und doch war dieses

Schloß einst Zeuge unseres Glücks und unserer Gefühle, die sich niemals verändern können noch dürfen, wenigstens nicht, was mich betrifft.

Ich möchte Dich sehr gern besuchen, muß aber wissen, ob Du auch stark genug bist und nicht schwach. Ich bin es auch ein wenig und leide sehr unter allem.

Lebe wohl, Josephine, gute Nacht! Du wärest undankbar, wenn Du an mir zweifeltest.

Napoleon.

### *An die Exkaiserin in Malmaison*

(Vermutlich vom 1. oder 2. Februar 1810)
Paris, Dienstag mittags.

Ich höre, daß Du traurig bist. Das ist unrecht. Du hast kein Vertrauen zu mir. Alle Gerüchte, die man ausstreut, regen Dich auf. — Du scheinst mich schlecht zu kennen. Josephine! Ich bin Dir sehr böse. Und wenn ich nicht bald erfahre, daß Du heiter und zufrieden bist, werde ich Dich tüchtig schelten.

Lebe wohl, meine Freundin.

Napoleon.

### *An die Exkaiserin im Elyséepalast*

Paris, 19. Februar 1810

Ich habe Deinen Brief erhalten, meine liebe Freundin. Ich möchte Dich gern sehen. Aber du magst recht haben: es ist vielleicht nicht passend, daß wir im ersten Jahre (der Scheidung) unter einem Dache wohnen. Bessières Landsitz ist jedoch zu weit entfernt, um abends wieder von dort zurückzukehren. Außerdem bin ich auch etwas erkältet und weiß noch nicht, ob ich hingehe.

Lebe wohl, meine Freundin.

Napoleon.

Sobald es bekannt wurde, daß das Interesse Frankreichs mich bestimmte, meine erste Ehe zu lösen, bewarben sich die großen Herrscher Europas um eine Verbindung mit mir. Als der Kaiser von Österreich hörte, es sei eine zweite Heirat beabsichtigt, ließ er Narbonne kommen und sprach ihm seine Verwunderung darüber aus, daß man nicht an seine Familie gedacht habe. Zu dieser Zeit hatte man die Verbindung mit einer russischen oder sächsischen Prinzessin im Auge. Das Wiener Kabinett sandte in dieser Angelegenheit Instruktionen an den Fürsten Schwarzenberg, den damaligen Botschafter in Paris. Vom französischen Gesandten in Petersburg liefen ebenfalls Depeschen ein. Er meldete, Kaiser Alexander sei willens, seine Schwester, Großfürstin Anna vorzuschlagen. Es erhoben sich jedoch Schwierigkeiten, weil eine griechische Kapelle in den Tuilerien errichtet werden sollte. Ich ließ daher in einem geheimen Rat über diese Sache abstimmen. Die Mehrzahl entschied sich für eine österreichische Prinzessin. Infolgedessen beauftragte ich den Prinzen Eugen, dem Fürsten Schwarzenberg die Eröffnung zu machen. Bald war der Heiratsvertrag nach denselben Regeln wie zwischen Ludwig XVI. und Maria Antoinette unterzeichnet. Dem Zaren mißfiel es, seinen Vorschlag verworfen zu sehen. Er glaubte, man habe ihn getäuscht und zwei Unterhandlungen zu gleicher Zeit angeknüpft. Aber er irrte sich.

Man hat gesagt, die Heirat mit der Kaiserin Marie Louise sei in einem geheimen Artikel des Friedens von Wien bereits einige Monate vorher abgemacht worden. Das ist durchaus unwahr. Man dachte erst an eine Verbindung mit Österreich, als Narbonne in seinen Depeschen meldete, welchen Wink ihm Kaiser Franz und Metternich gegeben hätten. Mit einem Wort: die Heirat mit Marie Louise wurde binnen 24 Stunden im Geheimen Rat vorgetragen, besprochen, entschieden und unterzeichnet . . . Einige Mitglieder des Rates waren der Ansicht, es sei besser, wenn ich eine Französin heirate. Die Gründe dafür waren so überzeugend, daß ich einen Augenblick im Zweifel war. Aber der österreichische Hof hatte zu verstehen gegeben, daß, wenn ich es ablehne, eine Prinzessin aus einem regierenden Haus zu wählen, man das als geheime Erklärung meiner Absicht ansehen müsse, die alten Dynastien zu stürzen, sobald sich die Gelegenheit böte.

### *An die Kaiserin-Mutter in Paris*

Madame! Paris, 22. Februar 1810

Ich beeile mich, Ihnen mitzuteilen, daß die Übereinkunft, den Ehevertrag zwischen mir und der Erzherzogin Marie-Luise, Tochter des Kaisers von Österreich, betreffend, am 16. in Wien ratifiziert worden ist. Ich zögere daher nicht, Sie davon in Kenntnis zu setzen.

Napoleon.

### *An die Erzherzogin Marie Louise von Österreich in Wien*

Rambouillet, 23. Februar 1810

Liebe Kusine, die glänzenden Eigenschaften, die Ihre Person auszeichnen, haben uns zu dem Wunsche veranlaßt, Ihnen zu dienen und Sie zu ehren. Wir wenden uns an den Kaiser, Ihren Herrn Vater mit der Bitte, uns das Glück Eurer kaiserlichen Hoheit anzuvertrauen. Dürfen wir hoffen, daß Sie die Gefühle, die uns zu diesem Schritt veranlassen, gnädig aufnehmen? Dürfen wir uns der schmeichelhaften Hoffnung hingeben, daß Sie sich nicht nur aus Pflicht und kindlichem Gehorsam zu dieser Verbindung entschließen? Wenn Eure kaiserliche Hoheit nur ein ganz klein wenig Neigung für uns haben, wollen wir dieses Gefühl sorgfältig pflegen und es uns zur höchsten Aufgabe machen, Ihnen immer und in allem angenehm zu sein. Auf diese Weise werden wir uns glücklich schätzen, eines Tages Ihre ganze Zuneigung gewonnen zu haben. Das ist unser innigster Wunsch und wir bitten Eure kaiserliche Hoheit, uns geneigt zu sein.

Napoleon.

*An die Erzherzogin Marie-Louise in Wien*

Rambouillet, 24. Februar 1810

Gnädige Frau Schwester, die Gewährung meiner Bitte, mich mit Ihnen ehelich zu verbinden, ist ein sehr hoher Beweis von Achtung und Wertschätzung, den mir Seine Majestät der Kaiser, Ihr Vater, gegeben hat. Ihre persönliche Einwilligung in eine Verbindung, die mich mit aufrichtigster Freude erfüllt und mein ganzes Leben verschönern wird, weiß ich unendlich zu schätzen. Ungeduldig erwarte ich den Augenblick, der diese Verbindung schließen soll. Es ist mein höchstes Streben, Sie in Ihrer Ehe glücklich zu machen. Und in dieser Hinsicht sind meine Wünsche um so aufrichtiger, als mein eigenes Glück von dem Ihrigen unzertrennlich ist. Ich habe meinen außerordentlichen bevollmächtigten Gesandten, den Fürsten von Neuchâtel, beauftragt, Ihnen mein Bild zu überreichen. Und ich bitte Sie, es als Beweis der Gefühle anzunehmen, die tief und unauslöschlich in meinem Herzen ruhen.

Napoleon.

## *ÜBER MEINE ZWEITE EHE*

Als ich am 27. März 1810 Marie Louise entgegenfuhr, ließ ich meinen Wagen in Compiègne halten, denn ich wollte nicht, daß sie wußte, wer ich sei. Aber die Königin von Neapel, die an ihrer Seite saß, rief: „Da ist der Kaiser!“ Ich stieg schnell aus dem Wagen und küßte Marie Louise. Das arme Kind hatte eine lange Rede auswendig gelernt, die sie vor mir kniend hersagen sollte. Sie hatte sie immer und immer wieder durchgelesen. Ich hatte Metternich und den Bischof von Nantes gefragt, ob ich die Nacht unter demselben Dache verbringen könne wie Marie Louise. Sie enthoben mich aller Befürchtungen und versicherten mir, daß sie die Kaiserin und nicht die Erzherzogin sei. Ich war nur durch die Bibliothek von ihrem Schlafzimmer getrennt. Ich fragte sie, was man ihr gesagt habe, als sie Wien verließ.

Sie antwortete mir sehr naiv, daß ihr Vater und Frau von Lazansky ihr folgendes empfohlen hätten: „Sobald Sie mit dem Kaiser allein sind, müssen Sie durchaus alles tun, was er Ihnen sagen wird. Sie müssen ihm in allem, was er von Ihnen verlangt, zu willen sein.“ Sie war ein entzückendes Kind.

Herr von Ségur wollte, daß ich mich der Form halber entfernte, aber ich war ja verheiratet, alles war in Ordnung, und ich schickte ihn deshalb zum Teufel.

Ich habe einen großen Fehler damit begangen, daß ich der Kaiserin Marie Louise die Herzogin von Montebello (Marschallin Lannes) nach dem Tode ihres Mannes zur Ehrendame gab. Ich tat es für das Heer und hatte es gar nicht nötig. Marie Louise liebte den alten Adel mehr als den neuen. Frau von Beauvau hätte besser dazu gepaßt. Frau von Montebello hat sich dadurch entehrt, daß sie nicht bei Marie Louise geblieben ist (1814). Ich wollte ihr Narbonne als Ehrenkavalier geben, denn er strebte sehnsüchtig danach und hätte sich ausgezeichnet zu dieser Stellung geeignet. Er würde mir alles wiedergesagt haben, aber Marie Louise war nicht damit einverstanden. Sie liebte Frau von Montebello nicht. Sie log niemals, war sehr zurückhaltend, mit allen liebenswürdig, sogar gegen die, die sie verabscheute.

In Wien hatte man sie darauf dressiert, selbst den Ministern, die sie nicht ausstehen konnte, ein freundliches Gesicht zu zeigen. Wenn sie Geld brauchte, verlangte sie es von mir und war entzückt, wenn ich ihr 10.000 Franken gab. Das freute mich sehr, denn sie war sehr verschwiegen. Man hätte ihr alles anvertrauen können; sie war der reine Geheimniskasten. Sie liebte, wie es nicht anders sein konnte, ihren Vater. Ich habe unrecht getan, Isabey als Zeichenlehrer für sie auszusuchen. Wenn ich in das Atelier trat, wo er sich befand, war er stets sehr verlegen: er war ein Fanatiker. Prud'hon wäre besser gewesen. Diese Leute spionieren alles aus.

Marie Louise war die Unschuld selbst. Sie war das ganze Gegenteil von Josephine und log niemals. Sie liebte mich und wollte immer bei mir sein. Wenn man sie gut beraten und nicht dieses Gesindel wie Frau von Montebello (Lannes) und Corvisart um sich gehabt hätte, der, wie ich gestehen muß, ein Schuft war, würde sie mich nach Elba begleitet haben. Man hatte ihr aber gesagt, daß ihre Tante guillotiniert worden sei, und die Umstände waren mächtiger als sie. Und dann hat ihr Vater ihr seinen Hofnarren Neipperg beigeordnet.

## *ÜBER DIE GEFANGENHALTUNG DES PAPSTES PIUS VII. 1805—1811*

Der fünfjährige Zwist mit dem Papst endete im Jahre 1810 durch die Vereinigung der weltlichen Staaten des Heiligen Stuhls mit dem Kaiserreich. Dieser Zwist nahm seinen Anfang im Jahre 1805. Die Höfe von Wien, Rußland und England hatten eben die dritte Koalition gegen Frankreich geschlossen. Eine österreichische Armee rückte in Bayern ein, vertrieb den Kurfürsten aus München und nahm Stellung an der Iller, um zwei russische Heere zu erwarten. Erzherzog Karl rückte an der Spitze der österreichischen Hauptarmee an die Etsch vor und bedrohte Italien mit einer Invasion. Ein französisches Observationskorps von 15 bis 20.000 Mann unter den Befehlen des Marschalls Saint-Cyr hatte die Halbinsel von Otranto besetzt und war von dem Heere, das an der Etsch stand, durch die Staaten des Papstes getrennt. Ein englisches Geschwader zeigte sich im Mittelländischen Meer und schickte seine Kreuzer nach der Adria. Eine englisch-russische Armee wurde in Neapel erwartet. Das Observationskorps von Otranto war in Gefahr; die Zitadelle von Ancona gehörte dem Papst und lag an der Verbindungslinie mit der französischen Armee in Italien. Sie war nicht ausgerüstet. Ein Korps von 1200 Mann konnte landen und sich dieses wichtigen Postens bemächtigen. Napoleon schrieb deshalb persönlich an den Papst und ersuchte ihn, 3000 Mann Garnison in die Zitadelle zu legen, sie einem erprobten Mann anzuvertrauen und französische Truppen darin aufzunehmen. Da man es ihm abschlug, verlangte er Garantien, und zwar: 1. Der Papst sollte einen Offensivvertrag mit den Königen von Italien und Neapel zur Verteidigung von Italien abschließen. Der Hof von Neapel hatte bereits darein gewilligt. 2. Die Häfen des Kirchenstaates sollten den Engländern verschlossen werden. Eine französische Garnison von 3000 Mann sollte die Zitadelle von Ancona besetzen.

Darauf antwortete der Papst, er könne als gemeinsamer Vater aller Christen kein Bündnis gegen seine Kinder schließen, denn er würde dadurch zugleich die römisch-katholischen Untertanen derjenigen Mächte in Gefahr bringen, gegen die er sich erklärte. Er hätte sich über niemand zu beklagen und wolle weder noch könne er jemand den Krieg erklären. Der Kaiser entgegnete folgendes: Als Karl der Große den Papst mit der weltlichen Herrschaft mitten in Italien betraut hätte, sei dies zum Besten Italiens und Europas geschehen und nicht, um dort ungläubige Ketzer einzuführen. Die Geschichte der Päpste wimmele von Bündnissen und Gegenbündnissen mit den Kaisern und Königen von Spanien oder Frankreich. Papst Julius II. habe Heere befehligt. Im Jahre 1797 habe der General Bonaparte sein Hauptquartier im Palais des Bischofs von Chiaramonti aufgeschlagen, als er gegen die Armee des Kardinals Braschi marschierte, die Pius VI. angeworben hatte, um eine Diversion zugunsten Österreichs zu machen. Dieser Krieg habe damals mit dem Traktat von Tolentino geendet. Folglich könne auch jetzt, wie ehemals die Phalanx des Heiligen Peter neben dem österreichischen Adler gegen Frankreich ins Feld gezogen sei, sie mit dem französischen Adler marschieren. Napoleon wolle indes aus Gefälligkeit gegen den Heiligen Vater einwilligen, dieses Traktat nicht bis gegen Österreich und Spanien auszudehnen, sondern es solle nur für die Ungläubigen und Ketzer gelten. Um diesen Preis wolle er sich verpflichten, die Küsten und die Fahne der Kirche gegen die Barbaresken zu unterstützen. So gingen die Briefe darüber hin und her während der Jahre 1805 und 1806. Die Briefe Pius VII. waren mit der Feder Gregors VII. geschrieben und standen im Widerspruch zu der Güte und Liebenswürdigkeit seines Charakters. Er unterzeichnete sie nur. Er sprach darin beständig von seiner Gerichtsbarkeit, seiner Gewalt über die Mächte der Erde, weil, wie er sagte, der Himmel über der Erde und die Seele über der Materie sei.

Inzwischen war nach dem Preßburger Frieden eine französische Armee in Neapel eingerückt, König Ferdinand hatte sich nach Sizilien geflüchtet, das ganze Königreich war erobert. Ein französischer Prinz (Joseph Bonaparte) hatte den Thron bestiegen, der von der Armee in Oberitalien durch die Staaten des Papstes getrennt war. Die Agenten der Höfe von Palermo und Cagliari sowie die Rädelsführer, die England beständig auf dem Festlande hielt, hatten in Rom ihre Zentrale. Einzeln marschierende Soldaten waren im Kirchenstaat auf der Straße von Mailand nach Neapel ermordet worden. So etwas konnte nicht geduldet werden. Der Kaiser machte dem Papst davon Mitteilung und suchte ihm aus der Natur der Sache klar zu machen, daß Rom ein Offensiv- und Defensivbündnis mit Frankreich schließen, England den Zutritt zu seinen Häfen verweigern und alle fremden Rädelsführer aus Rom verjagen müsse. Sonst habe es zu erwarten, den zwischen den Apenninen und dem Adriatischen Meer gelegenen Teil seines Gebietes zu verlieren, nämlich die Marken von Ancona, die, mit dem Königreich Italien vereinigt, die Verbindung zwischen Mailand und Neapel sicher stellen würden. Der Heilige Stuhl antwortete mit ohnmächtigen Drohungen. Es war einleuchtend, daß die mit dem Charakter des Kaisers so sehr im Widerspruch stehende Langmut in Rom die Meinung aufgebracht hatte, er habe vor dem Bann der Kirche Angst. Um diesen törichten Glauben zu zerstören, ließ er ein Korps von 6000 Mann in Rom einrücken, unter dem Vorwand des Durchmarsches, aber mit dem Befehl, zu bleiben. Er gab dem General, der diese Expedition kommandierte, den ausdrücklichen Befehl, den Vatikan mit höchster Achtung zu behandeln und sich in nichts zu mischen. Gleichzeitig ließ er unter der Hand die Nachricht verbreiten, daß, wenn er es wage, Rom zu besetzen, er auch zu allem andern entschlossen sei und sich in seinen weltlichen Angelegenheiten nicht um geistige Drohungen scheren werde. Der Schwache müsse sich unter den Schutz des Stärkeren begeben.

Der römische Hof war vollkommen fassungslos. Monitorien, Gebete, Predigten, Rundschreiben an das diplomatische Korps, alles wurde aufgeboten, um das Übel nur noch zu vergrößern. Alle geistlichen Waffen wurden zum Schutz des Weltlichen in Bewegung gesetzt. Doch das Kabinett von Saint-Cloud hatte bereits vorausgesehen, wie weit ihre Wirkung reichen könne. Endlich, anfangs des Jahres 1808, schrieb der Kaiser dem Papst, dies alles müsse nun ein Ende nehmen. Wenn er in zwei Monaten der Föderation der italienischen Staaten nicht beigetreten wäre, so würde Napoleon die Schenkung Karls des Großen als nicht geschehen betrachten und Sankt Peters Erbteil konfiszieren, jedoch ohne daß der dem Papst schuldige Respekt und die Freiheit seiner geheiligten Person als Oberhaupt der katholischen Christenheit dadurch im geringsten gefährdet sein sollte. Keine Ratifikation konnte klarer sein. Aber sie blieb unbeachtet. So durch Trotz aufs äußerste getrieben, dekretierte Napoleon 1808 die Vereinigung der Marken mit dem Königreich Italien und ließ dem Papst nur Rom und den Teil seiner Staaten zwischen den Apenninen und dem Mittelländischen Meer. Gleichzeitig gaben die französischen Geschäftsträger zu erkennen, daß die französischen Truppen Rom und den Kirchenstaat räumen würden, sobald der päpstliche Hof die Trennung der Marken anerkannt hätte. Statt dessen aber befahl der Papst seinem Nuntius in Paris, seine Pässe zu verlangen und ohne Abschied abzureisen. Die Pässe wurden sofort ausgefertigt und der Krieg erklärt. Es war also die schwächere Macht, die keinen Widerstand leisten konnte, die alles Maß überschritt und den Krieg gegen die stärkere Macht erklärte, welche die ganze Welt besiegt hatte. In Rom jedoch hatte man das System, alles auf die Spitze zu treiben und die geistlichen Waffen den weltlichen entgegenzustellen. Man gefiel sich immer noch in dem Glauben, daß die Zeit wiederkehren werde, wo alles sich vor dem heiligen Bannstrahl beugte. Napoleon fürchtete ihn nicht. Da er sich aber dem Papst persönlich verbunden fühlte, ließ er die Angelegenheiten nicht in status quo.

Im Jahre 1809 jedoch erklärte sich die vierte Koalition. Der Wiener Hof eröffnete die Feindseligkeiten. Der in Rom kommandierende General verlangte mehr Truppen, um die Bevölkerung dieser großen Stadt und das Land im Zaume zu halten, könne dies aber nicht geschehen, so möge man der Anarchie der päpstlichen Herrschaft ein Ziel setzen. Er erhielt Befehl, sich der Regierung zu bemächtigen, die päpstlichen Truppen der französischen Armee einzuverleiben, eine gute Polizei zu halten und Sorge zu tragen, daß dem Papst immer die Gelder ausgezahlt würden, die er gewohnt sei, zur Bestreitung seines Hauses aus dem Schatz zu erheben.

Die Schlacht von Eßlingen ließ die Koalition einen Augenblick Hoffnung schöpfen. Die Aufregung des Volkes äußerte sich auf verschiedenen Punkten der römischen Staaten. Der Schrei: Tod den Franzosen! hallte in Rom wider, und der General Miollis sah sich mit Schrecken dem Fanatismus einer Bevölkerung ausgesetzt, die im heiligen Namen der Religion aufgehetzt worden war. Er hatte kaum 6000 Mann auf einer Linie von 60 Meilen, und in Rom selbst befanden sich weniger als 1500 Mann, um diese große Stadt im Zaume zu halten. Seine Stellung war sehr kritisch. Er erinnerte sich an die schrecklichen Mordtaten Veronas im Jahre 1797 und Roms im Jahre 1798, wo der General Duphot durch einen Dolchstoß aus der Hefe des Volkes fiel, das die Priester aufgewiegelt hatten. Er sah nur das Heil in einer außergewöhnlichen Maßnahme und nahm die furchtbare Verantwortlichkeit auf sich, die höchste Majestät des Papstes zu verletzen. Indes zögerte er noch. Da erhielt er aus Neapel den Rat, sogar die Autorisation dazu, die von der Hand der Königin von Neapel unterzeichnet war. Von diesem Augenblick an hörten alle seine Unschlüssigkeiten auf. Er ließ den Papst mitten in der Nacht aufheben und ihn nach Florenz führen. Ein Blitzstrahl konnte nicht plötzlicher wirken. An Stelle der so drohenden Aufregung am Tage vorher trat auf den öffentlichen Plätzen und in den Bergen eine beängstigende Lähmung ein.

Meine Unzufriedenheit war aufs höchste gestiegen. Ich begriff sofort, welche Ärgernisse für mich daraus entstehen konnten, und mein erster Gedanke war, den Papst nach dem Vatikan zurückzubringen. Jedoch begannen alle Träumereien des Generals Bonaparte, alle Pläne des Kaisers auf Italien durch die Entführung des Papstes in die Wirklichkeit überzugehen. Von drei Hindernissen, die sich ständig der italienischen Einheit engegengestellt hatten, waren zwei durch meinen Willen verschwunden; das dritte, das einzige, an das mein Gedanke noch nicht heranzutreten gewagt hatte, der Aufenthalt der Vertreter Jesu Christi in Rom, fiel durch eine dieser unerklärlichen Kombinationen des Schicksals, die den Sitz des Heiligen Petrus vom Ufer des Tiber nach dem der Seine verlegten. Paris würde die Hauptstadt des großen Reiches und der Sitz des höchsten Priesters von 80 Millionen Katholiken werden. Die geistliche Macht der Päpste würde natürlich durch die Unterstützung der zeitlichen Allmacht des Kaisers anwachsen, und die schönsten Zeiten der Kirche würden wiederkommen. Die Versetzung der Päpste würde eine Tat sein, die zum Glück des Reiches beitrüge.

Ich nahm es an und schrieb an den Bischof von Nantes, den Abbé Duvoisin, dessen hohes Verdienst um die Kirche ich außerordentlich schätzte und mit dem ich im Briefwechsel stand: „Seien Sie ohne Sorge, die Politik meiner Staaten ist mit der Erhaltung der Macht des Papstes eng verknüpft. Ich will, daß er in Paris mächtiger sei als in Rom. Niemals wird er so viel Macht besitzen, als meine Politik ihm zu geben beabsichtigt."

Der Bischof von Nantes predigte die katholische Religion durch die Weisheit seiner Vernunftsgründe und die Vortrefflichkeit seiner Sittenlehre. Er besaß meine ganze Achtung und all mein Vertrauen. Ich befragte ihn in allen Angelegenheiten der Kirche.

Die Aufhebung des Papstes war nicht ein Akt meines Willens. Sie war einer der Zwischenfälle, die sich so oft in der Politik wie im Laufe des Lebens ereignen.

Der Krieg Frankreichs mit Österreich und Spanien schien dem päpstlichen Stuhl eine willkommene Gelegenheit. Der Papst schleuderte die Bulle der Exkommunikation. Die Besetzung seiner Staaten war die Folge des Krieges gewesen, den er Frankreich erklärt hatte. Übrigens war er in der Ausübung der geistlichen Angelegenheiten nicht im geringsten gehindert worden. Er hatte auch die Versicherung erhalten, daß seine Person stets respektiert werden würde, nur dürfe er die in Rom eingeführte Regierung nicht in ihrer Wirksamkeit stören. Diese Eröffnung blieb ohne Erfolg. Der Papst betrachtete seine Eigenschaft als Souverän von Rom als unzertrennlich von seiner geistlichen Würde. Die französischen Truppen in seinen Staaten waren nicht zahlreich, und da die Schlacht von Aspern den Ausgang des Krieges unsicher zu machen schien, war die ganze Bevölkerung in Aufregung. Der Heilige Vater, ins Innerste seines Palastes eingeschlossen, hatte ihn mit Barrikaden umgeben lassen, die von ein paar hundert bewaffneten Leuten mit größter Aufmerksamkeit bewacht wurden. Da gerieten die Franzosen, welche die äußeren Posten besetzt hatten, mit ihnen in Streit. Sie glaubten sich beschimpft, was sie zum Spott reizte. Die Lage des Papstes war gefahrvoll. Von einem Augenblick zum andern stand zu befürchten, daß es zu ernsten Kämpfen käme. Die Kugeln verschonen niemand. Der Oberbefehlshaber machte den Truppen sehr lebhafte Vorstellungen, aber er brachte es nicht dahin, ihnen begreiflich zu machen, daß der Papst den besten Schutz in der Heiligkeit seiner Würde genösse und daß Gewalt mit Gewalt vertreiben wollen höchst nachteilige Folgen haben könne. Da er kein Gehör fand, so faßte er, nachdem er alles in Betracht gezogen hatte, den Entschluß, den Papst nach Florenz bringen zu lassen. Das war er dem Heiligen Vater, der französischen Nation und ganz Europa schuldig. Was würde man gesagt haben, wenn so kostbares Blut bei einer bloßen Zänkerei vergossen worden wäre? Der General war es auch seinen Truppen schuldig. War es nicht seine Pflicht, über die allgemeine Sicherheit zu wachen? Im Augenblick war sie wieder hergestellt. Die Großherzogin von Toskana (Elisa) jedoch, darüber erstaunt, daß der Papst ohne Befehl des Kaisers nach Florenz kam, befahl, da sie selbst wenig Truppen hatte, daß er seine Reise nach Turin fortsetze. Aus demselben Beweggrund ließ ihn der Fürst Generalgouverneur (Bacciocchi) von Piemont den Weg nach Grenoble einschlagen. Ein Kurier aus Rom berichtete dem Kaiser in Schönbrunn, was vorgefallen war. Napoleon schickte sogleich Befehl nach Florenz, um den Papst, wenn er angekommen sein sollte, in einem Landhaus im Großherzogtum unterzubringen und ihm alle Ehren und allen Respekt zu bezeigen, welche die Heiligkeit seiner Würde erfordere. Nach Turin sandte er den Befehl, wenn der Papst ankäme, solle man ihn nach Savona schicken. Und schließlich schrieb er nach Paris, man solle dem Papst einen Kurier entgegensenden, damit er nach Florenz zurückkehre. Sollte er jedoch die Apenninen noch nicht überschritten haben, so solle man ihn im Gegenteil nach Savona reisen lassen. Obgleich mit den Vorfällen in Rom unzufrieden, konnte Napoleon doch seinen General nicht im Stich lassen. Er war zu seinem Handeln gezwungen gewesen. Die Rücksendung des Papstes nach Rom hätte noch schlimmere Folgen haben können. Es war kurz vor der Schlacht von Wagram, die den Frieden herbeiführen konnte, und dann war es immer noch Zeit, mit dem Heiligen Stuhl zu verhandeln und den unangenehmen Streit aus der Welt zu schaffen.

Das ganze kaiserliche Palais in Turin wurde dem Papst zur Verfügung gestellt. In Savona wohnte er im erzbischöflichen Palast, der bequem eingerichtet war. Der Intendant der Zivilliste, Graf Fulmatori, versorgte ihn reichlich mit allem, was er brauchte. So blieb Pius VII. mehrere Monate. Man bot ihm an, nach Rom zurückzukehren, wenn er sich verpflichtete, die öffentliche Ruhe nicht zu stören, die Regierung dort anzuerkennen und sich nur um die Angelegenheiten der Kirche zu kümmern. Da er indes wahrnahm, daß man ihn durch Überdruß zur Nachgiebigkeit zwingen wollte und daß die Welt ohne ihn sich bewegte, so sandte er mehrere Breve an die erzbischöflichen Kapitel von Florenz und Paris, um die Verwaltung der Diözesen während der Erledigungen bischöflicher Sitze zu stören, während zugleich Kardinal Pietro apostolische Vikarien überall hinschickte, wo Diözesen frei waren. Jetzt hörten zum erstenmal seit fünf Jahren die Streitigkeiten auf, weltlich zu sein: sie wurden geistlich. Die Folge davon war die erste und zweite Vereinigung der Bischöfe im Pariser Konzilium, die Bulle von 1811 und schließlich das Konkordat von Fontainebleau im Jahre 1813. Über den weltlichen Zustand Roms war noch keine Entscheidung erfolgt. Dies ermutigte den Papst zum Widerstand. Schließlich entschied sich der Kaiser, der sich seit fünf Jahren damit abquälte, ob er dem Papst das weltliche und das geistliche Ansehen lassen sollte oder nicht, oder beide für immer zu trennen und den Papst nicht mehr als weltlichen Herrscher anzuerkennen. Jesus Christus hatte gesagt: „Mein Reich ist nicht von dieser Welt." Obgleich Erbe des Thrones Davids hatte er nicht König, sondern oberster Priester sein wollen. Der Senatsbeschluß vom 17. Februar 1810 vereinigte die römischen Staaten mit dem Kaiserreich und entschied über das, was zur weltlichen Herrschaft des Papstes gehörte. Zu jeder Zeit sind die Deputationen der Bischöfe ermächtigt gewesen, dem Papst die Rückkehr nach Rom anzubieten, wenn er die dortige Regierung anerkennen und sich nur mit geistlichen Angelegenheiten beschäftigen wolle. Er wurde nach Fontainebleau gebracht, um seine Person gegen ein geplantes Unternehmen von der Seeseite aus sicherzustellen. Er bewohnte in dem Schlosse dieselben Zimmer, die er schon früher (bei der Krönung) innegehabt hatte. Es waren immer sieben oder acht französische Bischöfe zugegen, um die Honneurs bei Seiner Heiligkeit zu machen, mehrere Kardinäle, darunter Doria und Ruffo, seine Leibärzte, sein Almosenier, die Kapelle usw.

Seine Ausgaben regulierte der Papst ganz nach seinem Willen. Eine große Zahl Hofequipagen stand ihm zur Verfügung. Die Parole wurde täglich bei ihm abgeholt, und Oberhofmarschall Duroc trug genaueste Sorge für seine und seines Hauses Bedürfnisse. Pius VII. war sehr bescheiden. Ein Platz an der Tafel eines Refektoriums hätte ihm genügt.

Stephanie von Beauharnais, Großherzogin von Baden

König Friedrich August von Sachsen

Der Oberhofmarschall hatte daher nur eine Sorge: die Ausgaben des Papstes anstatt zu beschränken, zu vergrößern und dafür zu sorgen, daß sie angemessen und auf demselben Niveau gehalten wurden wie in den Tuilerien. Sein Hofstaat war also ebenso eingerichtet wie im Vatikan. Napoleon sah Pius VII. erst im Januar 1813 in Gesellschaft der Kaiserin. Beide machten ihm den ersten Besuch, den er sofort erwiderte, wie es Brauch ist. Während des dreitägigen Aufenthaltes in diesem Schloß, der den Verhandlungen über das Konkordat von Fontainebleau gewidmet war, geschah alles auf einem freundschaftlichen und angenehmen Fuß. Das Konkordat wurde im Beisein mehrerer Kardinäle, einer großen Anzahl französischer und italienischer Bischöfe und eines Teiles des kaiserlichen Hofes unterzeichnet.

Napoleon hat bei dieser Gelegenheit mehr Geduld gezeigt als seine Stellung und sein Charakter gestatteten. Wenn er bisweilen in seinen Briefen an den Papst bittere Worte gebrauchte, so wurde er stets durch den heiligen Stil der römischen Kanzlei dazu gereizt, die Ausdrücke gebrauchte, wie zu Zeiten Ludwigs des Frommen oder der schwäbischen Kaiser. Dieser Stil war um so weniger am Platze, als man ihn gegen einen Mann gebrauchte, der alle Kriege und die Angelegenheiten Italiens aufs genaueste kannte, der alle Feldzüge, alle Bündnisse, alle weltlichen Ränke und Intrigen der Päpste auswendig wußte. Der römische Hof hätte allem ausweichen können, wenn er sich an das System Frankreichs aufrichtig angeschlossen, den Engländern seine Häfen gesperrt, einige französische Bataillone aus eigenem Antrieb zur Verteidigung von Ancona verlangt und schließlich die Ruhe in Italien aufrechterhalten hätte. Über geistliche Angelegenheiten hat der Kaiser mit dem Papst keine anderen Streitigkeiten gehabt als die, die sich in den Protokollen der beiden geistlichen Kommissionen und des Pariser Konzils befinden. Die einzige von Wichtigkeit war die über die Bischöfe.

Pius VII. liebte mich persönlich. Niemals haben unsere engeren Beziehungen einen Mißklang infolge unserer Meinungsverschiedenheiten als Herrscher empfangen. Und dieser

Achtung und dieser gegenseitigen Zuneigung muß man die Unterzeichnung des Konkordats von Fontainebleau zuschreiben, durch das der Papst auf die weltliche Herrschaft verzichtete.

Der Papst reiste nach der Krönung von Paris ab, ohne den Dank empfangen zu haben, den er verdient zu haben glaubte. Er wünschte die Ausführung der berühmten Schenkung der Gräfin Mathilde und ließ mir die Briefe Ludwigs XIV. zeigen, der in den letzten Jahren seiner Regierung die Ehre der Krone Frankreichs bloßgestellt hatte. Nachdem ich die Briefe gelesen hatte, warf ich sie ins Feuer, anstatt sie dem Papst wiederzugeben. Er war durch diese unabhängige Handlung außer sich.

Die Schenkung ausführen hätte soviel bedeutet wie die Interessen des Reiches opfern, um die Schuld einer persönlichen Dankbarkeit zu bezahlen: um nichts in der Welt hätte man das von mir erlangen können. Das heilige Kollegium verzieh es mir nicht und wurde mir feindselig gesinnt. Seitdem wurde Rom der Sitz aller gegen mich geschmiedeten Komplotte.

### *An die Gräfin Montesquiou-Fézensac*

Rambouillet, 17. Mai 1811

Madame!

Die Briefe, die Sie mir gestern und heute geschrieben haben, um mir Nachricht von dem kleinen König zu geben, haben mich sehr angenehm berührt. Dank dem Vertrauen, das ich zu Ihnen habe, bin ich nicht im geringsten beunruhigt. Ich hoffe, mich an den Fortschritten, die er in 14 Tagen gemacht haben wird, erfreuen zu können, denn ich beabsichtige, eine Reise bis Cherbourg zu machen, die etwa so lange dauern wird.

## *REDE DES KAISERS BEI ERÖFFNUNG DER GESETZGEBENDEN KÖRPERSCHAFT*

Am 16. Juni 1811

*Abgeordnete der Departements für die Gesetzgebende Körperschaft!*

Der Friede mit dem Kaiserreich Österreich ist durch die glückliche Verbindung, die ich geschlossen habe, besiegelt worden. Die Geburt des Königs von Rom hat alle meine Wünsche erfüllt und sichert die Zukunft meiner Völker.

Die religiösen Angelegenheiten sind zu oft mit den Interessen eines Staates dritten Ranges vermengt und ihm geopfert worden. Wenn sich das halbe Europa von der römischen Kirche getrennt hat, so kann man das ganz besonders dem Widerspruch zuschreiben, der fortwährend zwischen den für die ganze Welt geltenden Wahrheiten und den Grundsätzen der Religion sowie den Anmaßungen und Interessen bestand, die nur einen sehr kleinen Teil Italiens betrafen. Ich habe diesem Ärgernis auf immer ein Ende gemacht. Ich habe Rom mit dem Reich vereinigt. Ich habe den Päpsten Paläste in Rom und in Paris bewilligt. Wenn ihnen die Interessen der Religion am Herzen liegen, so werden sie sich oft im Mittelpunkt der Angelegenheiten der Christenheit aufhalten wollen; so hat der heilige Petrus Rom sogar dem Aufenthalt im Heiligen Lande vorgezogen.

Holland ist mit dem Reich vereinigt worden. Ohne Holland, das ein Verbindungskanal für Frankreich ist, wäre das Reich nicht vollständig.

Die von der englischen Regierung aufgestellten Grundsätze, die Neutralität keiner einzigen Flagge anzuerkennen, haben mich gezwungen, mich der Mündungen der Ems, der Weser und der Elbe zu versichern und eine innere Verbindung mit der Ostsee herzustellen. Nicht mein Gebiet habe ich vermehren wollen, aber meine Kräfte zur See.

Amerika macht Anstrengungen, um der Freiheit seiner Flagge Anerkennung zu verschaffen. Ich werde es dabei unterstützen.

Ich bin mit den Fürsten des Rheinbundes durchaus zufrieden.

Der Anschluß des Wallis war schon bei der Mediationsakte vorgesehen und als notwendig betrachtet worden, um die Interessen der Schweiz mit den Interessen Frankreichs und Italiens zu vereinigen.

Die Engländer lassen alle Leidenschaften spielen. Bald schieben sie Frankreich alle Pläne unter, welche die anderen Mächte beunruhigen können, Pläne, die es hätte ausführen können, wenn sie in seiner Politik gelegen hätten. Bald wenden sie sich an den Egoismus der Nationen, um ihren Neid zu erregen. Sie ergreifen alle Gelegenheiten, die von den unerwarteten Ereignissen unserer Tage hervorgerufen werden; nur der Krieg in allen Teilen des Festlandes kann ihren Wohlstand sicherstellen. Ich will nichts, was nicht in den Verträgen festgesetzt worden ist, die ich abgeschlossen habe. Ich werde niemals das Blut meiner Völker für Interessen opfern, die nicht unmittelbar Interessen meines Reiches sind. Ich hoffe, daß der Frieden auf dem Festland nicht gestört wird.

Der König von Spanien hat der letzten Feierlichkeit beigewohnt. Ich habe ihm alles bewilligt, was notwendig und geeignet ist, die Interessen und die Stimmung der verschiedenen Völker seiner Provinzen zu vereinigen. Seit 1809 sind die meisten festen Plätze Spaniens nach denkwürdigen Belagerungen eingenommen worden; die Insurgenten sind in einer großen Zahl geregelter Feldschlachten geschlagen worden. England hat eingesehen, daß diesem Krieg ein Ende bereitet werde, und daß weder Intrigen noch Geld mehr hinreichen, um ihn zu unterhalten. Es hat sich gezwungen gesehen, den Charakter dieses Krieges zu verändern, und aus einem Hilfsgenossen ist es zum Hauptteilnehmer geworden. Alles, was es an Linientruppen hat, ist nach der Halbinsel geschickt worden. England, Schottland, Irland sind entblößt, das englische Blut ist in Strömen in mehreren für die französischen Waffen glorreichen Schlachten geflossen. Dieser Kampf gegen Karthago, der auf den Schlachtfeldern des Ozeans oder jenseits der Meere entschieden werden sollte, wird daher in Zukunft in den spanischen Ebenen entschieden werden. Wenn England erschöpft ist, wenn es endlich die Übel spürt, die es seit zwanzig Jahren mit derartiger Grausamkeit über das Festland verbreitet, wenn die Hälfte seiner Familien in Trauer ist, dann wird ein Donnerschlag den Angelegenheiten der Halbinsel und dem Schicksal seiner Armeen ein Ende machen und Europa wie Asien rächen, indem er diesen zweiten punischen Krieg beendet.

Meine Herren Abgeordneten der Departements für die Gesetzgebende Körperschaft, ich befehle meinem Minister, Ihnen die Rechnungen von 1809 und 1810 vorzulegen. Ich habe Sie zu diesem Zwecke einberufen. Sie werden daraus den blühenden Zustand meiner Finanzen ersehen. Obgleich ich meinem Kriegsminister vor drei Monaten hundert Millionen, die nicht im Budget vorausgesehen sind, zur Verfügung gestellt habe, um die Ausgaben für damals notwendig erscheinende neue Rüstungen zu bestreiten, so befinde ich mich doch in der glücklichen Lage, meinen Völkern keine neuen Lasten aufzuerlegen. Ich werde keinen Zoll erhöhen; ich bedarf keiner neuen Vermehrung der Steuern.

### *An Maret, Minister des Äußern*

Paris, 1. Februar 1812

Herr Herzog von Bassano, schreiben Sie dem Grafen Reinhart, daß ich sein Verhalten nicht billige. Wenn König Jerôme abdanken will, so stehe es ihm frei. Ich sei wegen der Regierung der Staaten nicht in Verlegenheit. In diesem Sinne solle er sich erklären. Die lächerlichen Drohungen blieben ohne Eindruck. Ich mißbilligte gleichfalls die Anspielung auf die 400.000 Franken für die Verpflegung der französischen Truppen. Grundsätzlich müssen meine Truppen dort verpflegt werden, wo sie sich aufhalten. In Bayern seien sie ein Jahr lang ernährt worden, ohne mich etwas zu kosten. Endlich sei die Große Armee am 1. Februar geschaffen worden und seitdem müßten meine Truppen überall das, was sie brauchten, finden. Wenn nicht, so würden sie es nehmen. Statt Regimenter mit so schlechtem Geist und soviel unnützen Ausgaben zu haben, sollte man lieber anders handeln. Sie müssen genau auf alle meine Einzelheiten eingehen, um den Grafen Reinhart wie dem westfälischen Minister zu verstehen zu geben, daß seit dem 1. Februar hinsichtlich der Verwaltung alles anders ist. Die Große Armee wurde geschaffen und alles wird militärisch geleitet, da die Truppen auf Kriegsfuß stehen.

Napoleon.

## *IM MINISTERRAT DIKTIERTE NOTE*

Paris, 11. März 1812

Seine Majestät läßt sich über die Hilfsquelle Bericht erstatten, welche die Rumfordschen Suppen zur Unterstützung der Armen darbieten. Der Kaiser bemerkt, daß die Rumfordschen Suppen kein Getreide erfordern. Es ist Tatsache, daß es in Frankreich an Getreide fehlt. Man müßte den Stadtverwaltungen und den Präfekten befehlen, überall eine große Anzahl Öfen für Rumfordsche Suppen, die man nicht bloß umsonst verteilen, sondern auch verkaufen könnte, errichten zu lassen. Man müßte zuerst solche in den Gemeinden in der Umgebung von Paris und namentlich in Saint-Denis errichten. Die Minister des Innern und der Manufakturen sollen sich mit der Vollziehung dieser Verfügungen beschäftigen. Der Minister des Innern soll allen Präfekten schreiben und ihnen mitteilen, der Kaiser habe mit Mißvergnügen gesehen, daß sie in den Landesteilen, wo das Brot sehr teuer ist und die Lebensmittel selten sind, keine Maßnahmen ergriffen haben, um Rumfordsche Suppen von Unternehmern herstellen zu lassen, die sie dem Publikum verkaufen würden. Er soll nachweisen, daß eine Suppe soundso viel kostet und die Nährkraft von soundso viel Brot hat, daß also in schlechten Zeiten diese Hilfsquelle dem Volke ein Mittel bietet, sich so zu nähren, als wenn das Brot nur soundso viel kostete. Er soll ihnen eine Instruktion über die Art, die Öfen herzustellen und die Suppenaktion einzurichten, zukommen lassen.

Man könnte sie dann um den halben Preis abgeben. In Saint-Denis und in der Umgebung von Paris müßte der Präfekt auch die Suppen von Unternehmern bereiten lassen und es durch Anschläge bekanntgeben. Man müßte in Paris ebenfalls den Brauch einführen, sie zu verkaufen, was von der unentgeltlichen Verteilung durchaus getrennt werden müßte. Übrigens wird der Arbeiter, der nicht ganz arm ist, sich schämen zu betteln, während er es angenehm empfindet, besonders für seine Kinder, Suppen wohlfeil zu kaufen. Es ist für das Volk vorteilhafter, sie zu verkaufen, als sie umsonst herzugeben; denn die unentgeltliche Verteilung kann nur beschränkt sein, während der Verkauf in den Landesteilen, in denen das Getreide teuer ist, große Ausdehnung gewinnen kann.

Die Verwaltung könnte übrigens zu Hilfe kommen, indem sie die Öfen liefert und darüber wacht, daß die Suppen gut sind, und so billig als möglich geliefert werden.

## *PROKLAMATION AN DIE GROSSE ARMEE*

Kaiserliches Hauptquartier Wilkowski,
22. Juni 1812

Soldaten! Der zweite polnische Krieg hat begonnen, der erste ist in Friedland und in Tilsit beendet worden! In Tilsit hat Rußland geschworen, daß es mit Frankreich ein ewiges Bündnis und mit England ewigen Krieg haben wolle. Es bricht jetzt seinen Schwur! Es will keine Erklärung über seine seltsame Handlung abgeben, bevor die französischen Adler über den Rhein zurückgegangen seien, wodurch wir unsere Bundesgenossen seiner Willkür überlassen würden. Rußland geht seinem Verhängnis entgegen! Sein Geschick muß sich erfüllen! Sollte es uns etwa für degeneriert halten? Wären wir nicht mehr die Soldaten von Austerlitz? Es stellt uns zwischen Schande und Krieg! Die Wahl kann nicht zweifelhaft sein. So laßt uns denn vorwärts gehn, laßt uns den Niemen überschreiten und den Krieg auf sein Gebiet tragen! Der zweite polnische Krieg wird für die französischen Waffen ebenso glorreich sein als der erste. Aber der Frieden, den wir beschließen, wird seine Bürgschaft in sich selbst haben und dem verderblichen Einfluß ein Ende machen, den Rußland seit fünfzig Jahren auf die europäischen Angelegenheiten ausgeübt hat.

Napoleon.

*An Alexander I., Kaiser von Rußland, in Sankt Petersburg*

Wilna, 1. Juli 1812

Mein Herr Bruder, ich habe den Brief Eurer Majestät erhalten. Der Krieg, der zwischen unseren Staaten bestand, endigte mit dem Tilsiter Frieden. Ich war zur Konferenz auf dem Niemen mit dem Entschluß gekommen, nicht eher Frieden zu schließen, bevor ich alle Vorteile erhalten hätte, die sich mir durch die Umstände darboten. Ich hatte mich deshalb geweigert, auch mit dem König von Preußen dort zusammenzutreffen. Eure Majestät sagte mir damals: „Ich werde Ihr Sekundant gegen England sein.“ Diese Worte Eurer Majestät änderten alles. Der Tilsiter Frieden war die Folge davon. Später wünschten Eure Majestät, daß einige Änderungen an diesem Friedensvertrag vorgenommen würden. Sie wollten die Moldau und Walachei behalten und Ihre Grenzen bis an die Donau ausdehnen. Sie begannen Unterhandlungen. Diese, für Eure Majestät so vorteilhafte und wichtige Veränderung am Tilsiter Frieden, war das Ergebnis der Erfurter Übereinkunft. Es scheint, daß Eure Majestät um die Mitte des Jahres 1810 den Tilsiter Vertrag nochmals zu ändern wünschten. Das zu erreichen blieben Ihnen nur zwei Mittel: Unterhandlung oder Krieg. Die Unterhandlung war Ihnen in Erfurt gelungen, warum griffen Sie diesesmal zu einer anderen Ausflucht? Sie nahmen beträchtliche Rüstungen vor, lehnten Unterhandlungen ab und schienen nur durch den Schutz Ihrer zahlreichen Armeen Veränderungen am Tilsiter Friedensvertrag er-

Napoleon I. als Kaiser

König Jerôme von Westfalen

reichen zu wollen. Die nach so schweren Ereignissen und nach all dem vergossenen Blut zwischen den beiden Mächten hergestellten Beziehungen wurden abgebrochen; der Krieg stand bevor. Auch ich griff zu den Waffen, aber erst sechs Monate später, nachdem sich Eure Majestät dazu entschlossen hatte. Ich habe kein einziges Bataillon ausgehoben, ich habe keine einzige Million für die außerordentlichen Ausgaben des Kriegs aus meinem Schatz gezogen, ohne Eure Majestät und Ihren Gesandten davon in Kenntnis zu setzen. Ich habe keine Gelegenheit vorübergehen lassen, mich zu erklären. Eure Majestät hat vor ganz Europa einen Protest erlassen, was die Mächte gewöhnlich nur dann tun, wenn sie bereit sind loszuschlagen, und wenn sie nichts mehr von Unterhandlungen hoffen. Ich habe nicht darauf geantwortet. Eure Majestät sind zuerst nach Ihrem Hauptquartier abgegangen. Eure Majestät haben mir endlich, nachdem Sie sich achtzehn Monate lang gegen jede Erklärung widersetzt hatten, durch Ihren Gesandten eine Aufforderung zur Räumung Preußens als vorläufige Bedingung übergeben, die jeder Erklärung vorangehen müsse. Wenige Tage nachher hat dieser Gesandte seine Pässe verlangt und dieses Gesuch dreimal wiederholt. Von diesem Augenblicke an hatte ich Krieg mit Eurer Majestät! Ich wollte jedoch noch nicht alle Hoffnung aufgeben, sondern glaubte, Fürst Kurakin habe seine Instruktionen mißverstanden und daß er zu dieser Aufforderung sine qua non, sich auf nichts einzulassen, bevor Preußen geräumt wäre, nicht ermächtigt sei. Dadurch wurde ich zwischen Krieg und Schande gestellt. Es war das eine unziemliche Sache von seiten Rußlands, zu der es weder die früheren Ereignisse, noch die bezüglichen Streitkräfte der beiden Staaten ermächtigen konnten. Sie vereinbarte sich auch nicht mit dem Charakter Eurer Majestät und mit der persönlichen Achtung, die Sie mir bisweilen bezeugten. Endlich können Sie unmöglich vergessen haben, daß ich Sie und Ihr Volk unter den bedenklichsten Umständen jederzeit geehrt habe, daß ich Ihnen nichts vorschlug, was das Feingefühl und die Ehre im geringsten verletzen konnte. Ich beauftragte daher den Grafen Lauriston, sich zu Eurer

Majestät und Ihrem Minister der Auswärtigen Angelegenheiten zu verfügen, sich über alle diese Verhältnisse zu erklären und zu sehen, ob es kein Mittel gebe, die Eröffnung einer Unterhandlung herbeizuführen. Die anmaßende und unpassende Aufforderung des Fürsten Kurakin wollte ich als nichtgeschehen betrachten. Wenige Tage nachher erfuhr ich, daß der Berliner Hof von diesem Schritt des Fürsten Kurakin unterrichtet worden und selbst über eine so außerordentliche Sprache erstaunt gewesen sei. Bald erfuhr ich, daß man diesen Schritt auch in Petersburg kannte und, daß die verständigen Leute ihn mißbilligten. Endlich entnahm ich aus den englischen Zeitungen, daß auch die Engländer ihn kannten. Fürst Kurakin war also seinen Instruktionen buchstäblich nachgekommen. Dessenungeachtet hoffte ich noch immer und erwartete die Antwort, die Graf Lauriston mir bringen sollte. Da traf der Gesandtschaftssekretär Prévost in Gumbinnen bei mir ein und meldete, Eure Majestät hätten sich gegen alles Völkerrecht, gegen die Pflichten der Fürsten unter solchen Umständen, ohne Rücksicht auf das, was Sie mir und sich selbst schuldig waren, nicht allein geweigert den Grafen Lauriston zu empfangen, sondern Sie hätten sogar die Mißachtung soweit getrieben, daß auch der Minister sich weigerte, ihn anzuhören und sich mit ihm zu besprechen, obwohl Lauriston ihn von der Wichtigkeit seiner Mitteilungen und von seinem Beglaubigungsschreiben in Kenntnis gesetzt hatte. Eine ganz beispiellose Handlung! Da endlich sah ich ein, daß das Los geworfen sei, daß jene unsichtbare Vorsehung, deren Rechte und Herrschaft ich anerkenne, über diese Angelegenheit wie über so viele andere entschieden habe. Ich marschierte an den Niemen mit der innersten Überzeugung, alles getan zu haben, um der Menschheit dieses neue Unglück zu ersparen, und alles mit meiner Ehre, mit der meiner Völker und der Heiligkeit der Verträge zu vereinbaren.

Dies ist, Sire, mein ganzes Verhalten. Eure Majestät kann vieles darauf erwidern, aber Sie werden sich selbst sagen müssen, daß Sie achtzehn Monate hingehen ließen, ehe Sie sich auf irgendeine Weise erklärten. Dann aber sagten Sie,

Sie würden sich auf nichts einlassen, wenn ich nicht vorher das Gebiet meines Bundesgenossen geräumt hätte. Sie wollten dadurch dem König von Preußen die Unabhängigkeit entreißen, die Sie ihm scheinbar gewährleisteten, während Sie mir gleichzeitig von weitem das kaudinische Joch zeigten. Ich bedaure unendlich die Bosheit derjenigen, die Eurer Majestät dazu geraten haben. Wie dem aber auch sei, eine solche Sprache durfte Rußland gegen Frankreich nicht führen; so hat höchstens die Kaiserin Katharina mit dem letzten polnischen König sprechen dürfen!

So ist denn der Krieg zwischen uns erklärt! Gott selbst kann das Geschehene nicht ungeschehen machen. Aber mein Ohr wird für Friedensverhandlungen niemals taub sein. Wenn Eure Majestät sich ernstlich dem Einfluß der gegen Ihre Familie, Ihren Ruhm und den Ruhm Ihres Reiches feindlich gesinnten Menschen entziehen wollen, werden Sie in mir immer die gleichen Gesinnungen und wahre Freundschaft finden. Es wird ein Tag kommen, an dem Eure Majestät sich gestehen müssen, daß, wenn Sie Ihre Gesinnung seit Ende des Jahres 1810 nicht geändert hätten, wenn Sie wegen der Modifikationen am Tilsiter Frieden zu ehrenhaften Unterhandlungen gegriffen hätten, was übrigens keine Sinnesänderung in sich schließt, Ihre Regierung eine der schönsten Regierungen in Rußland gewesen wäre. Nach so außerordentlichem Mißgeschick hätten Sie durch Ihre Klugheit und Ihre Politik alle Wunden des Staates geheilt, unermeßliche Provinzen, Finnland mit Ihrem Reiche vereint, und Ihre Grenzen bis an die Donau ausgedehnt. Aber auch ich hätte dabei viel gewonnen: die spanischen Angelegenheiten wären im Jahre 1811 zu Ende geführt worden, und wahrscheinlich wäre in diesem Augenblick der Friede mit England abgeschlossen. Es fehlte Eurer Majestät an Ausdauer, an Vertrauen und, erlauben Sie mir, es zu sagen, an Aufrichtigkeit! Sie haben Ihre ganze Zukunft verdorben.

Ehe ich über den Niemen gegangen wäre, hätte ich, wie immer in meinen Feldzügen, Eurer Majestät einen Adjutanten geschickt. Da jedoch die den Krieg in Ihrem Auftrag leitenden Personen, trotz der gemachten Erfahrungen, ihn so sehr zu wünschen scheinen, so große Unzufriedenheit über die Sendung des Grafen von Narbonne bezeugten, und ich die Nichtzulassung meines Gesandten als das Ergebnis ihres Einflusses hätte betrachten müssen, so unterließ ich es. Es schien mir meiner unwürdig, den Verdacht aufkommen zu lassen, daß ich unter dem Vorwand der Höflichkeit einen anderen Zweck verfolgen könnte, wenn ich jemand zu Eurer Majestät schickte. Wenn Eure Majestät den Krieg beenden wollen, so bin ich dazu bereit. Sollten Eure Majestät aber entschlossen sein, ihn fortzusetzen, und einen Vertrag auf den liberalsten Grundsätzen zu schließen, z. B. die in den Spitälern liegende Mannschaft nicht als Gefangene zu betrachten, damit man nicht beiderseits gezwungen sei, sich mit der Räumung zu beeilen, was den Verlust vieler Leute herbeiführt, wie ferner die Bestimmung, alle vierzehn Tage die beiderseits gemachten Gefangenen zurückzusenden, indem man eine Auswechslungsliste je nach den verschiedenen Graden aufstellt, und endlich jede andere Bestimmung, die nach Kriegsbrauch zwischen zivilisierten Völkern statthaft ist, so wird mich Eure Majestät ebenfalls zu allem bereitfinden. Wenn Eure Majestät sogar trotz der Feindseligkeiten einige direkte Verbindungen herstellen lassen wollen, so könnten die Formalitäten im Prinzip ebenfalls in diesem Vertrag geregelt werden.

Es bleibt mir nun weiters nichts übrig, als mit der Bitte an Eure Majestät zu schließen, daß Sie stets davon überzeugt sein möchten, wie unveränderlich freundschaftlich ich für Sie gesinnt bin, so sehr ich die Richtung beklage, die Sie Ihrer Politik gegeben haben und die auch einen so bedauernswerten Einfluß auf unser Leben und auf unsere Nationen hat. Was auch geschehen möge, ich werde immer der gleiche bleiben. Ich bitte Sie, versichert zu sein, daß, wenn das Glück meine Waffen nochmals begünstigen sollte, Sie mich wie in Tilsit und Erfurt voll Freundschaft und Achtung für Ihre schönen und großen Eigenschaften und von dem Wunsch erfüllt finden werden, es Ihnen zu beweisen.

Napoleon.

*An Franz I., Kaiser von Österreich, in Wien*

Mojaisk, 9. September 1812

Mein Herr Bruder und teuerster Schwiegervater, ich beeile mich, Eurer Kaiserlichen Majestät den glücklichen Ausgang der Schlacht an der Moskwa zu melden, die am 7. September bei dem Dorf Borodino stattgefunden hat. Da ich das persönliche Interesse Eurer Majestät für mich kenne, habe ich geglaubt, Ihnen selbst dieses denkwürdige Ereignis und den guten Zustand meiner Gesundheit melden zu müssen. Ich schätze den Verlust des Feindes auf 40 oder 50.000 Mann; er hatte 120.000 bis 130.000 Mann im Treffen. Ich habe zwischen 8 und 10.000 Mann an Toten und Verwundeten. Ich habe 60 Kanonen erobert und eine große Zahl Gefangene gemacht. Meine Vorhut ist sechs Stunden voraus.

Ich bitte Eure Majestät wiederholt, den Fürsten von Schwarzenberg zu verstärken, damit er die Ehre der österreichischen Waffen aufrecht erhalte, wie er es schon getan hat.

Ich bitte vor allem Eure Majestät, mir Ihre Gewogenheit und die gleichen Gefühle zu bewahren, die Sie mir für diejenigen schuldig sind, die ich für Sie hege.

Napoleon.

*An Alexander I., Kaiser von Rußland*

Moskau, 20. September 1812

Mein Herr Bruder, da ich erfuhr, daß der Bruder des Gesandten Eurer Kaiserlichen Majestät in Kassel sich in Moskau befindet, habe ich ihn kommen lassen und mich eine Zeitlang mit ihm unterhalten. Ich habe ihn aufgefordert, sich zu Eurer Majestät zu begeben und Sie von meiner Gesinnung in Kenntnis zu setzen. Die schöne und prächtige Stadt Moskau besteht nicht mehr. Rostopschin hat sie verbrennen lassen! Vierhundert Brandstifter sind auf frischer Tat ertappt worden. Alle haben erklärt, daß sie auf Befehl dieses Statthalters und des Polizeidirektors Feuer anlegten; sie sind erschossen worden. Endlich scheint das Feuer gelöscht zu sein. Drei Viertel der Häuser ist verbrannt; ein Viertel ist übriggeblieben. Diese Handlungsweise ist grauenhaft und zwecklos. Beabsichtigt man, mich einiger Hilfsquellen zu berauben? Aber diese Hilfsquellen waren in Kellern, die das Feuer nicht hat erreichen können. Wie konnte man übrigens eine der schönsten Städte der Welt und das Werk von Jahrhunderten vernichten, um einen so unbedeutenden Zweck zu erreichen? Und das tat man seit dem Tage von Smolensk; 600.000 Familien sind zu Bettlern geworden! Die Feuerspritzen der Stadt Moskau waren unbrauchbar gemacht oder weggeführt worden. Einen Teil der Waffen hatte man Verbrechern gegeben, wodurch man genötigt war, einige Kanonenschüsse auf den Kremlin abzufeuern, um sie daraus zu vertreiben. Die Menschlichkeit, das Interesse Eurer Majestät und das Interesse dieser großen Stadt hätten es erheischt, daß Moskau mir zur Bewahrung anvertraut wurde, weil die russische Armee es unbedeckt ließ. Man hätte Verwaltungen, Behörden und Bürgerwehren dort lassen sollen. So hat man in Wien zweimal, in Berlin und in Madrid gehandelt. So sind auch wir in Mailand verfahren, als Suwarow dort einzog. Die Brandlegungen ermächtigen zur Plünderung, welcher der Soldat sich hingibt, um den Flammen Trümmer zu entreißen. Wenn ich voraussetzte, daß es auf Befehl Eurer Majestät geschehen ist, so würde ich Ihnen diesen Brief nicht schreiben. Ich halte es jedoch für unmöglich, daß Sie bei Ihren Grundsätzen, Ihrem Herzen und der Richtigkeit Ihrer Anschauungen die Leute zu solchen Schändlichkeiten ermächtigt haben; die sind eines großen Fürsten und einer großen Nation unwürdig. Zur selben Zeit, als man die Feuerspritzen aus Moskau wegschaffte, ließ man 150 Feldkanonen, 60.000 neue Flinten, 1,600.000 Infanteriepatronen, mehr als 4000 Zentner Pulver, 3000 Zentner Salpeter, ebensoviel Schwefel usw. dort zurück.

Ich habe Eure Majestät ohne Leidenschaft bekriegt; einige Zeilen von Ihnen hätten vor oder nach der letzten Schlacht meinen Marsch aufgehalten. Mein größter Wunsch wäre gewesen, Ihnen den Triumph, daß ich in Moskau einzog, ersparen zu können. Wenn Eure Majestät mir noch etwas von Ihrer früheren Gesinnung bewahrt, so werden Sie diesen Brief günstig aufnehmen. Jedenfalls können Sie mir dafür dankbar sein, daß ich Ihnen mitgeteilt habe, was in Moskau vorgeht.

Napoleon.

## *MOSKAU*

Die Stadt Moskau war keine Schlacht wert! Die Russen verloren sie und Moskau fiel. Hätten sie sie genommen, so wäre die Stadt gerettet gewesen. 100.000 Russen, Männer, Frauen, Kinder, wären nicht in den Wäldern in Eis und Elend umgekommen. Rußlands prächtige Hauptstadt, das Werk von Jahrhunderten, wäre nicht in Asche verwandelt worden! Rußland hätte nicht Millionen verloren, die unter Moskaus Trümmern begraben wurden. Ohne den Brand von Moskau, ein in der Geschichte einzig dastehendes Ereignis, wäre Kaiser Alexander zum Frieden gezwungen worden. Die Folgen der Schlacht an der Moskwa waren unübersehbar. Niemals war es mehr an der Zeit, eine Schlacht zu wagen, Der ganze Hof, trostlos über die Verwüstung und den Brand seiner Provinzen, der Adel, die durch fortwährende Rückzüge ermüdete, geschwächte und entmutigte Armee, alles verlangte sie aufs stürmischste.

Es ist nicht wahr, daß die Russen ihren Rückzug bis Moskau mit Absicht ausgeführt haben, um das französische Heer in das Innere des Landes zu locken. Sie räumten Wilna, weil es unmöglich war, ihre Armeen früher zu ververeinigen. Sie beabsichtigten in dem verschanzten Lager von Drissa zusammenzustoßen, aber Bagration konnte nicht eintreffen. Der Marsch des Fürsten von Eggmühl nach Minsk, Borissow und Mohilew, trennte die beiden russischen Heere, was Barclay de Tolly nötigte, über Witebsk nach Smolensk zu marschieren, um sich mit Bagration zu vereinigen. Nachdem dies geschehen, rückte er mit 180.000 Mann gegen Witebsk, um der französischen Armee eine

Schlacht zu liefern. Napoleon jedoch führte nun das schöne Manöver aus, ein Seitenstück zu dem bei Landshut im Jahre 1809. Unter dem Schutz des Waldes von Baranowitschi umging er die linke Flanke der Russen, setzte über den Dnjepr und war 24 Stunden früher in Smolensk als die Russen, die Hals über Kopf dahin eilten. Eine Division von 15.000 Russen, die sich zufällig in Smolensk befand, hatte das Glück, diesen Ort einen Tag lang zu verteidigen, wodurch Barclay de Tolly Zeit gewann, am folgenden Tage einzutreffen.

Hätten die Franzosen Smolensk überrumpelt, so wären sie dort über den Dnjepr zurückgegangen und hätten die Russen, die in Verwirrung und nicht beisammen waren, im Rücken angegriffen. Dieser Hauptstreich mißlang. Doch der französische Befehlshaber zog einen großen Vorteil aus seiner Bewegung. Sie führte die Schlacht von Smolensk herbei, in der Poniatowski und die Polen sich mit Ruhm bedeckten. Über den Dnjepr zurückgeworfen, hatte Barclay de Tolly die Absicht, eine Schlacht zu liefern.

Niemals wird man die Geschichte des Feldzuges in Rußland genau darstellen und erfahren, weil die Russen nicht schreiben oder, wenn sie es tun, die Wahrheit nicht achten, und die Franzosen haben die lobenswerte Neigung angenommen, ihren eigenen Ruhm zu verdunkeln und herabzusetzen. Der Krieg mit Rußland war eine notwendige Folge des Kontinentalsystems von dem Augenblick an, in dem der Kaiser Alexander die Verträge von Tilsit und Erfurt verletzte. Napoleon aber sah sich noch in einer viel wichtigeren Hinsicht dazu bewogen. Das französische Kaiserreich, das er durch so viele Siege gegründet hatte, wäre nach seinem Tode unweigerlich zersplittert worden und das Zepter Europas in die Hände des Zaren geraten, wenn Napoleon die Russen nicht über den Dnjepr zurückgeworfen und den polnischen Thron, die natürliche Barriere des Reiches, nicht wieder aufgerichtet hätte. Im Jahre 1813 marschierten Österreich, Preußen, Deutschland, die Schweiz, Italien unter den französischen Adlern. Hätte Napoleon nicht glauben sollen, daß die Zeit gekommen sei, das von ihm errichtete ungeheure

Talleyrand

König Ludwig von Holland

Staatsgebäude zu konsolidieren, auf dem Rußland so lange mit dem ganzen Gewicht seiner Macht drückte, als es die Freiheit besaß, seine zahlreichen Heere bis an die Oder vorzuschieben? Alexander war jung und kraftvoll wie sein Reich. Es war anzunehmen, daß er Napoleon überlebte. Das ist das ganze Geheimnis dieses Krieges! Nicht die geringste Persönlichkeit hat dabei vorgeherrscht, wie einige Vielschreiber behaupten. Der russische Feldzug ist der schwierigste, rühmlichste und ehrenvollste für die Gallier, der je in der alten und neuen Geschichte stattgefunden hat. Die Russen sind sehr tapfere Soldaten. Ihre ganze 170.000 Mann starke Armee war in der Schlacht an der Moskwa vereinigt, die Truppen von Moskau mit eingerechnet. Kutusow hatte eine ausgezeichnete Stellung inne und hatte sie sehr klug besetzt. Er hatte alle Vorteile für sich: Überlegenheit der Infanterie, Kavallerie und Artillerie, vortreffliche Stellungen, mehrere Verschanzungen. Er wurde geschlagen! Unerschrokkene Helden, Murat, Ney, Poniatowski, euch gehört dieser Ruhm! Welch große, welch herrliche Taten hätte die Geschichte aufzuzeichnen! Sie müßte sagen, wie diese unerschütterlichen Kürassiere die Redouten überwältigten und die Kanoniere auf dem Geschütz niedersäbelten. Sie müßte die heldenhafte Hingabe Montbruns und Caulaincourts* feiern, die mitten auf der Bahn des Ruhms den Tod fanden. Sie würde erzählen, was unsere Artilleristen ohne alle Deckung gegen zahlreichere und mit guten Schulterwehren versehene Batterien vollbrachten. Und die unerschrockenen Infanteristen, die im gefahrvollsten Augenblick, anstatt von ihrem General Aufmunterung zu empfangen, ausriefen: „Sei ruhig! Alle deine Soldaten haben geschworen, heute zu siegen oder zu sterben." Werden wohl auch nur Bruchstücke so großen Ruhms auf die Nachwelt kommen, oder werden Lüge, Verleumdung und Untat die Oberhand behalten?

* Divisionsgeneral Graf Augustin de Caulaincourt, ein Bruder des Außenministers Napoleons, fiel bei Borodino.

*An Herrn Maret, Herzog von Bassano, in Wilna*

Studienka, 27. November 1812

Herr Herzog von Bassano, ich bin über die Beresina gegangen, aber dieser Fluß, der viel Eisschollen treibt, erschwert die Herstellung unserer Brücken ungeheuer. Die Armee, welche Schwarzenberg gegenüberstand, wollte uns den Übergang streitig machen; sie ist diese Nacht auf dem rechten Ufer der Beresina, Borrissow gegenüber, konzentriert. Die Kälte ist sehr groß; die Armee ist außerordentlich erschöpft. Daher verliere ich keinen Augenblick, uns Wilna zu nähern, um uns ein wenig zu erholen. Es ist möglich, daß ich den Weg nach Zembin, Pletschtschennitsi, Smorgoni und Ochmiana einschlage. Lassen Sie eine große Menge Zwiebackbrot und Zwieback backen. Ich setze voraus, daß Sie immer nach Paris berichtet haben. Ich habe Ihren Brief vom 22. erhalten, den Herr Abramowicz gebracht hat; es ist der erste, den ich erhalte.

Was macht der Fürst von Schwarzenberg?

Napoleon.

## *ÜBER DEN RÜCKZUG AUS RUSSLAND*

Das Land zwischen dem Rhein und dem Dnjepr, ein Raum von 200 Meilen, war von freundschaftlichen und verbündeten Völkern bewohnt. Vom Rhein bis zur Elbe von den Sachsen (sic!), von da bis zum Niemen von den Polen, von hier bis zum Dnjepr von den Litauern. Die Armee hatte vier Linien Festungen, die des Rheins, der Elbe, der Weichsel und des Niemens. Auf dieser letzteren Pillau, Wilna, Grodno, Minsk. So lange sie bei Smolensk nicht über den Dnjepr gegangen war, befand sie sich in Freundesland. Von Smolensk bis Moskau sind 50 Meilen feindliches Land, Moskovien. Man nahm und befestigte Smolensk, das der Hauptstützpunkt des Marsches nach Moskau wurde. Man errichtete dort Spitäler für 8000 Mann, Depots mit Lebensmitteln, Kleidungsstücken und Munition, worunter sich mehr als

250.000 Kartuschen befanden. 240.000 Mann blieben zwischen der Weichsel und dem Dnjepr. Nur 160.000 Mann gingen über die Brücke von Smolensk, um nach Moskau zu marschieren. Davon wurden 40.000 zur Bewachung der Magazine, Spitäler und Depots in Dorogobusch. Wiasma, Gschat und Mosaisk gelassen und 100.000 Mann kamen nach Moskau. 20.000 waren auf dem Marsche oder in der großen Schlacht an der Moskwa getötet oder verwundet worden, wo 50.000 Russen fielen.

Nicht ein Kranker, nicht ein einzelner Mann, nicht eine Estafette, nicht eine Zufuhr sind während dieses Feldzuges aufgehoben worden von Mainz bis Moskau. Man ist nicht einen Tag ohne Nachrichten aus Frankreich gewesen. In Paris kamen die Briefe von der Armee unausgesetzt an. Bei Smolensk sind mehr als 60.000 Kanonenschüsse abgefeuert worden, an der Moskwa doppelt soviel. In den kleineren Gefechten ist eine Menge Munition draufgegangen, und doch waren beim Abmarsch von Moskau noch 350 Schuß für jedes Geschütz vorhanden. Es war ein solcher Überfluß an Munition- und Pulverkarren, daß man 500 im Kreml verbrannte und mehrere tausend Zentner Pulver und 60.000 Flinten vernichtete. Nie war Mangel an Munition. Das gereicht den Generalen Lariboissière und Eblé zur Ehre, welche die Artillerie befehligten. Bei keiner Gelegenheit haben die Offiziere dieser Waffe sich mehr ausgezeichnet und größere Geschicklichkeit bewiesen als in diesem Feldzug.

Wer behauptet, die russische Bevölkerung hätte teil an diesem Kriege genommen, kennt das Land sehr wenig. Die Herren, die einen Aufstand unter ihnen befürchteten, ließen sie auf ihre Güter ins Innere Rußlands abführen, ungefähr wie man Pferde und Viehherden wegtreibt.

Die Leibeigenen waren den Franzosen sehr günstig gesinnt, denn sie erwarteten von ihnen ihre Freiheit. Die freigelassenen Bürger oder Leibeigenen, die die kleinen Städte bewohnten, hatten große Lust, sich an die Spitze der Insurrektion gegen den Adel zu stellen, und das war die Veranlassung, daß die Russen alle kleinen Städte auf dem Wege in Brand steckten. Sie ließen auch alle Dörfer, ungeachtet des Widerstandes der Einwohner, durch die Kosaken verbrennen. Diese wieder waren als Feinde der Moskowiter froh, ihnen Schaden zufügen zu können.

Es ist überflüssig, zu erwähnen, daß die Generale Napoleons ihm nie Gegenvorstellungen über diesen Feldzug machten. Diese Behauptung ist so abgeschmackt, daß sie keine ernstliche Widerlegung verdient. Das sind Zeitungsgeschichten.

Karl XII. durchzog eine Strecke von 200 Meilen in Feindesland, er büßte seine Operationslinie einen Tag nach seinem Abmarsch von Smolensk ein. Er blieb ein Jahr ohne Nachricht aus Stockholm. Er besaß kein Heer in Reserve. Napoleon hingegen legte nur 50 Meilen in Feindesland zurück, er verlor nie seine Operationslinie. Alle Tage erhielt er Nachrichten und Zufuhr aus Frankreich. Er ließ von der Weichsel bis Moskau drei Viertel seiner Armee in Reserve. Und schließlich hatte Karl XII. nur 40.000 Mann, während Napoleon den Feldzug mit 400.000 unternahm. Beide Operationen sind einander vollkommen entgegen. So sehr die eine mit den wohldurchdachten Regeln der Kriegskunst übereinstimmt und dabei ihre Mittel dem Zweck anpaßte, ebenso sehr weicht die andere davon ab und ist ihrem Zweck nach weder überlegt, noch von einem guten Strategen erfunden.

Dem Marsch von Smolensk nach Moskau lag der Gedanke zugrunde, daß der Feind zur Rettung seiner Hauptstadt eine Schlacht wagen, er sie aber verlieren würde. Dann wollten wir Moskau nehmen. Um seine Stadt zu retten oder zu befreien, würde Kaiser Alexander Frieden schließen. Im entgegengesetzten Fall hofften wir in dem unermeßlichen Reichtum dieser großen Stadt mit den 40.000 freigewordenen Bürgern, Söhnen von Freien oder Kaufleuten und reichen Einwohnern Mittel zu finden, einen Kern der Nation zu bilden und dadurch alle Leibeigenen aufzuwiegeln, um auf diese Weise dem russischen Reich einen empfindlichen Schlag zu versetzen. Es wäre wirklich besser gewesen, als so barbarisch zu handeln. Die Russen nahmen die Schlacht drei Tagesmärsche vor Moskau an. Sie wurden geschlagen. Die Franzosen rückten in Moskau ein. Achtundvierzig Stunden waren sie Herren der Reichtümer der Stadt. Die vorgefundenen Hilfsquellen waren unermeßlich. Die Einwohner waren geblieben. Die 500 Paläste des Adels waren vollständig eingerichtet, ihre Diener und Beamten standen an den Türen. Edelsteine, kostbare Toiletten der Damen, alles war noch da. Man hatte kaum etwas mitgenommen. Der größte Teil der reichen Besitzer hatte bei der Abreise Empfehlungsbriefe an den General zurückgelassen, der in dem betreffenden Hause Quartier nähme, mit der Erklärung, sie würden in ein paar Tagen, wenn die erste Aufregung vorüber wäre, wieder zurückkommen. Erst jetzt geschah es, daß etwa 8 oder 900 Polizeibeamte den heftigen Wind benutzten und die ganze Stadt auf einmal in Brand steckten. Die meisten Häuser Moskaus waren Holzhäuser und enthielten eine große Menge Branntwein- und Ölniederlagen, auch anderes brennbares Material. Sämtliche Feuerspritzen waren weg, obwohl Moskau deren einige hundert äußerst gut organisierte besaß. Nur eine einzige war zu finden. Einige Tage lang kämpften die Truppen vergebens gegen den ungeheuren Brand. Alles wurde ein Raub der Flammen. Die zurückgebliebenen Einwohner flüchteten in die Wälder oder aufs Land. Es blieb nur die niedrigste Volksklasse, und die überließ sich der Plünderung. Die große und prächtige Stadt wurde zur Kloake, ein Ort des Elends und der Greuel. Man hätte nun den Entschluß fassen können, nach Petersburg zu marschieren. Der Hof befürchtete es und ließ seine kostbarsten Schätze und die Archive nach London schaffen. General Tschitschakow war aus Podolien gerufen worden, um Petersburg zu decken. Da es aber ebenso weit von Moskau als von Smolensk nach Petersburg war, so zog Napoleon vor, in Smolensk zu überwintern, an der Grenze von Litauen, um dann im Frühjahr bis Petersburg vorzudringen. Er begann seinen Marsch auf Smolensk damit, Kutusows Armee bei Malojaroslawetz von neuem anzugreifen und zu schlagen. Darauf zog er ungehindert weiter, bis Kälte, Schnee und Eis in einer Nacht 3000 Pferde töteten. Die Wagen mußten stehen bleiben, und das war die Ursache allen Unglücks auf diesem Marsch, der nicht Rückzug genannt werden kann, weil das Heer siegreich war. Es wäre ebenso gut imstande gewesen, nach Petersburg, Kaluga oder Tula zu marschieren, ohne daß Kutusow es hindern konnte. Die französische Armee hätte den Winter in Smolensk verbracht, wenn Schwarzenberg sie nicht im Stich gelassen und auf Warschau manövriert hätte. Dadurch bekam Tschitschakow Lust und rückte an die Beresina vor. Er bedrohte durch diese Bewegung die großen Magazine und Niederlagen in Wilna, wo sich Lebensmittel für die Armee auf vier Monate, Kleidungsstücke für 50.000 Mann, Pferde, Munition, ferner eine Division von 10.000 Mann zu ihrer Bewachung befanden. General Dombrowsky hielt das Fort Borrissow besetzt sowie die Brücke über die Beresina. Er konnte sich nicht halten. Da er nur 9000 Mann besaß, wurde er vertrieben. Tschitschakow ging über die Beresina, um an die Düna zu rücken, machte aber keinen Versuch auf Wilna. Er stieß auf den Herzog von Reggio, wurde geschlagen und mit Verlust seines Gepäcks über die Beresina zurückgeworfen. In seinem Schrecken verbrannte Tschitschakow die Brücke bei Borrissow.

Wenn man sich statt im November im August befunden hätte, so wäre die Große Armee nach Petersburg marschiert. Sie zog sich nicht nach Smolensk zurück, weil sie geschlagen war, sondern um in Polen den Winter zu verbringen. Wäre es Sommer gewesen, weder die Armee Tschitschakows noch Kutusows sollten es gewagt haben, sich den Franzosen auf zehn Märsche zu nähern; augenblickliche Vernichtung wäre ihr Los gewesen.

Die Magazine der Armee lagen keine 150 Meilen davon. Es fehlte ihr nicht an Munition, sie wurde nicht in ihrem Rücken beunruhigt und der Feind wurde überall geschlagen. Die Römer verloren ihre Armee bei Trasimene und Cannä, Hannibal bei Zama, Scipio bei Thapsus, Sextus bei Minda, Melas bei Marengo, Mack bei Ulm, der Herzog von Braunschweig bei Jena, ohne sie wieder sammeln zu können, obgleich sie mitten in ihren Festungen oder in der Nähe ihrer Hauptstädte waren.

Im russischen Feldzug waren die Depots der ersten Linie

in Smolensk, zehn Märsche von Moskau entfernt. Die der zweiten Linie befanden sich in Minsk und Wilna, acht Märsche von Smolensk. Die der dritten in Kowno, Grodno und Bialystock. Die der vierten in Elbing, Marienwerder, Thorn, Block, Modlin und Warschau. Die der fünften Linie in Danzig, Bromberg, Posen. Und die der sechsten in Stettin, Küstrin, Glogau. Von 400.000 Mann, die über den Niemen gingen, blieben 240.000 in Reserve zwischen dem Niemen und dem Dnjepr. 160.000 Mann rückten über Smolensk nach Moskau vor. Von diesen blieben 40.000 gestaffelt zwischen Smolensk und Mosaisk. Der Rückzug geschah also ganz natürlich nach Polen. Kein General hat Napoleon Vorstellungen über die Notwendigkeit gemacht, an der Beresina zu bleiben. Alle fühlten, daß er in Moskau den Krieg beenden würde. Bis Smolensk befand er sich in einem Lande, das genau so wie Frankreich gesinnt war. Einwohner und Behörden waren für ihn. Er konnte dort Pferde, Menschen und Lebensmittel erhalten, und Smolensk ist befestigt. Auf seinem Marsch nach Moskau hatte er nie den Feind im Rücken. Während seines zwanzigtägigen Aufenthaltes in dieser Stadt ist weder eine Stafette, noch ein Artillerietrain aufgehalten, keine einzige verschanzte Station, wie sie auf allen Posten waren, angegriffen worden. Die Artillerie und das andere Fuhrwerk kamen ohne Unfall an. Wäre Moskau nicht verbrannt, Alexander hätte Frieden schließen müssen. Nach diesem Brande wäre die Armee, wenn die große Kälte nicht vierzehn Tage früher als gewöhnlich begonnen hätte, ohne Verlust nach Smolensk gekommen, wo sie von den an der Moskwa und bei Malojaroslawetz geschlagenen Russen nichts zu fürchten gehabt hätte. Denn sie bedurften selbst der Ruhe aufs nötigste. Natürlich wußte man, daß es im Dezember und Januar sehr kalt sein würde. Da man jedoch eine Durchschnittstemperatur in den zwanzig vorhergegangenen Jahren festgestellt hatte, konnte man annehmen, daß das Thermoter im November nicht unter 6 Grad unter Null fallen würde. Die Armee brauchte nur noch drei Tage, um ihren Rückzug in Ordnung zu vollenden, aber in diesen drei Tagen verlor sie 30.000 Pferde. Die frühe Kälte hatte auf beide Armeen die gleiche Wirkung. Nach dem Erfolg konnte man dem Kaiser vorwerfen, vier Tage zu lange in Moskau geblieben zu sein. Allein, politische Gründe bewogen ihn dazu. Er glaubte, genug Zeit zum Rückzug nach Polen zu haben, denn der Herbst dauert in nördlichen Gegenden gewöhnlich sehr lange.

Die Große Armee nahm bei ihrem Abmarsch von Moskau auf 20 Tage Lebensmittel mit. Mehr als sie bis Smolensk brauchte, wo sie alles im Überfluß fand, bis Minsk oder Wilna zu kommen. Aber alle Gespanne und der größte Teil der Pferde von der Artillerie und Kavallerie kamen um. Der ganze Heeresdienst geriet in Auflösung. Es war gar keine Armee mehr. Es war unmöglich, vor Wilna Stellung zu nehmen. Die Korps des Fürsten von Schwarzenberg und des Generals Reynier, die an der Weichsel standen, zogen sich auf Warschau zurück, anstatt nach Minsk zu rücken, und ließen so die Armee im Stich. Wären sie nach Minsk marschiert, so hätten sie die Division Dombrowsky angetroffen, die Borrissow allein nicht halten konnte, sondern den Admiral Tschitschakow herbeirief. Es lag nicht im Plane Tschitschakows, die Beresina zu besetzen, sondern er wollte an die Düna marschieren, um Petersburg zu decken. Es war Zufall, daß ihm der Herzog von Reggio (Oudinot) begegnete, ihn schlug und auf das rechte Beresinaufer zurückwarf. Tschitschakow wurde nach dem Übergang über die Beresina noch einmal geschlagen; die Kürassiere des Generals Doumerc nahmen ihm bei einem Kavallerieangriff 1800 Mann ab.

Zwei Tagesmärsche hinter Wilna, als die Große Armee nicht mehr in Gefahr war, war der Kaiser der Ansicht, daß dringende Umstände seine Gegenwart in Paris erforderten. In Paris allein war er imstande, Preußen und Österreich zu imponieren, und bei längerem Aufschub konnte ihm der Weg versperrt werden. Er überließ den Oberbefehl über die Armee dem König von Neapel (Murat) und dem Fürsten von Neuchâtel (Berthier, Generalstabschef). Die Garde war noch vollzählig. Die Armee bestand aus 80.000 kampffähigen Soldaten, ohne das Korps des Herzogs von Tarent, das an der Düna stand. Die russische Armee war in allem auf

50.000 Mann zusammengeschmolzen. Mehl, Zwieback, Wein, Fleisch, trockene Gemüse, Pferdefutter, alles war in Wilna im Überfluß vorhanden. Nach dem Bestandsrapport über die Lebensmittel, der dem Kaiser bei seiner Durchreise vorgelegt wurde, befanden sich in Wilna 4,000.000 Portionen Mehl, 3,600.000 Fleischportionen, 900.000 Liter Wein oder Branntwein. Außerdem waren große Depots mit Kleidungsstücken und Munition angelegt worden. Wäre der Kaiser bei der Armee geblieben, oder hätte er dem Vizekönig Eugen das Kommando überlassen, die Armee wäre nie über Wilna hinausgegangen. Ein Reservekorps stand in Warschau, ein anderes in Königsberg. Aber man ließ sich durch ein paar Kosaken erschrecken und räumte Wilna in der Nacht Hals über Kopf. Von dieser Zeit an datiert das große Unglück dieses Feldzuges. Es war ein unglückliches Verhängnis, daß Napoleon bei wichtigen Krisen immer zu gleicher Zeit in Paris und beim Heere gebraucht wurde. Nichts war und konnte weniger von ihm vorausgesehen werden, als der Unsinn, den man in Wilna beging ... Die Unfälle des russischen Feldzuges sind eine Folge der frühzeitigen Veränderung des Wetters.

*An Karoline Napoleon, Königin von Sizilien*

Fontainebleau, 24. Januar 1813

Madame und liebe Schwester!

Der König hat am 16. die Armee verlassen. Ihr Gatte ist sehr tapfer auf dem Schlachtfeld, aber er ist schwächer als ein Weib oder ein Mönch, wenn er den Feind nicht sieht. Er hat keinen moralischen Mut. Er hatte Furcht und wagte nicht, das zu verlieren, was er nur durch mich und mit mir behalten kann. Beweisen Sie ihm seine Torheit. Als er die Armee ohne meinen Befehl verließ, sah ich die schlechten Ratschläge, die man ihm geben würde, voraus. Etwas befriedigter bin ich von der Botschaft, die er mir durch Sie zukommen ließ. Bereut er aufrichtig, so soll er den Augenblick benutzen, und sich nicht ebenso undankbar wie weichherzig erweisen. Ich kann ihm auch das Schlimme, das er mir angetan hat, verzeihen.

Napoleon.

## *DAS KONKORDAT 1813*

Seit sechs Monaten befand sich Pius VII. in Fontainebleau. Sein Hof setzte sich aus den Kardinälen Bayanne, Ruffo, Roveredo, Doria, Dugnanio, dem Bischof von Edessa und verschiedenen Almosenpflegern zusammen. Französische Prälaten und solche vom Königreich Italien befanden sich gleichfalls an seinem Hofe, und zwar auf meine Veranlassung hin, da sie die Weisung hatten, eine Versöhnung in die Wege zu leiten. Es waren Barnal, der Erzbischof von Tours, Maury, der Erzbischof von Paris, die Bischöfe von Nantes, Trier, Evreux, Piacenza, Feltre und Faenza.

Abgesehen von der großen Frage der weltlichen Herrschaft der Päpste gab es noch Fragen von untergeordneter Bedeutung. So war es unmöglich, die Einsetzungsbullen für die auf die vakanten Plätze ernannten Bischöfe zu erhalten. Außerdem weigerte sich der Papst beständig, die in Hamburg, Amsterdam und Düsseldorf zur Verbreitung des Ruhms des Katholizismus von mir geschaffenen Bischofssitze zu weihen.

Im Interesse der Religion verlangte ich, daß der Heilige Stuhl in einer bestimmten Zeit die erwähnten Bullen ausfertige, ebenso, wie auf Grund des Konkordats von 1801 der Herrscher in einer bestimmten Zeit Bischöfe für die offenstehenden Stellen ernennen mußte. Der Papst schien endlich wegen dieser gerechtfertigten Wünsche zum Nachgeben bereit zu sein. Die Bitterkeit hatte, wie der Bischof von Nantes schrieb, von seiten der Kardinäle merklich nachgelassen. Ich entschied mich zu einem persönlichen Schritt, um zu einer völligen Versöhnung zu kommen, zu der mich in gleicher Weise die Interessen meiner Politik als auch meine religiösen Gefühle bestimmten. Mit Recht zählte ich auf die Freundschaft und die Achtung, die der Papst niemals aufgehört hatte, mir trotz unserer Streitigkeiten als Herrscher zu beweisen.

Ich veranlaßte den Fürsten von Neuchâtel, eine Hetzjagd in seiner Besitzung Grosbois bei Melun zu veranstalten, und als die Jagd in vollem Gange war, ritt ich nach Fontainebleau, wo ich ankam, ohne daß mich jemand erwartete. Hier begab ich mich zum Papst. Er war von dieser unerwarteten Ehrung ganz gerührt und empfing mich mit Herzlichkeit. Er erwies mir das lebhafteste und freundschaftlichste Entgegenkommen. Die Zusammenkunft dauerte einige Stunden. Von diesem Augenblick an war der Widerstand gebrochen. Die Unterredung fand in italienischer Sprache statt und wurde durch die liebenswürdigen Worte, die wir uns gegenseitig sagten: „San padre, figlio mio" bestimmt. Der Papst nahm provisorischerweise Avignon als Sitz an, und ohne auf den weltlichen Besitz von Rom völlig zu verzichten, willigte er ein, sich über die Kompensationen zu verständigen und nahm einen bestimmten Zeitpunkt für die Ausfertigung der Bullen an.

Nachdem die Basis festgesetzt war, diktierte ich sofort das neue Konkordat. Der Papst war anwesend und billigte durch ein Wort oder durch Kopfnicken jede der Bestimmungen. Die Kardinäle wurden mit der endgültigen Redaktion der Arbeit betraut und brauchten vier Tage dazu. Am 25. Januar 1813 wurde das Konkordat in Gegenwart des gesamten Hofes von Frankreich unterzeichnet, zu dem sich der des Heiligen Vaters gesellt hatte, um dieser Unterzeichnung die größte Feierlichkeit zu verleihen. Auch die Kaiserin war dabei. Alle Handlungen, alle Worte des Papstes waren ebensosehr Beweise der Freude als der Zufriedenheit seiner Seele. Er schien endlich glücklich zu sein, die gute Freundschaft zwischen ihm und dem Kaiser der Franzosen wiederhergestellt zu sehen.

Die Kardinäle und die Dienerschaft erhielten großartige Geschenke. Alle wurden mit meinen Wohltaten überhäuft. Ich begnadigte auch die 14 gefangenen oder verbannten

Kardinäle. Die Versöhnung schien vollständig zu sein, wenigstens war sie es von meiner Seite aus.

Nach der Unterzeichnung des Konkordats sollte der Papst seine frühere Größe wiedererhalten, damit er nicht den Verzicht auf seine weltliche Macht zu bereuen brauchte. Ich wollte ein Idol aus ihm machen. Paris sollte die Hauptstadt der Christenheit werden, das Zentrum und die Leitung der religiösen wie der politischen Welt.

Ich wollte den Pfarrern eine große Bedeutung geben; ich wollte sie nützlich bei der Entwicklung des sozialen Fortschritts verwenden, denn je aufgeklärter und unterrichteter sie sind, um so weniger suchen sie ihr Amt zu mißbrauchen. Ihren religiösen Kursen würde ich solche über Landwirtschaft, angewandte Künste, Medizin und Rechtswissenschaft beigefügt haben. Ein Pfarrer wäre der natürliche Friedensrichter und das wahrhaft moralische Haupt geworden, der das Leben seiner Pfarrkinder geleitet hätte. Ich hatte die Absicht, die Nebeneinkünfte durch große Gehaltserhöhung zu vermehren. Ein Pfarrer sollte wenigstens 6000 Franken Einkünfte haben.

*An Elisa Napoleon, Großherzogin von Toskana*

Fontainebleau, 25. Januar 1813

Madame und liebe Schwester!

Ich habe soeben ein Konkordat mit dem Papst geschlossen. Ich schicke Ihnen eine Abschrift davon. Bewahren Sie sie bitte für sich, sprechen Sie zu niemandem darüber. Wenn die Nachricht sich in Florenz verbreitet, so können Sie sie in den Zeitungen durch einen selbstverfaßten Artikel anzeigen, ohne daß man merken darf, daß er offiziös ist. Sie können von dieser Nachricht wie von einem Gerücht sprechen. Der Papst trägt sich mit dem Gedanken, sich in Avignon niederzulassen.

Napoleon.

*An die Gräfin von Montesquiou in Saint-Cloud*

Hainau, 7. Juni 1813

Frau Gräfin von Montesquiou, ich erfahre mit Vergnügen, daß mein Sohn wächst und fortfährt, zu Hoffnungen zu berechtigen. Ich kann Ihnen nur meine Zufriedenheit für alle die Sorgfalt ausdrücken, die Sie ihm widmen.

Der Tod des Herzogs von Friaul (Duroc) hat mich tief bewegt. Seit zwanzig Jahren ist es das einzigemal, daß er nicht erriet, was mir mißfallen könnte.

Napoleon.

*An die Kaiserin Marie-Louise in Saint-Cloud*

Hainau, 7. Juni 1813

Madame und liebe Freundin, ich habe den Brief erhalten, in dem Sie mir mitteilten, daß Sie den Erzkanzler im Bett liegend empfangen haben. Ich wünsche, daß Sie unter keinen Umständen und unter keinem Vorwand irgend jemand, wer es auch sei, im Bett liegend empfangen. Dies ist nur dann erlaubt, wenn man über dreißig Jahre alt ist.

Napoleon.

*An die Gräfin Montesquiou*

Dresden, 14. August 1813

Madame!

Ich bestätige Ihren Brief und den des Königs (von Rom) vom 9. Ich finde, daß der König sehr gute Gedichte macht* und besonders, daß sie wahre Gefühle ausdrücken. Ich bitte die Kaiserin, ihm Spielzeug zu geben.

Napoleon.

* Sein Sohn war erst 2 Jahre alt.

*An die Kaiserin und Regentin Marie-Louise*

Dresden, 27. September 1813

Madame!

Sie werden den Vorsitz beim Senat führen; Sie sollen die beigeschlossene Rede verlesen. Der Kriegsminister wird einen Bericht erstatten, und die Sprecher des Staatsrates werden den Senatsbeschluß über die Aushebung vorlegen.

Napoleon.

## *FELDZUG VON 1813*

Von den 250.000 Mann, aus denen das Heer Napoleons in diesem Feldzug bestand, waren 50.000 Sachsen, Westfalen, Bayern, Württemberger, Badener, Hessen oder aus dem Herzogtum Berg übel gesinnt. Sie stifteten mehr Unheil, als sie Nutzen brachten. Die anderen 200.000 waren junge Soldaten, besonders die in der Kavallerie. Nur die Garde, die Polen, zwei bis drei Regimenter leichter und vier bis fünf schwerer Kavallerie waren gediente Soldaten. Der Mangel an leichter Kavallerie verhinderte, daß man die Bewegungen des Feindes erfuhr.

Wir besaßen eine Elbbrücke in Dresden, eine in Meissen, eine bei Torgau, eine in Wittenberg, eine in Magdeburg und eine in Hamburg. Die Bewegungen gegen Dresden waren vorausgesehen, und man tat alles, um den Feind dahin zu ziehen. Der Kaiser hatte Schanzen errichten, Straßen bauen und Brücken bei Königstein über die Elbe schlagen lassen, um die Verbindung zwischen diesem Ort und Stolpen zu erleichtern.

Die Siege bei Lützen und Wurschen hatten den Ruf der französischen Waffen wieder hergestellt. Der König von Sachsen war als Sieger in seine Hauptstadt zurückgebracht worden. Der Feind war aus Hamburg vertrieben. Ein Korps der Großen Armee stand vor Berlin und in Breslau befand sich das kaiserliche Hauptquartier. Den entmutigten Russen und Preußen blieb nur der weitere Rückzug bis hinter die Weichsel übrig. Da trat Österreich dazwischen und riet Frankreich, einen Waffenstillstand zu schließen. Napoleon kehrte nach Dresden zurück. Der Kaiser von Österreich verließ Wien und begab sich nach Böhmen. Alexander von Rußland schlug nebst dem König von Preußen sein Hauptquartier in Schweidnitz auf. Die Unterhandlungen nahmen ihren Anfang. Fürst Metternich schlug Prag als Kongreßstadt vor und der Vorschlag wurde angenommen. Aber es war nur Spiegelfechterei. Der Wiener Hof war mit Rußland und Preußen längst Verbindlichkeiten eingegangen. Er hätte sich schon im Mai erklärt, wenn die unerwarteten Siege der französischen Armee ihm nicht Vorsicht empfohlen hätten. Trotz aller Anstrengungen war das österreichische Heer noch wenig zahlreich, schlecht organisiert und kaum imstande, ins Feld zu rücken. Fürst Metternich verlangte von Napoleon die Illyrischen Provinzen, eine Grenze in Italien, das Großherzogtum Warschau, Niederlegung des Protektorats über den Rheinbund und der Vermittlung des Schweizerbundes, die Abtretung der 32. Militärdivision und der Departements von Holland. Diese übertriebenen Forderungen wurden offenbar nur in der Absicht gestellt, daß sie zurückgewiesen würden. Dessenungeachtet begab sich Caulaincourt, Herzog von Vicenza, zum Kongreß nach Prag. Die Unterhandlungen wurden eröffnet. Alle Versuche und Vorschläge, die Mächte zu einem teilweisen Verzicht auf ihre Ansprüche zu bewegen, hatten nur unbedeutende Änderungen zur Folge. Napoleon entschloß sich schließlich, wichtige Zugeständnisse zu machen und seine Vorschläge dem Kaiser von Österreich durch den Grafen Bubna, der in Dresden war, zustellen zu lassen. Die Abtretung der Illyrischen Provinzen, durch den Isonzo vom Königreich Italien getrennt, und das Großherzogtum Warschau, sowie die Niederlegung des Protektorats über den Rheinbund und die Mediation der Schweiz wurden zugestanden. Hinsichtlich Hollands und der Hansastädte verpflichtete Napoleon sich, sie nur bis zum Frieden zu behalten, um gegen England als Ersatz für die zu verlangende Herausgabe der französischen Kolonien zu dienen.

Als Graf Bubna in Prag ankam, war der für den Waffenstillstand festgesetzte Termin seit ein paar Stunden abgelaufen. Aus diesem Grunde erklärte Österreich seinen Beitritt zur Koalition, und der Krieg nahm wieder seinen Anfang.

Auf den am 27. August von den Franzosen erfochtenen Sieg bei Dresden folgten die Niederlagen des Marschalls Macdonald in Schlesien und des Generals Vandamme in Böhmen. Trotzdem blieb die Überlegenheit noch auf seiten der französischen Armee, die sich auf die Festungen Torgau, Wittenberg und Magdeburg stützte.

Dänemark hatte soeben mit Frankreich ein Schutz- und Trutzbündnis in Dresden geschlossen. Sein Kontingent stieß zur Armee des Fürsten von Eggmühl in Hamburg. Im Oktober verließ Napoleon Dresden und nahm, um den Feind zu täuschen, auf dem linken Elbufer den Weg nach Magdeburg. Sein Plan war, bei Wittenberg wieder über die Elbe zurückzugehen und nach Berlin zu marschieren. Mehrere Armeekorps waren schon in Wittenberg angekommen, die Brücken des Feindes bei Dessau waren zerstört, als Briefe vom König von Württemberg einliefen, welche die über die Treue des Münchener Hofes obwaltenden Besorgnisse völlig rechtfertigten. Sie enthielten die Mitteilung, daß der König von Bayern plötzlich anderen Sinnes geworden, daß ohne vorläufige Kriegserklärung oder Meldung, infolge des Vertrages von Ried, die am Inn kantonierenden bayrischen und österreichischen Truppen sich vereinigt hätten. Diese 80.000 Mann marschierten unter dem General Wrede an den Rhein. Durch diese starke Armee sei Württemberg genötigt, auch sein Kontingent dazu zu geben, und man müsse sich darauf gefaßt machen, daß Mainz von 100.000 Mann eingeschlossen werde.

Auf diese unerwartete Nachricht hin glaubte Napoleon, seinen Operationsplan ändern zu müssen, der seit zwei Monaten feststand und für den Festungen und Magazine bereits vorgesehen waren. Dieser Plan bestand darin, die Verbündeten zwischen die Elbe und die Saale zu werfen, unter dem Schutze der Festungen und Magazine von Torgau,

Marschall Marmont

Der Mameluk Rustan

Wittenberg und Magdeburg zu manövrieren, den Kriegsschauplatz zwischen Elbe und Oder zu verlegen — wo die Franzosen noch Glogau, Küstrin und Stettin im Besitz hatten —, auch nach Befinden die Festungen an der Weichsel, Danzig, Thorn und Modlin zu entsetzen. Dieser großangelegte Feldzugsplan ließ einen solchen Erfolg hoffen, daß die Koalition dadurch gesprengt und die Fürsten Deutschlands in ihrer Treue und Allianz mit Frankreich bestärkt worden wären. Wenn Bayern, wie man annehmen mußte, seinen Entschluß vierzehn Tage aufgeschoben hätte, wäre es sicher nicht übergetreten.

Die Heere trafen sich auf dem Schlachtfeld von Leipzig am 16. Oktober. Das französische behielt die Oberhand. Am 18. wäre, ungeachtet der Niederlage des Herzogs von Ragusa (Marmont) am 16. Oktober, dasselbe erfolgt, wenn die Sachsen nicht abgefallen wären, die den wichtigsten Teil der Stellung einnahmen. Sie gingen mit einer Batterie von 60 Geschützen zum Feind über und richteten sogleich ihr Feuer auf die französischen Linien *. Ein so unerhörter Verrat mußte den Untergang der französischen Armee nach sich ziehen. Napoleon eilte mit der Hälfte seiner Garde herbei, warf die Schweden und Sachsen zurück und vertrieb sie aus ihrer Stellung. So endete der 18. Oktober. Der Feind zog sich auf der ganzen Linie zurück und schlug seine Biwaks hinter dem Schlachtfeld auf, das den Franzosen blieb.

In der Schlacht von Leipzig focht die junge Garde unter den Herzogen von Reggio (Oudinot) und Treviso. Die mittlere Garde unter General Curial griff das österreichische Armeekorps des Generals von Merveldt an, schlug es in die Flucht und nahm den General gefangen. Die Gardekavallerie Napoleons, mit General Nansouty an der Spitze, wandte sich gegen den rechten Flügel, schlug die österreichische Kavallerie zurück und machte viele Gefangene. Die Artillerie der Garde, von General Drouot geführt, stand den ganzen

* Napoleon übertreibt. Die Sachsen hatten viel weniger Geschütze. Sie griffen auch nicht an, sondern schossen erst, nachdem sie selbst von den Franzosen beschossen wurden.

Tag im Feuer. Von der ganzen Garde blieb nur die alte Gardeinfanterie beständig in Schlachtordnung in einer drohenden Stellung, wo ihre Anwesenheit wesentlich war, wo sie aber nie in die Lage kam, sich in Massen zu formieren.

In der Nacht begannen die Franzosen ihre Bewegung hinter der Elster, um direkt mit Erfurt in Verbindung zu kommen, von wo sie die ihr fehlende Munition erwarteten. Am 16. und 18. Oktober waren 150.000 Kanonenschüsse gelöst worden. Der Abfall mehrerer deutscher Armeekorps, die durch das Beispiel der Sachsen verführt wurden, das Unglück an der Brücke, die ein Feldwebel sprengte, ohne dazu von seinem Chef Befehl erhalten zu haben, das alles war die Ursache, daß die Armee Napoleons, obwohl siegreich, einen Verlust erlitt, wie er gewöhnlich nur an den unglücklichsten Schlachttagen zu verzeichnen ist. Die französische Armee ging bei Weißenfels über die Saale. Hier sollte sie sich sammeln und das Eintreffen der Munition aus Erfurt abwarten. Da trafen Nachrichten von der Austro-Bayrischen Armee ein. Sie war in Eilmärschen an den Main gerückt. Es war daher nötig, ihr entgegenzugehen. Am 30. Oktober trifft das französische Heer sie in Schlachtordnung vor Hanau, ihm den Weg nach Frankfurt verlegend. Obwohl die Austro-Bayern stark waren, wurden sie doch geworfen und in Unordnung aus Hanau hinausgeworfen. Die Franzosen setzten ihren Rückmarsch bis über den Rhein fort, den sie am 2. November überschritten.

In Frankfurt fanden zwischen Baron von Saint-Aignan, Fürst Metternich, Graf Nesselrode und Lord Aberdeen Verhandlungen statt. Die Verbündeten setzten als erste Grundlage des Friedens fest: Verzicht des Kaisers Napoleon auf das Protektorat des Rheinbundes, Verzicht auf Polen und die Elbprovinzen. Frankreich behält seine natürlichen Grenzen der Alpen und des Rheins unangetastet. Über eine Grenze in Italien für die österreichischen Staaten werde man noch übereinkommen.

Napoleon stimmte dieser Friedensgrundlage bei. Er sandte den Herzog von Vicenza nach Frankfurt, der sich sofort auf den Weg machte. Aber auch dieser Kongreß war, wie der in

Prag, eine Hinterlist, die man in der Hoffnung anwandte, daß Frankreich jede Unterhandlung verweigern würde. Man wollte nur Stoff zu einem neuen Manifest haben, um dadurch die Stimmung des Publikums zu beeinflussen. Denn in demselben Augenblick, in dem diese friedlichen Anträge gemacht wurden, verletzten die Verbündeten die Schweizer Neutralität, weigerten sich, in Frankfurt einen französischen Bevollmächtigten anzunehmen und bezeichneten Châtillon-sur-Seine als den Ort eines bald stattfindenden Kongresses. Sie ließen durchblicken, daß als Grundlage der Unterhandlungen die Räumung ganz Italiens, Hollands, Belgiens, der Rheinprovinzen und Savoyens verlangt werde, das Frankreich ungefähr auf seine ehemaligen Grenzen von 1792 zurückführte. Durch ein Präliminarfriedensprojekt, das am 15. Februar überreicht wurde, forderten sie ferner die sofortige Übergabe der Festungen Hüningen, Belfort und Besançon. Solche Forderungen waren bestimmt nicht geeignet, bei den Unterhandlungen zugelassen zu werden. Die Sache war noch im Gang, als die Verbündeten den Kongreß für aufgelöst erklärten.

*An Caulaincourt, Herzog von Vicenza, Minister des Auswärtigen, in Paris*

Paris, 4. Januar 1814

Herr Herzog von Vicenza!

Ich billige, daß Herr de la Besnardière das Portefeuille erhält. Nur scheint es zweifelhaft, daß es die Verbündeten aufrichtig meinen und daß England den Frieden will. Ich meinesteils will ihn, aber fest und ehrenvoll. Frankreich ohne seine natürlichen Grenzen, ohne Ostende, ohne Antwerpen würde gar nicht im Verhältnis zu den übrigen Staaten Europas stehen. England und alle Mächte haben diese Grenzen in Frankfurt anerkannt. Die Eroberungen Frankreichs diesseits des Rheins und der Alpen können das nicht kompensieren, was Österreich, Rußland und Preußen in Polen und Finnland erwarben, was England in Asien an sich gerissen hat. Englands Politik, der Haß des Zaren werden Österreich mit fortreißen. Ich habe die Grundlage von Frankfurt angenommen, aber es ist mehr als wahrscheinlich, daß die Verbündeten andere Absichten haben. Ihre Vorschläge waren nur Maske. Werden die Verhandlungen einmal von militärischen Ereignissen abhängig gemacht, so ist gar nicht abzusehen, wohin eine solche Politik führen kann.

Sie müssen sich alles anhören, beobachten. Es ist indes noch nicht sicher, ob man Sie im Hauptquartier empfangen wird. Die Russen und die Engländer werden alles tun, um eine Unterredung und Aussöhnung mit dem Kaiser von Österreich zu verhindern. Suchen Sie die Absichten der Verbündeten auszuforschen, und geben Sie mir täglich Bericht, was Sie darüber erfahren, damit ich Ihnen Instruktionen erteilen kann, die ich jetzt noch nicht zu begründen weiß. Will man Frankreich auf seine alten Grenzen beschränken? Das wäre eine Erniedrigung! Man irrt sich, wenn man annimmt, daß das Unglück des Krieges den Franzosen einen solchen Frieden wünschenswert machte. Binnen sechs Monaten würde jeder französisch Empfindende den Schimpf fühlen und der Regierung ihre maßlose Schwäche zum Vorwurf machen.

Italien ist noch intakt. Der Vizekönig hat eine schöne Armee. In acht Tagen werde ich, selbst vor Eintreffen meiner Truppen aus Spanien, so stark sein, um mehrere Schlachten liefern zu können. Die Verwüstungen der Kosaken werden den Einwohnern die Waffen in die Hand drücken und so unsere Kräfte verdoppeln. Wenn das Volk mich unterstützt, geht der Feind seinem Untergang entgegen. Läßt das Glück mich im Stich, so weiß ich, was ich tue: mir liegt nichts am Thron! Ich werde weder die Franzosen noch mich durch Annahme schimpflicher Bedingungen erniedrigen.

Man muß wissen, was Metternich will. Es liegt nicht im Interesse Österreichs, die Sachen auf die Spitze zu treiben. Noch ein Schritt, und es spielt nicht mehr die erste Rolle.

Wie die Dinge stehen, kann ich Ihnen vorläufig keinerlei

Instruktionen erteilen. Beschränken Sie sich einstweilen darauf, alles anzuhören und mir zu berichten. Ich gehe zur Armee ab. Wir werden einander so nahe sein, daß Ihre ersten Berichte keinerlei Aufschub in den Geschäften verursachen. Schicken Sie mir recht oft Kuriere.

Napoleon.

## *ERKLÄRUNG VOM 4. APRIL*

Da die verbündeten Mächte proklamiert haben, der Kaiser Napoleon sei das einzige Hindernis zur Wiederherstellung des Friedens in Europa, erklärt der Kaiser Napoleon, seinem Eide getreu, daß er bereit ist, zum Wohle des Vaterlandes, das von den Rechten seines Sohnes und der Kaiserin Regentin sowie von dem Fortbestehen der Staatsgesetze unzertrennlich ist, auf den Thron zu verzichten, Frankreich zu verlassen, ja sogar sein Leben zu opfern!

Gegeben im Schlosse Fontainebleau, den 4. April 1814.

## *ABDANKUNGSAKTE*

Da die verbündeten Mächte erklärt haben, der Kaiser Napoleon sei das einzige Hindernis zur Wiederherstellung des Friedens in Europa, erklärt der Kaiser Napoleon, seinem Eide getreu, daß er für sich und seine Nachkommen auf den Thron Frankreichs und Italiens verzichte, und daß es kein persönliches Opfer gebe, nicht einmal das seines Lebens, zu dem er nicht im Interesse Frankreichs bereit sei!

Verfaßt im Schlosse Fontainebleau, den 11. April 1814.

Napoleon.

Napoleon wollte den Frieden, aber er wollte nicht Bedingungen eingehen, die ein Flecken für die Nationalehre gewesen wären. In diesem Sinne hätte er, wie Fleury behauptet, sagen können, er wolle sich lieber die Hand abhacken als Frieden schließen. Er hat den Frieden gewollt. Denn unmittelbar nach der Schlacht von Brienne, im Augenblick, als die Konferenzen ihren Anfang nehmen sollten, schrieb er an seinen Plenipotentiär nach Châtillon, er gäbe ihm alle Vollmacht, Frieden zu schließen, um den verheerenden Fortschritten des Feindes Schranken zu setzen, Paris zu retten und eine Hauptschlacht zu vermeiden, deren Verlust alle Hoffnungen der Franzosen vernichten würde. Diese unbeschränkte Vollmacht mit der Blankounterschrift hat Napoleon am 4. oder 5. Februar unterschrieben und sie erst nach seinen Siegen widerrufen. Wenn also die Verbündeten gewollt hätten, konnte der Frieden binnen 14 Tagen in Châtillon geschlossen und unterzeichnet worden sein, ohne daß der französische Bevollmächtigte genötigt gewesen wäre, neue Instruktionen von Napoleon einzuholen; damals hätte er die Ratifikation nicht verweigert, weil er nach Lage der Dinge nicht stark war. Aber die Verbündeten wollten nicht den Frieden. Ihr Ziel war, Rache zu nehmen an den Triumphen Frankreichs. Noch war in ihren Herzen die Erinnerung an die Tage der Trauer nicht vergessen, in denen der französische Adler über ihren Hauptstädten schwebte. Die Vorschläge in Châtillon sowie die in Dresden und Frankfurt waren weiter nichts als Köder, mit denen sie ihre Völker täuschten und in Frankreich Zwietracht säten.

Der französische Bevollmächtigte Caulaincourt verlangte bestimmte Instruktionen über die Zugeständnisse, die er machen durfte. Napoleon befand sich in Nogent-sur-Seine. Marschall Bertrand und der Herzog von Bassano, die bei ihm waren, rieten ihm, dem Verlangen Caulaincourts nachzugeben, ihm aber die Freiheit zu lassen, von seinen Instruktionen abzugehen und sich dabei der erhaltenen Blankounterschrift zu bedienen. Napoleon hatte mit seinem Minister in seinem Kabinett eine Konferenz, die bis spät in die Nacht hinein dauerte. Es wurde beschlossen, man dürfe keinen Anstand nehmen, Belgien und sogar das linke Rheinufer aufzugeben, wenn man den Frieden nur unter diesen Bedingungen erlangen könne. Sollte es jedoch möglich sein, nur eines von beiden opfern zu müssen, so solle es Belgien sein, so sehr auch Napoleon diese schöne Provinz zu behalten wünsche. Denn England, das dadurch seinen Hauptzweck erreichte, würde befürchten, ein für die Engländer so wichtiges Resultat durch Unterstützung der übrigen Forderungen von neuem aufs Spiel zu setzen. Andererseits könne man unter glücklichen Umständen Belgien wiedererobern. Man brauche dazu nur einen Seekrieg, der das Schicksal Frankreichs nicht gefährdete, während die Wiedereroberung des linken Rheinufers unfehlbar einen Kontinentalkrieg entzünden würde. In diesem Sinne wurden die Instruktionen für Caulaincourt abgefaßt: zuerst sollte er die Abtretung Belgiens anbieten, dann die des linken Rheinufers, aber nur, wenn es unumgänglich nötig wäre. Italien, Piemont, Genua, die in Deutschland zu errichtenden Besitztümer, sogar die Kolonien hatte man bereits früher geopfert.

Diese Depesche sollte Napoleon um 7 Uhr morgens unterschreiben. Um 5 Uhr erhielt er Rapport über die Bewegungen der Russen und Preußen, woraus er erkannte, das glorreiche Ereignisse bevorstanden, die die Gestalt der Dinge vollkommen verändern konnten. Er verschob daher seine Antwort an Caulaincourt und begab sich zur Armee nach Champaubert. Eine Reihe unerwarteter Siege bestärkte ihn in seinen Hoffnungen. Statt einer großen Schlacht, die er vermeiden wollte, hatte er fünf bedeutende Siege davongetragen. In zehn Tagen hatten die Feinde einen Verlust von 90.000 Mann erlitten. Anstatt seine Hauptarmee durch den Frieden zu retten, glaubte er das durch die Waffen vollbracht zu haben. Die Lage hatte sich geändert. Napoleon änderte seinen Entschluß. Aus Rangis schrieb er an Caulaincourt, er nähme seine Vollmacht zurück und befehle ihm, künftig über alle Punkte der Friedensunterhandlungen seine

Befehle einzuholen. Sie wurden nun in den gewöhnlichen Formen fortgesetzt. Napoleon kam es jetzt nur darauf an, den Zugeständnissen, die man von ihm verlangte, keine Folge zu leisten, sondern durch die Unterhandlungen selbst zu erforschen, was die wahren Absichten der Verbündeten wären und welche Opfer man infolge der neuen günstigen Ereignisse vermeiden könne.

Gegen Ende Februar erhielt Napoleon den Entwurf der Verbündeten zum Präliminarvertrag. Eine solche Fülle empörender Forderungen konnte er nicht als Ultimatum anerkennen. Er glaubte sich wohl zu dem Opfer berechtigt, die von ihm gemachten Eroberungen herzugeben, aber die von der französischen Republik gemachten Eroberungen zu opfern, dazu glaubte er nicht das Recht zu haben. Und doch würde er es getan haben — denn das Wohl des Vaterlandes legt Pflichten auf, die alles andere zurückstellen —, wenn ein definitiver Friedensvertrag die unmittelbare Folge so vieler schmerzlicher Opfer gewesen wäre. Aber es war kein Definitivfrieden, den man ihm vorlegte. Es waren Friedenspräliminarien, ein Waffenstillstand mit den Waffen in der Hand oder vielmehr ein Waffenstillstand, in dem Frankreich die Waffen niederlegte, während seine Feinde die von ihnen besetzten Gebiete behielten, nebst den Festungen Hüningen, Belfort und Besançon, deren Übergabe sie verlangten. Ein solcher Vertrag war in Napoleons Augen nichts anderes als eine entehrende Kapitulation. Er schrieb seinem Bevollmächtigten: „Warum verlangen die Verbündeten nicht auch die Übergabe unserer Flinten und Geschütze? Kommt und nehmt sie euch, wäre die einzige Antwort auf solche Friedensvorschläge." Am Ende des 3. punischen Krieges hatten die Römer zuerst verlangt, die Karthager sollten alle ihre Schiffe und Kriegsmaschinen ausliefern. Karthago gehorchte. Bald darauf befahl der römische Senat den Einwohnern, aus der Stadt auszuziehen, weil es ihm gefiel, sie in einen Aschenhaufen zu verwandeln.

Es wurden Instruktionen zum Entwurf eines Gegenprojektes für den Herzog von Vicenza (Caulaincourt) ausgefertigt. Das Projekt der Verbündeten wurde an die Kaiserin

Kaiserin Marie Louise

König von Rom

gesandt mit dem Befehl, es einer außerordentlichen Versammlung vorzulegen, die zu diesem Zweck zusammenberufen werden und aus Leuten bestehen solle, die in den verschiedenen Epochen der Revolution Einfluß gehabt hatten und zu hohen Staatswürden emporgestiegen waren. Ein einziger verwarf mit Unwillen das Projekt als den entehrendsten Vorschlag in der Geschichte Frankreichs und als schimpfliches Gesetz, dem die Franzosen aus Ehrgefühl sich gar nicht fügen würden. Die übrigen waren der Meinung, der Notwendigkeit nachzugeben.

Napoleon, der das wahre Ultimatum der Verbündeten noch nicht hatte erforschen können, sandte von Reims aus, ein paar Tage nach der Schlacht von Craonne, seinem Plenipotentiär neue Vollmachten, abzuschließen mit der einzigen Einschränkung, daß er keinen Vertrag unterzeichnen solle, der nicht die unmittelbare Räumung der besetzten Gebiete und die wechselseitige Herausgabe der Gefangenen zur Folge habe. Sein Kurier traf den Herzog von Vicenza einige Stunden vor Châtillon auf der Rückreise. Wie in Prag hatten die Verbündeten für die Dauer der Unterhandlungen einen Termin gesetzt — sie waren abgebrochen.

*An die Gräfin Walewska, in Paris*

Paris, 16. April 1814

Marie, ich habe Ihren Brief am 15. erhalten. Die Gefühle, von denen Sie erfüllt sind, berühren mich tief; sie sind Ihrer edlen Seele und Ihrer Herzensgüte würdig. Wenn Sie Ihre Angelegenheiten hier geordnet haben und nach Lucca oder Pisa zur Kur reisen, so wird es mich sehr freuen, Sie mit Ihrem Sohn wiederzusehen. Meine Gefühle für dieses Kind werden stets die gleichen sein*. Bleiben Sie gesund, Marie, machen Sie sich keine Sorgen meinetwegen, denken Sie gern an mich und zweifeln Sie nie an mir.

Napoleon.

* Der kleine Graf Walewska war Napoleons Sohn. Er besuchte später mit seiner Mutter den verbannten Kaiser auf Elba.

*An die Kaiserin Marie Louise, in Rambouillet*

Fontainebleau, 19. April, 8 Uhr abends

Meine gute Louise, ich habe Deinen Brief erhalten. Dein Schmerz vergrößert den meinen. Mit Freuden sehe ich, daß (Dr.) Corvisart Dir Mut zuspricht. Dafür bin ich ihm außerordentlich dankbar. Durch dieses edle Verhalten rechtfertigt er ganz und gar die Meinung, die ich von ihm habe. Sage ihm das in meinem Namen. Er soll mir öfter einen kleinen Bericht über Dein Befinden senden. Gehe so bald als möglich nach Aix, dessen Bäder Dir, wie man mir sagte, Corvisart verordnet hat. Bleibe gesund. Erhalte Deine Gesundheit für .... (unleserlich) .... und für Deinen Sohn, der Deiner Stütze und Sorge bedarf!

Ich bin im Begriff, nach der Insel Elba abzureisen und werde Dir von dort aus schreiben. Ich werde alles tun, um Dich bald nachkommen zu lassen.

Schreibe mir oft. Adressiere Deine Briefe an den Vizekönig (Eugen) und an Deinen Onkel, wenn er, wie man sagt, zum Großherzog von Toskana ernannt wird.

Lebe wohl, meine gute Louise Marie.

Napoleon.

## *ABSCHIED VON DER GARDE*

Fontainebleau, 20. April 1814

Soldaten meiner Alten Garde!

Ich nehme Abschied von euch! Zwanzig Jahre lang habe ich euch nur mit Ehre und Ruhm bedeckt gesehen. In der letzten Zeit seid ihr, wie in den Tagen des Glücks, Muster von Treue und Tapferkeit gewesen. Mit Männern wie euch war unsere Sache nicht verloren. Aber der Krieg hatte kein Ende. Es wäre Bürgerkrieg ausgebrochen und Frankreich dadurch noch viel unglücklicher geworden. Ich habe daher alle unsere Interessen im Interesse des Vaterlandes geopfert. Ich gehe! Ihr, meine Freunde, dienet Frankreich weiter. Sein

Glück war mein einziger Gedanke. Meine Wünsche werden stets ihm gehören. Beklaget nicht mein Geschick. Wenn ich entschlossen bin, weiterzuleben, so geschieht es, um auch noch ferner zu eurem Ruhm beizutragen. Ich will die großen Taten beschreiben, die wir gemeinsam vollbrachten. Lebt wohl, meine Kinder! Ich möchte euch alle an mein Herz drücken. Laßt mich wenigstens eure Fahne küssen.

Bei diesen Worten ergriff General Petit den Adler und näherte sich Napoleon. Der Kaiser umarmt ihn und drückt einen Kuß auf die geliebte Fahne. Die durch diese Szene hervorgerufene Stille wird nur durch das Schluchzen der alten Soldaten unterbrochen. Endlich nimmt Napoleon, sichtlich bewegt, von neuem das Wort:

Noch einmal, lebt wohl, meine alten Kameraden! Möchte dieser letzte Kuß in eure Herzen dringen.

### *Der abgedankte Kaiser an die Kaiserin Marie-Louise*

Fontainebleau, 20. April 1814, 9 Uhr morgens

Meine gute Freundin, soeben reise ich ab, um in Briare zu übernachten. Morgen früh werde ich meine Reise fortsetzen und nicht früher haltmachen als in Saint-Tropez. Bausset wird Dir diesen Brief übergeben und Dir sagen, daß es mir gut geht. Ich hoffe, Deine Gesundheit gestattet es, bald nachzukommen. Heute früh um 2 Uhr ist Montesquiou abgereist. Er muß bereits angekommen sein. Seit gestern habe ich keine Nachricht von Dir. Aber ich hoffe, der Palastmarschall holt mich noch heute Abend ein und bringt mir Bescheid von Dir. — Lebe wohl, meine gute Louise. Sei stets von dem Mute, der Ruhe und der Freundschaft Deines Mannes überzeugt.

Napoleon.

PS. Einen Kuß für den kleinen König.

*An den General Dalesme, Kommandanten der Insel Elba*

Herr General Dalesme! Fréjus, 27. April 1814

Durch die Umstände gezwungen, auf den Thron Frankreichs zu verzichten, indem ich meine Rechte dem Wohle und den Interessen des Vaterlandes zum Opfer brachte, habe ich mir die Herrschaft und den Besitz der Insel Elba mit den Forts Porto Ferrajo und Porto Longone behalten, wozu alle Mächte ihre Zustimmung gegeben haben. Ich schicke Ihnen daher den General Drouot, damit Sie ihm ohne Verzug die Insel, die Kriegs- und Proviantdepots und die zu meiner kaiserlichen Domäne gehörigen Besitzungen übergeben. Wollen Sie, bitte, den Einwohnern diese neue Lage der Dinge bekanntgeben und ihnen sagen, daß ich ihre Insel zu meinem Aufenthalt wegen ihrer sanften Sitten und dem ausgezeichneten Klima gewählt habe. Die Elbaner werden stets meines lebhaftesten Interesses gewiß sein.

Napoleon

*Der verbannte Napoleon an die Kaiserin Marie-Louise*

Porto Ferrajo, 9. Mai 1814

Meine gute Louise! General Koller, der mich bis hieher begleitete, und mit dem ich sehr zufrieden war, kehrt wieder zurück. Ich beauftrage ihn mit diesem Brief. Bitte, schreibe an Deinen Vater, er möchte irgend etwas tun, um diesem General eine Anerkennung zuteil werden zu lassen. Er hat sich außerordentlich freundlich gegen mich benommen.

Seit fünf Tagen bin ich hier. Ich lasse eine hübsche, kleine Wohnung mit einem Garten in einer gesund gelegenen Gegend herrichten. In drei Tagen kann ich sie beziehen. Meine Gesundheit ist ausgezeichnet. Die Bewohner (von Elba) scheinen gute Menschen zu sein. Das Land ist ganz angenehm. Es fehlt mir nur eins: von Dir etwas zu hören und zu wissen, wie es dir geht. Du hast mir seit dem Brief nach Fréjus nicht wieder geschrieben.

Lebe wohl, meine Freundin. Küsse meinen Sohn.

Napoleon.

*An den Großherzog Ferdinand Joseph von Toskana*

Porto Ferrajo, 10. Oktober 1814

Mein Herr Bruder und lieber Onkel!

Da ich seit dem 10. August keine Nachricht von meiner Frau erhalten und von meinem Sohn seit sechs Monaten nichts gehört habe, beauftrage ich den Chevalier Colonna mit diesem Brief. Ich bitte Eure königliche Hoheit, mir mitzuteilen, ob Sie gestatten, daß ich Ihnen jede Woche einen Brief an die Kaiserin sende, und ob Sie mir deren Antworten sowie die Briefe der Erzieherin meines Sohnes, Frau von Montesquious, übermitteln würden? Obwohl die Ereignisse so viele Menschen verändert haben, so bin ich doch so glücklich, zu glauben, daß Eure königliche Hoheit mir ein wenig Freundschaft bewahren. Wenn Sie mir diese Zusicherung geben würden, wäre das ein großer Trost für mich. In diesem Fall möchte ich Sie bitten, diesem kleinen Land Elba, das für Sie ebenso empfindet wie Toskana, Ihre Gunst zu schenken.

Ich bitte Eure königliche Hoheit, nicht an den Gefühlen zu zweifeln, die ich, wie Sie wissen, für Sie hege. Genehmigen Sie meine ausgezeichnete Hochachtung und empfehlen Sie mich Ihren Kindern

Napoleon

## ÜBER INTRIGEN UND VERBRECHEN ZUR ERLANGUNG DER STAATSHERRSCHAFT

Napoleon hat nie ein Verbrechen begangen. Was hätte ihm wohl mehr Nutzen gebracht, als die Ermordung des Grafen von Lille oder des Grafen von Artois? Der Antrag dazu ist ihm mehrmals gemacht worden, namentlich von ... und von ... Es hätte ihn keine zwei Millionen gekostet. Er hat es mit Verachtung und Unwillen abgelehnt. Unter seiner Regierung ist nie ein Attentat gegen das Leben dieser Prinzen gemacht worden.

Als Spanien im Namen Ferdinands die Waffen ergriffen hatte, befand sich Ferdinand und sein Bruder Don Carlos, einzige Thronerben von Spanien, in Valençay im Berry. Ihr Tod hätte den spanischen Angelegenheiten mit einem Schlag ein Ende bereitet. Er war nützlich, ja sogar notwendig. Er wurde mir von ... sehr angeraten, aber er war ungerecht und verbrecherisch. Sind Ferdinand und Don Carlos in Frankreich gestorben?

Man könnte noch zehn andere Beispiele anführen. Diese beiden mögen genügen, weil sie die bemerkenswertesten sind. Hände, gewohnt Schlachten zu gewinnen, haben sich nie mit Verbrechen befleckt, nicht einmal unter dem eitlen Vorwand des allgemeinen Wohls. Es ist ein abscheulicher Grundsatz, und nur schwache Regierungen befolgen ihn, aber er vereinbart sich weder mit der Religion noch mit der Ehre und Zivilisation Europas.

Napoleon ist auf geradem Wege zum Gipfel menschlicher Größe emporgestiegen, ohne jemals eine unmoralische Handlung begangen zu haben. In dieser Beziehung ist seine Erhebung einzig dastehend in der Geschichte. Um zu herrschen, ließ David die Familie Sauls, seines Wohltäters, töten. Cäsar entfachte den Bürgerkrieg und stieß die Regierung seines Vaterlandes um. Cromwell überlieferte seinen Gebieter dem Henker. Napoleon war frei von allen Verbrechen der Revolution. Als seine politische Laufbahn begann, war der Thron zusammengestürzt; der tugendhafte Ludwig XVI. lebte nicht mehr, die Parteien zerfleischten

Frankreich. Napoleon eröffnete seine Laufbahn mit der Eroberung Italiens und dem Frieden von Campo Formio, der die Größe und die Unabhängigkeit des Vaterlandes sicher stellte. Als er im Jahre 1800 die oberste Gewalt erlangte, hat er nur die Anarchie entthront. Sein Thron wurde nach dem einstimmigen Wunsche des französischen Volkes errichtet.

Ferdinand VII. hielt sich in Valençay auf, im Schlosse des Fürsten Talleyrand, einer der schönsten Besitzungen Frankreichs, mitten in einem großen Walde. Er befand sich dort mit seinem Bruder und seinem Onkel. Er war unbewacht, und alle seine Domestiken und Hofbeamten waren bei ihm. Er empfing wen er wollte. Er konnte sich mehrere Meilen weit entfernen, entweder auf die Jagd gehen oder im Wagen spazieren fahren. Außer 72.000 Franken jährlich, die aus dem Staatsschatz Frankreichs für die Miete von Valençay bezahlt wurden, erhielt Ferdinand zu seinem Unterhalt jährlich 1,500.000 Franken. In der Regel schrieb er alle Monate an Napoleon und erhielt Antwort. Am 15. August, dem Geburtstag des Kaisers, versäumte er nie, das Schloß und den Park von Valençay zu erleuchten und den Armen Almosen zu spenden. Das gleiche tat er auch am Geburtstage der Kaiserin. Mehrmals hatte er den Wunsch, nach Paris zu kommen, aber immer wurde sein Besuch wieder aufgeschoben. Er schlug Napoleon vor, er möchte ihn adoptieren und ihn mit einer französischen Prinzessin verheiraten. Es stand ihm eine wunderschöne Bibliothek zur Verfügung. Er empfing oft Besuche des benachbarten Adels und der Pariser Finanzleute, die sich beeilten, ihm Neuigkeiten zuzutragen. Lange Zeit hielt er sich ein Theater und ließ Schauspieler kommen, allein zuletzt flößten ihm seine Beichtväter darüber Zweifel ein, und er entließ die Truppe.

König Karl IV., sein Vater, und die Königin, seine Mutter, wohnten lange im Schlosse von Compiègne. Von da begaben sie sich nach Marseille und von da nach Rom, wo sie den Palast Borghese bezogen. Sie genossen eine Apanage von 3,000.000 Franken. Die Königin Marie Louise von Etrurien, Schwester Ferdinands, war eine von denen, die den größten

Anteil an der spanischen Revolution hatten. Ihre Korrespondenz mit dem ehemaligen Oberbefehlshaber in Spanien, Joachim Murat, ist sehr interessant. Sie gehörte der Partei ihrer Mutter an und nahm tätigen Anteil an den Ereignissen in Madrid. Sie lebte in Nizza. Von dort aus stand sie im geheimen Briefwechsel mit dem englischen Befehlshaber im Mittelländischen Meer. Als Napoleon erfuhr, daß sie Frankreich verlassen wollte, ließ er ihr sagen, es wäre ihm lieb, wenn sie entweder nach England oder nach Sizilien oder sonst einem Land in Europa, das ihr gefiele, gehen würde. Diese Fürstin war in der Tat ohne alle Bedeutung, aber ihre Abreise würde dem Staatsschatz 500.000 Franken erspart haben.

Ferdinand VII. hat beständig die größte Abneigung gegen die Cortes gezeigt. Die Spanier werden noch lange der Bayonner Verfassung nachtrauern. Hätte sie die Oberhand behalten, sie würden keine geistliche Gerichtsbarkeit über die weltlichen Angelegenheiten mehr haben, keine Zwangsrechte, keine innere Spaltung. Ihre Nationaldomänen würden nicht unbebaut und für den Staat und das Volk nutzlos liegen bleiben. Spanien würde Weltgeistliche, einen Adel ohne Feudalrechte, ohne Steuer, ferner auch Abgabenbefreiung haben. Kurz, die Spanier würden ein anderes Volk sein.

Ferdinand hatte oft geäußert, er möchte lieber in Valençay bleiben, als mit den Cortes in Spanien regieren. Da ihm jedoch Napoleon 1813 vorschlagen ließ, er möchte seinen Thron wieder besteigen, nahm Ferdinand keinen Anstand daran. Zu dieser Unterhandlung wurde Graf Laforêt zu ihm gesandt. Der Vertragsentwurf war bald gemacht. Es wurde Ferdinand keine Bedingung vorgeschrieben, denn man kann es nicht Bedingungen nennen, daß Ferdinand versprach, den während seiner Abwesenheit abgeschlossenen Verkauf der Nationalgüter aufrecht zu erhalten und keine der Personen zu verfolgen, die Ämter bekleidet hatten. Ferdinand äußerte sich damals klar, daß er die Sachen in Spanien so nehmen wolle, wie er sie finden und als konstitutioneller König regieren werde. Gleich nachdem der Vertrag abgeschlossen war, machte er von neuem den Antrag, durch eine Heirat in engere Verbindung mit Napoleon zu treten. Dieser Antrag wurde weder abgewiesen noch angenommen. Die Antwort lautete nur, der Augenblick sei dazu noch nicht gekommen, wenn aber Ferdinand wieder auf dem Thron säße und er von Madrid aus seinen Antrag wiederhole, so würde er dann die gebührende Aufnahme finden.

Über den Vertrag von Valençay war im größten Geheimnis verhandelt worden. Die Engländer durften davon nichts erfahren, denn sie würden in Spanien eine Operation vereitelt haben, die zum Zweck hatte, die dortige französische Armee disponibel zu machen, um sie zur rechten Zeit für den Feldzug von 1814 in die Ebenen der Champagne zu führen.

Die Intrigen, die damals in Paris angezettelt wurden, gaben der Sache eine andere Wendung. Der Partei, die Napoleon zu stürzen bemüht war, gelang es, dieses Geheimnis zu durchdringen. Man versuchte ihn zu überzeugen, daß es unverträglich mit seinem Ruhme sei, auf Spanien zu verzichten, in der Absicht, daß er den Vertrag von Valençay nicht ratifizierte. Da dies fehlschlug, so verbreitete man das Gerücht über diesen Vertrag im Publikum und bot alle Mittel der Intrige auf, die Abreise Ferdinands aus Frankreich zu verzögern, damit die Rückkehr der französischen Armee aus Spanien in die Länge gezogen würde. Ferdinand sollte Frankreich bereits im Laufe des November 1813 verlassen, aber erst im März 1814 ging er über die Pyrenäen.

### *An den General Lapi in Porto Ferrajo*

Porto Ferrajo, 26. Februar 1815

Ich verlasse die Insel Elba. Ich bin mit den Einwohnern außerordentlich zufrieden gewesen. Ich vertraue Ihnen die Sorge dieses Landes an, an dem mir viel liegt. Ich kann ihnen kein größeres Vertrauen entgegenbringen, als nach der Abreise der Truppen meine Mutter und meine Schwester in ihren Schutz zurückzulassen. Die Mitglieder der Junta und alle Einwohner der Insel können stets auf mich und meine besondere Protektion rechnen. Napoleon

## *AN DIE ARMEE*

Golf Juan, 1. März 1815

Soldaten, wir sind nicht besiegt worden! Zwei Männer aus unserer Mitte haben unsere Lorbeeren, ihr Vaterland, ihren Fürsten, ihren Wohltäter verraten.

Sollten diejenigen, die fünfundzwanzig Jahre lang ganz Europa durcheilten, um uns Feinde zu schaffen, die ihr Leben lang in den Reihen fremder Heere gegen uns kämpften und unser schönes Frankreich verfluchten, sollten diese Leute sich anmaßen, unsern Adlern zu befehlen und sie in Fesseln zu schlagen? Sie, für die deren Anblick stets unerträglich war? Sollen wir dulden, daß sie die Frucht unserer glorreichen Arbeiten erben, daß sie sich unserer Ehrenstellen, unserer Güter bemächtigen, daß sie unsern Ruhm verleumden? Wenn ihre Regierung Bestand hätte, so ginge alles verloren, selbst das Andenken an diese denkwürdigen Tage! Mit welcher Wut entstellen sie alles! Sie suchen das zu vergiften, was die Welt bewundert! Wenn noch Verteidiger unseres Ruhms vorhanden sind, so sind sie unter jenen Feinden zu finden, die wir auf dem Schlachtfeld bekämpft haben.

Soldaten! In meiner Verbannung habe ich Eure Stimme gehört! Ich bin allen Hindernissen und allen Gefahren zum Trotz herbeigeeilt.

Euer General, der durch die Stimme des Volkes auf den Thron berufen und auf Euren Schilden erhoben wurde, ist Euch zurückgegeben! Kommt zu ihm!

Reißt jene Farben herunter, welche die Nation verachtet, und die fünfundzwanzig Jahre lang allen Feinden Frankreichs zum Erkennungszeichen dienten! Steckt die dreifarbige Kokarde an! Ihr habt sie in unsern großen Tagen getragen.

Wir müssen vergessen, daß wir die Herren der Völker waren, aber wir dürfen nicht dulden, daß irgendein Staat sich in unsere Angelegenheiten mische. Wer sollte sich anmaßen, bei uns Herr zu sein, wer hätte die Macht dazu?

Ergreift jene Adler wieder, die ihr bei Ulm, bei Austerlitz, bei Jena, bei Eylau, bei Friedland, bei Tudela, bei Eggmühl, bei Eßlingen, bei Wagram, bei Smolensk, an der Moskwa, bei Lützen, bei Wurschen, bei Montmirail erobert! Meint Ihr, daß jene Handvoll heute so übermütiger Franzosen ihren Anblick aushalten kann? Sie werden dahin zurückkehren, woher sie gekommen sind. Dort aber können sie regieren, wenn es ihnen beliebt, wie sie seit neunzehn Jahren behaupten, regiert zu haben.

Euer Rang, Euer Besitz, Euer Ruhm, der Besitz, der Rang und der Ruhm Eurer Kinder haben keine größeren Feinde als diese Fürsten, die uns durch Feinde aufgedrungen worden sind. Sie sind die Feinde unseres Ruhms, weil sie in der Schilderung so vieler Heldentaten, die das französische Volk berühmt gemacht haben, als es gegen sie kämpfte, um sich ihrem Joch zu entziehen, ihre Verurteilung sehen.

Man hat die Veteranen der Sambre- und Maasarmee, der Rheinarmee, der Heere von Italien, Ägypten, der Westarmee und der Großen Armee alle erniedrigt. Ihre ehrenvollen Narben sind geschändet. Ihre Siege werden als Verbrechen hingestellt. Diese tapferen Männer seien Rebellen, wenn, wie die Feinde des Volkes es behaupten, die legitimen Fürsten sich in der Mitte der fremden Heere befänden. Die Ehrenbezeigungen, die Belohnungen, ihre Liebe gehört denjenigen, die für sie gegen das Vaterland und gegen uns gedient haben.

Soldaten, stellt Euch unter die Fahnen Eures Generals! Sein Leben ist das Eurige! Seine Rechte sind nur die des Volkes und die Eurigen! Sein Interesse, seine Ehre und sein Ruhm sind nichts anderes als Euer Interesse, Eure Ehre und Euer Ruhm! Der Sieg eilt im Sturmschritt herbei. Der Adler mit den Nationalfarben fliegt von Turm zu Turm bis zu Notre-Dame. Dann könnt Ihr Eure Narben mit Ehre zeigen. Dann könnt Ihr Euch dessen rühmen, was Ihr getan habt! Ihr werdet die Befreier des Vaterlandes sein! Wenn Ihr im Alter von Euren Mitbürgern umgeben und geachtet seid, werden sie Euch mit Ehrfurcht zuhören, wenn Ihr

Eure großen Taten erzählt. Ihr werdet mit Stolz sagen können: „Auch ich war bei jener Großen Armee, die zweimal in Wien, die in Rom, in Berlin, in Madrid, in Moskau eingezogen ist, und die Paris von der Schande befreit hat, die ihm der Verrat und die Gegenwart des Feindes aufdrückte!"

Ehre diesen tapferen Soldaten, dem Ruhm des Vaterlandes! Und ewige Schmach den verbrecherischen Franzosen, in welchem Rang das Glück sie auch geboren werden ließ, die fünfundzwanzig Jahre lang mit Hilfe der Fremden kämpften, um das Herz des Vaterlandes zu zerfleischen!

Napoleon.

## *AN DAS FRANZÖSISCHE VOLK!*

Golf Juan, 1. März 1815

Napoleon von Gottes Gnaden und durch die Staatsverfassung Kaiser der Franzosen, usw.

Franzosen! Der Abfall des Herzogs von Castiglione überlieferte Lyon ohne Schwertstreich unseren Feinden. Die Armee, deren Kommando ich ihm anvertraute, war durch die Zahl ihrer Bataillone, die Tapferkeit und den Patriotismus der Truppen, aus denen sie bestand, in der Lage, das österreichische Armeekorps zu schlagen, das ihr entgegenstand. Sie war imstande, der Paris bedrohenden feindlichen Armee in den Rücken ihres linken Flügels zu fallen.

Die Siege von Champaubert, Montmirail, Château-Thierry, Vauchamp, Mormans, Montereau, Craonne, Reims, Arcis-sur-Aube und Saint-Dizier, der Aufstand der tapferen Bauern in Lothringen, in der Champagne, im Elsaß, in der Franche-Comté und in der Bourgogne, ferner die Stellung, die ich im Rücken der feindlichen Armee einnahm, wodurch ich sie von ihren Depots, ihren Reserveparks, ihren Kolonnen und ihrem gesamten Train abschnitt, hatte sie in eine verzweifelte Lage gebracht. Die Franzosen waren auf dem Punkte angelangt, so mächtig wie nie zu sein, und die Elite des feindlichen Heeres war unwiderruflich verloren; sie hätte den Tod in jenen weiten Ebenen gefunden, die sie so erbarmungslos verheerte, als der Verrat des Herzogs von Ragusa die Hauptstadt dem Feinde überlieferte und die Armee desorganisierte.

Das unerwartete Verhalten dieser beiden Generale, die gleichzeitig ihr Vaterland, ihren Herrscher und ihren Wohltäter verrieten, gab dem Ausgang des Krieges eine andere Wendung. Die Situation des Feindes war dermaßen aussichtslos, daß er am Ende der vor Paris stattfindenden Kämpfe infolge der unterbrochenen Verbindung mit seinen Reserveparks keine Munition mehr besaß.

Die neuen und großen Ereignisse zerrissen mir das Herz, aber mein Mut blieb ungebrochen. Ich zog nur das Interesse des Vaterlandes in Betracht. Ich ging auf einem Felsen im Meer in die Verbannung: mein Leben war Euch von Nutzen und soll es heute noch sein. Ich gestattete nicht, daß die große Anzahl Bürger, die mich in mein Exil begleiten wollte, mein Schicksal teile, denn ich hielt ihre Anwesenheit in Frankreich für nötig. So nahm ich nur eine Handvoll Tapferer mit mir, die ich zu meinem Schutz brauchte.

Ich bin durch Eure Wahl auf den Thron erhoben worden! Alles, was ohne Euch geschah, ist ungesetzlich. Seit fünfundzwanzig Jahren besitzt Frankreich neue Interessen, neue Einrichtungen, einen neuen Ruhm. Sie können nur durch eine nationale Regierung und eine in diesen neuen Ideen geborene Dynastie sicher gestellt werden. Ein Fürst, der durch den Zwang dieser gleichen Armeen, welche unser Gebiet verheerten, über Euch herrschte und sich auf meinen Thron setzte, würde vergebens versuchen, sich auf das Feudalrecht zu stützen. Er könnte höchstens Ehre und Recht einer kleinen Anzahl dem Volk feindlich gesinnter Individuen sichern, die von den Franzosen seit fünfundzwanzig Jahren in allen unseren Nationalversammlungen verurteilt worden sind. Eure innere Ruhe und Eure Achtung nach außen wären für immer dahin!

Franzosen! In meiner Verbannung habe ich Eure Klagen

und Eure Wünsche vernommen. Ihr fordertet die von Euch erwählte Regierung, die allein rechtmäßige, zurück. Ihr warft mir meine lange Untätigkeit vor. Ihr beklagtet Euch, daß ich die großen Interessen des Vaterlandes meiner Ruhe opfere.

Unter Gefahren jeglicher Art bin ich übers Meer gesegelt. Nun komme ich zu Euch zurück, um meine Rechte, die auch die Euren sind, wieder an mich zu reißen.

Alles, was einige von Euch seit der Einnahme von Paris getan, geschrieben oder gesagt haben, werde ich ignorieren. Es soll mich in keiner Weise für die wichtigen Dienste beeinflussen, die sie mir seinerzeit geleistet haben, denn es gibt Dinge, die so beschaffen sind, daß sie über der menschlichen Natur stehen.

Franzosen! Es gibt keine Nation, wie klein sie auch sei, die nicht das Recht hat, sich der Schande zu entziehen oder sich nicht schon dieser Schmach entzogen hat, einem Fürsten zu gehorchen, der ihr von einem momentan siegreichen Feind aufgezwungen wurde. Als Karl VII. nach Paris zurückkehrte und den ephemeren Thron Heinrichs VI. stürzte, erklärte er, seinen Thron nur dem Mut seiner Tapferen und nicht einem englischen Prinzregenten zu verdanken. So werde auch ich mich stets rühmen, Euch allein und meinen tapferen Soldaten alle meine Macht zu verdanken.

Napoleon.

*An Marie Louise, Kaiserin-Königin, in Schönbrunn*

Paris, 27. März 1815

Ich bin Herr über ganz Frankreich. Das ganze Volk und das ganze Heer sind aufs höchste begeistert. Der sogenannte König (Ludwig XVIII.) ist nach England geflohen. Im April erwarte ich Dich hier mit meinem Sohn.

Napoleon.

## *RUNDSCHREIBEN AN DIE HERRSCHER*

Paris, 4. April 1815

Mein Herr Bruder, Sie werden im Lauf des vorigen Monats meine Rückkehr an die französische Küste, meinen Einzug in Paris und die Abreise der Bourbonen erfahren haben. Die wirkliche Bedeutung dieser Ereignisse wird Eurer Majestät jetzt bekannt sein. Sie sind das Werk einer unwiderstehlichen Macht, das Werk des einstimmigen Willens einer großen Nation, die ihre Pflichten und Rechte kennt. Die Dynastie, die mit Gewalt dem französischen Volke zurückgegeben wurde, paßte nicht mehr für die Franzosen. Die Bourbonen haben sich weder ihren Gesinnungen noch ihren Sitten anschließen wollen; Frankreich mußte sich von ihnen lossagen. Es rief nach einem Befreier! Es war in seiner Erwartung, die mich zu dem größten Opfer bewogen hatte, getäuscht worden. Nun bin ich gekommen, und die Liebe meiner Völker hat mich von dem Augenblick an, an dem ich die Küste berührte, bis in meine Hauptstadt begleitet.

Das erste Bedürfnis meines Herzens ist, so viel Liebe mit der Aufrechterhaltung eines ehrenhaften Friedens zu vergelten. Die Wiederherstellung des kaiserlichen Throns war für das Glück der Franzosen notwendig. Mein liebster Gedanke ist, ihn zu gleicher Zeit zur Befestigung der Ruhe Europas nützlich zu machen. Ruhm genug hat abwechselnd die Fahnen der Nationen umstrahlt! Die Wechselfälle des Schicksals haben großen Niederlagen große Siege folgen lassen. Ein schönerer Kampfplatz steht jetzt den Fürsten offen, und ich bin der erste, ihn zu betreten. Nachdem man der Welt das Schauspiel großer Kämpfe geboten hat, wollen wir von nun an keinen anderen Wetteifer kennen, als die Wohltat des Friedens zu verbreiten, keinen andern Kampf als den heiligen Kampf für die Glückseligkeit der Völker. Frankreich spricht freudig und offen diesen edlen Zweck aller seiner Wünsche aus. Eifersüchtig auf seine Unabhängigkeit bedacht, wird es der unwandelbare Grundsatz seiner Politik sein, die Unabhängigkeit der andern Nationen auf das entschiedenste zu achten.

Wenn Eurer Majestät persönliche Gesinnung die gleiche ist, wovon ich glücklicherweise überzeugt bin, so ist die allgemeine Ruhe auf lange Zeit gesichert, und die Gerechtigkeit wird allein genügen, die Grenzen der verschiedenen Staaten zu schützen.

Ich ergreife diese Gelegenheit, um Sie wiederholt meiner aufrichtigen Hochachtung und unverbrüchlichen Freundschaft zu versichern, mit denen ich bin

Mein Herr Bruder,

Ihr lieber Bruder

Napoleon.

## *ANSPRACHE AN DIE ARMEE*

### *auf der Place du Caroussell in Paris*

Paris, 9. April 1815

Soldaten! Ich erfahre soeben, daß in Montpellier und in ganz Südfrankreich die Trikolore aufgepflanzt worden ist. Die Kommandanten der Festungen Perpignan und Bayonne hatten formell erklärt, nicht mehr den Befehlen des Herzogs von Angoulème zu gehorchen und die Festungen nicht den Spaniern zu übergeben. Diese haben übrigens inzwischen mitgeteilt, daß sie sich nicht in unsere Angelegenheiten mischen wollten. Die weiße Fahne weht nur noch in einer einzigen Stadt, in Marseille! Aber noch vor Ablauf dieser Woche wird die Bevölkerung dieser Riesenstadt, durch die Gewalttaten der royalistischen Partei unterdrückt, alle ihre Rechte wieder haben. So große und rasche Resultate sind nur dem Patriotismus zu danken, der das ganze Volk belebt, und dem Andenken, das Ihr mir bewahrt habt. Wenn auch unglückliche Umstände uns gezwungen haben, ein Jahr lang der dreifarbigen Kokarde zu entsagen, so haben wir sie doch immer in unserm Herzen getragen. Heute wird sie wieder das Zeichen, unter dem wir uns zusammenscharen. Wir werden sie nur mit unserem Leben lassen!“

(Hier wird der Kaiser durch den einstimmigen Ruf seiner Soldaten unterbrochen: ‚Ja, wir schwören es!')

„Soldaten! Wir wollen uns nicht in die Angelegenheiten anderer mischen. Aber, wehe denen, die sich in die unseren mischen! Wehe denen, die uns wie Genua oder Genf behandeln und uns andere Gesetze aufdrängen wollen, als solche, die das Volk wünscht! An unseren Grenzen werden sie die Helden von Marengo, Austerlitz und Jena finden! Sie werden das ganze Volk dort finden, und wenn sie 600.000 Mann haben, werden wir ihnen eine Million entgegenstellen!

Ich erkenne es an, daß Ihr, um Euch zu sammeln, die Trikolore gehißt habt. Aber erst auf dem Maifeld, in Gegenwart des versammelten französischen Volkes, will ich Euch die Adler wiedergeben, die Ihr so oft durch Euren Mut berühmt gemacht und vor denen die Feinde Frankreichs geflohen sind.

Soldaten! Das französische Volk und ich zählen auf Euch! Zählet auch Ihr auf die Franzosen und mich!"

## *FELDZUG VON 1815*

### *I*

### *Napoleon kehrt von Elba zurück*

*Der kaiserliche Adler fliegt von Turm zu Turm. — Geheimvertrag Ende 1814 zwischen Österreich, Frankreich und England gegen Rußland und Preußen. — Der König von Neapel erklärt Österreich den Krieg. — Der Wiener Kongreß im März 1815.*

Napoleon verließ Elba am 26. Februar 1815, ungefähr um 9 Uhr abends. Er begab sich an Bord der Kriegsbrigg „Inconstant", die während der ganzen Fahrt die weiße, mit Bienen gesprenkelte Flagge führte (Napoleons Flagge auf Elba). Am 1. März, nachmittags 5 Uhr, landete er bei Cannes im Golf Juan. Hier steckte sein kleines Heer die dreifarbige Kokarde auf. Es waren 1100 Mann, meist Soldaten der Alten Garde. Am 2., 9 Uhr morgens, passierte er Grasse und blieb die Nacht in Sernon. An diesem Tage legte er 20 Meilen zurück. Der Kaiser übernachtete am 3. in Barrême. Am 4.

nahm seine Vorhut unter General Cambronne von der Festung Sisteron Besitz. Am 5. zog er in Gap ein und am 7., 2 Uhr nachmittags, stieß er auf den Höhen vor Vizille auf die Vorhut der Besatzung von Grenoble. Sie hatte Befehl, ihm entgegen zu marschieren. Der Kaiser ging ihr allein entgegen. Nach einer kurzen Ansprache Napoleons steckte die ganze Truppe die dreifarbige Kokarde auf. Nun setzte er sich an die Spitze dieser Truppen, kommandierte: „Vorwärts, Marsch!" und um 8 Uhr abends zog er mit ihnen in Grenoble ein, nachdem er in 6 Tagen 80 französische Meilen auf außerordentlich schwierigen Gebirgsstraßen zurückgelegt hatte. Dieser ungeheure Marsch steht einzig in der Geschichte da. Den ganzen 8. März blieb er in Grenoble, brach am nächsten Tag an der Spitze von 8000 Mann Linientruppen und 30 Geschützen auf und hielt am 10., abends 9 Uhr, seinen Einzug in Lyon. Graf Defargues, der Bürgermeister, übergab Seiner Majestät die Schlüssel der Stadt. Der Graf von Artois, der Herzog von Orléans und Marschall Herzog von Tarent waren am selben Tag Hals über Kopf ohne Begleitung von Lyon abgereist. Ihr unerwartetes Erscheinen kurz darauf in den Tuilerien ließ den Hof vor Schreck erstarren. Endlich, am 20. März, abends 8 Uhr, am Geburtstag seines Sohnes, zog der Kaiser in Paris ein. 40.000 Mann Linientruppen aller Waffengattungen hatten sich auf seinem Wege nach der Hauptstadt unter seinen Fahnen versammelt. Das kleine Heer von Elba traf am nächsten Tag ein. Es hatte in 20 Tagen 240 Meilen zurückgelegt. Ludwig XVIII. verließ Paris in der Nacht vom 19. zum 20. März. Am 23. überschritt er die französische Grenze. Bei seiner Abreise von Lille hißten die Festungen Flanderns die Trikolore.

Auf das erste Gerücht von Napoleons Landung war der Herzog von Bourbon nach Nantes gesandt worden, um die Vendée aufzufordern, gegen Napoleon zu marschieren. Dem Herzog von Angoulême hatte man die Regierung der Provinzen auf dem linken Ufer der Loire übertragen. Aber alle Versuche, die westlichen Provinzen aufzuwiegeln, waren fruchtlos. Die Bewohner hatten noch nicht vergessen, was sie

Napoleon zu danken hatten. Der Herzog von Bourbon bestieg am 1. April bei Baimboeuf ein englisches Fahrzeug, während Angoulême von Bordeaux aus den Staatsminister Baron von Vitrolles absandte, um Toulouse zu seinem Hauptquartier und dem Mittelpunkt seiner Regierung zu machen. Seine Frau ließ er in Bordeaux, in der Hoffnung, sich diese bedeutende Stadt erhalten zu können und die spanische Armee dort zu sammeln. Er selbst faßte den übereilten Entschluß, an der Spitze der 10 Linien des 14. berittenen Jägerregiments und einigen Bataillonen königlicher Freiwilliger aus der Languedoc nach Lyon zu marschieren, während die Marseiller nach Grenoble vorrücken sollten. Über die Brücke von St. Esprit passierte er die Rhône, nahm die Brücke über die Drôme, die von Nationalgarden aus Montélimart verteidigt wurde, kam am 3. April nach Valence und stellte seine Vorposten längs des linken Ufers der Isère auf. Zu gleicher Zeit zogen die Marseiller, 2500 an der Zahl, unterstützt durch das 83. und 58. Linienregiment, unter den Befehlen des Generalleutnants Ernouf in Gap ein und marschierten nach Grenoble. Diese Erfolge währten indes nur einen Tag. Die Herzogin von Angoulême sah sich schon am 2. April genötigt, Bordeaux bei der Ankunft des Generalleutnants Clausel zu verlassen. Sie schiffte sich auf einem englischen Kutter ein. Vitrolles wurde am 4. April von Generalleutnant Laborde verhaftet und ins Pariser Gefängnis abgeführt. General Gilly benutzte die günstige Stimmung der Einwohner des Languedoc und setzte sich an ihre Spitze; sein Vortrab, aus dem 10. Jägerregiment zu Pferd und dem 6. leichten Infanterieregiment bestehend, bemächtigte sich der Brücke bei St. Esprit und vertrieb die Royalisten. Als man von den Gefahren, die Lyon bedrohten, erfuhr, standen die Bewohner von Burgund und in der Auvergne in Masse auf, sammelten sich in Lyon und begehrten Waffen, um gegen die Bourbonen zu marschieren. In allen Gemeinden der Dauphiné wehte die Trikolore. Die Linientruppen verließen die königliche Partei beim Anblick des kaiserlichen Adlers, den ihnen Generalleutnant Chabert an der Spitze der Grenobler Nationalgarde zuführte. Die

Marseiller, von allen Seiten eingeschlossen, zerstreuten sich und schätzten sich glücklich, ihre Freiheit wieder zu erlangen. Der Herzog von Angoulême erkannte jetzt die Unklugheit seiner Unternehmung und räumte Valence in größter Eile, um die Brücke von St. Esprit zu erreichen. General Gilly nahm ihn hier gefangen. Der Kaiser schenkte ihm die Freiheit und ließ ihn am 16. April in Cette auf einem schwedischen Fahrzeug einschiffen. Marschall Masséna ließ in der Provence die Trikolore aufpflanzen und beendete so den Bürgerkrieg. Am 20. April verkündeten hundert Kanonenschüsse vom Invalidendom der Hauptstadt, daß das französische Volk in seine Rechte zurückgekehrt sei; den auswärtigen Nationen verkündeten es die Salven von den Küstenbatterien und von den Wällen der Grenzfestungen.

Die Geschichte wird den Edelmut des Siegers bei dieser Gelegenheit bewundern. Baron Vitrolles, der durch das Dekret von Lyon von der allgemeinen Amnestie ausgeschlossen war, der Herzog von Angoulême, dessen Urteil das Gesetz der Wiedervergeltung aussprach — erhielten beide durch Napoleons Gnade ihre Freiheit. „Ich will mich rühmen können“, sagte der Kaiser, „meinen Thron wieder erobert zu haben, ohne daß ein Tropfen Blut weder auf dem Schlachtfeld noch auf dem Schafott vergossen wurde.“

*

Gegen Ende des Jahres 1814 und Anfang 1815 herrschte auf dem Wiener Kongreß die größte Uneinigkeit. Österreich, Frankreich und England hatten sich durch eine geheime Übereinkunft gegen Rußland und Preußen verbunden, die ihren Forderungen keine Grenzen setzen wollten. Preussen wollte Dresden seinem Reich einverleiben, was den Interessen Österreichs zuwider war; aber Frankreich, unterstützt durch Spanien, verlangte vom Wiener Hof als Belohnung für den Beistand, den es ihm leistete, die Einwilligung, daß die Bourbonen in Sizilien auf den Thron von Neapel zurückkehrten. Österreich verweigerte dies teils aus Eifersucht gegen das Haus Bourbon teils, um den König Joachim nicht zu verraten, der sehr zu den glücklichen Fortschritten der Verbündeten im Jahre 1814 beigetragen hatte, indem er mit den Feinden gemeinschaftliche Sache gegen das Haupt seiner Familie und gegen seinen Wohltäter machte. Murat hatte damals einige Siege entschieden. Wenn er sich mit seinem Heer von 60.000 Mann an die französisch-italienische Armee unter dem Vizekönig angeschlossen hätte, so wären die Österreicher genötigt gewesen, sich auf die Verteidigung Kärntens und Tirols zu beschränken. Die Armee des Vizekönigs war der des Feldmarschalls Bellegarde überlegen, wurde aber durch die neapolitanische Armee zurückgehalten. Murat hatte damals 120.000 Mann in die Waagschale zu legen. Mit 100.000 Mann weniger konnten die Verbündeten den Einfall in Frankreich nicht vor dem Frühjahr beginnen.

Im Jahre 1814 war die neapolitanische Armee bedeutend, weil sie zu dieser Zeit 2000 Offiziere und Unteroffiziere aus Frankreich, Korsika und dem Königreich Italien in ihren Reihen zählte, die sie sogleich verließen, als sie das Rundschreiben erhielten, wodurch der Großrichter Graf Molé die Franzosen aus dem neapolitanischen Dienst abrief. Die österreichischen Minister auf dem Wiener Kongreß ließen oft die Geringschätzung durchblicken, mit der sie das Einmengen des Pariser Hofes betrachteten. Ludwig XVIII., sagten sie, ist nicht imstande, 10.000 Mann zu mobilisieren, ohne fürchten zu müssen, daß die Soldaten sich gegen ihn selbst wenden. Talleyrand, Fürst von Benevent, riet dem Kabinett der Tuilerien, drei Lager zu versammeln, eines in der Franche-Comté, das andere vor Lyon und das dritte im Süden Frankreichs.

Diese Truppen wurden auf 36.000 bis 40.000 Mann gebracht, ohne die Heeresmacht in irgendeiner Weise erhöhen zu müssen und ohne große Ausgaben zu riskieren; sie konnten das Ansehen Frankreichs im Ausland nur heben. Dieser Vorschlag wurde angenommen. Im Laufe des Februar 1815 setzte man die Truppen in Bewegung. Divisionsgeneral Ricard ging nach Wien, rühmte dort dem Kongreß in mehreren Konferenzen den blühenden Zustand des französischen Heeres, seine Begeisterung und Anhänglichkeit an den König. Prahlend fügte er hinzu, drei Lager mit 80.000 Mann seien in der Nachbarschaft der Alpen zusammengezogen worden. Die französischen Bevollmächtigten verlangten, daß dieser Armee, durch eine spanische Division unterstützt, gestattet werde, in Süditalien einzurücken, entweder über Genua, Florenz und Rom oder zur See. Auch der König von Neapel seinerseits war nicht untätig. Er zog seine 60.000 Mann starken Truppen in den Marken von Ancona zusammen. Um den Unterhandlungen in den Tuilerien entgegenzuwirken, verlangte er von Österreich den freien Durchzug durch Oberitalien, um mit seinem Heer über die Alpen in Frankreich einzumarschieren. Er bestätigte so viel als möglich die bestehende Meinung, daß die Soldaten Frankreichs nicht die Truppen der Bourbonen seien.

Unter diesen Umständen landete Napoleon. Die für die drei Lager im Süden bestimmten Regimenter befanden sich bereits auf dem Marsch, und es war, als wenn sie eigens ihm zur Eskorte auf seinem Triumphzug von Cannes nach Paris aufgestellt worden wären. Man verdächtigte auch den damaligen Kriegsminister Marschall Soult des Verrats. Aber der Schein trog, denn diese Truppenbewegung, die mit dem Marsch des Kaisers so übereinstimmende Stellung der Regimenter wurde auf ausdrücklichen Befehl des Königs und auf das formelle Verlangen der französischen Bevollmächtigten in Wien ausgeführt. Diese Tatsache beweist, daß die Staatsmänner und Politiker anderer Länder die geheimen Gesinnungen und Wünsche des französischen Volkes und der Armee viel besser kannten als die Prinzen und Minister des Hauses Bourbon.

*

Am 16. Februar, einige Tage vor der Abfahrt von Elba, sandte Napoleon einen seiner Kammerherren nach Neapel, um dem Hofe bekannt zu geben:

1. Daß er im Begriff sei, nach Paris zurückzukehren und die Bourbonen von seinem Thron zu vertreiben. Er sei entschlossen, den Pariser Vertrag aufrechtzuerhalten, was ihn hoffen lasse, daß die verbündeten Mächte keinen Anteil an den Streitigkeiten nehmen würden, die daraus entstehen

konnten. Überdies ständen die russischen Truppen jenseits des Niemen, ein Teil der Österreicher am rechten Ufer des Inn, die Mehrzahl der Preußen nördlich der Oder und die Hälfte des englischen Heeres sei in Amerika. Der Wiener Kongreß habe seine Arbeiten beendet und der Zar sei nach Petersburg abgereist.

2. Er wünschte, Murat möchte einen Kurier nach Wien senden und seinem Gesandten befehlen, dem Wiener Hof mitzuteilen, daß Frankreich den Pariser Vertrag auch weiter erfüllen wolle und namentlich auf alle seine Ansprüche in Italien verzichte.

3. Die Feindseligkeiten könnten nicht vor Ende Juli begonnen werden, Frankreich und Italien würden inzwischen Zeit haben, sich miteinander über den nächsten Operationsplan zu verständigen. Murat solle aber vorläufig sein Heer in eine gute Stellung vor Ancona bringen und in allen unvorhergesehenen Fällen sich von dem Grundsatz leiten lassen, daß es besser sei, zurück- als vorwärts zu marschieren, besser eine Schlacht hinter dem Garignano als am Po zu liefern. Ferner könne er durch einen Scheinangriff mit Unterstützung des französischen Heeres sehr viel tun, aber nicht das geringste ohne dieses vollbringen.

Der Abgesandte des Kaisers traf am 4. März in Neapel ein, die „Inconstant" auf ihrem Rückweg vom Golf Juan am 12. März. Wenige Tage später brachte ein Kurier aus Genua die Nachricht von dem siegreichen Einzug des Kaisers in Grenoble, nach Neapel. Nun verbarg der König seine wahren Gesinnungen nicht mehr und erklärte offen, eine Insurrektion in Italien hervorzurufen. „Der Kaiser", sagte er, „wird keinen Widerstand finden, das ganze französische Volk wird zu seinen Fahnen eilen. Da nun, wenn ich zögere, an den Po zu marschieren und bis Juli warte, die französischen Heere das Königreich Italien wieder hergestellt haben und sich außerdem der Eisernen Krone bemächtigen, so kommt es mir zu, die Unabhängigkeit Italiens zu erklären." Vergebens versuchte der Abgesandte Napoleons und die Königin selbst, den König von diesem gefährlichen, tollkühnen Unternehmen abzubringen, aber alles war umsonst.

Er bestand auf seiner Absicht. Er ging nach Ancona. Als er hier an der Spitze seiner Armee am 22. März eintraf, wartete er nicht einmal die Nachricht vom Einzug des Kaisers in Paris ab. Er ging mit seinem Heer über den Rubicon, durchzog die Romagna, überschwemmte die Staaten des Papstes und Toskana. Der Papst zog sich nach Genua zurück und der Großherzog nach Livorno. Als Murat in Bologna einzog, rief er das Volk des Königreiches Italien zum Aufstand auf, aber sie fragten, warum er ihnen nicht von Napoleon, ihrem rechtmäßigen König spreche? Ohne seinen Befehl könnten sie nicht marschieren. Übrigens scheine es ihnen außerordentlich unklug, etwas zu unternehmen, bevor die französischen Truppen in den Alpen angekommen seien. Auf jeden Fall brauchten sie Gewehre, die Provinz Bologna allein bedürfe 40.000. Auch die neapolitanische Artillerie habe keinerlei Bestand an Geschützen. Einige Tage später ging die österreichische Armee, die am linken Po-Ufer konzentriert war, über diesen Fluß, schlug das Heer Murats und zog am 12. Mai in Neapel ein. Außerstande, sich für seine Person in die Festung Gaëta zu retten, schiffte der König sich auf einem Kauffahrteischiff ein und landete in der Provence, wo er blieb, um seine Familie zu erwarten und Anhänger zu sammeln. Inzwischen hatte die Königin mit einem englischen Kommodore Verhandlungen angeknüpft, der, wie es die Verbündeten in diesem Krieg dauernd, wie sie es auch in Danzig und Dresden taten, den abgeschlossenen Vertrag nicht einhielt und die Königin, anstatt nach Frankreich, nach Triest brachte. In den ersten Tagen des April traf Prinz Lucien Napoleon in Begleitung eines päpstlichen Geschäftsträgers inkognito in Fontainebleau ein. Durch ihn erfuhr Napoleon zum erstenmal etwas von dem Einbruch Murats in Italien. Der Papst schrieb von Genua aus an den Kaiser, er werde nach Spanien flüchten, wenn man ihm nicht den Besitz Roms gewährleistete. Der Geschäftsträger des Heiligen Stuhles wurde außerordentlich höflich in den Tuilerien empfangen und kehrte mit den günstigsten Versicherungen zum Heiligen Vater zurück. Der Kaiser garantierte ihm alles, was ihm durch den Pariser Vertrag zugesprochen war, und teilte ihm mit, wie sehr er das Verhalten des Königs von Neapel mißbillige. Es sei seiner Politik völlig entgegen.

*

Die Nachricht von der Landung des Kaisers in Frankreich traf in Wien am 8. März ein, der Kongreß tagte noch. Am 13. und 25. März unterzeichneten die Bevöllmächtigten der verbündeten Staaten Akten, die in der Geschichte beispiellos sind. Sie glaubten Napoleon verloren. „Er wird“, hieß es, „von den treuen Untertanen Ludwigs schnell wieder vertrieben und geschlagen werden.“ Als sie später erfuhren, daß die Bourbonen auf allen Seiten widerstandslos hatten weichen müssen und daß ganz Frankreich sich für seinen selbstgewählten Herrscher erklärt hatte, da erlitt die Eigenliebe der Verbündeten einen harten Schlag. Und doch zögerten sie noch. Als jedoch das Wiener Kabinett von den Gesinnungen Murats und später von seinem feindlichen Heereszug unterrichtet wurde, zweifelte man nicht mehr daran, daß er auf Befehl Napoleons gehandelt hatte. Sie erkannten daraus, daß Napoleon, unerschütterlich in seiner Politik, noch immer der war, der er in Châtillon gewesen: Die Krone Frankreichs interessierte ihn nicht ohne Belgien, den Rhein und vielleicht auch nicht ohne Italien. Nun hatte die Unschlüssigkeit ein Ende. Die Bevollmächtigten unterzeichneten einen Vertrag gegen Frankreich; jeder der vier Hauptmächte verpflichtete sich, 150.000 Mann zu stellen. Die Ratifikation fand am 25. April statt und man rechnete aus, daß 1,000.000 Truppen aus allen Nationen Europas Ende Juli an den Grenzen Frankreichs und Schwedens stehen würden. Portugal allein weigerte sich, sein Kontingent zu stellen. In Gent war der Frieden zwischen England und den Vereinigten Staaten von Amerika unterzeichnet und Ende Februar ratifiziert worden, so daß die englischen Truppen nicht länger in Kanada gebraucht und nach Europa zurückgesandt wurden. Am 15. April hatte der Herzog von Wellington sein Hauptquartier in Brüssel und Blücher in Lüttich. An den Ufern der Themse, an der Donau, der Spree, der Newa und am Tajo, überall rief man zum Krieg. Die französische Fregatte „Melpomene“ war an der Küste von Neapel von dem englischen Linienschiff „Rivoli“ genommen worden, über ein paar Tage darauf erhielt der britische Kommodore im Mittelländischen Meer den Befehl, die französische Flagge zu respektieren, da der Krieg nicht erklärt sei. Die französischen Schiffe bestrichen frei und ungehindert die Küsten. Eine französische Fregatte brachte „Madame“, die Mutter des Kaisers, von Neapel nach Frankreich. Diese Verfügungen der englischen Regierung waren die Folge der Unentschlossenheit der Herrscher in Wien. Außerdem war der Londoner Hof ängstlich darauf bedacht, Zeit zu gewinnen, weil seine Heere in Belgien nicht stark genug waren, um dieses Land zu verteidigen. Die Admiralität wiederum hatte große Schwierigkeiten, die Flotte zu rüsten, und befürchtete, die französische Flotte von Toulon könnte in See stechen, noch ehe genügend Streitkräfte bereit wären, ihr entgegenzutreten. So war der König von Neapel, wie so oft, durch seine phantastischen Einfälle zum zweitenmal die Ursache unseres Unglücks. Das erstemal hatte er sich im Jahre 1814 gegen Frankreich erklärt und jetzt gegen Österreich.

## *II*

### *Der Feldzugsplan*

Konnte die französische Armee am 1. April die Feindseligkeiten eröffnen? — Die drei Feldzugspläne; der erste: In der Defensive zu bleiben und die feindlichen Heere an Paris und Lyon heranzuziehen. — Der zweite: Die Offensive am 15. Juni zu ergreifen und in Belgien einzufallen. — Der dritte: Die Offensive am 15. Juni zu ergreifen und im Fall irgendwelcher Niederlage den Feind bis vor Paris und Lyon herangehen zu lassen. — Der Kaiser nimmt den letztgenannten Operationsplan an.

In der Nacht seiner Ankunft in Paris befahl der Kaiser dem General Exelmans, die Haustruppen des Königs mit 1000 Mann Kavallerie zu verfolgen, gefangen zu nehmen, auseinanderzusprengen oder sie über die Grenze zu drängen.

Aber die königliche Garde, in der die verschiedensten Elemente dienten, hatte sich schon von selbst aufgelöst. Ein Teil wurde bei Béthune umzingelt und entwaffnet, ein anderer erreichte Neuve-Eglise, wo Graf Artois sie ihres Eides entband. General Exelmans nahm alle Pferde, Magazine und das ganze Gepäck dieser Truppe in Besitz. Offiziere und Bürger, von der Landbevölkerung verfolgt, warfen ihre Uniformen und Abzeichen ab und versuchten unter den seltsamsten Verkleidungen dem Unwillen der Bevölkerung zu entgehen. Einige Tage später ging Graf Reille mit 12.000 Mann nach Flandern, um die Truppen des Grafen Erlon zu verstärken, der an der belgischen Grenze befehligte. Der Kaiser überlegte nun, ob er nicht besser am 1. April die Feindseligkeiten mit diesen 36.000 Mann starken Truppen beginnen solle, indem er auf Brüssel marschierte und die belgische Armee unter seinen Fahnen vereinigte. Das preußische und das englische Heer waren schwach, zerstreut, sie hatten weder Befehle noch Führer noch einen feststehenden Plan. Einige der Befehlshaber waren auf Urlaub. Wellington war in Wien und Blücher in Berlin. Die französische Armee konnte am 2. April in Brüssel sein. Aber erstens hegte man Friedenshoffnungen. Frankreich wünschte Frieden und würde jede vorzeitige Offensivbewegung aufs schärfste getadelt haben. Zweitens hätte man, um 35 bis 36.000 Mann zu vereinigen, die 23 festen Plätze von Calais bis Philippeville ohne Besatzung lassen müssen, die doch die dreifache Linie im Norden bildeten. Wenn die Stimmung des Volkes an dieser Grenze so gut gewesen wäre, wie im Elsaß, in den Vogesen und den Ardennen oder in den Alpen, so hätte das kein Hindernis bedeutet. Aber die Stimmung in Flandern war geteilt. Es wäre daher höchst unvorsichtig gewesen, wenn man diese befestigten Städte ihren eigenen Nationalgarden überlassen hätte. Man brauchte einen Monat, um in den benachbarten Provinzen Bataillone von Elitenationalgarden auszuheben und nach den Festungen zur Ablösung der Linienregimenter zu schicken. Drittens war der Herzog von Angoulême auf Lyon vorgerückt, und die Marseiller marschierten nach Grenoble. Die erste Nachricht über den

Beginn der Feindseligkeiten würde die Unzufriedenen verstimmt haben. Das Wesentlichste war, die Bourbonen aus Frankreich zu entfernen und das französische Volk zur Einigkeit zu bringen. Das trat erst am 20. April ein.

*

Als im Mai die Ruhe in Frankreich wieder hergestellt war, aber keine Hoffnung blieb, auch einen dauernden äußeren Frieden zu erhalten, weil die Heere der verschiedenen Mächte sich bereits auf dem Marsch an die französische Grenze befanden, dachte der Kaiser über den Operationsplan nach, den er in diesem Feldzug verfolgen sollte. Es standen ihm drei zur Wahl. Der erste war, sich auf den Verteidigungskrieg zu beschränken, damit auf die Verbündeten die ganze Schmach des Angriffs fiel, dann wären sie zwischen unsere Festungen zu stehen gekommen, man mußte sie bis vor Paris und Lyon vordringen lassen und dann auf diesen beiden Basen einen durchdachten und entscheidenden Krieg beginnen. Dieser Plan hatte große Vorteile. Erstens: Die Verbündeten konnten nicht vor dem 15. Juli kampfbereit sein und erst Mitte August vor Paris und Lyon eintreffen. Das 1., 2., 3., 4., 5. und 6. Armeekorps, die vier schweren Kavalleriekorps und die Garde sollten sich bei Paris vereinigen. Diese Korps hatten am 15. Juni 140.000 Mann unter Waffen; am 15. August würden sie deren 240.000 gehabt haben. Das 1. Observationskorps, vom Jura, und das 7. Korps sollten vor Lyon vereinigt werden. Sie hatten am 15. Juni 25.000 Mann unter Waffen, und am 15. August hätten sie 60.000 gehabt. Zweitens: Die Befestigung von Paris und Lyon wäre bis zum 15. August vollendet und vervollkommnet gewesen. Drittens: Bis dahin würde man Zeit haben, die Organisation und Bewaffnung der zur Verteidigung von Paris und Lyon bestimmten Streitkräfte zu vervollständigen, die Nationalgarde von Paris auf 8000 Mann zu reduzieren und dagegen die Tirailleurs der Hauptstadt zu vervierfachen, wodurch sie auf 60.000 Mann gebracht würden. Diese Tirailleurbataillone, von Linienoffizieren befehligt, würden gute Dienste leisten; vereinigt mit den

6000 Kanonieren der Linienregimenter, der Marine, der Nationalgarde und 40.000 Mann der Depots von 70 Infanterieregimentern und den Nationalgarden, die zu den Armeekorps vor Paris gehörten, würde man die zur Verteidigung des verschanzten Lagers vor Paris bestimmte Macht auf 116.000 Mann bringen. In Lyon sollte die Besatzung aus 4000 Nationalgarden, 12.000 Tirailleurs, 2000 Kanonieren und 7000 Mann der Depots von den 11 Infanterieregimentern der bei Lyon stehenden Armee bestehen, im ganzen 25.000 Mann. Viertens: Man würde die feindlichen Heere, die von Norden und Osten gegen Paris vordrängen, nötigen, 150.000 Mann vor den 42 festen Plätzen an diesen beiden Grenzen zu lassen. Wenn man die Stärke dieser feindlichen Heere auf 600.000 Mann berechnete, so würden sie bei ihrer Ankunft vor Paris auf 450.000 reduziert sein. Die feindlichen Heere, die gegen Lyon vordrängen, wären genötigt, die 10 Plätze der Jura- und Alpengrenze zu beobachten; nimmt man ihre Stärke zu 150.000 Mann an, so würden kaum 100.000 vor Lyon ankommen. Fünftens: Unterdessen aber würde diese ungeheure nationale Gefahr den höchsten Gipfel erreichen und große Energie unter den Bewohnern der Normandie, der Bretagne, in der Auvergne, im Berry usw. erwecken. Zahlreiche Bataillone würden in Paris ankommen. Die französischen Streitkräfte würden täglich zunehmen und die der Verbündeten immer mehr abnehmen. 240.000 Mann in den Händen des Kaisers, auf beiden Ufern der Seine und Marne sich frei bewegend, unter dem Schutz des großen, von 116.000 Mann nicht mobiler Truppen bewachten verschanzten Lagers vor Paris, konnten über 400.000 Feinde den Sieg erfechten. 60.000 Mann unter den Befehlen des Marschalls Suchet, auf beiden Ufern der Rhône und Saône manövrierend und unterstützt durch die Lyoner Besatzung von 25.000 Mann nicht mobiler Truppen, würden mit dem feindlichen Heer fertig werden. Das Vaterland würde siegen!

*

Der zweite Plan war, den Verbündeten zuvorzukommen und die Feindseligkeiten zu eröffnen, ehe sie kampfbereit sein konnten. Die Verbündeten konnten aber erst am 15. Juli die Feindseligkeiten beginnen. Man mußte also am 15. Juni den Feldzug eröffnen und das englisch-holländische und preußisch-sächsische Heer, die in Belgien standen, schlagen, ehe die Heere Rußlands, Österreichs, Bayerns, Württembergs usw. am Rhein angekommen waren. Am 15. Juni konnte man eine Armee von 140.000 Mann in Flandern versammeln, indem man eine leichte Kette an allen Grenzen und gute Besatzungen in allen festen Plätzen ließ. Erstens: Wenn man das englisch-holländische und das preußisch-sächsische Heer schlüge, würde Belgien sich erheben, und die belgische Armee würde das französische Heer verstärken. Zweitens: Die Niederlage der englischen Armee würde den Sturz des englischen Ministeriums nach sich ziehen, das durch Freunde des Friedens, der Freiheit und Unabhängigkeit der Völker ersetzt werden würde; dieser einzige Umstand würde den Krieg beenden. Drittens: Wäre dies nicht der Fall, so würde das Heer nach den in Belgien erfochtenen Siegen, durch das im Elsaß gebliebene 5. Armeekorps und durch die aus den Depots im Juni und Juli gesandten Nachschübe verstärkt, sich nach den Vogesen gegen die österreichische und russische Armee in Bewegung setzen. Viertens: Dieser Plan hatte große Vorteile. Er war dem Geist der Nation, der Natur und den Grundsätzen dieses Krieges angemessen. Die schreckliche Unannehmlichkeit, die das erste Projekt darbot, Flandern, die Pikardie, Artois, Elsaß, Lothringen, die Champagne, Burgund, Franche-Comté und Dauphiné ohne einen Schuß zu verlassen, war beseitigt. Aber konnte man mit 140.000 Mann die beiden Heere schlagen, die Belgien deckten, nämlich das englisch-holländische Heer, das 104.000 Mann unter Waffen hatte*, und das preußisch-sächsische Heer von 120.000 Mann, also im ganzen 224.000 Mann. Man durfte aber die Stärke dieser Heere nicht nach dem Verhältnis der Zahlen 224.000 und 140.000 schätzen, denn das Heer der Verbündeten war aus mehr oder minder guten Truppen zusammengesetzt. Ein Engländer konnte auf

* Nicht inbegriffen sind die 14 englischen, in Ostende gelandeten Regimenter und die Besatzungen in den belgischen Festungen.

einen Franzosen gerechnet werden, zwei Holländer, Preußen oder Bundessoldaten auf einen Franzosen. Die feindlichen Heere waren unter den Befehlen zweier verschiedener Generale kantoniert und aus verschiedenen Nationen gebildet, die eigene Interessen und Gesinnungen hatten.

*

Unter diesen Betrachtungen verstrich der Mai. Der Aufstand der Vendée schwächte das Heer in Flandern um 20.000 Mann und reduzierte es auf 120.000. Es war ein unglückliches Ereignis, das die Aussichten eines glücklichen Erfolgs verminderte. Aber der Krieg in der Vendée konnte sich ausbreiten; die Verbündeten konnten, wenn sie Herren mehrerer Provinzen waren, die Anhänger der Bourbonen sammeln; der Marsch des Feindes nach Paris und Lyon würde ihnen günstig sein. Auf der anderen Seite brauchten Belgien und die Rheinprovinzen dringend Hilfe. Sie hofften sehnsüchtig auf Befreiung. Und es wurden Verbindungen mit der belgischen Armee unterhalten. Das bewog den Kaiser, einen dritten Plan anzunehmen, der darin bestand, das englisch-holländische und das preußisch-sächsische Heer am 15. Juni anzugreifen und, wenn es ihm nicht gelang, sie auseinander zu sprengen, zu trennen und zu schlagen, dann wieder auf Paris und Lyon zurückzugehen. Allerdings wäre das Heer, wenn ihm der Angriff auf Belgien mißlang, äußerst geschwächt vor Paris angekommen. Ferner verlor man die Gelegenheit, die Pariser Nationalgarde von 36.000 auf 8000 Mann zu reduzieren, was man tun mußte, um die Stärke der Aufklärungstruppen auf 60.000 zu erhöhen, denn ein solches Vorhaben konnte nicht in Abwesenheit Napoleons und während des Krieges ausgeführt werden. Auch das war zu bedenken, daß die Verbündeten, wenn man ihren Angriff erwartete, nicht vor dem 15. Juli die Feindseligkeiten beginnen würden. Wenn man sie jedoch für den 15. Juli herausforderte, würden sie alles daransetzen, sie schon am 1. Juli zu eröffnen. Ihr Marsch auf Paris würde auch nach einem Sieg beschleunigter sein, und das auf 120.000 Mann reduzierte Heer in Flandern war um 90.000 Mann schwächer als die vereinigten Heere des Feldmarschalls Blücher und des Herzogs von Wellington. Das mußte man bedenken. Aber im Jahre 1814 hatte Frankreich mit 40.000 Mann gleichzeitig den Truppen Blüchers und dem Heer des Fürsten von Schwarzenberg, bei dem sich die beiden Kaiser und der König von Preußen befanden, Widerstand geleistet. Diese vereinigten Heere waren 250.000 Mann stark und doch schlug sie die nur 40.000 Mann starke französische Armee des öfteren! In der Schlacht von Montmirail waren die Korps von Sacken, York und Kleist auf 40.000 Mann gebracht; sie wurden von 16.000 Franzosen angegriffen, geschlagen und hinter die Marne zurückgeworfen, nämlich von der Garde zu Fuß und zu Pferd, der 1150 Mann starken Division Ricard und einer Kürassierabteilung. Währenddessen wurde Marschall Blücher mit 20.000 Mann von Marmont mit 4000 Mann in Schach gehalten, und Schwarzenberg mit seinen 100.000 Mann wurde durch die Truppen Macdonalds, Oudinots und Gérards, die zusammen weniger als 18.000 Mann besaßen, an seinem Vormarsch gehindert.

Der Herzog von Dalmatien wurde zum Generalstabschef des Heeres ernannt. Er erließ am 2. Juni nachstehenden Tagesbefehl und reiste darauf sofort von Paris ab, um das Heer und die Festungen in Flandern zu besichtigen.

## *TAGESBEFEHL*

Die erhabenste Feier hat unsere Institutionen geheiligt. Der Kaiser hat von den Abgeordneten des Volkes und von den Deputationen aller Heeresabteilungen den Ausdruck der Wünsche der ganzen Nation über die ihr zur Annahme vorgelegte Zusatzakte zur Verfassung des Reiches erhalten, und ein neues Band einigt nun Frankreich und den Kaiser. So hat die Vorsehung es bestimmt, und alle Bemühungen eines ruchlosen Bundes werden die Interessen eines großen Volkes nicht mehr von dem Helden trennen können, dessen glänzendste Siege die Bewunderung der Welt erregte.

In diesem Augenblick, in dem der Wille des Volkes sich mit solcher Kraft ausspricht, erschallt der Kriegsruf! In diesem Augenblick, da Frankreich mit ganz Europa im Frieden lebt, stürmen fremde Heere gegen unsere Grenzen an. Welche Hoffnung kann diese neue Koalition hegen? Will sie Frankreich aus der Reihe der Völker streichen? Will sie 28 Millionen Franzosen in erniedrigende Knechtschaft stürzen? Hat sie vergessen, daß der erste Bund, der gegen unsere Unabhängigkeit geschlossen wurde, zu unserer Größe und zu unserem Ruhm diente? Hundert glänzende Siege, die momentane Niederlagen und unglückliche Ereignisse nicht auslöschen konnten, erinnern sie, daß ein freies Volk, von einem großen Mann angeführt, unbesiegbar ist.

Jeder Franzose ist Soldat, wenn es sich um die Ehre und die Freiheit des Volkes handelt! Heute vereinigt ein gemeinsames Band alle Franzosen. Die Verbindlichkeiten, die uns durch die Flucht der Bourbonen aus Frankreich, durch den Hilferuf nach fremden Heeren, mit deren Beistand sie auf den verlassenen Thron zurückkehren wollen, und durch den einstimmigen Wunsch des Volkes, das die freie Ausübung seiner Rechte wiedererlangt und sich feierlichst gegen alles verwahrt hat, was ohne seine Mitwirkung geschieht, brauchen wir nicht zu erfüllen.

Die Franzosen können von den Fremden keine Gesetze empfangen; selbst die, die bei ihnen um Hilfe gegen ihr Vaterland betteln, werden bald ebenso wie ihre Vorgänger erkennen und erfahren, daß Verachtung und Schande ihren Schritten folgen und daß sie diese Schmach nur dadurch wieder tilgen können, wenn sie in unsere Reihen zurückkehren.

Aber eine neue Laufbahn des Ruhmes öffnet sich vor dem Heer; die Geschichte wird das Andenken der Kriegstaten heiligen, die die Verteidiger des Vaterlandes und der Nationalehre verherrlichen werden. Die Feinde sind zahlreich, sagt man; was kümmert es uns! Um so rühmlicher wird es sein, sie zu besiegen, und ihre Niederlage wird um so mehr Aufsehen erregen. Der Wettkampf, der jetzt beginnt, übersteigt nicht Napoleons Genie, übersteigt nicht unsere Streitkräfte. Wetteifern nicht alle Provinzen an Eifer und Ergebenheit, um wie durch Zauber 500 prächtige Bataillone Nationalgarden zu bilden, die schon angelangt sind, unsere Reihen zu verstärken, unsere Plätze zu verteidigen und den Ruhm des Heeres zu teilen? Dies ist der Aufschwung eines großgesinnten Volkes, das keine Macht besiegen kann und das die Nachwelt bewundern wird. Zu den Waffen!

Bald wird das Zeichen gegeben sein! Jeder erfülle seine Pflicht; die Menge der Feinde wird neuen Glanz über unsere siegreichen Phalangen verbreiten. Soldaten! Napoleon leitet unsere Schritte! Wir kämpfen für die Unabhängigkeit unseres schönen Vaterlandes, wir sind unbesiegbar!

## *ERÖFFNUNG DES FELDZUGES IM JUNI 1815*

*Stand und Stellung des französischen Heeres am Abend des 14. Juni. — Stand und Stellung des englisch-holländischen und preußisch-sächsischen Heeres. — Märsche und Gefechte am 15. Juni. — Stellung der kriegführenden Heere in der Nacht vom 15. zum 16. Juni.*

Das 4. Korps, unter den Befehlen des Grafen Gérard*, ging am 6. Juni von Metz ab, überschritt die Maas und erreichte am 14. Philippeville. Graf Belliard übernahm den Oberbefehl in Metz und an der Saargrenze. Er trug Sorge, die Bewegung des 4. Korps zu maskieren, indem er die Grenze durch Abteilungen der Bataillone Elite-Nationalgarde, die er aus den Besatzungen von Metz, Longwy, Saarlouis usw. gezogen, und durch die in diesen Departements gebildeten Freikorps, die schon uniformiert und organisiert waren, besetzte. Die Kaiserliche Garde verließ Paris am 8. Juni und rückte nach Avesnes. Das 1. Korps marschierte aus der Umgebung von Lille und das 2. von Valenciennes ab, um sich zwischen Maubeuge und Avesnes aufzustellen. Die Besatzungen aller festen Plätze, Dünkirchen inbegriffen, maskierten diese Bewegung, indem sie starke Abteilungen in solche Stellungen brachten, daß im Augen-

* General Gérard, Befehlshaber des IV. Korps, General Girard, Befehlshaber der 3. Division des II. Korps.

blick, in dem die Kantonierungen an dieser Grenze zentralisiert wurden, die Vorposten auf das Dreifache verstärkt waren und der getäuschte Feind glaubte, das ganze Heer vereinige sich auf dem linken Flügel. Das 6. Korps ging von Laon ab und marschierte nach Avesnes; die vier Reservekavalleriekorps vereinigten sich an der Sambre.

Der Kaiser reiste am Morgen des 12. von Paris ab, frühstückte in Soissons, übernachtete in Laon, gab die letzten Befehle zur Bewaffnung dieser Stadt und kam am 13. in Avesnes an. Am 14. abends lagerte das Heer in drei Richtungen: der linke Flügel, mehr als 40.000 Mann, aus dem 2. und 1. Korps gebildet, am rechten Sambreufer in Ham-sur-Eure und Solre-sur-Sambre. Das Zentrum, mehr als 60.000 Mann, aus dem 3. und 6. Korps, der Kaiserlichen Garde und den Kavalleriereserven gebildet, in Beaumont, wohin das Hauptquartier verlegt wurde. Der rechte Flügel, mehr als 15.000 Mann, durch das 4. Korps und eine Kürassierdivision gebildet, vor Philippeville. Die Truppen lagerten eine Stunde vor der Grenze, hinter kleinen Hügeln, so daß der Feind die Feuer nicht bemerken konnte und auch wirklich keine Kenntnis von unserem Lager hatte. Am 15. abends zeigten die Abendrapporte, daß das Heer 122.400 Mann und 350 Geschütze stark war.

Am 14. abends erließ der Kaiser an das Heer folgenden Tagesbefehl: „Soldaten! Heute ist der Jahrestag von Marengo und Friedland, der zweimal das Schicksal von Europa entschied. Damals, wie nach Austerlitz und nach Wagram, waren wir zu großmütig! Wir glaubten den Versicherungen und Schwüren der Fürsten, die wir auf ihren Thronen duldeten! Jetzt aber, unter sich einig, ziehen sie gegen Frankreichs Unabhängigkeit und seine heiligsten Rechte zu Felde. Sie haben den ungerechtesten Angriffskrieg begonnen! Ziehen wir ihnen also entgegen! Sind denn wir nicht mehr die alten?

Soldaten, bei Jena wart ihr gegen dieselben Preußen, die jetzt so anmaßend sind, einer gegen drei und bei Montmirail einer gegen sechs!

Lasset euch von denen erzählen, die Kriegsgefangene der

Engländer waren, von ihren Schiffsgefängnissen und von den gräßlichen Leiden, die sie erduldeten.

Die Sachsen, Belgier, Hannoveraner, die Soldaten des Rheinbundes seufzen unter dem Zwang, ihre Kraft Fürsten leihen zu müssen, die Feinde der Gerechtigkeit und der Rechte aller Völker sind. Sie wissen, daß diese Koalition unersättlich ist! Nachdem sie 12 Millionen Polen, 12 Millionen Italiener, 1 Million Sachsen, 6 Millionen Belgier verschlungen hat, wird sie noch die kleineren Staaten Deutschlands verschlingen.

Die Unsinnigen! Ein augenblicklicher Erfolg macht sie blind. Die Unterdrückung und Erniedrigung des französischen Volkes steht nicht in ihrer Macht! Wenn sie den französischen Boden betreten, werden sie hier ihr Grab finden.

Soldaten, wir haben Gewaltmärsche zu machen, Schlachten zu liefern, Gefahren zu bestehen; aber seien wir standhaft, und der Sieg wird unser sein! Wir werden die Rechte, die Ehre und das Glück des Vaterlandes wieder erobern.

Für jeden Franzosen, der Mut hat, ist der Augenblick gekommen, zu siegen oder zu sterben!"

*

Die feindlichen Heere verhielten sich am Abend des 14. sehr ruhig in ihren Quartieren. Das preußisch-sächsische Heer bildete den linken, das englisch-holländische den rechten Flügel. Das erstere, von Feldmarschall Blücher befehligt, war 120.000 Mann stark, nämlich: 85.000 Mann Infanterie, 20.000 Mann Kavallerie, 15.000 Mann Artillerie-, Genie- und Fuhrwesen-Soldaten; 300 Geschütze. Es war in 4 Korps geteilt:

Das 1. unter General Zieten lehnte sich rechts an die englischen Kantonierungen an, lag längs der Sambre, hatte in Charleroi das Hauptquartier, und Fleurus war ihm als Konzentrationspunkt bestimmt. Das 2. unter General Pirch kantonierte an der Grenze in der Nähe von Namur, wo sein Sammelplatz war. Das 3. unter General Thielmann stand längs der Maas, in den Umgebungen von Dinant, und sollte sich zu Ciney versammeln. Das 4. Korps unter General

Bülow lag hinter den drei ersteren; sein Hauptquartier hatte es in Lüttich.

Jedes Korps brauchte einen halben Tag, um sich zu sammeln. Der Sammelplatz für das ganze Heer lag hinter Fleurus. Das 1. Korps war bereits dort. Das 2. hatte von Namur bis Fleurus 36 Kilometer zu marschieren; das 3. hatte von Ciney 60, und das 4. von Lüttich 70 Kilometer. Das Hauptquartier des Feldmarschalls Blücher war in Namur, 70 Kilometer entfernt von dem des Herzogs von Wellington in Brüssel.

Das englisch-holländische Heer, unter den Befehlen des Herzogs von Wellington, bestand aus 24 Brigaden, worunter 9 englische, 10 deutsche, 5 holländische und belgische; und aus 11 Kavalleriedivisionen, gebildet durch 16 englische, 9 deutsche und 6 holländische Regimenter. Die Stärke des Heeres belief sich auf 104.200 Mann.

In der Nacht vom 14. zum 15. brachten Vertraute, die in das französische Hauptquartier nach Beaumont zurückkehrten, die Nachricht, daß in Namur, Brüssel und Charleroi alles ruhig sei. Dies war von glücklicher Vorbedeutung. Man hatte also einen großen Vorteil errungen, daß es gelungen war, die seit zwei Tagen begonnenen Märsche des französischen Heeres vor dem Feind zu verheimlichen. Das preußische Heer sah sich schon in die Notwendigkeit versetzt, einen weiter rückwärts gelegenen Vereinigungspunkt als Fleurus zu wählen oder in dieser Stellung die Schlacht anzunehmen, ohne durch das englisch-holländische Heer unterstützt werden zu können. Der Charakter der feindlichen Feldherren war sich entgegengesetzt. Die Husarenmanieren des Feldmarschalls Blücher, sein tätiger, verwegener Geist standen im Widerspruch mit dem vorsichtigen Charakter und den langsamen Bewegungen des Herzogs von Wellington. Hätte man das preußisch-sächsische Heer nicht zuerst angegriffen, so wäre es mit größerer Energie und Eile dem englisch-holländischen Heer zu Hilfe gekommen, als dieses den Feldmarschall Blücher unterstützen konnte. Alle Maßregeln Napoleons hatten also den Zweck, zuerst die Preußen anzugreifen.

Die drei französischen Kolonnen setzten sich am 15. mit Tagesanbruch in Marsch. Der Vortrab des linken Flügels, aus der Division des Prinzen Jérôme vom 2. Korps bestehend, stieß bei seinem Aufbruch aus dem Lager auf die Vorhut des preußischen Korps des Generals Zieten. Die Franzosen warfen ihn über den Haufen, bemächtigten sich der Brücke von Marchiennes und machten 500 Gefangene. Zieten sammelte sich bei Charleroi. Das Kavalleriekorps des Generals Pajol, das die Vorhut des Zentrums bildete, setzte sich um 3 Uhr morgens in Marsch; es sollte durch das Infanteriekorps des Generals Vandamme unterstützt werden. Von Beaumont nach Charleroi führt keine Heerstraße, die die Märsche erleichtern konnte, sondern nur schlechte Feldwege, wo man bei jedem Schritt auf Engpässe stieß. Das 3. Korps war 7 Kilometer von Beaumont gelagert. Um 6 Uhr morgens war Vandamme noch in seinem Lager, obwohl er zu gleicher Zeit mit der Kavallerie des Generals Pajol hätte aufbrechen sollen. Als der Kaiser dies bemerkt hatte, eilte er mit seiner Garde voraus und zog mittags in Charleroi ein. Die leichte Kavallerie des Generals Pajol ging ihm voran und verfolgte den Feind mit gezogenem Säbel. Das Korps des Generals Vandamme kam erst um 3 Uhr nachmittags an. Der rechte Flügel, vom Grafen Gérard befehligt, überfiel frühzeitig die Brücke von Chatelet; die ganze Kolonne traf abends dort ein. Von Charleroi nach Brüssel sind es 60 Kilometer Weg, der durch Gosselies, Fresnes, Quatre-Bras, Genappe und Waterloo hinführt. 1 Kilometer von Charleroi entfernt geht eine andere Chaussee rechts ab und nimmt ihre Richtung über Gilly gegen Namur, das 25 Kilometer von Charleroi entfernt liegt. Das Korps Zieten, durch seine Husaren von der Bewegung des französischen Heeres unterrichtet, räumte in größter Eile Charleroi auf diesen beiden Straßen. Eine Division zog sich auf der Brüsseler Chaussee zurück und hielt bei Gosselies, eine andere schlug die Straße nach Namur ein und hielt bei Gilly. General Pajol folgte dem Feind auf der Straße von Namur, General Clary auf der Straße von Brüssel. Die Truppen plänkelten auf diesen beiden Straßen. General Clary, der nicht stark genug war, wurde durch General Lefèbvre-Desnouettes mit der leichten Gardekavallerie und seinen beiden Batterien unterstützt. Die Division Duhesme der Jungen Garde zu Fuß stellte sich als Reserve hinter der Kavallerie Pajols auf und sandte ein Regiment ab, um auf halbem Wege von Charleroi nach Gosselies Stellung zu nehmen und der Kavallerie des Generals Lefèbvre-Desnouettes als Reserve zu dienen. Graf Reille ging auf der Brücke von Marchiennes über die Sambre und richtete seinen Marsch gegen Gosselies, um die Straße von Brüssel zu gewinnen und von da gegen Quatre-Bras vorrücken zu können.

General Graf Erlon hatte den Befehl, den General Reille zu unterstützen. Als Marschall Grouchy mit den Kavalleriereserven und dem 3. Korps, das ihm folgte, über Charleroi debouchiert hatte, rückte er gegen Gilly, das der General Zieten räumte, um Stellung zwischen Gilly und Fleurus zu nehmen, wo er im Rücken durch einen Wald gedeckt war. General Reille nahm Gosselies nach geringem Widerstand. Marschall Ney war soeben auf dem Schlachtfeld angekommen. Der Kaiser befahl ihm sogleich, sich nach Gosselies zu begeben und dort den Oberbefehl über den ganzen linken Flügel zu übernehmen, der aus dem 1. und 2. Korps, der Kavalleriedivision Lefèbvre-Desnouettes und dem schweren Kavalleriekorps des Generals Kellermann bestand und im ganzen 47.000 Mann stark war. Er sollte alles, was er auf der Straße von Gosselies nach Brüssel träfe, angreifen und jenseits Quatre-Bras eine Stellung rittlings auf dieser Straße nehmen, dort in militärischer Haltung bleiben und starke Vorposten auf den Straßen von Brüssel, Namur und Nivelles vorschieben. Die Division des Korps Zieten, die Gosselies verteidigt hatte, zog sich durch eine Linksschwenkung gegen Fleurus zurück. Graf Reille ließ sie durch seine 3. Division verfolgen, die Graf Gérard befehligte, und mit seiner Kavallerie und seinen drei anderen Divisionen rückte er gegen Quatre-Bras vor. Prinz Bernhard von Sachsen befehligte eine Brigade von 4000 Nassauern (es war die 2. der 3. belgischen Division). Als er von Charleroi her den Geschützdonner hörte und von dem Rückzug des Generals Zieten erfuhr, ging er nach Fresnes und stellte sich 2 Kilometer vor Quatre-Bras rittlings auf der Straße von Brüssel auf. Nach einer leichten Kanonade drohte General Lefèbvre-Desnouettes ihn zu umgehen und von Quatre-Bras abzuschneiden. Er nötigte ihn dadurch, sich zurückzuziehen und eine Stellung zwischen Quatre-Bras und Genappe einzunehmen.

Graf Reille rückte ohne Hindernis mit seiner Kavallerie vor, um sich vor Quatre-Bras zu lagern, was aber Marschall Ney, der ihn einholte, verhinderte, da er die Kanonade bei Fleurus gehört und die Meldung des Generals Gérard erhalten hatte, daß sich in dieser Richtung beträchtliche Streitkräfte zeigten. Er hielt es daher für klüger, Stellung zu nehmen. Seine Vorhut stand bei Fresnes, einzelne Posten waren auf Quatre-Bras vorgeschoben.

Die Korps Vandamme und Grouchy waren in Gilly vereinigt. Durch falsche Berichte getäuscht, verloren sie zwei Stunden in ihrer Stellung in der Meinung, daß sich 200.000 Preußen hinter dem Wald und vor Fleurus befänden. Der Kaiser unternahm es persönlich, den Feind zu rekognoszieren, und da er schätzte, daß diese Gehölze nur von zwei Divisionen des Zietenschen Korps von ungefähr 18.000 bis 20.000 Mann besetzt waren, befahl er, sogleich vorzurücken. Der Feind zog sich zurück und wurde lebhaft verfolgt. Ein Sturmangriff der 4 Eskadrons, die die Begleitung des Kaisers bildeten und von General Letort geführt wurden, durchbrach zwei Karrees und vernichtete das 58. preußische Regiment. Aber der kühne Letort wurde tödlich verwundet. Er war einer der ausgezeichnetsten Kavallerieoffiziere. Es gab keinen Tapfereren als ihn. Kein Offizier besaß in einem so hohen Grade wie er die Kunst, einen Angriff zu leiten und den elektrischen Funken Mannschaften und Pferden mitzuteilen; seine Stimme, sein Beispiel verwandelte die Ängstlichen in die Unerschrockensten. In der Nacht stellten sich die Korps Vandamme und Grouchy in den Wäldern von Trichenaye und Lambusart unweit Fleurus auf.

In der Nacht vom 15. zum 16. war das französische Hauptquartier in Charleroi, das des Feldmarschalls Blücher in Namur, das des Herzogs von Wellington in Brüssel. Das

1. Korps des preußisch-sächsischen Heeres, von General Zieten befehligt und um 2000 Mann geschwächt, die es an diesem Tage verloren hatte, war auf den Höhen hinter Fleurus zusammengezogen und hielt diesen Ort durch eine Abteilung besetzt. Das 2. Korps, das sich in Namur gesammelt hatte, marschierte die ganze Nacht, um sich mit dem 1. Korps zu vereinigen. Das 3. Korps stand teils bei Namur, teils bei Ciney. Die erste Abteilung marschierte die ganze Nacht und kam am Morgen des 16. in Sombref an. Die zweite Abteilung konnte erst den 16. nachmittags während der Schlacht eintreffen. Das 4. Korps, von General Bülow befehligt, hatte wegen der weiten Entfernung den Befehl, sich zusammenzuziehen, sehr spät erhalten und konnte sich nicht früher als den 16. in Bewegung setzen; es kam in Gembloux, 2 Meilen von Sombref, erst nach dem Verlust der Schlacht, in der Nacht vom 16. zum 17. an.

Am 15., um 7 Uhr abends, hatte der Herzog von Wellington einen Kurier vom Feldmarschall Blücher erhalten, der ihm ankündigte, daß die Feindseligkeiten begonnen und eine starke französische Erkundungstruppe einige seiner Vorposten niedergesäbelt hätte. Der englische General schien es nicht für nötig zu halten, etwas anderes zu befehlen, als auf der ganzen Linie wachsam zu sein. Um 11 Uhr abends hatte ihm ein zweiter Kurier des Marschalls Blücher die Nachricht gebracht, daß die Franzosen am 15. um 11 Uhr morgens in Charleroi eingezogen seien und mit fliegenden Fahnen gegen Brüssel marschierten. Der ganze Raum zwischen Marchiennes, Charleroi und Chatelet sei mit Brücken und Truppen bedeckt. Das französische Heer sei 150.000 Mann stark und der Kaiser an seiner Spitze. Der Herzog sandte sofort in alle Kantonierungsquartiere den Befehl, sie aufzuheben, jede Division auf ihrem Sammelplatz zu vereinigen und dort die weiteren Befehle zu erwarten. Die 3. belgische Division, die allein im englisch-holländischen Heere Kantonierungen hatte, die nicht ganz 6 Meilen von Quatre-Bras entfernt waren, war die einzige, die am Morgen des 16. dort anlangen konnte; vier andere Divisionen, die weniger als 9 Meilen entfernt waren, konnten erst in der Nacht vom 16. zum 17.

und am 17. selbst hier vereinigt sein. Die Artillerie und Kavallerie war in dem gleichen Fall. Bei Quatre-Bras vereinigt, war das englisch-holländische Heer noch 2 Meilen von Fleurus entfernt. In der Nacht wurde in Brüssel Generalmarsch geschlagen; die braunschweigische und die 5. englische Division, die hier lagen, setzten sich am Morgen in Marsch nach Quatre-Bras.

Das französische Heer stand die Nacht über in 3 Kolonnen. Der linke Flügel, unter den Befehlen des Marschalls Ney, hatte das Hauptquartier in Gosselies, einzelne Posten in Quatre-Bras, den Vortrab in Fresnes, das 2. Korps zwischen Fresnes und Gosselies (es hatte rechts auf der Straße nach Fleurus die Division des Generals Gérard als Avantgarde vorgeschoben), das 1. Korps in Kolonne zwischen Marchiennes und Gosselies. Das Zentrum, aus der Reservekavallerie und dem 3. Korps bestehend, lagerte in den Gehölzen zwischen Fleurus und Charleroi. Die Garde stand in Kolonnen auf der Straße von Charleroi nach Gilly, und das 6. Korps vor Charleroi. Die 3. Kolonne, die den rechten Flügel bildete, war an der Brücke von Chatelet. Das ganze Heer war also vereinigt, nachdem es auf drei Brücken über die Sambre gegangen war: der linke Flügel bei Marchiennes, 4 Kilometer von Charleroi entfernt, wo das Zentrum übergegangen war, und 6 Kilometer von der Brücke von Chatelet entfernt, auf der der rechte Flügel seinen Übergang bewerkstelligt hatte!

Das französische Heer biwakierte in der Nacht vom 15. zum 16. in einem Viereck von 18 Kilometer Länge und Breite. Es war gleicherweise bereit, sich auf das preußisch-sächsische oder auf das englisch-holländische Heer zu werfen; es stand schon zwischen beiden. Die beiden feindlichen Heere waren überrumpelt, ihre Verbindungslinie war schon sehr bedroht. Alle Bewegungen des Kaisers waren ihm nach Wunsch gelungen. Es lag in seiner Macht, die feindlichen Heere einzeln anzugreifen. Um dieses Unglück, im Krieg das größte von allen, zu vermeiden, blieb ihnen kein anderer Ausweg übrig, als sich zurückzuziehen und sich bei Brüssel oder noch weiter zurück zu vereinigen.

## SCHLACHT VON WATERLOO

*Schlachtlinie des englisch-holländischen Heeres. — Schlachtlinie der französischen Armee. — Pläne des Kaisers. — Angriff auf Hougoumont. — General Bülow trifft mit 30.000 Mann auf dem Schlachtfelde ein, was die Stärke des Wellingtonschen Heeres auf 120.000 Mann erhöht. — Angriff von La Haye-Sainte durch das 1. Korps. — General Bülow wird zurückgeworfen. — Angriff der Kavallerie auf das Plateau. — Manöver des Marschalls Grouchy. — Bewegung des Marschalls Blücher, die den Feind auf dem Schlachtfeld auf 150.000 Mann bringt. — Bewegung der kaiserlichen Garde.*

### I.

Während der Nacht gab der Kaiser alle nötigen Befehle für die Schlacht am folgenden Tage, obwohl alles darauf hindeutete, daß sie noch nicht stattfinden würde. In den vier Tagen, seit die Feindseligkeiten begonnen, hatte er durch die geschicktesten Manöver die Feinde überfallen, einen glänzenden Sieg erfochten und die beiden Heere getrennt. Das war viel für seinen Ruhm, aber nicht genug für seine Lage. Die drei Stunden, um die die Bewegung des linken Flügels (in der Schlacht bei Ligny) verzögert worden war, hatten ihn verhindert, das englisch-holländische Heer noch am Nachmittag des 17., wie er die Absicht gehabt, anzugreifen, was dem Feldzug die Krone aufgesetzt hätte. Jetzt war es wahrscheinlich, daß der Herzog von Wellington und Marschall Blücher die nämliche Nacht benutzen würden, um durch den Wald von Soignes zu marschieren und sich vor Brüssel zu vereinigen. Nach dieser Vereinigung, die vor 9 Uhr morgens geschehen sein konnte, mußte die Lage des französischen Heeres sehr kritisch werden. Die beiden feindlichen Heere würden alle Verstärkungen an sich ziehen, die sich in ihrem Rücken befänden. 6000 Engländer waren vor einigen Tagen in Ostende gelandet, es waren Truppen, die aus Amerika zurückkamen. Unmöglich konnte das französische Heer es wagen, durch den Wald von Soignes zu gehen und an den Ausgängen mehr als doppelt überlegene und vorteilhaft aufgestellte Streitkräfte zu bekämpfen. Nichtsdestoweniger waren die Heere Rußlands, Österreichs, Bayerns usw. im Begriff, über den Rhein zu gehen und an die Marne zu rücken. Das 5. Korps, das zur Beobachtung im Elsaß aufgestellt war, hatte nur 20.000 Mann.

Mit diesen großen Dingen beschäftigt, ging der Kaiser zu Fuß aus, nur von seinem Großmarschall begleitet. Seine Absicht war, dem englischen Heer auf seinem Rückzug zu folgen und es ungeachtet der Dunkelheit der Nacht in ein Gefecht zu verwickeln, sobald es sich in Marsch gesetzt hätte. Er durchschritt die Linie der Feldwachen. Der Wald von Soignes erschien wie eine Feuersbrunst, der Gesichtskreis zwischen diesem Wald, Braine-la-Leud, den Meierhöfen von Belle-Alliance und La Haye leuchtete hell von dem Feuer der Biwaks, die tiefste Stille herrschte. Das englisch-holländische Heer lag in tiefem Schlaf — Folge der Mühseligkeiten, die es in den verflossenen Tagen zu bestehen gehabt. An dem Gehölz des Schlosses Hougoumont angekommen, hörte er den Lärm einer marschierenden Kolonne. Es war bald 3 Uhr. Gerade um diese Stunde mußte die Nachhut anfangen, ihre Stellung zu verlassen, wenn der Feind im Rückzug begriffen war. Es war Täuschung. Der Lärm hörte auf; der Regen fiel in Strömen. Verschiedene Offiziere, die von einer Erkundung zurückgekommen waren, und Vertraute, die um $3\frac{1}{2}$ Uhr zurückkehrten, bestätigten, daß die Engländer sich ruhig verhielten. Um 4 Uhr brachten die leichten Truppen einen Bauern, der einer englischen Kavalleriebrigade als Bote gedient hatte, die auf dem äußersten linken Flügel beim Dorf Ohain Stellung genommen hatte. Zwei belgische Deserteure, die soeben ihr Regiment verlassen hatten, berichteten, ihr Heer rüste sich zur Schlacht und es habe keine rückgängige Bewegung stattgefunden. Ganz Belgien sende für die glücklichen Fortschritte des Kaisers Wünsche zum Himmel und die Engländer und Preußen seien gleicherweise verhaßt.

Der englische Feldherr konnte nichts tun, was den Interessen seiner Partei und seiner Nation, dem allgemeinen Geist dieses Feldzuges und selbst den einfachsten Regeln der Kriegskunst mehr entgegen war, als dieses Verharren in seiner Stellung. Er hatte hinter sich die Engwege des

Waldes von Soignes; wurde er geschlagen, so war jeder Rückzug unmöglich.

Die französischen Truppen biwakierten mitten im Morast. Die Offiziere hielten es für unmöglich, an diesem Tage loszu schlagen; die Artillerie und Kavallerie konnten sich nicht bewegen auf den Feldern, so sehr waren sie durchweicht. Sie glaubten, daß zwölf Stunden schönen Wetters nötig wären, um die Felder zu trocknen. Der Tag brach an. Der Kaiser kehrte in sein Hauptquartier zurück, sehr zufrieden über den großen Fehler, den der feindliche Feldherr machte, aber doch durch die Sorge beunruhigt, daß das schlechte Wetter ihm nicht gestatten würde, den Fehler auszunutzen. Aber schon heiterte sich der Himmel auf. Napoleon erblickte einige Strahlen dieser Sonne, die vor ihrem Untergang die Niederlage des englischen Heeres beleuchten würde! Die britische Oligarchie würde gestürzt werden! Frankreich würde sich an diesem Tage rühmlicher, mächtiger und größer als jemals erhoben haben!

Das englisch-holländische Heer stand in Schlachtordnung auf der Straße von Charleroi nach Brüssel, vor dem Wald von Soignes und hatte den Höhenrand eines schönen Plateaus besetzt. Der rechte Flügel, aus der 1. und 2. englischen und braunschweigischen Division bestehend und von den Generalen Cook und Clinton befehligt, lehnte sich an einen Grund jenseits der Straße von Nivelles. Das vor seiner Front liegende Schloß Hougoumont war durch eine Abteilung besetzt. Das Zentrum, durch die 3. englische und die 1. und 2. belgische Division, unter den Generalen Alten, Collaert und Chassé gebildet, stand vor Mont-Saint-Jean; links lehnte es sich an die Straße von Charleroi und hielt den Meierhof La Haye-Sainte durch eine seiner Brigaden besetzt. Der linke Flügel, aus der 5. und 6. englischen und der 3. belgischen Division unter den Generalen Pincton, Lambert und Perponcher bestehend, lehnte sich rechts an die Straße von Charleroi an und stand links hinter dem Dorf La Haye, das durch eine starke Abteilung besetzt war. Die Reserve befand sich in Mont-Saint-Jean, wo sich die Straßen von Charleroi und Nivelles nach Brüssel vereinigten. Die Kavallerie, in drei Linien vor Mont-Saint-Jean aufgestellt, beherrschte die ganze Länge im Rücken der feindlichen Schlachtlinie, die ungefähr 5 Kilometer lang war. Die Front des Feindes war durch ein natürliches Hindernis gedeckt. Das Plateau hatte in der Mitte eine leichte Vertiefung und der Boden senkte sich sanft in einen Graben. Die 4. englische Division, unter General Colville, hielt zur Deckung des rechten Flügels alle Zugänge von Hal bis Braine-la-Leud besetzt. Eine englische Kavalleriebrigade deckte auf dem linken Flügel alle Zugänge bis zum Dorf Ohain. Die Streitkräfte, die der Feind zeigte, wurden sehr verschieden geschätzt, aber die geübtesten Offiziere berechneten sie, die Flankenkorps inbegriffen, auf 90.000 Mann, was mit den allgemeinen Nachrichten übereinstimmte. Das französische Heer war nur 69.000 Mann stark, aber der Sieg schien deswegen nicht weniger gewiß. Diese 69.000 Mann waren gute Truppen, und im feindlichen Heer konnten nur die Engländer, die höchstens 40.000 Mann stark waren, als solche gelten.

Um 8 Uhr servierte man dem Kaiser das Frühstück; mehrere Generale setzten sich zu ihm. Er sagte: „Das feindliche Heer ist dem unsern beinahe um den vierten Teil überlegen, wir haben nichtsdestoweniger neunzig Chancen für uns und keine zehn gegen uns." — „Ohne Zweifel", sagte Marschall Ney, der in diesem Augenblick eintrat, „wenn der Herzog von Wellington so dumm wäre, Eure Majestät zu erwarten; aber ich komme, Ihnen zu melden, daß seine Kolonnen schon im vollen Rückzug begriffen sind; sie verschwinden im Wald von Soignes." — „Sie haben falsch gesehen", antwortete der Kaiser, „jetzt ist es zu spät, er würde sich dem sicheren Untergang weihen durch einen solchen Schritt. Er hat die Würfel geworfen — das Glück ist unser!" — In diesem Augenblick meldeten Artillerieoffiziere, die die Gegend erkundet hatten, daß die Artillerie manövrieren könnte, obwohl mit einigen Schwierigkeiten, die aber in einer Stunde bedeutend geringer sein würden. Sofort stieg der Kaiser zu Pferd, ritt zu den Plänklern gegenüber von La Haye-Sainte, erkannte von neuem die feindliche Stellung und beauftragte den Geniegeneral Haxo, einen erprobten Offizier, sich noch mehr zu nähern, um sich zu überzeugen, ob keine Schanzen oder Schützengräben aufgeworfen seien. Der General kam bald zurück und berichtete, er habe keine Spur von Verschanzungen wahrgenommen. Der Kaiser überlegte eine Viertelstunde, diktierte dann den Befehl zur Schlacht, den zwei Generale auf dem Boden sitzend schrieben. Die Adjutanten überbrachten ihn den verschiedenen Armeekorps, die voll Ungeduld und Eifer unter den Waffen standen. Das Heer setzte sich in Bewegung und rückte in elf Kolonnen vor.

Um 9 Uhr langten die Spitzen der Kolonnen, die die erste Linie bildeten, auf den Punkten an, wo sie sich entwickeln sollten. Zu gleicher Zeit erblickte man, mehr oder weniger entfernt, die sieben andern Kolonnen, die von den Höhen herabkamen. Alles war auf dem Marsch. Trompeten und Trommeln riefen zur Schlacht, die Musik spielte Märsche, die in den Soldaten die Erinnerung an hundert Siege wachriefen. Die Erde schien stolz zu sein, so viele Tapfere zu tragen. Es war ein herrlicher Anblick, und der Feind, der so gestellt war, daß er alle bis auf den letzten Mann entdecken konnte, mußte davon ergriffen sein. Das Heer mußte ihm doppelt so stark erscheinen, als es wirklich war.

Diese elf Kolonnen bewegten sich mit so großer Genauigkeit, daß nicht die geringste Verwirrung entstand. Eine jede besetzte den Platz, der ihr vom Befehlshaber bestimmt war. Niemals bewegten sich so große Massen mit solcher Leichtigkeit. Die leichte Kavallerie des 2. Korps, die links die erste Kolonne der ersten Linie bildete, entwickelte sich in drei Linien quer über die Chaussee von Nivelles nach Brüssel, ungefähr in der Höhe des ersten Gehölzes von Hougoumont. Sie durchstreifte die ganze Gegend zur Linken und hatte große Posten gegen Braine-la-Leud vorgeschoben; ihre leichte Artillerie stand auf der Straße von Nivelles. Das 2. Korps, unter dem Befehl des Generals Reille, besetzte den Raum zwischen der Straße von Nivelles und der von Charleroi in einer Ausdehnung von 1½—2 Kilometern; die Division des Prinzen Jérôme stand links bei der Straße von Nivelles und dem Wald von Hougoumont, General Foy in der Mitte und General Bachelu lehnte sich mit dem rechten Flügel unweit des Bauernhofes Belle-Alliance an die Chaussee von Charleroi an. Jede Infanteriedivision bildete zwei Linien, die zweite 50 Meter hinter der ersten, die Artillerie vor der Front und die Parks rückwärts bei der Straße von Nivelles. Die 3. Kolonne, die durch das 1. Korps gebildet und vom Generalleutnant Graf Erlon befehligt wurde, lehnte sich links an Belle-Alliance und an die Chaussee von Charleroi an, mit dem rechten Flügel stand sie gegenüber dem Gutshof La Haye, wo der linke Flügel des Feindes Stellung genommen hatte. Jede Infanteriedivision stand in zwei Linien, die Artillerie in den Zwischenräumen der Brigaden. Die leichte Kavallerie des 1. Korps, die die vierte Kolonne bildete, entwickelte sich auf seinem rechten Flügel in drei Linien, beobachtete La Haye und Frichermont. Sie schob Posten gegen Ohain vor, um die leichten Truppen des Feindes im Auge zu behalten. Die Artillerie stand auf dem rechten Flügel.

Die erste Linie war kaum formiert, als die Spitzen der vier Kolonnen der zweiten Linie an den Punkten anlangten, wo sie eingreifen sollten. Die Kürassiere des Generals Kellermann stellten sich in zwei Linien mit 50 Meter Abstand auf, ihren linken Flügel an der Straße von Nivelles, 200 Meter hinter der zweiten Linie des 2. Korps, und den rechten Flügel an der Straße von Charleroi. Der Raum, den die Heeresabteilung einnahm, umfaßte 2 Kilometer. Eine ihrer Batterien stellte sich links bei der Straße von Nivelles auf. Die zweite Kolonne, von Generalleutnant von der Lobau befehligt, rückte bis auf 200 Meter hinter die zweite Linie des 2. Korps vor; sie blieb in gedrängten Divisionskolonnen und nahm gegen 200 Meter Tiefe an der linken Seite der Straße von Charleroi ihren Platz ein. Es blieb ein Zwischenraum von 200 Metern zwischen den beiden Divisionskolonnen und die Artillerie auf ihrer linken Flanke. Die 3. Kolonne, aus der leichten Kavallerie des 6. Korps unter Divisionsgeneral Daumont und aus der des Generals Subervie bestehend, stellte sich in geschlossener Kolonne mit Eskadronsfront rechts von der Straße von Charleroi der Infanterie gegenüber auf, von der sie nur durch diese Straße getrennt war. Ihre leichte Artillerie befand sich auf ihrer rechten Flanke. Die vierte Kolonne, das Kürassierkorps des Generals Milhaud, marschierte in zwei Linien mit 50 Metern Abstand auf und stellte sich 200 Meter hinter die zweite Linie des 1. Korps, der linke Flügel lehnte sich an die Straße von Charleroi, der rechte stand in der Richtung von Frichermont. Sie nahm eine Länge von ungefähr 1600 Meter ein; ihre Batterien waren teils auf dem linken Flügel, unweit der Straße von Charleroi, teils vor der Mitte aufgestellt.

Ehe noch diese zweite Linie gebildet war, kamen die Spitzen der drei Reservekolonnen auf ihren Entwicklungspunkten an. Die schwere Kavallerie der Garde stellte sich 200 Meter hinter General Kellermann in zwei Linien mit 50 Meter Abstand in Schlachtordnung, den linken Flügel gegen die Straße von Nivelles, den rechten an der nach Charleroi, in der Mitte die Artillerie. Die mittlere Kolonne, durch die Infanterie der Garde gebildet, entwickelte sich in sechs Linien, jede zu vier Bataillonen, mit 20 Meter Abstand von einer zur andern, quer über die Straße von Charleroi, ein wenig vor dem Bauerngut Rossome. Die Batterien, die zu den verschiedenen Regimentern gehörten, stellten sich rechts und links auf, die Batterien zu Fuß und die Pferde der Reserven hinter den Linien. Die dritte Kolonne, die Jäger zu Pferd und die Gardelanciers marschierten in zwei Linien mit 50 Meter Abstand auf und stellten sich 200 Meter hinter dem General Milhaud, den linken Flügel an der Straße von Charleroi, den rechten gegen Frichermont hin, die leichte Artillerie in der Mitte. So unglaublich es erscheinen mag, aber um halb 11 Uhr war die ganze Bewegung vollendet! Alle Truppen waren in ihrer Stellung. Tiefe Stille herrschte auf dem Schlachtfeld. Das Heer war nun in sechs Linien geordnet, welche die Form von sechs zweifachen W bildeten. Die ersten beiden bildete die Infanterie, mit der leichten Kavallerie auf den Flügeln; die dritte und vierte die Kürassiere, die fünfte und sechste die Kavallerie der Garde, mit sechs Linien Infanterie der Garde, die senkrecht am Gipfel der sechs W aufgestellt waren, und das 6. Korps, in geschlossener Kolonne, senkrecht auf die Linie, die die Garde einnahm, die Infanterie links, die Kavallerie rechts von der Straße. Die Chausseen von Charleroi und Nivelles waren offen, damit die Reserveartillerie schnell auf den verschiedenen Punkten der Linie ankommen konnte.

Jetzt ritt der Kaiser durch die Reihen. Es ist schwer, die Begeisterung zu schildern, die alle Soldaten ergriffen hatte. Die Infanterie erhob ihre Mützen auf den Spitzen der Bajonette, die Kürassiere, Dragoner und leichten Reiter ihre Helme und Tschakos auf den Spitzen ihrer Säbel. Der Sieg schien gewiß! Die alten Soldaten, die so viele Schlachten geschlagen hatten, bewunderten diese neue Schlachtordnung und suchten die weiteren Absichten ihres Generals zu ergründen. Sie sprachen über den Punkt und die Art des erwarteten Angriffs. Während dieser Zeit gab der Kaiser seine letzten Befehle und verfügte sich dann an die Spitze der Garde, an den Gipfel der sechs W, auf die Höhen von Rossome. Hier stieg er vom Pferd. Von hier übersah man die beiden Heere; der Gesichtskreis erstreckte sich sehr weit rechts und links über das ganze Schlachtfeld.

Eine Schlacht ist eine dramatische Handlung, die ihren Anfang, ihre Mitte und ihr Ende hat. Die Schlachtordnung, die die beiden Heere einnahmen, die ersten Bewegungen, um handgemein zu werden, sind die Exposition; die Gegenbewegungen des angegriffenen Heeres bilden die Verwicklung, die zu neuen Anordnungen nötigt und die Entscheidung und mit ihr den Erfolg oder die Niederlage herbeiführt. Sobald die Absicht des französischen Heeres, im Zentrum anzugreifen, bekannt war, mußte der feindliche Feldherr Gegenbewegungen machen, entweder auf seinen Flügeln oder in der Mitte einen Scheinangriff machen oder dem angegriffenen Punkt zu Hilfe eilen. Keine dieser Bewegungen konnte dem geübten Auge Napoleons in der zentralen Stellung, die er einnahm, entgehen. Er hatte alle seine Reserven zur Hand, um sie im Notfall überall da einzusetzen, wo sie gebraucht wurden.

*

Zehn Artilleriedivisionen, unter denen drei Divisionen Zwölfpfünder, waren wie folgt zusammengestellt: die Linke gegen die Chaussee von Charleroi auf den Höhen jenseits Belle-Alliance und in Front der linken Flügeldivision des 1. Korps. Sie sollten den Angriff auf La Haye-Sainte der beiden Divisionen des ersten und der zwei Divisionen des zweiten Korps unterstützen, während die beiden anderen Divisionen gegen La Haye marschierten. Auf diese Weise wurde die ganze Linke des Feindes umgangen. Die leichte Kavalleriedivision des 6. Korps in geschlossener Kolonne und die Division des 1. Korps auf seinen Flügeln sollten an diesem Angriff teilnehmen, der sowohl von der 2. und 3. Linie der Kavallerie als auch von der ganzen Garde zu Fuß und zu Pferd unterstützt werden würde. Einmal im Besitz von La Haye und Mont-Saint-Jean, konnte die französische Armee den ganzen rechten Flügel der Engländer — ihre Hauptmacht — von der Straße von Brüssel abschneiden. Der Kaiser zog es vor, den linken Flügel und nicht den rechten zu umgehen. Erstens, um ihn von den Preußen in Wawre abzuschneiden und sich ihrer Vereinigung zu widersetzen, wenn sie dies planten. Und wenn sie es auch nicht beabsichtigten und der Angriff wäre auf der Rechten erfolgt, so würden die zurückgeworfenen Engländer sich auf die Preußen zurückziehen, während ein Angriff in der linken Flanke sie von den Preußen trennte und in der Richtung zur Küste zurückdrängte. Zweitens schien die Lücke bedeutend schwächer zu sein. Drittens erwartete der Kaiser jeden Augenblick die Ankunft der Truppen des Marschalls Grouchy zur Verstärkung seines rechten Flügels und wollte nicht von ihm abgeschnitten werden.

Während alles zu diesem entscheidenden Angriff vorbereitet wurde, eröffnete die Division Jérômes auf dem linken Flügel ein Gewehrfeuer im Walde von Hougoumont. Das Gefecht wurde bald sehr lebhaft, da der Feind an die vierzig Geschütze demaskiert hatte. General Reille ließ die Batterie seiner 2. Division vorrücken, und Napoleon sandte an General Kellermann den Befehl, seine 12 leichten Geschütze einzusetzen. Es war eine äußerst lebhafte Kanonade.

Jérôme nahm wiederholt das Gehölz von Hougoumont, wurde aber ebenso oft wieder daraus zurückgeworfen. Der Wald wurde von einer Division englischer Garde verteidigt, den besten Truppen des Feindes. Es war ein Vergnügen, sie auf dem rechten Flügel zu sehen, weil dadurch der Hauptangriff auf dem linken Flügel erleichtert wurde. Die Division des Generals Foy unterstützte die Division Jérômes, von beiden Seiten geschahen Wunder an Tapferkeit. Die englische Garde bedeckte den Wald und die Straßen nach dem Schloß mit ihren Toten, doch nicht ohne ihr Blut teuer verkauft zu haben. Nach vielen wechselnden Siegen und Niederlagen, mit denen ein großer Teil des Tages hinging, blieb schließlich der ganze Wald den Franzosen, nur das Schloß, in dem sich ein paar Hundert Mann der Engländer aufs tapferste verteidigten, setzte unbesieglichen Widerstand entgegen.

Marschall Ney ward der ehrenvolle Auftrag zuteil, den Hauptangriff auf das Zentrum zu befehligen. Er konnte keinem Tapfereren und auch keinem in dieser Art Krieg erfahreneren Mann anvertraut werden. Er sandte einen seiner Adjutanten, um zu melden, daß alles bereit sei und er nur auf das Zeichen zum Angriff warte. Ehe dies geschah, wollte der Kaiser noch einen letzten Blick über das Schlachtfeld werfen. Da sah er in der Richtung von Saint Lambert eine dunkle Masse, die er für Truppen hielt. Daraufhin fragte er den Generaladjutanten, was er wohl bei St. Lambert bemerke. „Ich glaube, 5000 bis 6000 Mann zu sehen", antwortete der General, „wahrscheinlich ein Truppenteil Grouchys." Alle Ferngläser der Generalstabsoffiziere richteten sich nun auf diesen Punkt. Es war ziemlich neblig. Wie es bei derartigen Gelegenheiten geschieht, behaupteten die einen, es seien keine Truppen, sondern nur Bäume zu sehen, andere sagten, es seien Kolonnen in Stellung, und einige meinten Truppen auf dem Marsch zu sehen. In dieser Ungewißheit ließ Napoleon, ohne weiter zu raten, was es sein könnte, den Generalleutnant Daumont rufen und befahl ihm, mit seiner leichten Kavalleriedivision und der des Generals Subervie sogleich auf den rechten Flügel zu eilen, schleunigst mit den Truppen, die von St. Lambert im Anzug waren, in Verbindung zu kommen und sich mit ihnen zu vereinigen, wenn es Grouchy sei, im anderen Fall sie in Schach zu halten. Die 8000 Mann Reiterei brauchten nur eine Rechtsschwenkung, um außer Bereich der Schlachtlinie zu kommen. Sie zogen in Eilmärschen ab, marschierten in größter Ordnung 5½ Kilometer weit, stellten sich dann in Schlachtlinie auf dem rechten Flügel des Feindes.

*

Eine Viertelstunde später brachte ein Jägeroffizier einen preußischen Schwarzen Husaren. Er war von der fliegenden Truppe von 300 Jägern gefangen genommen worden, die das Land zwischen Wavre und Planchenoit durchstreifte. Der Husar hatte einen Brief bei sich. Er war auch sehr intelligent und gab auf alle Fragen die gewünschten Antworten. Die bei St. Lambert gesichtete Kolonne war die Vorhut des preußischen Generals von Bülow, der mit 30.000 Mann heranzog. Es war das 4. preußische Armeekorps, das noch nicht bei Ligny eingesetzt worden war. Der Brief enthielt tatsächlich die Meldung von der Ankunft dieses Korps und das Verlangen Bülows an Wellington, ihm neue Befehle zukommen zu lassen. Der Husar berichtete, er sei am Morgen in Wavre gewesen, dort lagerten die drei anderen preußischen Korps, die die Nacht vom 17. zum 18. in der Stadt verbracht hätten. Französische Truppen seien keine vor ihnen, er vermute vielmehr, daß die Franzosen nach Planchenoit marschiert seien. Eine Patrouille seines eigenen Regiments habe in der Nacht bis auf zwei Meilen von Wavre die Gegend erkundet, ohne auf irgendwelche französische Truppen zu stoßen. Der Herzog von Dalmatien sandte sofort den aufgefangenen Brief und den Bericht des Husaren an Marschall Grouchy, mit dem erneuten Befehl, unverzüglich gegen St. Lambert zu marschieren und dem Korps des Generals Bülow in den Rücken zu kommen. Es war 11 Uhr. Der Offizier hatte nur 4 Kilometer auf stets guten Wegen zurückzulegen und versprach, in einer Stunde bei Grouchy zu sein. Die letzte Nachricht des Marschalls lautete dahin, daß er mit Tagesanbruch nach Wavre zu marschieren gedachte, aber von Gembloux, wo er sich befand, bis Wavre waren es nur zweieinhalb Kilometer. Ob er nun die an ihn abgesandten Befehle erhalten hatte oder nicht, er mußte bestimmt vor Wavre zu dieser Stunde in einen Kampf verwickelt sein. Aber die nach dieser Richtung sondierenden Ferngläser sahen keine Truppen. Kein Kanonenschuß war zu hören. Kurze Zeit darauf ließ General Daumont melden, daß einige gutberittene Streifen, die er vorgeschickt hatte, in der Nähe von St. Lambert auf feindliche Patrouillen gestoßen seien, und es bestehe kein Zweifel, die gesichteten Truppen seien Feinde. Er habe ausgesuchte Patrouillen nach verschiedenen Richtungen abgeschickt, um mit Marschall Grouchy in Verbindung zu kommen und Befehle und Nachrichten weiterzugeben.

Der Kaiser ließ sofort dem Grafen von der Lobau befehlen, über die Chaussee von Charleroi zu gehen, und zwar durch eine divisionsweise Rechtsschwenkung, um die leichte Kavallerie gegen St. Lambert zu unterstützen. Er sollte eine gute Zwischenstellung wählen, wo er, wenn nötig, mit 10.000 Mann 30.000 in Schach halten könnte. Sobald er den ersten Kanonendonner von den Truppen vernähme, die Marschall Grouchy den Preußen nachgesandt hätte, sollte er diese angreifen. Diese Befehle wurden sofort ausgeführt. Es war von höchster Bedeutung, daß die Bewegung des Grafen von der Lobau ohne Verzögerung ausgeführt wurde.

Marschall Grouchy mußte 6000 bis 7000 Mann von Wavre nach St. Lambert gesandt haben, die in äußerste Gefahr kommen konnten, weil das Korps Bülows 30.000 Mann stark war. Das ganze Korps Bülows aber würde gefährdet und verloren gewesen sein, wenn in dem Augenblick, in dem es im Rücken durch 6—7000 Mann angegriffen wurde, es auch in der Front von einem Feldherrn vom Format des Grafen von der Lobau angegriffen worden wäre. 17—18.000 Franzosen auf eine solche Weise verteilt und befehligt, waren 30.000 Preußen weit überlegen. Aber diese Vorgänge brachten eine Änderung in den ersten Plan des Kaisers. Er sah sich um 10.000 Mann auf dem Schlachtfeld geschwächt, die er gegen Bülow gesandt hatte. Er hatte nur noch 59.000 gegen 90.000. Währenddessen war der Gegner um 30.000 Mann verstärkt worden, so daß er 120.000 gegen 69.000 einsetzte, also zwei gegen einen. „Heute Morgen hatten wir 90 Chancen für uns", sagte der Kaiser zum Herzog von Dalmatien. „Durch Bülows Ankunft verlieren wir dreißig. Aber wir haben immer noch sechzig gegen vierzig. Und wenn Grouchy den schrecklichen Fehler, den er gestern durch seinen Aufenthalt in Gembloux beging, wieder gutmacht und uns schnellstens ein Detachement schickt, so wird der Sieg um so entscheidender sein, denn in diesem Fall wird das Korps Bülows völlig vernichtet werden."

Um das Schicksal Grouchys war man nicht besorgt, denn es blieben ihm noch nach der Detachierung nach St. Lambert etwa 27—28.000 Mann. Die drei Korps, die Marschall Blücher bei Wavre besaß und vor Ligny 90.000 Mann zählten, waren bis auf 40.000 zusammengeschmolzen, und zwar nicht nur durch den Verlust auf dem Schlachtfeld von 30.000 Mann, sondern er hatte auch 20.000 Versprengte verloren. Sie verheerten ordnungslos die Ufer der Maas, und Blücher war genötigt, einige Abteilungen zu ihrer Deckung und auch zur Deckung seines Gepäcks auszusenden, das sich in der Richtung Namur und Lüttich befand. 40—45.000 geschlagene und entmutigte Preußen konnten für 28.000 siegreiche Franzosen in vorteilhaften Stellungen wohl kaum gefährlich sein.

*

Es war Mittag. Die Plänkler waren auf der ganzen Linie im Treffen. Es war indes kein richtiges Gefecht, außer auf dem linken Flügel im Walde und beim Schloß Hougoumont. Die Truppen Bülows waren jenseits des äußersten rechten Flügels noch ganz unbeweglich. Sie schienen sich zu formieren und zu warten, bis ihre Artillerie das Defilee passiert hatte. Napoleon sandte dem Marschall Ney den Befehl, das Feuer seiner Batterien zu eröffnen, sich des Gutshofes La Haye-Sainte zu bemächtigen und eine Infanteriedivision dort aufzustellen, um das Dorf gleichen Namens zu besetzen, aus dem er den Feind vertreiben sollte, damit alle Verbindungen zwischen der englisch-belgischen Armee und dem Korps Bülows abgeschnitten würden. Achtzig Kanonen verbreiteten bald Tod und Verderben über den ganzen linken Flügel der Engländer. Eine ihrer Divisionen wurde durch Granaten und Kartätschen vollkommen vernichtet. Während dieser Angriff sich entwickelte, beobachtete der Kaiser aufmerksam die Bewegung des feindlichen Feldherrn. Es geschah nichts auf dessen rechtem Flügel, aber Napoleon bemerkte, daß der Feind einen großen Kavallerieangriff auf der Linken vorbereitete. Im Galopp sprengte er hin. Der Angriff war bereits vorüber. Der Feind hatte eine Infanteriekolonne zurückgeworfen, die in der Niederung vorrückte, zwei Adler genommen und sieben Geschütze unbrauchbar gemacht. Eine Kürassierbrigade des Generals Milhaud von der zweiten Linie erhielt Befehl, die feindliche Kavallerie anzugreifen. Mit dem Ruf: „Es lebe der Kaiser!" stürmten die Kürassiere vor. Die englische Kavallerie wurde über den Haufen gerannt und mehr als die Hälfte blieb auf dem Schlachtfeld. Auch die Kanonen wurden wieder genommen und die Infanterie gedeckt. Diesen Kämpfen folgten noch viele Infanterie- und Kavallerieangriffe. Aber diese Einzelheiten gehören mehr zur Geschichte der verschiedenen Regimenter als zur allgemeinen Geschichte der Schlacht, und die Wiederholung derartiger Einzelberichte bringt nur Verwirrung. Es genügt, zu sagen, daß nach dreistündigem Kampf, trotz dem heftigen Widerstand der schottischen Regimenter, das Gut La Haye-Sainte im Besitz der Franzosen und das Ziel, das sich der französische Feldherr gesteckt hatte, erreicht war. Die 5. und 6. Division der Engländer war vernichtet. General Picton blieb tot auf dem Schlachtfeld.

Während dieses Kampfes ritt der Kaiser mitten im Kugelregen der feindlichen Artillerie und Infanterie durch die Infanterielinien des 1. Korps, die Kavallerielinien der Milhaudschen Kürassiere und der Garde der dritten Linie. Den tapferen General Devaux, Befehlshaber der Gardeartillerie, riß eine Kugel von der Seite Napoleons. Ein um so empfindlicherer Verlust, weil keiner besser, wie er, die Stellungen der Reserveartillerie der Garde kannte, die aus 96 Kanonen bestand. Sein Nachfolger wurde General Lallemand. Auch er wurde bald darauf verwundet.

Inzwischen hatte die Unordnung im englischen Heer die Oberhand gewonnen. Als die Bagage, der Train und die Verwundeten sahen, wie die Franzosen sich der Straße von Brüssel und den Hauptzugängen des Waldes näherten, versuchten sie, in größter Überstürzung und Unordnung ihren Rückzug zu bewerkstelligen. Alle Engländer, Belgier und Deutschen, die von der Kavallerie niedergehauen worden waren, flüchteten in der Richtung nach Brüssel. Es war 4 Uhr. Der Sieg wäre schon entschieden gewesen, wenn General Bülow nicht seine mächtige Umgehung unternommen hätte. Bereits um 2 Uhr nachmittags hatte General Daumont gemeldet, daß Bülow drei Kolonnen formiere und daß französische Jäger sich scharmützelnd vor dem Feind zurückzögen, der ihm sehr zahlreich erscheine. Er schätze ihn über 40.000 Mann stark. Außerdem, fügte er hinzu, habe er seine besten berittenen Plänkler nach allen Richtungen hin ausgeschickt, um etwas von Grouchy zu erspähen, aber niemand wüßte, wo er sei. Man könne also auf ihn nicht mehr zählen. Ungefähr um dieselbe Zeit erhielt der Kaiser eine sehr unangenehme Nachricht aus Gembloux. Marschall Grouchy hatte, anstatt mit Tagesgrauen diesen Ort zu verlassen, wie er in seinem Bericht um 2 Uhr morgens ankündigte, das Lager um 10 Uhr in der Früh noch immer nicht geräumt. Der berichterstattende Offizier schrieb es dem fürchterlichen Wetter zu — ein lächerlicher Grund. Diese unverzeihliche Verspätung unter so kritischen Umständen war bei einem so pflichteifrigen Offizier wie Grouchy unerklärlich.

*

Bald begann die Kanonade zwischen General Bülow und dem Grafen von der Lobau. Das preußische Heer marschierte in Staffeln, die Mitte voran. Seine Schlachtlinie verlief senkrecht zur rechten Flanke der Franzosen und parallel zur Straße von La Haye-Sainte nach Planchenoit. Die Staffel des Zentrums schob eine Batterie von 30 Geschützen vor; die Artillerie setzte ihr eine gleiche Zahl entgegen. Nach einstündigem Feuern bemerkte Graf von der Lobau, daß die erste Staffel des Feindes nicht unterstützt wurde. Er manövrierte sofort dahin, durchbrach sie und warf sie zurück. Aber die beiden anderen Linien, die scheinbar durch die schlechten Wege aufgehalten worden waren, sammelten die erste Staffel von neuem, und ohne zu versuchen, die französischen Linien zu durchbrechen, gedachten sie, sie durch eine Linksbewegung zu überflügeln. Da Graf von der Lobau befürchtete, umgangen zu werden, zog er sich schachbrettartig auf die Armee zurück. Das Feuer der preußischen Batterien verstärkte sich. Man zählte ihrer 60 Geschütze. Die Kugeln flogen nur so von hinten und von vorn um den Kaiser, der mit seiner Garde bei Belle-Alliance stand. Es war die Operationslinie des Heeres. In diesem entscheidenden Augenblick war der Feind so nahe, daß sein Kartätschenfeuer die Straße bestrich. Daher befahl Napoleon dem General Duhesme, Befehlshaber der Jungen Garde, sich mit seinen beiden Infanteriebrigaden und 24 Geschützen auf den rechten Flügel zu begeben. Eine Viertelstunde später begann diese furchtbare Batterie ihr Feuer. Da die französische Artillerie besser bedient wurde und eine bessere Stellung einnahm, war sie bald der feindlichen überlegen. Gleich nachdem die Junge Garde eingesetzt worden war, schienen die Preußen in ihren Bewegungen gehemmt. Man sah ihre Linie schwanken, aber sie fuhren fort, sie gegen ihre Linke zu verlängern, indem sie die französische Rechte überflügelten und bis Planchenoit gelangten. Nun rückte Generalleutnant Morand mit vier Bataillonen der Alten Garde und mit 16 Geschützen bis zum rechten Flügel der Jungen Garde vor. Zwei Regimenter der Alten Garde nahmen Stellung vor Planchenoit. Nachdem die preußische Linie überflügelt war, wurde General Bülow zurückgeworfen. Sein linker Flügel machte eine Rückwärtsbewegung, bog sich einwärts, und Grad für Grad wich seine ganze Linie zurück. Die Generale von der Lobau, Duhesme und Morand rückten vor. Bald nahmen sie die von General Bülow verlassene Stellung ein. Er hatte nicht nur seinen Angriff erschöpft, alle seine Reserven eingesetzt, sondern er mußte sich nun, nachdem er anfangs vorgerückt war, zurückziehen. Jetzt fielen die preußischen Kugeln nicht mehr auf die Straße von Charleroi, ebensowenig erreichten sie die vom Grafen von der Lobau besetzten Stellungen. Es war 7 Uhr.

*

Zwei Stunden waren vergangen, seit Graf Erlon La Haye genommen, den linken Flügel der Engländer und den rechten des Generals Bülow überflügelt hatte. Die leichte Kavallerie des 1. Korps war auf der Verfolgung der feindlichen Infanterie in der Ebene bei La Haye von einer an Zahl überlegenen Artillerieabteilung zurückgeschlagen worden. Nun bestieg General Milhaud mit seinen Kürassieren das Plateau und benachrichtigte Lefèbvre-Desnouette, der sofort ein lebhaftes Feuer zu seiner Unterstützung eröffnete. Das geschah um 5 Uhr, wo der Angriff des Generals Bülow am drohendsten war. Weit entfernt, sich in Schach halten zu lassen, setzte er immer größere Truppenmassen ein, die seine Linie links und rechts verlängerten. Die englische Kavallerie wurde durch die kühnen Kürassiere und Jäger der Garde zurückgeschlagen. Sie überließen uns das ganze Schlachtfeld zwischen La Haye-Sainte und Mont-Saint-Jean, das ihre ganze Linke eingenommen hatte. Dadurch waren sie aller Möglichkeit beraubt, auf ihre Rechte zurückzugehen. Als er diesen glänzenden Angriff sah und über das ganze Schlachtfeld die Siegesrufe erschallten, sagte der Kaiser: „Es ist eine Stunde zu früh! Aber wir müssen das Getane unterstützen."

Darauf sandte er den Kürassieren Kellermanns auf dem linken Flügel den Befehl, schleunigst der Kavallerie in der Ebene zu Hilfe zu eilen. In diesem Augenblick bedrohte Bülow die Flanke und den Rücken des Heeres. Es war wichtig, keine Rückwärtsbewegung zu machen und die von der Kavallerie so voreilig genommene Stellung zu behaupten. Dieses Hinstürmen von 3000 Kürassieren unter dem Geschützfeuer der Preußen, mit dem Ruf „Vive l'Empereur!" war eine glückliche Ablenkung in diesem kritischen Moment. Die Kavallerie rückte vor, als ob sie die englische Armee verfolgte, während Bülows Armee noch einige Fortschritte im Rücken und in der Flanke machte. Soldaten und Offiziere suchten im Blick ihres Feldherrn zu erraten, ob sie siegreich oder in Gefahr sein würden. Aber nur Zuversicht und Vertrauen war in seiner Miene zu lesen. Es war die 50. große Schlacht, die er innerhalb 20 Jahren befehligte!

Die Division der schweren Gardekavallerie unter General Guyot, in der zweiten Linie hinter Kellermanns Kürassieren aufgestellt, ritt im gestreckten Trab in die Ebene vor. Als Napoleon das sah, sandte er den General Bertrand ab, um sie zurückzuberufen; es war seine Reserve. Als Bertrand eintraf, war sie bereits im Feuer, und eine Rückwärtsbewegung wäre gefährlich gewesen. Dadurch sah sich der Kaiser seiner Reservekavallerie seit 5 Uhr beraubt. Seiner Reserve! Die so oft, im letzten Augenblick richtig eingesetzt, ihm den Sieg erfochten hatte!

Diese 12.000 Mann Elitereiter taten indes Wunder an Mut und Tapferkeit. Sie ritten die ganze, viel zahlreichere Kavallerie des Feindes über den Haufen, die sich ihnen entgegensetzen wollte, hieben mehrere Karrees Infanterie zusammen, zerstörten ihre Reihen, nahmen 60 Geschütze und eroberten aus der Mitte der Karrees 6 Fahnen. Diese Trophäen wurden dem Kaiser bei Belle-Alliance von drei Gardejägern und drei Kürassieren überreicht. Der Feind hielt die Schlacht zum zweitenmal an diesem Tage für verloren und mußte mit Schrecken erkennen, welche Schwierigkeiten das Schlachtfeld, das er sich ausgesucht hatte, seinem Rückzug entgegensetzte. Ponsonbys Brigade war von den roten Lanzenreitern der Garde unter General Colbert angegriffen und durchbrochen worden. Ihr General fiel, von vielen Lanzenstichen tödlich verwundet. Der Prinz von Oranien wurde schwer verwundet und beinahe gefangen genommen. Da indes diese tapferen französischen Reiter nicht von einer starken Infanterie unterstützt wurden, weil diese durch den Angriff Bülows engagiert war, so mußten sie sich auf die Behauptung des eroberten Schlachtfeldes beschränken. Endlich, um 7 Uhr abends, als der Angriff Bülows zurückgeschlagen war, und die Kavallerie noch das Schlachtfeld behauptete, von dem die Feinde vertrieben worden waren, war der Sieg errungen! 60.000 Franzosen hatten 120.000 besiegt. Freude stand auf allen Gesichtern und Hoffnung belebte alle Herzen. Dieses Gefühl hatte das Erstaunen ersetzt, das man während des Flankenangriffs durch eine ganze Armee empfand, der eine Stunde lang unsern Rückzug bedrohte. In diesem Augenblick vernahm man deutlich den Kanonendonner Grouchys. Er schien von dem entferntesten Punkt jenseits von Wavre und im Rücken von Saint-Lambert zu kommen.

*

Grouchy war von seinem Lager in Gembloux nicht vor 10 Uhr morgens aufgebrochen. Zwischen 12 und 1 Uhr war er auf halbem Wege zwischen Gembloux und Wavre. Er hörte die furchtbare Kanonade von Waterloo. Kein erfahrener Mann konnte daran zweifeln, was dieser Geschützdonner bedeute. Viele hundert Geschütze standen im Feuer, folglich waren es zwei große Heere, die miteinander kämpften. General Exelmans, der die Kavallerie befehligte, war aufs höchste erregt und sagte zum Marschall Grouchy:

„Der Kaiser kämpft gegen die englische Armee. Es kann kein Zweifel bestehen, ein so gewaltiges Feuer kann kein Scharmützel sein. Marschall, wir müssen in der Richtung des Kanonendonners marschieren! Ich bin ein alter Soldat der Italienischen Armee. Hundertmal habe ich General Bonaparte diesen Grundsatz betonen hören. Wenn wir uns links wenden, werden wir in zwei Stunden auf dem Schlachtfeld sein."

„Sie mögen recht haben", erwiderte der Marschall, „wenn jedoch Blücher bei Wavre angreift und mich in der Flanke bedroht, so komme ich in Gefahr, meinen Befehl nicht befolgt zu haben, der mich heißt, Blücher entgegen zu marschieren."

In diesem Augenblick traf Graf Gérard beim Marschall Grouchy ein und gab ihm denselben Rat wie General Exelmans.

„Ihr Befehl lautet", sagte er, „daß Sie gestern in Wavre sein sollten und nicht heute. Das Sicherste, was Sie tun können, ist, aufs Schlachtfeld zu gehen. Sie können nicht leugnen, daß Blücher einen Tag Vorsprung hat. Er war gestern in Wavre und Sie in Gembloux. Und wer weiß, wo er jetzt ist? Wenn er zu Wellington gestoßen ist, werden wir ihn auf dem Schlachtfeld finden, und dann ist Ihr Befehl buchstäblich erfüllt! Ist er nicht dort, so wird Ihre Ankunft die Schlacht entscheiden! In zwei Stunden können wir zur Ehre des Tages beitragen. Und wenn wir die Engländer vernichten, was kümmern wir uns dann um Blücher, der schon geschlagen ist?"

Der Marschall schien überzeugt. Aber in diesem Augenblick meldete man ihm, seine leichte Kavallerie hätte Wavre erreicht und stehe im Gefecht mit den Preußen. Die ganze preußische Streitmacht sei dort vereinigt und bestehe wenigstens aus 80.000 Mann. Als er dies hörte, setzte er seinen Marsch auf Wavre fort und traf um 4 Uhr nachmittags dort ein. Da er glaubte, die ganze preußische Armee vor sich zu haben, verwendete er zwei Stunden darauf, seine Truppen in Schlachtordnung aufzustellen und die nötigen Anordnungen zu treffen. Hier traf der Offizier bei ihm ein, den man am Morgen um 10 Uhr vom Schlachtfeld an ihn abgesandt hatte. Sofort wurde General Pajol mit 12.000 Mann nach Limale zur Brücke über die Dyle geschickt, ungefähr eine Stunde hinter St. Lambert. Der General kam dort um 7 Uhr abends an und passierte den Fluß, während Marschall Grouchy Wavre angriff.

*

Feldmarschall Blücher hatte mit 75.000 Mann, dem 4. Armeekorps, die Nacht vom 17. in Wavres zugebracht. Da ihm der Herzog von Wellington mitgeteilt hatte, daß er entschlossen sei, vor dem Wald von Soignes die Schlacht anzunehmen, wenn er auf seine Mitwirkung rechnen könne, so sandte Blücher am Morgen sein 4. Korps von Wavre ab. Es ging bei Limale über die Dyle und formierte sich bei Saint-Lambert. Dieses Korps hatte noch keine Verluste erlitten, es war eines von denen, die bei Ligny noch nicht eingesetzt worden waren. Die leichte Kavallerie Blüchers, die die

Umgegend von Wavre zwei Meilen weit durchstreifte, hatte nirgends etwas von Grouchy gehört. Erst um 7 Uhr morgens sahen sie zwei Streifpiketts. Blücher schloß daraus, daß die ganze französische Armee vor Mont-Saint-Jean (Waterloo) vereinigt sei. Er setzte daher das 2. Korps unter General Pirch, das auf 18.000 Mann zusammengeschmolzen war, in Bewegung. Er selbst marschierte mit dem 1. Korps des Generals Zieten, das nur noch aus 13.000 Mann bestand. General Thielmann ließ er mit dem 3. Armeekorps in Stellung in Wavre.

Das 2. Korps unter General Pirch marschierte über Lasne, während Blücher mit dem 1. Korps gegen Ohain vorrückte. Hier vereinigte er sich mit der englischen Kavalleriebrigade. Das geschah um 6 Uhr abends. Hier erfuhr er auch, daß Marschall Grouchy um 4 Uhr vor Wavre erschienen sei und er einen Angriff vorbereite, dem das 3. Korps nicht gewachsen sein werde. Feldmarschall Blücher blieb nichts anderes übrig, als in der Nähe seiner Hauptstreitmacht zu bleiben, bei General Bülow und den Engländern. Dem General Thielmann sandte er den Befehl, die Stellung so lange als möglich zu halten und sich, wenn er gezwungen sei, auf die vereinigten Armeen zurückzuziehen. Es lag nicht mehr in seiner Macht, nach Wavre zurückzukehren. Er wäre erst mitten in der Nacht dort eingetroffen. Und war die englisch-belgische Armee geschlagen, so befand er sich selbst zwischen zwei Feuern. Wenn er hingegen seinen Marsch zur englisch-belgischen Armee fortsetzte und sie den Sieg erfocht, dann war es noch immer Zeit, gegen Grouchy zurückzumarschieren. Sein Marsch ging äußerst langsam vonstatten; die Truppen waren erschöpft und die Wege grundlos und voll Engpässe. Seine zwei Kolonnen von 31.000 Mann stießen zuerst auf General Bülow und die Engländer. Bülow befand sich in vollem Rückzug. Er machte Halt. Wellington war schon ganz verzweifelt und sah nur eine sichere Niederlage voraus. Jetzt war er gerettet. Die englische Kavalleriebrigade vor Ohain stieß zu ihm, ebenso ein Teil der 4. Division Plänkler vom rechten Flügel. Wäre Grouchy, wie ihm befohlen war, am Abend des 17. vor Wavre eingetroffen und hätte er die Nacht dort kampiert, Blücher würde mit all seinen Truppen dort geblieben sein, weil er selbst glaubte, er werde von der ganzen französischen Armee verfolgt. Wenn Marschall Grouchy, wie er aus Gembloux um 2 Uhr morgens geschrieben, mit Tagesanbruch die Waffen ergriffen hätte, etwa gegen 4 Uhr morgens, würde er zwar nicht vor Wavre rechtzeitig eingetroffen sein, um Bülows Marsch aufzuhalten, aber er hätte die drei anderen Korps Blüchers an ihrem Abmarsch gehindert. Noch war der Sieg gewiß. Aber Grouchy traf vor Wavre erst um $\frac{1}{2}$5 Uhr ein und griff es erst um 6 Uhr an. Da war es zu spät! Die französische Armee, 69.000 Mann stark, die um 7 Uhr abends über ein Heer von 120.000 Mann den Sieg erfocht, das halbe Schlachtfeld der englisch-belgischen Armee behauptete und Bülow zurückgeworfen hatte, sah sich des Sieges entrissen durch Blüchers Ankunft mit 30.600 Mann frischer Truppen, einer Verstärkung, die das verbündete Heer auf 150.000 Mann brachte, also zweieinhalb gegen einen.

*

Nachdem Bülows Angriff zurückgeschlagen war, gab der Kaiser dem General Drouot, der die Dienste eines Generaladjutanten bei der Garde versah, Befehl, alle seine Leute vor dem Gut Belle-Alliance zu vereinigen, wo er mit acht Bataillonen in zwei Linien Stellung genommen hatte. Die anderen acht Bataillone waren zur Unterstützung der Jungen Garde und zur Verteidigung von Planchenoit ausgerückt. Inzwischen hatte die Kavallerie, die noch immer die Stellung auf dem Plateau behauptete, von wo aus sie das ganze Schlachtfeld beherrschte, die Bewegung des Generals Bülow bemerkt. Da sie sich jedoch auf die Reserve der Garde verließ, die sie bereit sah, Bülow in Schach zu halten, unternahm sie weiter nichts, sondern erhob nur lautes Siegesgeschrei, als Bülows Korps zurückgeworfen wurde. Nun wartete sie auf das Eintreffen der Gardeinfanterie, um den Sieg zu entscheiden. Wie groß aber war ihr Erstaunen, als sie die Truppenmassen Blüchers anrücken sahen! Einige Regimenter wichen bereits. Der Kaiser bemerkte es. Es war

Feldmarschall Blücher

Die Schlacht bei Waterloo

indes von höchster Bedeutung, der Kavallerie ihre feste Haltung wiederzugeben. Da er sah, daß es noch einer Viertelstunde bedurfte, um seine ganze Garde zu sammeln, setzte er sich selbst an die Spitze von vier Bataillonen und ritt links vor La Haye-Sainte. Dann sandte er Adjutanten die ganze Linie entlang, um sie auf die Ankunft des Marschalls Grouchy vorzubereiten und ihnen zu sagen, daß der Sieg mit nur ein wenig Festigkeit bald unser sein werde. General Raille zog sein ganzes Korps auf dem linken Flügel vor dem Schloß Hougoumont zusammen und bereitete sich zum Angriff vor. Es war von Wichtigkeit, daß die ganze Garde zugleich angriff, aber die 8 anderen Bataillone waren noch hinten. Von den Ereignissen beeinflußt, und da er die Kavallerie aus der Fassung gebracht sah, die eine Infanteriereserve zur Unterstützung brauchte, befahl er dem General Triant, mit den vier Gardebataillonen der Mitte sich dem Angriff des Feindes entgegenzuwerfen. Die Kavallerie erholte sich bald und rückte mit gewohnter Unerschrockenheit vor. Die vier Bataillone der Garde warfen alles zurück, was ihnen in den Weg kam — die Kavallerieangriffe brachten Schrecken in die Reihen der Engländer. Zehn Minuten später trafen die anderen Bataillone der Garde ein. Der Kaiser ordnete sie brigadenweise, zwei Bataillone in Linie, zwei in Kolonnen auf dem rechten und linken Flügel, die 2. Brigade in Staffeln, wodurch die Vorteile beider Stellungen vereinigt wurden. Die Sonne war untergegangen — General Triant kam verwundet vorüber. Er sagte, alles gehe gut, der Feind scheine seine Arrièregarde zu bilden, um seinen Rückzug zu decken. Er würde indes vollkommen vernichtet sein, wenn der Rest der Garde ihn angriffe. Um dies zu bewerkstelligen, war eine Viertelstunde nötig! Gerade in diesem Augenblick traf Blücher in La Haye-Sainte ein und besiegte die französischen Truppen, nämlich die 4. Division des 4. Armeekorps, die es verteidigten, gänzlich. Nach geringem Widerstand ergriffen sie die Flucht in zügelloser Unordnung. Obwohl diese Truppen von vielfacher Übermacht angegriffen wurden, hätten sie mit einiger Entschlossenheit sich in den Häusern verschanzen können, denn Marschall

Blücher hätte nicht Zeit gehabt, in der Nacht das Dorf zu nehmen. Hier will man zum erstenmal den Ruf gehört haben: „Rette sich, wer kann!“ Nachdem die französische Linie durch die kraftlose Verteidigung von La Haye durchbrochen war, überflutete die feindliche Kavallerie das Schlachtfeld. General von Bülow rückte vor — Graf von der Lobau zeigte große Standhaftigkeit. Das Gewühl wurde so ungeheuer, daß man der Garde, die zum Vorrücken bereit war, befehlen mußte, ihre Front zu ändern. Diese Bewegung wurde in Ordnung ausgeführt. Die Garde wandte sich: der linke Flügel gegen La Haye-Sainte und der rechte gegen Belle-Alliance, mit der Front gegen die Preußen und den Angriff von La Haye. Unmittelbar darauf bildete jedes Bataillon ein Karree. Die vier Bataillone beim Kaiser griffen die Preußen an. In diesem Augenblick rückte die Brigade der englischen Kavallerie vor, die von Ohain kam. Diese 2000 Reiter drangen zwischen General Reille und der Garde durch. Die Unordnung auf dem ganzen Schlachtfeld war fürchterlich. Der Kaiser selbst hatte gerade noch Zeit, sich in den Schutz eines der Karrees seiner Garde zu begeben. Wäre die Reservekavallerie des Generals Guyot nicht ohne Befehl hinter den Kürassieren Kellermanns mit ins Gefecht verwickelt worden, sie würde den Angriff abgewiesen und die englische Kavallerie verhindert haben, sich des Schlachtfeldes zu bemächtigen. Dann wäre die Garde zu Fuß in der Lage gewesen, die Anstrengungen des Feindes in Schach zu halten. General Bülow umging mit seiner Linken immer mehr das Schlachtfeld. Die Nacht machte die Unordnung noch größer und war allen Operationen hinderlich. Wäre es Tag gewesen und die Soldaten hätten den Kaiser sehen können, man hätte sie wieder sammeln können. In der Dunkelheit der Nacht aber war nichts zu machen. Die Garde ging zurück, das Feuer des Feindes war der Armee bereits 750 Meter im Rücken und der Rückzug auf der Straße abgeschnitten. Lange Zeit weilte der Kaiser mit seinem Stab und den Regimentern der Garde auf einer Anhöhe. Vier dort aufgestellte Geschütze unterhielten ein lebhaftes Feuer auf die Ebene. Der letzte Schuß verwundete Lord Uxbridge, den Befehlshaber der englischen Kavallerie. Es war kein Augenblick mehr zu verlieren. Der Kaiser konnte sich nur über die Felder zurückziehen: Kavallerie, Artillerie, Infanterie, alles war wild durcheinander. Der Generalstab erreichte die kleine Stadt Genappe und hoffte, hier eine Nachhut sammeln zu können. Aber die Unordnung war schauderhaft. Alles war vergebens. Es war jetzt 11 Uhr. Da keine Möglichkeit vorhanden war, einen Verteidigungsplan zusammenzustellen, setzte der Kaiser seine Hoffnung auf die Division Girard, die 3. vom 2. Korps, die er bei Ligny gelassen und der er den Befehl erteilt hatte, nach Quatre-Bras zur Deckung des Rückzuges zu marschieren.

Niemals schlugen die Franzosen sich besser als bei Waterloo. Es geschahen Wunder an Tapferkeit. Und die Überlegenheit der Truppen, Infanterie, Kavallerie und Artillerie, über den Feind war so groß, daß ihnen der Sieg über die englisch-belgische Armee und über die 30.000 Preußen Bülows sicher gewesen wäre, wenn Blücher nicht mit seinem 2. preußischen Korps angekommen wäre. Das heißt, 69.000 Franzosen hätten über fast doppelt so viele Feinde gesiegt. Denn die feindliche Streitmacht zählte vor Blüchers Eintreffen 120.000 Mann.

Die Verluste der englisch-belgischen Armee und des Generals Bülow waren bedeutend größer als die unseren während der Schlacht. Die Verluste aber, die die Franzosen auf ihrem Rückzug erlitten, obwohl beträchtlich, weil 6000 Mann gefangengenommen wurden, erreichten längst nicht die Höhe der Verluste der Verbündeten während der vier Schlachttage vom Beginn des Feldzuges an. Nach ihren eigenen Angaben verloren die Verbündeten 60.000 Mann, nämlich: 11.300 Engländer, 3500 Hannoveraner, 8000 Belgier, Nassauer, Braunschweiger usw. Der Verlust in der englisch-belgischen Armee belief sich auf rund 22.800 Mann, der in der preußischen auf 38.000, also ein Gesamtverlust von 60.800 Mann. Die Verluste der Franzosen beliefen sich mit den auf dem Rückzug erlittenen bis zur Ankunft vor den Toren von Paris auf 41.000 Mann.

Die kaiserliche Garde hielt ihren alten Ruhm aufrecht,

aber sie kämpfte unter ungünstigen Umständen, denn sie war rechts überflügelt und links von Feinden und Flüchtlingen eingeengt, als sie in die Linie zu rücken begann. Hätte die Garde mit unterstützten Flanken kämpfen können, sie würde den vereinigten Anstrengungen beider verbündeten Heere getrotzt haben. Länger als vier Stunden waren 12.000 französische Reiter Herren über einen Teil des feindlichen Schlachtfeldes und behaupteten es gegen deren ganze Infanterie und gegen 18.000 Reiter, deren Angriffe immer wieder abgeschlagen wurden. Generalleutnant Duhesme, ein alter, mit Wunden bedeckter und außerordentlich tapferer Soldat, wurde gefangengenommen, als er die Nachhut sammeln wollte. Graf von der Lobau wurde unter ähnlichen Umständen gefangen. General Cambronne von der Garde blieb schwerverwundet auf dem Schlachtfeld. Von 24 englischen Generalen waren 12 getötet oder schwer verwundet. Die Holländer verloren drei Generale. General Duhesme wurde als Gefangener von einem Braunschweiger Husaren am 19. ermordet. Dieses Verbrechen blieb ungesühnt. Duhesme war ein unerschrockener Soldat, ein ausgezeichneter General, der sich im Glück wie im Unglück immer gleich unerschütterlich und fest erwiesen hatte.

## *DER RÜCKZUG DER FRANZÖSISCHEN TRUPPEN*

*Zusammenziehung des Heeres in Laon. — Rückzug des Marschalls Grouchy. — Die letzten Hilfsquellen Frankreichs. — Die Abdankung Napoleons und ihr Eindruck.*

Die Chaussee von Charleroi ist sehr breit und genügte vollkommen für den Rückzug der Armee. Auch die Brücke bei Genappe ist breit, so daß 5—6 Reihen Wagen gut nebeneinander hinüberfahren können. Aber die Befehlshaber der hier stehenden Parks hatten es für gut befunden, sich zu verbarrikadieren und hatten Wagen quer über die Straße gestellt, so daß nur ein 6 Meter breiter Durchgang blieb. Die Verwirrung wurde bald entsetzlich. Genappe liegt in einer Vertiefung. Die ersten preußischen Truppen, die die Franzosen verfolgten, langten um 11 Uhr in der Nacht auf den die Stadt beherrschenden Anhöhen an. Es gelang ihnen bald, eine Handvoll Tapferer auseinander zu treiben, die der kühne General Duhesme um sich versammelt hatte. Die Preußen zogen in die Stadt ein. Unter den Wagen, die in ihre Hände fielen, befand sich der Reisewagen Napoleons, den er seit seinem Aufbruch von Avesnes nicht mehr benutzt hatte.

Es war üblich, diesen Wagen auf das Schlachtfeld hinter die Reserve der Garde zu bringen. Er war vollständig eingerichtet, so daß sich in ihm stets ein Reisenecessaire, Wäsche und Kleider zum Wechseln, ein Säbel, ein Mantel und ein eisernes Feldbett befand. Ungefähr um 1 Uhr nachts langte der Kaiser in Quatre-Bras ein, stieg bei einem Biwak ab und sandte mehrere Offiziere zu Grouchy, um ihm den Verlust der Schlacht mitzuteilen und ihm den Rückzug auf Namur zu befehlen. Die Offiziere, die er vom Schlachtfeld ausgeschickt hatte, um die Division Girard von Ligny abgehen zu lassen und sie vor Quatre-Bras in Stellung zu bringen, oder, wenn noch genug Zeit wäre, sie bis Genappe vorrücken zu lassen, kamen mit der unangenehmen Meldung zurück, es sei ihnen nicht möglich gewesen, diese Division aufzufinden. Der Artilleriegenral Neigré, ein sehr verdienter Offizier, stand mit den Reserveparks bei Quatre-Bras. Aber er besaß nur eine schwache Bedeckung; einige hundert Reiter wurden gesammelt und Graf von der Lobau setzte sich an ihre Spitze. Er tat sein möglichstes, eine Nachhut zu bilden. Die Soldaten des 1. und 2. Korps, welche bei Marchiennes über die Sambre gegangen waren, nahmen diese Richtung wieder auf, verließen die Chaussee bei Quatre-Bras und Gosselies, um den Nebenweg einzuschlagen. Die Truppen der Garde und des 6. Korps zogen sich auf Charleroi zurück.

Napoleon sandte seinen Bruder Jérôme nach Marchiennes, mit dem Befehl, das Heer zwischen Avesne und Maubeuge zu sammeln. Er selbst begab sich nach Charleroi. Als der Kaiser dort um 6 Uhr in der Früh anlangte, waren schon viele Truppen, besonders Kavallerie, über die Sambre gegangen und auf dem Marsch nach Beaumont. Napoleon hielt eine Stunde auf dem linken Ufer Rast, gab ein paar Befehle und schlug dann die Richtung nach Philippeville ein, um leichter mit Grouchy in Fühlung zu kommen und seine Befehle schneller zur Rheingrenze senden zu können. Nachdem er vier Stunden in Philippeville verweilt hatte, ging er nach Laon. Hier traf er am 20. nachmittags 4 Uhr ein. Er hatte mit dem Präfekten eine Unterredung, beauftragte dann seinen Adjutanten, Graf de Bussy, für die Verteidigung dieses wichtigen Platzes zu sorgen, sandte den Grafen Dejean nach Guise und den Grafen de Flahault nach Avesnes. Während seines Aufenthaltes in Philippeville erhielt Napoleon vom Prinzen Jérôme Bericht: er hatte mehr als 25.000 Mann hinter Avesnes und ungefähr 50 Geschütze gesammelt. Von diesen Truppen befehligte General Morand die Gardeinfanterie und General Colbert die Kavallerie. Stündlich vergrößere sich dieses Heer, meldete Jérôme, und die meisten Generale seien da. Die Verluste seien nicht so groß, wie man glaubte; mehr als die Hälfte des gesamten Artilleriematerials sei gerettet. Verloren seien 170 Kanonen, aber die Mannschaft und Bespannung seien in Avesnes eingetroffen.

Der Kaiser befahl, diese Leute mit ihren Pferden nach La Fère zu schicken, wo man sie mit Geschützen ausrüsten sollte. Er beauftragte zuverlässige Offiziere damit, dort eine neue Feldausrüstung zu organisieren. Dem Marschall Soult erteilte er den Befehl, sich mit dem kaiserlichen Hauptquartier nach Laon zu begeben.

Der Präfekt von Philippeville traf die nötigen Maßnahmen zur Komplettierung der Vorräte der Stadt, um die Proviantierung für ein Heer von 80—90.000 Mann zu sichern, die in wenigen Tagen um die Stadt versammelt sein konnten. Da der Kaiser voraussah, daß die feindlichen Heerführer ihren Sieg ausnützen und bis an die Somme vorrücken würden, befahl er dem Prinzen Jérôme, Avesnes mit der Armee am 22. zu verlassen und sie nach Laon zu führen, das Marschall Grouchy und General Rapp als Sammelpunkt angegeben worden war.

Da Napoleon nur 12 Marschstunden von Paris entfernt war, hielt er es für nötig, sich dorthin zu begeben. Seine Anwesenheit beim Heere war nutzlos in den Tagen vom 21. bis 24. Er beabsichtigte, am 25. wieder in Laon zu sein, nachdem er in der Hauptstadt während der sechs Tage alles zur nationalen Erhebung und zur Vollendung der Verteidigung vorbereitet sowie alle Hilfsmittel der Depots und in den Provinzen in Bewegung gesetzt hatte. Es war zu dieser Zeit nicht schwer, vorausgesetzt, was nicht zu bezweifeln war, daß Grouchys Korps unversehrt eintraf, daß der Verlust der Franzosen geringer war als der der Verbündeten in den Schlachten von Ligny, Waterloo und Quatre-Bras. Und tatsächlich ist seither festgestellt worden, daß die Verbündeten 63.000 Mann, während die Franzosen nur 41.000 verloren, die Gefangenen mit eingerechnet, die auf dem Rückzug gemacht wurden.

*

Marschall Grouchy griff Wavre am 18. abends um 6 Uhr an. General Thielmann setzte heftigen Widerstand entgegen, wurde aber geschlagen. Graf Gérard erzwang sich an der Spitze des 4. Korps den Übergang über die Dyle. Generalleutnant Pajol war mit 12.000 Mann nach Limale gesandt worden, wo er die Nachhut Bülows zurückwarf. Er ging dann über die Dyle und besetzte die gegenüberliegenden Anhöhen. Die Dunkelheit wurde um 10 Uhr so stark, daß er nicht weitermarschieren konnte und hier Stellung nahm, um so mehr, da er den Schlachtendonner von Mont-Saint-Jean nicht mehr hörte. Graf Gérard war bei Wavre schwer verwundet worden, eine Kugel hatte ihn in die Brust getroffen, war aber glücklicherweise nicht tödlich. Am 19. bei Tagesanbruch griff General Thielmann den Marschall Grouchy an, wurde jedoch heftig zurückgeworfen. Das Dorf Bieloo sowie alle Höhen jenseits von Wavre wurden von den Franzosen genommen. Brigadegeneral Peine, ein ausgezeichneter Offizier, wurde während dieses Angriffs tödlich verwundet. Grouchy gab Befehl, den Feind zu verfolgen und war gerade im Begriff, mit seinem Korps nach Brüssel zu marschieren, als er die Nachricht von dem

Verlust der Schlacht bei Mont-Saint-Jean und den Befehl Napoleons erhielt, sich auf Namur zurückzuziehen. Er begann sofort den Rückzug. Die Preußen folgten ihm vorsichtig. Da sie ihm jedoch allzu nahe kamen, wurden sie zurückgeschlagen und verloren ein paar Kanonen mit einigen hundert Gefangenen. General Vandamme nahm Stellung bei Namur, Marschall Grouchy gegen Dinant. Alle Angriffe Thielmanns mißlangen. Am 24. war das ganze Korps Grouchys in Rethel, am 26. stieß es zur Armee in Laon und verstärkte sie um 32.000 Mann, ungerechnet die vielen Nachzügler jeder Gattung. Von diesen 32.000 Soldaten waren 6500 Kavallerie. Grouchy besaß außerdem 108 Kanonen.

*

Die Lage Frankreichs nach der Schlacht von Waterloo war kritisch, aber nicht hoffnungslos. Alles war vorgesehen für den Fall, daß der Angriff in Belgien mißlang. 70.000 Mann waren am 27. zwischen Paris und Laon zusammengezogen; 25—30.000 Mann befanden sich mit den Depots der Garde von Paris aus auf dem Marsche, um sich mit ihnen zu vereinigen. Wenige Tage später sollte General Rapp mit 25.000 Mann Elitetruppen an der Marne eintreffen. Alle Verluste der Artillerie waren ersetzt. Paris allein besaß 500 Feldgeschütze. Also deckte Paris am 1. Juli eine Armee von 120.000 Mann, die sich mit dem Heere messen konnte, welches am 15. über die Sambre gegangen war, denn sie besaß einen Artillerietrain von 350 Geschützen. Außerdem besaß Paris zu seiner Verteidigung 36.000 Mann Nationalgarde, 30.000 leichte Truppen, 6000 Kanoniere, 600 Kanonen in Stellung, bedeutende Verschanzungen auf dem rechten Seineufer, und in wenigen Tagen wären die auf dem linken Ufer fertig gewesen. Indessen konnten die englisch-belgische und preußisch-sächsische Armee, die um mehr als 80.000 Mann geschwächt waren und nur noch 140.000 Mann besaßen, mit nur 90.000 hinter die Somme marschieren. Dort mußten sie die Unterstützung der Russen und Österreicher abwarten, die aber nicht vor dem 15. Juli an der Marne sein konnten. Paris hatte also 25 Tage Zeit, seine

Verteidigung vorzubereiten, seine Waffenrüstungen, seine Vorräte, seine Befestigungen zu ergänzen und aus allen Teilen Frankreichs Truppen zusammenzuziehen. Selbst am 15. Juli würden erst 30—40.000 Mann am Rhein angekommen sein: die große Masse der Russen und Österreicher konnte erst später in Aktion treten. Der Hauptstadt fehlte es weder an Waffen, noch Munition, noch an Offizieren. Die leichten Truppen konnten mit Leichtigkeit auf 80.000 gebracht und die Feldartillerie auf 600 Geschütze erhöht werden.

Marschall Soult hätte mit den Truppen des Generals Lecourbe zu dieser Zeit mehr als 30.000 Mann vor Lyon stehen gehabt, ganz abgesehen von der Garnison der Stadt, die vorzüglich gerüstet, mit Lebensmitteln und starken Befestigungen versehen war. Alle festen Plätze waren mit den besten Truppen besetzt und von hervorragenden Offizieren befehligt. Ihre Verteidigung war also gesichert. Alles konnte wieder gut werden! Aber es erforderte den größten Mut, die stärkste Energie und Festigkeit von seiten der Offiziere, der Regierung, den Kammern und des ganzen Volkes! Das Gefühl der Ehre, des Ruhms und nationalen Unabhängigkeit hätte sie alle beleben müssen. Ihre Blicke mußten nach Rom gerichtet sein, sie mußten sich Rom nach der Schlacht bei Cannä zum Vorbild nehmen und nicht Karthago nach der Schlacht von Zama! Hätte sich Frankreich bis zu dieser Höhe erhoben, es wäre unbesiegbar gewesen! Die Franzosen haben mehr kriegerischen Mut als irgendein anderes Volk der Welt. Die Kriegsbereitschaft war vorhanden und hätte allem genügt.

*

Am 21. Juni betraten Feldmarschall Blücher und der Herzog von Wellington in zwei Kolonnen französisches Gebiet. Am 22. flog das Pulvermagazin von Avesnes in die Luft und die Festung ergab sich. Am 24. zogen die Preußen in Guise ein und der Herzog von Wellington in Cambrai. Am 26. war er in Péronne. Während dieser ganzen Zeit waren die Festungen der 1., 2. und 3. flandrischen Linie belagert. Inzwischen vernahmen die beiden obenerwähnten

Generale die Abdankung des Kaisers am 22., ferner den Aufstand der Kammern, die Entmutigung, die diese Ereignisse im Heere hervorriefen, und die Hoffnungen, die die inneren Feinde daraus schöpften. Folglich entschlossen sie sich, sofort nach Paris zu marschieren, wo sie in den letzten Tagen des Juni eintrafen. Sie hatten kaum 90.000 Mann. Dieser Schritt hätte für sie verhängnisvoll werden und ihre völlige Vernichtung herbeiführen können, wenn sie ihn vor Napoleon gewagt hätten. Aber der Kaiser hatte abgedankt! Die Linientruppen, die in Paris standen, mehr denn 60.000 aus den Depots der Garde, die Schützen der Nationalgarde, sie alle waren ihm ergeben — er hätte die Feinde im Innern Frankreichs zerschmettern können!

## *ERKLÄRUNG AN DAS FRANZÖSISCHE VOLK*

### *Zweite Abdankung*

Franzosen! Zu Beginn des Krieges rechnete ich zur Aufrechterhaltung der nationalen Freiheit mit der Kraft und dem Willen aller Franzosen; besonders hoffte ich auf die Unterstützung aller staatlichen Autoritäten. Ich hatte Grund, des Erfolges sicher zu sein. Ich trotzte allen Erklärungen der Mächte gegen mich.

Die Umstände scheinen andere geworden zu sein.

Ich bringe mich dem Haße der Feinde Frankreichs zum Opfer! Hoffentlich meinen sie es mit ihrer Erklärung aufrichtig: nur sich an mir rächen zu wollen.

Mein politisches Leben ist zu Ende und ich proklamiere meinen Sohn unter dem Titel Napoleon II. zum Kaiser der Franzosen!

Die jetzigen Minister werden den provisorischen Regentschaftsrat bilden. Aus Interesse für meinen Sohn fordere ich die Kammern auf, sofort die Regentschaft gesetzlich einzusetzen.

Haltet alle zum Wohle des Vaterlandes zusammen, damit Ihr eine unabhängige Nation bleibet!

Im Elyseepalast, am 22. Juni 1815. Napoleon.

*An Seine königliche Hoheit den Prinzregenten von England*

Ile d'Aix, 14. Juli 1815

Königliche Hoheit!

Dem Haß der Parteien, die mein Land zersplittern, und der Feindschaft der europäischen Staaten preisgegeben, habe ich meine politische Laufbahn beendet und komme, wie Themistokles, mich am Herde des englischen Volkes niederzulassen. Ich stelle mich unter den Schutz seiner Gesetze und bitte Eure königliche Hoheit als den mächtigsten, beständigsten und edelsten meiner Feinde, ihn mir zu gewähren.

Napoleon.

*An den Admiral Keith, Oberbefehlshaber der Flotte des Ärmelkanals*

An Bord des „Bellerophon", 31. Juli 1815

Milord, ich habe den Auszug des mir von Ihnen übermittelten Briefes sehr aufmerksam gelesen und tue Ihnen hiermit meinen Protest kund.

Ich bin durchaus nicht Kriegsgefangener, sondern bin der Gast Englands. Auf dem englischen Kriegsschiff „Bellerophon" bin ich in dieses Land gekommen, nachdem ich dem Kapitän meinen an den Prinzregenten gerichteten Brief übergeben und von ihm die Versicherung erhalten hatte, daß er Befehl habe, mich an Bord aufzunehmen und mich mit meinem Gefolge nach England zu geleiten, wenn ich es wünsche. Auch Admiral Hotham versicherte mir dies zu wiederholten Malen. Von dem Augenblick an, in dem ich freiwillig auf dem „Bellerophon" aufgenommen worden bin, befinde ich mich unter dem Schutze der Gesetze Ihres Landes!

Ich wünsche frei in England unter dem Schutze und der Aufsicht der Gesetze zu leben. Ich verpflichte mich, alle Maßnahmen zu befolgen, die man für angemessen hält. Ich will weder im brieflichen Verkehr mit Frankreich stehen, noch mich in politische Angelegenheiten mischen. Seit meiner Abdankung war es stets mein Wunsch, mich in den Vereinigten Staaten oder in England niederzulassen.

Ich bin überzeugt, Milord, daß Sie und der Unterstaatssekretär genauen Bericht über diese Tatsachen abstatten werden.

In die Ehre des Prinzregenten und in den Schutz der Gesetze Ihres Landes setze ich mein ganzes Vertrauen.

Napoleon.

### *PROTEST*

Auf dem Meere, an Bord des „Bellerophon“,
4. August 1815

Im Angesicht des Himmels und der Menschen protestiere ich hier feierlich gegen die Verletzung meiner heiligsten Rechte, da man mit Gewalt über meine Person und meine Freiheit verfügt hat. Aus freiem Willen bin ich an Bord des „Bellerophon“ gekommen. Ich bin also nicht der Gefangene, sondern der Gast Englands! Ich bin auf Anraten des Kapitäns gekommen. Er sagte mir, er habe Befehl von seiner Regierung, mich zu empfangen und mich mit meinem Gefolge nach England zu bringen, wenn mir das angenehm sein sollte. Im guten Glauben habe ich mich unter den Schutz der englischen Gesetze gestellt.

Sobald ich den Fuß auf die „Bellerophon“ gesetzt, befand ich mich am Herde des britischen Volkes! Wenn mir die Regierung damit, daß sie dem Kapitän befahl, mich und mein Gefolge zu empfangen, nur eine Falle stellen wollte, hat sie gegen die Ehre gehandelt und ihre Flagge beschimpft.

Wenn eine solche Handlung zur Ausführung gebracht würde, könnten die Engländer in Zukunft niemals mehr von ihrer Biederkeit, ihren Gesetzen und ihrer Freiheit sprechen, denn die britische Glaubhaftigkeit würde für immer mit dieser Gastfreundschaft auf dem „Bellerophon“ begraben sein.

Ich berufe mich auf die Geschichte. Sie wird entgegnen, daß, wenn ein Feind, der 20 Jahre lang gegen die Engländer Krieg geführt hat, in seinem Unglück aus freien Stücken zu ihnen kommt, um sich in den Schutz ihrer Gesetze zu stellen, er damit ihnen den glänzendsten Beweis seiner Hochachtung und seines Vertrauens gibt. Und wie vergalt England eine solche Hochherzigkeit? Es tat, als ob es diesem Feinde die gastfreundliche Hand entgegenstreckte, und als er sich ihm im guten Glauben auslieferte, opferte es ihn!

Napoleon.

## *ÜBER DIE HERRSCHAFT DER BOURBONEN*

Ehe zwanzig Jahre vorüber sind, wenn ich tot und begraben bin, wird man eine zweite Revolution in Frankreich erleben. Unmöglich können 29 Millionen Franzosen zufrieden unter dem Joche von Herrschern leben, die ihnen durch Fremde aufgedrungen worden sind und gegen die sie beinahe dreißig Jahre gekämpft haben. Kann man es den Franzosen verübeln, daß sie sich nicht solchen Kerlen, wie Montchenu unterwerfen wollen? Man macht in England sehr ungeschickterweise den Vergleich zwischen der Wiedereinsetzung Karls II. und der Zurückberufung Ludwigs XVIII. Sie haben aber nicht die geringste Ähnlichkeit miteinander. Karl wurde von der Masse des englischen Volkes auf den Thron zurückberufen, den dann sein Nachfolger wieder gegen eine Masse verlor. Was jedoch die Bourbonen betrifft, so gibt es kein Dorf in Frankreich, das nicht 30—40 blühende junge Menschen in den Kämpfen zur Verhinderung ihrer Rückkehr verloren hat. Die Gesinnungen der Franzosen liegen in den Worten: „Nicht wir haben diese Elenden zurückgeholt, nein, aber diejenigen, die unser Land verwüsteten, unsere Häuser einäscherten, unsere Frauen und Töchter schändeten, die haben sie mit Gewalt auf den Thron wieder eingesetzt!"

Joseph hat mir bei meinen Bestrebungen nicht gerade geholfen, aber er ist ein sehr guter Mann. Seine Frau, die Königin Julie, war das beste Wesen, das existiert hat. Joseph und ich, wir haben uns immer sehr geliebt und gut verstanden; er liebt mich aufrichtig. Ich zweifle nicht, daß er das Menschenmöglichste tat, jedoch sind alle seine guten Eigenschaften nur für das Privatleben geschaffen. Er ist außerordentlich sanft und gut, hat Geist, ist gebildet und liebenswürdig. In den hohen Stellungen, die ich ihm anvertraute, tat er, was er konnte. Seine Absichten waren die besten. Der Hauptfehler liegt nicht bei ihm, sondern vielmehr bei mir. Ich habe ihn aus seinem Milieu herausgerissen, und die ihm gestellte Aufgabe stand in keinem Verhältnis zu seinen Kräften.

Ludwig war durch die Lektüre Jean Jacques Rousseaus verdorben worden. Diesen Ludwig hatte ich von meinem Sold erzogen, aber auch unter welchen Entbehrungen! Man muß wissen, wie mir das gelang. Niemals konnte ich ein Kaffeehaus besuchen, noch in Gesellschaft gehen. Ich aß nur trockenes Brot und bürstete meine Kleider selbst aus, damit sie so lange wie möglich hielten. Ludwig konnte nur einige Monate lang mit seiner Frau gut sein. Zu hohe Anforderungen seinerseits, allzu viel Leichtfertigkeit von seiten Hortenses waren die gegenseitigen Fehler. Trotzdem liebten sie sich, als sie sich vermählten; sie haben einander gewollt. Übrigens war diese Heirat das Ergebnis der Intrigen Josephinens, die dabei auf ihre Kosten gekommen ist. Ich für meinen Teil wollte mich lieber mit anderen Familien verbinden und hatte einen Augenblick lang meine Augen auf eine Nichte des Herrn von Talleyrand geworfen, die später Frau Juste de Noailles geworden ist.

Man hat übrigens die lächerlichsten Gerüchte über mich und Hortense verbreitet und behauptet, ihr ältester Sohn sei von mir. Aber ähnliche Liebschaften lagen weder in meinem Sinn, noch entsprechen sie meiner sittlichen Auffassung.

Immerhin ist Hortense, die gute, edelmütige und so ergebene Frau, nicht ohne Schuld gegen ihren Mann. Ich muß das trotz aller Zuneigung, die ich für sie empfinde und der wahrhaftigen Anhänglichkeit, die sie für mich hat, zugeben. So seltsam und unerträglich Ludwig auch war, so liebte er sie doch, und in einem ähnlichen Fall, wo so große Interessen auf dem Spiele standen, muß eine Frau immer Herrin über sich selbst sein und auch ihrerseits lieben können. Wenn sie sich dazu hätte zwingen können, so würde ihr der Ärger der letzten Jahre erspart worden sein. Sie würde ein glücklicheres Leben geführt haben und ihrem Manne nach Holland gefolgt sein. Ludwig würde nicht aus Amsterdam geflohen sein, und ich hätte mich nicht veranlaßt gesehen, sein Königreich zu annektieren, was dazu beigetragen hat, mich in Europa zu Falle zu bringen. Viele Dinge hätten sich anders abgespielt.

Jérôme war ein Verschwender, dessen Zügellosigkeiten himmelschreiend waren. Die Entschuldigung für seinen liederlichen Lebenswandel mag in dem Alter und der Umgebung, in der er sich befand, zu suchen sein. Bei meiner Rückkehr von Elba schien er sich aber sehr verändert zu haben und gab zu den besten Hoffnungen Anlaß. Es gibt übrigens auch noch ein schönes Zeugnis zu seinen Gunsten: ich meine die Liebe, die er seiner Frau, Katharina von Württemberg, eingeflößt hat. Das Verhalten seiner Frau, deren Vater, der schreckliche, despotische und harte König von Württemberg, sie nach meinem Sturze von ihrem Manne scheiden lassen wollte, ist bewunderungswürdig. Diese Fürstin hat sich mit eigener Hand ins goldene Buch der Geschichte eingetragen.

Karoline Murat, die Königin von Neapel, hat sich durch die Ereignisse gebildet. Sie besaß Können, einen starken Charakter und einen unbändigen Ehrgeiz. Sie mußte natürlich durch meinen Fall um so mehr leiden, da sie gewissermaßen als Fürstin geboren worden war. Sie kannte nicht, wie ich, den einfachen Bürgerstand. Sie, Pauline und Jérôme waren noch Kinder, als ich schon der erste Mann Frankreichs war. Deshalb haben sie auch nichts anderes gekannt als die Zeit meiner Macht.

Pauline war sehr verschwenderisch, denn sie ließ sich zu sehr gehen. Sie hätte ungeheuer reich sein müssen nach dem, was ich ihr alles geschenkt habe. Sie gab aber ihrerseits alles wieder weg, und ihre Mutter, die sie deshalb ausschalt, sagte ihr oft, daß sie einst im Armenhaus sterben würde.

Die Prinzessin Stephanie von Baden zeigte sich geschickter als Hortense. Sobald sie von der Scheidung Josephinens erfuhr, erkannte sie die Gefährlichkeit ihrer Lage und schloß sich mehr ihrem Mann an. Seitdem haben beide die glücklichste Ehe geführt.

## *DAS LEBEN IN SANKT HELENA*

### *The Briars*

In Sankt Helena angekommen, glaubten wir zuerst, daß wir im Plantation-House, einem hübschen, von der Ostindischen Kompagnie für den Gouverneur gebauten Haus, Unterkommen finden würden. Zu dem Haus gehören ein schöner Garten, Wasser und Schatten, Dinge, die unter einem tropischen Klima unbedingt notwendig sind, nicht nur zum Komfort, sondern überhaupt zur Existenz. In dem Garten wachsen aromatische Pflanzen neben prachtvollen Eichen. Außer dieser Wohnung besaß der Gouverneur in der Stadt Jamestown selbst ein hübsches Haus, das er hätte bewohnen können, und diese Anordnung würde dem englischen Staate wenig gekostet haben.

In Longwood wohnte damals der stellvertretende Gouverneur Oberst Skelton mit seiner Frau und seiner Familie; ihr Umzug erforderte einige Tage. Longwood war eigentlich weiter nichts, als eine große, schlecht gebaute Farm, die der Ostindischen Kompagnie gehörte.

Mit der ihn auszeichnenden Tätigkeit und Bereitwilligkeit beauftragte Admiral Sir George Cockburn seine Seeleute, Holz und andere Materialien herbeizuschaffen, und seine Zimmerleute und Tischler begannen damit, einige neue Wohnräume, allerdings fast nur aus Holz, zu bauen und die alten einigermaßen wohnlich zu gestalten. Auf diese Weise entstanden für einen Ort, wie es Sankt Helena war, be-

Das Haus Napoleons in Longwood

Sankt Helena von der Seeseite

Napoleon auf Sankt Helena

Die Totenmaske Napoleons

Medaillen aus der Napoleonischen Zeit

deutende Kosten. Trotzdem behaupteten alle, die die Insel kannten, daß ich schließlich doch sehr schlecht untergebracht sein würde, da dort weder Wasser noch Bäume vorhanden seien. Es gibt zwar eine Art von Bäumen, aber sie sind erbärmlich, da beständig ein sehr heftiger Wind weht, der die Erde austrocknet und die Vegetation verbrennt, so daß man niemals in der Nähe des Hauses einen Gemüsegarten anlegen konnte.

Während man Longwood instand setzte, blieb ich in „The Briars“ (Heckenrosen) in einem hübschen Gartenhaus. Es bestand erstens aus einem Zimmer von 15 bis 17 Fuß Länge, in dem man mein Feldbett aufstellte. Hier arbeitete, aß und schlief ich. Zweitens aus einem daranliegenden Vorzimmer und drittens aus einer Mansarde über diesem Vorzimmer. Darin wohnten Graf Las Cases und sein Sohn. Graf Bertrand, seine Frau und seine Familie, Graf und Gräfin Montholon und ihr Sohn, sowie der General Gourgand wurden in einer Pension in Jamestown untergebrcaht, von wo aus sie mich von Zeit zu Zeit besuchten.

„The Briars“ liegt ungefähr eine und eine halbe Meile von der Stadt entfernt. Der letzte Teil des Wegs ist eine angenehme Promenade. Ungefähr 50 Schritte von meinem Gartenhaus entfernt befindet sich das von dem Besitzer bewohnte Haus. Er ist ein Großkaufmann namens Balcombe. Hinter dessen Haus liegt ein schön unterhaltener Garten; die ganze Anpflanzung umfaßte etwa 100 Morgen. Herr Balcombe, ein Engländer, ist seit einigen Jahren auf der Insel ansässig. Seine Familie besteht aus seiner Frau und zwei Töchtern. Die eine ist etwa 14, die andere 16 Jahre alt. Sie sind erst vor einigen Monaten aus England gekommen, wo sie in Pension waren und ganz gut Französisch gelernt haben. Es sind die jungen Mädchen, über die man so viel törichtes Geschwätz und so viele lächerliche Anekdoten verbreitet hat, nur um sich über das Publikum lustig zu machen.

In „The Briars“ führte ich ungefähr dasselbe Leben wie an Bord. Selten verließ ich meine Wohnung vor 4 Uhr nachmittags. Dann ging ich etwa eine oder zwei Stunden auf dem Rasenplatz vor dem Hause spazieren. Dahin begaben sich auch die beiden eben erwähnten jungen Mädchen mit ihrer Mutter. Nachdem ich eine Weile mit ihnen geplaudert hatte, kehrte ich in meine Wohnung zurück, um zu Abend zu speisen. Oft ging ich nach dem Essen zur Familie Balcombe und spielte eine Partie Whist mit ihnen.

Während der beiden Monate, die ich in „The Briars" verbrachte, verließ ich es nur ein einziges Mal, und zwar, um den Oberst Hudson zu besuchen, der mit seiner Familie ein kleines Häuschen am Fuße des Berges, auf dem „The Briars" lag, bewohnte. Von dem Garten aus, der dieses Haus umgab, hatte man eine sehr schöne Aussicht. Auf diesem Ausflug blieb ich etwa eine Viertelstunde, um mit dem Oberst, seiner Frau und seinen reizenden Kindern zu plaudern. Während meiner Anwesenheit in „The Briars" glaube ich nicht, daß ich mehr als einmal mit Admiral Cockburn gesprochen habe. Vermutlich war er überrascht, daß ich so schlecht wohne. Wahrscheinlich erfuhr er auch von den Einwohnern, daß ich wo anders besser untergebracht werden könnte. Jedenfalls ließ ich niemals eine Klage verlauten. An Bord des „Northumberland" hatten wir Verbannten nicht die geringste Auseinandersetzung mit dem Admiral; aber kaum waren wir an Land gesetzt worden, als meine Gefährten die Haltung wechselten, vielleicht aus Ärger, daß man sie an einen so elenden Ort wie Sankt-Helena geschickt hatte, dem es an jeder Annehmlichkeit mangelte.

Man erzählt sich, daß der Admiral Cockburn, der verschiedene Bälle veranstaltete, an denen auch einige Franzosen teilnahmen, mir durch Vermittlung Bertrands eine Einladungskarte gesandt, aber keine Antwort bekommen habe, da er sie an den „General Bonaparte" gerichtet hatte. Um jene Zeit sprach man ganz geheim davon — ich glaube nicht, daß es der Admiral erfuhr —, daß ich zu Bertrand gesagt hätte: „Schicken Sie diese Karte an den General Bonaparte, von dem wir die letzten Nachrichten von den Schlachtfeldern bei den Pyramiden und beim Berge Tabor erhalten haben." Bei diesen Bällen erregte die Eleganz der französischen Damen die Aufmerksamkeit aller englischen Offiziersdamen.

Als Ende Dezember 1816 in Longwood alle Reparaturen beendet waren, fand der Umzug dahin statt, was allen Franzosen gefiel, da sie glücklich waren, von neuem vereint zu sein. Ungefähr 14 Tage später besuchte ich sie und fand sie verhältnismäßig gut untergebracht. Graf Bertrand und seine Frau wohnten eine englische Meile von Longwood entfernt in einem kleinen Bauernhaus, das aus zwei kleinen Zimmern und zwei Bodenkammern bestand; weder ein Garten noch Schatten waren vorhanden. Allerdings war es die einzige Wohnungsmöglichkeit in der Umgebung, auch geschah die Wahl des Häuschens auf Bertrands Wunsch.

Ohne Unterlaß waren Arbeiter beschäftigt, um der Familie Bertrand 50 Meter von Longwood entfernt ein neues Haus zu bauen. Graf von Las Cases und General Gourgand bewohnten kleine Häuschen, die aus Holz gebaut und nach Sitte der Insel mit geteertem Papier gedeckt waren. Ich besaß zu meinem eigenen Gebrauch vier Zimmer. Man baute für mich auch ein Badezimmer; es war ein bisher unbekannter Luxus auf dieser unglücklichen Insel. Obgleich Longwood auf dem unangenehmsten Teile der Insel gelegen war, so hatte das Haus doch den großen Vorteil, daß es sich auf einer Hochebene befand, die einen Umkreis von etwa vier bis fünf englische Meilen hatte.

Das Klima von Sankt Helena ist vielleicht das außerordentlichste der Welt: es ist gleichzeitig viel kälter und viel wärmer als an einem anderen Ort derselben Breite. In Longwood muß man im Jahre sechs Monate lang heizen. Wenige Tage vergehen ohne Regen, und das Haus ist oft von dichtem Nebel umgeben, während zur selben Zeit zwei oder drei Meilen davon entfernt die größte Hitze herrscht, die in der heißen Zone vorkommt. Die Feuchtigkeit führt zu Ruhrerkrankungen, die oft viele Menschen dahinraffen.

Die Einwohner Sankt Helenas sind arm, schlecht gekleidet und unwissend. Gesalzenes Fleisch ist ihre Hauptnahrung, und ihre Abgeschiedenheit von der übrigen Welt macht sie für alles vollkommen teilnahmslos, mit Ausnahme der Abfahrzeiten der Flotten von China und Indien, die von größtem Wert für sie sind. Dann ist ihre einzige Sorge, auf alle mögliche Art die Preise ihres Gemüses und ihres Geflügels zu erhöhen, denn sie wissen ganz genau, daß diese Nahrungsmittel den Schiffen unentbehrlich sind, so daß ihr eigentlicher Wert um das Doppelte oder Dreifache erhöht wird, sobald eine Flotte ankommt. Ohne diesen Handel würde die Insel eine Wüste sein. Aber die Notwendigkeit, die Nahrungsmittel zu erneuern, hat aus Sankt Helena einen wichtigen Seehafen gemacht, und selten vergeht eine Woche, ohne daß nicht ein Schiff, das von Indien kommt und nach Europa weiterfahren will, dort anlegt, um frisches Wasser einzunehmen. Die von Europa kommenden Schiffe hingegen halten dort fast niemals an. Sankt Helena wird mit Nachrichten vom Kap der guten Hoffnung aus oder durch die Schiffe der Ostindischen Kompagnie versorgt, die jährlich von England aus abgesandt werden, um die kleine Kolonie mit Unterhaltsmitteln zu versorgen.

Trotz aller Unannehmlichkeiten in Longwood wohnte ich hier besser als in „The Briars". Wenn ich aus dem Hause heraustrat, konnte ich im Wagen ein oder zwei Meilen weit um ein kleines Gehölz herumfahren, das aus Gummibäumen bestand. Oder ich konnte auch zu Pferd vom Berge in die Täler hinabreiten. Diese Ritte durften ungefähr bis auf vier bis fünf Meilen ausgedehnt werden, wobei ich ein Tal berührte, das die Franzosen das „Tal des Schweigens" getauft haben. Dort hatten meine Begleiter ein junges Mädchen von 16 bis 17 Jahren entdeckt, das sie scherzeshalber „die Nymphe des Tales" nannten. Als ich vor der kleinen Wohnung vorüberritt, grüßte ich das junge Mädchen, und ohne vom Pferde zu steigen, richtete ich einige Worte in schlechtem Englisch an sie. Herr Warden hat daraus die Episode der Miß Robinson gemacht.

Ich speiste mit meinen Offizieren und deren Damen um 8 oder 8½ Uhr zu Abend. Oberst Skelton und seine Frau, die ehemals Longwood bewohnten, besuchten mich oft und nahmen an unserm Abendessen teil. Die Gesellschaft von Frau Skelton, die in Frankreich erzogen worden war und sehr gut Französisch sprach, war mir äußerst angenehm. Ich empfing auch in Longwood häufige Besuche von Offizieren des 53. Regiments, die sich durch den Empfang, den ich ihnen bereitete, sehr geschmeichelt fühlten. In Longwood befand sich kein anderer Schutz als ein Wachtposten von 30 Mann am Eingang der Umfriedung. Keine Person von außen durfte ohne Erlaubnis des Admirals, des Gouverneurs, Sir George Binghams und des Generals Bertrand eintreten, wenn die Einladung von den Franzosen ausging. Was die Fremden anlangte, so wurden sie zum General Bertrand geschickt, der ihnen Tag und Stunde angab, an denen ich sie empfangen würde: gewöhnlich geschah es einen oder auch zwei Tage nach ihrem Gesuch. Ein von ihm ausgestellter Passagierschein genügte, und mit Hilfe dieses Papiers stand es ihnen frei, so lange sie auf der Insel blieben, Longwood zu besuchen. Der Admiral, der alle Personen kannte, denen derartige Passagierscheine ausgestellt worden waren, hatte alles so geregelt, daß keine Übertretungen vorkommen konnten, und alle Welt war mit den von ihm getroffenen Anordnungen einverstanden.

Kleine Militärposten waren an verschiedenen Stellen der umgebenden Berge aufgestellt worden, so daß die Verbannten Spaziergänge von fünf bis sechs Meilen machen konnten, ohne daß sie begleitet wurden. Wenn sie dennoch die Grenzen des Bereichs überschreiten wollten, so mußten sie sich von einem englischen Offizier begleiten lassen, ebenso, wenn sie in die Stadt gingen. Wenige von ihnen, außer Frau Bertrand oder die Generale Montholon und Gourgaud, machten von der Erlaubnis Gebrauch, in die Stadt zu gehen. Was mich selbst anlangt, so vermied ich alles, damit man mir nicht vorwerfen konnte, ich wünschte etwas von der englischen Regierung, die dann einen Anspruch auf meine Dankbarkeit gehabt hätte. Viele waren der Ansicht, daß man uns erlauben sollte, die ganze Insel — abgesehen von der Stadt Jamestown und der Küste — zu durchstreifen, mit dem Hinweis, daß es äußerst leicht sei, eine so kleine Insel zu bewachen, indem man der Küste entlang, die schon so gut durch die englischen Kreuzer geschützt wurde, 14 oder 15 Abteilungen von je 18 bis 20 Mann aufstellte, die ziemlich nahe beieinander standen, um in der Lage zu sein, sich jederzeit binnen weniger Minuten untereinander verständigen zu können.

Drei Kommissare der Verbündeten, ein Österreicher, ein Franzose und ein Russe, kamen am 17. Juni 1817 in Begleitung des Admirals Malcolm auf den Fregatten „Château-Neuf“ und „Oronte“ in Sankt Helena an. Einige Wochen darauf meldete der neue Gouverneur Sir Hudson Lowe ihre Ankunft in Longwood und teilte auch den am 2. August 1815 zwischen Großbritannien, Österreich, Rußland und Preußen abgeschlossenen Vertrag mit. Graf Montholon erhielt Befehl, gegen diesen Vertrag zu protestieren, was er auch in einem Briefe tat, worin ich erklären ließ, daß ich nicht der Gefangene Englands sei. Nach meiner Abdankung sei ich freiwillig nach England gekommen mit der Absicht, dort als einfacher Privatmann unter dem Schutz der englischen Gesetze zu leben. Ich ließ ferner erklären, daß die Verletzung dieser Rechte keinen Rechtsgrund bilden könne. Obgleich ich mich gegenwärtig in der Macht der englischen Nation befände, wäre ich doch niemals ein Gefangener Österreichs, Rußlands oder Preußens gewesen. Diese Staaten hätten niemals tatsächlich oder rechtlich Gewalt über mich gehabt. Endlich betonte ich, daß der Vertrag einzig und allein ein Bündnis der vier größten Staaten Europas zur Unterdrückung eines einzelnen Menschen bedeute. Der Protest sprach auch von der Verschiedenheit der Behandlung, die mir aller Wahrscheinlichkeit nach von den anderen Ländern zuteil geworden, wenn ich in ihre Hände geraten wäre.

Der Brief erwähnte auch die Zwecklosigkeit der Sendung der Kommissare, die scheinbar gar kein Recht hatten, sich in die Vorgänge auf der Insel einzumischen. Er sprach auch von der Strenge, mit der ich behandelt wurde, indem man mich auf einen 2000 Meilen von Europa entfernten Felsen verbannte, in ein Klima, das der Gesundheit außerordentlich unzuträglich ist. Dieser Zustand wurde noch durch die Einschränkungen verschlimmert, die mir der neue Gouverneur auferlegte, indem er jegliche Beziehungen zu den Eingeborenen, sogar zu den Offizieren, verbot und aus Longwood ein richtiges Gefängnis machte.

In dem Briefe beklagte ich mich auch über die Härte, daß man die Verbannten der Zeitungen beraubte, die für sie bestimmten Bücher zurückbehielt, und über die Unmöglichkeit, ungehindert mit der Heimat zu korrespondieren. Der Brief endete mit einer Antwort auf eine vom Gouverneur an mich gestellte Frage, ob ich 10 bis 12.000 Pfund Sterling zu den von der englischen Regierung für meinen Unterhalt bewilligten 8000 Pfund zuzahlen wolle. Ich ließ erklären, daß ich sogar bereit sei, alle meine Ausgaben zu bezahlen, vorausgesetzt, daß es mir erlaubt wäre, mit meinen Bankiers zu korrespondieren, ohne daß mein Briefwechsel vom Gouverneur und seinen Leuten kontrolliert würde.

Es scheint, als ob Lord Bathurst in einem seiner Schreiben an den Gouverneur die Gesamtausgaben für Longwood auf 8000 Pfund Sterling jährlich angesetzt habe, die auf folgende Weise verteilt waren: 500 Pfund für den Verwalter, 500 Pfund für den Transport der Lebensmittel von der Stadt nach Longwood, 730 Pfund für die Ordonnanzoffiziere und den Chirurgen in Longwood, 1000 Pfund für den Unterhalt des Hauses, das alt ist und beständiger Reparaturen bedarf, im ganzen 2730 Pfund Sterling, so daß nur 5270 Pfund für alle übrigen Ausgaben blieben, was in Anbetracht der ungeheuren Preise für Lebensmittel und andere notwendige Dinge ungefähr mit 1000 Pfund Sterling jährlich in England gleichbedeutend ist.

Der Gouverneur jedoch begriff, daß diese Summe völlig ungenügend sei und schätzte den Verbrauch auf 19 bis 20.000 Pfund Sterling im Jahre. Er verlangte vom Grafen Montholon durch einen Brief vom 17. August 1816 die Differenz zwischen dieser Summe und den von der Regierung bewilligten 8000 Pfund. Auf diese Forderung antwortete ich durch den soeben erwähnten Brief. Obgleich der Gouverneur schließlich bereit war, jährlich 4000 Pfund Sterling mehr zu bewilligen, verminderte man die Menge der zu liefernden Unterhaltsmittel und verabschiedete drei mir sehr notwendige Bediente. Da der Haushofmeister mir erklärte, daß man ihm ein Drittel Lebensmittel weniger lieferte, als gebraucht wurde, so befahl ich, einen Teil meines Silberzeugs zu zerbrechen und für 1000 Pfund Sterling davon zu veräußern. Das Geschirr war sehr schön und die Arbeit viermal soviel wert als das eigentliche Metall. Ein jeder in Sankt Helena wollte etwas davon erwerben und mehrere Kapitäne von der Ostindischen Kompagnie boten bis zum zehnfachen Preis, um ein ganzes Stück zu erhalten.

Die fremden Kommissäre fanden keinen Zutritt in Longwood, obgleich man behauptet hat, daß ich, obschon ich mich weigerte, sie als Kommissare zu empfangen, trotzdem eingewilligt hätte, sie als Fremde mit den gewöhnlichen bei diesen angewandten Förmlichkeiten anzuerkennen. Es scheint, daß Sir Hudson Lowe und die Kommissare in dieser Angelegenheit an ihre Regierungen geschrieben haben und noch auf Antwort warten.

Kurze Zeit darauf schrieb ich einen Brief an den Grafen Las Cases; es war vor seiner Abreise nach dem Kap der Guten Hoffnung. Man erzählt, Las Cases hätte einem Eingeborenen der Insel, der nach England zu reisen beabsichtigte, einen Brief anvertraut, der an eine Dame in London gerichtet war und Klagen über den Gouverneur enthielt. Tatsächlich war aber in diesem Brief nichts enthalten, was nicht jederzeit öffentlich geschrieben werden konnte. Das haben auch Personen bestätigt, die den Brief bei dem Gouverneur lasen.

In dem Briefe drückte ich nur mein Bedauern aus über die Behandlung, die man dem Grafen Las Cases angedeihen ließ. Übrigens enthielt dieser Brief nichts, was ich nicht schon in sechs oder sieben anderen vorher gesagt hatte, nichts von irgendeinem Komplott, höchstens Anklagen gegen die mir vom Gouverneur Sir Hudson Lowe angetanen Kränkungen. Der Brief schließt mit der Hoffnung, daß, so notwendig mir auch die Gesellschaft Las Cases gewesen sei, ich ihn veranlaßte, nach Europa zurückzukehren, damit er das Ungemach vergesse, das ich ihm verursacht hatte. Ich beauftragte ihn, an meiner Statt Marie Louise und meinen

Sohn zu umarmen, falls er bis zu ihnen gelangen sollte. Endlich sprach ich die Hoffnung aus, daß eine gerechte Vorsehung bald meinem Leben ein Ende machen werde, dessen letzte Augenblicke den Urheber dieser Verfolgungen mit Schande bedecken würden.

Einige Zeit darauf hielt es Sir Hudson Lowe für gut, ein neues Reglement einzuführen, auf Grund dessen er die ehemals festgesetzten Grenzen unseres freien Gebiets um zwei Drittel beschränkte, und zwar mit der lächerlichen Begründung, daß ich niemals seit meiner Ankunft von dem Recht Gebrauch gemacht hätte, das ganze Gebiet zu besuchen. Von nun an war es den Franzosen nur erlaubt, die große Straße zu benutzen. Es war ihnen verboten, sich nach rechts oder nach links zu wenden, und, selbst die Engländer werden es kaum glauben, es war mir und jeder anderen Person meines Gefolges verboten, mit irgendjemand, den man traf, wer es auch sei, zu sprechen, höchstens Höflichkeitsbezeigungen und Grüße auszutauschen, wie sie unter zivilisierten Völkern üblich sind.

Der Gouverneur verbot jeder Person, die einen Erlaubnisschein hatte, mich aufzusuchen, auch mit anderen Personen meines Gefolges zu sprechen, es sei denn, daß es in dem Erlaubnisschein ausdrücklich vermerkt worden wäre. Wenn ich also einen Fremden empfing, der nicht Französisch sprach, so konnte ich nach dieser einfältigen und beleidigenden Verordnung nicht Las Cases oder einen anderen meiner Leute rufen lassen, damit sie mir als Dolmetscher dienten. Man stellte bei Sonnenuntergang Schildwachen rund um den Garten auf, um mich zu verhindern, im Garten ein wenig spazieren zu gehen. Das ist aber in den Tropen der einzige Augenblick — besonders in dem ohne Schatten befindlichen Longwood —, wo man es tun konnte und ohne den neugierigen Blicken und allen möglichen Nachforschungen ausgesetzt zu sein. Während des Tages stellte man eine Schildwache an einen Ort, von wo aus man alles übersehen konnte, was in dem Garten vorging, so daß ich sogar während des Tages nicht ausgehen konnte, ohne der Beaufsichtigung selbst der gewöhnlichsten Soldaten ausgesetzt zu sein. In einem an

Bertrand gerichteten Brief verbot man sogar jegliche, auch mündliche Beziehung zu den Einwohnern.

Nach Einführung dieser Einschränkungen erklärte ich, daß man nicht nur alle Gesetze, sondern auch alle Rücksichten verletzt habe und ich in Zukunft verweigere, den Gouverneur bei mir zu empfangen, den ich fortab nur noch als einen Kerkermeister ansehen müsse.

Es ist bedauerlich, daß Sir Hudson Lowe sich zu so heftigen und drückenden Maßnahmen hat hinreißen lassen, die in vollem Widerspruch mit dem stehen, was man offen im Parlament gesagt hat. Aber die Verteidiger der Minister behaupten, daß, falls man zugibt, daß die letzteren die seit neun Monaten gültigen Maßnahmen bestätigt und keine neue Einschränkung befohlen haben, der Gouverneur kraft seines eigenen Willens gehandelt haben muß, und zwar in einer Weise, die ihm wenig Ehre macht, und die in keiner Weise gerechtfertigt ist.

Es besteht kein Zweifel, daß fünf Sechstel der auferlegten Einschränkungen nur drückend, oberflächlich und dem Wunsche der Nation zuwider sind. Es ist ebenfalls unbegreiflich, warum die Minister sich geweigert haben, dem Gouverneur die Summe von 20.000 Pfund Sterling im Jahre zu gewähren, einen Betrag, den er für nötig hielt und den er auch erbeten hatte. Sicherlich hätte man diesen Betrag bewilligen und nicht mein Silbergeschirr annehmen sollen. Dieses Geschirr wurde auf Befehl des Gouverneurs gekauft, der hiermit einen politischen Zweck verfolgte und verhindern wollte, daß das Silbergeschirr Käufer fände, die jedes Stück als eine kostbare Reliquie betrachteten.

Jedenfalls kostet meine Gefangenhaltung in Sankt Helena der englischen Regierung jährlich ungefähr 250.000 Pfund Sterling, um dort einen Generalleutnant als Gouverneur, einen Brigadegeneral, einen zahlreichen Generalstab, verschiedene Artillerie- und Infanteriebataillone und ein starkes Geschwader zu unterhalten. Abgesehen von diesen Ausgaben belästigen die den Schiffen auferlegten Einschränkungen den Handel mit Indien und verursachen viel größere Verluste als die Ausgaben selbst. Und zu welchem Zweck dient das? Vielleicht, damit ich in meinem Gefängnis größere Freiheit genieße? Ich würde mich als Gefangener in irgendeinem Hause in England oder Schottland wohler fühlen als auf Sankt Helena, selbst wenn ich die ganze Insel für mich als Gefängnis besäße, und zwar aus folgenden Gründen: Erstens kann das tropische Klima — und im besonderen ist das von Sankt Helena der Gesundheit unzuträglich — in keiner Weise mit dem in Europa verglichen werden; zweitens, weil man in Sankt Helena große Mühe hat, nicht einmal mittelmäßige Lebensmittel zu beschaffen. In einem Gefängnis in England hat man Zeitungen, eine Bibliothek, und man empfängt oft Nachrichten von seinen Verwandten. Auf Sankt Helena ist man fast aller Dinge beraubt. Es ist wahr, daß man 1500 Bände auf die Insel gesandt hat, aber 1500 Bände genügen den Leuten nicht, die darauf angewiesen sind, sich mit dem Studium der Literatur und der Wissenschaften zu beschäftigen. 20.000 Bände wiegen nicht den Vorteil auf, in Europa innerhalb von 48 Stunden alle Bücher zu haben, die man wünscht. Endlich würde man in England Nachrichten von seiner Familie und seinen Freunden empfangen, was in Sankt Helena fast unmöglich ist. Die Grafen Bertrand und Montholon haben beispielsweise während einiger Monate nicht eine Zeile erhalten und können sich folglich weder mit ihren familiären noch ihren privaten Interessen befassen. Seit mehreren Monaten gehe ich nicht mehr aus meiner Wohnung heraus, die eigentlich nur aus vier kleinen, schlecht gebauten und ungesunden Zimmern besteht, die sich in einem derartig baufälligen Hause befinden, daß es schwierig sein würde, ein noch schlechteres in England zu finden.

Am 11., 12., 13., 14. und 16. August 1819 versuchte man zum erstenmal unerlaubterweise das von mir bewohnte Gartenhaus zu betreten, das man dahin immer geachtet hatte. Ich habe mich dieser Gewalttätigkeit dadurch widersetzt, daß ich alle meine Türen verschließen ließ. Unter diesen Umständen wiederholte ich die schon oft gemachte Erklärung, daß man meine Schwelle nur über meine Leiche hinweg überschreiten könne! Ich habe alles aufgegeben und lebe seit drei Jahren in vier kleinen Zimmern zurückgezogen, um Beschimpfungen und Beleidigungen zu entgehen. Sollte man so niederträchtig sein und mir auch diese Zurückgezogenheit mißgönnen, so hieße das soviel, als mir keine andere Zufluchtsstätte als das Grab zu lassen.

Ich bin seit zwei Jahren von einer chronischen Leberentzündung befallen*, einer Krankheit, die diesem Lande eigen ist. Seit einem Jahre hat man mich meiner Ärzte, des Doktors O'Meara (seit Juli 1818) und des Doktors Stokoe seit Januar 1819, beraubt. Seitdem habe ich verschiedene Krisen durchgemacht, die mich nötigten, 14 bis 20 Tage hintereinander das Bett zu hüten. Heute, wo ich einen der heftigsten dieser Anfälle auszustehen hatte, der mich schon seit neun Tagen ans Bett fesselt, wobei ich der Krankheit nichts entgegenzusetzen vermag als Ruhe, Diät und Bäder, stört man mich bereits seit sechs Tagen durch allerhand Drohungen und Schmähungen, denen ich mich niemals unterwerfen werde, was der Prinzregent, Lord Liverpool und die ganze Welt nur zu gut wissen. Da man täglich versucht, mich zu erniedrigen und zu beleidigen, so kann ich nur die schon oft gemachten Erklärungen wiederholen, daß ich keinerlei Kenntnis von den Depeschen oder Briefen genommen habe noch nehmen werde, deren Inhalt für mich nur schimpflich ist und gegen die Form verstößt. Ich habe auch weder eine Antwort befohlen, noch werde ich sie befehlen. Alle an mich ergangenen beleidigenden Briefschaften habe ich ins Feuer geworfen oder werde sie verbrennen.

*An den Grafen Bertrand, meinen Großmarschall*

Longwood, August 1819

Mein lieber Bertrand, ich schicke Ihnen meinen eigenhändig geschriebenen Testamentsnachtrag, damit Sie nach meinem Tode alles, was mir in Sankt Helena gehört, fordern können. Verfügen Sie folgendermaßen darüber:

Geben Sie die eine Hälfte meiner Juwelen Ihrer Frau und die andere Hälfte Frau von Montholon. Montholon geben

* So glaubte Napoleon. In Wahrheit war es Magenkrebs.

Sie 50.000 Franken, Marchand ebenfalls 50.000, Saint-Denis 20.000, Noverraz 20.000, Pierron 20.000, Archambault 20.000, Gentilini 10.000, und für Sie selbst behalten Sie 120.000 Franken, was zusammen 300.000 Franken macht, die ich hier besitze. Heben Sie mein Silberzeug, meine Waffen, mein Porzellan, meine Bücher mit dem kaiserlichen Wappen für meinen Sohn auf, überhaupt alles, wovon Sie glauben, daß es ihm eines Tages von Nutzen sein könne. Ich übergebe Ihnen meine Manuskripte. Lassen Sie sie aber nicht früher drucken, als bis Sie die Werke eingesehen haben, die ich hier nicht zur Verfügung hatte. Heute Abend werde ich Ihnen einen Brief für Laffitte (Bankhaus) übergeben, der meine Verfügungen hinsichtlich einer Summe von 6 Millionen enthält.

Heben Sie alles gut auf, damit Sie es mir wiedergeben können, wenn ich danach frage.

Napoleon.

## *RATSCHLÄGE FÜR SEINEN SOHN IN SCHÖNBRUNN KURZ VOR SEINEM TOD, IM FRÜHJAHR 1821*

Mein Sohn darf nicht daran denken, meinen Tod zu rächen. Er soll vielmehr Nutzen daraus ziehen. Die Erinnerung an das, was ich vollbracht habe, darf ihn nie verlassen; er soll stets wie ich jeder Zoll ein Franzose bleiben. Er muß stets bestrebt sein, in Frieden zu regieren. Wenn er aus reinem Nachahmungssinn und ohne daß die unbedingte Notwendigkeit vorliegt, meine Kriege von neuem beginnen wollte, wäre er weiter nichts als ein Affe. Mein Werk von neuem beginnen, hieße vermuten, daß ich gar nichts vollbracht hätte. Es jedoch vollenden, wird im Gegenteil die Festigkeit der Grundlagen beweisen, den ganzen Plan des nur angefangenen Gebäudes auseinanderzusetzen. Man macht nicht zweimal dasselbe in einem Jahrhundert. Ich bin gezwungen gewesen, Europa durch die Waffen zu bändigen; heute muß man es überzeugen. Ich habe die im Sterben liegende Revolution gerettet, habe sie von ihren Verbrechen rein gewaschen und sie dem Volke im Ruhme strahlend gezeigt. Ich habe Frankreich und Europa neue Ideen eingeimpft, die niemals vergehen werden. Mein Sohn möge alles, was ich gesät habe, zum Aufblühen bringen! Möge er alle Grundstoffe des Gedeihens, die der französische Boden in sich birgt, weiter entwickeln! Um diesen Preis kann er einmal ein großer Fürst sein.

Die Bourbonen können sich nicht halten. Wenn ich tot bin, wird überall, auch in England, eine Reaktion zu meinen Gunsten eintreten. Für meinen Sohn bedeutet das ein schönes Erbe. Es ist sehr leicht möglich, daß die Engländer, um die Erinnerungen an ihre Verfolgungen zu verwischen, die Rückkehr meines Sohnes nach Frankreich begünstigen. Um aber mit England in gutem Einvernehmen zu leben, müssen vor allen Dingen seine Handelsinteressen gewahrt werden. Nur zwei Möglichkeiten sind annehmbar: Entweder England bekämpfen oder sich mit ihm in den Welthandel teilen. Und diese zweite Bedingung ist heute die einzig mögliche. Die auswärtige Frage wird noch lange in Frankreich die innere beherrschen. Ich hinterlasse meinem Sohn genügend Kraft und Sympathie, daß er mein Werk nur mit den Waffen einer höheren und versöhnenden Diplomatie fortsetzen kann. Seine Stellung in Wien ist beklagenswert. Wird Österreich ihn ohne Bedingung freigeben? Im übrigen befand sich Franz I. in einer kritischeren Lage; die französische Nation hat dabei nichts eingebüßt. Mein Sohn soll niemals durch einen fremden Einfluß den Thron besteigen. Sein Ziel soll nicht allein sein, zu regieren, sondern auch die Billigung der Nachwelt zu verdienen. Wenn er kann, soll er sich meiner Familie nähern. Meine Mutter ist eine Frau der Antike; Joseph und Eugen können ihm gute Ratschläge geben; Katharina und Hortense sind sehr hochstehende Frauen. Bleibt er im Exil, so mag er eine meiner Nichten heiraten. Ruft ihn Frankreich jedoch zurück, so soll er eine russische Prinzessin zur Frau nehmen, denn der russische Hof ist der einzige, an dem die Familienbande die Politik beherrschen. Die Verbindung, die er eingeht, muß den Zweck haben, den französischen Einfluß nach außen zu erhöhen und nicht, in den Staatsrat einen fremden Einfluß einzuführen. Das französische Volk ist außerordentlich leicht zu regieren, wenn man es nicht verkehrt anfaßt. Nichts kommt seinem klaren und leichten Verständnis gleich: es unterscheidet sofort diejenigen, die für und die gegen ihre Nation arbeiten. Man muß jedoch immer nach seinen Gefühlen sprechen, sonst wird es von Besorgnis gequält, es gärt in ihm, und es braust auf.

Mein Sohn wird nach den bürgerlichen Unruhen in Frankreich auf den Thron kommen. Er hat nur eine einzige Partei zu befürchten: die des Herzogs von Orléans. Diese Partei keimt und blüht seit langem. Er soll alle Parteien verachten und nur die Masse schätzen. Mit Ausnahme derer, die das Vaterland verraten haben, soll er alle früheren Taten der Männer vergessen und Talent, Verdienst und Dienste belohnen, wo er sie trifft.

## *DIE LETZTEN WORTE DES GEFANGENEN UND STERBENDEN KAISERS*

*Zu dem nach Europa abreisenden englischen Arzt Dr. Barry O'Meara:*

Wenn Sie nach Europa kommen, gehen Sie selbst zu meinem Bruder Joseph oder senden Sie jemand zu ihm. Sagen Sie ihm, es sei mein Wunsch, er möchte Ihnen das Bündel Briefe übergeben, das die privaten und vertraulichen Schreiben des Kaisers Franz und des Kaisers Alexander enthält. Auch die Briefe des Königs von Preußen und anderer europäischer Herrscher an mich. Ich vertraute sie Joseph damals in Rochefort an. Sie, Doktor, sollen diese Briefe veröffentlichen, um jene Fürsten an den Pranger zu stellen und der Welt die kriechende Ehrerbietung zu zeigen, die jene Vasallen mir zuteil werden ließen, wenn sie mich um eine Gnade baten oder um ihre Throne bettelten. Als ich stark und mächtig war, rissen sie sich um meinen Schutz und um die Ehre, sich mit mir zu verbinden. Sie leckten mir den

Staub von den Schuhen. Nun, da ich alt bin, bedrücken sie mich in niedrigster Weise und nehmen mir mein Weib und meinen Sohn. Ich fordere Sie auf, Doktor, es zu tun. Und wenn Sie irgendwelche Verleumdung wahrnehmen, die man über mich während der Zeit veröffentlicht, in der Sie bei mir waren, und von der Sie sagen können: „Ich habe es selbst mit meinen Augen gesehen, es ist nicht wahr!“, so widerlegen Sie sie. — Ziehen Sie über meine Familie Erkundigungen ein, setzen Sie sich mit den verschiedenen Familienmitgliedern in Verbindung und sagen Sie ihnen, ich wünschte nicht, daß jemand von ihnen nach Sankt-Helena käme, um Zeuge meines Elends und der Erniedrigung zu sein, unter der ich zugrunde gehe. Drücken Sie ihnen die Gefühle aus, die ich allen bewahre. Bringen Sie meiner guten Louise, meiner vortrefflichen Mutter und Pauline alle meine Liebe. Wenn Sie meinen Sohn sehen, so küssen Sie ihn an meiner Statt. Er soll nie vergessen, daß er ein französischer Prinz von Geblüt ist. Und seien Sie, bitte, bemüht, mir Nachricht zugehen zu lassen, in welcher Weise mein Sohn erzogen wird. — Leben Sie wohl, O'Meara, wir werden uns nie wiedersehen. Seien Sie glücklich.

### *Zu Francesco Antommarchi, seinem letzten Arzt, einem Korsen, in St. Helena, kurz vor seinem Tode*

28. April 1821, 8 Uhr früh. Der Kaiser richtet Worte voller Güte an ihn und erteilt ihm darauf vollkommen ruhig und unerschütterlich folgende Instruktionen:

„Nach meinem Tod, der nicht mehr fern sein kann, wünsche ich, daß Sie meinen Körper öffnen. Ich wünsche ferner, ja ich nehme Ihnen sogar das Versprechen ab, daß kein Engländer meinen Leichnam berühre. Wenn Sie jedoch durchaus jemand dazu brauchen, so gestatte ich Ihnen, nur den Dr. Arnott zu verwenden. Es ist ferner mein Wunsch, daß Sie mein Herz nehmen, es in Spiritus setzen und es meiner lieben Louise nach Parma bringen. Sagen Sie ihr, daß ich sie zärtlich geliebt und niemals aufgehört habe, sie zu lieben. Erzählen Sie ihr alles, was Sie beobachteten, alles, was sich auf meine Lage und meinen Tod bezieht. Ich empfehle Ihnen besonders, meinen Magen aufs genaueste zu untersuchen, einen Bericht darüber aufzusetzen und ihn meinem Sohn zu übergeben . . . Das ununterbrochene Erbrechen bringt mich auf den Gedanken, daß wohl mein Magen das kränkste Organ meines Körpers ist. Und ich neige zu der Ansicht, daß ich dasselbe Leiden habe, wie mein Vater: ich meine Magenkrebs . . . Wie denken Sie darüber, Doktor? — (Antommarchi zögerte mit der Antwort, und Napoleon fuhr fort:) Ich dachte es mir gleich, als das Erbrechen so hartnäckig wurde. Und doch ist es nicht unrichtig, zu wissen, daß ich stets einen eisernen Magen besaß, niemals daran gelitten habe, als erst in letzter Zeit. Während mein Vater alles Scharfe und den Alkohol sehr liebte, habe ich mir niemals aus solchen Dingen etwas gemacht und wenig Alkohol genossen. Wie dem auch sei, ich bitte Sie, ja ich befehle Ihnen, nichts bei Ihrer Autopsie außeracht zu lassen, damit, wenn Sie meinen Sohn sehen, Sie ihm alle Ihre Beobachtungen mitteilen und ihm die geeignetsten Mittel verschreiben können. — Wenn ich nicht mehr sein werde, bitte ich Sie, nach Rom zu gehen, meine Mutter, meine Familie aufzusuchen und ihnen zu berichten, was Sie hinsichtlich meiner Lage, meiner Krankheit und meines Todes beobachtet haben. Sagen Sie ihnen, der große Napoleon sei elend zugrunde gegangen, von allem entblößt, sich selbst und seinem Ruhme überlassen. Sagen Sie ihnen, sterbend habe er allen regierenden Fürstenhäusern den Schrecken und die Schande seiner letzten Augenblicke vermacht. —

29. April 1821. (Napoleon hatte kein Erbrechen mehr und trank viel frisches Wasser.) „Wenn die Vorsehung es wollte, daß ich wieder gesund würde", sagte er, „so will ich diesem Wasser an seiner Quelle ein Denkmal setzen, zum Andenken an die Erleichterung, die es mir verschafft hat. Wenn ich sterbe und man sollte meinen Leichnam ebenso verfolgen, wie man mich lebend verfolgt hat, wenn man mir etwa in Paris eine Handvoll Erde verweigern sollte, so wünsche ich, an der Seite meiner Vorfahren in der Kirche von Ajaccio

auf Korsika bestattet zu werden. Wenn man mir aber nicht gestattet, dort zu ruhen, wo ich geboren bin, nun so mag man mich da begraben, wo dieses süße, reine Wasser fließt."

2. Mai: Delirium. — Der Kaiser spricht nur von Frankreich, von seinem Sohn, seinen Waffengefährten. Er ruft Stengel, Desaix, Masséna! Ah, der Sieg ist unser! Geht! Lauft! Drängt zum Angriff! Sie sind unser! —

Die Kräfte Napoleons schwinden. In einem fieberfreien Augenblick erteilt er dem Arzt nochmals Instruktionen: „Denken Sie daran, Doktor, womit ich Sie beauftragt habe, wenn ich nicht mehr bin. Die Ärzte in Montpellier hatten es vorausgesagt, daß der Magenkrebs in meiner Familie erblich sein würde. Der Bericht befindet sich, glaube ich, in den Händen meines Bruders Louis. Verlangen Sie ihn und vergleichen Sie ihn mit Ihren eigenen Beobachtungen. Könnte ich doch meinem Sohn diese furchtbare Krankheit ersparen! Sie werden ihn besuchen, Doktor! Sie müssen ihm sagen, was er tun soll. Ersparen Sie ihm die qualvollen Schmerzen, die mich zerfleischen! Ich erwarte diesen letzten Dienst von Ihnen." —

— Mittags. Neue Verschlimmerung. Das Fieber steigt. Er sieht den Arzt starr an und seufzt: „Ich bin sehr krank, Doktor, ich fühle es, ich werde sterben." Und von neuem schwinden ihm die Sinne. — Sein Ende naht — allen, die ihn pflegen, dankt Napoleon gerührt. Er flüstert: „Und meine armen Chinesen, auch sie soll man nicht vergessen, sondern ihnen einige zwanzig Napoleondors geben. Ich muß doch auch von ihnen Abschied nehmen." —

3. Mai, 3 Uhr nachmittags. Napoleon ist noch bei voller Besinnung . . . „Ich werde sterben", sagt er zu seiner Umgebung; „Sie werden alle nach Europa zurückkehren, und ich bin Ihnen einige Ratschläge über Ihr Verhalten drüben schuldig. Sie haben meine Verbannung geteilt, mein Andenken wird Ihnen heilig sein. Ich habe alle Grundsätze gebilligt, sie mit meinen Gesetzen, meinen Handlungen in Einklang gebracht. Nicht einer war unberechtigt. Leider waren die Umstände ernst. Ich war genötigt, scharf vorzugehen und vieles auf später zu verschieben. Dann kam das

Unglück. Ich konnte den Bogen nicht spannen, und Frankreich wurde der freien Institutionen beraubt, die ich für das Land im Auge hatte. Es beurteilt mich mit Nachsicht, es trägt meinen Absichten Rechnung, es liebt meinen Namen, meine Siege! Ahmen Sie Frankreich nach! Bleiben Sie den Prinzipien, die wir verteidigten, dem Ruhme, den wir erwarben, treu! Sonst gibt es nur Schande und Verwirrung.

5. Mai, 5½ Uhr morgens. Napoleon phantasiert. Er kann kaum sprechen, stößt unartikulierte Laute aus, spricht abgehackte Sätze. Er ruft „Tête — Armée!" Das sind seine letzten Worte. —

Elf Minuten vor 6 Uhr. Napoleon ist seinem Ende nahe. Seine Lippen bedecken sich mit Schaum. Er hat aufgehört zu sein.

# ZEITTAFEL
# FÜR DIE JAHRE 1769—1821

1769 15. August. Geburt Napoleon Buonapartes in Ajaccio, auf der Insel Korsika. Vater: Carlo Buonaparte; Mutter: Laetitia Ramolini; Pate: der berühmte korsische Freiheitskämpfer Pasquale Paoli.

1779 Erziehung in der Schule von Autun bis Mai, dann auf Verwendung des Gouverneurs von Korsika Aufnahme in die Königliche Militärschule Brienne in der Champagne.

1784 Napoleon befindet sich unter den Vorzugsschülern, die von Brienne im Oktober an die Pariser Militärschule versetzt werden.

1785 Nach glänzend bestandenem Examen wird er zum Artillerie-Unterleutnant im Regiment La Fère in Valence ernannt.

1786 Reise nach Korsika.

1787 Erste Reise nach Paris in Familienangelegenheiten.

1788 Zurück nach Korsika.

1788 Juni. In Garnison in Auxonne.

1789/90 Ernennung zum Obersten-Stellvertreter der Nationalgarde in Ajaccio als Beistand Paolis.

1793 Mai/Juni. Napoleon wird von den Aufständischen aus Korsika verbannt. Landung in Toulon und Dienstantritt in den Armeen der Republik.

1793 26. Juli. Befehlshaber der Artillerie im Armeekorps des Generals Carteaux, das gegen die Marseiller kämpft. Einnahme von Avignon.

28. Juli. Einnahme von Beaucaire. Souper de Beaucaire. Napoleon nimmt an der Belagerung Toulons in der Armee des Generals Dugommier teil. Ernennung zum Bataillonskommandeur. Im Dezember wird er Brigadegeneral.

29. April. Zur Italienischen Armee abkommandiert. Zeichnet sich bei der Einnahme von Saorgio aus. Wird im August als verdächtig verhaftet und im Fort Antibes eingekerkert.

1795 5. Oktober. Durch den Volksvertreter Barras wird Napoleon zum Befehlshaber der Artillerie in Paris ernannt. (13. Vendémiaire). Er schlägt den Aufstand der Sektionen gegen den Konvent nieder.

10. Oktober. Ernennung zum zweiten Befehlshaber der Armee des Inneren und von Paris.

26. Oktober. Ernennung zum Chef derselben Armee.

1796 2. März. Das Direktorium überträgt Napoleon das Kommando über die Italienische Armee.

9. März. Er heiratet Josephine Beauharnais.

26. März. Übernahme des Kommandos der Italienischen Armee in Nizza, die er in einem kläglichen Zustand findet. Reorganisation dieses Heeres in wenigen Tagen. Alter Napoleons: 26 Jahre.

10. April. Beginn der Feindseligkeiten gegen die Österreicher unter General Beaulieu.

12. April. Sieg Napoleons bei Montenotte.

13./14. April. Napoleon schlägt die Generäle Colli und Argenteau bei Millesimo.

21. April. Sieg bei Mondovi.

28. April. Abschluß eines Waffenstillstandes mit dem piemontesischen General Colli.

6. Mai. Der General Bonaparte fordert beim Direktorium Künstler an, um die eroberten Kunstschätze nach Paris schaffen zu lassen.

10. Mai. Übergang über die Brücke und Sieg von Lodi.

15. Mai. Triumphaler Einzug des Generals Bonaparte in Mailand.

Mai—Juli. Einnahme von Pavia, Verona, Bologna, Modena und Livorno.

18. Juli. Beginn der Belagerung von Mantua. 30. Juli. Aufhebung der Belagerung.

5. August. Napoleon schlägt die Entsatzarmee des Generals Wurmser bei Castiglione.

1796 15. September. General Wurmser sucht Zuflucht mit seinem Heere in der Festung Mantua.

19. Oktober. Napoleon sendet eine Division nach der von Engländern besetzten Insel Korsika.

22. Oktober. Eroberung Korsikas, das dadurch endgültig französischer Besitz wird.

15.—17. November. Schlacht von Arcole. Eine dritte österreichische Armee unter General Alvinzi wird geschlagen.

18. November. Napoleon genehmigt die Verfassung der Zisalpinischen Republik.

1797 14. Januar. Sieg Napoleons bei Rivoli.

30. Januar—1. Februar. Eintritt französischer Truppen ins Trentino und in die Romagna.

2. Februar. Kapitulation des Generals Wurmser und Übergabe von Mantua.

10. Februar. Einnahme von Loretto. Napoleon sendet die berühmte Statue der Jungfrau Maria an das Direktorium.

12. Februar. Papst Pius VI. erbittet von Napoleon den Frieden. Am selben Tag gelangen die Franzosen bis auf 40 Meilen in die Nähe von Rom.

19. Februar. Der General Bonaparte schließt den Frieden von Tolentino mit dem Papst ab. Dieser verzichtet auf alle Rechte auf Avignon und tritt Bologna, Ferrara und die Romagna an Frankreich ab. Auf Verlangen Napoleons liefert er ferner sämtliche von diesem verlangte Kunstschätze aus, u. a. den Apollo von Belvedere, und zahlt außerdem eine Kriegskontribution von 13 Millionen Franken.

16. März. Niederlage der Österreicher unter Erzherzog Karl in der Schlacht am Tagliamento.

22.—23. März. Einnahme von Bozen und Triest durch die Franzosen.

5. April. Waffenstillstand von Judenburg zwischen dem General Bonaparte und Erzherzog Karl. Die französische Armee 30 Meilen vor Wien.

18. April. Unterzeichnung der Friedenspräliminarien in Leoben.

1797 16. Mai. Friedensvertrag mit der neuen Republik Venedig.

9. Juli. Errichtung der Zisalpinischen Republik.

17. Oktober. Frieden von Campo-Formio zwischen Frankreich, vertreten durch den General Bonaparte, und dem Deutschen Kaiser. Anerkennung der Französischen Republik und Verzicht Österreichs auf die Besitzungen in den Niederlanden und in Italien.

26. Oktober. Napoleon wird zum kommandierenden General der sogenannten Englandarmee ernannt, die auf Befehl des Direktoriums an den Küsten aufgestellt wird.

1. Dezember. Napoleon unterzeichnet in Rastatt mit Graf Cobenzl eine Militärkonvention.

5. Dezember. Ankunft des Generals Bonaparte in Paris.

20. Dezember. Die Gesetzgebende Körperschaft veranstaltet ein Festmahl zu Ehren Napoleon Bonapartes.

25. Dezember. Ernennung zum Mitglied des „Instituts".

1798 3. April. Das Direktorium sendet Napoleon nach dem Kriegshafen Brest, um dort den Befehl über die Seestreitkräfte zu übernehmen.

12. April. Ernennung des Generals Bonaparte zum Oberbefehlshaber der Orientarmee.

19. Mai. Abreise Napoleons von Toulon mit der Orientarmee nach Ägypten.

12. Juni. Kapitulation der Insel Malta.

1. Juli. Landung der französischen Truppen mit Napoleon in Alexandria.

21. Juli. Schlacht bei den Pyramiden. Am 24. Einzug Napoleons in Kairo.

2.—3. August. Seeschlacht von Abukir. Niederlage der Franzosen, deren Flotte von den Engländern zerstört wird.

22. August. Napoleon gründet in Ägypten ein Institut zur Erforschung des Landes. Dieses Institut wird der Ausgangspunkt für die ägyptische Altertumsforschung.

21.—22. Oktober. Aufstand in Kairo.

26. Dezember. Napoleon in Suez.

1799 10. Februar. Beginn des Feldzuges in Syrien.

1. März. Jourdan geht über den Rhein und wird am 18. vom Erzherzog Karl bei Biberach geschlagen.

1799 7. März. Einnahme von Jaffa.
19. März. Beginn der Belagerung von Akka. Am 20. übernimmt er persönlich die Leitung der Belagerung.
11. April. Gefecht bei Nazareth.
16. April. Die Generale Bonaparte und Kléber siegen am Berge Tabor.
20. Mai. Aufhebung der Belagerung von Akka.
4. Juni. Unentschiedene Schlacht bei Zürich zwischen Österreichern und Franzosen.
14. Juni. Rückkehr Napoleons nach Kairo.
14. Juli. Landung einer türkischen Armee unter dem Befehl des Großwesirs in Abukir.
25. Juli. Napoleon vernichtet diese Armee vollständig.
22. August. Der General Bonaparte schifft sich in Alexandria auf der Fregatte „La Muiron“ nach Frankreich ein.
9. Oktober. Napoleon landet in Fréjus und wird von der Bevölkerung als Befreier begrüßt.
6. November. Fest zu Ehren der Generale Bonaparte und Moreau in der Kirche Saint-Sulpice in Paris.
9. November (18. Brumaire). Dekret des Rates der Alten, das dem General Bonaparte die Garde der Gesetzgebenden Körperschaft und alle Truppen der 17. Division (Paris) zur Verfügung stellt.
10. November. Dekret des Rates der Fünfhundert über die Abschaffung des Direktoriums und Schaffung einer provisorischen Regierung. Sieyès, Roger-Ducos und Bonaparte bilden diese neue Regierung mit den Titeln „Konsuln der Republik“.
12. Dezember. Feierliche Verkündung der neuen Verfassung des Jahres VIII der Republik. 13. Dezember. Bonaparte wird zum Konsul, am 24. zum Ersten Konsul ernannt.
25. Dezember. Brief des Ersten Konsuls Bonaparte an den König von England, worin er von seiner Ernennung zum Ersten Konsul Kenntnis gibt und den Wunsch ausdrückt, die beiden Länder möchten zusammen in Frieden leben.
29. Dezember. Generalamnestie für die westlichen, früher königstreuen, Departements.

1800 19. Januar. Einsetzung der Konsularregierung in den Tuilerien.

23. Januar. Gründung der Bank von Frankreich.

12. Februar. Unterwerfung der Chouans im Departement Morbihan.

3. März. Erlaß betreffend Schließung der Emigrantenlisten.

März. Bildung einer Reservearmee von 60.000 Mann bei Dijon.

18. April. Der Erste Konsul ernennt den General Bernadotte zum Oberbefehlshaber der Westarmee.

6. Mai. Der Erste Konsul verläßt Paris, um das Kommando der Reservearmee zu übernehmen, die für Italien bestimmt ist.

20. Mai. Die Italienische Armee überschreitet den Großen Sankt Bernhard.

2. Juni. Einnahme von Mailand. Wiederherstellung der Zisalpinischen Republik.

9. Juni. Schlacht von Montebello.

14. Juni. Napoleon siegt bei Marengo.

15. Juni. Konvention von Alessandria zwischen dem Ersten Konsul und dem Oberkommandierenden der österreichischen Armee Melas: Frankreich erhält alle seine Eroberungen in Italien zurück.

2. Juli. Rückkehr Napoleons nach Paris.

28. Juli. Unterzeichnung der Friedenspräliminarien zwischen Frankreich und Österreich.

10. Oktober. Attentatsversuch auf Napoleon in der Oper durch Aréna u. a.

24. Dezember. Mißlungenes Attentat auf Napoleon mittels einer Höllenmaschine.

1801 17. Januar. Napoleon läßt den Bau der Simplonstraße beginnen.

9. Februar. Frieden von Lunéville zwischen Frankreich und dem Deutschen Kaiser.

9. März. Die Departements Saar, Rhein und Mosel werden mit Frankreich vereinigt.

21. März. Vertrag zwischen der Französischen Republik und dem König von Spanien: Der Herzog von Parma erhält Toskana mit dem Titel eines Königs von Etrurien. Das Herzogtum Parma kommt 1802 an Frankreich.

18. März. Frieden von Florenz zwischen der Französischen Republik und dem König von Neapel; Porto-Longone, die Insel Elba und das Fürstentum Piombino kommen an Frankreich. König Ferdinand verpflichtet sich, den Engländern seine Häfen zu verschließen.

25. März. Auf Befehl des Ersten Konsuls werden in Paris drei neue Brücken über die Seine zu bauen begonnen.

21. Mai. Das „Institut" legt dem Ersten Konsul seinen Arbeitsplan bezüglich der Fortsetzung des Wörterbuchs der französischen Sprache vor.

6. Juni. Friedensvertrag zwischen Spanien, der Französischen Republik und dem König João VI. von Portugal.

4. Juli. Der Erste Konsul ernennt den Neger Toussaint-Louverture zum Gouverneur von Sankt Domingo.

15. Juli. Abschluß des Konkordats zwischen dem Ersten Konsul und dem Papst Pius VII. Damit wird die Religion in Frankreich offiziell wiederhergestellt.

25. Juli. Friedens- und Bündnisvertrag zwischen der Französischen Republik und dem Kurfürsten von Bayern.

1.—9. Oktober. Unterzeichnung der Friedenspräliminarien zwischen Frankreich einerseits und England, Rußland und der Pforte anderseits.

21. November. Abfahrt eines Expeditionskorps von dem Kriegshafen Brest nach Sankt Domingo unter dem Befehl des Generals Leclerc, Schwager Napoleons.

1802 25. Januar. Napoleon nimmt den Titel eines Präsidenten der Italienischen Republik an.

27. März. Frieden von Amiens zwischen Frankreich, Spanien, Holland einerseits und Großbritannien anderseits.

1. Mai. Errichtung von Volksschulen und Gymnasien auf Kosten des Staates.

10. Mai. Dekret der Konsuln bezüglich einer Befragung des französischen Volkes, ob Napoleon Konsul auf Lebenszeit werden solle.

1802 19. Mai. Gründung der Ehrenlegion in Frankreich.

15. Juni. Der Erste Konsul stiftet einen Preis für Forschungen auf dem Gebiete der Elektrizität.

2. August. Ein Senatsbeschluß erklärt auf Wunsch des französischen Volkes Napoleon zum Ersten Konsul auf Lebenszeit und gibt ihm das Recht, einen Nachfolger zu ernennen.

26. August. Die Insel Elba wird Frankreich einverleibt.

2. September. Die Schweiz erbittet die Vermittlung des Ersten Konsuls.

18. Oktober. Ein Senatsbeschluß fordert Ausländer auf, in Frankreich Unternehmungen zu gründen. Nach einem Aufenthalt von einem Jahr wird bereits das französische Bürgerrecht verliehen.

29. Oktober. Abreise Napoleons mit Josephine nach der Normandie zur Inspizierung der Küsten.

14. November. Zurück in St.-Cloud.

24. Dezember. Errichtung von Handelskammern in den wichtigsten Städten der Republik.

1803 23. Januar. Neuorganisation des französischen Instituts. Einteilung in vier Klassen, und zwar: 1. für Naturwissenschaften, 2. für Sprachen und Literatur, 3. für Geschichte und 4. für alte Literatur und Künste.

28. Januar. Errichtung einer Militärschule in Fontainebleau.

18./19. Februar. Napoleon beendet in seiner Eigenschaft als Vermittler die Streitigkeiten zwischen den schweizerischen Kantonen. Die Schweiz wird in 19 Kantone mit eigenen Verfassungen eingeteilt.

10. März. Gesetz über die Ausübung der Heilkunst. Wiederherstellung des Doktorexamens für Ärzte und Chirurgen.

27. März. Fesch, Onkel Napoleons, wird zum Kardinal von Lyon ernannt.

18. April. Gesetz der Konsuln über die neuen Münzen.

30. April. Die Französische Republik tritt Louisiana an die Vereinigten Staaten von Amerika ab.

1803 14. Mai. Ultimatum des Königs von England an Frankreich bezüglich Annexion der Inseln Lampedusa und Malta auf zehn Jahre, sowie Forderung der Räumung Hollands durch die Franzosen.

15. Mai. Bruch des Friedens von Amiens.

22. Mai. Frankreich erklärt England den Krieg. Verhaftung aller Engländer in Frankreich.

3. Juni. Die französische Armee besetzt Hannover.

20. Juni. Verbot der Einführung englischer Kolonialwaren in französische Häfen.

24. Juni. Antritt der Reise der drei Konsuln an die Küsten und nach Belgien.

22. Juli. Der Erste Konsul in Brüssel.

28. Juli. Er befiehlt den Bau eines Kanals, der Rhein, Maas und Schelde miteinander verbindet. Er ernennt den Admiral Truguet zum Befehlshaber der Seestreitkräfte im Kriegshafen Brest.

27. August. Vizeadmiral Brueys wird zum Befehlshaber der Nationalflottille ernannt.

27. September. Bündnisvertrag zwischen Frankreich und der Schweiz.

3.—17. November. Der Erste Konsul besichtigt die Nordküste, um den Stand der Arbeiten für eine Landung in England festzustellen.

1804 1. Januar. Napoleon kehrt bis zum 5. ins Lager von Boulogne zurück.

15. Januar. Ernennung des Generals Murat zum Gouverneur von Paris.

31. Januar. Ernennung des Generals Jourdan zum Oberbefehlshaber der Italienischen Armee.

15. Februar. Verhaftung des Generals Moreau wegen Verschwörung gegen das Leben des Ersten Konsuls und wegen des Versuchs, die Bourbonen wieder auf den Thron zu bringen.

15. März. Verhaftung des Herzogs von Enghien in Ettenheim in Baden.

21. März. Erschießung des Herzogs von Enghien in der Festung Vincennes.

1804 21. März. Die Gesetzgebende Körperschaft beschließt, die gesamte bürgerliche Gesetzgebung in einem einzigen Gesetzbuch zu vereinigen. Dieses erhält die Bezeichnung „Code civil des Français“, später „Code Napoléon“.

27. März. Der Senat richtet eine Adresse an Napoleon, in seiner Familie die höchste Gewalt erblich zu machen.

4. April. Bildung einer Gesellschaft zur Verbreitung der Impfung.

13. April. Außerordentliche Sitzung des Tribunats über folgende Fragen: 1. Soll der Erste Konsul Bonaparte zum Kaiser ausgerufen werden? 2. Soll das Kaisertum in seiner Familie erblich sein? 3. Sollen diejenigen republikanischen Einrichtungen, die erst im Anfangsstadium begriffen sind, aufgelöst werden?

25. April. Napoleon nimmt den Antrag des Senats vom 27. März an.

2. Mai. Die Mitglieder der Gesetzgebenden Körperschaft drücken den Wunsch aus, daß Napoleon Bonaparte zum Kaiser erklärt werde und diese Würde in der Familie erblich sei. Carnot widerspricht diesem Vorschlag und erklärt, daß dies zu unausgesetzten Kriegen mit ganz Europa führen würde.

18. Mai. Senatsbeschluß, der den Ersten Konsul Bonaparte zum Kaiser ausruft. Die Kaiserwürde wird erblich in seiner direkten männlichen Nachkommenschaft. Gleichzeitig werden die Wahlkollegien, der kaiserliche Gerichtshof und die Großwürdenträger des Reiches bestimmt. Am selben Tage ernennt der Kaiser zu Großoffizieren der Krone: Joseph Bonaparte, Großwahlherr, Louis Bonaparte, Konnetable, Cambacérès, Erzkanzler, und Lebrun, Erzschatzmeister.

19. Mai. Der Kaiser ernennt folgende Waffengefährten zu Marschällen von Frankreich: die Generale Berthier, Murat, Moncey, Jourdan, Masséna, Augereau, Bernadotte, Soult, Brune, Lannes, Mortier, Ney, Davout, Bessières, Kellermann, Lefebvre, Perrignon und Sérurier.

10. Juli. Georges Cadoudal, Bouvet de Lozier, Rousillon, Rochelle, Armand de Polignac, Charles d'Hozier, de Ri-

vière und andere Verschwörer gegen das Leben Napoleons werden zum Tod verurteilt. Der General Moreau lebenslänglich aus Frankreich verbannt.

1804 10. Juli. Wiederherstellung des Polizeiministeriums in der früheren Form. — Erlaß Napoleons zur Bestimmung der Form des Ordens der Ehrenlegion. — Errichtung des Kultusministeriums mit Portalis als Minister.

15. Juli. Napoleon verteilt zum erstenmal das Kreuz der Ehrenlegion.

16. Juli. Gründung der kaiserlichen polytechnischen Kriegsschule.

18. Juli. Napoleon verläßt Paris zur Besichtigung der Nordküsten und Inspizierung des Lagers von Boulogne.

1.—26. August. Er besichtigt Ambleteuse, Calais, Dünkirchen, Ostende, kehrt nach Boulogne zurück, besucht Furnes, Nieuport usw., und am 16. empfängt er den Eid der Truppen, worauf er unter sie das Kreuz der Ehrenlegion verteilt. Am 27. Beginn seiner Reise an die linksseitigen Rheinufer.

6. August (Paris). Dekret Napoleons zur Wiedereinführung der auswärtigen Gesandtschaften.

12. Oktober. Rückkehr Napoleons nach Saint-Cloud.

17. Oktober. Dekret Napoleons zur Einberufung der Gesetzgebenden Körperschaft anläßlich der Krönung.

6. November. Ein Senatsbeschluß erklärt, daß nach Prüfung der Wahlzettel sich folgendes Resultat ergibt: das französische Volk wünscht die Erblichkeit der Kaiserwürde in der Familie Bonaparte.

25. November. Pius VII. trifft in Fontainebleau ein, wo ihn Napoleon erwartet.

2. Dezember. Krönung Napoleons I. und Josephinens durch Pius VII. in Notre-Dame.

5. Dezember. Verteilung der kaiserl. Adler auf dem Champde-Mars. Die Truppen leisten dem Kaiser den Treueid.

13. und 16. Dezember. Der Senat und die Stadt Paris veranstalten anläßlich der Krönung Feste und Bankette.

27. Dezember. Eröffnung der Gesetzgebenden Körperschaft für die Sitzungen des Jahres XIII. (1805.)

1805 1. Januar. Brief Napoleons an den König von England zur Wiederherstellung des Weltfriedens.

1. Februar. Einsetzung der Großadmirals- und Erzkanzlerwürde des Reichs. Marschall Murat wird Großadmiral.

17. März. Proklamation Napoleons zum König von Italien.

18. März. Der Kaiser nimmt die eiserne Krone in Gegenwart des Senats in Empfang. Napoleon verleiht seiner Schwester Elisa das Herzogtum Piombino und dem Fürsten Bacciocchi den Titel Kaiserlicher Prinz.

24. März. Pius VII. tauft den Prinzen Louis-Napoleon, Sohn Louis' und Hortenses.

31. März. Abreise des Kaisers und der Kaiserin nach Fontainebleau. Von da begeben sie sich am 2. April nach Italien.

26. April. Pius VII. besucht Napoleon und Josephine in Turin.

8. Mai. Einzug Napoleons in Mailand.

26. Mai. Krönung Napoleons und Josephinens zum König und zur Königin von Italien.

6. Juni. Einverleibung der ligurischen Republik mit dem französischen Kaiserreich.

7. Juni. Ernennung Eugen Beauharnais' zum Vizekönig von Italien.

17. Juni. Napoleon stiftet den Orden der eisernen Krone und gründet die Universität von Turin.

30. Juni. Napoleon und Josephine in Genua.

11. Juli. Rückkehr nach Fontainebleau.

2. August. Abreise Napoleons von St.-Cloud nach Boulogne.

16. August. Befehl Napoleons zur Aufstellung von 80.000 Mann an der österreichischen Grenze.

3. September. Rückkehr Napoleons nach Paris.

9. September. Wiedereinführung des Gregorianischen Kalenders ab 1. Januar 1806.

23. September. Außerordentliche Zusammenberufung des Senats. Der Kaiser unterbreitet ihm die feindliche Haltung Österreichs. Napoleon übernimmt persönlich das Kommando über sein Heer. Dekret zur Aushebung von 80.000

Rekruten. Reorganisation der Nationalgarde zur Verteidigung der Küsten.

1805 24. September. Abreise des Kaiserpaares nach Straßburg.

1. Oktober. Übergang Napoleons über den Rhein.

5. Oktober. Schweden tritt in den Krieg gegen Frankreich ein.

7. Oktober. Gefecht am Lech. Napoleon leitet den Übergang über die Donau bei Donauwörth.

8. und 9. Oktober. Schlacht bei Werthingen und Günzburg.

10. Oktober. Hauptquartier des Kaisers in Augsburg.

14. Oktober. Schlacht bei Elchingen.

17. Oktober. Kapitulation des Generals Mack in Ulm.

21. Oktober. Einnahme von München.

21. Oktober. Sieg Nelsons bei Trafalgar über die französische Flotte.

24. Oktober. Einzug Napoleons in München.

29. Oktober. Übergang der Franzosen über den Inn.

30. Oktober. Napoleons Hauptquartier in Braunau.

30. Oktober. Einnahme von Salzburg.

5. November. Übergang der Franzosen über die Traun.

10. November. Hauptquartier Napoleons in Melk bei Wien.

11. November. Kämpfe bei Dürnstein.

13./14. November. Einzug Napoleons in Wien. Sein Hauptquartier in Schönbrunn.

17. November. Invasion von Tirol durch Marschall Ney.

19. November. Hauptquartier Napoleons in Porlitz. Flucht der österreichischen Kaiserfamilie nach Olmütz.

2. Dezember. Schlacht bei Austerlitz.

4. Dezember. Zusammenkunft Napoleons und des Kaisers Franz im Biwak.

6. Dezember. Napoleon schließt einen Waffenstillstand mit Österreich. Abreise des Zaren nach Petersburg.

26. Dezember. Unterzeichnung des Friedensvertrags in Preßburg. Ernennung der Kurfürsten von Bayern und von Württemberg zu Königen.

27. Dezember. Zusammenkunft Napoleons mit Erzherzog Karl in Schönbrunn. Napoleon erklärt durch das berühmte

Schönbrunner Dekret, daß die Dynastie der Bourbonen von Neapel aufgehört hat, zu regieren.

28. Dezember. Abreise Napoleons von Wien über München nach Paris.

1806 1. Januar. Proklamation des Kurfürsten Maximilian Josephs zum König von Bayern durch Napoleon. — Der Kaiser sendet die eroberten Fahnen von Austerlitz an den Senat.

14. Januar. Die Tochter des Königs von Bayern wird mit dem Adoptivsohn Napoleons, Eugen de Beauharnais, verlobt. Ernennung Eugens zum Nachfolger Napoleons als König von Italien.

26. Januar. Rückkehr Napoleons und Josephinens nach Paris.

15. Februar. Joseph Bonaparte ergreift Besitz von Neapel. Preußen erhält von Napoleon Hannover im Austausch.

20. Februar. Napoleon bestimmt durch ein Dekret die Kirche Saint-Denis zur Fürstengruft seiner Dynastie.

2. März. Napoleon eröffnet die Gesetzgebende Körperschaft für das Jahr 1806.

4. März. Napoleon adoptiert die Nichte Josephines, Stephanie de Beauharnais, und verheiratet sie am 7. April mit dem Erbprinzen von Baden.

12. März. Dekret des Kaisers zur Wiederherstellung der Kanäle und Heerstraßen.

15. März. Napoleon ernennt seinen Schwager Murat zum Großherzog von Berg und Cleve.

30. März. Proklamation Joseph Bonapartes zum König beider Sizilien. — Napoleon macht seine Schwester Pauline zur Herzogin von Guastalla. — Ernennung Berthiers zum Fürsten von Neuchâtel. Statut zur Festsetzung der prinzlichen Haushalte der Familie Bonaparte.

4. April. Wiedereinführung des Katechismus in allen französischen Kirchen.

8. April. Kirchliche Trauung Eugens mit Augusta von Bayern.

10. Mai. Napoleon erläßt ein Gesetz zur Einrichtung der kaiserlichen Universität in Paris.

1806 12. Mai. Schluß der Sitzungen der Gesetzgebenden Körperschaft. Annahme des Code civil.

5. Juni. Erhebung Louis Bonapartes zum König von Holland. — Ernennung Talleyrands zum Fürsten von Benevent und des Marschalls Bernadotte zum Fürsten von Pontecorvo. — Napoleon empfängt zum erstenmal den außerordentlichen Gesandten der Pforte: Muhed-Effendi.

24. Juni. Auflösung aller Spielhöllen im ganzen Kaiserreich.

12. Juli. Unterzeichnung des Rheinbundvertrags. Napoleon zum Protektor erwählt.

20. Juli. Unterzeichnung des Friedensvertrages zwischen Frankreich und Rußland. Der Zar weigert sich, ihn zu ratifizieren.

26. Juli. Napoleon beruft den „Grand-Sanhedrin“ ein,

27. August. Hinrichtung des Buchhändlers Palm.

20. September. Napoleon verlangt von den Rheinbundfürsten ihre Kontingente im Krieg gegen Preußen.

25. September. Abreise Napoleons zur Armee. Feldzug gegen die 4. Koalition.

28. September. Ankunft des Kaisers und der Kaiserin in Mainz.

30. September. Beitritt des Großherzogs von Würzburg zum Rheinbund.

1. Oktober. Napoleon geht über den Rhein.

7. Oktober. Napoleon teilt dem Senat in Paris mit, daß er gezwungen sei, von neuem Krieg zu führen.

8. Oktober. Napoleon verläßt Bamberg und begibt sich zu seiner Armee. Erstes Bulletin der Großen Armee.

8. Oktober. Treffen bei Saalburg und Hof.

10. Oktober. Schlacht bei Saalfeld. Tod des Prinzen Ferdinand von Preußen.

14. Oktober. Schlacht bei Jena. Verwundung des Herzogs von Braunschweig und des Prinzen Heinrich von Preußen. Flucht der Königin Louise.

16. Oktober. Übergabe von Erfurt. Napoleon verweigert Preußen den Waffenstillstand.

1806 17. Oktober. Schlacht bei Halle. Niederlage des Prinzen Eugen von Württemberg.

18. Oktober. Besetzung Leipzigs durch Davout.

21. Oktober. Der Herzog von Braunschweig begibt sich in den Schutz Napoleons.

24. Oktober. Besetzung Potsdams durch die Franzosen. Hauptquartier Napoleons.

25. Oktober. Kapitulation von Spandau.

26. Oktober. Blockade von Magdeburg.

27. Oktober. Einzug Napoleons in Berlin. Gnadenakt an der Fürstin Hatzfeld.

28. Oktober. Einnahme von Prenzlau unter Murat.

29. Oktober. Übergabe von Stettin.

1. November. Kapitulation von Küstrin. Mortier bemächtigt sich im Namen des Kaisers Hessens.

6. und 7. November. Schlacht bei Lübeck.

8. November. Übergabe der Festung Hameln.

10. November. Waffenstillstand zwischen Preußen und Franzosen. Er ist wirkunsglos. Besetzung der Stadt Posen.

11. November. Einnahme von Magdeburg durch Ney.

19. November. Napoleon zwingt alle von ihm besetzten Städte, ihre englischen Waren und Besitzungen zu erklären.

21. November. Übergabe von Nienburg. — Napoleon erläßt in Berlin das berühmte Dekret der Kontinentalsperre gegen England.

27. November. Entschlossen zum Weiterführen des Krieges gegen Rußland, errichtet Napoleon sein Hauptquartier in Posen.

28. November. Niederlage des Generals Bennigsen bei Lodz.

28. November. Besetzung Warschaus durch die Franzosen.

2. Dezember. Kapitulation der Festung Glogau.

4. Dezember. Der Senat stellt dem Kaiser 80.000 Konskribierte zur Verfügung.

6. Dezember. Übergang der Franzosen über die Weichsel bei Thorn.

1806 11. Dezember. Übergang über den Bug. Der Kurfürst von Sachsen tritt dem Rheinbund bei und nimmt die Königswürde an.

16. Dezember. Abreise Napoleons von Posen.

19. Dezember. Ankunft in Warschau. Er besichtigt die Verschanzungen in der Vorstadt Praga.

25. und 26. Dezember. Schlacht bei Pultusk. Rückzug der Russen.

1807 5. Januar. Übergabe von Breslau an die Franzosen.

27. Januar. Sieg der Russen unter Bernadotte bei Mohrungen.

8. Februar. Schlacht von Preußisch-Eylau. Die Russen werden zum Rückzug gezwungen.

9. Februar. In Paris findet im Louvre die Eröffnungssitzung des von Napoleon errichteten „Instituts“ statt.

16. Februar. Treffen bei Ostrolenka.

6. März. Napoleon erläßt ein Dekret, das die Häfen von Brest und Antwerpen in Belagerungszustand versetzt.

1. April. Napoleon schlägt sein Hauptquartier im Schloß Finkenstein auf.

7. April. Senatsbeschluß zur Konskription von 1808.

18. April. Waffenstillstand von Schlatkow zwischen Napoleon und den König von Schweden.

4. Mai. In Finkenstein unterzeichnet Napoleon einen Allianzvertrag mit Persien.

15. Mai. Gefecht vor Danzig zwischen Franzosen und Russen.

26. Mai. Danzig ergibt sich dem Marschall Lefebvre nach 53 tägiger Belagerung.

28. Mai. Napoleon ernennt Lefebvre zum Herzog von Danzig.

1. Juni. Napoleon besucht Danzig.

4. Juni. Abbruch der Friedensverhandlungen zwischen Russen und Franzosen. Wiederaufnahme der Feindseligkeiten. Niederlage der Russen bei Spandau.

5. Juni. Erneutes Gefecht bei Spandau. Übergang der Franzosen über die Passarge.

8. Juni. Napoleons Hauptquartier in Deppen.

1807 10. Juni. Schlacht bei Heilsberg. Unentschieden.

14. Juni. Schlacht bei Friedland. Vollkommene Niederlage der Russen. Entscheidend für den Feldzug.

16. Juni. Kapitulation von Neisse, das von General Vandamme belagert wurde.

16. Juni. Besetzung Königsbergs durch die Franzosen.

19. Juni. Napoleon in Tilsit.

21. Juni. Abschluß des Waffenstillstandes zwischen dem Zaren und Napoleon.

25. Juni. Zusammenkunft Napoleons und Alexanders I. auf dem Niemen.

7. Juli. Zusammenkunft Napoleons mit der Königin Louise in Tilsit.

8. Juli. Friedensvertrag von Tilsit zwischen den beiden Kaisern, Alexander erkennt den Rheinbund an und verspricht seine Vermittlung in England zur Aufrechterhaltung des Weltfriedens.

9. Juli. Friedensvertrag zwischen Napoleon und Friedrich Wilhelm III. Preußen verliert Polen, das dem König von Sachsen zugesprochen wird.

13. Juli. Wiederaufnahme der Feindseligkeiten zwischen Frankreich und Schweden.

17.—22. Juli. Napoleon besucht den König von Sachsen in Dresden.

24. Juli. Seine Ankunft in Frankfurt. Am 27. ist er wieder in Saint-Cloud. Am 28. empfängt er in feierlicher Audienz die Glückwünsche des Senats und der übrigen Körperschaften.

15. August. An seinem Geburtstag begibt sich Napoleon mit großem Pomp aus Anlaß des Friedens von Tilsit nach Notre-Dame zum Te Deum.

16. August. Eröffnungssitzung der Gesetzgebenden Körperschaft für 1807.

19. August. Napoleon dekretiert die Verfassung des Königreiches Westfalen und proklamiert seinen Bruder Jérôme zum König.

19. August. Ein Senatsbeschluß schafft das Tribunat ab und verfügt eine Neuorganisation der Gesetzgebenden

Körperschaft, die Napoleons Plänen mehr entspricht. —

1807 23. August. Vermählung des Prinzen Jérôme Bonaparte mit der Prinzessin Katharina von Württemberg.

3. September. Napoleon dekretiert, daß der Code civil von nun an Code Napoléon genannt werde.

18. September. In der Schlußsitzung der Gesetzgebenden Körperschaft wird das Handelsgesetz angenommen.

27. Oktober. Unterzeichnung des Friedens in Fontainebleau zwischen Frankreich und Spanien. Teilung Portugals. Der König von Spanien gestattet den Heeren Napoleons den Durchzug.

11. November. Vertrag zwischen Frankreich und Holland. Abtretung Vlissingens an Frankreich.

16. November. Der Kaiser begibt sich nach Italien.

29. November. Junot bemächtigt sich der Stadt Abrantes in Portugal.

30. November. Die Franzosen ergreifen Besitz von Lissabon.

17. Devember. Napoleon dekretiert, daß jedes Schiff für staatenlos erklärt werde, das sich den Verfügungen des Königs von England vom 11. November unterwürfe, nämlich der Blockierung aller Häfen Frankreichs und seiner Verbündeten und der Untersuchung aller europäischen Schiffe auf dem Meere durch englische Kreuzer.

29. Dezember. Napoleon geht über den Mont-Cenis zurück nach Frankreich.

1808 1. Januar. Rückkehr Napoleons nach Paris.

27. Januar. Einverleibung des Hafens von Vlissingen und der Umgegend mit dem französischen Kaiserreich.

1. Februar. Einsetzung der provisorischen Regierung von Portugal. General Junot wird Generalgouverneur und Herzog von Abrantes.

2. Februar. Fürst Camillo Borghese wird von seinem Schwager Napoleon zu der neuen Würde eines Generalgouverneurs der Departements jenseits der Alpen erhoben.

6. Februar. Napoleon läßt sich über den Fortschritt der exakten Wissenschaften seit 1789 Bericht erstatten. Eben-

so am 22. Februar über den Fortschritt der Literatur und Sprachen seit 1789, durch den Dichter Chénier.

1808 17. März. Napoleon gründet in jeder Stadt Frankreichs, in der sich ein Appellationshof befindet, Hochschulen. Als Großmeister der Kaiserlichen Universität ernennt er Herrn von Fontanes.

23. März. Murats Einzug in Madrid an der Spitze einer französischen Division.

27. März. Breve des Papstes an Napoleon, worin Pius VII. sich über die Belästigungen durch kaiserliche Agenten beklagt.

2. April. Der Kaiser begibt sich nach Bayonne.

4. April. Einzug Napoleons in Bordeaux.

15. April. Ankunft des Kaisers in Bayonne.

18. April. Sein Brief an den Prinzen von Asturien (Ferdinand VII.).

20. April. Zusammenkunft Napoleons mit dem Prinzen von Asturien und seinem Bruder Don Carlos im Schlosse Marrac.

22. April. Verhaftung des Gouverneurs von Rom durch den General Miollis.

30. April. Besuch Napoleons beim König und der Königin von Spanien und dem Friedensfürsten (Godoy) in Bayonne.

2. Mai. Aufstand in Madrid. Er wird von Murat und der obersten Junta niedergeschlagen.

5. Mai. Unterzeichnung des Friedens von Bayonne. Karl IV. tritt an seinen Verbündeten und Freund Napoleon alle Rechte auf Spanien ab.

13. Mai. Die Junta der spanischen Regierung, von Murat präsidiert, fordert Joseph Bonaparte als König.

22. Mai. Die spanische Königsfamilie zieht sich nach Frankreich zurück.

25. Mai. Napoleon beruft für den 15. Juni in Bayonne eine spanische Generaljunta ein.

6. Juni. Napoleon proklamiert seinen Bruder Joseph zum König von Spanien und Indien und garantiert ihm die Integrität seiner Staaten. Am 7. trifft der neue König ein.

1808 23. Juni. Allgemeiner Aufstand in Spanien.

28. Juni. Schlacht von Valencia unter Marschall Moncey.

5. Juli. Napoleon verbietet durch ein Dekret die Bettelei im ganzen Reich.

7. Juli. Die Verfassungsakte wird von der Junta abgefaßt. König Joseph leistet der spanischen Nation den Eid.

13. Juli. Napoleon nimmt die spanische Verfassung an.

15. Juli. Napoleon erhebt den Marschall Murat, Großherzog von Berg, zum König von Neapel und Beider Sizilien.

19. Juli. Schlacht von Bailen, Niederlage des Generals Dupont de l'Etang.

22. Juli. Napoleon verläßt Spanien.

28. Juli. Kapitulation von Bailen. Die ganze französische Armee ist Gefangene der Spanier.

31. Juli. Der Staatsrat Beugnot nimmt im Namen Napoleons von dem freigewordenen Großherzogtum Berg Besitz.

13. August. Napoleon befiehlt die Anlage einer großen Heerstraße Paris—Madrid.

14. August. Rückkehr Napoleons nach Saint-Cloud.

21. August. Sieg der Engländer über die Franzosen in der Schlacht von Vimairo in Portugal.

21. August. Empfang des russischen Gesandten bei Napoleon. Zar Alexander sendet prachtvolle Geschenke an Napoleon.

30. August. Konvention zur Evakuierung der französischen Truppen aus Portugal. Sie werden von englischen Schiffen nach Frankreich gebracht.

6. und 7. September. Champagny, Minister des Auswärtigen, unterbreitet dem Senat die Verträge, die Napoleon die spanische Königskrone zur Verfügung stellen.

8. September. In Paris: Unterzeichnung des Vertrags durch den Prinzen Wilhelm von Preußen und dem französischen Außenminister, der alle noch existierenden Schwierigkeiten zwischen Preußen und Frankreich beendet.

1808 10. September. Ein Senatsbeschluß befiehlt die Aushebung von 160.000 Konskribierten zur Vervollständigung der Heere Napoleons in Spanien.

11. September. Der Kaiser nimmt persönlich Revue über seine Truppen in den Tuilerien ab und verspricht ihnen, sie persönlich nach Spanien zu führen, wo er, wie er sagt, „auch persönliche Beleidigungen zu rächen habe".

12. September. Senatssitzung zur Rechtfertigung der vom Kaiser ergriffenen Maßnahmen gegen Spanien.

22. September. Abreise Napoleons nach den Rheinbundstaaten und nach Erfurt.

23. September. Das erste Korps der Großen Armee unter Marschall Victor marschiert nach Spanien.

28. September. Durchmarsch des 6. Korps der Großen Armee nach Spanien.

27. September — 14. Oktober. Zusammenkunft Napoleons mit dem Zaren Alexander in Erfurt. Versammlung aller Rheinbundfürsten daselbst. Napoleon und Alexander schließen ewige Freundschaft.

14. Oktober. Abreise Napoleons und Alexanders von Erfurt nach ihren Staaten.

18. Oktober. Ankunft Napoleons in Saint-Cloud.

25. Oktober. Napoleon eröffnet die Sitzungen der Gesetzgebenden Körperschaft für 1808.

29. Oktober. Der Kaiser begibt sich nach Bayonne. Er trifft am 3. November im Schlosse Marrac ein. Am 5. November ist er in Vittoria.

9. November. Marschall Soult siegt bei Gamonal über die Spanier. Napoleons Hauptquartier in Vittoria.

11. November. Schlacht bei Espinosa-de-los-Monteros. Niederlage der Engländer unter Blake.

23. November. Schlacht von Tudela. Niederlage der Spanier unter dem General Castanos, der einst den General Dupont zur Kapitulierung von Bailen zwang.

29. November. Napoleon läßt den Engpaß der Somo-Sierra, einzigen Zugang, um in Madrid einzudringen, angreifen. Der Feind wird geschlagen.

1808 1. Dezember. Napoleon schlägt sein Hauptquartier in San-Agostino, kurz vor Madrid, auf.

3. Dezember. Einnahme von Segovia durch Marschall Lefebvre.

4. Dezember. Kapitulation von Madrid. Kaiser Napoleon weigert sich, in die spanische Hauptstadt einzuziehen. Er lagert mit seiner Garde auf den Höhen des Schlosses Chamartin, eine Stunde von Madrid. Er erläßt am gleichen Tag ein Dekret zur Abschaffung der Inquisition in Spanien und vermindert bedeutend die Zahl der Männerklöster. Am 9. erst zieht er in Madrid ein.

22. Dezember. Napoleon verläßt sein Hauptquartier Chamartin, um die in Spanien eingedrungene englische Armee zu verfolgen.

26. Dezember. Gefecht bei Bonaventura zwischen der französischen Vorhut und der englischen Nachhut. Fluchtartiger Rückzug der Engländer unter General Moore.

31. Dezember. Schluß der Sitzungen der Gesetzgebenden Körperschaft in Paris.

1809 1. Januar. Hauptquartier Napoleons in Astorga.

3. Januar. Auflösung der englischen Nachhut im Defilée von Cacabellos.

6. Januar. Auf die Nachricht hin, daß Österreich gegen Frankreich rüstet, verläßt Napoleon plötzlich in großer Eile die Armee in Spanien und begibt sich nach Paris.

16. Januar. Schlacht von Coruña. Tod des englischen Generals Moore.

18. Januar. Einnahme Coruñas durch Soult. Die Trümmer der englischen Armee schiffen sich im Hafen ein.

23. Januar. Napoleon in Paris.

27. Januar. Eroberung der Festung und des Hafens von Ferrol.

31. Januar. Napoleon ernennt seinen Onkel Fesch zum Erzbischof von Paris.

5. Februar. Napoleon empfängt das Institut in den Tuilerien.

1809 20. Februar. Eroberung von Saragossa nach zweimonatiger heldenhafter Verteidigung der Besatzung und Bevölkerung.

2. März. Der Kaiser erhebt Toskana zum Großherzogtum. Er vertraut seiner Schwester Elisa die Regierung von Toskana an.

4. März. Marschall Soult schlägt den spanischen General Marquis de la Romana bei Monterey.

11. März. Napoleon ernennt den Sohn seines Bruders Louis von Holland, den Prinzen Louis Napoleon, zum Großherzog von Berg und Cleve.

20. März. Schlacht von Carvalco Daeste. Die portugiesische Armee wird von Soult zurückgeschlagen.

27. März. Schlacht von Ciudad-Real. General Sébastiani schlägt den Herzog von Infantado.

28. März. Schlacht von Medellin. Niederlage der Spanier unter Lacuesta.

29. März. Einnahme von Porto durch die Franzosen.

2. April. Napoleon dekretiert die Einrichtung von Erziehungsheimen für Töchter der Mitglieder der Ehrenlegion. Am 8. gründet er eine Kavallerieschule in Saint-Germain.

9. April. Beginn der Feindseligkeiten zwischen Österreich und Frankreich.

13. April. Napoleon verläßt Paris, um sich zu seiner Armee nach Deutschland zu begeben.

16. April. Sieg der Franzosen unter dem Prinzen Eugen über die Österreicher unter dem Erzherzog Johann bei Sacile.

17. April. Napoleons Hauptquartier in Donauwörth.

20. April. Schlacht bei Abensberg. In dieser Schlacht kämpfen fast nur Bayern unter Napoleons Befehl.

21. April. Gefecht und Einnahme von Landshut. Rückzug der Österreicher.

22. April. Schlacht von Eggmühl. Napoleon ernennt den Marschall Davout zum Fürsten von Eggmühl.

23. April. Schlacht und Eroberung von Regensburg. Napoleon wird von einem Geschoß gestreift.

1809 24. April. Gefecht bei Neumarkt. Am 25. kehrt der König von Bayern nach München zurück.

3. Mai. Schlacht bei Ebelsberg.

7. Mai. Napoleons Hauptquartier im Kloster Melk bei Wien. Erzherzog Karl zieht sich nach Böhmen zurück.

8. Mai. Schlacht an der Piave zwischen Prinz Eugen und und Erzherzog Johann.

10. Mai. Räumung der portugiesischen Stadt Porto durch Marschall Soult bei Annäherung eines bedeutenden englischen Heeres.

11. und 12. Mai. Bombardement und Kapitulation Wiens.

13. Mai. Napoleons Hauptquartier in Schönbrunn.

17. Mai. Die französische Armee überschreitet die Donau.

19. Mai. Marschall Lefebvre besetzt Tirol.

21. und 22. Mai. Schlacht von Eßlingen und Aspern. Tödliche Verletzung des Marschalls Lannes, Herzogs von Montebello.

31. Mai. Verschmelzung der Italienischen Armee mit der Großen Armee auf dem Semmering. Tod Lannes.

11. Juni. Papst Pius VII. schleudert den Bann gegen Napoleon.

17. Juni. Kaiserliches Dekret aus dem Hauptquartier Schönbrunn über die Zölle.

5. Juli. Napoleon vereinigt die Italienische Armee und die Große Armee auf der Insel Lobau.

5.—6. Juli. Die große Schlacht bei Wagram. Entscheidungssieg Napoleons über die Österreicher.

11. Juli. Hauptquartier Napoleons in Znaim. Waffenstillstand angenommen und am 12. unterzeichnet.

14. Juli. Schlacht bei Raab zwischen der Italienischen Armee und den Truppen des Erzherzogs Johann.

21. Juli. Napoleon ernennt die Generale Oudinot, Marmont und Macdonald zu Marschällen.

27. Juli. Schlacht von Talavera della Reyna in Spanien zwischen der französischen Armee unter König Joseph und der anglo-spanischen unter Lord Arthur Wellesley.

30. Juli. 18.000 Engländer landen auf der Insel Walcheren.

3. August. Die Engländer schließen Vlissingen ein.

1809 8. August. Gefecht bei Arzobispo in Spanien zum Vorteil der Franzosen.

9.—13. August. Schlacht bei Almonacid, Gefechte bei Dambroca, am Col de Banos usw., zwischen den Truppen Josephs und Anglo-Spaniern.

13.—15. August. Die Engländer werfen Bomben und Brandraketen in die Stadt Vlissingen.

15. August. Napoleon gründet den Orden des Goldenen Vließes.

16. August. General Monet kapituliert und übergibt Vlissingen den Engländern. Die Besatzung wird gefangen nach England abgeführt. — Marschall Bernadotte und der Kriegsminister Daru werden von Napoleon mit der Verteidigung Antwerpens betraut.

21. August. Eröffnung der Friedensunterhandlungen zwischen Frankreich und Österreich.

14. September. Napoleon befiehlt in einem Brief an den Kriegsminister, den Kommandanten der Festung Vlissingen vor ein Kriegsgericht zu stellen.

15. September. Napoleon erläßt in Schönbrunn ein Dekret zur Abschaffung der Bettelei in seinen Staaten.

24. September. Nach vergebenen Versuchen auf Antwerpen verlassen die Engländer die holländische Küste.

12. Oktober. Mißglücktes Attentat auf Napoleon in Schönbrunn durch den Studenten Friedrich Stapps.

14. Oktober. Unterzeichnung des Friedens von Wien durch den Fürsten Johann Liechtenstein und den französischen Außenminister Champagny. — 16. Oktober. Abreise Napoleons von Schönbrunn.

19. Oktober. Kaiserliches Dekret und Senatsbeschluß zur Aushebung von 30.000 Konskribierten. Ratifizierung des Friedens von Schönbrunn.

24. Oktober. Ankunft Napoleons in Straßburg.

26. Oktober. Napoleon in Fontainebleau.

29. Oktober. Der Frieden von Schönbrunn wird in Paris feierlich bekanntgemacht.

13. November. Ankunft des Königs von Sachsen in Paris.

19. November. Schlacht bei Ocana. Niederlage der Spanier.

1809 1. Dezember. Der König von Holland, der König von Neapel und der König von Württemberg treffen in Paris ein, um an den Feierlichkeiten am 2. Dezember, dem Jahrestag der Krönung Napoleons teilzunehmen.

3. Dezember. Te Deum in Notre-Dame zum Dank für den Frieden.

10. Dezember. Der Vizekönig von Italien, Eugen de Beauharnais, trifft in Paris ein, um seiner Mutter die traurige Mitteilung von ihrer bevorstehenden Scheidung vom Kaiser schonend beizubringen.

15. Dezember. Auflösung der Ehe Napoleons mit Josephine. Die Kaiserin zieht sich nach Malmaison zurück, Napoleon nach Trianon.

1810 6. Januar. Frieden zwischen Frankreich und Schweden.

9. Januar. Das Offizialat von Paris erklärt die Ehe Napoleons und Josephinens vom kirchlichen Standpunkt aus für nichtig.

20. Januar. Die Franzosen unter Sébastiani dringen in Andalusien ein.

30. Januar. Festsetzung der Dotation der Krone von Frankreich, des außerordentlichen Schatzes, des Privatschatzes Napoleons, der Witwenapanage der Kaiserinnen und der Apanage der kaiserlichen Prinzen.

3. Februar. Eröffnung der Gesetzgebenden Körperschaft für 1810.

5. Februar. General Sébastiani besetzt Malaga.

7. Februar. Unterzeichnung des Ehevertrags mit der Erzherzogin Marie Louise.

16. Februar. Ratifizierung dieses Vertrags.

17. Februar. Ein Senatsbeschluß vereinigt Rom und den römischen Staat mit dem französischen Kaiserreich und teilt es in zwei Departements ein.

20. Februar. Die Gesetzgebende Körperschaft nimmt den Entwurf zum Strafgesetzbuch an.

27. Februar. Abreise des Fürsten von Neuchâtel, Marschall Berthier, nach Wien, als Brautwerber Napoleons bei der Erzherzogin Marie Louise von Österreich.

1810 28. Februar. Der Kaiser dekretiert die Erklärung des französischen Klerus von 1682 über die Gewalt der Kirche zum Gesetz.

29. Februar. Eroberung Sevillas durch König Joseph.

4. März. Napoleon führt in Frankreich das Majorat ein.

4. März. Der Brautwerber Berthier zieht feierlich in Wien ein.

9. März. Kaiserin Josephine unterzeichnet ihren Verzicht auf den Titel und die Rechte als Gattin des Kaisers.

10. März. Dekret Napoleons über die Staatsgefängnisse und Staatsgefangenen.

11. März. Prokuratrauung der Erzherzogin Marie Louise in Wien.

13. März. Die junge Kaiserbraut verläßt Wien.

20. März. Napoleon begibt sich nach Compiègne.

22. März. Marie Louise trifft in Straßburg ein.

28. März. Marie Louise in Compiègne.

30. März. Der Kaiser begibt sich mit seiner jungen Frau nach Saint-Cloud.

1. April. Ziviltrauung des Kaisers mit Marie Louise in Saint-Cloud durch den Erzkanzler Cambacérès.

2. April. Einzug des Kaiserpaares in Paris. Die kirchliche Trauung im Louvre durch den Kardinal Fesch in Gegenwart der gesamten kaiserlichen Familie und aller Würdenträger des Hofes und Staates.

3. April. Großer Glückwunschempfang.

4. April. Abreise der Majestäten nach Saint-Cloud. Am 5. nach Compiègne.

6. April. Verhaftung des Barons Kolli in Paris, eines englischen Agenten, der nach Frankreich gesandt worden war, um den Prinzen von Asturien zu entführen.

10. April. Der Herzog von Abrantes, Marschall Junot, nimmt Astorga.

21. April. Einführung des Bergwerksgesetzes in Frankreich.

24. April. Napoleon vereinigt mit Frankreich alle Länder auf dem linken Rheinufer. Ein Teil bildet das Departement Bouches-du-Rhin, der andere Teil wird mit anderen Departements verschmolzen.

1810 27. April. Napoleon und Marie Louise begeben sich von Saint-Cloud auf eine Reise an die Nordküsten und nach Belgien.

5. Mai. In Paris wird unter dem Protektorat Marie Louises eine Gesellschaft zum Schutze notleidender Mütter gegründet.

9. Mai. Napoleon besichtigt den Hafen und die Stadt Vlissingen.

14. Mai. In Spanien nimmt der General Suchet Lerida in Besitz.

1. Juni. Rückkehr des Kaiserpaares nach Paris.

3. Juni. Napoleon ernennt Polizeiminister Fouché zum Gouverneur von Rom. Der Herzog von Rovigo, Savary, wird Polizeiminister in Paris.

10. Juni. Die Stadt Paris gibt aus Anlaß der Vermählung des Kaisers ein glänzendes Fest im Hotel-de-Ville.

24. Juni. Fest der Kaisergarde auf dem Marsfeld.

1. Juli. Der Ball beim Fürsten Schwarzenberg, dem österreichischen Gesandten am französischen Hof. Das Fest endet mit einer Feuersbrunst, bei der die Gattin des Gesandten ums Leben kommt.

3. Juli. Louis Napoleon, der Bruder des Kaisers, entsagt der Krone von Holland.

6. Juli. Feierliche Beisetzung im Panthéon der Leiche des bei Eßlingen gefallenen Marschalls Lannes.

9. Juli. Einverleibung Hollands mit Frankreich. Amsterdam wird zur dritten Stadt des Kaiserreiches erhoben.

10. Juli. Einnahme Ciudad-Rodrigos durch die Franzosen.

20. Juli. Napoleon dekretiert sechs Waisenhäuser zur Erziehung verwaister Töchter der auf dem Schlachtfeld Gefallenen.

3. August. Kaiserlicher Erlaß, der die Zeitungen bis auf eine in jedem Departement reduziert, außer im Departement Seine.

15. August. Pomphafte Feier des Geburtstages des Kaisers in Paris und in ganz Frankreich. Napoleon empfängt die Abgeordneten des Königreichs Holland und anderer mit Frankreich vereinigten Staaten.

1810 21. August. Ein kaiserliches Dekret verbietet den Verkauf von Geheimmitteln. — Marschall Bernadotte wird vom schwedischen Reichstag zum Kronprinzen und Erben des schwedischen Königsthrones erwählt.

22. August. Ein kaiserliches Dekret gewährt 200.000 Frcs. zur Verteilung unter die 12 Firmen, welche das größte Quantum Traubenzucker raffiniert haben.

28. August. Eroberung und Einnahme von Almeida in Spanien durch Masséna.

13. September. Umwandlung der französischen Münzwährung „livres" in francs.

17. September. Bildung einer Feuerversicherungsgesellschaft in Paris.

27./28. September. Napoleon läßt in Brest und Toulon Seemannsschulen errichten. — In Portugal Schlacht von Busaco zwischen den anglo-portugiesischen Truppen Wellingtons und den Franzosen unter Masséna.

10. Oktober. Rückzug Wellingtons hinter seine Stellungen, vor Lissabon.

15. Oktober. Niederlage der Engländer in der Nähe von Granada durch General Sébastiani.

11. November. Napoleon erhält einen Brief des neuerwählten Kronprinzen von Schweden, Bernadotte.

8. Dezember. Brief Bernadottes an Napoleon. Er teilt ihm mit, daß der König von Schweden England den Krieg erklärt hat.

14. Dezember. Napoleon teilt dem Senat die Gründe der Vereinigung Hollands mit Frankreich mit.

16. Dezember. Aushebung von 40.000 Marinesoldaten und 12.000 Konskribierten der Landtruppen.

17. Dezember. Brief Bernadottes, Kronprinzen von Schweden, an Napoleon.

25. Dezember. Der französische Marineminister fordert vom König von Schweden 2000 Matrosen zur Vervollständigung der Flotte in Brest.

1811 1. Januar. Einnahme von Tortosa in Spanien durch General Suchet.

1811 7. Januar. Einführung des Tabakmonopols in Frankreich.

22. Januar. Eroberung von Olivenga in Spanien durch General Suchet.

23. Januar. Napoleon erläßt ein Dekret zur Einführung einer Abgabe für Unterhaltung der Straße über den Mont-Cenis.

28. Januar. Napoleon verwirft das päpstliche Breve vom 30. November 1810 aus Savona, weil es gegen die Gesetze des Kaiserreiches und die Vorschriften des Klerus verstößt.

19. Februar. Niederlage der Spanier an der Gevora.

21. Februar. Senatsbeschluß zur Konskription in den Küstendepartements.

22. Februar. Ernennung Chateaubriands zum Mitglied des Instituts.

4. März. Davout (Eggmühl) muß sich in Spanien vor den Truppen Wellingtons aus Mangel an Lebensmitteln zurückziehen.

5. März. Schlacht von Chiclana bei Cadix zwischen den Armeen Lord Grahams und des Herzogs von Belluno. — Rückzug der Anglo-Spanier auf die Insel Leon.

11. März. Einnahme von Badajoz durch Marschall Mortier. Einnahme der Festung Alburquerque durch Mortier.

20. März. Geburt des Thronerben Napoleons, des Königs von Rom.

25. März. Kaiserliches Dekret zur Gründung dreier Seemannsschulen.

28. März. Napoleon dekretiert die Dotationen für die Invaliden.

28. April. Dekret zur Bildung des Departements Lippe.

5. Mai. Schlacht von Fuentes-de-Onoro zwischen Wellington und Davout. Unentschieden.

16. Mai. Schlacht bei Albuera zwischen den Truppen des Marschalls Beresford und Soults, des Herzogs von Dalmatien. Unentschieden.

19. Mai. Napoleon genehmigt die Anleihe des Königs von Sachsen auf 12 Millionen Franken beim Bankhaus Lafitte.

1811 22. Mai bis 4. Juni. Reise Napoleons und Marie Louisens nach Cherbourg etc.

5. Juni. Zurück in Saint-Cloud.

9. Juni. Tauffeierlichkeiten in Paris.

16. Juni. Eröffnung der Gesetzgebenden Körperschaft durch Napoleon.

18. Juni. Aufhebung der Belagerung von Bajadoz durch die Engländer und Spanier.

28. Juni. Erste Sitzung des Staatsrates in Paris.

28. Juni. General Suchet erobert Tarragona im Sturm nach 6 wöchiger Belagerung.

10. Juli. Ernennung Suchets zum Reichsmarschall.

14. Juli. Einnahme von Mont-Serrat durch Suchet.

25. August. Niederlage der Spanier am Esla durch General Dorsenne.

5. September. Napoleon erläßt eine Amnestie für diejenigen Franzosen, die gegen ihr Vaterland gekämpft haben.

29. September. Napoleon und Marie Louise treffen in Antwerpen ein. — 9. Oktober. In Amsterdam.

25. Oktober. Schlacht bei Sagunto. Sieg des Marschalls Suchet über den General Blake.

26. Oktober. Übergabe Saguntos an Suchet.

2. November. Das Kaiserpaar in Düsseldorf. Am 7. in Köln.

7. November. Kaiserliches Dekret, die Auslieferung von Verbrechern betreffend. Anderes Dekret über Majorate und Schenkungen.

11. November. Rückkehr Napoleons nach Saint-Cloud.

22. November. Napoleon gründet zwei kaiserliche Hochschulen in Holland.

28. November. Niederlage der Spanier durch die Franzosen bei San Roque.

17. Dezember. Napoleon dekretiert die Abschaffung des Feudalrechts in den Departements Elbemündung, Wesermündung und Oberems.

1811 21. Dezember. Der Senat stellt dem Kriegsminister 120.000 Mann der Konskription von 1812 zur Rekrutierung der Großen Armee zur Verfügung.

29. Dezember. Die Franzosen besetzen San Felipe in Aragonien.

1812 4. Januar. Die Franzosen nehmen die Festung Tarifa in Spanien.

9. Januar. Marschall Suchet bemächtigt sich der Stadt Valencia.

17. Januar. Kaiserliches Dekret, die Zuckerfabrikation betreffend.

22. Januar. Niederlage der Spanier durch die Franzosen bei Altafuela.

24. Februar. Ernennung des Marschalls Suchet zum Herzog von Albufera. — Unterzeichnung des geheimen Allianzvertrages in Paris zwischen Napoleon und dem König von Preußen.

1. März. Einzug des Marschalls Davout in Pommern.

11. März. Tagesbefehl des Marschalls Davout aus seinem Hauptquartier Stettin, worin er die Einwohner der Freundschaft der französischen Truppen versichert.

14. März. Allianzvertrag zwischen Napoleon und Österreich, dessen Separatabkommen eventuell die Auswechselung der illyrischen Provinzen gegen einen Teil Galiziens in Betracht zog. Napoleon gedachte Galizien mit dem zukünftigen Königreiche Polen zu vereinen.

17. März. Ein Senatsbeschluß stellt dem Kriegsminister 60.000 Mann vom ersten Aufgebot der Nationalgarde zur Verfügung und befiehlt die gewöhnliche Aushebung der Rekruten.

21. März. Napoleon dekretiert die Errichtung eines kaiserlichen Archivs auf dem linken Seineufer zwischen dem Pont d'Jena und dem Pont de la Concorde.

28. März. Militärkapitulation zwischen Frankreich und der Schweiz. — In Berlin zieht Oudinot, Herzog von Reggio, mit seinem Armeekorps ein, vom König und den preußischen Prinzen begrüßt.

1812 8. Mai. König Jérôme von Westfalen schlägt sein Hauptquartier in Warschau auf.

9. Mai. Abreise Napoleons mit Marie Louise nach Mainz.

11. Mai. Napoleon in Mainz.

13. Mai. In Frankfurt.

17.—28. Mai. Die Fürsten- und Familienzusammenkunft am sächsischen Königshof in Dresden. Napoleon auf dem Gipfel seiner Macht.

24. Mai. Napoleon ernennt den Abbé de Pradt zum Gesandten in Polen. Napoleon empfängt in Dresden einen Brief von Bernadotte, Kronprinzen von Schweden.

25. Mai. Napoleon gestattet dem ehemaligen König von Spanien, Karl IV., sein Exil in Marseille mit Italien zu vertauschen.

31. Mai. Napoleon trifft in Posen ein.

5. Juni. Kaiserin Marie Louise in Prag im Kreise ihrer Familie.

12.—17. Juni. Napoleon in Königsberg; Truppenschau.

19. Juni. Hauptquartier Napoleons in Gumbinnen.

22. Juni. Eröffnung des Feldzuges gegen Rußland. Proklamation Napoleons an die Große Armee. Hauptquartier Wilkowiski.

24. Juni. Napoleon in Kowno. Übergang der Franzosen über den Niemen.

28. Juni. Einnahme von Wilna. Hauptquartier Napoleons. Er setzt eine provisorische Regierung des Königreichs Polen ein.

30. Juni. Einzug Jérômes mit seinem Heer in Grodno.

1. Juli. Napoleon setzt eine provisorische Regierung in Litauen ein.

13. Juli. Übergang der Franzosen über die Dwina bei Dünaburg unter Marschall Oudinot.

16. Juli. Kaiser Alexander I. und General Barclay de Tolly räumen ihre Stellung an der Drissa.

18. Juli. Hauptquartier Napoleons bei Glubokoje.

19. Juli. Rückkehr der Kaiserin Marie Louise nach Paris.

1812 22. Juli. Schlacht bei Salamanca zwischen Wellington und dem Herzog von Ragusa. — In Königsberg zieht der von Napoleon neuernannte Generalgouverneur von Preußen, Divisionsgeneral Loison, ein.

23. Juli. Niederlage der Russen unter Bagration bei Mohilew durch Marschall Davout. — Eugen Beauharnais überschreitet mit seinem Heer die Dwina.

25. Juli. General Nansouty schlägt das russische Armeekorps des Generals Ostermann bei Ostrowno.

27. Juli. Zweites Treffen bei Ostrowno. Einzug der Franzosen in Witebsk am 28.

1. August. Schlacht bei Obojarzina.

12. August. Schlacht bei Gowdezna. Fürst Schwarzenberg, der den rechten Flügel der Großen Armee befehligt, siegt über den russischen General Tormasow. — In Spanien nehmen die anglo-portugiesischen Truppen von Madrid Besitz.

14. August. Sieg des Marschalls Ney bei Krasnoi. — Oudinot schlägt Wittgenstein bei Polotsk.

17. August. Schlacht bei Smolensk. Napoleon befehligt persönlich. Die Russen unter Barclay-de-Tolly und Bagration werden zum Rückzug gezwungen.

18. August. Schlacht bei Polotsk. General St. Cyr gegen Wittgenstein.

19. August. Schlacht bei Valontina-Gora. Sieg Neys über den russischen General Korff.

22. August. In Paris: Grundsteinlegung zu den Gebäuden der Universität, des Kunstmuseums und des Archivs.

29.—31. August. Napoleons Hauptquartier in Wiasme.

7. September. Schlacht an der Moskwa (Borodino). Napoleon leitet sie persönlich gegen Kutusow. Niederlage der Russen.

14. September. Napoleon zieht mit seinen Truppen in Moskau ein. Hauptquartier im Kreml.

16. September. Moskau brennt. Rostoptschin, der Gouverneur von Moskau, ließ es anzünden. Napoleon verläßt den Kreml und verlegt sein Hauptquartier in das Schloß Petrowskoje. Am 18. kehrt er in den Kreml zurück.

1812 5. Oktober. Napoleon bietet Alexander durch den General Lauriston den Frieden an. Kutusow hält Lauriston zurück und verhindert ihn, zum Zaren zu gelangen.

17. Oktober. Gefecht bei Wenkowo zwischen den Truppen Murats und des Generals Orloff-Denisoff.

17.—20. Oktober. Niederlage der Franzosen bei Polotsk.

19. Oktober. Napoleon schickt sich zum Rückzug an. Er verläßt mit seiner Garde Moskau. Am 22. ist er in Fominskoje.

22. Oktober. Vereinigung der drei französischen Armeen in Spanien unter Soult. — Aufhebung der Belagerung von Burgos durch Wellington.

23. Oktober. In Paris: Verschwörung des Generals Malet. Sie wird niedergeschlagen und Malet verhaftet. — In Moskau sprengt Marschall Mortier den Kreml in die Luft, ehe er die Stadt verläßt.

3. November. Der Rückzug der Großen Armee wird immer schwieriger. Gefecht bei Wiasme.

9. November. Napoleon trifft in Smolensk ein.

14. November. Napoleon räumt Smolensk.

16. November. Der Vizekönig Eugen vereinigt sich mit Napoleon bei Krasnyj.

17. November. Die Russen unter Tschitschokoff bemächtigen sich der Stadt Minsk und damit aller Unterhaltsmittel für 100.000 Franzosen für sechs Monate.

18. November. Schlacht bei Krasnyj. Rückzug des Marschalls Ney. — In Spanien: Wiedereinnahme von Madrid durch Soult.

22. November. Napoleon in Tolotschin bei Kamienska. Er bereitet den Übergang über die Beresina vor.

25. November. Die Reste der Großen Armee an der Beresina vereint.

26. u. 28. November. Übergang und Schlacht an der Beresina. Die Große Armee vernichtet.

29. November. Napoleons Hauptquartier in Kamen.

5. Dezember. Napoleon trifft in Smorgoni ein. Bis dahin hatte er alle Beschwerden des fürchterlichen Rückzuges mit seinen Soldaten geteilt. Nun übergibt er den Ober-

befehl seinem Schwager Murat. Er verläßt in einem Schlitten mit Duroc und Caulaincourt Smorgoni, um sich in größter Eile nach Paris zu begeben.

1812 10. Dezember. Ankunft des Kaisers in Warschau. — Die französische Armee räumt Wilna, die Kranken zurücklassend.

14. Dezember. Ney schlägt mit der Nachhut die Kosaken Platows bei Kowno. — Ankunft Napoleons in Dresden. Am 18. trifft er unerwartet in Paris ein.

20. Dezember. Napoleon empfängt alle Körperschaften in Paris. — Die Trümmer der Großen Armee nehmen Stellung am Niemen.

21. Dezember. Napoleon verlangt vom Senat eine Aushebung von 350.000 Mann.

30. Dezember. Konvention von Tauroggen des Generals York von Wartenburg.

1813 1. Januar. Die Franzosen räumen Königsberg.

7. Januar. In Marienburg werden alle Polen zum Kriegsdienst für Napoleon durch eine Proklamation des von Napoleon eingesetzten Gouverneurs aufgefordert.

8. Januar. Murat verläßt ohne Zustimmung Napoleons die Armee und übergibt dem Vizekönig Eugen den Oberbefehl. Er reist direkt nach Neapel.

11. Januar. Der Senat bestätigt die Aushebung der vom Kaiser erbetenen 350.000 Mann.

13. Januar. Die Franzosen räumen Marienwerder.

20. Januar. Besetzung von Danzig durch die Verbündeten.

21. Januar. In Berlin treffen aus Frankreich die ersten Ersatzmannschaften für die Große Armee ein.

25. Januar. Konkordat von Fontainebleau.

25. Januar. Der König von Sachsen verläßt Dresden. Er bleibt Napoleons Verbündeter.

30. Januar. Aufruf des Königs von Sachsen an die Polen, die Waffen zugunsten Napoleons zu ergreifen.

5. Februar. Senatsbeschluß auf Verlangen des Kaisers über die von der Verfassung vorgesehenen Fälle, wie die Regentschaft und die Krönung der Kaiserin und des Königs von Rom.

1813 12. Februar. Die französische Armee unter dem Vizekönig Eugen räumt Posen.
13. Februar. Schlacht und Sieg der Russen bei Kalisch.
14. Februar. Napoleon eröffnet die Gesetzgebende Körperschaft.
16. Februar. Beginn der Blockade von Stettin und der anderen preußischen Festungen, die von Franzosen besetzt sind.
18. Februar. Stellung der französischen Armee unter Eugen an der Oder.
21. Februar. Ernennung des Marschalls Ney zum Fürsten von der Moskwa.
22. Februar. Hauptquartier Eugens in Köpenick.
23. Februar. Schutz- und Trutzbündnis von Kalisch zwischen Rußland und Preußen.
24. Februar. In Paris: Unterzeichnung des Übereinkommens zwischen Preußen und Frankreich zur Rückgabe der von Preußen gegebenen Pfänder.
4. März. Die Franzosen unter Eugen räumen Berlin.
6. März. Napoleon befiehlt die Aushebung der Konskribierten von 1814 in Italien.
9. März. Hauptquartier Eugens in Leipzig.
10. März. Räumung Stralsunds durch die Franzosen.
12. März. Die französischen Gewalthaber verlassen Hamburg.
19. März. Sprengung der Elbbrücke in Dresden durch Marschall Davout. Er zieht sich nach Leipzig zurück und läßt das 7. Armeekorps unter Durutte in Dresden.
21. März. Eintreffen des Grafen Narbonne in Wien als außerordentlicher Gesandter Napoleons.
22. März. Einzug Blüchers und der Russen in Dresden.
23. März. Bernadotte teilt Napoleon Schwedens Stellung gegen Frankreich mit.
25. März. Aufruf Kutusows an die Deutschen in Kalisch.
26. März. Räumung der Dresdner Neustadt durch den General Durutte.
30. März. Napoleon setzt seine Gattin Marie Louise zur Regentin während seiner Abwesenheit ein.

1813 1. April. Kriegserklärung Napoleons gegen Preußen. — Die Armee des Prinzen Eugen Beauharnais nimmt Stellung hinter der Saale.

2. April. Schlacht bei Lüneburg. Niederlage der Franzosen. General Morand tödlich verwundet.

5. April. Der Senat stellt 180.000 Mann neuer Truppen zur Verfügung, wovon 10.000 Mann Ehrengarden, 80.000 vom 1. Aufgebot der Nationalgarde und 90.000 Konskribierte von 1814, die zuerst zur Verteidigung der Küsten bestimmt waren. — Bei Möckern (Leipzig) findet eine große Erkundungsbewegung unter Eugen statt.

6. April. Wiedereinnahme von Lüneburg durch Davout.

10. April. Hauptquartier des Vizekönigs Eugen in Aschersleben, am Zusammenfluß von Saale und Elbe.

12. April. Einnahme von Villena in Spanien durch Suchet. Am 13. Schlacht bei Castalla, Niederlage der Engländer.

15. April. Napoleon verläßt Saint-Cloud und begibt sich zur Armee in Deutschland.

16. April. Er trifft in Mainz ein.

16. April. Übergabe von Thorn.

19. April. Einzug der großen russischen Armee in Dresden.

25. April. Ankunft Napoleons in Erfurt. Hauptquartier Eugens in Naumburg. — Schlacht bei Weißenfels, Ney gegen Lanskoi.

26. April. Übergabe von Spandau an die Preußen.

26. April. Kapitulation von Tschenstochau.

27. April. Vereinigung der französischen Elbarmee und Mainarmee bei Naumburg.

29. April. Die Franzosen unter Eugen in Merseburg.

1. Mai. Hauptquartier Napoleons in Lützen. 2. Schlacht bei Weißenfels zwischen Ney und Wintzingerode. Rückzug der Russen. Tod des französischen Marschalls Bessières.

2. Mai. Schlacht und Sieg bei Lützen (Großgörschen), von Napoleon persönlich befehligt.

10.—18. Mai. Napoleon in Dresden.

19. Mai. Vor Bautzen.

1813 20. Mai. Schlacht bei Bautzen.

21. Mai. Schlacht von Wurschen.

22. Mai. Tod Durocs.

29. Mai. Graf Schuwaloff und General von Kleist unterhandeln mit Napoleon im Namen ihrer Herrscher wegen eines Waffenstillstandes.

4. Juni. Schließung des Waffenstillstandes von Poischwitz bis 20. Juli. Napoleon wiederholt seinen Vorschlag für einen Kongreß in Prag zur Wiederherstellung des Weltfriedens. Er bietet die Vermittlung seines Schwiegervaters, des Kaisers von Österreich, an.

10. Juni. Rückkehr Napoleons inkognito nach Dresden.

12. Juni. Suchet zwingt die Engländer, die Belagerung von Tarragona aufzugeben.

13. Juni. Die Kaiserin-Regentin Marie Louise wohnt in Paris dem Te Deum in Notre-Dame anläßlich des Sieges von Wurschen bei.

14. Juni. Die französische Armee in Spanien zieht sich unter der persönlichen Leitung des Königs Joseph an den Ebro zurück.

21. Juni. Sieg der Engländer über die Truppen Josephs bei Vittoria.

23. Juni. Die französische Armee in Spanien zieht sich auf Frankreich zurück.

26. Juni. Achtstündige stürmische Unterhaltung Napoleons mit Metternich im Palais Marcolini in Dresden. — Napoleon befiehlt dem Marschall Davout, der Stadt Danzig 6.000.000 Kriegskontribution aufzuerlegen.

27. Juni. Napoleons Truppen in Spanien betreten französischen Boden.

30. Juni. Verlängerung des Waffenstillstandes bis 10. August zwischen Napoleon und Preußen und Rußland.

12. Juli. Marschall Soult trifft in Bayonne als Generalstellvertreter des Kaisers Napoleon in Spanien ein.

20. Juli. Die französische Armee in Spanien ergreift von neuem die Offensive.

1813 25. Juli. Lebhafter Kampf vor San Sebastian zwischen Engländern unter Lord Graham und der Garnison der belagerten Stadt unter General Rey. Die Engländer werden zurückgeworfen.

25. Juli. Napoleon verläßt Dresden und begibt sich nach Mainz, wo er Marie Louise trifft.

26. Juli. Ankunft Napoleons in Mainz.

30. Juli. Schlacht bei Irun.

4. August. Napoleon wieder in Dresden.

10. August. Fürst Metternich verweigert die Eröffnung des Kongresses in Prag.

11. August. Wiederaufnahme der Feindseligkeiten.

11. August. Metternich übergibt dem Herzog von Bassano die Kriegserklärung Österreichs an Napoleon.

13. August. Vizekönig Eugen übernimmt das Kommando über die französische Armee in Italien.

15. August. Napoleon begibt sich von Dresden aus zu seinem Heer nach Schlesien.

18. August. Hauptquartier Napoleons in Görlitz. — In Spanien sprengt Suchet die Befestigungen von Tarragona in die Luft.

19. August. Die Franzosen dringen in Böhmen ein.

21. August. Hartnäckige Kämpfe zwischen dem schwedischen Kronprinzen Bernadotte und Franzosen unter Oudinot.

23. August. Gefecht bei Kolberg. Lauriston wirft Blücher zurück. — Schlacht bei Groß-Beeren. Sieg Bernadottes über die Franzosen unter Oudinot. Durch diesen Sieg ist Berlin vor jedem Angriff geschützt.

24. August. Neue Truppenaushebungen in Frankreich von den Jahrgängen 1815, 1814, 1812 und früher.

25. August. Hauptquartier Napoleons in Stolpen. Er übergibt den Oberbefehl seiner Armee in der Lausitz dem Marschall Macdonald und begibt sich nach Dresden.

26. August. Kämpfe vor Dresden unter den Augen Napoleons zwischen Franzosen und den österreichischen Truppen Schwarzenbergs.

1813 26. August. Schlacht an der Katzbach zwischen Blücher und Macdonald. Vollständiger Sieg Blüchers.

26./27. August. Schlacht bei Dresden unter Napoleon und der verbündeten Armee unter Alexander I. und dem Fürsten Schwarzenberg. Sieg Napoleons. Tödliche Verwundung des Generals Moreau auf russischer Seite.

29. August. Verschiedene Niederlagen Napoleons in Schlesien. Er kehrt, von den Verbündeten bedroht, mit seiner Garde nach Dresden zurück.

30. August. Sieg Schwarzenbergs über General Vandamme in der Schlacht bei Kulm.

31. August. Räumung von San Sebastian in Spanien durch die Franzosen. Besetzung durch die Engländer.

1. September. Soults Rückzug in Spanien auf die Bidassoa.

3. September. Napoleon begibt sich von Dresden nach der Lausitz.

6. September. Niederlage der Franzosen bei Dennewitz. Marschall Ney wird von den Preußen unter General Bülow geschlagen.

6. September. Rückkehr Napoleons nach Dresden.

14. September. Treffen bei Geiersberg zwischen Napoleon und den Verbündeten.

17. September. Wittgenstein zieht sich nach Böhmen zurück.

21. September. Napoleon wieder in Dresden.

3. Oktober. Übergang Blüchers über die Elbe.

7. Oktober. Napoleon zieht von Dresden den Armeen Blüchers und Bernadottes entgegen.

8. Oktober. In Spanien überschreitet Soult mit den Franzosen die Bidassoa.

9. Oktober. Kapitulation der Zitadelle von San Sebastian.

14. Oktober. Gefecht bei Wachau. — In Paris erklärt der Senat, nicht eher mit Schweden Frieden schließen zu wollen, als bis es die französische Kolonie Guadeloupe zurückgegeben habe.

16. Oktober. Schlacht bei Wachau. Napoleon gegen Schwarzenberg.

1813 17. u. 18. Oktober. Schlacht bei Leipzig. Vollständiger Sieg der Verbündeten über Napoleon.

19. Oktober. Die französische Armee zieht sich zurück und trifft am 20. in Weißenfels ein, am 21. in Freiberg.

22. Oktober. Zusammenstoß zwischen Franzosen und Kosaken bei Ollendorf.

23. Oktober. Napoleons Hauptquartier in Erfurt.

30. Oktober. Schlacht bei Hanau. Sieg Wredes, geordneter Rückzug Napoleons.

31. Oktober. Marmont greift mit der Nachhut die Armee Wredes an und zwingt ihn, zurückzugehen.

1. November. Der Vizekönig Eugen hat sich über die Brenta und Etsch zurückgezogen.

1. November. Napoleon trifft mit der Armee in Frankfurt ein.

10. November. Ankunft Napoleons als Geschlagener in Saint-Cloud.

11. November. Marschall Gouvion Saint-Cyr kapituliert in Dresden.

16. November. Der Senat stellt die von der Kaiserin Marie Louise verlangten 350.000 Konskribierten der Jahrgänge 1802, 1803 bis 1814 zur Verfügung.

27. November. Vizekönig Eugen besetzt von neuem Ferrara gegen die Österreicher.

5. Dezember. Übergabe von Stettin durch die Franzosen.

8. Dezember. Treffen bei Rovigo.

11. Dezember. Vertrag von Valençay zwischen Napoleon und Ferdinand VII. Der König von Spanien verpflichtet sich, daß die englische Armee Spanien räumt und keinen Spanier verfolgen zu lassen, der Partei für Joseph genommen hat.

16. Dezember. Napoleon bildet dreißig Kohorten von der Nationalgarde zur Verteidigung der Festungen.

19. Dezember. Eröffnung der Gesetzgebenden Körperschaft durch Napoleon.

1813 22. Dezember. Der Kaiser teilt durch Cambacérès dem Senat und der Gesetzgebenden Körperschaft mit, daß eine außerordentliche Kommission ernannt werde zur Fühlungnahme mit den Unterhandlungen, die mit den Verbündeten stattgefunden haben.

25. Dezember. Beginn der Belagerung von Hüningen durch die Verbündeten.

29. Dezember. Übergabe von Danzig durch die Franzosen.

31. Dezember. Heftige Ansprache Napoleons in der Gesetzgebenden Körperschaft, in der er sich selbst die Gesetzgebende Körperschaft nennt.

1814 1. Januar. Napoleon vertagt durch ein Dekret die Gesetzgebende Versammlung.

2. Januar. Feierlicher Empfang, im Thronsaal des Senats, der Gesetzgebenden Körperschaft und aller hohen Staatsbehörden.

6. Januar. Die Verbündeten unter Schwarzenberg überschreiten durch die Schweiz Frankreichs Grenzen.

8. Januar. Napoleon beruft die Nationalgarde zum aktiven Dienst mit ihm selbst als Oberbefehlshaber.

11. Januar. Abfall Murats von Napoleon. Er unterzeichnet in Neapel den Allianzvertrag mit Österreich.

14. Januar. Hauptquartier der französischen Rhône-Armee unter Marschall Augereau in Lyon.

22. Januar. Napoleons Geschäftsträger, Herzog von Vicenza, trifft in Châtillon ein.

23. Januar. Napoleon setzt Marie Louise zum zweitenmal zur Regentin während seiner Abwesenheit ein. — Abschied des Kaisers von der Garde in den Tuilerien. Er empfiehlt ihrem Schutz die Kaiserin und seinen Sohn. — Carnot bietet Napoleon seine Dienste an.

24. Januar. Napoleon ernennt seinen Bruder Josef zu seinem Stellvertreter in Paris.

25. Januar. Abreise Napoleons zur Armee. Am 26. ist er in Vitry-le-François.

29. Januar. Schlacht bei Brienne gegen Schwarzenberg, zum Vorteil Napoleons (1. Schlachttag).

1814 1. Februar. Niederlage Napoleons bei La Rothière gegen Blücher und Schwarzenberg (2. Schlachttag von Brienne).

3. Februar. Rückzug Napoleons auf Troyes. — Am 7. Rückzug auf Nogent-sur-Seine.

8. Februar. Sieg des Vizekönigs Eugen am Mincio in Italien über die Österreicher unter Bellegarde.

9. Februar. Napoleon organisiert die in Paris verbleibende Nationalgarde. — Er zieht seine Truppen bei Sézanne zusammen.

10. Februar. Schlacht und Sieg Napoleons bei Champaubert über die Verbündeten unter dem russischen General Alsufiew.

11. Februar. Sieg Napoleons über Blücher bei Montmirail.

12. Februar. Schlacht bei Vauchamps. Blücher zieht sich mit der Schlesischen Armee über die Marne zurück.

13. Februar. Schlacht bei Château-Thierry zum Vorteil der Franzosen.

14. Februar. Schlacht bei Soissons. Sieg der Verbündeten unter Wintzingerode.

15. Februar. Die Marschälle Macdonald, Oudinot und Victor ziehen ihre Armeen auf Yères, unweit Paris, zusammen.

16. Februar. Napoleon eilt seinen Marschällen und der bedrohten Hauptstadt zu Hilfe. — Niederlage der Franzosen bei Valzouan. — Am 17. Gefecht bei Mormant.

18. Februar. Schlacht bei Montereau. Sieg Napoleons.

22. Februar. Treffen bei Méry-sur-Seine.

23. Februar. Die Verbündeten schlagen Napoleon einen Waffenstillstand vor. Beginn der Verhandlungen auf dem Kongreß von Châtillon.

24. Februar. Wiedereinnahme von Troyes.

26. Februar. Blücher rückt Paris näher.

27. Februar. Sieg der Franzosen unter Marmont bei Meaux. — Niederlage des Marschalls Soult bei Orthez.

28. Februar. Gefecht zwischen Franzosen und Verbündeten unter Blücher bei Gué-à-Trème. Blücher muß seinen Marsch auf Paris unterbrechen.

1814 2. März. Napoleon verfolgt Blücher. — Niederlage Macdonalds bei Bar-sur-Seine. Am 4. erneute Niederlage Macdonalds bei Saint-Tarre.

5. März. Wiedereinnahme von Reims durch Corbineau.

6. u. 7. März. Schlacht bei Craonne. Sieg Napoleons über Woronzow.

9. u. 10. März. Schlacht von Laon. Niederlage Napoleons durch Blücher.

11. März. Napoleon zieht sich auf Soissons zurück. — Die in Lusigny gepflogenen Friedenskonferenzen werden abgebrochen.

13. März. Schlacht bei Reims. Tod des in der verbündeten Armee dienenden französischen Generals Saint-Priest. — Die Anglo-Spanier bemächtigen sich Bordeaux'.

16. März. Rückzug des Marschalls Soult auf Tarbes.

17. März. Der Kaiser verläßt Reims und läßt seine Truppen an die Aube vorrücken. — Rückzug Macdonalds auf Provins.

19. März. Abbruch des Kongresses von Châtillon.

20. März. Schlacht bei Arcis-sur-Aube. — Schlacht bei Limonest zwischen Augereau und dem Prinzen von Hessen-Homburg; unentschieden.

21. März. Augereau übergibt Lyon.

23. März. Napoleon marschiert mit den Hauptkräften nach Saint-Dizier.

25. März. Doppelschlacht bei Fère-Champenoise. Niederlage der Franzosen unter den Herzogen Treviso (Mortier) und Ragusa (Marmont).

26. März. Napoleon schlägt Wintzingerode bei Saint-Dizier. — Niederlage der Franzosen bei Sézanne und Chailly.

28. März. Marie Louise und der König von Rom verlassen Paris und begeben sich nach Blois.

29. März. Blücher und Schwarzenberg überschreiten die Marne. — Napoleon eilt in Eilmärschen von Troyes herbei.

30. März. Schlacht von Paris. Niederlage der Franzosen unter Marschall Marmont.

1814 31. März. Marmont unterzeichnet die Übergabe von Paris an die Verbündeten. — Der Kaiser erfährt die Kapitulation in Cour-de-France.
1. April. Die Verbündeten besetzen Paris.
3. April. Der Senat dekretiert die Absetzung Napoleons.
4. April. Napoleon unterschreibt in Fontainebleau die erste Abdankungsurkunde zugunsten seines Sohnes unter der Regentschaft Marie Louisens.
4. April. Ein Senatsbeschluß entbindet die Franzosen des Treueides für den Kaiser.
10. April. Unentschiedene Schlacht bei Toulouse zwischen Soult und Wellington.
11. April. Definitive Abdankung Napoleons. Er verzichtet mit seiner Familie auf die Throne Frankreichs und Italiens. Vertrag von Paris zwischen den Verbündeten und Napoleon. Er erhält Elba als Herrschaft und 2,000.000 Franken Rente, zahlbar durch den französischen Staat.
12. zum 13. April nachts macht Napoleon einen Selbstmordversuch.
14. April. Übergabe von Hüningen an die Österreicher.
19. April. Zusammenkunft Marie Louisens mit ihrem Vater in Rambouillet.
20. April. Abreise Napoleons nach Elba. — Abschied von seiner Garde in Fontainebleau.
24. April. Napoleon begegnet auf seiner Reise nach Elba in der Nähe von Valence dem Marschall Augereau mit seinen Truppen. Augereau beschimpft ihn.
27. April. Napoleons Ankunft in Fréjus. Am 28. schifft er sich nach Elba ein.
3. Mai. Ankunft des verbannten Kaisers in Porto-Ferajo. Er nimmt am 4. Mai von seinem kleinen Inselreich Besitz.

1815 26. Februar. Napoleon verläßt Elba auf der „Inconstant“ mit seiner Garde. Am 27. teilt er der Garde sein Ziel mit. Nach Paris!
1. März. Napoleon und seine Getreuen landen im Golf von Juan um 5 Uhr abends. Er richtet von hier aus an die Armee und an das Volk zwei berühmt gewordene Aufrufe.

1815 2. März. An der Spitze seiner Garde setzt Napoleon unaufhaltsam seinen Marsch nach Paris fort.

5. u. 6. März. Napoleon in Gap. General Cambronne bemächtigt sich der Festung Sisteron. Napoleons Landung wird durch den Telegraph in Paris gemeldet und verbreitet Schrecken und Angst bei den Bourbonen.

6. März. Ludwig XVIII. setzt eine Belohnung auf den Kopf Napoleons aus. — Ein Befehl des Königs beruft die Pairskammer und die Deputiertenkammer zu außerordentlicher Sitzung ein. — Graf Artois und der Herzog von Orléans reisen nach Lyon ab.

8. März. Napoleons Einzug und Empfang in Grenoble. Er gibt sich den Truppen zu erkennen und bittet sie, auf ihn zu schießen — wenn sie können —. Sie jubeln ihm als ihrem Kaiser zu.

9. März. Napoleon übernachtet in Bourgoin.

10. März. Begeisterte Aufnahme Napoleons in Lyon. Er bleibt dort bis zum 13. Er erläßt mehrere Dekrete zur Auflösung der Kammer und der Haustruppen des Königs. Den nach Frankreich gekommenen Emigranten befiehlt er, sein Land zu verlassen. Er hebt den Feudaladel auf.

13. März. Napoleon in Macon. — Erklärung der verbündeten Herrscher gegen die Rückkehr Napoleons.

14. März. Napoleon in Châlons. Am 15. in Autun.

14. März. Ludwig XVIII. und sein Hof leisten den Treueid auf die Charte vor den beiden außerordentlich zusammenberufenen Kammern.

16. März. Napoleon in Avallon, am 17. in Auxerre, das er am 19. verläßt, um sich nach Fontainebleau zu begeben, nachdem Marschall Ney sich mit seinen Truppen ihm angeschlossen hat. — Am selben Tag verläßt Ludwig XVIII. mit seiner Familie in der Nacht Paris.

20. März. Ankunft Napoleons in Fontainebleau. Um 9 Uhr abends Einzug in Paris.

21./23. März. Truppenschau. Ansprache Napoleons an seine Soldaten. — Er ernennt die Minister. — Er empfängt die verschiedenen Behörden, die ihn zu seiner Rückkehr beglückwünschen.

1815 24. März. Dekret zur Abschaffung der Zensur und Einrichtung der Pressefreiheit. — Ankunft Joseph Bonapartes in Paris.

25. März. Vertrag von Wien. Die verbündeten Mächte geloben, so lange Napoleon auf dem Thron Frankreichs sitzt, die Waffen nicht niederzulegen.

25. März. Napoleon verbannt die Minister, Offiziere und Staatsbeamten des Hofes Ludwigs XVIII. und der bourbonischen Prinzen sowie die Führer der Chouans und Vendéer, ferner die königlichen Freiwilligen aus Paris auf 30 Meilen im Umkreis.

26. März. Joseph, dessen Frau und Hortense sind bei ihm.

26. März. Großer Empfang in den Tuilerien. Rede Napoleons an die Nation. — Der Staatsrat erklärt die Abdankung Napoleons von Fontainebleau als nichtig.

27. März. Napoleon teilt bei einer großen Truppenschau in den Tuilerien seiner Armee die Abreise der Bourbonen aus Frankreich mit. — Die Minister überreichen dem Kaiser eine Adresse.

29. März. Kaiserliches Dekret zur Abschaffung des Sklavenhandels.

29. März. Antwort des Staatsrats auf die Erklärung der verbündeten Mächte vom 13.

31. März. Joachim Murat erklärt sich für Napoleon und ruft die Italiener in Neapel zur Unabhängigkeit auf.

3. April. General Clausel nimmt im Namen Napoleons Besitz von Bordeaux und pflanzt die Trikolore auf.

4. April. Schreiben Napoleons an die Souveräne.

4. April. Schreiben des Polizeiministers Napoleons an alle Präfekten Frankreichs.

8. April. Konvention zwischen dem Herzog von Angoulème und dem General Grouchy. Der Prinz wird nach Cette gebracht, wo er sich einschifft.

9. April. Napoleon redet seine Soldaten an und fordert von ihnen die alte Treue.

10. April. Ernennung der Generäle Bertrand, Grouchy, Drouot, Erlon, Belliard und Gérard zu Marschällen.

1815 15. April. Rapport der auswärtigen Minister Napoleons über die feindlichen Maßnahmen der verbündeten Mächte.

16. April. Rapport des Polizeiministers über die innere Lage Frankreichs. — Ansprache Napoleons an die Nationalgarde.

22. April. Promulgation der Zusatzakte zur Verfassung des Kaiserreichs.

6. Mai. Brief des Kriegsministers an die Präfekten.

28. Mai. Föderativpakt der Pariser.

1. Juni. Militärische Feier auf dem Marsfeld. Der Kaiser hält eine Ansprache und verteilt die Adler. Die Zusatzakte vom 22. April wird als Staatsverfassung proklamiert.

3. Juni. Eröffnung der beiden Kammern.

10. Juni. Die Schweiz tritt dem Konföderationssystem gegen Napoleon bei.

11. Juni. Napoleon teilt den Kammern seine Abreise zur Armee mit.

12. Juni. Napoleon verläßt Paris um 4 Uhr morgens.

14. Juni. Proklamation Napoleons an die Armee.

16. Juni. Schlacht bei Fleurus (Ligny) zum Vorteil der Franzosen.

17. Juni. Napoleons Hauptquartier bei Planchenoit, im Bauernhof Caillou.

18. Juni. Schlacht bei Waterloo. Napoleon endgültig geschlagen.

21. Juni. Rückkehr Napoleons in Paris. Die stellvertretende Kammer erklärt sich in Permanenz und nimmt gegen Napoleon Stellung.

22. Juni. Zweite Abdankung Napoleons zugunsten seines Sohnes.

23. Juni. Die beiden Kammern ernennen eine Regierungskommission: Fouché, Carnot, Caulaincourt, Quinette und General Grenier.

24. Juni. Napoleon zieht sich nach Malmaison zurück. Von hier aus richtet er am 25. eine Proklamation an die Armee vor Paris.

1815 27. Juni. Napoleon macht der Regierungskommission das Anerbieten, als General gegen die Feinde Frankreichs zu kämpfen.

29. Juni. Napoleon verläßt Malmaison und begibt sich nach Rochefort.

3. Juli. Kapitulation von Paris.

3. Juli. Ankunft Napoleons in Rochefort.

7. Juli. Einzug der Preußen und Engländer in Paris.

8. Juli. Rückkehr Ludwigs XVIII. nach Paris.

14. Juli. Napoleon schreibt von Rochefort aus an den Prinzregenten von England, er käme, Englands Gastfreundschaft in Anspruch zu nehmen.

15. Juli. Napoleon schifft sich auf dem „Epervier“ ein, um sich von da auf das englische Schiff „Bellerophon“ zu begeben.

16. Juli. Er geht unter Segel nach England.

4. August. Protest Napoleons gegen das Verhalten Englands ihm gegenüber.

7. August. Lord Keith überbringt Napoleon den Befehl der englischen Regierung, ihn nach St.-Helena zu verbannen.

7. August. Napoleon besteigt den „Northumberland“.

10. August. Er verläßt den Ärmelkanal. Bei Hoek van Holland nimmt er bewegt Abschied von Frankreich, dessen Küsten er von weitem erblickt.

17. Oktober. Napoleon landet in Jamestown auf St.-Helena.

1816 11. Dezember. Brief Napoleons an den Grafen Las Cases, der die Insel St.-Helena verläßt.

1818 25. Juli. Napoleons Arzt, Dr. Barry E. O'Meara, muß ihn auf Befehl der englischen Regierung verlassen.

1821 15. März. Napoleon erkrankt gefährlich.

5. Mai. 7 Uhr morgens haucht Napoleon sein Leben aus.

# NACHWORT

Die gigantische Persönlichkeit Napoleons I. steht heute wieder im Vordergrunde des Interesses. Als Bezwinger der Revolution und des Chaos, als eine der größten Führergestalten der modernen Geschichte ist er von symbolischer Bedeutung. Ein solches Universalgenie aus seinem eigenen Werk kennen zu lernen, ist nicht nur von ganz besonderer Wichtigkeit, sondern es ist für das Verständnis seiner Persönlichkeit geradezu Bedingung.

Napoleon, der Staatsmann und Feldherr, der Denker und Schriftsteller, war ein großer Meister des Wortes. In seinen Schriften erscheint er als der mächtige Gestalter der Sprache, wie er im Leben der gewaltige Mann der Tat war. Seine Sprache, der Ausdruck seines Willens, ist das herrliche Instrument, mit dem er seine Taten, seine welterschütternden Pläne, Gedanken und Zukunftsträume von Universalmonarchie und Größe wiedergibt.

Die scharf ausgeprägten Umrisse seiner politischen Gesinnung und seiner Pläne sind in diesem Werk niedergelegt. Zwar erfuhren sie mit dem Anwachsen seiner Macht und dem Fortschreiten der Ereignisse manche Veränderung, aber stets waren sie grundlegend für seine weltpolitischen und militärischen Handlungen.

Kein Schriftsteller ist imstande, dieses gewaltige Leben so darzustellen, wie es Napoleon in seinen Schriften, Memoiren, Briefen, Proklamationen und Dekreten *selbst* getan hat. Seine Darstellung ist das Leben selbst, wie Chateaubriand sagte, der mächtigste Lebensimpuls, der je die Welt bewegte.

Zum erstenmal haben die Herausgeber den Versuch gemacht, die wichtigsten literarischen und autobiographischen Schriften, Briefe, Proklamationen und Bulletins Napoleons zu sammeln und in chronologischer Reihenfolge in einem starken Band herauszugeben. So entstand eine *Geschichte Napoleons und seines Zeitalters,* aus seinem eigenen Geist *heraus, unter dem frischen Eindruck* der Ereignisse *in jenem hinreißenden Stil* geschrieben, der die Menschen seiner Zeit bis zum Fanatismus begeisterte.

Der erste Teil des Werkes zeigt uns den jungen Napoleon, den korsischen Patrioten und Verehrer Rousseaus, den Mann der Revolution und Freund Robespierres, den jungen General der Republik. Mit der Belagerung von Toulon setzt dann jene *vulkanische Tätigkeit* ein, die in einer heldischen Epoche von 23 Jahren bis nach Sankt Helena führt: Bulletins der italienischen Armee, Proklamationen, Verhandlungen mit dem Direktorium, Briefe an Josephine, an den österreichischen Kaiser, an hohe militärische und politische Persönlichkeiten, an die Mutter, die Brüder und Schwestern, an Freunde.

Plötzlich der Weltruhm: die Expedition nach Ägypten, das Konsulat, der Kaiserthron. Und dann: Austerlitz, Jena, Tilsit, Wagram, die Heirat mit der österreichischen Kaiserstochter, die Katastrophe in Rußland, die Schlacht von Leipzig. Der Sturz von der Höhe: die Insel Elba, die Hundert Tage, Waterloo und Sankt Helena.

Eine Zeittafel, die dem Werke angeschlossen ist, führt in prägnanter Kürze die wichtigsten Geschehnisse im Leben und in der Geschichte Napoleons und seiner Zeit an, so daß sich der Leser gleichzeitig über parallel laufende Ereignisse orientieren kann.

Die vorliegende Ausgabe bringt selbst für den Kenner der napoleonischen Zeit viel Neues, da auch die jüngsten Entdeckungen an Manuskripten und Dokumenten berücksichtigt worden sind. Unter anderem ein Jugendroman Napoleons „Clisson und Eugénie", der zum erstenmal hier in deutscher Sprache erscheint, und dem eigentlich die Liebesgeschichte Napoleons mit Desirée Clary, der späteren Königin von Schweden, zugrunde liegt.

Was die Entstehungszeit der Schriften Napoleons über die meisten seiner Taten während seiner Herrschaft betrifft, so begann diese Arbeit bereits auf der Reise nach Sankt Helena, auf dem englischen Schiff „Northumberland". Der Kaiser begann mit der Belagerung von Toulon, dem Anfang seines phantastischen Aufstiegs. Napoleon diktierte diesen ersten

Teil seiner Erinnerungen dem Grafen Las Cases und dessen Sohn in die Feder. Das Diktat erfolgte fast vollständig aus dem Gedächtnis, da dem Kaiser fast gar keine Quellen zur Verfügung standen. Erst ab Juni 1816 trafen aus Europa größere Sendungen wissenschaftlicher Werke für Napoleon ein, der Mitarbeiterstamm erweiterte sich: die Generale Gourgaud, Montholon und Bertrand nahmen die Diktate des Kaisers auf, die aber immer wieder unterbrochen wurden. So mußte Las Cases Ende 1816, General Gourgaud Anfang 1818 Sankt Helena verlassen. Vom Jahre 1820 ab stellte Napoleon die Arbeit an seinen Memoiren ein, und das große Werk blieb ein Fragment.

Aber selbst dieses fragmentarische Werk war die Schöpfung eines Giganten. Die Mitarbeiter brachen zeitweilig während der Arbeit fast zusammen, wenn die Diktate zehn, zwölf, selbst vierzehn Stunden ohne Unterbrechung währten.

Unter dem Titel „Mémorial de Sainte-Hélène“ veröffentlichte der Graf Las Cases 1823 ein achtbändiges Werk, das die Geschichte der Belagerung von Toulon (1793), die Ereignisse des 13. Vendémiaire (1795) und die Geschichte des Feldzugs in Italien (1796/97) enthielt. 1822 bis 1825 veröffentlichten die Generale Gourgaud und Montholon unter dem Titel „Mémoires pour servir à l'histoire de France, sous Napoléon“ die Geschichte derselben Feldzüge, jedoch in einer anderen, von Napoleon auf Grund neuer Quellen diktierten Fassung. Ähnlich verhielt es sich mit der Darstellung des Feldzuges in Ägypten und der Schlacht von Waterloo. Zu diesen Quellenwerken traten die Schriften der Ärzte Napoleons auf Sankt Helena: des englischen Arztes O'Meara, „Napoleon in exile or a voice from St.-Helena“, 1822, und des korsischen Arztes F. Antommarchi, „Mémoires ou les derniers moments de Napoléon“. 1899 erschien das Tagebuch des Generals Gourgaud, „Sainte-Hélène, Journal inédit de 1815—1818“. Die näheren Quellenangaben über die Schriften des Kaisers und seiner Gefährten auf Sankt Helena findet der Leser in der zweibändigen „Bibliographie des napoleonischen Zeitalters“ von F. M. Kircheisen, Berlin 1908, E. S. Mittler und Sohn.

Zusammenfassend kann gesagt werden, daß der Kaiser im wesentlichen die Zeit von 1793—1800 (Toulon bis zur zweiten Koalition) und von 1814—1815 (Elba bis Waterloo) dargestellt hat.

Es war aber trotzdem möglich, eine *Gesamtdarstellung* des Lebens Napoleons in *seinen eigenen Worten* zu geben, vielleicht in einer noch lebendigeren Weise als im ruhigen Fluß seiner Schilderung. Napoleon hat von der frühesten Jugend an seine Gedanken schriftlich niedergelegt, und als er zur Macht kam, gingen täglich seine Verfügungen in Form von Briefen, Proklamationen, Bulletins, Befehlen in die ganze Welt hinaus. Und dieses gewaltige Schrifttum ist uns heute nahezu in seinem ganzen Umfang erhalten als literarisches Denkmal seiner Taten.

Für die liebenswürdige Unterstützung bei der Beschaffung des Bildmaterials sind die Herausgeber Herrn *Jakob Hugentobler,* Napoleonmuseum, Arenenberg, und der Porträtsammlung der Nationalbibliothek, Wien, zu besonderem Dank verpflichtet.

Die Übersetzung eines Teiles der Jugendschriften Napoleons stammt von Gustav Gugitz.

Wien, im Frühjahr 1936.

*Paul und Gertrude Aretz.*

# BILDERVERZEICHNIS

# INHALTSVERZEICHNIS

Seite

2003 Linzenzausgabe für Parkland Verlag, Köln

Umschlagentwurf: Klaus Dempel
Umschlagbild: AKG, Berlin
Druck und Bindung: GGP Media, Pößneck

ISBN 3-89340-039-7

Printed in Germany